中国城市科学研究系列报告

中国城市更新发展报告 2018–2019

中国城市科学研究会　主编

中国建筑工业出版社

图书在版编目（CIP）数据

中国城市更新发展报告 2018-2019 / 中国城市科学研究会主编 .—北京：中国建筑工业出版社，2019.11

（中国城市科学研究系列报告）

ISBN 978-7-112-24465-2

Ⅰ.①中… Ⅱ.①中… Ⅲ.①城市 — 发展 — 研究报告 — 中国 — 2018-2019 Ⅳ.①F299.21

中国版本图书馆CIP数据核字（2019）第242737号

本书是对国内城市更新阶段性成果的探索总结，全书共分为动态篇、城市篇、案例篇、附录四个篇章。动态篇主要为2018年会主题报告、深圳城市更新实践访谈、年度研究进展、年度十大事件。城市篇主要介绍粤港澳大湾区以及国际著名湾区城市更新情况，内容包括城市的基本情况，城市更新与城市发展，城市更新体制、模式、经验，城市更新的标志性项目，城市更新的未来展望等。案例篇以国内案例和近期项目为主，从城市更新规划设计、城市更新投融资、城市更新开发实施、城市更新管理四个方面进行解析。附录为城市更新相关政策法规索引。本书适用于城市规划、城市设计、建筑设计等行业的从业者，相关政府机构人员和在校师生阅读使用。

责任编辑：唐 旭 张 华
责任校对：李欣慰

中国城市科学研究系列报告
中国城市更新发展报告 2018-2019
中国城市科学研究会 主编
*
中国建筑工业出版社出版、发行（北京海淀三里河路9号）
各地新华书店、建筑书店经销
北京雅盈中佳图文设计公司制版
广州市一丰印刷有限公司印刷
*
开本：787 × 1092 毫米 1/16 印张：$31^3/_4$ 字数：656 千字
2019 年11月第一版 2019 年11月第一次印刷
定价：78.00元
ISBN 978-7-112-24465-2
（34986）

中国城市更新发展报告组织框架

序

新中国成立 70 周年来，我国社会经济持续快速发展，城镇化水平显著提高，城市建设多姿多彩，城乡面貌焕然一新，取得了举世瞩目的伟大成就。中国正在进入一个城市时代，50% 以上的人居住在城市里。城市需要变革，城市本身需要转型，这个转型我把它概括为重建城市的微循环。城市的边界现在已经在划定，我们城市的扩大化也在逐渐终止。新时期，那种大拆大建狂飙式的发展应该停止了，我们应该转向城市内涵的提升，人居环境的改善，城市绿色的发展，产业转型升级和区域经济协调发展，培育新的增长极。要充分发挥土地资源的效益，节约集约进行科学健康的城市更新，这将是我国未来城市发展的主要抓手。城市更新要坚持以下四个方面，一是要满足人的需求，这是城市更新的首要目标；二是要保护生态环境，这是城市更新的核心；三是要保护好历史文化，这是城市更新的灵魂；四是要提升创新能力，这是城市更新的动力。

粤港澳大湾区建设是国家建设世界级城市群和参与全球竞争的重要空间载体，是国家发展的重大战略，是将大湾区建成为“充满活力的世界级城市群、国际科技创新中心、‘一带一路’建设的重要支撑、内地与港澳深度合作示范区”，推动“一国两制”事业实践，是新时代全面开放的新举措。因此，粤港澳大湾区建设对广东来讲，又将是新一轮发展的大机遇。由香港、澳门两个特别行政区和广东省的广州、深圳等九市组成的城市群，每个城市都其有鲜明的个性特色。香港是东方之珠，全球高度繁荣的国际大都会之一；澳门历经 400 多年中西文化磨合别有风情；广州、佛山、中山、惠州和肇庆都是历史悠久的国家历史文化名城，特色价值突出。深圳是科技创新之城，珠海是宜居之城，江门是我国第一大侨乡，东莞是全球制造业之都。可以说，大湾区因海而生，湾区的每个城市都拥有独特的山水格局和特色风貌，生态和人文交相辉映。未来，相拥一湾的城市群，互补发展、差异发展、共赢发展，将形成难以割裂的生态共同体。

通过微循环渐进更新，呵护好得天独厚的人文底蕴和生态环境，夯实国际知名湾区建设的基础。牢固树立和践行绿水青山就是金山银山的理念，审慎打造安全高效的生产空间、舒适宜居的生活空间、碧水蓝天的生态空间，建设生态湾区。绣花功夫的微更新微改造，保护利用好历史文化资源，留住乡愁和城市记忆，引发市民的归属感和自豪感，建设人文湾区。发挥创新走廊的智力优势、人才优势、产业优势和政策优势，互联互通，互补共赢，建设创新湾区。加强住房保障，采取综合整治和系统性微改造相结合，提升住宅小区的居住品位和生活服务的满意度，增强湾区对人才的吸引力，建设宜居湾区。

大处着眼、小处着手。微更新显大文章，实现社会、环境和经济价值多方共赢。粤港澳大湾区建设将为落实联合国 2030 年可持续发展议程提供中国经验。

仇保兴

国务院参事

中国城市科学研究会理事长

中华人民共和国住房和城乡建设部原副部长

2019 年 11 月

前　言

新中国成立70周年在经济、社会和文化等各方面取得了辉煌的成就。新中国砥砺奋进的70年，也是一部华丽的城市更新史。新中国成立以来，城市发展日新月异，城市结构和布局日趋合理，城市化水平和城市品质不断提升。城市更新已成为我国当前推动城市向更高阶段发展、激发城市新活力、满足人民群众向往美好城市生活的主要手段。为了记录和报告2018~2019年与中国城市更新相关的众多实践案例、出台的政策条例与发表的前沿学术研究等内容，借鉴国外城市更新的成功经验与做法，中国城市科学研究会城市更新专业委员会借此编著本书。

中国城市科学研究会城市更新专业委员会挂靠于广东工业大学建筑与城市规划学院，秉承“产研结合、求是创新、民主开放、服务社会”的办会原则，致力于探索城市更新理论、创新城市更新设计方法和技术、推进城市更新制度建设、开展学术合作交流和实践探索，以及宣传普及城市更新知识等活动。《中国城市更新发展报告2018-2019》是在《中国城市更新发展报告2016-2017》、《中国城市更新发展报告2017-2018》的基础上，以党的十九大精神为指导，深入学习习近平总书记关于粤港澳大湾区建设的重要指示精神，全面贯彻落实《粤港澳大湾区发展规划纲要》而编著的。本报告对国内阶段性成果进行了探索性总结，全书共分动态篇、城市篇、案例篇和附录4个篇章，并由仇保兴先生作序。

“动态篇”回顾、梳理和总结了2018~2019年度的城市更新重点实践和学术前沿活动，主要包括以下内容：一是，对2018年城市更新年会的回顾，转录并收录了2018年中国城科会城市更新学术委员会年会的主要大会报告；二是，对2018~2019年国内外的城市更新研究进行了梳理和综述；三是，通过访谈部分城市更新行业实践者的形式，重点介绍作为“中国特色社会主义先行示范区”深圳的城市更新近十年来的做法与经验；四是，总结了2018~2019年中国城市更新活动的十大事件。

“城市篇”重点对粤港澳大湾区的城市更新研究和实践进行了归纳和总结，并通过选录重要学术论文的形式，对改革开放的先行地、“中国特色社会主义先行示范区”——深圳的经验进行了介绍。同时对标国际大湾区城市，对纽约布鲁克林海军造船厂、东京丸之内、旧金山市场南（SOMA）区的城市更新典型案例进行了介绍与经验借鉴。

“案例篇”通过选录部分学术论文与邀稿的形式，从城市更新规划设计、投融资、开发实施与管理等方面对相关典型案例进行了介绍。选录的论文分别对深圳南头城、深圳前海自贸区、深圳下围社区土地整备、广州工业遗产保护利用、北京中心城区专业市场疏解、广州市恩宁路等典型城市更新案例进行了介绍。同时对介绍了城市更新中的管治困境与创新策略、城市存量用地再开发中的产权交易的政策干预措施等内容。

“附录”收集整理了有关城市更新的各类主要信息和相关政策法规，收录于书末尾，方便读者查阅。

中国当前正步入城市更新活动的热潮，各大城市城市更新活动正如火如荼地开展，《中国城市更新发展报告 2018-2019》较全面地总结了国内重点城市的城市更新活动和实践，内容翔实、案例丰富、重点突出。本报告作为一部年度行业报告，适合广大城乡规划工作者、建筑学和城乡规划学等专业学生、相关专家学者阅读和参考。

编撰城市更新发展报告是一项任务繁重、涉及面广、影响较大的工作，由于时间和篇幅的限制，报告难免对部分城市更新内容有所遗漏，未尽事宜，我们期待在来年的报告中进行弥补和修正。我们也期许更多的同行、专家和有志者来稿供稿，互相切磋，以求更全面地反映中国城市更新的情况。

朱雪梅
中国城市科学研究会城市更新专业委员会 主任委员
2019 年 11 月

目　录

动态篇

城市更新中的建筑创作

何镜堂*

近几十年来，我国的城市建设取得了卓有成效的进展。然而，粗放型的发展方式给我们城市带来繁荣的同时，城市也面临着大拆大建、资源浪费严重等种种问题。在2015年12月召开的城市工作会议上，中央提出了城市工作的总体思路和重点任务，并明确了我国城市发展应逐步由粗放式扩张转向内涵式增长，从增量开发转变为存量开发。这意味着城市的建设进入了精细化和集约化的可持续发展新阶段，城市更新将成为城市发展的新增长点，成为城市建设越来越重要的手段与核心动力。下面我想通过我们团队完成的一些城市更新项目谈谈我对城市更新中建筑设计创作的观点。

1 以人为本

城市更新应该改善城市的物质空间环境、提升城市的环境品质、体现以人为本的设计理念，满足人们日益增长的对美好生活的需求。

1.1 案例一：江苏宿迁玻璃博物馆及旧厂房改造

原来的江苏宿迁玻璃厂，是当地生产玻璃的一处非常重要的基地，现在厂房已经进行了迁移。我们的设计团队通过保留原来的玻璃厂工业遗址的肌理，并注入了新的文化元素，把旧厂区打造成为一个玻璃博物馆的公园。我们的设计维持场地原有的环境，增加文化活动的功能，使这些场地变成人们生活的公共活动空间（图1）。

设计方案将玻璃厂原来的颜料基地进行了绿植美化，还根据现场情况对厂房的整体格局进行了规划，既保留了原来厂房的形态和肌理，同时也增加了一些新的功能，将它建设成工业遗址公园。

* 何镜堂，中国工程院院士，华南理工大学建筑学院名誉院长，华南理工大学建筑设计研究院有限公司董事长，教授，博士生导师。

基地中灰色的部分基本上是原有的厂房，通过保留原有的场地肌理并进行改造，加入其他的功能，现在已经变成了当地的博物馆和公园。方案中运用较多的设计手段，包括肌理的处理，以及沿用原来的一些细部做法，通过对原有建筑各种元素的提炼，将新建筑与老建筑融为一体。项目落成后，这里已经成为当地非常重要的一处文化场所。在对原来的烟囱进行再现后，可以看到新加的部分建筑与整体的关系较协调，这里成了老百姓喜欢的公共场所，也形成了一张文化名片。

图 1　江苏宿迁玻璃博物馆

（图片来源：华南理工大学建筑设计研究院）

1.2　案例二：广州越秀区解放中路旧城改造项目

该项目是广州旧城更新的项目，位于广州解放中路老街区的骑楼街。项目对原来的街坊肌理、交通各个方面进行改造并增加各种设施，同时在住宅部分的设计中保留了原来的活动场所，从整体上提升了当地老百姓的生活水平。

方案主要从街坊肌理、住宅的设计和建筑风格的延伸三方面进行改造。项目通过增加内部公共活动空间，改善交通和基础设施，将这里打造为一个社区。其中住宅设计是充分针对当地的老百姓来进行研究的，满足了岭南气候方面的要求（图 2）。

图 2　广州越秀区解放中路旧城改造项目

（图片来源：华南理工大学建筑设计研究院）

例如，在 60 多平方米的一间住宅设计中，我们的团队需要非常注重当地通风要求，并保持住宅的肌理与原有老城区骑楼街的关系相协调，且增加了停车的设施；二楼设置了交往平台，加强建筑空间与环境的互动，改善了这个社区的居住环境。方案最大的特色是住户以原有居民为主，每一户皆有通风采光，肌理跟原来的骑楼街非常协调，这些细节处理皆反映出对老城改造的深入考虑，旨在让新与旧的建筑与环境能保持一个和谐的关系。

2 城市文化的传承与创新

城市更新的建筑创作应该体现城市文化的传承与创新，在设计层面应当保留历史文物建筑的原真性、历史地段风貌的完整性、新建建筑传统文化的延伸性。

2.1 案例一：江苏泰州（中国）科学发展观展示中心

江苏泰州（中国）科学发展观展示中心位于一个新城跟老城交界的地方，新建的建筑必须解决好传承与创新的问题。项目既体现了对传统街区和传统民居的传承，又协调了新居之间的过渡。这里属于新旧的交界点，重点在于把新区和老区统一起来，属于如何传承与创新相融合的范畴。设计中我们融入当地的文化、水街、江南一带民居的风情，所以新建筑的肌理跟原来地区的肌理是完全协调的（图 3）。

由于项目期间做了充分的调研，在设计中就把墙面、屋顶、院墙、墙角的做法融合起来。屋顶用了石头，虽然没有用原来传统的方法来做，但是肌理是协调的，这就是新与旧之间的协调。另外，当地人讲究“左右逢源”，设计中就把这种思维融入进去。再者，展示中心这座建筑在设计中非常注意环保方面的处理，整个建筑落地之后，就通过了国家绿色建筑三星级标准的评估。

图 3 江苏泰州（中国）科学发展观展示中心

（图片来源：华南理工大学建筑设计研究院）

2.2 案例二：南通中华慈善博物馆

这是在南通的一座老厂房，我们通过打造现代公园的方式，对其进行厂房改造，建设成了中华慈善博物馆。在设计中，既保留了旧厂房，又增加了新建筑，形成内向型的建筑群。外墙的处理、构件的处理都吸收了原来的传统做法，最终把原来的厂房变成了一个博物馆。

从已经完工的现状可以看到，方案既吸收了当地传统工业厂房的元素，也和现代厂房结合起来。建筑右侧是新盖的，另一侧是保留的，以此形成了内向型的状态。由于项目是慈善博物馆，故此需要非常注意如何创新，其中对广场运用了莲花造型的手法（图 4）。

图 4　南通中华慈善博物馆

（图片来源：华南理工大学建筑设计研究院）

3　带动城市与区域的经济与社会的发展

城市更新中的建筑创作还应该带动城市和区域的经济与社会发展，融会社会、经济、环境等全面的复兴。

案例：上合组织青岛峰会主会场——青岛的国际会议中心

青岛的上合组织青岛峰会主会场，从设计到完工仅仅用了 7 个月的时间，而且做得非常成功。这个项目的基地对城市非常重要，基地原来是综合购物中心，但因建筑已经破旧而准备拆除；同时，基地还有一个特别的地方，那就是它是十年前的奥运中心。因而，这个项目基地既有奥运中心，又有商业建筑这两个历史环境条件，这就要求建设项目需要对此进行适当地研究并做出对策。（图 5）

图 5 上合组织青岛峰会主会——青岛的国际会议中心

（图片来源：华南理工大学建筑设计研究院）

由于项目既需要考虑文化的传承，与环境协调，又需要解决国家级、世界级的国际会议中心自身的许多问题，所以经过讨论，我们的方案是在奥运遗址进行进一步设计，基本保留遗址。整个建筑 240 多米长，60 多米宽，在这个基础上把新的功能要求完全通过装配式钢结构做起来。当时提出来的项目理念是：中国气派、世界水准、山东风格、青岛特色，旨在既体现我国简朴的文化传统，又彰显世界水准，这才能够满足开展大型国际会议的要求。

山东风格有七个特色，其中青岛特色是海洋文化。方案在原有建筑基础上增建了新建筑，整体改善了大环境。最终，用了七个月的时间就使这栋建筑取得了非常大的成功，现在它已经对外开放了。

4 地域性、文化性和时代性

城市更新中的建筑创作应该要体现地域性、文化性和时代性的和谐统一。传统也好，现代也好，都要从地域、文化、时代这三方面来提炼，最后与空间的整体观和时间的可持续观融为一体。三个简单而又隐含无限可能的词汇，共同融合构筑了我的建筑创作构思源点和哲学基础，我将其归纳为“两观三性论”。建筑的地域性、文化性、时代性是一个整体性的观念，地域是建筑赖以生存的根基，文化是建筑的内涵和品位，时代则体现了建筑的精神和发展——一个合乎逻辑的设计构思过程。我常常从地域中挖掘有益的要素成为设计的依据，从文化层面进行深化和提升，与现代的科技和观念相结合，并从空间的整体观和时间的可持续观加以把握，创作出“三性”和谐统一的有机整体。

4.1 案例一：南京城墙博物馆

南京城墙博物馆，其建筑设计同一般建筑的设计手法完全不一样。首先，城墙博物馆的建筑个性表达上非常低调，建筑高度最高不超过7米；其次，在空间肌理方面，方案中斜坡的处理方式跟城墙非常协调，外部空间像开放的公园，人可以走在上面参观、照相、看城墙，且24小时对外开放。而身处博物馆里，参观者可以通过玻璃欣赏城墙，与城墙对话，这也是它的一个重要特点（图6）。

图6 南京城墙博物馆

（图片来源：华南理工大学建筑设计研究院）

在面对传统文化、新与旧的处理方面我们做了很多研究，最终这个方案的建筑个性以非常谦逊的姿态呈现出来。

4.2 案例二：何镜堂工作室

何镜堂工作室，这个地方是原来的中山大学老教授的小区。现在可以看到这里面有6栋小建筑，都是1932年建的，已经有80多年的历史了。到改革开放时期，这些房子经过十多年的变动，已经非常破旧了。加上受广州气候环境的影响，建筑的屋顶都已破烂。项目的改造过程总共用了12年的时间，分步改造。将6栋房子分成4期，用了10年的时间进行改造，改造的原则是同步整合，保留了原来的肌理和原来的风貌，建筑外形不能改变、颜色不能变、窗户不能变，但是内部的功能进行了置换，并加入了现代元素（图7）。

从航拍可以看到，工作室的建筑屋面基本已经全部绿化了。工作室里的景观设计形成了三大院落空间，院落非常生态，原种植有杨桃、菠萝蜜、黄皮等果树。这个地方规模不大，4000多平方米，但里面却非常有文化氛围，是一个很适合创作的地方。如今，这个地方已经成为我们团队工作的场所，也是科研的场所，是产学研融合的地方。

图 7 何镜堂工作室

（图片来源：华南理工大学建筑设计研究院）

5 结语

近年来的城市建设常常发生在传统街区、传统工业遗址和传统街坊，常会遇到新与旧之间关系处理的问题。在以上这些项目中，我们都尝试了现代要素与传统历史的协调与融合，使新旧建筑成为有机整体。这样既能让人感受到传统文化的氛围，又可以满足现代人生活的需求。

备注：

本文根据何镜堂院士于 2018 年 12 月 7 日中国城市科学研究会城市更新专业委员会年会上所作的报告整理。

编辑整理：

刘利雄，广东工业大学建筑与城市规划学院，讲师。

梁志超，广东工业大学建筑与城市规划学院，研究生。

曾 颖，广东工业大学建筑与城市规划学院，研究生。

城市更新的多维度思考

郭仁忠*

目前来说，城市更新、城市规划、城市建筑、城市设计等话题多是由专业的人讨论与实践的，但他们完成的作品，却都是给非专业人——城市的消费者，即普通市民使用的。事实上，消费者对产品应该是有发言权的，其中包括他们喜欢什么，不喜欢什么等。所以，今天所谓的多维度思考就是从消费者的角度，从一个外行的城市市民眼中来看待城市更新。

以深圳市的一个城市更新项目为例，这个地方位于深圳市南山区高新园区旁边。居住在这里的居民大多数是高新园区的员工，他们处于事业起步阶段，在非常漂亮的写字楼工作做研发，拿着一两万还算不错的工资。在更新改造之前，这里的房子一个月租金大概三四千元，日子还能维持下去，但改造完了以后，租金上升到1万多，他们不得不搬去更偏远的地方居住。以前他们是步行或自行车上班，通勤时间10分钟左右，最多15分钟，但现在要坐地铁到20公里以外的地方去，至少要30~40分钟。因此有人表示，尽管改造完以后的容积率提高了，但是实际在这里居住的人数下降了。

这不得不让我思考一个问题，一个成功的旧城改造地产项目，是不是一定是一个成功的城市更新实践？我个人认为，有很多成功的城市更新地产项目，并没有成为成功的城市更新实践。

因此，城市更新需要进行多维度思考，以促进更科学合理的城市更新实践。具体而言可以有以下6个维度：

第一，价值的追求应该考虑全局和长远利益。

目前在大多数的城市更新项目中，政府卖地、征收税收，企业赚利润，公众住新房，看似是一幅多赢的画面。但是我们想想前面讲的案例，结果并不一定是表面这个样子。很多原住民在改造后事实上享受不到新的住房环境。所以，我觉得至少要考虑两个因素，其一是职住平衡，其二是产业生态。

回到刚刚前面深圳的案例，改造后的住宅区跟旁边的产业园区，理论上讲是职住平衡的，但事实上，从实际需求的解决方面，这绝不平衡。我称之为“貌合神离的职住平衡”，因为能住进这个小区的人不会在旁边的高新园区上班，在这个高新园区

---

* 郭仁忠，中国工程院院士，中国城市科学研究会副理事长，深圳大学建筑学院教授、博士生导师。

上班的人又住不进旁边高档的住房。因此，从规划的功能看是平衡且合理的，但实际上又是不平衡不合理的，这样的案例在我们国家的很多城市里都存在。所以现在的城市更新，要关注这一方面，要把貌合神离的职住平衡改成真正实际意义上的职住平衡。例如在城市更新中，建造更多的小户型公寓，甚至是改建为政府的人才房、安居房，这才能实现真正的职住平衡。除住宅区的改造以外，还有很多改造是旧厂房的，因此，这涉及产业生态的概念。这与职住平衡是类似的道理，很多深圳的产业需要先进的通信技术、控制技术、计算技术，还有新材料、新工艺等，这些在高新园区内会很容易找到，在较近的距离内满足该产业所需要的配套技术、工艺、材料、产品、配件等，这是产业的生态。城市更新要有助于产业生态的优化和行业的发展，而不仅仅是眼前的一点经济利益。

第二，空间承载力应包括经济和人口的承载力。

缺乏土地、缺乏发展空间，是目前城市更新的重要动力及原因，因为现在国家采取了耕地保护、生态控制线等严格措施限制城市空间发展。因此，考虑到老房子容积率低，不得不选择拆掉重建，开展城市更新、旧城改造工作，这个思路没有问题，但从最终目的来看，城市发展空间的寻觅应该以提升空间承载力为核心。事实上，提高开发强度不等于提高承载力，例如建豪宅、盖大别墅，尽管房子盖大了，但事实上人住少了，承载力没上去。解决空间承载力的问题可以从人口密度、经济密度两方面考虑。在这方面上海提出了减量发展的观点，即城市总的建设用地要缩小，但城市仍然要发展。减量发展，更重要的是后面的发展，发展就需要经济增长，产量规模要增加，人口要增加，但是土地要减少，这必然会带来人口及经济密度的提升。尤其在城市的核心区和中心区，必须增加城市经济密度，这是个广义的概念，可能是就业密度，也可能是产值、GDP、税收等密度。因此，城市更新需要考虑密度问题，也是城市承载力问题。

第三，改善功能不以牺牲“邻里”为代价。

有很多城市更新案例尽管带来了物质环境的提升，但同时也影响到了当地的邻里环境。比如改造后，社区可能会有密度的提升或者用途的改变，从而带来了额外的公共设施需求与负担，如：交通的流量，垃圾的处理，其他基础设施如学校、医院等。因此，为了城市良性的发展，我们不能因为改造而使得周围片区的环境更恶化，如果产生了外溢的配套需求，应该要同步解决甚至提前解决，如此才能使城市更新走向良性发展。

第四，文化的传承应该寻求历史和现代的共生。

事实上城市更新对于城市而言就像人体的新陈代谢，是城市的发展、生长过程，是城市顺应社会进步的表现。因此，城市不能拒绝成长，也不能否认新陈代谢。历史、文化，应该继承、保护下来，但应当通过合适地利用以寻求历史与现代的共生，没有利用的保护是不可持续的。保护必须在利用过程中保护，最起码可以做成一个博物馆，如果闲置不用，久了就会颓废甚至逐渐逝去而消失。城市总在发展，不可能所有的老建筑都保留下来，所以某种程度是可以通过一定的技术来保存历史文化遗产，就像实物和档案都可以记忆乡愁，可以采取现代化的手段，例如虚拟现实、增强现实等数字化手段，将历史记载与传承下来。

第五，环境的整治应该与多元化及层次化的需求相适应。

现在很多环境整治仍然是大拆大建的过程，但必须要明白绣花式改造、美化环境、完善配套是必须要做的事情。多元化首先是宜居和宜业的关系，在很多地方，环境改造后貌似宜居了，但实际上原来在这里工作的人不能在这里工作了，宜居不宜业了。因此，应根据产业区特性，配套相应的住宅区；根据住宅区特性，配套发展相应的产业。这样的旧改才有助于宜居宜业的相互促进。另外，也要关注需求的层次化，事实上不是环境搞好了就宜居了。西方所谓的贫民窟，某种意义上讲也是宜居。宜居不是说把条件改得很好就是宜居，宜居跟需求层次有密切的关系，不同的人有不同的需求，有的人认为住在老旧住宅区对他来讲就是一种宜居，搬进高档住宅、住在道路旁那才叫不宜居。所以，宜居有需求层次，应该据此来考虑环境配套完善。

第六，城市的升级应以现代城市科学理论和技术为支撑。

在城市更新方面，应该多考虑智慧元素的嵌入，通过最新的技术将城市结构、城市形态、人口规模、城市配套等实际城市发展情况结合研究。例如，现在城市的学校配套设施，都是以居住人口来做配套，这个片区居住多少人，需要配套多少学校。但是，这种配套方法在过去是合理的，但在现在是否合理？对于很多市民而言，现在上班距离很远，6 点钟下班，孩子 4 点半放学没有人接，回不了家，上学难、就医难的问题在很多地方都非常严重，而我们的城市规划与城市更新思维，仍然停留在以居住人口来配套学校、配套幼儿园。现在城市的产业结构与形态、社会结构与形态都发生了很大变化，应该以就业人口配套学校还是以居住人口配套学校？我觉得至少应该讨论一下。城市更新是城市的升级，需要充分考虑与当前的城市发展趋势，与普通市民们的生活需求相吻合。

最后，简单的观点，城市更新是城市适应社会进步的自我完善，需要系统思维，整体考虑，长远谋划，不应就事论事，就项目论项目。城市更新也是政府对社会配套设施供需平衡的调控，不能过于依赖市场在城市更新中所发挥的作用，这是我作为一个普通城市市民对城市更新的一点想法。

备注：

本文根据郭仁忠院士于 2018 年 12 月 7 日中国城市科学研究会城市更新专业委员会年会上所作的报告整理。

编辑整理：

江莺飞，广东工业大学建筑与城市规划学院，研究生。

楚　晗，广东工业大学建筑与城市规划学院，研究生。

告别旧城改造，走向有机更新

伍　江*

城市更新，是指西方在战后快速建设，到20世纪六七十年代发现大拆大建等各种城市问题所提出的概念，它在英语里有很多词能表达。在中国结束了快速发展，并开始采用城市更新的概念时，其实我们学界也对此概念产生了一些混淆。学界知道城市更新有哪些概念，但每次谈这个问题的时候，后面的英文字母都不一样。所以，其实理念很重要，因为这是在解决过去几十年的快速发展之后所面临的必要问题。

城市更新这个词从字面上看比过去讲的城市改造更加直接一点，因为城市的更新本来就是城市发展必须面对的一个状态，所以今天用的城市更新概念是我国目前发展阶段所提出来的，它跟过去的旧城改造是不同的内容、不同的体现。

1　城市是一个生命体

城市本身是一个生命体，或许很多人都同意这个观念。生命体的意思是它有持续的活力，且它的发展、产生、成熟是有生命规律的。这个生命是永恒变化的过程，不断地更新并进行着新陈代谢，期间也许是几十年、几百年。所以，城市发展的规律是来源于自身的生命力，这是城市的生命意义所在。

城市更新是不断新陈代谢的过程，是城市永恒的主题。从整个城市发展的全生命周期来说，大拆大建的更新只会退出历史舞台。中国的城市发展曾经历过非常迟缓的过程，改革开放之后遵循城市发展的规律，城市已经到了必须要改变的时代，大拆大建必将成为过去。而把城市看作一个生命体，其新陈代谢是今天的城市更新活动应该作为常态化看待的事情。故此，这应该是细胞层面的更新，也就是说小规模、渐进式的而且非大规模的、断裂式的。过去手术式的更新改造只能是极特殊情况下的、短期的、暂时的行为，且中国已经持续了30年的摧枯拉朽式的旧城改造运动也必须尽早结束。

*　伍江，同济大学常务副校长、教授、博士生导师，中国城市规划学会常务副理事长。

2 有机更新

当然，城市更新现今的成熟程度还远远还不够，那城市更新的提升到底缺少什么？这里提出新的概念——有机更新。早在20多年前，清华大学就用过这个概念，且“小规模渐进式”这六个字也是当时提出的，但当时用并没有人理解，不过至少那时候已经能认识到更新是有机的，而不是无机的。因此，中国的城市更新也好、城市改造也好，今天应该进入正常轨道，也就是“有机更新”的轨道。

全世界的城市发展进程虽然不一，但面临的问题是相似的。上海世博会当年的主题是“城市让生活更美好”，当时引起了争议，因为谁也不敢保证城市能让生活更美好，只能是更好的城市，更好的生活。这里需要考虑什么是美好城市？我们今天讲城市改造、城市更新、城市规划，更多的是关注我们的城市看起来好不好。然而就城市而言，我们城市长期以来已经积累了很多问题，包括城市议程当中也有很多问题，关注这些问题才是城市建设发展与否的根本性与决定性要素。

2016年10月20日，联合国在第三次人类居住大会上通过的《新城市议程》，其中特别关注的是：城市的包容性发展，注重社会公正，消除贫困；城市的绿色发展，保护地球环境，保证可持续；城市的韧性发展，应对气候变化，抵抗各种冲击；城市的有序发展，依赖于高效的城市治理。这四个方面关注点才是解决城市问题的关键问题，否则城市更新只能是越来越糟糕。

3 城市包容性发展

我国城市的发展是有机的，体现在城市发展是否具有充分的包容性、是否注重社会公众、是否为消除贫困做贡献。毫无疑问，中国的城市发展在这一方面是有进步的。然而，这其中也有问题，那就是对社会不同的阶层、群体，社会所提供的生活品质、空间品质，实际上是没有普遍顾及的。城市大部分人在获得改革开放很多好处的时候，我们还有相当一部分人并不是与他们越来越同等，这是一个现实问题，若这些问题不解决，城市建设的品质就变得毫无意义了。

4 城市绿色发展

今天的城市建设是否破坏了地球的环境、是否让地球环境恶化、是否让社会赖以生存的空间无法持续下去等问题需要我们重点关注。今天的城市建设得再好，但如果让后人无法生存，这种城市建设就是错的。因而，城市需要绿色发展，旨在保证地球环境与保持生活空间的可持续，这是城市发展的第二个核心问题。

5 城市韧性发展

虽然，人类在发展过程中会遇到各种各样的问题，但并没有遇难而逃，而是积极发现后找到方法去解决。然而，需要承认的是，发现和找到的方法有相当一部分是暂时性的，缺乏远见，即使在现在看上去是解决方案，对未来反而是具有破坏性的。由于很多问题和灾难是人类无法预见的，在这种情况下城市建设所制定的方案除了解决现今问题，更重要的办法是让城市有韧性，让其在灾难来了之后，能让我们的生命可以得到最大程度的保护，不让人类在灾难中遭受到不可逆转的损失。

今天，气候问题是全球性的问题。自从美国宣布退出《巴黎协议》之后，世界各国都在关注中国在这个问题上的立场。中国以习总书记为代表的党中央强调绿色文明，做出积极应对气候变化的决策部署。由此看出，当今社会越来越重视全球气候问题，这已经不仅仅是中国认识到并且想要改善的问题，而且是地球上所有人都关注到的问题。在中国城市发展当中，过往为了创造美好生活环境已经做了许多牺牲环境资源的事情。所以在遭遇灾难时，我们的城市会不会变得难以应对呢？故此，在面对未来种种不可预见的灾难时，城市应该有更强的韧性。

6 城市有序发展

城市中各种各样的问题不能过分地依赖和相信市场，如果过分依赖，并且有些事情没有人用心处理，没有对有可能出现的问题加以驾驭，这可能会出现难以承受的灾难。中国有优势能让城市有序发展，以保证城镇能高效健康地发展。今天看中国城市的更新应该是特殊的，到底特殊在哪里？这很难用一句话定义，但是可以尝试用城市更新的特征做总结。

城市有机更新在于不断提升城市功能，创造宜居宜业的环境。宜居宜业是城市的本质，中国地大物博，每个地方的情况不一样，故此宜居宜业也对应着不同的问题。中国的自然禀赋不是非常优厚，需要通过建设高品质的城市，人为地利用各种城市设施改善居住环境，并以此来提供更好的城市活动。这其中涉及一些传统观念要转变。譬如过去在城市规划里面要求公共服务配套指标，这是在过去讲的思想方法，如果每个城市都可以固定地配比，那这个城市不可能真正幸福。那么，到底该在什么地方努力改进，又有多少值得我们去细心研究的地方呢？

城市在没有社会维度的情况下，管理者希望空间的发挥是按比例的，所以城市的空间也需要按这个划分。今天，我们需要反思过去几百年的改造提升，还要反思我们今天的城市改造更新。过去，城市更多是希望能漂亮一点、干净一点，但是过分的洁癖，会把许多城市中的非正式行为一扫了之，然而，城市的很多活力正来源于这些非正式的行为，所以一扫了之的方式会不会恰恰导致了反效果？

7　城市的可持续性

城市有机更新要更加合理、更有韧性，面对各种各样无法抵挡的问题，需要有更多、更大的弹性空间。另外，今天的城市空间与自然生态在某程度上是相互对立的，所以城市的有机更新需要更注重可持续性发展。再者，城市是生态的，城市空间始终在为人类创造更好的宜居宜业空间。

8　城市的历史文化传承与延续

城市有机更新要传承和延续城市的历史文化，城市与建筑的生命在于使用，这些方面都不只是对今天来说的，而是面向明天，更是面向未来。我们的历史文化不仅在于博物馆里面的价值，更在于今天和明天的生活，能否给予我们充实的精神享受，这才是根本所在。从这个意义上讲，需要明确在当下和未来城市中的历史价值是否还能担任重要的角色。

9　城市的精细化管理机制

城市有机更新需要相关政策的配套，这是一个方面。但更重要的是建立完整的体制机制，其中所有的层面都需要逐步探索。城市需要政治性的管理机制等手法为有机更新服务，这就需要对过去的管理体制打破重来，希望以广州为代表的城市更新能为中国创造一条新道路。

10　城市的精细化管理机制

最后，城市有机更新需要从粗放型走向精细化，重要的是要使城市建造完以后能长时间高品质地存在下去。换句话说，城市转型期不只是一直处于建设发展阶段，而是更应该走向维护发展阶段，因为维护发展阶段远远长于建设阶段。现在不需要城市的重建重造，城市有机更新则是城市长期常态化的高品质维护阶段。

许多人说，中国城市建设都仿照着西方国家建造高楼大厦。但是不是楼高了、楼密了就不人性化？这种思想或许是老一代规划师的认知，仔细看一些例子：香港，高楼大厦密布，非常繁华，他们做了很大的努力去打造步行空间（图 1）。在这需要考虑一下，在之后的几十年把汽车赶到底下，究竟有没有可能？再以上海老城和新城为例，楼可以高但尺度不能变，在地球资源越来越紧张、土地越来越贵、房子越建越高的情况下，唯一还要保持的就是人不变，城市也必须考虑人的尺度（图 2）。

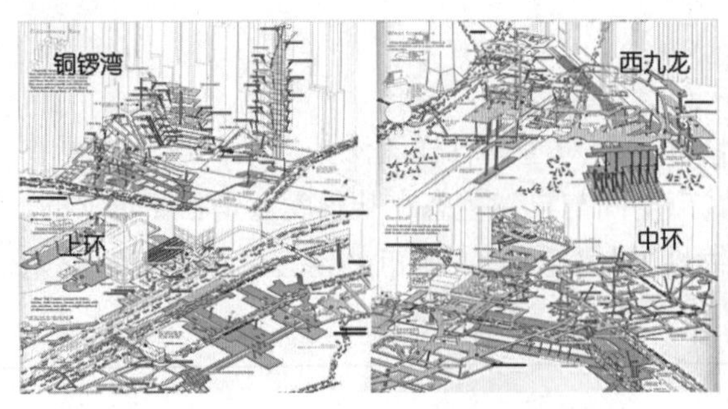

图 1 香港步行空间

图 2 上海步行空间建设

11 结语

城市要的不是漂亮的大路和广场，而是每一个市民生活当中真正满足的所在。宁愿要城市彰显活力，也不要城市充满了死气，希望我们的城市是鲜活的生命体，城市生命能不断迸发活力。

备注：

本文根据作者于 2018 年 12 月 7 日中国城市科学研究会城市更新研讨会会上所作的报告整理。

编辑整理：

梁志超，广东工业大学建筑与城市规划学院，研究生。
曾　颖，广东工业大学建筑与城市规划学院，研究生。

老城区有机更新的空间魅力再生产

吕 斌*

1 引言

伴随改革开放进程的不断推进，从文化经济学和经济地理学的视角和城市发展建设的形态来看空间再生产的过程，城市规划已经从一个完全以增量为主的时代进入了增量存量并存的时代。而在增量里，尤其是对老城区和具有历史文化积淀的地方的改造成为具有挑战性的重要课题。2014 年，习总书记亲自到北京南锣鼓巷视察并作了重要讲话，随后国务院发布《城市规划建设管理的若干意见》提出"城市双修"概念，"城市双修"即生态修复、城市修补。城市修补实际上是存量空间的修补。港珠澳大桥开通后，习总书记第一站来到广州荔湾区的永庆坊考察，强调要采用绣花一样的微改造方式修补城市，注重文化传承和文明延续，让城市留下记忆，让人们记住乡愁。这是对旧城更新特别是有机更新和可持续再生手法的肯定。

老城区的改造和更新问题关系到人民群众的切身利益和城市的发展，城镇历史风貌保护关系到中国历史文化传承，又关系到宜居宜业环境的提升。郭仁忠院士提到一个没有利用的保护是不可持续的，所以这就构成一个挑战，而有机更新则可以提供解决办法。

我国当下城市更新或老城区更新是一个广义的概念，从 20 世纪 50 年代开始，城市更新包括城市重建、再开发等，至少有五种模式。20 世纪 80 年代，吴良镛院士等老一辈学者提出了"有机更新"的概念。20 世纪 80~90 年代,英国提出"城市振兴"概念，美国也提出"可持续再生"概念。这里面的内涵有所变化，但现在城市更新和有机更新工作不能完全抛弃老的工具和方法，我们要在特定的时空条件下采用恰当的方法。现在大热的棚改工作可能只能采用重建的方式，部分为提升功能的城市更新也会涉及再开发。从社会学和经济学的角度来看，为解决邻里关系和旧城宜居宜业环境问题，城市有机更新、城市振兴和城市可持续再生等手法值得认真考量和实施。

* 吕斌，北京大学教授、博士生导师，中国城市规划学会副理事长。

2 城市有机更新的关键问题

2.1 整体风貌保护

老城区等具有历史文化积淀的空间的城市更新要注重风貌整体保护。例如，广州的永庆坊和十三行等地方需要保护，特别是风貌的整体保护，保护的目的是改善生活环境，提升城市功能。世界遗产组织提出一个关键词：HUL（The Historic Urban Landscape），HUL是一个世界性课题，是指文化与自然价值及载体经过历史沉积而形成的城市地区，它超越了历史踪迹和建筑群的概念，包含更广泛的城市背景及其地理环境。近些年，国内部分历史街区保护产生了不好的效果，例如“修旧如旧”的做法，这种想法出发点是好的，但是把真东西拆掉，重建仿旧的“假古董”，使其定格在人们所认为历史上最辉煌时代的做法是值得商榷的。2007年北京前门大街改造就是一个典型案例，为迎接奥运会，当年崇文区政府为加快改造速度，缺乏与居民的沟通，采取拆除重建的做法。事实上，重建建筑质量非常高，绝大部分设计是从中国优秀建筑图集“样式雷”中选定的，但是除了全聚德老店留下以外，其他建筑全部重建，使得300多家老字号店铺全部消失，原有业态被摧毁，由于投入巨大，使得租金高昂，业态难以恢复。直至今天，前门大街仍然冷冷清清。因此，整体风貌的保护非常重要，它不同于完全推倒重建。

2.2 价值判断

老城区更新首先要对现存的空间、建筑和街坊进行价值判断。价值判断要从文化经济学和经济地理学的视角进行，这种价值判断恰当与否关系到采用何种工具，能否达到预期目的。

老城区因为其文化和历史积淀而具有文化经济学价值，从经济学意义上讲，又分为利用价值和非利用价值，利用价值包含直接利用价值和间接利用价值，非利用价值是指暂时不存在市场价值但可能存在效用或效应（又称为心理价值）。历史空间或旧改项目常常被关注的只是其区位和房地产价值，而忽略了其心理价值。政治经济学将心理价值划分为期权价值、代位价值（第三者价值）和情感价值（又称魅力价值或归属感价值），其中情感价值最为重要。习总书记提到一定要记住乡愁，乡愁从经济学意义来讲，其内涵具有非常浓厚的情感价值。情感价值从经济学角度看，可以由数学模型表达，例如国际公认的房地产最佳投资期模型，可以精准地用重积分表达。在旧城实施开发时，采用完全重建的方式可以在短时间内取得比较高的土地出让收益，但是如果没有内涵，载体不存在历史文化积淀，再加上不赋予其创意功能，就会使其逐渐衰落。采用有机更新和可持续更新的方式则可以逐渐提升其价值，国际上有非常多的案例可以用数学公式的表达来证明，其价值会超过完全重建带来的价值。如果采用北京前门大街改造的方式则其价值不是逐渐衰落而是完成当时就急剧下降，仅有土地出让金带来的有限效益。把真的历史载体推倒又不赋予其新的、符合时代、符合市场的内涵，会使得其开发性价比极低，甚至带来经济风险。在旧的载体上赋予创意，满足不同年龄、背景消费者的需求，则能带来很高的开发性价比，经济风险也相对较低。

经济地理学有一个基本的原理即区位论，区位论研究的是产业和人在空间迁移时的要素和逻辑。老城区和具有历史积淀的空间适合都会型产业，包含最近非常火爆的文化创意产业。文化创意产业从生产到消费的若干环节里，包含知识升级的螺旋过程，即跟消费群体面对面学习、交流和反馈的机会。习总书记在广州永庆坊考察时，就接见了牙雕、广彩、广绣、粤剧、网红店等文创从业者和老街匠人，说明习总书记非常重视文化创意产业对历史文化街区再生的重要性。一旦推倒传统街区，这些传统的文化和从业者将很难生存。如果只看到老城区脏乱差、藏污纳垢的民生问题，则首先想到的就是拆拆拆。如果换一个角度，认识到其文化经济学价值，甚至其文化创意产业生存和培育的可能性，那么规划采用的工具、做出的决策将具有更多样的选择。

2.3 社区营造

社区营造是实现老城区更新的一种重要模式。其中的社区具有两个维度的意义，第一是要基于社区、依靠社区，要自上而下和自下而上结合起来；第二是要营造一个社区的结果，要营造和谐有魅力，与周边环境匹配的社区。社区营造的第二个关键词是营造，营造不是蓝图式的设计，是一种过程，强调落地实施。这需要社区规划师、建筑师的参与，社区营造一定是培育、不断且持续的建造动态跟踪过程。在社区营造的城市设计中，城市修补首先要做好社会修补，社区营造的城市设计不是单纯地强调对物质空间的设计行为，所覆盖的对象从物质空间转向社区空间，更重要的是思维转变，要考虑到为谁设计，跟谁一起设计，设计完成后由谁使用。社区设计有三个维度：第一，重要的是关于相关主体参与社区营造模式机制的设计，包括组织机构的形式、各类主体权益和成果分享模式的设计；第二，支撑和保障机制的设计，包括资金筹措的机制、政策保障和人才引进机制的设计；第三，社区设计不是简单依据规划师偏好的设计，应该是基于人行为诉求的场所设计，也就是场所的营造。

社区营造要基于社会调查研究，伟大的城市设计师凯文·林奇教授提出空间要素法，其伟大之处并不在于提出的五个要素，而在于这五个要素是怎样产生的。他提出的方法即社会调查，对不同文化背景、年龄、性别甚至不同种族的人的空间诉求进行调查，然后梳理空间设计的要素。凯文·林奇的空间要素法不仅在建筑学、城市设计学和城市规划学的教科书里出现，也在城市社会学、城市地理学等各个领域出现。他的伟大就在于采用社会调查，根据实际的行为诉求来确定设计的要素，这也是旧城有机更新在设计角度必须遵守的原则。

2.4 多元主体参与

传统的参与主体包含企业、市民、政府、规划师和设计师，以往这些主体的参与只停留在知情和信息互相传递的层面。现在来看，这些主体应该构成利益共同体，最有力的案例就是万科在深圳和广州进行的城中村运营，国有企业、集体经济的企业和个人组成一个利益共同体，并在集体用地上进行运作，这种参与模式通过协议的方式进行。所以，多元主体参与重点在于结合国情联合多个主体，政府包打天下的时代已经过去，只靠企业也难以推进，必须多元主体协同，构成利益共同体。

3 结论

社区营造的空间魅力再生产，重点在于提升社区的空间价值、社会经济价值和文化价值，强调多元主体参与和自下而上式的规划路径，它不仅仅是物质空间的目标还具有社会学和经济学的目标。什么是宜居，什么是魅力，对不同的人来说有不同的内涵，所以空间魅力再生产要符合不同阶层人群的需求，把握恰当的价值取向。

备注：

本文根据吕斌教授于2018年12月7日中国城市科学研究会城市更新专业委员会年会上所作的报告整理。

编辑整理：

王 哲，广东工业大学建筑与城市规划学院，研究生。

城市公共空间品质营建

孙一民 *

谈到城市公共空间的品质，能看到今天有很多乱象。我们经常会想街道究竟是什么样的空间？什么是院子形态？如果我们片面强调某个地块具体的状况，就完全进入另外的景象了。我们城市的建筑高度增加了，密度增加了，但城市空间始终面临一个根本的问题：无论是进行老城改造还是新建建筑，我们在这个过程中创造了各种封闭性的空间，却没有考虑到空间体系运营。

1　城市公共空间

我们的老城市跟西方相比是有本质区别的。与西方老城市肌理中的建筑外部公共空间相比，我们的公共空间虽然也是存在的，但它是靠院子来营建的。在公共空间品质上，现代城市更新面临的问题和以前面临的问题不同。我们创造了自由空间、公共空间，但更关键的是我们要营造最基本的生活空间。

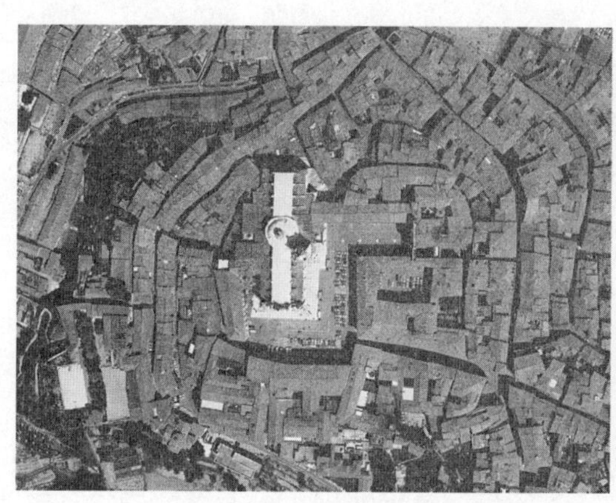

图 1　西方老城市肌理与公共空间

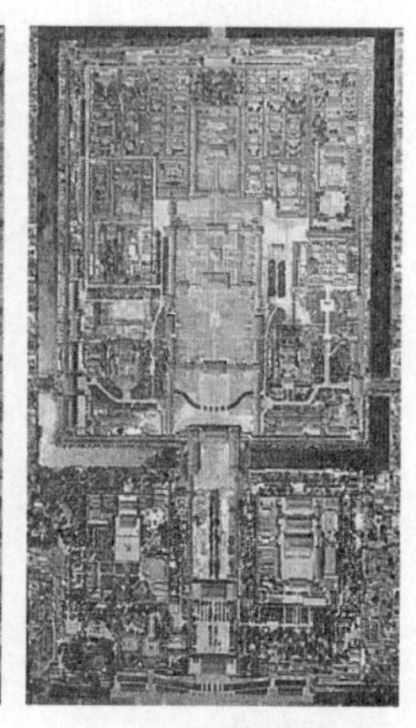

图 2　北京紫禁城

* 孙一民，长江学者特聘教授、博士生导师，华南理工大学建筑学院院长，亚热带建筑科学国家重点实验室副主任，中国建筑学会理事，中国体育科学学会体育建筑分会副主任委员。

图 3 广东省中山市孙文西路步行街

在过去，建筑和城市完全是一体化的。如今，老城市和老建筑正在被现代规划建设所冲击。有很多现代的理念被人们放进城市，并将阳光、空气理念融入城市。我们既有更新局、规划局来进行工作，也有一套控规来进行城市优化，将各种专业融合在一起，这里面我们碰到很多核心的问题，例如公共空间的问题。

在一个城市的城市肌理里面，应该是能够见到它各个时期各种更新改造关系的。过去几十年的时间，城市涌现了各种各样的工程技术，例如将高架桥放到城市公共空间上的做法。我们经常说，形式上应该是这样的，技术上是那样的，但是很少讨论城市的核心公共空间究竟好不好？

1.1 建立城市公共空间

众所周知，广州琶洲西区在 2008 年开始已经开展了国际竞赛，做了 6 个方案。我们在进行这个片区的城市设计优化和控规的实施方案时，思考到城市公共空间规划仍需要优化，这其实还是刚刚所谈到的公共空间的问题。

为了解决这个问题，我们做了快速优化，继续阅读基地，并用现代技术的窗口拿到一些资料。控规框架已经出来了，我们在此基础上做了一个分析，分析最后的结果是得出了新的城市设计优化总平面。

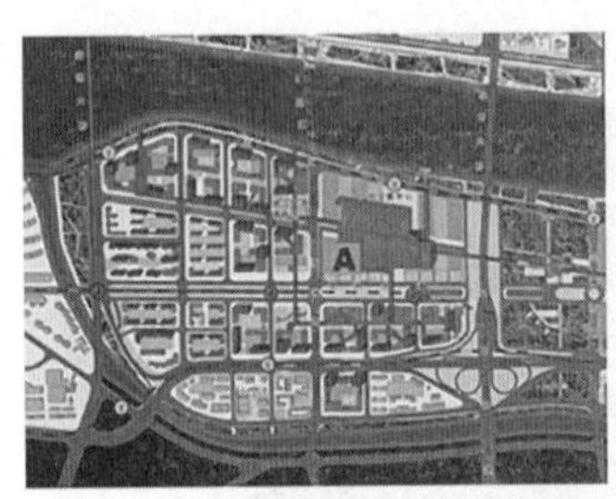

方案一（设计所+美国FSA，优胜）

方案二（华工）

方案三（市规院）

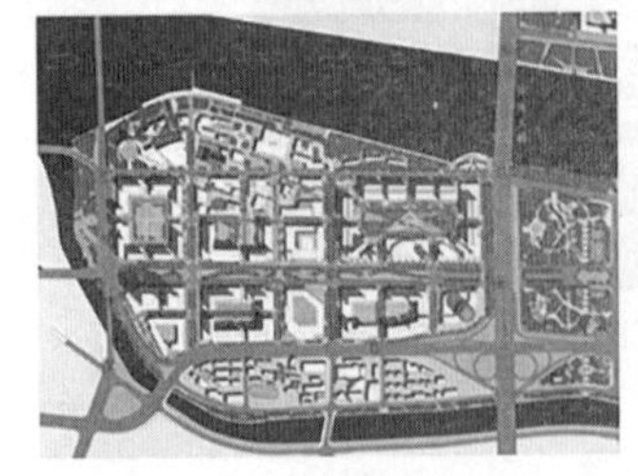

方案四（上海合乐+浦东院，优胜）

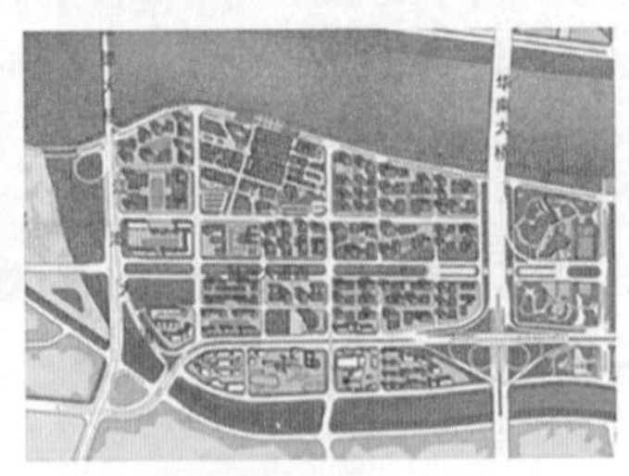

方案五（德国欧博迈亚）

方案六（新加坡DPC）

图 4 2008 年广州琶洲西区国际竞赛的 6 个方案

我们在进行工作时的思路是清晰的，从现状解读到基地分析再到内容的保留，包括场景的输入，公共空间交通连接的角度，最后落实在路网规划的层面上。在工作中最重要的一点是，我们把公共空间建立起来了，形成开放空间的系统，这个系统不会因为建筑的高矮而改变。

在这样的基础上，我们完成了这个片区的最新优化，形成了一套导则。这个实践不仅完成了现在国内谈得最多的设计理念，而且证明了城市设计内容并非像许多规划部门所谈到的完成导则就可以了。对我们而言，导则确定之后才是我们工作的开始。

1.2 梳理城市公共空间

刚才几位专家都谈到了文化的基因谱，即在自己的文化基因下扩大保护和传承。但在保护和传承过程中我们还有很多东西是没有注意到的，例如片区的城市公共空间更新架构。

虽然我们在实践过程中的工作内容一直在变化，但这里面不变的核心是追寻城市公共空间的价值。我们在完善片区功能的基础上加入了新的城市空间结构，并通过媒体的报道将城市公共空间品质营建的理念传递出去。

如图 5 中所反映的，在基地范围内我们看到许多网格用地，楼虽然很高，但实际上网格里留下来的公共空间和有集体特色的空间更大了，并且是与现有的空间体系吻合在一起的，这样我们就把片区公共空间的格局梳理出来了。

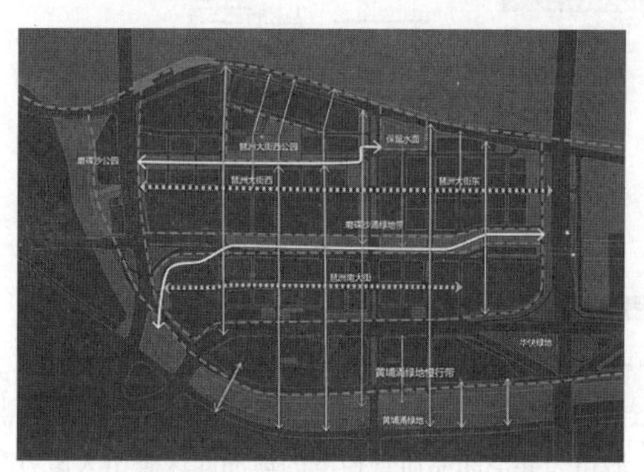

图 5　广州琶洲西区的片区公共空间格局分析

2 城市设计导则

作为社区规划师和地区规划师，我们希望琶洲西区规划的结果，是保留最基本的设计理念，并避免在规划中发生背离原有理念的意外。在完成规划设计阶段之后，下一步就进入设计导则阶段，我们会不断面临挑战，我们会继续解决问题以获得最好的成果。

制订城市设计导则这个过程，说起来容易但做起来难，导则应该是一个优化的过程，而不应该是僵化的过程，设计导则不能变成我们最大的桎梏。至于怎么打破桎梏，我们地区城市总设计师应该去进行尝试。毕竟我们的体系是以人为本，而不是走向市场。

当谈到容积率的变化来调控城市，我个人理解是不可能的。例如，我们希望可以实现琶洲西区增加 20% 的容积率，但是我们发现容积率完全不能动，任何可能的容积率的调整都涉及纪检部门的关注。我个人认为应该把我们的关注点放在公共空间，这个过程不仅是造型，而是让我们的城市营建从粗放走向精细。在这个过程里面会有很多变化，但变与不变，首先考虑的是公共利益，最后才是效率合理化。

在导则制订的过程里面，我们的工作重点应该放在导引公共空间上。我们在监管过程中，发现了很多在导则里面根本性的管控问题，如能否保证公共空间出让，以及它们的 24 小时开放。对于建筑底层的导引不仅仅是尊重造型，也要考虑到公共利益和生态效益。我们可以允许建筑师出于其他需求进行调整方案，但只有这两项不能调整。

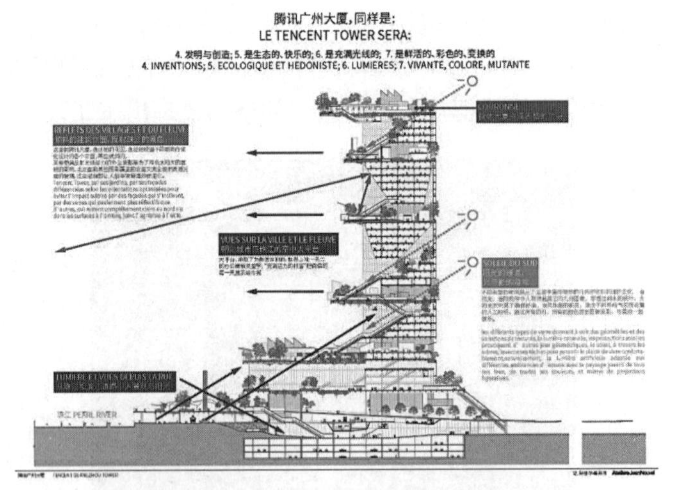

图 6　城市公共空间品质管控下的琶洲西区腾讯大厦方案优化

我们对导则也有很重要的突破，例如“墙角”，得出的结果是拿出来更多的空间，最后也推动了我们实现颠覆性的尝试。其实我们自己讲了很多可行方案，但是我们觉得在这个过程里，其实可以反映出的是设计一体化。真正的城市建设的现实就是无论由谁来做，整个过程的城市设计都是在形成一套体系，包括我们的会议和机制，都是我们总结出来并提交给业内作为一份参考。我们鼓励原创设计，环境品质优化，空间环境设计一体化，我们探讨核心的价值观，在建设中注重形态的保证。

3　结语

最后，我想用阿尔多·罗西的话作为报告的结束，“我做城市规划的同时也是在做建筑设计，对于空间的观点以及城市空间的氛围都与建筑息息相关。”

备注：

本文根据作者于2018年12月7日中国城市科学研究会城市更新研讨会上所作的报告整理。

编辑整理：

梁志超，广东工业大学建筑与城市规划学院，研究生。
曾　颖，广东工业大学建筑与城市规划学院，研究生。

老城更新与文化传承

潘　安*

1　两种意境的融合与转换——从惠能与神秀谈起

1.1　市井文化：洒脱自然、不拘一格、禅宗根基

广州市井文化与佛教南禅文化关系是一种互为因果、交替影响、共同发展的关系。

佛教原本是以“取经”与“传经”为主流的移植文化，是一种相对封闭的宗教文化。佛学在中国的移植过程中，逐渐世俗化，并与中国文化产生了互动。其中，禅宗是对中国文化影响最为深远的一支宗派。唐朝时期，禅宗分南、北两宗。北宗禅学以神秀为代表，强调“渐修渐悟”，称为“北渐”。南宗的创始人六祖慧能认为“一闻言下大悟，顿见真如本性”，强调的是“顿悟”思想，称为“南顿”。

六祖慧能生于岭南，长于岭南，且没有接受过正统教育的训练。其“顿悟”的心得和解读不能说没有岭南世俗文化的烙印。随着南禅的成熟与壮大，“顿悟”理念与精神又反哺本土，强化了岭南逍遥自在、洒脱自然、不拘一格的文化特色。

图1　左：神秀；右：慧能

1.2　海上商贸特征：货物贸易与文化贸易

广州是中国海上丝绸之路的起点和始点。由唐至清，海外贸易经久不衰。对

*　潘安，博士，城市规划及民居建筑专家，广州市城市规划委员会委员，广州市城市规划协会会长。

于没有外事机构的封建王朝来讲，唐朝设立于广州的船舶使制度和宋朝设立于广州的船舶司机构承担了相当大的一部分外事职能。明朝广州官方选定商人设立的牙行，清朝广州的“十三行”同样也具备这些功能。清乾隆二十二年（1757 年）到第一次鸦片战争结束（1842 年）的 85 年间，广州十三行成为全国唯一合法的对外贸易机构。

发达的海外贸易，必然导致广州最先接触到海外文化，成为中国对外的窗口。在货物贸易的同时，文化碰撞、摩擦，交融和互动不可避免。我们戏称为:文化贸易。

1.3　市井文化的胸襟

广州的“市井文化”是一个“融合”的大概念,其中包含了中西融合、官民融合、朝野融合、城乡融合等内涵，成为文化大观园中绽放最绚丽的花朵。货物贸易与文化贸易并存,封疆大吏与贬官文化并存,儒家文化与南禅文化并存,是广州洒脱自然、不拘一格文化的根基。

洒脱自然的市井精神让广州人可以坦然地面对一切。

以广州圣心大教堂为例。这座大教堂被广州人称为石室。在这块土地上原本建设的是两广总督府。两广总督府在鸦片战争中被八国联军的炮火夷为平地。随后迫于法国的压力，广州政府不得不同意法国人在两广总督府的废墟上修建天主教堂。这是难以让人容忍的事情，但广州人接受了。

圣心大教堂为天主教巴黎外方传教会，从 1863 年奠基至 1888 年竣工落成，历时 25 年。大教堂由广东揭西的建筑工匠蔡孝担任总管工。在教堂的建造过程中，蔡孝大量使用了中国传统的工艺技术和材料：用中国的抬梁式木构架取代欧洲的木桁架；以桐油糯米石灰浆作为胶结材料；以大阶砖取代部分石板地面；在穹窿顶部石块中凿孔穿铁枝拉接；用中国的石狮子取代作为屋面排水口的怪兽；局部还曾经采用了广式木雕作为装饰等。

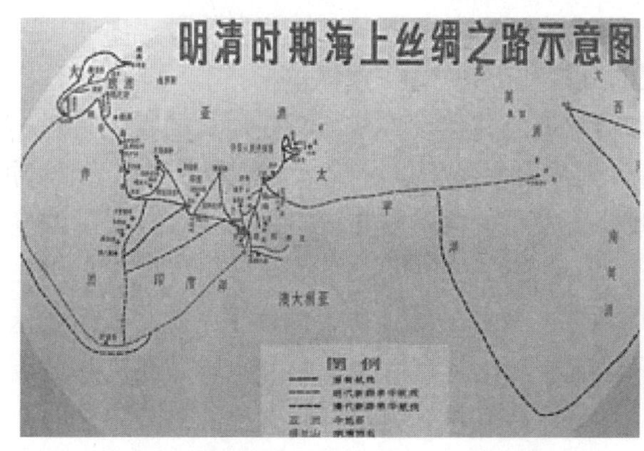

图 2　明清时期海上丝绸之路示意图

图 3　石室圣心大教堂

2 环境统筹谋划——需要能撑起一片天地的规模

2.1 规模支撑着一片天地：TIT 与工业遗存

广州宠辱不惊、随遇而安、与时俱进、不拘一格的城市性格让广州老城市不断地焕发出新的生机。依据保护规划，目前广州市已开展保护和修缮历史建筑、工业遗产等项目累计 121 宗，涉及的总建筑面积达 17 万平方米。其中，广州 T.I.T 创意园在建筑活化更新中取得了非常大的成就。

T.I.T 创意园位于广州新中轴线南端新港中路 397 号，前身为创建于 20 世纪 50 年代初期的“广州纺织机械厂”。园区占地面积约为 9.34 万平方米，总建筑面积约 5 万平方米。2010 年广州 T.I.T 创意园正式开园。园区通过“退二进三”、“三旧”改造，在保留城市工业发展记忆的同时旧厂房用地得到盘活，成了广州市旧厂房改造的成功标杆典范，为其他“三旧”改造项目提供辐射和示范作用。

图 4 T.I.T 创意园

2.2 西关文化的支撑点：城墙与人民路

广州市井文化根植于城内，表现于城外。广州市井文化能够茁壮成长，得益于城墙的空间阻隔。广州两千余年的正统势力统治区一直以城墙为边界，城墙的轮廓勾勒出官方秩序和民间势力的分野。城墙不仅是空间上的权力符号，还通过对人群和城市功能的析离，造就了西关的风貌和市井文化的根据地。

1912 年，广东军政府设工务司掌理公共建设事务，时任司长的程天斗提出拆除城墙、设新街道与拓宽旧街道等计划。后来由于二次革命的爆发，停止了城墙拆除。1918 年广州市政公所成立，市政公所发布的第一号布告宣称第一要务是拆城基改建成马路。

广州城墙拆除 60 年之时，广州人在曾经的城墙位置修建了一座高架桥。这座高架桥犹如一座镂空的城墙，暗示着市井文化与官府文化的分水岭。在广州城墙逝世一百周年之际，俯身重识，我们发现缝合市井文化与官府文化的对与错是一个令人非常纠结的话题。

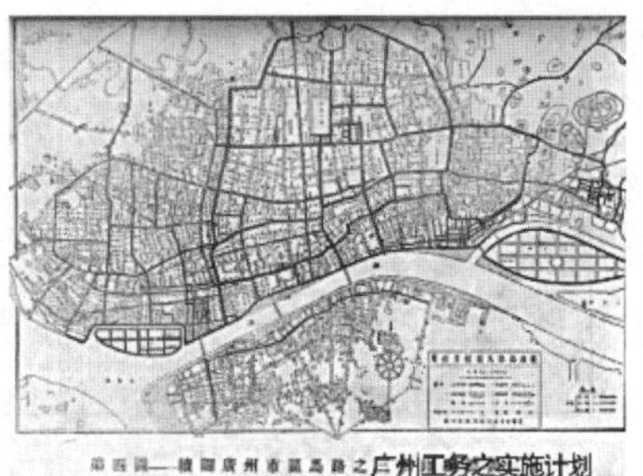

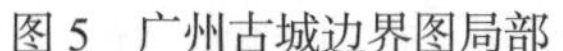
图 5　广州古城边界图局部　　　　图 6　广州工务实施计划图

2.3　西关文化的支撑点：华南土特产交易会

1951 年 10 月 14 日 ~1952 年 2 月 14 日在广州举行的华南土特产展览交流大会是国民经济恢复时期华南地区重建城乡关系、恢复社会经济的一次重要的社会经济事件。华南土展会还是新中国首次以“专家为首、集体创作、个人负责”的集群设计，在短短三个月内完成了从策划组织到设计施工的展场建设全过程，呈现出 14 座简洁的现代建筑“半永久展馆”。

图 7　华南土特产交易会鸟瞰效果图

2.4　新时代下创造新支撑点——粤剧博物馆与恩宁路

2018 年 10 月，习近平总书记考察广州永庆坊与粤剧博物馆。习近平总书记说：“城市规划和建设要高度重视历史文化保护，不急功近利，不大拆大建。要突出地方特色，注重人居环境改善。更多采用微改造这种‘绣花’功夫，注重文明传承、文化延续，让城市留下记忆，让人们记住乡愁。”城市文脉传承与建筑风格延续是一个整体。我们用绣花针牵引丝丝缕缕绘就美丽的图案，我们用微改造激活历史建筑提升城市历史文化保护的品质。

再塑西关地区市井文化应不求一物完美，但愿和谐共进。广州老城是一个有主有从的群体，宛如心脏与血管。粤剧博物馆就是当代老城的“心脏”，恩宁路、永庆坊、荔枝湾河涌等就是当代老城的“血管”。粤剧博物馆与恩宁路、永庆坊、荔枝湾河涌等共同演奏文化复兴的交响曲。

粤剧博物馆是一座按照岭南风格，融艺术、展示、旅游等功能于一体，体现岭南文化特色和西关文化风情的建筑群。粤剧艺术博物馆在传统建筑与园林院落里大量地运用木雕、砖雕、石雕、灰塑、陶塑瓦脊等民间工艺材料，在展示粤剧这项非物质文化遗产的同时，也展示出岭南建筑的宝贵工艺技术。

与粤剧博物馆交相辉映的是恩宁路历史文化街区。2016 年恩宁路启动完成一期永庆坊微改造，得到好评。恩宁路历史文化街区修复以肌理再现、功能活化为目标，注重文化、品质、环境三者的塑造。期待的恩宁路紧跟新时代步伐，突出地方特色、改善人居环境、延续文化根脉，成为原住民的恩宁路、广州人的恩宁路、中国人的恩宁路。

图 8　广州粤剧博物馆

图 9　恩宁路

3　结语：共同缔造

广州的老城区更新活化需要各方力量参与其中，只有一起携手谋划城市发展的未来之路，方可共同缔造出新时代下更为美好的老城。

广州老城的更新与文化传承需要我们清晰地认识到建筑的力量，虽然建筑不是传递城市历史文化信息的唯一途径，但是建筑却是记录城市历史文化信息不可或缺的重要载体。

注：本文部分图片来自网络。

备注：

本文根据作者于 2018 年 12 月 7 日中国城市科学研究会城市更新研讨会上所作的报告整理。

编辑整理：

梁志超，广东工业大学建筑与城市规划学院，研究生。

曾　颖，广东工业大学建筑与城市规划学院，研究生。

大湾区之下城市群发展新路径

马向明 *

从历史角度看来，珠三角地区发生了巨大的变化，并且是中国所有城市群中变化最大的地区。粤港澳大湾区的目标是建设成全球第四大湾区，要寻找到城市群发展的新路径，就要寻找到它的特别之处。

1 现状：珠三角历史上的变化

1.1 产业集群

在过去，珠三角是一个以农业生产为主的区域。现在珠三角城市之间的空间联系非常密切，体现在城市间产业集群上。电子产业主要集中在湾区东岸东莞、深圳、惠州，而机械产业则集中在湾区西岸，金融及服务业集中在广州与深圳，而批发贸易及零售业则以广州为中心聚集。在一个区域之中，如果出现了产业的分工，城市之间的分工也必然存在。

广州与深圳作为大湾区中的两个龙头城市和中国的一线城市，它们之间存在着互动的竞争关系。从城际交通出行的分布数据中，珠三角其他地区的居民较多地向广州流动，而深圳居民更多向珠三角其他城市流动。因此，可以了解到广州作为一个公共性较强的城市，会与其他地区共享它的公共资源，而深圳与其他城市之间会有更多地商业往来。许多外地公司在广东开设分公司，首选的地点是广州，而在外地设分公司的广东企业则主要来自于深圳。所以，广州越来越发展为一个门户城市，而深圳则成为经济中心。

1.2 对外联系

1979年1月31日，中央批准了广东省和交通部联合报告，决定在蛇口设立工业区。这一决策基于香港，最终香港与珠三角地区形成“前店后厂”的合作模式，带动了整个珠三角工业化的进程。英国全球城市测评小组测评了全球一百个城市，香港与

* 马向明，教授级高工，广东省城乡规划设计院总规划师。

全球其他城市的联系度要远远高于广州和深圳。因此，香港是整个大湾区最大的国际门户，其次则是广州，而深圳的门户功能则较弱。根据2015世界银行的报告，珠三角已经成为东亚最大的城市连绵区。

1.3 转变

在过去，珠三角实现了三个转型，农业经济向城市经济的转变，内陆经济向外源经济的转变，由单中心向多中心的转变。而最重要的是，珠三角地理认知也正在由三角洲向湾区进行转变。18世纪前的珠三角地区是个明显的海湾，由于地理条件的变化，这里已被称为“珠江三角洲”。随着社会经济活动由三角洲向出海口的转变，三角洲地理认知也向“湾区”进行转变。“湾区”的概念于2004年第一次出现在了珠三角区域规划的文件中。随后逐步衍生出“湾区”的概念。

因此，可以说珠三角地区是改革开放四十年以来中国几大城市群中变化最剧烈的。

2 对比：粤港澳大湾区的独特性

2.1 从历史看湾区

在工业革命以前，中国与其他国家的交流主要通过陆上丝绸之路与海上丝绸之路，这两条主要通道促进了东西方文明的交流。当时，海上丝绸之路主要的交通工具是帆船，每年需要等待信风到来才能进行航海，而陆上丝绸之路可以一直保持畅通，由于这个原因，海上丝绸之路的影响力要小于陆上丝绸之路。直到工业革命以后，随着蒸汽机的出现，轮船和火车成了主要的交通工具。中国与外部世界的交流出现了三条路径：经印度洋的南面海路、经中东铁路的北路和日本、美国方向的东面海路。在工业革命时期，欧洲是全世界发展的引擎，而珠三角地区则是南面海路上中外交流的一个主要通道。

在全世界进入了后工业化和信息化时代后，在航空、互联网等现代产业的推动下，日本、美国方向和东北太平洋方向成为中国与外界交流的主要通道。所以，粤港澳大湾区已经不再是中国与外部交流的主要通道，依托“转卖”的机会已经减少，粤港澳大湾区进入需要自己生产内容的时代。广东和香港、澳门在过去形成的“制度”，成为新时期优势构建的资源，如珠三角的三个关贸区、广交会和深交所等。

2.2 从自然看湾区

作为人类社会经济活动聚集的大湾区，水源是城市生长的条件。因此，世界各大湾区都离不开河流。在其他的大湾区中，旧金山湾区和东京湾区的河流都较小，纽约湾区的哈德逊河是最长的，约507千米，流域面积3.4万平方千米。而粤港澳大湾区处于珠江水系的入海口，珠江干流长2214千米，流域面积45.4万平方千米，分别是哈德逊河的四倍和十倍。

基于这个自然环境，在未来更应该注意建立区域综合立体交通。所以在粤港澳大湾区中，海洋与陆路通道，如粤海通道、京广通道、京九通道等通道的结合就显得尤为重要。

2.3 从制度看湾区

粤港澳大湾区的制度环境具有多元性。广州自唐代以来就成为中国与阿拉伯国家海上贸易的据点。1842年，珠三角地区进入了一个更加复杂多元的阶段。

在这个历史进程下，粤港澳湾区的城市群是不同政治经济体制下的一个集合体。“一国两制”下粤港澳三地的政治、法律、行政体系都有所差异，且分属不同的关税区。由于制度环境会对社会经济发展产生影响，因此粤港澳湾区中“一国两制三关贸区”的制度环境会产生影响区域发展的“制度界面”，这是世界上其他大湾区所不具有的。

2.4 粤港澳大湾区的独特性

基于以上历史、自然和现在的制度多样性，粤港澳湾区具有以下三个特色：双轴支撑的大纵深，具有“港口+金融+制造+科技创新”的多支柱功能，具有多核心的中心体系。

粤港澳大湾区城市群是复杂的集合体。在功能维度上它是“一国两制三关贸区”下的复杂体，在功能结构上有所交叉，在空间维度上具有大纵深、界面多样、多中心和网格化的特点，在时间维度上体现了中心体系的活跃性。

3 展望：城市群发展的新动力与合作新思路

随着国家的发展，粤港澳大湾区已经不再是我国与外部世界交流的主要通道，但仍然是非常重要的一个通道。大湾区未来发展的目标，是要建设成富有活力和竞争力的世界级城市群，打造国际科技创新中心，共建优质的生活圈。

在大湾区今后的发展中，科技创新变得越来越重要，科技公司正成为世界经济的重要参与者。随着全球创新网络的发展，创新成为新的资本力量。

3.1 创新与制度厚度的关系

创新离不开制度厚度，《制度厚度与地区经济》一书中提出了“制度厚度”的概念，即在全球—地方联结下，除了区域自身环境条件和产业特色外，区域通过正式和非正式制度的搭配以生产协同作用而使得该地区获得经济活力。在制度存在上，研究机构、学术中心有利于制度厚度的形成，而制度厚度反过来能将该地区的企业、地方政府、研究与创新中心等联系在一起，有利于技术创新环境的形成，有利于创新资源的整合，从而提升区域创新能力。科技创新企业依托自身强大的资本能力，通过占据中心区位和流动空间增加制度可接触性。因此，出现了创新回城的现象，越来越多的创新型企业与人才集聚或迁移到紧凑且基础设施便利的中心城市，形成的特定的地理空间组织形式，成为“创新城区”。

3.2 创新力量对城市结构的影响

资本力量对城市结构具有巨大影响。在过去金融资本主导的时期，通过生产扩大化，形成跨国公司，公司总部与金融资本成为城市核心，因此产生了中央商务区（CBD），形成了金融资本主导的中心化城市结构。在创新资本主导的时期，科技资本参与城市空间的生产与组织，更多新的潜力地区得到发展，从而形成了网络节点型的城市结构。城市结构开始从核心—边缘式结构发展为多个重要节点共同发展的网络式结构（图 1）。

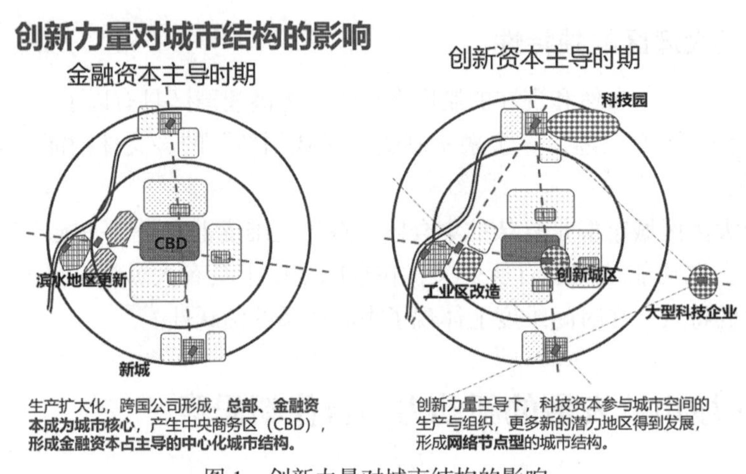

图 1 创新力量对城市结构的影响

由于创新人群对环境品质的要求更高，创新企业的创新活动风险较大，创新空间具有“高可达、高品质、高成本”的特征，而传统城市的空间特征为同心圆，会造成“高品质、高成本”的情况。创新走廊的出现，能够保证“高品质、低成本”，又方便与其他机构进行联系。

广州、深圳是区域连接全球创新体系的门户，现在已经深度嵌入全球创新网络体系之中。现在区域创新资源存在着集聚与扩散并存的态势，创新资源向广深聚集的同时又出现向周边城市外溢。因此，在粤港澳大湾区建立广深科技创新走廊显得尤为重要。

但目前为止，科技走廊的建设中还面临着一些问题。首先，原有的城市建设的中心—边缘模式与区域科技创新需求不适应。需要进一步提高科技创新走廊的公共服务配套水平，逐步满足科技创新的需求。其次，在珠三角东岸创新发展中，科技政策投放与空间要素供给不匹配，使得原有的一些科技创新区孤岛化、离散化、缺乏联系。在大数据时代，我们可以对大湾区中的区域创新基础和潜力进行评价，做到创新空间供给与要素投入的协同，将科技创新区串联起来。

3.3 粤港澳大湾区城市空间结构调整

粤港澳大湾区处于中心化与网络化并行的时期。一方面，以服务业发展推动中心化，使金融等生产性服务业和企业总部向内湾聚集；另一方面，创新力量将推动大湾区的网络化发展。网络化以轨道网为基础，在特定区位形成创新力量聚集的节点。节点空间的组织以“流空间”为基础，以“交往空间”为黏合，步行空间将会成为场所组织的支配性手段。城市的高空竞赛将得到改变，虽然“地标性高楼”仍然会有，但塔楼的审美会从“苗条为美”转向“丰满为美”。

网络化对城市也存在挑战。由于珠三角地区存在很多制度边界与行政边界，公共服务供给以制度边界和行政边界为主。但在创新时代，公共服务供给的方式需要做出改变才能够适应发展的需求。公共服务要做到湾区互联，互联不是过去简单的对接，而是基于功能协同的湾区终点平台的直连直通。

今天，珠三角地区有了广州、深圳、香港、澳门四个中心。在制度界面上，需要满足高科技人才的多种需求，这样才能够增强对人才的吸引力。由于香港的国际人才吸引力是湾区中最大的，粤港澳大湾区要与香港进行深度合作。在大陆建设香港城，推动区域合作，引入港澳制度界面，为两地提供超一流的公共服务配套。

4 结语

在过去，珠三角区域一体化的重点在设施对接。后来，在保证设施对接的基础上还要实现产业对接和环保联动。而在湾区时代，区域一体化中最关键的是做到创新引领和多元对接。希望在各方的努力之下，全面开启大湾区城市群区域合作的新阶段。

备注：

本文根据作者于 2018 年 12 月 7 日中国城市科学研究会城市更新研讨会上所作的报告整理。

编辑整理：

梁志超，广东工业大学建筑与城市规划学院，研究生。

曾　颖，广东工业大学建筑与城市规划学院，研究生。

面向城市更新的广州存量资源规划实践探索

骆建云 *

广州进入城市更新有一个时代背景，其中的发展有主动的也有被动的，用地规模受到制约应该是被动的过程，增长的边界到达了顶棚，城市面临着发展不平衡的问题。城市里面承载大量的城中村、旧城，以及过去粗放型见缝插针改造的旧城。

1　广州的转型发展

如图所示，这是在天河中心区所覆盖的旧村、旧厂和旧居的图纸（图 1）。现今，广州城中村是什么样的状况？据我们统计，总共有 272 个城中村，现状建筑面积 3.9 亿平方米，常住人口是 495 万人（图 2）。同时，在广州推进旧城更新的时候，我们接触到的老旧居住小区共 779 个。在发展过程中，过去大拆大建、见缝插针式的改造已经破坏了广州岭南历史文化名城的格局。广州历史文化名城的范围包括 23 条历史文化街区，其中荔湾区的荔湾广场是在 20 世纪 90 年代初设计的，时隔 20 年也在不断地自我更新中。

图 1　天河中心区旧村、旧厂、旧居图斑

* 骆建云，中国城市科学研究会城市更新专业委员会副主任委员，广州市城市更新规划研究院院长。

在城市内部自我更新的过程中，我们也面临着城市之间的竞争挑战。2018年，广州在世界全球联盟指标下的排名为27名，这给广州带来机遇的同时也带来了巨大的压力，说明了在未来创新驱动将成为城市发展的主导力量。对比国内外各城市的发展目标，归纳起来就是希望建立起一个以人为本的城市，旨在为我们城市里面生活的这些居民提供好的生活环境以及更加可持续发展活力为载体的目标。

图2 广州城中村

2 存量资源再开发下广州的城市更新

广州已经进入城市更新的大背景，在城市更新这个较大的范围中，应该把城市作为有机的整体、生命体。对于范围广泛的城市更新改造来讲，我们的抓手是对建成区存量资源的再利用和对其价值的挖掘。

存量资源包括了存量的土地资源和存量的建筑资源，这是我借鉴了深圳的一位专家的观点。广州在立足于存量资源的框架下所进行的摸查以后，进而开展了590平方公里的建设。

广东进入城市更新切入点是2009年的“三旧改造”。广州对土地制度进行了突破和创新，提出了对土地权属人的尊重，对土地权属人自行改造以及历史上发生的权属人自行进行建设过程的许可。其中一方面的改正是把它按照合法程序进行筹划，这在过去很难实施。三旧改造在广州市得到了推进。从2009年到2014年，在推进的过程中，至少打破了政府对土地的垄断。虽然仍是以推动地区经济为目标，仅仅是以项目推进为导向，但是这里面积累了很多经验和探索，为后面开展城市更新工作奠定了基础。同时在改造的时候，不得不面对的是存量资源空间呈现碎片化、产权状况以及利益诉求和历史遗留文化复杂多样、以传统技术手段为支撑的规划编制方式的制约等问题。城市更新的关注目标在于物质环境的改善，为此广州市成立了机构并制定了相应的机制和政策。

3 存量资源规划的实践探索

广州市的政策从2016年到现在,目标越来越清晰,一个是“政府主导、市场运作、统筹规划、节约集约、利益共享、公平公正”;另一个是在全面改造的基础上,对具有历史文化和保留价值的城乡空间进行微改造规律的探索,同时进行差异化的改造。这是政策上的创新理念,核心点是实现改造各方利益相关者之间的协同合作关系。

3.1 存量规划方法

通过城市更新多年的实践可以得出,存量规划和增长规划是完全不同的模式。存量规划主要通过存量资源的盘活、优化、挖潜、提升实现目标。核心是在于对存量资源有一个产权的意义和作用在里面。过去增长规划是通过政府土地收储,土地基本上失去了产权,且政府通过整体的“招拍挂”,用公共的设施。相反,存量规划过程中,产权是无法规避和绕开的问题,房屋、土地仍然有使用者,不能干涉或者是强行剥夺使用权。存量资源规划核心的内容,是希望在产权的转化和资源的配置过程中使各方效益最大化,同时因为产权涉及交易和转移,所以需要在配置产权交易转移过程中把转移成本尽量降低。最后在实现城市存量资源价值增值收益的时候实现资源的公平分配。这需要在进行规划的时候由政府社会权利人和市场主体共同参与,不只是像过去自上而下的规划,现在应该是上下互动的协商式规划。

我认为在存量规划中最重要的是如何做到大家共同的参与、协商。总结存量规划案例,在存量资源里面,我们对基础的数据,包括产权、房屋的情况、人口和经济历史,必须要有清晰的了解。尊重现状的资源,在现状资源和规划当中通过土地整备和经济测算平衡以及规划布局实现互动沟通和协调。存量规划的规律依据是政策,在存量规划过程中我们需要达成各方利益的平衡,同时让各方达成共识,所以政策基础。

3.2 存量资源规划实践

广州的旧村非常复杂,这是一个城市发展的过程所呈现出来的状况,还有城市村、城边村、城郊村。旧村改造需要有标准的政策,例如宅基地80平方米或120平方米。由于现象复杂,各个区会为此制定相关持续的改造政策。存量规划所必须掌握的,是如何综合运用这些政策。我们做存量规划的时候对基础的数据和存量资源必须清晰地掌握,这样才可以达成对这些资源进行合理地处置及利益再分配。以海珠区的旧村为例,通过航拍,对基础数据可以达到快速准确地掌握。而且利用三维激光扫描技术对建筑立面收集图像,从影像转化为建筑的CAD图纸。这是基础数据与规划编制互动以后的成果(图3)。

协商沟通机制是因为现在面临的工作量比较大,如果只有我们规划师、设计师运用政策规划以及专业技术的力量,在村社里面进行改造、方案沟通,这对全村改造的

图 3 基于现状多元数据采集方式的改造方案编制

动员是不够的。在城市更新里，政策上很重要的一点是我们各方参与者的利益要得到保障。例如旧村改造，需设计保障权利人利益的保障机制，这是现在规划城市非常宝贵的实验。同时在规划编制过程中，土地整备作为规划成果最核心的体现。旧村非常复杂，图版碎片化，这跟旧城的发展历程有关。旧村里面有很多散布的农用地，我们应该怎么进行土地整备，将它变成可持续利用的土地，这是值得思考研究的问题。

3.3 存量资源规划的实践成效

在 2016 年城市更新办法和城市更新总规出台以后，我们联合深圳公司做了广州市城市更新战略规划的工作，对城市更新发展提出了近期和远期的发展目标。近期以经济转型提升驱动力，在盘活资源上占据比较大的目标，远期转向品质提升和环境提升。在这里面提出了构建城市更新的内涵和目标体系、行动策略，这就成为指导城市更新工作的发展方向。以通过城市更新的政策以及存量规划方式所做的海珠区旧村为例，在这里面由于现行规划的原因导致对村的容量估计不足，现行控规建设量 85.7 万平方米，但实际调查建筑量是 156 万平方米。经过调整，保护了历史文化遗存，旧村人居环境获得改善，用地更加集约，市政贡献率达到 60%，完善了公共配套设施。与此同时，黄埔区进行了多条村整合资源盘活，做了很多案例，取得了较好成果。广州的城市更新在“三旧改造”的基础上向“微改造”、“美丽乡村”进行提升。整个改造的过程不是简单地去做空间的改善，而是配合产业运营公司做产业策划，根据产业策划对小镇的经济发展做规划，达到建设的方向。此外，也有利用城市更新的办法将旧厂进行改造提升的案例，如增城的 1978 电影小镇（图 4）。这是在荔湾区泮塘五约做的微改造，这是由政府主导推进的改造，这个改造重新塑造了历史文化和生活传统，把现代适当的、可持续的业态移植在里面，打造出新的西关生活空间。

老旧小区微改造中需要明确的是，社区是大家的社区，需要跟居民做沟通，让全民参与进来，再进行网络投票和现场投标，这样才能积极参与到社区治理工作里。我们联合广州美术学院一起在几个社区里面做了微改造工作坊，发动居民来关心、关注自己的社区，共同参与社区共建共治的模式。找美术学院一同参与是希望在社区里面通过艺术介入的方式使其发现自己的文化价值（图 5）。

图 4　增城 1978 电影小镇

4　结语

现今，城市更新的实践成效，无论从政策还是实践演化，都达到了决策过程中的公平公正，保障了各权属人和参与者的地位以及利益分配和持有者的公平公正。习总书记对永庆坊的视察，是对广州城市更新工作的极大鼓舞和肯定。下面是广州市委书记发表的讲话，我想这是我们今后广州城市更新的工作目标：“以‘绣花’功夫推进‘三旧’改造和老旧小区微改造，不断提升城市文化价值、改善城市生活条件、重塑城市特色风貌，建设更干净、更整洁、更平安、更有序的城乡环境和宜居宜业的美丽花城，增强老城区居民获得感幸福感安全感，真正实现老城市新活力。”（图 6）

图 5　艺术介入

图 6　广州永庆坊

备注：

本文根据作者于 2018 年 12 月 7 日中国城市科学研究会城市更新研讨会所作的报告整理。

编辑整理：

梁志超，广东工业大学建筑与城市规划学院，研究生。

曾　颖，广东工业大学建筑与城市规划学院，研究生。

南粤古驿道价值重塑的研究与实践

朱雪梅 *

1 背景研究

20 世纪初以来，世界范围内日益重视对文化遗产的保护和利用，欧美多个国家应用成效显著。中国大部分传统村落、集镇的孕育与古代交通网络紧密相关，沿河近桥的“街市”往往是因为水路与陆路的交汇便利而形成。古驿道主要用于贸易、军事和邮政，附近的“驻兵营”扩张就成为村镇的雏形。南粤大地古道纵横，沿线分布着许多特色各异的古村落和文化史迹。将这些历史性、地方性的文化资源，通过文化线路的统筹整合，关联活用，超越地域性时空的限制，使之成为人们共享的文化廊道。

随着广东社会经济高速发展和城镇化的快速推进，南粤古道与古村受到前所未有的冲击。许多古道遭遇人为损毁和自然破坏濒临湮灭，古村空心化、破败现象严重,而全省大部分贫困村位于古道上。保护复兴古道与精准扶贫古村的工作极为紧迫、任重道远。广东省人民政府因地制宜,开展南粤古驿道保护利用,重塑其价值打造“升级版”绿道,推动历史文化保护与农村人居生态环境综合整治和扶贫开发、乡村旅游、户外体育运动等工作相互融合，促进古驿道沿线农村面貌改善和经济发展。可以说，南粤古驿道的价值重塑是广东精准扶贫的特色抓手。

2 南粤古道与古村

南粤古道与古村分布范围广，影响深远，是历史上中原文化与岭南文化相交相合相融之地，是广东传统文化的重要载体。古道和古村寄托了海内外同胞的乡土情结和对故土的思念。不少后裔遵循祖先遗愿纷纷回故乡寻找古道、古村、古屋、古祠、古树、古塘、古井、古塔等寻根问祖活动，表达了对民族文化的认同和对自己根脉的归属感。

---

* 朱雪梅，中国城市更新专业委员会主任委员，博士，教授，研究生导师，广东工业大学遗产保护与城市更新研究所所长。

2.1 南粤古道

历史上汉人南迁的原因主要是躲避战乱和荒灾，他们不远万里从陆地和海上辗转来到岭南，沿途虽屡遭战乱匪患洗礼，但走出了条条古道，寻找更适合生存的环境。南粤古道主要包括粤北“秦汉古道”、粤东“韩江古道”、粤西“雷州古道”和以广州为中心的北江、东江、西江古道等，形成南粤古道网骨干框架。其中多条古道的历史超过千年，众多名人史迹，古往今来连接南北东西和海内海外，展示了一幅幅波澜壮阔的岭南文化历史画卷。

2.2 南粤古村

南粤古村众多，遍布全省22个地级市105个县市区。这些村落大都位于古道沿线并呈现出岭南民系文化特色，这些古村内大都还有古堡、古寺、古树、古祠、古屋、古陂、土楼、骑楼、银信等凸显地方特色的文化资源，展现了沿古道迁徙跋涉的人们稍事安顿，即相址择地、掘井植树、建屋修桥，巧展匠艺，精益求精。这些村落正是该地区文化发展的见证，体现了多元文化交汇融合的特征，具有极高的历史价值、艺术价值、科学价值和社会价值。

3 文化廊道构建

把古道与绿道连接，依托海岸、山脉和江河等生态骨架，形成生态绿色“廊道”，联络了破碎化的生态斑块、在沿线维育原生态植物带、合理配置植物群落等方式，恢复沿线的动植物生境，构筑连续的生态系统，保护生物多样性，并融合了生态、环保、旅游、运动休闲等多种功能。绿道正处于完善提升和向粤东西北建设延伸时期，结合古道和古村人文景观等构成要素，通过特定地理场所解读，可动态地传递不同时期文化信息，再现沿线地区与中原之间移民迁徙、商贸往来、文化传播的历史通道。古道和绿道的关联构建主要体现在空间分布走向、文化展示利用、功能关联互补、产业拓展提升以及文体活动注入等方面。在自身和动态的历史功能发展演变基础上，完善共享古道古村绿道的公共服务、基础设施和功能配套。由此，形成的文化廊道能更好地凸显岭南历史和文化特色，促进沿线社会经济和产业发展。

4 文化廊道的多元协同发展

文化廊道具有跨区域、构成要素多元的特征，既有政府又涉及其他利益主体，建设关系方方面面，具有内容多、周期长、投资大、管理难等特点。为此，政府不可能大包大揽，应牵头主导、科学管控，吸引多种资金投入，多方参与协同，共建共管。首先，建设管理主体的协同，政府主导成立专门的开发管理机构和专家团队，并引入资本，进行管控。市场参与让文化和旅游消费日趋平民化和大众化，吸引了许多社会资本参与，为文化的民间传承奠定了群众基础。其次，加强建设管理机制的协同。基于区域层面上，结合已建成的珠三角绿道，构建以广州为中心的多条辐射文化廊道，实现城际交界面互联互通。城镇廊道上，相关城镇应联动发展，进一步摸清各自文化遗产家底，从流域的自然地理变迁和历史层面了解多维线性分布的史迹和遗存的古村、古城池和寨堡等聚落环境，并对其价值进行评估，做到各节点分工协作。

5 南雄梅关古道保护利用

南雄市地处广东省东北部，大庾岭南麓，与江西省毗邻，辖 18 个镇（街道），232 个村（居）委会，全市总面积 2300 多平方公里。南雄是广府民系重要发源地，是“银杏之乡”、“恐龙之乡”、“特色竹乡”、“姓氏文化名都”，广东省历史文化名城和生态栖息地。

5.1 梅关古道价值特色

（1）分布走向

南雄市域历史上有 5 条古道，分别是梅关古驿道、乌迳古驿道、水口—南亩线路、百顺—仁化线路和主田—古市线路，境内现存各类文物景点 489 处（图 1）。其中，梅关古道南北纵向贯穿南雄，北跨大庾岭接江西大余，南经梅鋗古城、珠玑古巷至南雄城区，继而向南经主田—古市古道，接始兴、韶关、英德、清远、广州，是北江—珠江口古驿道文化线路（北江段）的重要组成部分，它连接着长江水系和珠江水系，是海上丝绸之路与陆上丝绸之路的重要连接线。

（2）价值作用

梅关古道开凿于唐开元四年（公元 716 年），唐宰相张九龄奉召开凿大庾岭路，古道宽约 3 米。梅关古道开通后，南北交通大为改观，来往物资、商贾、官员、文人众多，沿途留下大量诗词及诗碑，记录了古代名人志士的名言诗句。梅关古道代替西京古道成为沟通南北的重要通道，成为古代官道“京广驿道”中的陆路枢纽，被誉为古代“海上丝绸之路”的陆路地标。分布着众多的聚落，如梅岭村、中站村、里东街、珠玑古巷等历史久远，内涵深厚，具有重要的社会文化价值。梅关古道被评为“中国十大古道”的“最佳保护古道”，“南粤古驿道 · 南雄珠玑古巷至梅关古道”被中国公路学会评为“全国公路科普教育基地”，梅关古道的旅游价值极高。

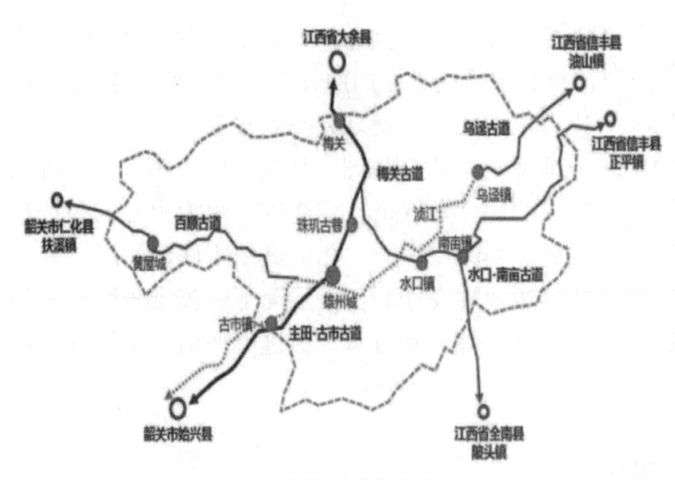

图 1　南雄古驿道分布图

图 2　梅关古道现状

5.2　现状情况

梅关古道本体现状以片段式散布，主要分布在梅关古道景区与梅岭村、里东古街、中站村和珠玑古巷景区四个区域，其中长约 2.1 公里的古道本体保存完好，原有风貌显著，路面大部分以传统的、当地的材质为主，如块石、鹅卵石等，但局部路段古道稍有残毁，或被水泥路面覆盖（图 2）。古道沿线周边物质文化遗产丰富，类型多样。有古墟、古村、古庙、会馆、书院、宅第、桥梁、驿亭、碑廊、门关、陂头、古井、古树等相关传统风貌要素众多，其中重要的历史遗存点有 16 处，包括“回澜门”、“虎踞桥”、“中站书房”等。（图 3）

文物保护单位 9 处（图 4）。除全国重点文物保护单位南粤雄关与古驿道本体保护较好外，其他遗存大多年久失修，残破于荒野，未被充分利用，古村落也人去楼空，凋零荒败，沦为贫困村。

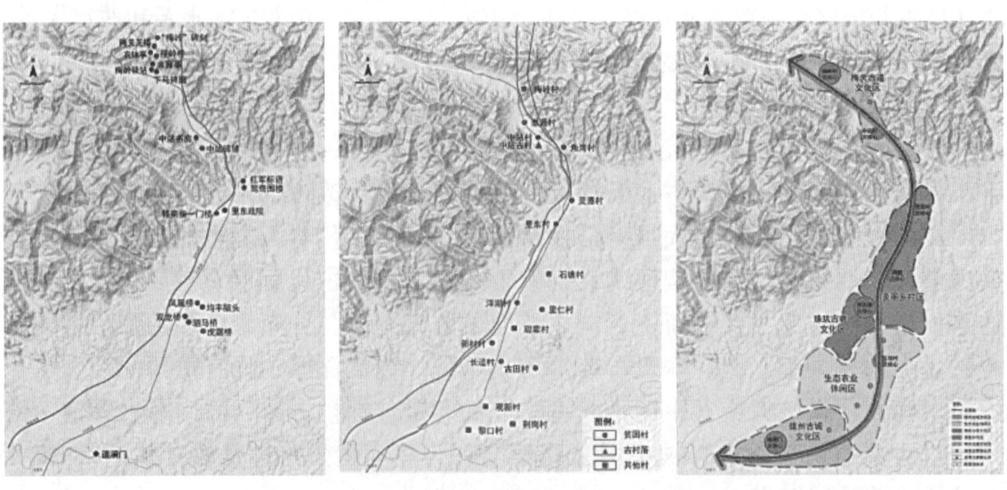

图 3　梅关古道沿线历史遗存分布图

5.3 南雄梅关古道价值重塑

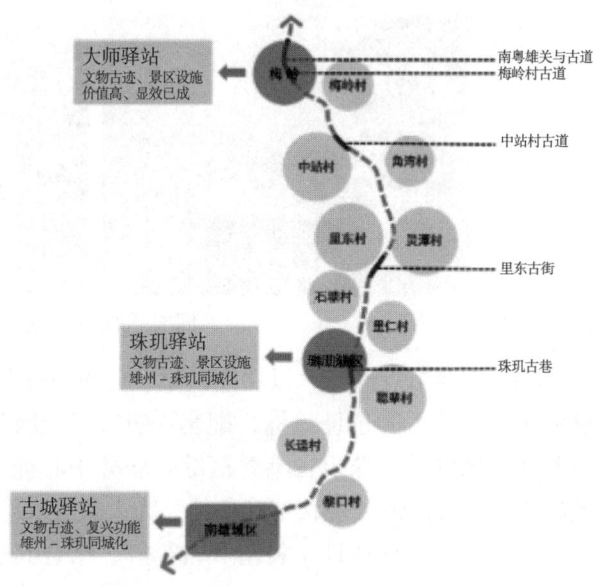

图 4 梅关古道沿线文物保护单位分布图

（1）文化价值重塑

以“古驿道 + 文化”的模式，南雄是中原南迁的第一站，梅关古道不仅起到了南北交流、文化交汇、信息传递、对外延伸等作用，又呈现了南雄地区外迁安居、繁衍生息的发展、变迁过程，是岭南迁徙文化的腹地。千百年的迁徙历程，形成了独特鲜明的迁徙文化。

（2）情感价值重塑

以“古驿道 + 情感”的模式重塑地方百姓情感价值。梅关古道沿线的珠玑古巷记载 183 个姓氏的迁徙历程，被誉为“中华文化驿站，天下广府根源”，承载了广府人浓浓的乡愁，梅关古道具有丰厚的情感价值。

（3）环境价值重塑

以“古驿道 + 环境”的模式，修复重塑传统空间风貌，改变过去无序建设、千村一面的杂乱现象，保护好乡村山、田、水、村、桥、祠堂等典型的物质环境，传承乡村建设天人合一的生态智慧。

（4）产业价值重塑

以“古驿道 + 产业”的模式，结合梅关古驿道沿线众多自然生态资源和历史文化资源，与绿道和连接线一起，以资源优势带动产业，打造线性文化休闲廊道，重塑古驿道沿线周边的产业价值，带动全域旅游。

6 协同发展

6.1 规划建设协同

（1）与上位规划协同，将沿线的古村、古亭、古桥、古树和古码头等文化要素通过串联互通，规划充分利用原有道路、机耕道、沿河岸线等原有线路，连接线依托水岸沿线和山坡走向等形式连接，并融合了休闲、运动、休憩等多种功能，“进村、借景、活史、宜居”，梅关古道北至梅关关楼，南至雄州城迴澜门，途径珠玑古巷、虎踞桥、广州会馆等重要历史遗存（图 5）。

图 5 虎踞桥修复后

（2）重要节点选择，以功能共享、分级服务为选址原则，选取在区位优势明显、资源丰富等位置为选址目标，配套一级、二级服务设施。如梅关古道景区停车场入口新建大师驿站、珠玑古巷景区综合服务中心提升、迴澜门新建一级驿站，均考虑其特殊的地理区位及现状基础条件，为大众提供综合服务。

二级服务设施选址于村落和古街等，结合其空间聚落和文化内涵，补充一级服务设施的内容。梅关古道二级服务设施选址为梅岭村、中站村、灵潭村、石塘村、里东村等。其中最为代表的有中站古村、灵潭新农村示范片，结合目前新农村建设，提升驿道沿线村庄的宜居环境和地方特色旅游服务。

6.2 机制模式协同

（1）建设管理主体的协同

政府和市场相结合，政府引导成立专门的开发管理机构，保证全盘规划发展总体目标的实现。鼓励市场参与，吸引了许多社会资本的参与，为文化的民间传承奠定了群众基础。政府给予必要的政策引导及经济扶持。

（2）建设管理机制的协同

建立“省级统筹指导、南雄地方主体落实，自然资源厅牵头、专家领衔把关以及村民参与的多部门联动”的工作协同管理机制。地方主体落实，市级检查督促，南雄县级具体落实，形成“有领导、有机构、有队伍、有机制、有计划”的工作思路。同时，南粤古驿道管护实行属地管理，负责管护制度的制定及实施。成立了保护与活化利用梅关古驿道领导小组，由南雄市委书记担任组长。下设项目前期工作专责小组、历史文化挖掘专责小组、农村环境整治专责小组，用地整合专责小组和修复建设专责小组等活化利用专责小六个专责小组。

6.3 城乡协同发展

（1）文化保护传承

通过古道本体及历史遗存的修复、绿道连接线的建设，将中站村、迳心村、珠玑古巷等一批极具地方特色的文化遗产进行活化利用，同时，结合“中元节”“姓氏文化节”等，打造特色精品节点。

梅关古道角湾村段，利用原有机耕路，沿河建设3米宽的步行绿道，并通过花架长廊、凉亭等的设置，为村民耕作时提供运输便道及休憩点。同时，每年三、四月油菜花盛开之时，游客可以尽情欣赏春色碧绿与金黄交相辉映的油菜花田。

（2）助力产业发展

通过“古驿道+旅游”等系列活动，大力发展乡村特色旅游。据统计，2018年南雄市国庆假日共接待旅游人次27.15万人次，同比增长6.76%；旅游总收入为2.29亿元，同比增长7.06%。其中珠玑古巷共接待游客13.96万人次，同比增长6.32%，景区收入507.72万元，同比增长6.49%；梅关古道共接待游客10.72万人次，同比增长5.20%，景区收入321.71万元，同比增长5.69%。可见，梅关古道的活化利用有效地串联了市域各大景点，提高旅游景点的可达性，成为南雄市打造全域旅游的引爆点。此外，南雄市借力古驿道保护利用的工作成效，积极开展“驿道米”、“驿道鱼”等国家地理标志商标的注册工作。

7 结语

全球化背景下，乡村发展面临种种危机，大量自然村落的衰败和消亡，使得原本饱含地方风俗、价值信仰等的乡土文化失去赖以生存的空间载体，逐步走向没落，村民文化认同感急剧降低，文化的保护传承受到城市文化的冲击，乡村振兴缺少了“文化之魂”。通过运用线性文化遗产理论，重塑梅关古道的文化、情感、环境和产业价值，结合南粤古驿道与城乡发展空间属性的一致性、节点功能内容的互补性、精神情感需求的共享性和产业提升的联动性，在规划建设中因地制宜地串联起沿线的文化历史古迹、风景名胜、村镇和古城等，并以互补关联、协同建设等方法带动了文化传承、环境提升和产业发展，促进了乡村振兴和城乡协同联动。可见，基于线性文化遗产模式的发展，有助于发挥叠加效应，形成工作合力，以道兴村潜力巨大。

备注：

本文根据作者于2018年12月7日中国城市科学研究会城市更新研讨会上所作的报告整理。

编辑整理：

王曼琦，华南理工大学建筑学院城乡规划，博士研究生。

梁志超，广东工业大学建筑与城市规划学院，研究生。

曾　颖，广东工业大学建筑与城市规划学院，研究生。

深圳城市更新实践访谈

受访者：黄卫东，中国城市规划学会城市更新学术委员会副主任委员，深圳市城市规划设计研究院常务副院长，教授级高级规划师

采访者：谭肖红，广东工业大学建筑与城市规划学院，讲师

采访时间：2019年10月

地点：深圳

T：您如何看待深圳近十年来的城市更新制度的发展和实践，有哪些经验总结和教训借鉴？

H：城市更新涉及人的问题。城市里有了人，城市规划方法、建设方式就会和过去不一样，我认为这是城市更新在认识上根本性的问题，没有这个基础就不能全面理解城市更新。城市化的上半场，我们主要是在没有人的空间中规划和建设，传统城市规划方式发挥了巨大作用。走过四十年快速城市化，城市里都是人了，城市发展的重心也就变成了人，我们面临社会治理、城市发展理念和模式的变化对城市规划的新需求。如何满足人的需求？就业的、居住的、出行的、健康的等，城市规划手段面临改良。城市更新制度、规划和研究开始成为社会和学界的热点，我认为与城市规划开始从人的视角、社会治理的角度进行相应的探索和实践，并取得了一定的成效。由于城市中存量空间中有大量人的活动，复杂的人的权益等，城市更新不是简单的空间治理行为，是对经济发展这套传统逻辑的重新梳理和改良，我们必须构建一套更加尊重人的权益，更加尊重市场的经济规律，更加尊重历史文化传承和生态可持续的城市规划体系，以响应城市不同的发展阶段的空间需求，我个人是这样理解城市更新的。

我认为，深圳的城市更新制度和规划方法是在改革开放，尤其是社会主义市场经济的探索和实践过程中逐步发展形成的，带有强烈的“深圳特色”。很多人学习深圳的城市更新制度、法规建设，先进却很复杂，这首先是深圳的发展阶段和法制建设的大环境决定的，更是这座城市探索市场经济过程中形成的对人的权益尊重的社会文化环境决定的。我们更需要探寻这些制度背后的各种需求产生与规划实践相应之间的逻辑关系，以及制度、方法的形成过程。我特别想强调，各地的城市更新都必须尊重各自的发展阶段和地方性。中国地大物博，每个地方的发展阶段不同，面临的城市问题也不同，治理模式也有各自的创新，要探索符合自身发展规律的方法。

20 世纪 90 年代初进深规院的时候，我做了很多罗湖和南山区的旧村改造规划项目。这个时期的旧村改造都是村集体和开发商一起合作。城市里遍地开花，很多村都有改造意愿，政府也希望城市“旧貌换新颜”，村集体和开发商形成一个合约去改造并分享改造以后的收益，这是符合当时的城市发展意图的。但是，村民个人或家庭的利益与开发机构、城市发展之间矛盾等社会问题也开始凸显，例如“钉子户”这类社会问题。随着改造项目的增多，城市治理就变得越发复杂，而政府的行政力量不够去处理大量的社会纠纷。不同的城市发展阶段，城市工作的重点是不一样的，那时政府的主要任务是发展经济。所以，大概在 20 世纪末，对城市更新问题政府采取了对旧村“开天窗”政策，就是不去主动改造旧村。这一时期我们院也做了一些城市旧改的专项研究，当时主要关注是否能从城市发展战略、区位条件、功能价值等宏观视角出发，关注土地价值提升，城市现代化形象提升等空间要素，主要是自上而下、宏大叙事的空间逻辑。这类研究缺乏对存量空间中人的权益和需求、城市产业经济发展、各类物业产品的市场供需规律等综合要素协调的城市发展逻辑，不是科学、理性的城市更新思维模式，这种规划做完以后很难真正指导城市更新工作，最后变成墙上挂挂。思维定势就决定了这种自上而下的城市更新规划和研究，必须更加综合以人的权益、各类产权关系、市场经济规律等为核心的多要素分析研究，这里的核心是人的问题，我们称之为自下而上的一条规划研究线索。

21 世纪初，深圳的城市经济发展进入快车道。同时，各类发展资源短缺，特别是土地空间资源的瓶颈问题日益凸显。从存量空间中寻求发展机会不仅成为市场，更成为政府的共识。旧城、旧村的改造，往往具有很大的不确定性，改造时间越长，存在的不确定性就越多，很多事情最后耗了几年甚至十年也没有结果。这与制度、法规、政策、规划的编制和行政审批流程都有关系。开发机构和地方关心市场效益，地方政府有自己的发展诉求，主管部门如发改、规划、国土、产业、交通等又有各种规章制度。一个更新项目同时承载着人的权益、市场和政府等多条逻辑线索，非常复杂。以市场一方为例来观察，它首先关心拆迁成本、投入和产出、产品的市场需求等；研究做多少住宅、酒店、办公和商业等物业配比；产品都出来了之后，又要去征求地区政府、各个主管部门的意见。产业部门说你缺产业研究，交通部门说你缺交通改善的规划和研究，规划部门说你缺城市规划等诸如此类，跑起来都要好几年，研究成果的时效性也会受到质疑，又导致审批周期延长。要更加科学、有效地决策城市更新的问题，首先必须提出城市更新的综合性解决方案。于是我提出这几个针对不同部门的专业规划合并来做，由我们深规院进行技术统筹，多个学科、多个专业机构强强联合，将产业和市场、土地与空间、交通、市政、拆赔和成本、开发模式等研究和规划综合成一个规划，不同的专业技术咨询机构共同完成，规划技术方法就是这么根据市场和行政的需求摸索实践出来的。这套规划方法慢慢地开始在实践中应用，一个更新项目的规划内容要包括产业、市场、成本等经济发展研究，拆迁赔偿方案的研究，土地、空间规划和政策研究，交通改善方案，生态、低冲击方案和其他更新建设的相关信息，各个部门也都能从同一个文件中了解相关的内容，审批效率大幅度提升，规划技术的改良推动了行政效率的提升。

2007年国家的物权法颁布以后，人们的产权意识更强了。由于市场经济的率先探索和发展，深圳人的产权意识更强烈，深圳的城市更新走出了一条尊重人的权益，尊重产权关系为价值核心的实践之路。2007年我主持编制了《深圳上步地区城市更新规划》。20世纪80年代上步地区是个电子工业区，基本上是多层厂房和工人宿舍，到20世纪90年代，伴随着城市的发展，上步地区从曾经的城市“边缘”地区转变为城市中心地区。同时，在市场机制作用下，上步地区的工厂基本迁出，原来的厂房纷纷转型为服务业，如金融办公、电子元器件批发、商业服务等用途，其中的振华路还曾经号称“深圳证券一条街”。还有后来的华强北路,已发展成“中国电子一条街”，发布影响全球电子元器件市场的“华强北指数”。辖区政府高度重视规划，我们一边做一边说服他们，这个地区高度市场化、产权关系高度复杂，规划的方法要变，不能闭门造车，必须“开门规划”，要充分了解和分析产业转型升级问题、市场规律问题，要全面深入研究产权关系和各类权益的人需求问题，交通市政承载能力、就业、公共服务供给、改造更新模式以及各类政策创新等，这个想法得到了辖区政府的高度赞同。过去的城市规划主要由规划主管部门负责编制，规划师进行的现状调研也更关注空间问题,然后再围绕空间进行规划各类安排的方案，再向规划主管部门反复汇报和研究，最终形成规划决策和管理。这种自上而下的精英式规划，因行政事权的专门化分工等问题，很难全面顾及城市发展和运行中的其他重大影响因素，因而是相对单一线索的空间逻辑。而辖区政府因其社会治理的责任和事权，相对于规划主管部门更了解这个片区的空间内核里发生的种种产业、社会变化，所以更愿意采纳综合规划方法和研究思路来解决城市更新问题。同时，因为是建成区，客观上面临的是一个以产权关系为主导的新局面，产权都在各家各户手里，需要通过大家一起商量去做规划，规划的编制方法也就自然变成了谈判和协商。这其实是人的问题、产权问题、市场规律问题等在倒逼城市规划编制办法的变革，以响应城市产业、市场的转型升级，城市的可持续发展的实际需求。因此城市规划的编制内容、方法，包括规划师的角色都要变。在上步更新规划编制过程中，我们大概开了八九十次会议，各类产权代表、业主、经营者和决策者共同参与的汇报、沟通和协调会议。每个地块的产权人众多复杂，我们慢慢开始找到些办法，去联系一些有代表性的企业进行沟通协商。我们不断和各种不同的人进行意见交换和协商统筹，在帮政府完成很多行政事务性的工作，在这个过程中我们也同时构建起一套更新的公共政策。一开始大家也不习惯，以为是走形式，可是当会议成为信息交换、协商、解决问题的重要平台时，政府、权益人和市场的协商和平衡机制就构建起来了。协商机制也就真正引入了城市更新规划，成为规划编制的重要手段。总之，规划方法的改良让我们真正开始触及制度和政策的建构工作，如上步更新规划提出了更新单元规划模式、增量分配机制、容积率奖励和转移机制、产业用房贡献机制、更新立项等一系列创新的技术、研究和政策成果。同时，规划编制方式的开放和公众参与，也使规划信息对等成为可能，更加强了未来更新制度、政策的有效性。我还要强调，当时的深圳也在大力推进城市政府依法行政，上步更新规划是因为背后这个时代的诉求，社会经济意识形态背景促成了这些方法和政策创新。实现政府、权益人和市场的多元利益平衡的过程。现实需求，变成了协商的规划。通过《深圳上步片区城市更新规划》的编制和研究的探索，我们形成了一套技术方法、工作组织方法，形成了一套制度和政策框架，为深圳市的城市更新制度、政策奠定了开创性的基础。

T：您如何看待更新中政府、市场和社会主体的关系？

H：深圳根据自身发展的实际，构建了以尊重产权关系为核心准则，政府引导、政策调控，市场推动和实施，公众有效参与，多方共建共享的城市更新制度框架，同时也建起了政府、市场和原土地权益人等多方诉求的协商机制。我们特别关注政府、市场和权益人三者之间的关系平衡。政府要守住城市公共利益的底线，包括公共服务设施、生态、市政交通等涉及公共利益的重大城市底线，不能让市场无穷地放大，无度地追求经济利益，也不能让各人的利益凌驾于公共利益之上。市场则要让它经济上可持续，让它为城市提供更具竞争力、吸引力的产业、生活和商业休闲服务等更高质量的城市发展空间，实现城市的高质量、可持续运行。权益人则应在城市更新过程中分享城市发展的收益。只有三者间形成一个制衡，城市更新才能健康地走下去。我们选择了和市场合作分工，就是选择了它配置资源的决定性作用和适应不确定性的灵活机制。深圳过去十年的城市更新也有教训，政府认为有系统性的制度建构，政策法规明晰，市场只需按规则做就可以。结果就是资本市场绑架房地产，片面追求容积率和经济效益最大化，为了提升改造效率大拆大建，更新改造建设超高的密度和强度，对人居环境带来大量的负面影响，最终影响城市的竞争力。从城市运行成本的角度，拆除重建为主的城市更新模式也导致中心城区城市土地房产价格大幅提升，城市居民的生活成本增加，生活质量降低，特区内越来越贵，大量年轻、创业人才逃离深圳，城市的可持续发展堪忧。还好，深圳有遍布中心城区的城中村，到哪都方便，需要什么样的公共服务都有。深圳很多创业的年轻人需要落脚，是他们最佳的选择就是城中村，很重要的一点是它相对低的成本，同时它也成为至今深圳对年轻的创业人士仍具吸引力的重要保障。可喜的是2016年深圳颁布《深圳市城市更新十三五规划》中提出，城中村以综合整治为主、拆除重建为辅的指导思想，2018年深圳市颁布的《深圳市城中村（旧村）总体规划（2018-2025）》规定，福田、南山和罗湖区纳入综合整治的城中村分区划定的比例不低于75%，其他行政辖区也不得低于54%。同时，政府还大幅度提高人才住房的供给。这些举措将比较好地缓解深圳高昂的居住成本所造成的人才吸引力减弱问题。

T：就您看来，深圳城市更新政策设计的下一步重点有哪些？

H：过去十年多年，深圳在城市更新领域构建起了一套相对系统、公开、规范的制度和法规体系，比较好地形成了政府引导、市场推动和公众参与、多方共建共享的良性治理机制，为深圳社会经济可持续发展创造了良好的制度环境。其中对人的权益的尊重，对产权关系的尊重，对市场积极作用的肯定，对于践行社会主义市场经济，推动城市治理在民主、法治、公平、正义等方面的先行先试做出了积极的、富有成效的努力。同时，作为城市重要的公共政策工具，也对房地产调控，产业和人才战略实施等发挥了积极的推动作用。深圳未来的城市更新政策应在市民生活的幸福感、人居环境高品质发展、公共服务供给、城市历史文化保护传承和生态保育等方面做出更加积极的探索和实践，引导全社会在上述领域形成更幸福、更健康、更绿色、更人文的城市发展共识，为深圳创建中国特色社会主义先行示范区创造更加良好和可持续发展的城市治理环境。

受访者：温春阳，教授级高级城市规划师，华阳国际设计集团副总裁、总规划师，华阳规划设计研究院院长，中国城市科学研究会城市更新专业委员会副主任委员

采访者：谭肖红，广东工业大学建筑与城市规划学院，讲师

采访时间：2019年10月

地点：广州

T：您认为目前城市更新的主要难点是什么？

W：目前城市更新的难点在城中村，深圳由于新增用地不足，所以对城中村改造的力度较大，成效也比较显著。在城市更新过程中，政府的作用应该是定“顶棚”和“底线”，比如公建、道路、绿化等公共设施配套要求、历史建筑保护要求、城市景观风貌要求、开发强度控制要求等，政府不要因为政绩的冲动去推动旧城改造，否则会很被动。若居住在里面的人的生活习惯、生活方式和意识没有根本性的改变，很多城中村改造完了又变成了新的“城中村”，只能说原来的城中村只不过是立起来了。所以，城中村的改造其实是不需要政府去过多干预，定好“顶棚”和“底线”，中间的改造空

间放手让利益主体去开展，能做成的就去做，不要强求。对于城市的核心片区和重要区域的城中村可以由政府来统一操作，但是也只能限于特殊地区，不宜大面积地铺开，因为市场介入后的拆迁补偿标准出来后就会固化并传导至其他地区，改造的成本只会越来越高。目前，我们应该思考由于城中村改造的加快，改造成本的增加，其实最后是整个城市在承担成本，房租提高以后，服务成本也升高，市民的生活成本也随之提高。广深地区近年来的土地储备也不多了，城市更新的压力增大。但是如果由于政治因素和压力来推进城市更新，可能会使城市更新变成揠苗助长或者外科手术式，城市更新应该是城市自身功能的良性调整。目前改造完成以后建筑越来越多，但是能够往里面填的产业业态越来越少了，每个城市的商业、办公等面积需求在一定时期内也是有限的。城中村没必要全部都改，再过50年来看也许就会成为广东地区的居住历史建筑，城中村的出现为改革开放初期大量进入广州的外地农民工提供了廉价的住宿和生活空间，补充了政府在这方面的不足。如果管理得当，城中村自有它的生机和活力。

T：作为设计方，华阳国际如何应对城市更新的挑战？

W：目前我们的团队完成了珠三角地区的众多城市更新规划设计和实施项目，规划设计团队里传统的规划设计已经不是最主要的工作了，能不能把政策的解读跟项目落地相结合，能否把发展商、村民、政府的这些利益结合设计的核心来进行协调，这些才是我们团队最关注的，所以，我们把团队打造成能够平衡各方利益且相对中立的设计咨询机构，成为各方利益协调的核心和枢纽，打造成为“国内顶尖的城镇发展综合服务商”。

受访者：万伟，卓越城市更新集团，总经理。

2005年加入卓越集团，2009年起全面负责卓越集团城市更新业务板块运营，2013年参与创立卓越城市更新集团。2018~2019年，万伟连续当选为广东省旧城镇旧厂房旧村庄改造协会常务副会长。

十余年来带领卓越城市更新团队深耕发展，在他的带领下，卓越城市更新集团实现了深入深圳各行政区核心区域，同时在广州、东莞、佛山、中山等粤港澳大湾区核心城市均有项目落地的整体战略布局。培育和沉淀了一支近500人，涵盖投资拓展、规划报建、项目管理等城市更新全流程各环节的，经验丰富、专业性强的人才梯队，并形成了一整套卓越特有的标准化作业流程和系统化管理体系，跻身中国城市更新领域知名企业。

采访者：谭肖红，广东工业大学建筑与城市规划学院，讲师

采访时间：2019年10月

地点：深圳

T：如何看待深圳从2009年“三旧”到现在近十年来的城市更新制度发展和实践，有哪些经验总结和教训借鉴？

W：自2009年深圳颁布《深圳城市更新办法》以来，深圳的城市更新制度一直本着加快推动项目改造进程的原则，在不断进行优化和完善，大致可分为两个阶段，第一阶段是从2009年《深圳市城市更新办法》开始建立基本制度框架：第二阶段是2015年开始探索强区放权（2016年正式强区放权），可以理解为在基本制度建立以后结合强区放权开始了一轮新的全面探索，各区政策“大爆发”。深圳城市更新在这种摸索中、政策不断变化中建立了比较全面的机制、政策体系，卓有成效——从2012年以城市更新为主的存量供地超过新增用地就可以知道。其中最主要的核心的成功经验是“政府引导、市场运作”，政府从规划管控、制度设计角度引导，靠市场的力量去运作、实施。

总体来看，目前深圳的城市更新政策已较为全面和完善，能够基本保证城市更新项目的推进处于相对顺畅和理想的状态。在现行政策的引导下，从项目拓展到用地出让合同签订，目前基本需要5年时间，后期随着政策持续优化，企业的专业度不断提高，一个正常的项目应该可以控制在3年左右。

当然，深圳的城市更新项目将会越来越多，所遇到的问题也会越来越复杂，政府也将不断优化、重新制定各种政策。为此，更新企业就需要不断学习、解读、接受新政策。深圳实行强区放权以来，出现了部分市、区之间政策指导方向不吻合的现象，这就给更新企业推进相关项目造成了困扰。另外，由于没有在早期就对拆迁赔偿予以制度上的干预，导致部分项目因部分业主对补偿预期过高而难以推进。

T：深圳的城市更新经验和制度对于其他城市的适用性如何？

W：深圳作为经济特区，具有立法权，很多更新政策可以自行制定，这在其他城市可能很难做到。另一方面，深圳城市更新过程中可能遇到的很多特殊问题（如土地历史遗留问题、非农问题等）在其他城市可能不会出现，因此这一方面经验难以借鉴。

但深圳核心成功经验“政府引导、市场运作”的模式则很值得学习，建成度较高、较发达，需要大力推动城市更新的城市学习，因为只有放手于市场，才更有效率。其中学习的关键政策是土地政策。而规划管理、编制等许多技术规范，则具有各个城市的普适性，值得各城市结合自身情况学习吸纳。

另外，各地关于城市更新的指导思想和操作逻辑也应该是一致的。城市更新不仅是企业或业主获取经济利益的一种手段，更应成为修复城市生态、提升城市环境、优化城市功能、完善城市配套、改善居民生活、推动城市发展的重要途径。深圳在这方面的成功经验应是可供借鉴的。

总体来说，各地应该参照深圳的成功经验，同时结合自身实际情况，因地制宜，制定适合自身需要的城市更新政策规范和操作流程。

T：就您看来，深圳城市更新政策设计和实践的下一步重点和需求有哪些？

W：1. 不管对深圳还是其他城市的更新来说，目前迫切要解决的是拆迁赔偿，因为实际发生的赔偿标准及期望不断攀升，导致项目的开发强度必须够高才可实施，而拆迁也是阻碍更新项目实施的最大因素。因此，通过司法途径解决“钉子户”，政府在拆迁赔偿上做合适地引导、政策干预，是下一步政策制定的重中之重。

2. 要认真研究旧住宅区的改造制度。由于城中村宜拆除重建的大多已列入更新计划，不宜拆除重建的也已划入综合整治，现状工业用地该保留的也已划入工业区块线进行保护，深圳城市更新下一步要重点关注的是旧住宅区改造。旧住宅区大都位于城市核心区域，从城市发展和现状居住条件来看，本身也具有迫切的改造需求。但目前关于旧住宅区改造的制度规范和实际操作经验都还不成熟。由政府主导的棚户区改造尚处于试点阶段，一旦全面铺开后仍由政府主导操作，对政府来说是个极大的考验，其可行性有待检验。如何充分引入市场力量、避免旧住宅区改造恶性竞争、引导业主合理预期等，是旧住宅改造制度设计的重点。

3. 建议对目前的“工改工”政策进行重新梳理和优化。从目前实际情况看，“工改工”政策可操作性不强，市场反应并不是很好，项目的成功率不高，导致很多企业涉足“工改工”领域的意愿不强。因此，有必要对相关政策进行优化调整。

4. 关于历史文化建筑的保护也要加强政策研究。目前部分项目出现了因保护历史建筑而影响项目规划和项目推进进程的现象。因此，建议对历史建筑的认定要制定严格的政策标准，保护历史建筑和推进城市更新要有机结合，应从政策层面保障两者既不相互影响又能相互提升。

T：作为地产开发商，进行城市更新规划和设计的最大挑战是什么？规划和实施的衔接如何考虑？例如，周期长、拆迁难、不确定因素等，卓越如何应对不确定性和风险？

W：就深圳而言，开发商在城市更新规划中最大的挑战是平衡各方的利益。一方面，原权利人对赔偿要求不断攀升；另一方面，政府赋予城市更新的城市建设、配套建设任务很重，大多数更新项目土地移交率均大于 35%，甚至不少项目土地移交率逼近 50%，导致项目因不具备经济可行性而停滞不前。在规划审批方面，由于规划管控内容繁多，审批通过难度也大。这些都增加了项目的不确定性和风险，对项目的可行性提出了挑战，更对更新企业的专业能力和运作水平形成了严峻的考验。

卓越更新集团作为行业领先企业，目前已经沉淀了一支近 500 人的专业人才团队，涵盖投资拓展、规划报建和运营管理等各领域，形成了一整套卓越特有的标准化运作体系。我们通过更加全面、专业、精细的前期可行性研究，可以最大限度地减少前期误判，通过规范、高效的后期项目运作管理，可以大大缩短项目周期，较好地应对项目的不确定性和风险。

T：深圳的城市更新规划中的多元主体协商和沟通有何特点？政府、开发商、业主（居民）的协商机制如何？

W：目前在深圳的城市更新三方沟通主体中，开发企业主导与原权利人进行友好协商，政府通过政策制定和宏观把控来保证落实城市公共服务设施以及社会利益，原则上不参与开发企业与原权利人的协商谈判。只有在重大项目或公共配套的推进受阻时，政府才可能出面搭建三方沟通平台，从中督促、协商调解，加快重大项目的推进及重要公共利益的实现。

当然，从开发企业角度而言，还是希望政府能够更多地参与进来，政府按政策指引，以中立的态度适度干预，有利于项目的推进，也有利于减少诉求不合理的钉子户。

T：目前，对城市更新地产开发团队的知识结构和团队建设方面有哪些新的挑战和要求？

W：随着城市更新行业的发展，涉及的专业领域越来越多，如产业发展、生态修复、海绵城市、历史文化保护与利用、建筑物理环境等，这就对更新企业的人才结构和配备提出了更高要求。更新企业需要配备比传统房地产开发行业知识结构更加全面完整、专业领域更加广阔丰富的人才团队。

另外，通过十余年的行业实践，我深感城市更新是一个极其复杂、周期长、极须实干且很难立竿见影的领域。这个行业对从业人员有着极高的要求，他们既要有过硬的专业知识，又要有很强的综合素质；既要勤于思考，又要善于解决实际问题；既要有坚定的目标使命感，又要有超强的团队意识。总体而言，城市更新行业需要的是专业过硬、内心强大、综合素质高、深具更新精神的优秀人才。因为只有这样的人才，才能顶得住困难，耐得住煎熬，才能取得最后的成功。

受访者：贺倩明，上海建纬（深圳）律师事务所主任，兼任深圳市华勤城市更新研究院院长、中国政法大学房地产法研究中心执行主任、深圳国际仲裁院仲裁员

采访者：谭肖红，广东工业大学建筑与城市规划学院，讲师

采访时间：2019年10月

地点：深圳

T：近十年来的深圳城市更新制度发展和实践有哪些特点？

H：深圳城市更新制度最大的突破点就是市场主导和政府引导，这是落实到具体制度设计里的，市场主体负责和原来的权利人进行协商，市场主体对整个片区的规划也有一定的具体主导权。例如，市场主导参与的工业区改造和城中村拆除重建。

政府的引导主要体现在项目的准入和规划管控两个方面。近十年里政府思路和角色也发生了很大的转变，政府开始更多地主动介入城市更新，例如城市更新和土地整备的结合。关于旧住宅区的改造，原来是由市场主体自由协商。从 2012 年起政府不再允许市场主体自由协商，必须公开选择市场主体，此外，出台棚改政策，使得所有的旧住宅区的改造原则上要棚改优先。棚改实际上由国有企业主导，改造方向主要是人才住房和保障性住房，所以这一块基本上把民营市场主体排除在外了。同时，近期划定了 50% 的城中村不允许做拆除重建，只能做综合整治，综合整治其实也是政府主导的。总的来说，政府的介入力度会越来越大，不再是纯粹的市场主导。

T：深圳城市更新制度设计主要难点和挑战有哪些？

H：整个城市更新的制度设计里面最大难点和问题是市场和政府的边界划分，深圳原来边界是比较清楚的。我认为有些方面不能完全放在市场，比如说搬迁补偿标准、违法建筑的处理等，会需要政府用公权力去影响。其他的应该是让市场去解决的，比如产业的规划、产业的导入，还有一些具体的收并购活动，这些应该让市场去配置资源。目前，这方面在制度设计层面不是特别清楚，所以导致政府不停地去干预和打补丁，市场主体不知道怎么弄。深圳在过去十年的城市更新，应该说走得还是比较艰难的，走得比较慢。政府今年也出台了一个文件，说深圳的城市更新出现了市场失灵的一些现象。市场失灵包括几个方面，例如项目炒作和倒卖，推高了城市更新的成本，还有搬迁补偿的市场无序，少数人要很高的拆迁补偿。怎么去管控市场失灵，目前还没看到政府特别清晰的思路。总的来说，深圳过去十年的城市更新经验主要是充分激活了市场主体的积极性，市场参与热情非常高，这是好的方面，政府在整个规划管控方面的主动权一直还是掌握得比较到位，城市更新规划做得比较好。不过政府在审批流程方面，例如历史违法建筑的处理和市场搬迁补偿市场的干预方面力度不大，有些制度出台了但是落实不了。还有些制度可能和现实会有一些脱节，比如说集体资产的交易。因为城市更新的主战场是在城中村，城中村里面涉及大量的集体土地和集体资产，深圳 2016 年出台政策规定所有涉及集体资产的交易必须进行公开的平台交易，实际上这项制度设计有点跟现实脱节了，从目前的实际情况来看，城市更新过程集体资产交易涉及集体资产认定、历史用地处理、集体民主决策等诸多流程，而集体资产平台交易多数沦为形式，实际上增加了交易成本和流程，导致项目推进的效率就比较低。

从制度制定层面来说，最大的挑战就是很多东西涉及国家层面的法律制度，比如说最重要的一个制度就是物权制度，在土地所有权、使用权和产权登记等方面的规定非常清楚，但是深圳的城市更新往往碰到很多和深圳或国家层面法律有冲突的情况。例如，农民的小产权房进行私下买卖，开发商在签拆补协议的时候应该确权给谁，原来的业主还是后面的买家，因为严格按照法律这类房屋买卖是无效的，可是如果确认给原产权人，实际占有房屋的肯定不干，这是一个困境，如果没到诉讼通过协商解决，市场的力量可以自己解决。另外一个问题就是拆迁协议要到更新局去备案，同时签完补偿协议以后违法建筑拆掉以后变成了合法具有完整产权的回迁物业，而且要到更新局备案，这对政府的管理来说是一个困境。城市更新的设计主要是围绕几个大的方面，包括如何处理原来的权利人原来的产权、如何保障政府的公共利益实现、规划的管控和市场主体利益的保证。这几个方面的制度设计都涉及国家层面的法律，深圳如何用好特区立法权去推动更新制度的设计，我觉得这个话题很重要，需要继续深入探讨。

受访者：缪春胜，深圳市规划国土发展研究中心主任规划师，曾主持《深圳市城市更新"十三五"规划》、《深圳市城中村(旧村)综合整治总体规划(2019-2025)》等多部综合性规划；主导或主要参与城市更新暂行措施、飞地创新政策、更新单元计划管理规定、审批操作规程、更新项目保障性住房配建规定等更新核心政策制定。

采访者：谭肖红，广东工业大学建筑与城市规划学院，讲师

采访时间：2019年10月

地点：深圳

T：近十年来，深圳的城市更新制度发展和实践有哪些特点？

M：深圳城市更新的一个很重要的特点就是制度先行。就是先制定好规则，开发实施主体、村集体和政府等多方主体都在统一规则下进行城市更新活动。

1. 深圳城市更新构建了一个相对稳定的利益共享机制。一方面，政府在地价方面较新地出让给了一定的优惠空间，让更多的市场参与主体有积极性。另外，城市更新容积率较原来法定图则给了一定的增长空间，同时制定了一套基于密度分区的明确计算规则，每个项目都可以按照这个规则去计算，这样对开发主体而言就可以比较准确地去计算项目利润空间，能有一个较为明确的项目预期，同时也避免了政府审批人员的风险，这是最关键的制度保障之一。

2. 深圳还构建了一套历史遗留用地处置规则。由于深圳经过1993年和2004年统一征转使得村集体用地全部变成了名义上的国有用地，但是实际上大部分还是为村集体所掌握，这部分土地变成了"政府用不了、村集体也用不好"的历史遗留用地。针对这个问题，深圳政府在2012年《暂行措施》里面创新性地提出利益共享规则。首先，历史遗留用地面积的20%需要无偿移交政府，剩下的80%可以直接参与城市更新，但还需要按照更新规则进行统一贡献，这部分贡献比例至少15%，这也就是大家目前非常熟悉的"20-15"规则。一般来说，历史遗留问题用地的贡献比例比一般用地要更高。

T：深圳城中村更新当前有哪些新方向？

M：2019年以后，深圳城中村的主要引导方向是以综合整治为主的有机更新。我们在2017年做了一个城中村普查工作，就是分成十个组，每个组四五个人连续跑了几个月，把全市每个村的用地边界、用地权属、建筑物、改造情况、更新意愿等都做了初步摸底，同时结合深圳的人口普查数据对城中村里的居住人口情况都做了非常细致的摸查，这个普查工作完成后我们就在这个基础上做了综合整治总体规划安排。

经过大半年的调研，我们发现目前城中村的空间环境还是可以的，没必要全部去拆除重建，主要是把消防安全的问题处理好，通过改善绿化、居住环境，加强综合治理，把人口管理和社区治理的概念加进去，城中村的主要问题就可以逐渐改善。另外，就是一个观念或价值观的统一，大家普遍认识到城中村其实为深圳的发展做了很多贡献。

深圳城中村的未来主导更新方式将由大规模的拆除重建调整为综合整治，主要有两个考虑，一个是目前我们全市的保障房建设还跟不上发展需求，而城中村承担了这样的社会功能；另外城中村改造里面开始出现一些问题，譬如开发商纷纷进村占地盘拿项目，产生一些纠纷和乱象，同时也带来很多廉政风险，给社会产生了一些不好的预期或影响。所以，为加强对村集体资产的监管，政府规定开发商进行城中村改造需要在政府监管下进行，同时明确划入综合整治分区的村子不能进行大拆大建。按照规划，这个不大拆大建的管控时间是七年，七年内不能对城中村进行拆除重建，希望能够先把大拆大建这部分口子收住，先让目前已经批的大部分已立项的城中村项目先消化掉，减少实施过程中倒卖行为，因为很多本来可以做的项目经过倒卖之后都不能做了。

2018~2019年国内外城市更新研究进展

近年来，随着区域产业结构的调整、城市人口构成及其消费倾向的变化，中国城市的发展进入了新的历史时期（杨晓冬等，2019），从重规模的增量扩张阶段向重品质的存量设计阶段过渡，工作重心逐渐转向对城市空间形态肌理的重新梳理和建构，通过修补、缝合的设计方法和手段激活处于衰退困境中的城市空间，挖掘文化内涵，重塑场所特征，优化城市结构，提升环境品质，更好地满足市民日益增长的对美好生活的向往（张杰，2019；施芸卿，2019）。经过改革开放40年，我国完成了从一个8亿农民国家向一个8亿城市人国家的转变，亟须由体力城镇化道路转变为智力城镇化，我国城市发展方式从增量发展为主逐渐转变为以城市更新为主，城市更新已成为城市发展的重要手段（许中波，2019）。城市更新是一种城市发展的路径，按照用地性质不同，城市更新的主要形式有：经营性用地的更新、工业用地转型、风貌区保护、老旧住区的微更新、公共休闲网络、街道更新，也包括原有的旧改、城中村改造（图1）（邓雪湲等，2019）。在社会、经济不断发展以及人地关系紧张格局长期不能破解的情况下，对旧村庄、旧厂房、旧城镇进行改造，可以为新兴产业、低碳产业等提供优质的产业载体，进而推动产业转型升级（郑沃林等，2019）。目前，国内学者主要从空间规划、公共管理、社会学等视角分别对城市更新的技术手段、政策制度和社会影响等方面展开研究（刘贵文等，2019；余美瑛，2019）。城市更新的核心内容是保证城市活力、环境质量及生态平衡，最终目标是营造一个良好的城市环境。在有限的资源限制下，城市更新不是简单的空间再开发或空间再复制，而是把生态修复、城市修补相结合，以加强存量空间资源利用规划理念的创新、推进城市规划转型及规划师角色转变、完善存量资源规划编制技术与管理机制的变革，以理念更新带动存量更新制度环境与政策法规体系的完善（王一钧等，2019；边兰春，2018）。

追溯2017年以来中英文文献中出现的有关“城市更新/urban renewal”的研究，通过中国知网及Web of Science获取相关文献，并结合文献分析工具CiteSpace对国内外关于“城市更新”的最新研究进展进行梳理和归纳，总结城市更新研究的文献数量、发文期刊、主要机构，分析城市更新研究的最新热点，以期能为未来中国城市更新的实践及研究提供可借鉴性启示。

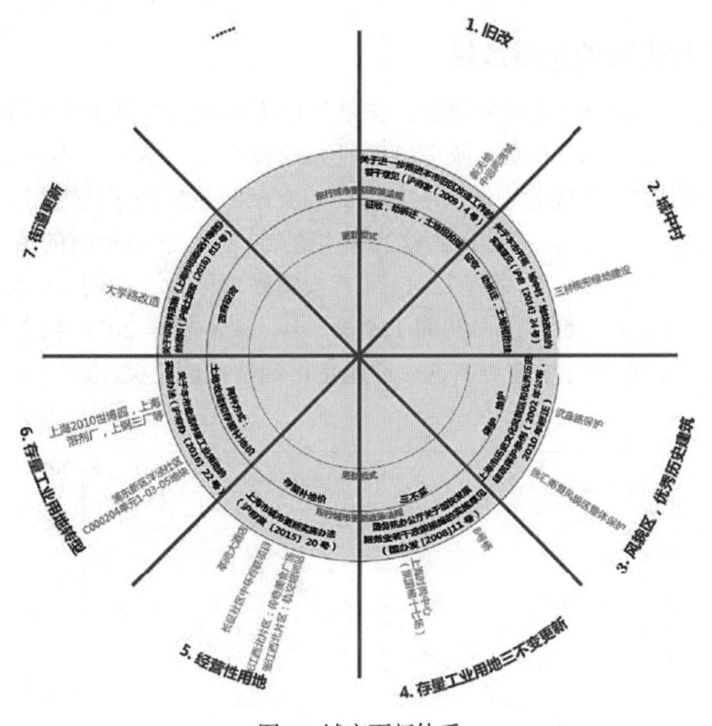

图 1　城市更新体系

（资料来源：邓雪湲和黄林琳，2019）

1　国内外城市更新研究的总体情况

1.1　数据来源与分析方法

本文检索的中文文献主要来自于中国知网（http：//cnki.net/），并从中限定中国期刊全文数据库中的核心期刊作为本文的检索范围。以“城市更新”、“更新”作为关键词，以“核心期刊”作为检索范围，检索时间为 2019 年 8 月 28 日，共检索得到 2018 年以来的国内相关文献 140 篇，其中，2018 年 96 篇，2019 年以来 44 篇；英文文献主要来自于科学引文检索（Web of Science，http：//isiknowledge.com/），以“urban renewal”作为关键词，共检索得到 2018 年以来的国外相关文献 637 篇，其中，2018 年 349 篇，2019 年以来 288 篇。借助于知网及 Web of Science 的高级检索功能以及专业文献分析工具 CiteSpace，对检索得到的文献进行分析，总结城市更新领域的最新研究趋势。结合聚类分析的结果，通过阅读相关文献的摘要来筛选出重要文献，并对其进行重点研读，从而总结归纳出国内外城市更新研究的最新进展。

1.2 城市更新研究的文献数量

城市更新是学界的持续研究热点，文献数量不断增长。基于中国知网及 Web of Science 统计了 2010 年以来关于城市更新研究的核心论文数量，得到 2010~2019 年的文献数量（图 2）。发现关于城市更新研究的文献数量经历了快速增长的过程，中文文献由最初的 36 篇 / 年，稳步增至 2014 年的 53 篇，这四年间的增速较为平稳，但在 2015 年迅速增至 72 篇，并在 2017 年首次突破两位数，达到 102 篇，2018 年又微降至 96 篇；而英文文献也由最初的 124 篇 / 年，逐步增至 2018 年的 349 篇。不断增长的文献数量，意味着城市更新这一话题正得到日益广泛关注。

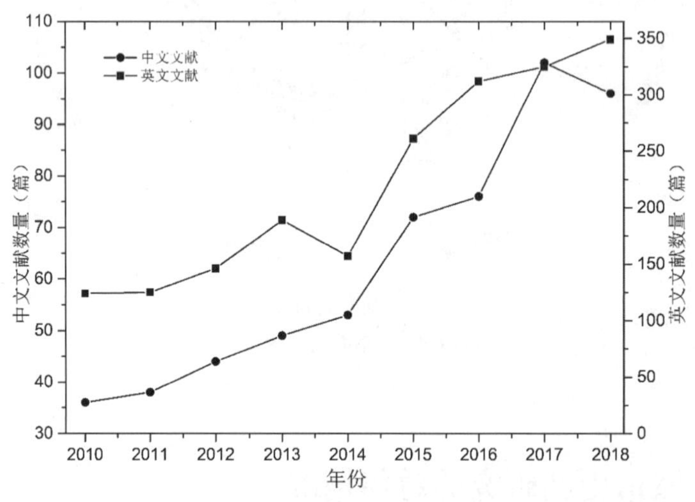

图 2 2010 年以来城市更新领域中英文核心期刊刊文数量

1.3 城市更新研究的主要期刊

城市规划是研究城市更新的主要学科。中文文献的统计结果表明城市更新研究主要集中在城市规划学科，其次是建筑学和人文地理。其中，刊文量最多的是《规划师》，高达 18 篇，其次是《城市发展研究》的 15 篇，而《城市规划》和《国际城市规划》的发文量也较多，分别达到 12 篇和 10 篇。此外，《现代城市研究》、《建筑学报》、《城市规划学刊》、《建筑经济》、《城市问题》等刊物也是城市更新研究的重要发文期刊。英文文献的统计结果同样显示城市规划是研究城市更新的主要学科，其次是环境学科和地理学科。其中，刊文量前三位的刊物是《Journal of Urban History》、《Urban Studies》和《Cities》，分别达到 68 篇、61 篇和 52 篇。此外，《Sustainability》、《International Journal Urban and Regional Research》、《Habitat International》以及《Housing Studies》等刊物也是城市更新研究的重要发文期刊（图 3）。

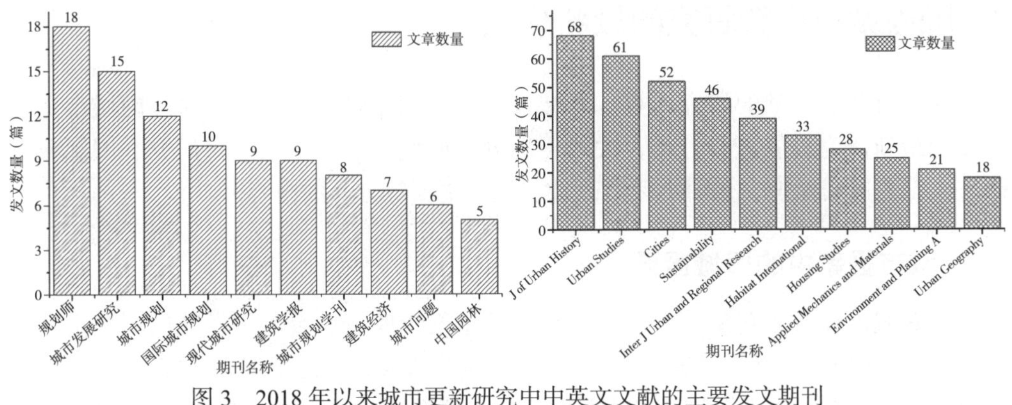

图 3　2018 年以来城市更新研究中中英文文献的主要发文期刊

1.4　城市更新研究的主要机构

关于城市更新的研究机构呈现出大分散、小集聚的分布格局。中文文献中有关城市更新的研究机构遍布国内的各个区域，其中 2017 年以来发文量较多的机构主要有同济大学建筑与城市规划学院（18 篇）、重庆大学（11 篇）、清华大学建筑学院（10 篇）、北京大学（6 篇）、华南理工大学（6 篇）、广东工业大学（4 篇）、华南理工大学（4 篇）、广东工业大学（4 篇）、深圳市规划和国土资源委员会（4 篇）、深圳大学（4 篇）等高校和研究单位，其余各机构的发文量大都在 3 篇以下；英文文献中关于城市更新的研究主要集中在中国、美国、澳大利亚、意大利、西班牙、英国等国家，其中发文量较多的机构主要有香港理工大学（29 篇）、墨尔本大学（12 篇）、香港大学（11 篇）、墨尔本皇家理工大学（10 篇）、美国韦恩州立大学（9 篇）等。

1.5　城市更新研究的主题方向

城市更新的研究方向呈现出分散中聚集的特点。运用 CiteSpace 工具对 2017 年以来的中英文文献共引聚类分析，对各个聚类提取共现度较高的主题词，从而获取城市更新研究的最新趋势。中文文献中，剔除干扰性较大的“城市更新”一词，通过聚类归纳可知，关于城市更新研究的主题词大体可以分为四类：第一类是社会空间关系与政策研究方面的内容，如绅士化、全球化、空间尺度、文化创意产业、收缩城市等；第二类是城市更新的研究对象，如工业遗产、历史街区、历史文化街区、旧城改造、城中村等；第三类是城市更新的研究方法，如实证研究、城市设计、城市治理、存量规划、城市修补等；第四类是与地方相关的研究内容，如中国、深圳市、广州市、上海市、重庆市等。英文文献中，同样剔除干扰性较大的“城市更新（Urban renewal）”，发现关于城市更新研究的主题词主要有城市再生（urban regeneration）、乡绅化（gentrification）、管制（governance）、可持续性（sustainability）、政策（policy）、邻里（neighborhood）和中国（China）等。

2 国内城市更新研究的最新热点

基于所获取文献的研究内容，并结合其关键词、研究对象等，对国内城市更新领域的最新研究进展进行分类，大致可划分为旧城区研究、城中村研究、旧工业区研究、工业遗产保护、老旧小区微改造、社区更新等方面的内容。

2.1 城市更新中的旧城区研究

随着城市经济的转型，城市大规模的扩张逐步放缓，城市建设转向高质量发展的阶段，当新城建设慢慢填满城市的空地，旧城改造成为“让城市更美好”的新机遇，城市发展从“增量建设”进入“存量改造”的新阶段（米笑，2019）。旧城区主要可以指老旧的居住小区、棚户区、旧有厂区、生活街区或者是历史文化街区等（周婕等，2018）。旧城区改造的目的是为了使城市经济更快速的发展，改造后的城市适应现代化的需求，解决目前城市可建设用地逐渐减少的问题，所以对旧城区进行改造是为了提高旧城区甚至是整个城市的生机和活力（黄晴等，2018；营立成等，2018）。

旧城区中存有棚户区、旧有厂房外迁等情况，因此在旧城区往往留有大量的存量土地和存量建筑，在目前的城市建设，如何有效利用旧城区中的存量用地和存量建筑也是目前旧城区改造中的一项研究内容（赖亚妮等，2018），根据产权的归属形式和承载功能的多样性，文章认为通过矩阵交叉的方式可以生成四种不同的历史建筑保护和更新的改造模式（表1）（周详等，2019）。另外，旧城区的建设水平已经不再适应当今城市的发展水平，居民的生活水平不断提高，原有旧城区中的相关配套设施的建设已经不能满足现有的生活水平，再加上原有配套设施老旧等问题，旧城区逐渐出现了城市内涝、教育医疗等资源承载能力较低、交通拥堵等问题（李艳伟，2018；王逸凡等，2018）。

旧城区改造的主要原则。结合规划区业态功能的空间使用特征，旧城区改造提倡以改旧再利用和拆旧建新两种主要模式有针对地推进规划区的更新改造。（1）改旧再利用：对于现状建筑质量良好、产权清晰，其建设环境不具备较大空间增量分配优势的，且内部运行功能以密集型、小成本型产业为主的工业建筑，推荐采取建筑局部加建、连接、立面整治等方式手段实施更新。（2）拆旧建新：对于现状建筑质量破旧影响使用，经营效益低下，但所在区位条件优越、价值潜力足且开发环境具备较大空间增量分配优势的或通过空间置换能提供相当面积公共空间的建筑，推荐采取拆旧建新，换用围合空间的组织方式实现更新（周滔等，2018；周俭等，2019）。

旧城改造的主要做法：（1）依托棚户区改造开展更新；（2）依托工业用地“退二进三”开展更新；（3）依托城市环境整治开展更新；（4）依托重大设施的建设开展更新（耿卓等，2019）。

制度经济学视角下四种改造模式的产权处置与利益分配方式　　表 1

改造模式	产权处置方式	实施路径	实施主体	利益分配
产权不变用地不变	产权保留	政府出资或鼓励自行改造	政府	政府财政补贴
	产权保留	政府抽户改造	政府保留对象提升	财政补贴
	少量收回	调整标准租金		租金
产权改变用地不变	产权私有	居民自行出资购买公房产权	居民	低于市场价格出售 建立保护监督体系
	产权回收	政府主导产权回收用于公益出租	政府	政府财政补贴
	产权置换	市场化置换产权	市场	风貌保护优惠政策
		改造后出租用作社会住房或拆除重建后用作商品住房		社会住房无须补交土地出让金，商品住房则需补交土地出让金
	产权收购	市场收购同时居民作价入股，公房市场化改造后转让或出租	市场居民	风貌保护优惠政策 补交土地出让金 市场补偿居民收益
产权不变用地改变	产权保留	居民自行出资改造和经营，或与政府合营	居民	政府将土地级差收益转让给居民
	产权租赁	由运营商租赁旧宅，重新改造后统一运营	市场	用途转变，市场收益返还政府和居民
产权改变用地改变	产权置换 改性公建	政府与居民通过安置协议，完成产权置换	政府	政府财政补贴 公益回馈社会
	产权变更 改性商办	由市场实施产权置换或收购，市场化经营	市场	风貌保护优惠政策 政府收取转让金
	产权变更 改性商办	由市场实施产权置换或收购，项目统一立项，毛地协议或招标出让	市场	市场收益补偿居民重签出让合同，补交用途与容积率改变后的土地差价

（资料来源：周详等，2019）

2.2　城市更新中的城中村研究

“城中村”是伴随城市郊区化、产业分散化以及乡村城市化的迅猛发展，为城建用地所包围或纳入城建用地范围的原有农村聚落，是乡村 - 城市转型不完全的、具有明显城乡二元结构的地域实体（闫小培等，2004）。由于城市政府要在城中村土地补偿和村民安置方面支付巨额经济成本和社会成本，为规避巨额成本，城市政府选择了绕开村落的迂回发展思路，导致城中村在土地利用、建设、景观、规划管理、社区文化等方面表现出强烈的城乡差异及矛盾（楚建群等，2018）。

城中村存在的问题研究。从社会流动、城市管理、社区组织的角度看，城中村存在较多问题，但却有存在的必要（李倩等，2018）。无论对城中村类型或问题要素有怎样不同的解释，城中村出现的社会背景都是现代化与城市化快速发展，根本出发点都是中国城乡二元管理体制（黄海艳等，2019），产生原因都是城市建设急剧扩张与城市管理、社会规划的滞后以及社会调节系统的局限（杨青等，2018），核心也都是城市与乡村的冲突。这种冲突体现在建筑物的外观形态、人际网络、组织制度、文化传统、生活方式及思维习惯等方方面面。

城中村改造模式与策略的研究。对城中村改造初期，从改造主体出发，将改造分为政府主导型、村集体主导型及开发商主导型。有学者认为，城中村改造过程就是利益重新分配的过程，最理想的模式是政府主导、村民自愿、发展商参与。城中村的村民以土地和房屋为主要生活来源，面对土地产权制度模糊，维护村民权益及集体资产的最好方法就是“转制”，即集体资产股份制改造（林文盛等，2018），其能既回避现有的社会管理体制缺陷，也能理顺集体资产合法发展的路径，这是目前多数城中村自谋发展的主要路径（朱雪欣等，2019）。

城中村村民及其存在问题的研究。城中村村民往往会被动卷入城市化过程，尽管享受到城市化带来的好处，却也承受着许多非预期后果。例如，遭遇身份与权利的错配，虽然获得市民身份，但各项市民福利却无法逐一落实（梁小薇等，2018；梁小薇，2018）。社会养老保险、医疗、子女教育、就业等多方面社会制度衔接的滞后，增加了未来生活的不确定，人们容易陷入迷惑、焦虑，并有不安全感，这是城中村改造后常见的集体自我认同危机现象（黄海艳，2019）。这种认同危机易造成行为的失常，诱发系列社会问题，也有学者提出会出现村民公共道德建设的问题（赵云涵等，2018）。在村民子女教育问题方面，首先需要政府的制度保障，社会资源的共享，更重要的是家庭因素和自身认知（楚建群等，2018）。

城中村土地及其房产开发的研究。土地作为村民最重要的生活与生产资料，是改造的核心要素。政策法规是土地资源可持续利用的重要依据，土地产权制度创新是城中村改造的前提（朱一中等，2019），土地增值是城中村改造的经济支撑，土地增值利益分配问题是城中村改造的焦点（姚之浩等，2018）。从土地改造与房产开发的角度看，城中村问题的实质就是国家权力下的土地产权博弈（朱婉莹等，2018），而集体土地的发展权属收益即为地方政府与村集体博弈的关键（段阳等，2019）。

2.3 城市更新中的旧工业区研究

我国经历了经济、社会的快速增长与发展，与此伴随的是城市化、工业化、现代化快速发展历程，而后进入人口中低速、经济新常态、社会新时代阶段，目前的中国正处于工业 4.0 阶段（赵玮璐，2018；温宗勇等，2018）。工业化进入转型升级发展阶段，传统的工业用地利用过程中存在诸多生态环境问题，粗放型的工业增长方式也不利于城市可持续发展。因此，城市更新工作纷纷在各地开展，而城市更新的重点之一即旧工业区块的改造（王建斌等，2018）。

城市更新的新热点之一在于旧工业区块的二次开发改造。而作为工业产业发展基石的工业用地，其利用机制直接关联到旧工业区块转型升级、更新改造（李璐颖等，2018）。

旧工业区块生态化改造做法同样适用于重建再开发、综合整治以及保护三大模式中，可采取以下几种具体措施以实现：（1）引导园区产业转型，淘汰产能过剩的产业，转型为高科技智能产业园；（2）产业的迁移与集聚，建立园区集中轻污染产业，引导其远离居民区降低污染影响，并且统一标准集中进行污染排查与管理；（3）鼓励园区企业形成循环经济产业链，将产品可作为下一产业原料，互相提供产品及原料，减少能耗与浪费，提高资源利用率；（4）鼓励园区建设水、热循环系统，推广节能降耗，促进资源高效利用；（5）建立屋顶花园，减轻热岛效应，提高绿化率；（6）从后工业景观、保护工业遗产着手，保留城市工业发展历史痕迹，改造为具有历史文化、地方特色和人文情怀的工业区块（王浩玮等，2019；李劭杰，2018）。

2.4 工业遗产保护与城市更新

工业文化遗产是工业文明在实现从传统工业向现代、后现代工业文明转型过程中的产物，是一个国家工业文明的记忆（刘贵文等，2018）。工业遗产是人类工业文明的遗存，包括物质工业遗产和非物质工业遗产，其中物质工业遗产主要包括具有历史、技术、社会、建筑、科学等价值的厂房、矿场、作坊、仓库、办公用房、机器设备、码头桥梁、道路等运输基础设施以及其他构筑物等（于洋等，2019）。中国是一个工业文化遗产大国，从都江堰到大冶铁矿和江南制造局，形成了完整的工业文化遗产体系。这些工业文化遗产，既是中国文明历史进程的见证，同时也是中国文明发展与转型的标志（胡惠林，2019）。

对工业遗产完整性价值的认识，萌芽于对文脉环境的整体性保护思想，在《下塔吉尔宪章》中明确了其保护工业遗产历史见证价值与原真性的要求，并强调了工艺流程完整性的价值，在概念内容上也拓展到了地域产业链、厂区、生产线的完整（沈一琛等，2019）。在国际上，英国作为工业革命先驱，工业遗产保护开展较早（王婷婷，2018），其制定的各类导则成为迄今全球范围内对于工业遗产制定工作最详细的文件（刘锋，2018）。城市工业遗产保护和更新的最佳方案是让工业遗产发挥公共空间的作用，工业遗产不仅可以作为艺术区、商务区和文化区，还可以改造成与群众生活息息相关服务设施，如学校、剧院和游乐场等，通过更新和再生优化城市土地、科学盘活资产，在城市更新过程中植入符合时代需要的新功能，营造更好的生活环境（魏沅，2019）。孙淼等基于工业遗产地的更新，对新城市主义进行了批判研究，并提出了改良策略（孙淼等，2019）（图4）。

工业遗产保护完整性的复杂性。完整性对工业遗产历史价值、科技价值、艺术价值以及社会文化价值均存在不同程度的影响，其中前三者的影响最为明显；完整性依托于

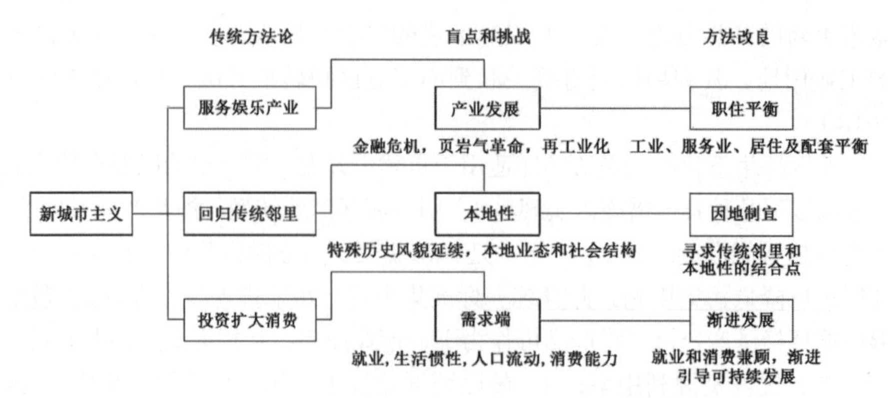

图 4　基于工业遗产地更新的新城市主义批判和改良策略

（资料来源：孙淼等，2019）

遗产阐释的角度，应当纳入到更大的横向比较与纵向比较中看待（王鹏等，2018）。

2.5　老旧小区微改造

老旧小区是指建设年代久远，至今仍在居住使用，但建设标准不高、使用功能不全、配套设施不齐、年久失修存在安全隐患、缺乏物业服务，不能满足人们正常或较高生活需求的居住小区（郭斌等，2018）。由于建成年代较早，老旧小区的建设标准和配套指标普遍偏低，加之部分房屋产权复杂、法律法规缺位等历史原因，造成老旧小区长期处于自然发展状态，部分小区甚至处于无人管理和维护的困境（王婷等，2019）。

微改造是指在维持现状建设格局基本不变的前提下，通过建筑局部拆建、建筑物功能置换、保留修缮，以及整治改善、保护、活化，完善基础设施等办法实施的更新方式，主要适用于城市中对整体格局影响不大，但现状用地功能与周边发展存在矛盾、用地效率低、人居环境差的地块（肖屹等，2019）。在老旧小区改造项目上，街道办、居委会、住户和物业等各利益群体的权责存在真空地带，增加了旧区更新的难度，延长了改造周期（余美瑛，2019）。

微改造强调人居环境、公共设施的渐进式改善，就像中医的针灸疗法，通过局部改善促进整体代谢。微改造是中小城市旧城更新的方向，通过微改造可以避免在大拆大建的情况下，有效提高城市品质，优化城市功能，此外，微改造中强调公众参与，可有效推动社会治理方式的创新（戴嘉宁，2019）。改变过去拆建为主的更新方式，积极推动微改造，通过维护修缮、功能改变等方式完善城市功能，减少对城市肌理的冲击和破坏（黄健文等，2019）。对老化的公共建筑更新利用，增加公共区域活力；围绕城区水系梳理零星的更新图斑，增补小绿地、小广场等公共开敞空间；围绕社区生活圈梳理插花地等，植入社区服务功能，完善社区服务设施（曹磊等，2019）。

2.6 社区更新

在西方国家城市更新过程中，社区参与的重要性日益突出（姜雷等，2019），基于社会资本的“协作规划”在社区发展与治理中的应用愈加广泛，即以地方知识、社会资本与社区文脉为主要制度资本，强调多方利益主体以“合作”的姿态共同参与社区治理（卓想，2019）。在我国，社区协作更新模式仍处在初期探索阶段，随着城市存量发展的不断推进，当前城市更新的价值理念、决策机制与治理模式均面临转型（卓健等，2019）。近年来，以物质空间改造为主的传统更新模式所导致的社会事件层出不穷，在部分社区中甚至出现“反增长组织”以抵制更新进程（袁奇峰等，2018）。

借鉴国外理论与实践，赵楠楠等（2019）提出以社区可持续发展为更新目标的社区协作体系，包括土地价值、地方知识、社会资本与社区善治四个层面（图5）。其中，土地增值利益是当前整体改造式社区重建的主要目的，即通过更新活化使新旧居民共享经济效益。在此基础上，随着地方特色与文化保育意识日益强化，社区发展经验、本地居民智慧等逐渐受到重视，“规划进社区”等行动更加推动了决策展示技术与公众教育体系的发展。

在“盘活存量土地”的城市发展背景下，广州市率先进行社区更新创新模式的实践探索，以应对存量社区资源再利用的紧迫诉求和社区参与意识强化、社会矛盾凸显的现实困境（米满宁等，2019）。根据决策主体的不同，改革开放以来广州的社区更新实践大致分为六个阶段（表2）。改革开放初期，广州社区更新以单位主导或政府包揽模式为主。随着社会经济体制改革，市场成为拆旧建新模式的重要力量，但是伴随而来的复杂利益博弈也引起众多社会问题。21世纪以来，广州市采取“成片更新”与“三旧改造”的更新思路，在亚运会前后的城市建设运动中产生了一定的实践效果，但也存在社区更新效率导向与社会矛盾激化等现实问题。近年来，城市更新作为广州城市管理的一项重要内容，在行政职能逐步优化的过程中，其社会属性愈加显著，更加强调城市更新的内涵提升与理念创新，对于更新过程中的协商沟通渠道、多方协作机制及公私利益平衡亦提出更高要求（赵楠楠等，2019；叶原源等，2018；刘思思等，2018）。

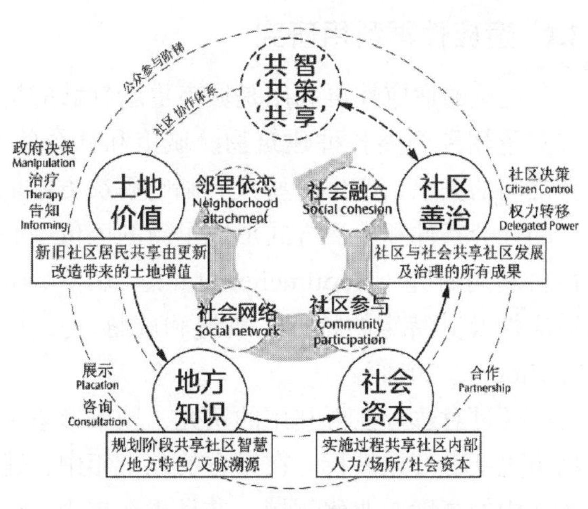

图5 社区更新中的协作体系

（资料来源：赵楠楠等，2019）

改革开放四十年广州社区更新的主要发展阶段 表 2

时间（年）	决策模式	更新形式	驱动模式	节点文件	典型案例
1978~1983	单位主导	单危房改造	社会福利	1979 年开始住房体制改革；1983 年实行住宅建设“六统一”	华侨新村等
1984~1990	政府主导	住房统建；小规模改造	制度驱动	1989 年颁布《广州市住房制度改革实施方案》	东湖新村等
1991~1998	市场主导	拆旧建新；房地产开发	经济资本驱动	1991 年颁布《中华人民共和国城镇国有土地使用权出让和转让暂行条例》	荔湾区荔湾广场、恒宝华庭等
1999~2005	政府主导 市场禁入 社区参与	适度更新；居住环境整治	社会资本驱动	1999 年市政府提出“广州旧城改造不再让开发商参与”	越秀区解放中路旧城更新
2006~2015	政府主导 公私合作 市场参与	成片更新；三旧改造试点	经济资本驱动；社会资本参与	2005 年提出“成片更新”工作思路，再次引入社会资金； 2009 年提出《关于加快推进“三旧”改造工作的意见》	荔湾区恩宁路、海珠区南华西、广钢新城、天河区猎德村等
2016~2018	政府引导 社区主导 市场参与	社区更新；社区协作发展	社会资本驱动；经济资本参与	2015 年成立广州市城市更新局； 2016 年颁布《广州市城市更新办法》	荔湾区永庆坊、泮塘五约、黄浦区深井古村等

（资料来源：赵楠楠等，2019）

3 国外城市更新研究的最新热点

基于所获取英文文献的研究内容，并结合其关键词、研究对象等，对英文文献中城市更新领域的最新研究进展进行归纳，大致可划分为适应性再利用研究、可持续发展研究、棕地研究等几个方面。

3.1 适应性再利用研究

建筑的适应性再利用是城市更新领域的持续研究热点，它是以自发和非正式的方式重用和调整各种建筑物。城市和社会的不稳定性不断重新定义着地方和行动者之间的关系，产生一些仅有临时解决方案的问题（Li et al.，2018），并以不受制约的社会条件和生活方式形成了新的区位中心，因此，亟须强化城市更新中的适应性再利用研究（Hooilmeijer et al.，2018）；Bie 等（2018）研究了建筑遗产的本土适应性及其特定的特征、机遇和威胁，及其对更正式的适应性再利用实践的影响（Zalloom，2018）。

通过对适应性再利用的研究，城市形象及其发展轨迹得到更多关注，从而推动城市更新更好地进行。在过去的几十年中，建筑的适应性再利用已成为建筑和保护实践中的高度专业化领域，并且正在成为一个学术研究领域。然而，与这种高度专业化的实践并列，人们在自然和非正式的方式中重新使用和调整各种建筑物（Li et al.，2018）。Plevoets和Sowinska-Heim（2018）研究了建筑遗产的这种本土适应性及其特定的特征、机会、威胁及其对适应性再利用实践的影响，并详细阐述了当地社区与私人或公共开发商之间联合举措的可能性和风险。在城市更新过程中，新公共管理层更加关注结果和绩效，但道德与绩效之间是否存在价值均衡，是一个值得思考的问题（Alkadry et al.，2017）。

3.2 城市更新与可持续发展

可持续发展是城市建设的重要目标，城市更新则是实现该目标的重要手段。可持续城市密集化是欧洲后工业城市面临的主要挑战之一（Kilic et al.，2019；Meynier-Philip，2018）。最近瑞士对联邦航空规划法进行了修改，加强了城市扩张的局限性，为了开发现实但雄心勃勃的项目（Plevoets and Sowinska-Heim，2018；Shaker et al.，2019），社区规模被认为是最适合城市更新规划的，在这种规模下，可以遵循城市更新的城市愿景，同时适应现有建筑，商业和居民的特殊性。因此，邻里规模的城市更新项目似乎是可持续城市发展的必要条件（Perez，2018）。城市更新旨在解决无计划城市化和城市老龄化带来的问题（Ignatieva and Hedblom，2018），城市更新为土耳其创造可持续城市地区提供了重要机遇，在那里开展了一项重大的城市更新运动，在未来20年内重建800万户家庭（Yildiz et al.，2019）。

可持续城市更新规划是城市发展的关键问题之一。特别强调可持续城市更新的问题，这些地区由大量私人地籍组成，导致所有权分散（Guo et al.，2018）。城市更新通常是为了实现一个需要确定其实现的最佳方式的大型项目而进行的。Contractor（2018）提出了一种评估可分割指数的方法，以实现可持续的城市更新规划。用于解决该任务的方法是用于对替代解决方案进行排序的简单加法加权方法（SAW），以及用于定义标准权重的模糊分析层次过程方法（FAHP）（Lai and Lorne，2019）。

3.3 棕地研究

棕地的位置是城市更新过程中影响投资者决策和棕地再生的重要因素。棕地再生与城市更新及城镇化过程中的土地利用变化有所区别，但鉴于其在决策和政策制定方面的积极作用，吸引了广泛关注，常用的研究方法有调查研究、计量经济模型、马尔科夫预测模型等计算与模拟模型（Bie，2018；Zhang et al.，2017）。棕地时空特点之所以被众多学者关注，首先，因为棕地根植于某个时间和空间，其形成原因一般与城市化、去工业化和经济结构调整等有关；其次，棕地的时空特点是影响棕地再开发决策的重要因素，为实施再开发提供基础数据和驱动力；最后，棕地时空数据的公开化可以增加公众对棕地的了解，加强对土地开发者的监督管理（Liu et al.，2019；Gorczynska，2017）。

城市棕地还使我们能够为城市场所的设计带来更深层次的意义——以可持续性

为核心，减缓气候变化的影响，让社区参与设计过程，并增强这些社区的能力使其能够持续参与在项目建设与长期发展的过程中（詹姆斯·海特等，2019）。在相关研究中，棕地数据库的建立和更新、棕地识别和统计的技术突破是关键点（郑舰等，2019；余美瑛，2019）。

4 结语与展望

城市更新是21世纪备受关注的城市发展与规划议题，将伴随城市发展的整个过程，它是对城市中衰落区域进行重建、整治和功能改变的目的性行为。本文基于中国知网及Web of Science中关于"城市更新/urban renewal"研究的最新文献，运用文献分析工具CiteSpace，对国内外2018年以来关于城市更新研究的文献数量、发文期刊、研究机构、主题方向等进行了统计分析，发现关于城市更新研究的文献数量呈现快速增长的态势，城市规划是研究城市更新的主要学科，而《规划师》和《Journal of Urban History》分别是中英文最主要的发文期刊，研究机构则呈现出大分散、小集聚的分布格局。在统计分析的基础上，结合研究对象与主题方向，从不同方面对城市更新的最新研究进行了总结分析，其中中文文献主要从城中村、旧工业区、旧城区、老旧小区微改造等方面进行总结分析，英文文献主要从适应性再利用、城市更新与可持续发展以及棕地等等方面进行总结分析。

城市更新作为城市研究的一个新热点，应当在前人研究的基础上结合地区实际情况有所突破，同时也应考虑生态环境、社会环境和经济发展等多层次的可持续性研究，并融合其他学科的研究方法，对其进行更加深入的分析。对国内未来的城市更新研究，本文提出如下展望：第一，扩大研究对象。从地域上来说，针对当前城市更新主要集中于大城市的现状，未来应逐步向中小城市拓展，并结合当地情况开展有针对性的研究；从研究内容来说，城市更新研究应由"三旧"逐步向多维扩展，如历史文化遗产保护、老旧小区/街区微改造等，同时关注城市更新过程中市民的精神需求与情感变化，并逐步加强对城市更新中软环境要素的研究。第二，更新研究方法。针对当前城市更新研究主要依赖于调研与访谈等定性方法，未来应探索空间分析（RS、GIS）、大数据手段、数学建模等新技术及定量方法，分析城市更新的时空格局、总结城市更新的过程与存在问题及其对策、探析城市更新的生态环境效应及其对人们心理的影响，综合运用定性方法、定量方法和新技术，提升城市更新研究的科学性与说服力。第三，注重学科融合。针对当前城市更新中城市规划学科占主导地位的现状，未来应致力于多学科理论的协同研究，在巩固城市规划学既有研究的基础上，充分发挥建筑学、地理学、环境学、经济学、管理学、社会学、心理学、艺术学、医学、政治学等学科在城市更新领域研究的作用，构建多学科融合的城市更新研究理论体系。

参考文献

[1] Alkadry M G，Blessett B，Patterson V. 2017. Public administration，diversity，and the ethic of getting things done[J]. Administration & Society，49（8）：1191-1218.

[2] Bie P，Sowi ń ska-Heim J. 2018. Community initiatives as a catalyst for regeneration of heritage sites：Vernacular transformation and its influence on the formal adaptive reuse practice[J]. Cities，S1484621089.

[3] Contractor，A.，Greenlee，A.J.，2018. Up-“Routing” Communities：Subaltern Voices Challenge Sustainable Urban Renewal in Fortaleza，Brazil. Housing Theory & Society 35，57-93.

[4] Górczy ń ska M. 2017. Mechanisms of property ownership change and social change in inner-city Warsaw（Poland）[J]. Urban Studies，55（13）：2803-2820.

[5] Guo，R.，Ding，Y.，Shang，L.，Wang，D.，Cao，X.，Wang，S.，Bonatz，N.，Wang，L.，2018. Sustainability-Oriented Urban Renewal and Low-Impact Development Applications in China：Case Study of Yangpu District，Shanghai. Journal of Sustainable Water in the Built Environment 4.

[6] Hooimeijer F L，Maring L. 2018. The significance of the subsurface in urban renewal[J]. Journal of Urbanism International Research on Placemaking & Urban Sustainability，（4）：1-26.

[7] Ignatieva，M.，Hedblom，M.，2018. An alternative urban green carpet How can we move to sustainable lawns in a time of climate change? Science 362，148-149.

[8] Kilic，J.，Jajac，N.，Rogulj，K.，Mastelic-Ivic，S.，2019. Assessing Land Fragmentation in Planning Sustainable Urban Renewal. Sustainability 11.

[9] Lai，L.W.C.，Lorne，F.T.，2019. Sustainable Urban Renewal and Built Heritage Conservation in a Global Real Estate Revolution. Sustainability 11.

[10] Li，Y.，Chen，X.，Tang，B.-s.，Wong，S.W.，2018. From project to policy：Adaptive reuse and urban industrial land restructuring in Guangzhou City，China. Cities 82，68-76.

[11] Liu，G.，Chen，S.，Gu，J.，2019. Urban renewal simulation with spatial，economic and policy dynamics：The rent-gap theory-based model and the case study of Chongqing. Land Use Policy 86，238-252.

[12] Meynier-Philip，M.，2018. Between heritage and sustainable development：what future for churches? Field study of the Lyon Saint-Etienne urban area. Developpement Durable & Territoires 9.

[13] Plevoets，B.，Sowinska-Heim，J.，2018. Community initiatives as a catalyst for regeneration of heritage sites：Vernacular transformation and its influence on the formal adaptive reuse practice. Cities 78，128-139.

[14] Shaker，R.R.，Altman，Y.，Deng，C.，Vaz，E.，Forsythe，K.W.，2019. Investigating urban heat island through spatial analysis of New York City streetscapes. J Clean Prod 233，972-992.

[15] Yildiz，S.，Kivrak，S.，Arslan，G.，2019. Contribution of Built Environment Design Elements

to the Sustainability of Urban Renewal Projects：Model Proposal. J. Urban Plan. Dev 145.

[16] Zalloom B. 2018. Tracing the cityscape transformation under capitalism：The case study of Amman[J]. Journal of Urban Regeneration & Renewal，12（1），54-71.

[17] Zheng H W，Shen G Q，Wang H. A review of recent studies on sustainable urban renewal[J]. Habitat International，2017 41（1），272-279.

[18] 边兰春 . 历史文化街区的保护工作应坚持“求同”和“存异”的基本价值判断 [J]. 城市规划学刊，2018（01）：8-9.

[19] 曹磊，罗俊杰，赵迪 . 参与式设计在老旧小区公共空间景观改造中的应用——以天津市迎水里社区参与式景观改造为例 [J]. 天津大学学报（社会科学版），2019，21（03）：228-233.

[20] 楚建群，赵辉，林坚 . 应对城市非正规性：城市更新中的城市治理创新 [J]. 规划师，2018，34（12）：122-126.

[21] 戴嘉宁 . 关于城市老旧小区微改造的若干思考 [J]. 城市建筑，2019，16（05）：35-36.

[22] 邓雪湲，黄林琳 . 公共要素导向的上海城市更新沟通工具构建及应用 [J]. 城市发展研究，2019，26（05）：56-62.

[23] 段阳，杨家文 . 深圳市人才保障住房新实践——以水围村综合整治为例 [J]. 中国软科学，2019（03）：103-111.

[24] 耿卓，于凤瑞 . 我国城市更新中的用益物权确权问题研究 [J]. 西南民族大学学报（人文社科版），2019，40（01）：76-85.

[25] 郭斌，李杨，曹新利 . 老旧小区的管理困境及其解决途径——以陕西省老旧小区为例 [J]. 城市问题，2018（07）：70-76.

[26] 胡惠林 . 文明转型：中国工业文化遗产与城市文化空间再造论纲——城市文化经济与政策的现代议程 [J]. 东岳论丛，2019，40（08）：25-31.

[27] 黄海艳，蔡银莺 . 城中村拆迁还建居民家庭生计资本的流动特征——以武汉市两个拆迁安置小区为例 [J]. 城市问题，2019（06）：86-93.

[28] 黄健文，朱雪梅，徐莹，等 . 基于多源大数据的岭南地区老旧小区空间形态量化研究 [J]. 广东工业大学学报，2019，36（04）：70-79.

[29] 黄晴，王佃利 . 城市更新的文化导向：理论内涵、实践模式及其经验启示 [J]. 城市发展研究，2018，25（10）：68-74.

[30] 姜雷，高小宇，王祝根 . 空间权力视角下的美国创意型城市更新路径研究 [J]. 规划师，2019，35（06）：71-77.

[31] 赖亚妮，吕亚洁，秦兰 . 深圳市 2010-2016 年城市更新活动的实施效果与空间模式分析 [J]. 城市规划学刊，2018（03）：86-95.

[32] 李璐颖，江奇，汪成刚 . 基于城市治理的城市更新与法定规划体系协调机制思辨——广州市城市更新实践及延伸思考 [J]. 规划师，2018，34（S2）：32-38.

[33] 李倩，许晓东 . 城中村改造研究热点及趋势 [J]. 城市问题，2018（08）：22-30.

[34] 李劭杰．“双创”政策引领下的厦门旧工业区微更新探索 [J]. 城市规划学刊，2018（S1）: 82-88.
[35] 李艳伟．城市更新视角下济南市拆除违建后的几点建议 [J]. 中国人口·资源与环境，2018，28（S1）: 41-44.
[36] 梁小薇，袁奇峰．珠三角商贸型城中村的领域政治——基于广州市中大布匹市场区的案例研究 [J]. 城市规划，2018，42（05）: 39-46.
[37] 林文盛，冯健，李烨．ICT 对城中村居民居住和就业迁移空间的影响——以北京 5 个城中村调查为例 [J]. 地理科学进展，2018，37（02）: 276-286.
[38] 刘锋．英国城市更新经验及对我国的启示 [J]. 建筑经济，2018，39（08）: 94-96.
[39] 刘贵文，崇淙，洪竞科，等．我国城市更新产业的经济效应分析 [J]. 建筑经济，2019，40（06）: 5-12.
[40] 刘贵文，赵祯，谢宗杰．城市更新视角下的工业遗产价值实现路径研究 [J]. 建筑经济，2018，39（12）: 93-97.
[41] 刘思思，徐磊青．社区规划师推进下的社区更新及工作框架 [J]. 上海城市规划，2018（04）: 28-36.
[42] 米满宁，余华君．城市更新背景下集贸市场的优化设计研究 [J]. 四川戏剧，2019（01）: 173-176.
[43] 米笑．竹丝岗，一座不断生长的无界博物馆 [J]. 建筑学报，2019（07）: 19-23.
[44] 沈一琛，张洁．昆明钢铁厂工业遗产保护的完整性和复杂性 [J]. 工业建筑，2019，49（07）: 40-43.
[45] 施芸卿．一把尺子如何“量到底”: 基层治理中的制度硬化以一个城市更新试点项目为例 [J]. 社会，2019，39（02）: 31-57.
[46] 孙淼，李振宇．新城市主义理论在都市边缘工业遗产地更新中的合与离——以费城海军码头项目为例 [J]. 工业建筑，2019，49（07）: 9-15.
[47] 王浩玮，陈旭．旧工业区再生利用方案决策 [J]. 土木工程与管理学报，2019，36（03）: 170-176.
[48] 王建斌，刘楠．旧工业区再生利用项目动态利益分配——基于阶段性风险的 Shapley 修正模型 [J]. 西安建筑科技大学学报（自然科学版），2018，50（03）: 448-453.
[49] 王鹏，单樑．存量规划下的旧工业区再生——以深圳旧工业区城市更新为例 [J]. 城市建筑，2018（03）: 62-65.
[50] 王婷，陈小芮，章家恩，等．广州市老旧小区不同绿化改造方案对微气候环境影响的 ENVI-met 模拟研究 [J]. 华南农业大学学报，2019（04）: 1-8.
[51] 王婷婷．“二战”后英国城市更新“管理向治理”、“区域向地方”的转变 [J]. 城市发展研究，2018，25（10）: 75-79.
[52] 王一钧，崔彤．2018 年城市设计研究与实践热点回眸 [J]. 科技导报，2019，37（03）: 91-101.
[53] 王逸凡，王子耕，刘晓都．影响与抵抗：南头古城城市更新策略与实验 [J]. 建筑学报，2018（05）: 42-46.

[54] 魏沅 . 公共利用维度下控规控制性要素管理思路——以上海城市更新重点地区为例 [J]. 规划师，2019，35（S1）：36-40.

[55] 温宗勇，娄维思，邢晓娟，等 . 记忆的新生——工业遗产的转型升级之路 [J]. 北京规划建设，2018（06）：153-162.

[56] 肖屹，陈健，刘博 . 老旧小区更新提升实施效果评价方法研究 [J]. 建筑经济，2019，40（01）：102-106.

[57] 许中波 . 日常生活批判视角下城市更新中的空间治理——以武昌内城马房菜市场动迁为例 [J]. 城市问题，2019（04）：4-11.

[58] 闫小培，魏立华，周锐波 . 快速城市化地区城乡关系协调研究——以广州市“城中村”改造为例 [J]. 城市规划，2004（03）：30-38.

[59] 杨青，蔡银莺 . 城中村拆迁对原住民社会阶层变化的影响——以武汉市为例 [J]. 中国土地科学，2018，32（10）：36-42.

[60] 杨晓冬，张家玉 . 既有建筑绿色改造的 PPP 模式研究：演化博弈视角 [J]. 中国软科学，2019（03）：183-192.

[61] 姚之浩，田莉，范晨璟，等 . 基于公租房供应视角的存量空间更新模式研究——厦门城中村改造的规划思考 [J]. 城市规划学刊，2018（04）：88-95.

[62] 叶原源，刘玉亭，黄幸 .“在地文化”导向下的社区多元与自主微更新 [J]. 规划师，2018，34（02）：31-36.

[63] 营立成，尹德挺 . 迈向美好生活之城：城市更新的权利维度与实践机制 [J]. 新视野，2018（06）：122-128.

[64] 于洋，魏哲，喻冰洁 . 基于工业遗产保护利用的黄石汉冶萍铁路沿线空间更新策略 [J]. 工业建筑，2019，49（05）：14-19.

[65] 余美瑛 . 英国自主建造住房体系解读及对我国社区存量更新的启示 [J]. 规划师，2019，35（10）：87-92.

[66] 袁奇峰，蔡天抒 . 以社会参与完善历史文化遗产保护体系——来自广东的实践 [J]. 城市规划，2018，42（01）：92-100.

[67] 詹姆斯 · 海特，张智，齐亮萱 . 城市棕地再生 [J]. 中国园林，2019，35（02）：5-11.

[68] 张杰 . 存量时代的城市更新与织补 [J]. 建筑学报，2019（07）：1-5.

[69] 赵楠楠，刘玉亭，刘铮 . 新时期“共智共策共享”社区更新与治理模式——基于广州社区微更新实证 [J]. 城市发展研究，2019，26（4）：117-124.

[70] 赵玮璐 . 旧工业遗存的重生——以首钢文化产业园冬奥办公区为例 [J]. 建筑与文化，2018（01）：102-103.

[71] 赵云涵，陈刚强，陈广亮，等 . 耦合多源大数据提取城中村建筑物——以广州市天河区为例 [J]. 地理与地理信息科学，2018，34（05）：7-13.

[72] 郑舰，陈亚萍，王国光 . 2000 年以来棕地可持续再开发研究进展——基于可视化文献计量分

析 [J]. 中国园林，2019，35（2）：27-32.

[73] 郑沃林，徐云飞，郑荣宝．旧村改造项目绩效评价研究——以广州市白云区为例 [J]. 地域研究与开发，2019，38（3）：125-129.

[74] 周俭，阎树鑫，万智英．关于完善上海城市更新体系的思考 [J]. 城市规划学刊，2019（1）：20-26.

[75] 周婕，邹游．空间生产核心论题视角下的城市更新实证研究——以武汉市为例 [J]. 城市问题，2018（9）：20-26.

[76] 周滔，郧妮．城市更新片区土地利用变化规律研究——以重庆市渝中区为例 [J]. 中国土地科学，2018，32（04）：67-73.

[77] 周详，成玉宁．产权制度与土地性质改造过程中上海里弄街区城市功能再定位的思考 [J]. 城市发展研究，2019，26（5）：63-72.

[78] 朱婉莹，赵伟宏，汪明峰．城中村拆迁与外来人口居住选择的影响因素研究——以上海市联明村为例 [J]. 人文地理，2018，33（4）：26-32.

[79] 朱雪欣，夏宗龙，王江华．基于风险分担的城中村改造项目收益分配模型 [J]. 土木工程与管理学报，2019，36（3）：99-106.

[80] 朱一中，王韬．剩余权视角下的城市更新政策变迁与实施——以广州为例 [J]. 经济地理，2019，39（1）：56-63.

[81] 卓健，孙源铎．社区共治视角下公共空间更新的现实困境与路径 [J]. 规划师，2019，35（03）：5-10.

[82] 卓想．在地活化策略研究——以台北宝藏岩国际艺术村城市更新为例 [J]. 国际城市规划，2019，34（2）：126-135.

作者信息：

赵亚博，广东工业大学建筑与城市规划学院，博士，讲师。

2018~2019年城市更新十大事件

1 习近平总书记视察广州市旧城改造情况

2018年10月24日下午，习近平总书记来到广州市荔湾区西关历史文化街区永庆坊，沿街察看旧城改造、历史文化建筑修缮保护情况，并走进粤剧艺术博物馆了解粤剧艺术的传承和保护情况。

习近平总书记在考察广州历史文化街区永庆坊时指出："城市规划和建设要高度重视历史文化保护，不急功近利，不大拆大建。要突出地方特色，注重人居环境改善，更多采用微改造这种'绣花'功夫，注重文明传承、文化延续，让城市留下记忆，让人们记住乡愁。"

始于1931年的永庆坊，曾是老旧危房集中区域，大街小巷里残旧的电线与新搭的通信线纵横交错，电表箱杂乱无章。近年来，南方电网公司在此采取推进电力线路整治、优化社区环境等"绣花"功夫，推动老城区旧貌换新颜。如今的永庆坊，既保持了"原汁原味"的西关老城风貌，又吸收了不少时尚元素，已成为广州文化创意的聚居地。

据了解，广州于2016年启动社区"微改造"项目，计划用5年时间完成943个基础设施老化、环境较差的老旧小区的更新改造，以"三线三管"（室外架空的电力线、电话线、电视信号线等）整治为重点，切实改善群众的居住环境，保护性整治街区风貌。广州供电局重点攻关惠及民生的社区残旧线路改造工程，协助政府推进越秀区、荔湾区老旧社区电力线路整治工作。其中，荔湾供电局充分利用街道、社区的低压走廊，科学规划，统筹推进，对永庆坊残旧线路表箱进行更换，做到整齐美观，实现强弱电分离。同时，在改造时加大电力管线线径，并定期巡检维护，以满足街道、社区日益增长的电力需求。如今的永庆坊，电力线路条理分明，设备整洁有序，是广州城里古典与现代兼容、怀旧与潮流并蓄的经典所在，成为随处一拍皆为一景的"网红新地标"。

2 十三届全国人大常委会第十二次会议审议通过《中华人民共和国土地管理法》修正案

2019年8月26日，十三届全国人大常委会第十二次会议审议通过《中华人民共和国土地管理法》修正案，自2020年1月1日起施行。

（1）背景：改革农村土地制度

《土地管理法》确立的以土地公有制为基础、耕地保护为目标、用途管制为核心的土地管理基本制度总体上是符合我国国情的，实施以来，为保护耕地、维护农民土地权益、保障工业化城镇化快速发展发挥了重要作用。随着实践的不断发展和改革的不断深入，现行农村土地制度与社会主义市场经济体制不相适应的问题日益显现：

土地征收制度不完善，因征地引发的社会矛盾积累较多；

农村集体土地权益保障不充分，农村集体经营性建设用地不能与国有建设用地同等入市、同权同价；

宅基地取得、使用和退出制度不完整，用益物权难落实；

土地增值收益分配机制不健全，兼顾国家、集体、个人之间利益不够。

（2）内容：七大突破值得关注

新《土地管理法》坚持土地公有制不动摇，坚持农民利益不受损，坚持最严格的耕地保护制度和最严格的节约集约用地制度，在充分总结农村土地制度改革试点成功经验的基础上，做出了多项重大突破：

①破除集体经营性建设用地进入市场的法律障碍

原来的《土地管理法》除乡镇企业破产兼并外，禁止农村集体经济组织以外的单位或者个人直接使用集体建设用地，只有将集体建设用地征收为国有土地后，该土地才可以出让给单位或者个人使用。这一规定使集体建设用地的价值不能显化，导致农村土地资源配置效率低下，农民的土地财产权益受到侵蚀。在城乡接合部，大量的集体建设用地违法进入市场，严重挑战法律的权威。在33个试点地区，集体建设用地入市制度改革受到农村集体经济组织和广大农民的广泛欢迎。新《土地管理法》删除了原法第43条关于“任何单位和个人进行建设，需要使用土地，必须使用国有土地”的规定，允许集体经营性建设用地在符合规划、依法登记，并经本集体经济组织三分之二以上成员或者村民代表同意的条件下，通过出让、出租等方式交由集体经济组织以外的单经或者个人直接使用。同时，使用者取得集体经营性建设用地使用权后还可以转让、互换或者抵押。这一规定是重大的制度突破，它结束了多年来集体建设用地不能与国有建设用地同权同价同等入市的二元体制，为推进城乡一体化发展扫清了制度障碍，是新《土地管理法》最大的亮点。

②改革土地征收制度

随着工业化城镇化的快速推进，征地规模不断扩大，因征地引发的社会矛盾凸显。33个试点地区在缩小征地范围、规范征地程序、完善多元保障机制等方面开展了多项制度性的探索。新《土地管理法》在总结试点经验的基础上，在改革土地征收制度方面做出了多项重大突破：

对土地征收的公共利益范围进行明确界定。新《土地管理法》增加第45条，首次对土地征收的公共利益进行界定，采取列举方式明确：因军事和外交、政府组织实施的基础设施、公共事业、扶贫搬迁和保障性安居工程建设需要以及成片开发建设等六种情形，确需征收的，可以依法实施征收。这一规定将有利于缩小征地范围，限制政府滥用征地权。

改革土地征收程序。将原来的征地批后公告改为征地批前公告，多数被征地的农村集体经济组织成员对征地补偿安置方案有异议的，应当召开听证会修改，进一步落实被征地的农村集体经济组织和农民在整个征地过程的知情权、参与权和监督权。倡导和谐征地，征地报批以前，县级以上地方政府必须与拟征收土地的所有权人、使用权人就补偿安置等签订协议。

③完善农村宅基地制度

新《土地管理法》完善了农村宅基地制度，在原来一户一宅的基础上，增加宅基地户有所居的规定，明确：人均土地少、不能保障一户拥有一处宅基地的地区，在充分尊重农民意愿的基础上可以采取措施保障农村村民实现户有所居。这是对一户一宅制度的重大补充和完善。

考虑到农民变成城市居民真正完成城市化是一个漫长的历史过程，新《土地管理法》规定：国家允许进城落户的农村村民自愿有偿退出宅基地，这一规定意味着地方政府不得违背农民意愿强迫农民退出宅基地。同时，在总结试点经验的基础上，新《土地管理法》下放宅基地审批权限，明确农村村民住宅建设由乡镇人民政府审批。

④为“多规合一”改革预留法律空间

建立国土空间规划体系并监督实施，实现“多规合一”是党中央、国务院做出的重大战略部署。随着国土空间规划体系的建立和实施，土地利用总体规划和城乡规划将不再单独编制和审批，最终将被国土空间规划所取代。考虑到“多规合一”改革正在推进中，新《土地管理法》为改革预留了法律空间，增加第18条，规定：国家建立国土空间规划体系。经依法批准的国土空间规划是各类开发、保护和建设活动的基本依据。为了解决改革过渡期的规划衔接问题，新《土地管理法》还明确：已经编制国土空间规划的，不再编制土地利用总体规划和城乡规划。同时在附则中增加规定：编制国土空间规划前，经依法批准的土地利用总体规划和城乡规划继续执行。

⑤将基本农田提升为永久基本农田

实行最严格的耕地保护制度，确保国家粮食安全是《土地管理法》的核心和宗旨。为了提升全社会对基本农田永久保护的意识，新《土地管理法》将基本农田提升为永久基本农田，增加第35条明确：永久基本农田经依法划定后，任何单位和个人不得擅自占用或者改变用途。永久基本农田必须落实到地块，纳入数据库严格管理。各省、自治区、直辖市划定的永久基本农田一般应当占本行政区域内耕地的80%以上，具体比例由国务院根据各省、自治区、直辖市耕地实际情况确定。

⑥合理划分中央和地方土地审批权限

原来的《土地管理法》对新增建设用地规定了从严从紧的审批制度，旨在通过复杂的审批制度引导地方政府利用存量建设用地。长期以来，地方对建设用地审批层级高、时限长、程序复杂等问题反映强烈。新《土地管理法》适应放管服改革的要求，对中央和地方的土地审批权限进行了调整，按照是否占用永久基本农田来划分国务院和省级政府的审批权限。今后，国务院只审批涉及永久基本农田的农用地转用，其他的由国务院授权省级政府审批。同时，按照谁审批谁负责的原则，取消省级征地批准报国务院备案的规定。

⑦土地督察制度正式入法

为了有效解决土地管理中存在的地方政府违法高发多发的问题，2006年国务院决定实施国家土地督察制度，对省、自治区、直辖市及计划单列市人民政府土地管理和土地利用情况进行督察。土地督察制度实施以来，在监督地方政府依法管地用地、维护土地管理秩序等方面发挥了重要作用。在充分总结国家土地督察制度实施成效的基础上，新《土地管理法》在总则中增加第五条，对土地督察制度作出规定：国务院授权的机构对省、自治区、直辖市人民政府以及国务院确定的城市人民政府土地利用和土地管理情况进行督察。以此为标志，国家土地督察制度正式成为土地管理的法律制度。

3　国家发改委等五部委联合印发《关于进一步推进产业转型升级示范区建设的通知》

为贯彻落实党中央、国务院决策部署，2019年8月26日，国家发改委联合科技部、工业和信息化部、自然资源部、国家开发银行等五部委，联合印发《关于进一步推进产业转型升级示范区建设的通知》。确定了第二批产业转型升级示范区。同时，就新时代进一步推进产业转型升级示范区建设通知如下。

（1）加强组织领导

五部委将进一步落实有关政策文件，研究细化投资、创新、产业、土地、金融等方面的支持政策，继续安排中央预算内投资支持示范园区和重点园区建设。各有关省（区、市）要完善省级协调推进机制，组织示范区所在城市（区）全面实施建设方案，加快落实各项政策措施。示范区所在城市（区）人民政府要增强新时代做好产业转型升级工作的责任感和紧迫感，狠抓政策落地见效，以产业转型升级引领带动经济高质量发展。

（2）明确重点任务

第二批示范区所在省（区、市）有关部门要根据评估意见，组织对示范区建设方案进行修改完善，报省级人民政府批准后印发实施，并抄报五部委。首批示范区所在省（区、市）有关部门要结合2017~2019年示范区建设进展和年度评估，组织开展示范区建设方案修编，由省级有关部门联合印发实施，并抄报五部委。建设方案要坚持新发展理念，落实高质量发展要求，围绕夯实实体经济发展基础，增强城市辐射带动作用，提高集聚产业和人口能力，加强高效集约节约用地和生态保护修复，明确产业转型和城市更新的目标、定位和分阶段重点建设任务，积极探索加快示范区和示范园区建设的新机制、新方法，加快建立健全创新驱动的产业转型升级内生动力机制，形成以园区为核心载体的平台支撑体系，构建特色鲜明竞争力强的现代产业基地，培育先进制造业集群，促进产业由集聚发展向集群发展全面提升。

（3）完善年度评估

总结2017~2019年年度评估经验做法，进一步完善年度评估机制。健全定量评估与定性评估相结合的年度评估评分指标体系，量化统计数据重点评估所在城市主要经济指标和空间利用指标，以及示范园区、重点领域、重点项目建设进展情况，结合开发区建设用地集约节约状况专项评价结果，专家组定性评分重点评估示范区建设工作成效、典型经验做法等。优化城市自评、省内初核、第三方评估和各省交叉评估的年度评估流程，简化操作，突出工作实绩，力戒形式主义。

（4）突出奖惩激励

将示范区建设成效与对老工业基地调整改造表彰激励相结合，对年度评估结果为优秀的示范区，优先报请国务院办公厅给予通报表彰，大力落实各项激励政策，并对其典型经验和特色做法在全国进行宣传推广。将示范区建设成效与中央预算内投资相结合，对年度评估为优秀和良好的示范区，增加年度资金切块额度。将示范区建设成效与各项支持政策相结合，对评估结果为优秀和良好的示范区，优先安排各类试点示范和政策支持。定期组织召开现场经验交流会，推广评估结果为优秀的示范区有关经验做法，指导评估结果为较差的示范区分析原因、借鉴经验，更好推进示范区建设。对连续三年评为优秀的城市，允许增加示范园区数量，允许所在省（区、市）再推荐一个城市建设示范区；对连续三年评为较差的城市，取消示范区资格，不再享受相应政策。

4 住建部政策研究中心联合高和举办“2018中国城市更新论坛”及发布新书《城市更新》

城市更新作为全球性的运动和城市发展策略，长期备受各界专家学者的关注。近十年来，西方城市更新研究已步入到稳定发展阶段，理论和实践日趋成熟，为我国的城市更新提供了丰富的经验范本。随着我国经济发展和产业转型升级，城市更新已进入有机更新的新阶段，对这一领域前沿的探索与研究也成为业界普遍关注的焦点话题。

2018年9月20日，“2018中国城市更新论坛”在北京成功召开，同时发布了新书《城市更新》。《城市更新》是我国住建部政策研究中心与高和资本合作，研究城市有机更新课题的成果，对我国城市更新这一领域的研究将起到积极影响。《城市更新》从城市更新建设的基本规律入手，回顾研究了近年来英国、法国、德国、美国、日本、韩国和中国台湾的城市更新政策演变和著名案例，对相关经验进行了深入浅出的讲解。同时，该书从制度层面对城市更新的支持政策和保障措施进行了分析，也对我国广州、深圳、上海等特大城市在城市有机更新领域所做出的制度创新实践进行了研究探索。《城市更新》指出，当下中国城市已经从传统的物质层面的城市更新，发展到了以反映新时代要求、承载新内容、重视新传承、满足新需求、采用新方式为特点的城市有机更新阶段。城市更新新阶段的主要特点是市场主导、存量改造，突出创意运营和文化艺术，重在解决城市品质问题。

城市更新是研究城市发展最重要的一个课题。作为消费升级的风口，城市有机更新离不开主导者多元化、内涵多元化和外延多元化的发展趋势。目前，我国城市有机更新仍处于起步阶段，从整体上看，各项制度仍不完善。因此，学习借鉴国外及我国部分城市的有益经验，对攻克我国城市有机更新的制度短板有重要的意义。

5 广东省制定《"三旧"改造三年行动方案（2019–2021年）》

为推动广东省"三旧"改造，深化土地供给侧结构性改革，优化土地资源要素供给，助力乡村振兴战略实施和粤港澳大湾区城市群建设，促进高质量发展，经广东省人民政府同意，制定《广东省深入推进"三旧"改造三年行动方案（2019-2021年）》。主要内容如下：

（1）工作目标

《行动方案》明确提出，至2021年，全省新增实施"三旧"改造面积23万亩以上，完成改造面积15万亩以上，投入改造资金5000亿元以上，其中珠三角城市新增实施改造面积占比在80%以上。同时，"三旧"改造体制机制进一步健全，综合效益明显提升，配套政策体系更加完备，闯出一条高密度城市通过低效存量用地再开发促进高质量发展、偏远农村通过激活土地资源助力乡村振兴的新路子。

（2）重点行动

对应落实《指导意见》的有关政策，提出6个方面共17项"重点行动"计划。

一是强化规划支撑引导。强化规划的基础性、先导性地位，通过优化"三旧"改造相关规划的编制审批机制、创新建设用地规模调节机制，推动解决改造规划调整程序复杂、耗时长，以及部分地块因没有落实建设用地规模而无法实施改造的问题。

二是优化项目审查报批机制。按照深化"放管服"改革要求，通过优化市县层面审批流程、优化微改造项目行政审批手续、实施区域评估制度，推动解决部分项目审批耗时长的问题，降低改造项目的制度性成本。

三是建立系统性的激励倒逼机制。通过完善收益分配、补偿安置、财政奖补、税费优惠、金融支持、倒逼促改等配套政策，构建系统性的正向激励和反向倒逼机制，推动解决改造成本高、市场动力不强的问题，调动各方力量的参与积极性。

四是强化项目实施监管。通过完善项目协议监管机制，推动解决部分改造主体违规套用政策、不依规依约实施改造的问题。加强“工改工”“工改产”项目管理，保障工业发展空间，加大对实体经济的支持力度。

五是推进解决矛盾纠纷。通过加强对涉及“三旧”改造的诉讼案件的司法指导，推动解决改造引发的各类矛盾纠纷，在维护社会稳定的前提下加快改造项目实施进度。

六是推进立法工作。通过推进“三旧”改造立法，推动解决“三旧”改造政策层级低的问题，进一步凝聚社会共识，稳定市场预期，坚定各方信心，提高改造工作的规范化、制度化水平。

（3）保障措施

为保障专项行动顺利推进，优化“三旧”改造工作环境，《行动方案》明确提出五个方面的保障措施。要求各地、各有关部门切实加强组织领导，强化机制建设，按时保质完成工作任务，省将加强工作考核。同时，要求各地、各部门不断健全规章制度，堵塞管理漏洞，打造“三旧”改造阳光工程，严防廉政风险。此外，要求广泛宣传“三旧”改造，营造全社会共同推动“三旧”改造的良好氛围。

6 北京市人民政府办公厅印发《北京市2019年棚户区改造和环境整治任务》

2019年3月31日，北京市人民政府办公厅印发《北京市2019年棚户区改造和环境整治任务》的通知，主要内容包括：

（1）落实总规，促进减量提质发展。严格落实《北京城市总体规划（2016-2035年）》，按照“疏解整治促提升”专项行动要求，将棚户区改造与各区人口规划、建设用地存量统筹考虑，严格控制人口规模与建设规模，严控用地拆占比和建筑拆建比，切实降低改造成本，强化公共服务配套，实现“留白增绿”，增强人民群众获得感。

（2）转变思路，推动棚改工作转型。按照高质量发展要求，推动棚改工作由追求数量向提升质量转型；由实施主体主导向党委领导、政府主导、群众参与转变；由重拆迁向重拆迁腾退、成本控制、规划设计、建设、交用和重腾退空间利用、保护提升全过程管理转变；由重项目启动向重收尾转变，实现进度、质量、效果统筹，切实把棚户区改造这一民生工程抓实抓好。

（3）加强审核，严格控制征拆成本。由市住房城乡建设委负责，建立征拆补偿方案审核机制，严格审核国有土地房屋征收补偿安置方案和集体土地房屋拆迁补偿安置方案，从严控制征收拆迁成本，严格禁止新增政府隐性债务规模，严格棚改专项债使用管理。

（4）综合施策，做好项目征拆收尾工作。鼓励各区在充分发挥社区居民自治作用的基础上，综合采取经济、法律、行政等手段，加快推进项目征拆收尾，努力实现土地早上市、安置房建设早开工、群众早回迁。

（5）市政府将棚户区改造和环境整治任务列入2019年绩效考核项目，各区年度任务完成情况应于年底前报市政府。

7 深圳市人民政府关于加强棚户区改造工作的实施意见

为加强深圳市棚户区改造工作，根据《国务院关于加快棚户区改造工作的意见》（国发〔2013〕25号）、《广东省人民政府关于加快棚户区改造工作的实施意见》（粤府〔2014〕2号）、《关于完善人才住房制度的若干措施》（深发〔2016〕13号）等规定，深圳市人民政府制定本实施意见。

棚户区改造以公共利益为目的，主要通过拆旧建新的方式，由各区政府主导，以人才住房专营机构为主，其他企业可以参与。棚户区改造项目在满足基础设施及公共服务配套设施要求的基础上，其住宅部分除用于搬迁安置住房外，应当全部用作人才住房和保障性住房，以租为主，租售并举，统一由人才住房专营机构运营管理。

8 深圳市规划和自然资源局印发《关于深入推进城市更新工作促进城市高质量发展的若干措施》

经深圳市政府同意，深圳市规划和自然资源局于2019年6月6日印发《关于深入推进城市更新工作促进城市高质量发展的若干措施》，主要内容包括以下几个方面：

《关于深入推进城市更新工作促进城市高质量发展的若干措施》（以下简称《若干措施》）对城市更新现规划计划体系进行了调整和完善，要搭建由中长期规划及年度计划组成的城市更新目标传导机制，主要有两点创新。一是增加规划期至2035年的全市城市更新规划，为全市城市更新政策及规划制定提供更加前瞻性以及综合性的指引。二是强化计划调控，按照年度制定城市更新单元计划、规划和用地出让任务指标，搭建涵盖任务下达、过程跟踪、年终考核的年度计划管理机制，保障中长期规划的有效落实。

《若干措施》的各部分内容都围绕着“高质量”发展主题，并且特别针对以往城市更新中相对薄弱的绿色发展、历史文化遗产保护和活化等方面提出了优化建议。

9 中国城市科学研究会城市更新专业委员会2018年学术研讨会召开

为贯彻落实党的十九大精神及习近平总书记视察广东重要讲话精神，以“幸福城市·共同缔造——城市更新的实践与未来”为主旨的2018中国城市更新研讨会，于12月6日至8日在广州市广东工业大学东风路校区举行。本次会议由中国城市科学研究会指导，中国城市科学研究会城市更新专业委员会和广东工业大学共同主办，广东省旧城镇旧厂房旧村庄改造协会、广州市城市更新协会、广州市城市更新规划研究院、广州市政府—广东工业大学城市研究中心等多家单位共同承办的大型城市更新研讨会。来自全国各地 20 多家高等院校、30 多家科研院所，200 多家企业，以及政府相关部门近 700 位代表出席了会议。

大会共组织了 7 个大会主旨报告、4 个特邀报告，25 个分会场演讲和一个圆桌论坛。邀请了中国工程院院士、华南理工大学建筑学院名誉院长、教授、博士生导师何镜堂先生，中国工程院院士、深圳大学智慧城市研究院院长、教授、博士生导师郭仁忠先生，同济大学常务副校长、教授、博士生导师、中国城市规划学会常务副理事长伍江先生，北京大学城市规划设计中心主任、教授、博士生导师、中国城市规划学会副理事长吕斌先生，华南理工大学建筑学院院长、长江学者、教授、博士生导师孙一民先生，中国城市科学研究会城市更新专业委员会副主任委员、广州市城市更新规划研究院院长骆建云先生，中国城市科学研究会城市更新专业委员会主任委员、广东工业大学建筑与城市规划学院院长、教授朱雪梅女士等专家学者作大会主旨报告。

本次研讨会上，中国城市科学研究会城市更新专业委员会还发布了《中国城市更新发展报告 2017-2018》。这是城市更新专业委员会公开出版发行的第二本有关城市更新的专著，该书对当前国内外城市更新的理论与实践进行了较为系统地总结，可为我国城市更新研究与实际工作提供启发借鉴。

本次研讨会，无论是大会主题报告主讲嘉宾，还是分论坛报告演讲、发言嘉宾，以及参会代表人数，都创中国城市科学研究会城市更新专业委员会成立以来的新高。《光明日报》详细报道了这次研讨会的盛况；凤凰网现场图文直播了 7 日上午的大会实况，并有 6.97 万人观看实况；《中国建设报》、《城市发展研究》杂志、《中国园林》杂志，以及广东、广州本地媒体都派出记者采访报道此次研讨会。

10 中国建筑学会建筑改造和城市更新专业委员会在北京成立

2019 年 7 月 31 日，中国建筑学会建筑改造和城市更新专业委员会成立大会暨第一届理事会在北京召开。来自全国建筑改造和城市更新领域的科研院所、设计单位、高校、运营、施工及管理企业、材料及设备供应商等全产业链 200 余位专家学者代表出席成立大会。

中国建筑学会建筑改造和城市更新专业委员会挂靠在中国建筑科学研究院有限公司。会议现场经过投票选举产生建筑改造和城市更新专业委员会第一届主任委员、副主任委员、常务理事及理事。中国建筑科学研究院有限公司副总经理王清勤当选为第一届建筑改造和城市更新专业委员会主任委员，中国工程院院士、深圳市建筑设计研究总院有限公司总建筑师孟建民教授当选为副主任委员。

城　市　篇

面向存量的城市规划体系改良：深圳的经验 *

1 引言

新中国成立后，城市规划体系在“一五”期间起步，并且伴随着政治、经济的变革，在地方实践和国家立法的互动中不断转型（何强为，等，2005）。从20世纪50年代起在摸索中伴生的工业化和城镇化（赵锡清，1984），到20世纪90年代住房市场化、分税制等一系列变革后土地财政推动经济快速增长（张京祥，等，2013），我国城市规划前五十年的主流是围绕增量城市建设用地的增量规划（邹兵，2013a）。随着既有发展路径逐渐暴露出对资源环境、债务风险、发展质量等多方面的负效应，近年来各界呼吁城市规划体系向集约高效、持续收益的存量阶段转型（张京祥等，2013；邹兵，2015；赵燕菁，2017）。当前的国土空间规划体系建设进一步强调城镇开发边界管控，以及城镇空间集约、高质量发展，无疑加快了规划和治理面向存量的转型步伐。

1.1 共性矛盾：增量规划与存量情景

我国现行的增量规划体系在20世纪90年代初进入法制化的正轨（王凯，1999），并且在2008年颁布的《中华人民共和国城乡规划法》中进一步稳定，但它在面对存量情景时存在诸多短板：规划要求以自上而下传导为主，对瞬息万变的社会诉求响应不足，易产生矛盾和滞后；法定规划体系各层次规划内容趋同而缺乏针对性，又难以兼容适应发展诉求的其他规划形式；注重规划编制而缺乏透明完善的实施规则，使得开发主体难以形成理性的市场协作（何强为等，2005；王红，2005）。一些城市先后开始了存量规划转型的探索：南京为加快规划响应而尝试总体规划动态评估和调整机制，为增加规划弹性而精简控制性详细规划强制管控内容，并引入“一张图”规划管理信息系统以强化系统衔接（周岚，等，2005）。杭州为开展“城市双修”，优化了在总体引领、专项指导、详规实施等规划层面的技术要点和衔接关系，

---

* 赵冠宁，司马晓，黄卫东，岳隽．面向存量的城市规划体系改良：深圳的经验 [J]. 城市规划学刊，2019（4）.

同时强化了政策设计（杨毅栋，等，2017）。上海为进一步激活和推进城市更新工作，借鉴深圳等地的经验，提出完善政策指引、强化管理部门、加强更新规划的整体统筹等举措（周俭，等，2019）。尽管各地对规划编制、管理和政策体系有了诸多尝试，但面向存量的规划体系转型的难点在于如果不能激发社会多方合作，“自上而下”推进转型可能收效不佳（匡晓明，2017；郭旭，等，2018）。

我国上一阶段对存量规划转型的研究大多关注“自上而下”的制度建构，在一定程度上带有技术视角和政府视角的封闭性，而缺乏对当时当地多元社会诉求的关注和响应。究其原因，一种可能是全国大多数城市尚未真切感受到多元社会对既有规划体系的冲击，另一种可能是在大多数城市，既有规划体系与多元主体之间的冲突尚缺乏显性的途径进行调解和应对。但由于存量用地开发必须处理分散的土地权利关系和多元的社会诉求，存量规划需要跳出工程思维与行政指令的限制，引导各方力量对城市空间进行持续优化（邹兵，2013a；赵燕菁，2014）。事实上，西方发达国家也是在规划体系的转型过程中逐渐认识到其社会层面的复杂性。

1.2 视角选择：治理模式的渐进改良

西方 20 世纪 60 年代对“蓝图式规划”第一波反思浪潮被称为理性综合主义（Rational Comprehensive Planning），认为既往规划的失效源于规划编制和实施的系统性不足，应借助广泛深入的基础研究和科学理性的分析决策，自上而下、从整体到局部地构建一个稳定、系统的规划控制体系。这一观念在战后重建、集中实施的发展阶段大幅提升了规划体系的科学性和系统性，但随着政府投入的消减和社会多元化，许多规划由于无法应对社会诉求而被搁置（泰勒，2006）。

20 世纪 70 年代起，研究关注点开始转向多元社会背景下的规划实施。多元渐进主义（Disjointed Incremental Planning）作为对理性综合主义的对立批判，强调现实中的规划包含复杂的政治互动，并非纯粹的科学问题。关注点从“既有制度如何影响行为”拓展到“新的制度如何被塑造”。推动制度演进的不仅是施行控制和规范的权威式动力（Authoritative Power），还有促进习得和创造的原生式动力（Generative Power）（Coaffee，et al，2003）。20 世纪 90 年代后的制度主义（Institutionalism）规划学者进一步基于案例研究归纳出城市治理的三个层面，用以阐释多元社会背景下的城市治理动力学。三个层面的权力关系可同时对现实中的行动者施加影响，因此真正的治理模式转型应该在三个层面都完成。而研究中进行拆解是为了便于观察治理模式在不同层面的转变，以及不同层面治理模式转变的相互影响（Coaffee，et al，2003；Healey，2006）。多元渐进主义进而认为，转型往往始于局部的个案探索而最终固化为全社会的整体规程和文化，且这种转型是社会各方进行“连续有限比较”，而非单个领导者“理性综合决策”的结果（Lindblom，1959）。综上，剖析本土样本的转型历程对探讨我国规划体系面向存量的转型思路大有助益。

城市治理的三个层面 表 1

层面	维度
个案（Specific Episodes）	行动者（立场、角色、策略、诉求）；
	情景（制度中的某处）；
	惯例（重复出现的互动模式）
规程（Governance Processes）	社会关系和联盟；
	利益相关者的筛选方式；
	话语（界定事项、问题、策略、利益等）；
	准则（规定普适、可重复的实践方式）
文化（Governance Cultures）	被广泛接受的治理模式；
	被广泛认同的文化价值；
	政策话语和实践的结构（正式和非正式的）

（资料来源：笔者译自 Coaffee，et al，2003）

1.3 深圳样本：面向多元社会的存量规划先行探索

深圳的经验此时正凸显其价值：社会经济飞速发展加之土地资源紧约束，促使深圳较早地进入了存量建设和规划的探索阶段。经过多年的尝试和改良，以城市更新为首的存量规划已成为城市空间治理的常规路径[①]。同时，作为我国市场经济体制改革的"试验田"，深圳的存量用地开发广泛调动市场的力量进行运作，走出了一条减少土地财政依赖、多方共建共享、强调政策机制设计、管理流程规范透明的独特路径（黄卫东，2017；邹兵，2017）。

深圳城市规划体系的起步和存量转型的初始阶段已有研究基础，包括从特区建立到 20 世纪末，从规划技术体系优化转向制度建构的发展历程（王富海，2000）；从 20 世纪 80 年代末起探索的规划委员会制度（施源，等，2005）；1997 年颁布《深圳市城市规划条例》，建立"三层次五阶段"的法定城市规划体系（司马晓，等，1998；李百浩，等，2007）；以及在城市更新规划实施方面的早期突破（邹兵，2013b）等。近年来，深圳存量规划体系进行了大幅的拓展和改良，但相关研究尚不充分，且缺乏对深圳城市规划体系面向存量转型的长程梳理。

本文选择深圳 1997 年增量规划体系稳定之后，回溯面向存量情景的三轮规划改良，分析各阶段的规划危机和应对方式，以勾勒深圳城市规划体系面向存量转型的动力机制。

2 第一轮改良：法定规划工具的技术改良

20 世纪 90 年代深圳城市发展定位快速提升，大量旧城、旧村难以匹配新的发展

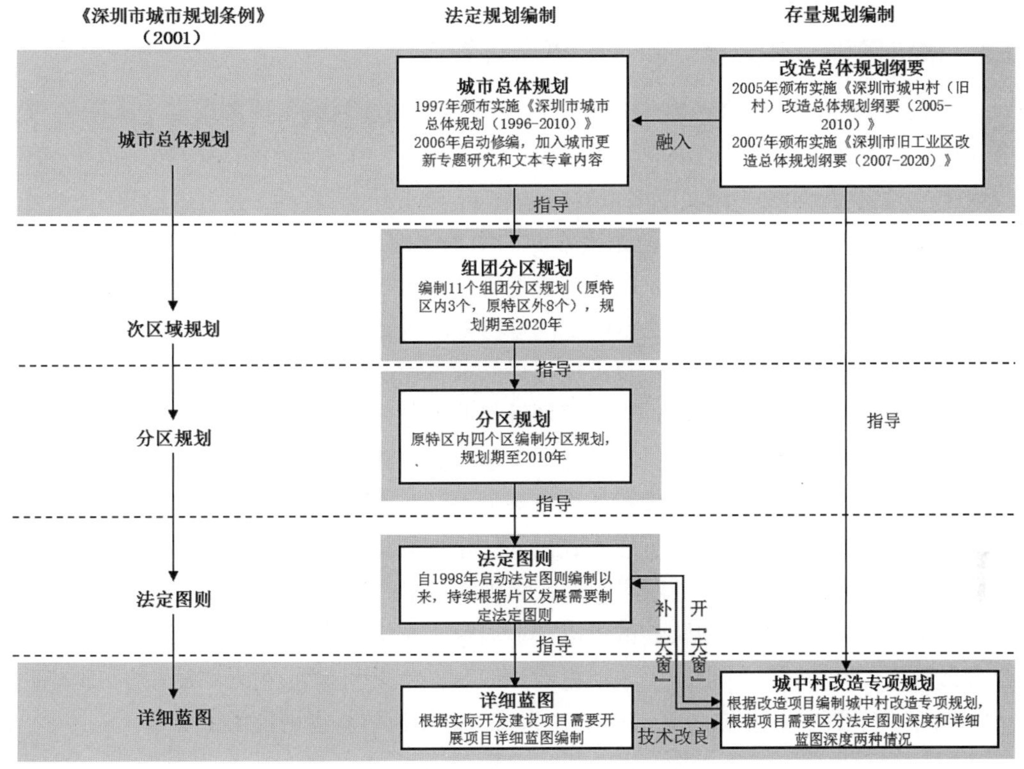

图 1　2004~2008 年深圳开展城中村（旧村）改造时期的存量规划体系

（资料来源：笔者自绘）

要求。20 世纪 90 年代末深圳开展了一批旧村改造规划编制，期望通过物质空间规划来落实学校、道路等公共利益项目，但实施效果并不理想，既往规划手段在存量情景面前陡然失效。在缺乏制度基础和国内先例的情况下，为解决存量改造中的实际问题，社会各界推动了法定规划的既有工具进行改良。

2.1　城市总体规划层面融入存量内容

2004 年起，深圳市政府组织编制了《深圳市城中村（旧村）改造总体规划纲要（2005-2010）》和《深圳市工业区升级改造总体规划纲要（2007-2020）》，在全市层面对存量改造进行整体谋划和方向把控，并且对影响存量改造的政策设计、市场条件、社会影响等进行了广泛的分析，拓展了宏观层面的存量规划编制技术方法，也为深圳后来市区两级城市更新五年专项规划的出台奠定了基础。2006 年深圳开始新一轮城市总体规划修编，动员各政府部门和专家担纲开展了包括城市更新在内的 20 个专题研究并在《深圳市城市总体规划（2010-2020）》的成果中首次增加了城市更新章节来明确目标和原则，并初步将城市发展的各方面策略都向存量阶段的发展思路进行引导。

2.2 法定图则“开天窗”和片区更新规划萌芽

2005年颁布的《深圳市城中村（旧村）改造专项规划编制技术规定（试行）》要求进行全面改造的城中村应编制城中村改造专项规划，作为调整法定图则和指导实施的依据[②]。根据当时的《深圳市城市规划条例》，城市开发建设需遵照法定图则应对土地利用性质、开发强度、配套设施等方面的明确规定，但在法定图则编制的过程中，对于亟待实施改造的存量用地，由于缺少稳定的技术标准，短期内很难得出合理的规划控制指标。因此，单纯推动法定图则的全覆盖将导致对于改造地区产生大量的法定图则修编，而这对开发主体意味着进度延后和成本增加，对政府则意味着巨大的行政风险。为了解决这一突出矛盾，当时深圳针对改造地区，在法定规划图表中不表达出改造片区的规划用地控制要求，而是注明将结合另外的改造规划另行明确。这种被称为法定图则“开天窗”的做法缓和了增量规划编制与存量改造之间的矛盾，也为日后城市更新单元规划逐步以打补丁的方式嵌入法定图则埋下了伏笔。与法定图则的权宜改良相对，也出现了面向存量发展的片区级规划探索。2008年开始编制的《上步片区城市更新规划》中，规划团队尝试了以产业研究、密度分区和详细城市设计等手段综合考量片区更新方式，并创新了城市更新片区和城市更新单元两层级协调的实施机制（黄卫东，等，2010；王嘉，等，2010），为后来的城市更新规划提供了雏形。

2.3 详细蓝图的技术方法改良

详细蓝图作为这一阶段存量规划的实施抓手，在解决存量改造实际问题的同时，其编制技术也不断被改良，为日后城市更新建立系统的技术框架做了充分的准备。首先，在详细蓝图的编制过程中逐步引入多方主体进行协同。例如2005年《南山区桃园路城市设计》[③]编制过程中就组织了包括政府部门、原农村集体、相关业主共同参加的多轮研讨会议。其次，详细蓝图的编制逐步开启多专业合作的局面。2006年《罗湖区黄贝岭旧村改造详细蓝图调整》的编制，由项目委托方牵头组织，以城市规划专业为核心，将市场策划、产业研究、交通研究、市政研究、建筑设计、投融资测算、生态分析等多专业内容作为规划成果的支撑性内容。详细蓝图编制技术方法的改良，为探索存量改造的法定规划提供了可操作性的路径。然而，详细蓝图重在考虑拟开发建设地块的建筑、道路和绿地等空间布局，开展必要的道路交通、绿地系统、工程管线、竖向以及景观等规划设计，并初步估算工程量、拆迁量、总造价等，实施中仍然存在编制主体与实施权责不明、公共利益落地缺乏制度保障、产权和利益平衡问题缺乏处理手段等问题，难以对存量改造的实际操作提供有效的指导。

2.4 小结：个案中的多方探索

尽管在城市总体规划的战略层面已经意识到并初步回应了存量问题，但第一轮改良中城市空间治理方式和规划体系还未进行根本性转变。在多方诉求推动的存量改造实践中，增量规划的技术手段局限于物质空间安排而暴露出实施短板，进而激发了一系列个案层面的技术改良探索。这些做法在当时尚无法规政策或技术标准的支撑，而是由来自政府、开发主体、业主、规划师等多方的行动者积极推动。社会各方在协同的实践中为应对存量发展积累了经验和共识，为后续规划体系改良储备了必要的“社会资源”。

3 第二轮改良：城市更新单元规划另辟蹊径

2005 年深圳市政府正式提出“四个难以为继”之后，很快到了增量用地几乎无地可供、无地可用的极限状态（邹兵，2013b）。2009 年广东省“三旧”改造政策颁布，允许探索土地一二级联动开发的模式，扩大了原土地权利主体和市场开发主体的潜在营利空间。一推一拉之间，存量规划在政府与市场之间的张力陡然增加。这时第一轮围绕法定规划的技术改良基本到达瓶颈，大量的经验无法在原有规划体系下得以应用。深圳第二轮存量规划改良的迫切要求是开辟一条高效、可靠的路径，能够承载和引导巨大的市场动力服务于城市的发展。

2009 年颁布的《深圳市城市更新办法》确立了一种以城市更新单元规划为抓手的新的存量规划，不仅在技术层面拓展和规范了存量规划的研究内容，打通了法定

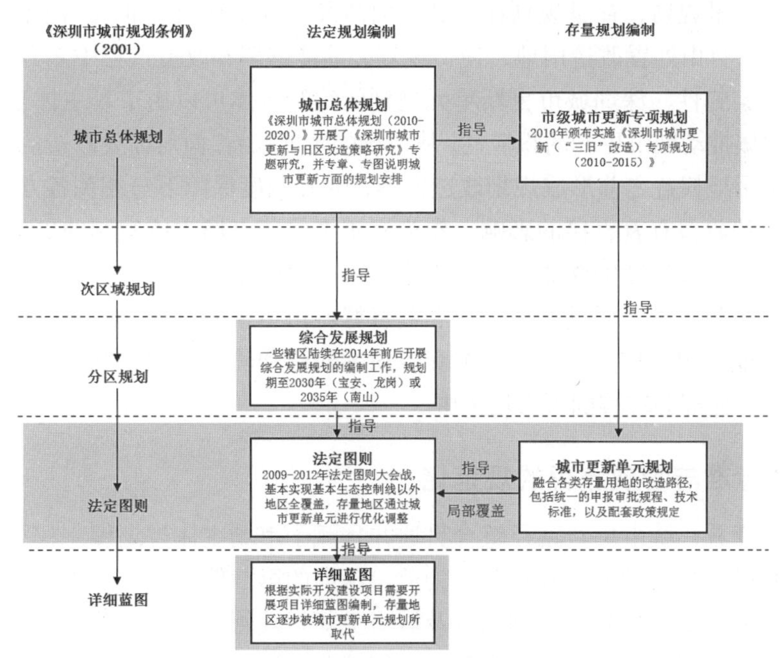

图 2　2009~2015 年探索城市更新路径时期的存量规划体系

（资料来源：笔者自绘）

规划与实施性规划的衔接关系，更搭建了政府、开发主体、原土地权利主体等多方诉求协商的平台。

3.1 城市更新路径的整合与贯通

《深圳市城市更新办法》和配套细则从两个方面确立了城市更新规划的地位。一方面是将按城中村（旧村）、旧工业区、旧城镇分类开展的改造方式，整合到城市更新这一条路径之下集中推进。市规划主管部门下设城市更新局统筹协调城市更新工作，集合了城市更新制度的构建、全市城市更新专项规划的编制以及城市更新单元计划和规划的审批等职能。路径整合降低了政策出台、行政管理和规划编制方面的冗余度，有利于在短时间内构建城市更新制度框架，并根据实践反馈快速迭代调整。另一方面明确了城市更新单元规划的效力，规定城市更新单元规划应根据法定图则的控制要求制定，对法定图则强制性内容做出调整的，可由市规划国土主管部门报市政府批准后实施。这样按照法定程序审批通过的城市更新单元规划可以局部优化和替代法定图则后作为规划许可的依据。这一举措实质性地贯通了城市更新单元规划的实施路径，简化了国内许多城市一份成果两头申报、反复进行控制性详细规划调整的烦琐流程。

3.2 赋予市场主体规划编制的权利

区别于增量规划，存量规划在实施层面涉及现有土地及物业权利主体的合法权益，政府无法自由处置改造用地，使得规划必须能够调和改造过程中多方利益诉求，才能具有可实施性。深圳城市更新单元规划的编制主体可以由市场主体来承担，激发了市场主体推动城市更新的积极性。从市场的角度来看，面对需要改造的存量地区，能够在购买用地权益之前形成规划改造方案，并在制度保障下与相关各方达成共识，对于改造后的收益有着直接的影响。作为实施主体，市场主体编制的更新单元规划也能更好地延伸到后续的深化实施方案中。从政府的角度来看，不再把城市更新的所有事项都大包大揽，而是力求引导和监督好城市更新的进行。同时政府通过制定公共利益用地、用房移交标准，并配套容积率转移和奖励等激励制度，将城市公共产品的供给责任部分转移到了市场手中。

3.3 技术标准与管理流程的规范化

换个角度看，城市更新路径整合贯通并且赋予市场主体规划编制权利，会给规划管理工作带来较大的压力和风险。为此，深圳的第二轮改良重点推进了全市和单元两个层次城市更新规划的编制，以及城市更新行政管理流程的规范化工作。全市城市更新专项规划由深圳市城市更新局组织编制，旨在为政府推进城市更新工作明确宏观导向和行动计划，确保城市更新工作与国民经济和社会发展规划、城市总体规划、土地利用总体规划相衔接，提出城市更新重点区域及其更新方向、总体规模、实施时序和更新策略等。城市更新单元规划取代详细蓝图，成为规划对接实施的综合接口。2011 年起，随着《深圳市城市更新单元规划编制技术规定（试行）》、《深圳市城市规划标准与准则》和《城市更新单元规划容积率审查技术指引》等一系列技术标准修订和出台，全面规范了城市更新单元规划的成果构成、内容深度以及审批管理文件的标准形式。

在行政管理层面，权责边界和操作流程逐渐明晰。城市更新单元层面，各类社会主体可按照流程申报项目并推动实施，深圳市城市更新局依规在关键节点提供协助或进行审批。通过申报立项的更新单元项目纳入市城市更新局的城市更新年度计划进行管理，进而转化为城市更新年度实施计划，对各区政府进行考核。全市城市更新专项规划为城市更新局的审批提供了有力支撑。

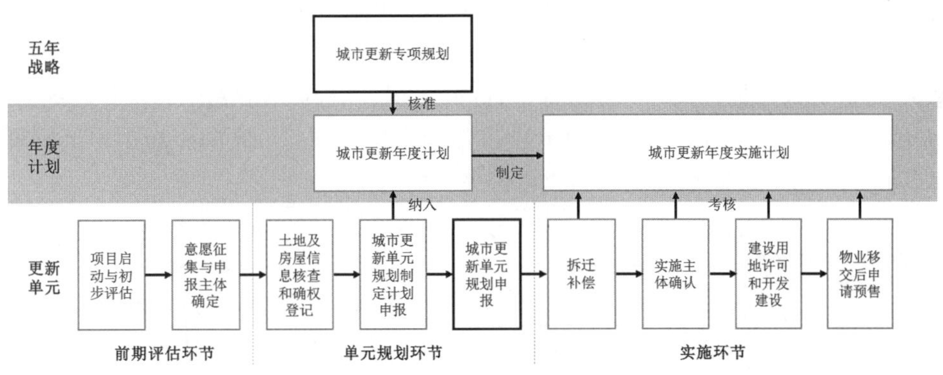

图 3　深圳城市更新单元规划与计划结合的管理流程示意图

（资料来源：笔者自绘）

3.4　小结：从个案到规程

2009 年《深圳市城市更新办法》的公布标志着规划体系面向存量的改良从个案层面向规程层面拓展。从前一阶段的实践经验和社会共识中沉淀，明确了“政府引导，市场运作”等城市更新原则和各方权责分工，以城市更新单元为突破点，基于实践总结稳定了整套的规划编制技术标准和规划审批操作流程。城市更新单元规划的编制和审批工作规范化，理顺了存量规划面向实施与衔接法定图则的基本技术路径，降低了政府的工作负担和行政风险，同时也使城市更新具有公开透明的申报路径和相对稳定的周期和收益预期，进一步激发了全社会参与存量改造的积极性。

4　第三轮改良：强化系统衔接与质量提升

2016 年深圳市政府对过去五年的城市更新工作开展实施评估，认为其在挖掘用地潜力、优化城市结构等方面取得了显著的成就，已超越增量建设成为城市发展的重要支撑（深圳市规划国土发展研究中心，2016）。然而，前一阶段的更新规划体系在成功调动了市场积极性的同时，也逐渐暴露了一些负面的影响。2010~2015 年间，深圳市旧工业区改造后的面积比例中住宅建筑超过五成，产业建筑不足两成（深圳市规划国土发展研究中心，2016），引起各界对资本助推深圳产业空心化的担忧④。此外，拆除重建类城市更新一枝独秀、项目公共利益贡献通过突破开发强度来实现经济平衡、局部高强度开发带来基础设施过载、生产和生活空间普遍成本上升加快产业和人才外流、公益设施短板加剧社会矛盾等问题逐渐加剧（林强，2017；吴丹，2017；邹兵，2017）。面对城市更新所导致的各类社会治理问题，这一时期亟需存量规划进一步与深圳转向高质量发展的阶段目标挂钩。

此外，城市更新全面推进使深圳市城市更新局面临巨大的审批压力，城市更新强区放权的改革应运而生。2015 年 9 月罗湖区试点城市更新工作改革，一年后《深圳市人民政府关于施行城市更新工作改革的决定》正式印发。自此之后，深圳市区两级均设立了城市更新局，市级更新局负责组织、协调、指导全市城市更新工作，区级更新局负责辖区内城市更新单元项目的全流程管理。市区两级城市更新管理体制的优化也为这一时期存量规划的改良带来了新的挑战。

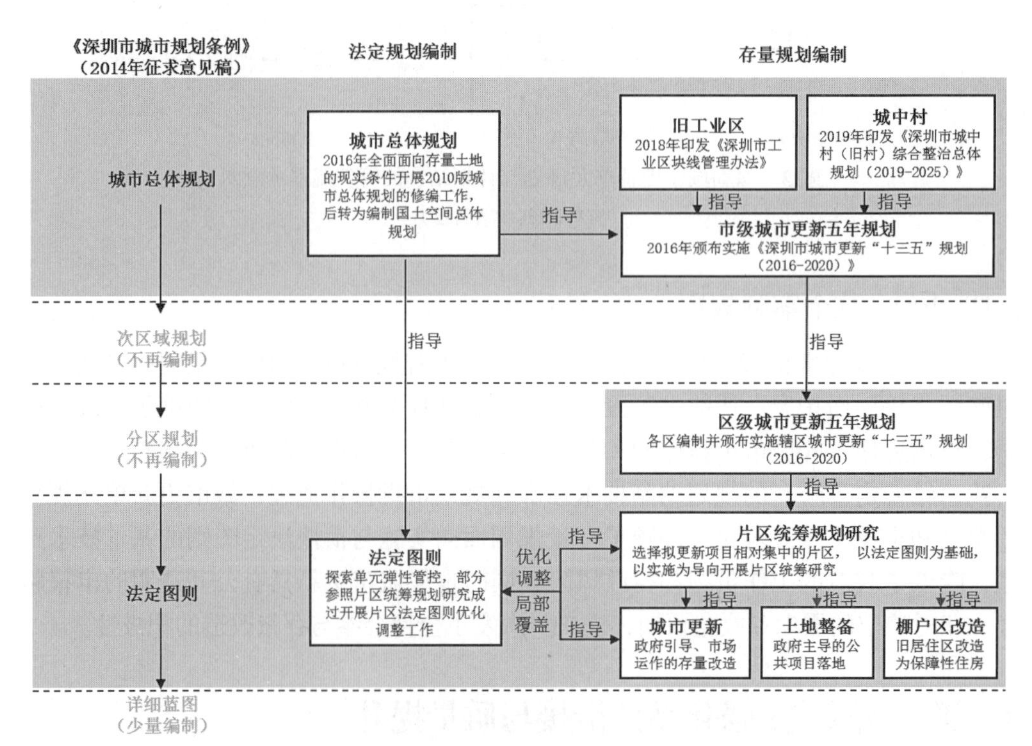

图 4　2016 年以来路径和层级更加丰富的深圳存量规划体系

（资料来源：笔者自绘）

4.1 加强存量规划层次的衔接

伴随城市更新管理事权的下放，各区政府开始积极编制能够反映自身发展导向和诉求的区级城市更新专项规划和城市更新片区统筹规划。区级城市更新专项规划将市级城市更新专项规划进行分解，使之能够更好地契合各区发展诉求、调动各区主观能动性，对于衔接落实更新计划管理和统筹指引更新单元规划编制也具有积极作用。城市更新片区统筹规划是区级政府对属地内的城市更新重点片区进行整体谋划的重要抓手。一方面，区级政府积极利用片区统筹规划作为指导城市更新单元规划审批的上位依据。另一方面，由于早期编制的法定图则往往对用地主导功能、片区开发总量有刚性的控制要求，常与城市更新项目诉求产生矛盾。区级政府组织编制城市更新片区统筹规划，获得市级规划国土主管部门认可后，可以作为法定图则修编的依据，成为“自上而下”管控和“自下而上”发展诉求之间的缓冲层。总体来看，区级城市更新专项规划和城市更新片区统筹规划增加了城市更新规划体系的中间层次，给强区放权后的各区政府提供了诉求表达的途径。

4.2 多种存量改造路径的创新与整合

为了更好地满足深圳城市存量改造的多元诉求，深圳近年来依托拆除重建类城市更新的经验，逐步拓展出针对旧居住区的棚户区改造、针对原农村土地的土地整备利益统筹、面向有机更新的综合整治等各有侧重的存量改造路径，积极探索更有针对性的存量规划编制和管理。2019 年 1 月在深圳市机构改革中原城市更新局和土地整备局合并为城市更新和土地整备局，未来随着城市更新、棚户区改造、房屋征收与土地整备等多种路径各自成熟，因地制宜、手段综合的存量改造模式将更加协调。

4.3 规划公众参与的打开

深圳 1997 年建立的城市规划体系中便已设计了公众参与机制，但随着存量改造的全面开展和规则的完善透明，公众对存量问题的关注程度和参与方式正在转变。湖贝古村的城市更新项目是一个典型案例，区级政府与开发商在 2011 年起签订协议推动更新改造，同时一批民间保护人士也在为古村保护的可能开展研究和争取支持，这种角力状态最终在 2016 年 6 月湖贝更新规划提交专家评审时发展为引起社会各界关注的激烈讨论。在当地媒体、自媒体、社会学者、建筑规划业者和公众的深度探讨和推动下，基于深圳市建筑与艺术环境专业委员会这一审查平台对城市更新单元空间方案的自由裁量权，进行了多轮沟通和方案调整，逐步扩大了古村保护范围并优化了新旧空间格局。此后，政府吸取一系列实践经验，拟将规划涉及历史风貌区和历史建筑的第三方专业力量监督纳入正式规章（杨晓春等，2018），并且在新一轮总体规划修编中开展了针对深圳城中村价值的研究和公众咨询，就存量发展导向寻求各界的关注和共识。

4.4 加强存量改造对城市发展目标的落实

具有改造潜力的存量用地日益成为深圳赖以完善城市功能的重要资源。为了合理引导拆除重建类城市更新有节奏进行，充分发挥市场主体的力量实现城市公共利益，这一阶段政府采取了两方面举措。

第一，加大拆除重建类城市更新项目的公共利益负载，并且施行精细化的标准管控。2016 年印发《深圳市城市更新项目创新型产业用房配建规定》和《深圳市城市更新项目保障性住房配建规定》等一系列政策明确了拆除重建类城市更新项目配建和移交政策性用房的基本规定，且部分配建标准在 2018 年政策修订后进一步提高，为产业培育和住有所居进行了积极的引导。

第二，限制拆除重建类城市更新范围，调节存量改造节奏。对于工业发展，2018 年 8 月印发的《深圳市工业区块线管理办法》对全市 270 平方公里的工业用地实行分级管制。在工业区块线内的工业用地不得改造为商品住宅和大型商业服务设施，除因特殊的公共利益需要，原则上不得调整为其他非工业用途。对于城中村用地，2019 年 3 月印发的《深圳市城中村（旧村）综合整治总体规划（2019-2025）》划定了全市城中村的改造方式分区。其中约 99 平方公里城中村出于保障低成本居住空间、维护城市肌理、保留城市发展弹性等考虑，规定在规划期内不得申报拆除重建类城市更新，并鼓励通过综合整治方式消除安全隐患、提升环境品质。

4.5 小结：从规程到文化

随着存量改造实践的正负面效应充分展现，第三轮改良一方面拓展了更多存量规划形式的路径规程，完善了规划体系衔接，另一方面反映了政府和社会各方对存量问题的关注程度和思考方式显著转变：行政架构、操作流程和技术标准全面更新，公众参与全面深入，存量改造从注重实施效率到挂钩城市发展的目标、品质和节奏。存量规划由此不再是一种具体孤立的规划类型，也超出以往基于城市美化、低效用地利用、危旧房改造、拉动投资等单一目标导向下的短期运动，成为一种借助存量改造实现城市发展多元目标的空间治理文化。

5 连续有限比较：深圳城市规划体系改良的经验内核

深圳的城市规划体系自 20 世纪 90 年代起面临存量情景，经过三轮改良逐渐推动空间治理在个案实践、治理规程和治理文化三个层面实现了面向存量的转型。其转型经验不只体现在最终呈现的规划体系上，更体现在过程中“连续有限比较（Successive Limited Comparison）”的渐进式改良方法。以下分别从确定目标、促成行动和优化制度三个方面进行解析。

5.1 目标：寻找阶段情境下的有限最优解

从政府明确导控目标的角度，深圳的三轮改良指向了不同的阶段性重点，循序渐进。第一轮着重探索法定规划体系内的工具方法在存量情景下的改良；第二轮借助法制化手段着重突破城市更新的规划和实施规程，实现多方参与和市场动力的激活；第三轮强调品质提升和路径整合，强化公共意图的落实，增加规划体系的均衡性与合理性。阶段性改良目标并非直接指向终极理想，而是时空情景下聚焦最紧迫问题的有限最优解，在发展的过程中去解决发展带来的问题。渐进主义的一个重要洞见是重新理解社会性目标的本质：面对复杂的城市问题，通常难以通过概念上的比较，在产业、福利、公平、环境等诸多平行目标之中确定一个优先级，更难以在多元化的社会主体之间就此达成共识。更实际的情形是，面对具体的情景，社会各方通过可选择的实践路径做出行动并进行博弈，最终逐渐对目标和行动达成整体性的共识（Lindblom，1959）。可以预见，存量规划体系的转型相较于面向增量的规划体系构建，是一个更加多元化、长周期的过程。这也暗示了其他城市不可轻易地根据深圳的经验“取其精华，去其糟粕”，从无到有构建一套理想的存量规划体系，而是应结合自身存量发展的逻辑构建适应性的存量规划体系。

5.2 行动：多方协同的实践路径比较

在推动改良的行动方式上，深圳的经验是构建“共同规划”的多元互动机制。政府层面，规划权责不限制在城市更新主管部门，而是形成发改部门、经信部门、规划国土部门、住建部门等多部门联动的组织模式，联合审查，谋划合理可行的公共利益发展。市场和社会层面，通过近距离地介入城市更新规划编制，原权利主体、开发主体和公众得以表达自身发展意向与需求。技术层面，则由于规划技术平台的建立，将产业研究、建筑概念设计、城市规划设计、交通研究、市政设施、经济可行性等多专业融合，形成具有广度和深度的城市更新规划。通过政府、市场、规划专业者等多方协力，共同保障存量规划体系在动态博弈中前进创新。渐进主义认为，只有从多元社会主体互动中磨合产生的行动路径，才能融合社会各方的目标和手段，进而避免在实施中大幅偏离预期。而这个局部的过程最终会形成一种合力和制度安排，推动社会向前发展（Lindblom，1959）。

5.3 频率：持续快速的制度迭代改良

从法定规划工具的改良，到城市更新单元规划的另辟蹊径，再到多种途径和层级的整合传导，深圳存量规划体系的每一轮改良，都是在既有经验之上持续不断的边际调整。通常的障碍在于，从理性综合的视角看，建立任何一套规划或体制，都是经过全面、客观地理性分析的成果，象征着公权力和规划技术理性的权威性。因此，尽管持续改良的需要是公认的，但实际上的任何变动都带有对权威的挑战和越界的风险。从渐进主义的观点看，越是面向市场化和多元化的制度，越难以界定其终极形态，因此，持续改良是理所当然的。比较深圳与珠三角城市和国内其他城市的存量规划体系，不难发现其政策规范的复杂程度更高，且迭代速度更快。这种规则规范完备到近乎冗余的制度设计，也正是深圳应对深度市场化和开门规划的稳定性保险。

6 结论

城市规划体系是城市空间治理的一部分，既包含科学技术的内容，也包含复杂的社会关系和观念。深圳的城市规划体系自 1997 年形成“三层次五阶段”的基本框架之后，经过三轮改良，在个案实践、治理规程和治理文化三个层面都面向存量发展进行了转型。其转型的动力机制符合多元渐进主义的基本假设，即通过连续有限比较的边际调整，从多元社会主体的个案实践出发，逐渐沉淀为明确的规程和被社会普遍接受的治理文化。深圳的转型经验固有其特殊性和局限性，但也为全国城市规划体系应对存量情景提供了一个最为完整的先行样本。

随着国土空间规划体系的逐步建立与完善，城镇开发边界管控将逐步得到强化，城镇建设用地需要进行更加集约与高质量的发展。从理性综合与多元渐进的视角分野来看，提升我国规划管理和城市建设水平有两条并行不悖、相辅相成的线索。一方面，是以自然资源部为首的全国行政机构改革和国土空间规划体系梳理，推动自然资源管理和开发建设管理的高效化、信息化、协同化。另一方面，是面向存量建设用地和多元社会主体的规划实施，必将在全国各地推动规划体系向多元协作、开放共享的方向发展。值改革开放四十年之际，回顾深圳存量规划“摸着石头过河（Muddling Through）”的历程与方法，是我国各地规划管理面对下一阶段新挑战的有益提示，理应得到更多的正视和讨论。

注释：

① 截至 2018 年 12 月，深圳市已列入城市更新计划项目共计 746 项，已批城市更新规划项目 447 项，供应用地面积约 17.03 平方公里，合同约定的建筑面积 6361 万平方米。城市更新政策法规体系、规划技术体系、管理机制已建立并持续完善（深圳市城市更新局，2019）。

② 通常原特区外规模较大的城中村（旧村）改造项目，专项规划编制按照法定图则深度；原特区内规模较小的城中村（旧村）改造项目，专项规划编制按照详细蓝图深度，审批通过后作为修编法定图则的依据并指导后续实施。

③ 文中未标明资料出处的规划案例皆由深圳市城市规划研究院编制并提供资料。

④ 在 2010 年以前的个案探索阶段，全市改造后的产业建筑比例趋近于零，住宅建筑比例则接近七成。因此，从促进产业发展的角度衡量，第二轮改良建立的城市更新制度对市场行为已经初步起到了有效的引导。

参考文献：

[1] CoaffeeJ，Healey P.‘My Voice：My Place’：Tracking Transformations in Urban Governance[J]. Urban Studies，2003 Vol.40（10）：1979-1999.

[2] Healey P. Transforming governance：Challenges of institutional adaptation and a new politics of space[J]. European Planning Studies，2006 14（3）.

[3] LindblomC E. The Science of“Muddling Through”[J]. A Reader in Planning Theory，1959 19（2）：79-88.

[4] 郭旭，田莉 .“自上而下”还是“多元合作”：存量建设用地改造的空间治理模式比较 [J]. 城市规划学刊，2018（1）.

[5] 何强为，苏则民，周岚 . 关于我国城市规划编制体系的思考与建议 [J]. 城市规划学刊，2005（4）：28-34.

[6] 黄卫东 . 城市规划实践中的规则建构——以深圳为例 [J]. 城市规划，2017，41（4）：49-54.

[7] 黄卫东，张玉娴 . 市场主导下快速发展演进地区的规划应对——以深圳华强北片区为例 [J]. 城市规划，2010（8）：67-72.

[8] 匡晓明 . 上海城市更新面临的难点与对策 [J]. 科学发展，2017（3）：32-39.

[9] 李百浩，王玮 . 深圳城市规划发展及其范型的历史研究 [J]. 城市规划，2007（02）：70-76.

[10] 林强 . 城市更新的制度安排与政策反思——以深圳为例 [J]. 城市规划，2017（11）：52-55.

[11] 深圳市城市更新局 . 深圳城市更新的探索与实践 [N]. 中国自然资源报，2019-02-21.

[12] 深圳市规划国土发展研究中心 . 深圳市“十二五”近期建设规划实施检讨 [R]，2016.

[13] 施源，周丽亚 . 现有制度框架下规划决策体制的渐进变革之路 [J]. 城市规划学刊，2005（1）：35-39.

[14] 司马晓，周敏，陈荣 . 深圳五层次规划体系——一种严谨的规划结构的探索 [J]. 城市规划，1998（3）：27-28.

[15] 尼格尔·泰勒 . 1945 年后西方城市规划理论的流变 [M]. 李白玉，陈贞译 . 北京：中国建筑工业出版社，2006.

[16] 王富海 . 从规划体系到规划制度——深圳城市规划历程剖析 [J]. 城市规划，2000，24（1）：28-33.

[17] 王红 . 引入行动规划改进规划实施效果 [J]. 城市规划，2005（04）：41-46+71.

[18] 王嘉，郭立德 . 总量约束条件下城市更新项目空间增量分配方法探析——以深圳市华强北地

区城市更新实践为例 [J]. 城市规划学刊，2010（s1）：30-37.
[19] 王凯 . 我国城市规划五十年指导思想的变迁及影响 [J]. 规划师，1999，15（4）：23-26.
[20] 吴丹 . 城市更新的空间生产——基于深圳实践的反思 [J]. 广东行政学院学报，2017，29（4）：39-45.
[21] 杨晓春，宋成，毛其智 . 从“120 计划”事件看规划公众参与的制度创新 [J]. 规划师，2018，34（9）：132-137.
[22] 杨毅栋，洪田芬 . 城市双修背景下杭州城市有机更新规划体系构建与实践 [J]. 上海城市规划，2017（05）：35-39.
[23] 张京祥，赵丹，陈浩 . 增长主义的终结与中国城市规划的转型 [J]. 城市规划，2013（1）：45-50.
[24] 赵锡清 . 我国城市规划工作三十年简记（1949—1982）[J]. 城市规划，1984（1）：42-48.
[25] 赵燕菁 . 存量规划：理论与实践 [J]. 北京规划建设，2014（4）：153-156.
[26] 赵燕菁 . 城市化 2.0 与规划转型—— 一个两阶段模型的解释 [J]. 城市规划，2017，41（03）：84-93，116.
[27] 周俭，阎树鑫，万智英 . 关于完善上海城市更新体系的思考 [J]. 城市规划学刊，2019（1）.
[28] 周岚，何流 . 中国城市规划的挑战和改革——探索国家规划体系下的地方特色之路 [J]. 城市规划，2005（03）：9-14.
[29] 邹兵 . 增量规划、存量规划与政策规划 [J]. 城市规划，2013a，37（02）：35-37，55.
[30] 邹兵 . 行动规划 · 制度设计 · 政策支持——深圳近 10 年城市规划实施历程剖析 [J]. 城市规划学刊，2013b（1）：61-68.
[31] 邹兵 . 增量规划向存量规划转型：理论解析与实践应对 [J]. 城市规划学刊，2015（5）.
[32] 邹兵 . 存量发展模式的实践、成效与挑战——深圳城市更新实施的评估及延伸思考 [J]. 城市规划，2017 41（1）：89-94.

作者信息：

赵冠宁，深圳市城市规划设计研究院，规划师。

司马晓，中国城市规划协会常务理事，中国城市规划学会常务理事，深圳市城市规划学会会长，深圳市城市规划设计研究院院长，教授级高级规划师。

黄卫东，中国城市规划学会城市更新学术委员会副主任委员，深圳市城市规划设计研究院常务副院长，教授级高级规划师。

岳　隽，深圳市城市规划设计研究院副总规划师，教授级高级工程师。

深圳城市更新十年之变

深圳的城市更新以 2009 年颁布的《深圳市城市更新办法》为标志，至今已走过了近 10 年时间。城市更新制度作为制度创新，对推动城市发展和土地的节约集约利用发挥了重要作用，也成为全国其他城市学习取经的标杆。在经历十年的快速发展后，城市更新制度日趋完善，但在实施过程中也遇到了重重困难。据统计，截至 2019 年 5 月 17 日，深圳已列入城市更新计划项目 767 个，其中已获得城市更新专规批复的项目约 60%，完成实施主体确认公示的项目约 37%，但真正进入开发阶段的项目仅仅占 15% 左右，大多数项目都未进入开发建设阶段，实现交付使用的项目则更少。政府想通过城市更新安排公共配套设施、公共利益用地的大多数愿望没有实现，多数房企在漫长的项目周期中苦苦挣扎。但现状的艰难并没有阻挡城市更新市场的活跃，城市更新不仅带动了周边房价上涨，而且催生了存量物业（包括城中村和旧工业区物业）的交易市场，城市更新项目的换手率也非常频繁。

近三年以来，城市更新的市场逐渐趋于成熟和冷静，城市更新制度也发生了根本性的调整。2016 年全面强区放权、2017 年启动政府主导的棚改、2018 年修订土地整备利益统筹制度，深圳存量土地开发市场形成了城市更新、棚改和土地整备利益统筹三驾马车并驾齐驱的格局，城市更新走到了新的十字路口。

1　过去十年：欣欣向荣但乱象丛生

与全国其他所有城市不同的是，深圳城市更新自始便采取了市场主导的模式，鼓励权利人自改、合作开发、作价入股和其他市场主体联合开发等模式，政府不介入搬迁补偿谈判，充分激活了市场的各要素。各类市场主体，尤其本土开发商纷纷抢占各种项目资源，城市更新市场呈现出欣欣向荣之景象。繁荣背后，也呈现出种种“乱象”。

1.1　村企合作之乱

2004 年《深圳市城中村（旧村）改造暂行规定》出台后，村企合作城中村改造得以全面开启，包括本土开发商在内的各类企业开始进村围猎项目。当时，开发商与村股份公司合作的条件相对宽松，村集体领导班子掌控着合作方的准入资格和合作条件，村企合作存在很大的随意性，大量项目被拥有资源的本地企业获取，其中有相当部分企业并不备开发项目的实力。这种现象直到2016年《关于建立健全股份合作公司综合监管系统的通知》施行才被打破。

在城中村市场的利益博弈过程中，存在四股主要力量，即：

（1）掌控原农村集体经济组织决策权的“村官”。主要是以村股份公司董事长为代表的村集体领导班子，这股力量对开发商准入拥有决定权。（2）拥有政商资源尤其村企资源的企业。这类企业多数是本土中小型的开发商，但也有不少没有任何开发经验的企业。这类企业主要负责与原农村集体经济组织形成意向协议或正式合作协议，并负责完成项目立项和集体资产备案手续。（3）具备开发实力的品牌开发商。这类企业往往并不是最先进入城市更新市场的企业，其中不乏外地知名开发商和大型央企，她们和本地企业联姻，发挥各自优势联手获取项目。（4）各类中介机构。这些中介机构发挥着提供项目信息、撮合交易、评估项目风险以及解决项目实施过程中的各类专业问题的作用，包括项目掮客、评估机构、财税机构、金融机构和法律服务机构等。除了活跃在前台的上述四股力量之外，还有大量在幕后操控的利益相关方。

在各种力量的驱使下，城中村市场在实施主体确认之前就存在三个非常活跃的交易市场：一是开发商与村股份公司之间合作开发的交易市场，这类市场以原农村集体经济组织作为主导，参与主体多数为本地房地产开发商；二是基于开发商与原农村集体经济组织已经形成的合同权益再次转让或者合作开发而形成的交易市场，主导力量为央企和知名房企；三是改造范围内的房产交易市场，既包括没有产权或限制产权的房产交易，也包括完整产权的房产交易，物业类型既包括私宅，也包括工厂。

由于城中村中存在上述四股主要力量和三个主要市场，各力量角逐和利益博弈之下，城中村改造乱象频发，很多交易行为缺乏政策和法律的规制，大量交易与现行法律或政策规定存在冲突，各种交易关系缺乏稳定性，这也导致了市场的不确定性。

1.2 政策和审批之“乱”

深圳城市更新在十年发展过程中，已经形成了全国最规范、最完整，也是最庞杂的政策体系，包括：规范项目准入条件的计划立项制度，规范规划指标的规划审批制度，处理历史遗留违法建筑和农村城市化转地有关的土地及房产制度，针对城中村、旧工业区和旧住宅区等特定类型项目的特殊政策，规范政府部门有关城市更新审批的职责划分制度，等等。政策制定和行政审批部门殚精竭虑，几乎每一年都在针对市场中的各种状况出台或修订相应的政策。毋庸讳言，深圳的城市更新政策体系有其合理性和必要性，但制度的庞杂也带来制度的混乱和执行效率的低下，导致市场交易成本的增加。深圳城市更新政策之“乱”具体表现为如下几个方面：

（1）各区政策制定和行政审批标准不一

不同层级政府和不同职能部门针对同样问题缺乏一致性。在强区放权政策之后，虽然城市更新的根本制度逻辑不变，但各区政策在具体细节和操作上“大同小异”，市场主体面临“一对十”的困境。部分区政府在项目准入和项目统筹规划方面举棋不定，导致很多项目审批陷入停滞状态。

（2）政策变动过于频繁，政策修订却滞后于市场需要

深圳城市更新制度自形成起便一直在变化中，这些变化并非一夕巨变，而是体现在每一次细微的调整中，蓦然回首，才发现巨变已成。这些变化包括：

①政府角色的变化。在城市更新初期，无论是项目准入、项目规划、搬迁谈判还是项目建设，市场的自由度非常大，充分发挥了市场主体的主观能动性。但是近年来，政府持续加大干预力度，比如设立集体资产平台交易和街道办全程监管制度干预集体资产流转、设立统筹规划制度前置专规审批、划定工业区块线限制工业区改造、划定城中村分区改造限制拆除重建、对旧住宅区实施棚改限制开发商准入、提高项目贡献公共配套比例、整合城市更新和土地整备制度、加大政府土地收储主动权。从这些变化可以看出，政府角色已经从纯粹的裁判角色转变为运动员兼裁判为一体的角色。政府的这种角色转变是否合适还有待考验，但可以确定的是，政府的这些转变对市场信心造成了很大影响，打破了部分项目利益格局的平衡，导致这两年市场陷入了观望期和停滞期。

②改造方式的变化。在过去十年立项的项目当中，基本都是以拆除重建为主，只有少数综合整治和有机更新类项目，政府一直积极鼓励市场主体实施有机更新，但市场主体动力不足。而现今，政府通过创新综合治理的改造方式、深化综合整治的内涵、强制分区划定等方式，迫使市场主体开始接受非拆建式更新改造。

③改造方向的变化。从目前已立项的项目当中，可以很清楚地看到政府审批改造方向的变化，无论是城中村改造还是旧工业区改造，改造方向为商住的比例将逐渐减少，改造方向为产业类和保障住房的比例逐渐加大。

④监管思路的变化。在城市更新初期，政府对城市更新项目的监管主要体现在年度计划和规划控制方面，只要符合立项条件的项目，政府对立项审批的主体审查比较宽松，过程监管措施相对较少，但现在政府不仅在项目立项过程中对主体的资质、信用加大了审查力度，提高了项目准入门槛，还建立项目计划清理和调整制度，加强了项目全过程的监管。

除了频繁的政策变动之外，城市更新市场发展过程中存在深层次问题，亟须出台新政策或修订旧政策，比如强制拆迁问题、历史遗留私房问题、合法用地比例问题、征转地过程中历史遗留问题、产权注销问题、工业楼宇流转问题、城市更新税收问题等，这些问题是宏观问题，但更主要是微观操作问题，这些问题严重制约项目的进展，但这方面的制度出台进程缓慢，严重落后于市场的需要。

（3）城市更新各类指标控制论证不充分，政府和市场在资源配置方面边界不清

在城市更新领域，政府设定了各类控制指标，包括工业区块线控制指标、M0 控制指标、保障性住房配建指标、十三五规划控制指标、城中村分区划定控制指标、公共配套建设指标等。这些指标的设定从公共利益和公共服务保障角度有其必要性，但在设定时往往缺乏系统的论证，存在一定的随意性。有很多问题值得反思，比如在保障产业空间发展的同时，如何匹配对应的居住空间和商业发展空间？各个区均制订了产业空间和产业发展规划，各区产业空间如何协同发展？政府划定了各类保障性住房的供给计划，是否能够有效满足不同层次住房需求？未来释放的大量限制交易的保障住房、产业用房如何有效的分配和流转？从现行政策结构来看，政府在供给端进行了各种指标设定，但在需求端缺乏充分论证。从历史教训来看，在政府各种指标控制和政策控制下，极有可能导致供需失衡。

1.3 产权关系之乱

尽管受到国家层面《土地管理法》《城市房地产管理法》和《物权法》等法律制度之约束，但自 20 世纪 80 年代末、90 年代初以来，深圳的土地和房产市场一直在市场力量的驱动下野蛮发展。无论是集体土地，还是国有土地，都以异乎寻常的速度开发，大量开发建设行为缺少完善的产权手续和报建手续。为理顺历史遗留的产权关系，深圳先后出台了系列政策试图解决历史遗留违法建筑的处理和土地房屋权属认定。在城市更新中则要求合法用地比例达到 60% 以上，而可计入合法用地比例的主要包括五类用地，即：合法国有土地、城中村用地、旧屋村用地、已纳入房地产权登记历史遗留问题处理的有关用地、经处理的历史遗留违法用地。但现实中的土地和房屋产权关系远比上述五类用地更为复杂，加上深圳在历次城市化转地过程中并没有完全按照政策规定完善用地手续，未理清集体用地征转过程的各种法律关系，导致产权关系非常混乱，主要表现为：

（1）原村集体“外卖地”形成的权属关系

在 20 世纪 80 代年代末 90 年代初，深圳大量“三来一补”企业与村集体以“租地协议”、“土地使用转让协议”、“土地合作开发协议”等形式在集体土地上建成厂房。这类厂房只有极少数有完整产权登记和报建手续，部分厂房有报建手续但没有产权登记，也有大量厂房既没有合法报建手续也没产权登记；在城市更新权属核查过程中和项目申报过程中，由于行政审批部门往往需要村集体配合出具土地经济利益关系理清的相关手续，村集体常常以此为由主张土地权益，双方对于土地权益如何划分存在分歧。

（2）政府、村集体和企业代征地形成的权属关系

同样是在 20 世纪八九十年代，由于国有建设用地指标不足，政府和企业要使用建设用地，多数都是签署三方协议，由企业代政府向村集体支付征地补偿费，将集

体土地征转为国有土地。在这个过程中，政府本应该完善土地收储和出让手续，企业则应该向政府申请完善国有土地使用权出让手续。但现实中，大量的该类用地行为或是没有完善集体土地转为国有土地的征转手续，或是没有完善用地出让手续，这类用地性质的认定在现实中经常遇到困境，导致产权认定的困难。

（3）城市化转地过程中政府没有厘清补偿关系

深圳在历次城市化转地过程中，政府承诺安排一定比例的非农建设用地和征地返还用地由村集体作为建设用地进行开发。非农建设用地和征地返还用地开发从指标审批到用地手续的完善均有复杂的流程，很多指标并没落实到相应地块，但多数村集体将非农建设用地和征返用地指标转让给开发商或者与开发商合作开发。这类非农建设用地和征返用地往往存在三方面的问题有待解决：一是涉及非农建设用地和征返用地集体资产交易备案监管程序的完善；二是国土部门将该等用地指标批复至具体地块；三是该等地块用地手续的完善。

（4）国企改制和国有土地利用不规范导致的复杂权属关系

改革开放初期，大量国有企业承担政府的部分行政职能，政府曾经将成片土地交付给国企开发利用，国企甚至代替国土部门决定这类土地使用权的出让和转让。但在政企分离和国企改制过程中，这类土地当中有相当一部分没有办理土地使用权出让或划拨手续，实际上一直由企业占有、使用和开发。这类土地的利用往往并没有按照规划用途实施，甚至没有报建手续。因此，这类土地既涉及在政企分离和国企改制过程中如何认定土地资产归属问题，也涉及地上建筑物的权属认定问题。

2 未来十年：城市更新如何“拨乱反正”

通过梳理深圳城市更新政策修订脉络，不难发现深圳的城市更新正在向四大方向性变化：一是房地产开发空间受限，城市更新空间释放将以保障产业和保障性住房空间为主；二是拆除重建范围缩小，有机更新的范围和政策激励持续扩大；三是市场主导的城市更新受限，政府主导的土地整备和棚户区改造大力推进；四是城市更新的私人利益空间受限，公共利益属性逐步加重。这些方向性的转变从最近市政府常务会审议并原则通过的《关于深入推进城市更新工作促进城市高质量发展的若干措施》也能够得到印证。

从战略上，深圳城市更新作上述方向性调整有其积极意义。但从战术上，深圳城市更新的深层次矛盾和深层次问题依然缺少有效的解决措施，比如历史违建的处理依然非常缓慢、拆迁难题缺乏对策、产权纠纷的处理缺乏创新机制、产业升级缺乏有力度的刺激政策、合法用地比例的政策限制部分空间迫切的改造需求、烦琐冗长的城市更新审批流程提高了市场成本等，这些问题一直是困扰城市更新市场多年的顽疾。无论是由政府主导城市更新，还是市场主导城市更新，都要面对前述棘手问题。而要解决这些棘手问题,既需要政府创新制度设计,也需要市场转变商业模式,政府和市场需要更良好地互动协同,需要重新定义清楚各自的角色。具体来说,有以下几方面的建议:

2.1 综合运用行政和司法手段,形成“组合拳”,着力解决城市更新过程中“查违难”、“确权难”、“拆迁难”和“注销难”等问题

国家层面关于土地管理和房产管理的法律、法规均滞后于市场,《土地管理法》和《城市房地产管理法》都在修订过程中,但市场活动却不能停滞。由于法律、法规的滞后,复杂的土地和房产现状已成为深圳城市更新路上的拦路虎。具体来说:

(1)查违难。深圳历史违建数量之多、情形之复杂堪称全国之最,深圳历年来出台多项政策试图解决历史违建的问题,但至今仍然没有解决,深圳大量的“历史违法建筑”不仅导致部分区域因合法用地比例达不到法定要求而无法列入计划,也导致拆迁补偿谈判困难,深圳对历史违建的处理一直是秉承“尊重历史、分类处理”的温和而保守的政策,历史违建的处理一直举步维艰。

(2)确权难。确权难主要体现几方面:1)无产权房产的确权;2)限制产权房产因交易产生的确权;3)经历国企改制后的房产确权;4)权利人下落不明的房产确权;5)单位集资房产的确权;6)划拨土地上的建筑物确权;7)其他存在各类争议房产的确权。由于城市更新过程中涉及多数物业是在《物权法》和不动产登记的相关规则出台之前形成的,严格依据现行《物权法》和不动产登记规则去确权无法解决现实中复杂的确权问题。

(3)拆迁难。拆迁难主要体现在两方面:一是拆迁标准难以统一,拆迁补偿市场相对混乱;二是针对极少数难拆迁的“钉子户”缺乏行政强制或司法强制拆迁的法律依据。

(4)产权注销难。根据产权注销的有关规定,需要有权利人本人公证授权或亲自到场方可办理注销手续,而一旦无法找到权利人或权利人拒绝配合注销产权时,产权登记部门无法办理产权注销。对于城市更新单元范围内存在多个权利主体的项目来说,只要有任何一个权利主体拒绝配合注销,则整宗地无法办理用地出让手续。产权登记部门和城市更新部门对此类情形往往互相推诿,目前已有多个项目因出现该等情形而停滞。

“查违难”、“确权难”、“拆迁难”和“注销难”这四个难题,本质上就一个问题,即公共利益与私有物权的平衡问题。从我国立法进程来看,在《物权法》出台之前,公共利益过度扩张,忽略了私权的保护。《物权法》出台后,对公共利益与私有物权进行了较为明确的规定,地方立法对私权和公权的划分又过度谨慎。就城市更新而言,城市更新本质上是基于公共利益的需要,城市更新之后直接移交给政府的公共配套空间平均在30%左右,政府只是采取市场化的手段引入社会资本进行开发。因此,

城市更新无疑具有公共利益的属性，政府完全可以为推进城市更新工作依法加大行政权力的行使力度。

针对“查违难”，政府对违法建筑处理应该加大立法和执法力度，对符合规划和建筑安全的依法确权，并对其中符合城市更新条件的依法纳入城市更新范围，而对不符合城市控制性规划的以拆除为前提条件，可区分不同情形予以经济补偿。针对“拆迁难”，政府应该发布市场指导标准、规范市场秩序、管理市场预期，而针对少数难以拆迁的业主，要视不同情形分别采取调整范围、行政强制或司法强制、第三方谈判促进等多种手段促进拆迁谈判。针对“确权难”，可以对无产权房、产权不清晰房产和有产权争议的房产等特殊类型的房屋出台确权的规范性文件，提高确权效率，并针对城市更新过程中的新型产权争议开通行政处理通道，彻底改变确权过程中司法机关和行政机关互相推责、司法效率低下的现状。针对“注销难”，要修订完善城市更新过程中产权注销的规范性文件，规定在某些特殊情形，在权利人不配合的状态下，产权登记部门可以依申请直接注销产权，比如签署拆补协议且支付相应的补偿款、无法找到权利人、建筑物已经拆除等情形。

当然，为最大程度保护私有物权，政府在实施行政行为时，程序方面，应该充分保护权利人救济权利，确保程序正义；实体方面，应该增加相应的担保措施，避免市场主体滥用权利，如可以考虑引入保险机制，为城市更新过程中潜在侵权行为导致财产损失提供保险保障。

2.2 强化城市更新和土地整备局统筹协调职能，改变目前政出多门、多头审批的局面，进一步简化审批流程

深圳城市更新经历了从市城市更新局集中审批到“强区放权”下放到各区进行审批的转变。但强区放权后三年多来，市场主体普遍反映项目审批不仅没有提速，反而由于各区政策制订和政策执行均在持续完善过程中且各区操作不一，导致城市更新审批效率低下。

自广东省启动三旧改造以来，各地均出台了相应的三旧改造政策，也成立了相应的三旧改造行政职能部门，广州、东莞、中山等均在市政府层面成立了市领导主责的市级城市更新领导小组，由市领导小组统筹协调各部门涉及城市更新相关的审批事宜。深圳则有所不同，深圳市政府层面并没有设立城市更新领导机构，市城市更新局隶属于规划国土部门，而各区城市更新局则是各区政府的派出机构，直接受区政府领导。在强区放权之后，区城市更新局虽然获得了计划立项、规划审批、权属核查及实施主体确认等主要审批权，但区城市更新局在进行这些审批过程中受到很多相关审批的制约，需要很多部门的协同配合。在现有的政策体系和行政管理框架下，区城市更新局在履行审批职能时，往往缺乏主动权，城市更新的强区放权难以真正落实，市级两级城市更新局的权限仍不足以有效解决城市更新审批中的各类

难题。要解决这些问题，一方面，从立法层面，需要市政府和市人大加大介入力度和创新力度，充分发挥特区立法权，突破现行政策和法律的瓶颈。另一方面，从操作层面，需要建立市级领导牵头主导的全市城市更新领导小组，统筹协调产业、财政、税务、规划等相关行政部门，同时强化和扩大新组建的城市更新和土地整备局职能，彻底改变城市更新审批过程中各部门互相推诿、条块分割、效率低下局面。

2.3 利用大数据、人工智能等科技手段，对城市更新各类指标进行精准分析，并根据市场需求动态调整相应指标分配，有效协调市场资源的分配和流动

城市更新一方面旨在对存量土地和存量物业进行再开发、再利用，旨在改变资源配置不合理和资源利用效率低下的问题；另一方面是通过对城市物理空间的改造，实现对城市产业、生态、文化等形态的改变。政府为实现对城市更新的管控，一直是采取严格的“计划”和“规划”控制制度。政府在城市更新方面的指标控制主要体现在四个层面：一是市级宏观政策调控，比如市级五年规划、土地利用总体规划和城市总体规划等；二是区级政策调控，各区域根据市级规划制订区级发展规划；三是各类专项管控，比如工业区块线、城中村分区规划、片区统筹规划、教育医疗交通等公共服务设施配置等；四是具体项目指标管控。

历史经验表明，政府对这类指标控制虽有其必要性，但政府制定这些指标的合理性和可操作性却值得商榷。政府一方面强调发挥市场在资源配置中的决定性作用，另一方面却在各个环节、各个层面设定各类指标。而这些指标的设定，除了客观的技术考量，还有主观的利益博弈，政府设定的指标虽然管控了市场主体滥用市场的行为，但也抑制了市场要素的自由流动。

从政府目前针对城市更新设定各类指标来看，存在较大的优化空间，可以借助大数据和人工智能技术。大数据技术在对国内外城市发展的历史数据进行统计分析的基础上，能精准测算人口、产业、消费、公共服务等之间的相互关系；而人工智能技术则能够在数据分析基础之上，对未来产业趋势、消费行为、城市发展等进行预测。同时，政府在确定各类“指标”的过程中，既要遵循市场配置资源的决定性原则，将市场能决定的事情放权于市场，适度放松指标管制；也要遵循“技术独立”的原则，无论城市规划，还是产业规划，本质上都是技术问题，政府尽量授权技术专家进行决策，所有的指标应该在技术专家充分论证的基础上征求包括市场主体在内的公众意见。政府既要避免利益团队游说，也要避免裁判员和运动员角色的混同，从而影响决策的科学性。

对市场主体而言，市场主体要对城市更新政策导向有更新的认识，及时调整战略方向，尤其是房企应该调整主要依赖土地差价和房价上涨的盈利思维，致力于创新能力的提升，在商业模式、服务产品、技术研发等方面加大创新力度。房地产行

业在经历多年的高周转、高利润的发展模式之后，房企不仅应该考虑自身商业利益的最大化，也应该充分考虑政府、原权利人、社区、公众等利益相关人的利益。在城市更新项目中，政府更希望市场主体在产业空间、公共服务空间、保障性住房空间等方面发挥作用。随着粤港澳大湾区规划的出台，大规模的基础设施投资将陆续启动，各地市也都密集出台政策推动湾区产业结构的调整和升级，这给大湾区城市更新带来前所未有的机遇。但各地政府都旗帜鲜明地鼓励城市更新中产业升级改造和产业空间的保障，严格限制工改商住，防止城市更新地产化，房企应该顺应政策趋势，摒弃短期套利的投机行为，致力于长远的价值投资和价值创造，利用房企的资金优势、项目建设和开发经验优势，与产业、科技、金融等要素有效结合起来，推动实体经济的发展。

只有实体经济稳固发展，房地产才有更好和可持续的未来，科技领先、产业集群、房价上涨的硅谷就是最典型的例子，这才是城市生态体系的健康样本，大湾区未来无限机会将在产业和地产共生发展过程中呈现。

作者信息：

贺倩明，上海建纬（深圳）律师事务所主任，兼任深圳市华勤城市更新研究院院长、中国政法大学房地产法研究中心执行主任，深圳国际仲裁院仲裁员。

市场化城市更新中工业文化遗产保护与利用的策略研究——以深圳金威啤酒厂改造为例*

1 引言

在推进城市建设的过程中深圳市兴建了许多大型的工业企业，为深圳市的城镇化发展提供了重要的经济产业支撑。然而随着城市进入到后工业化时期，信息经济、创新经济成了发展重点，一些老旧粗放的工业生产体系已经难以为继，早期建设的能够体现工业生产特色和城市精神的厂房、车间面临着拆除的风险。特别是随着城市的不断扩张，原来处于城市边缘的工业厂房如今已经处于城市的核心区域，政府在拆除与保留之间面临着两难的困境。如何有效地保护工业文化遗产，在延续地区历史文脉和产业精神的同时兼顾城市经济发展效益是值得深入思考的问题。

工业遗产保护近年来成为学界和社会关注的重要议题，2019 年 4 月 12 日，由中国科协调宣部、中国科协创新战略研究院、中国城市规划学会共同发布了“中国工业遗产保护名录（第二批）”，收录了具有突出的、典型的技术价值、历史价值和社会价值的工业遗产，代表了中国近现代工业技术、管理、组织等创新发展的脉络。工业遗产保护与再利用的研究与实践在西方国家已经积累了丰富的经验。然而，对于深圳这种处于持续高速动态更新建设的城市而言，工业遗产的保护与利用还应当找因地制宜地找到科学的方法，不能盲目照搬国外的方式。

工业遗产保护不仅从文化的角度对城市长远发展有益，从经济价值的角度而言，合理的利用模式能够为城市增添新的增长活力，提升城市综合竞争力。在城市发展转型升级的背景下，将工业遗产进行保护和活化利用，对城市的永续发展具有战略意义[1]。

2 城市更新语境下工业遗产的内涵与价值

《下塔吉尔宪章》中阐述的工业遗产定义反映了国际社会关于工业遗产的基本概念：“凡为工业活动所造建筑与结构、此类建筑与结构中所含工艺和工具及这类建筑

* 该文收录于 2019 年城市规划年会论文集。

与结构所处城镇与景观，以及其所有其他物质和非物质表现，均具备至关重要的意义”。“工业遗产包括具有历史、技术、社会、建筑或科学价值的工业文化遗迹，包括建筑和机械，厂房，生产作坊和工厂，矿场以及加工提炼遗址，仓库货栈，生产、转移和使用的场所，交通运输及其基础设施，以及用于居住、宗教崇拜或教育等和工业相关的社会活动场所”。

“城市更新”（Urban Renewal）指对城市中相对衰落的区域进行拆迁、改造、投资与建设，使其再生并延续的过程。城市更新是对既有建成环境管理和规划的一个方面，而不是对新的城市化的规划和开发。在某种程度上，城市更新（Regeneration）是针对城市衰退（De-generation）而言的，它表达的是一种对衰落和退化应对的状态[2]。

“城市工业遗产的更新”指对一切承载了工业生产历史文化的建筑物、构筑物、设备和场地进行保留、更新与改造，完成产业转型并实现经济复兴的过程[3]。

在城市更新语境下，已经老旧而不适应现代产业发展的工业遗产代表着先进还是衰退，取决于能否树立正确的更新改造的价值观，通过精心的规划设计“变废为宝”，延续工业遗产的文化品位与精神内核[4]。

从经济的角度而言，工业遗产并非低效益的产出空间，国内目前较为成功的案例如北京 798 艺术园区、深圳 OCT 创意园区均通过精心的规划将老旧厂区变成了技术密集型的高端文创办公空间，获得了良好的社会影响和经济效益。

从文化的角度而言，工业遗产的有机保护和利用不仅能保留体现片区工业生产历史进程的城市记忆，还能为市民的公共活动提供多元化的休闲体验空间，彰显多元包容的城市精神。在城市公共活动空间日益紧缺的当下，合理地开发利用工业遗产，将成为未来城市空间体系重塑的重要因素。

3 国内外工业遗产保护与利用的典型模式

早在 20 世纪七八十年代，国外就已对工业遗产的保护与再利用进行了比较系统的研究和实践，形成了一些典型模式，而国内由于起步较晚，实践相对较少，还未形成完善的体系。我国主要工业遗产大多位于城市的发展扩张区，目前主要的改造方式是以建设为主，保护并非主要内容，探索在大规模建设前提下的保护和利用方式，才是符合当下城市发展需求的模式。在建设的同时，对于原有的工业建筑应当分级保留利用，留存一些重要的历史痕迹，其保护利用模式主要有：

3.1 博物馆模式

建立主题博物馆，以博物馆的形式展示工艺生产过程，从中活化工业区的历史感和真实感，传播工业文化的影响，同时激发社会参与感和认同感[5]。该模式以亨利钢铁厂、措伦煤矿和关税同盟煤矿——焦化厂最为典型（图 1）。国内对此模式最

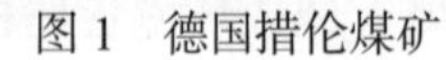

图 1　德国措伦煤矿　　　　图 2　北杜伊斯堡景观公园

（图片来源：网络）

知名的是 2008 年 6 月上海江南造船（集团）公司利用老厂区装焊车间建设的江南造船博览馆，它是 2010 年世博会展馆之一。

3.2　公共游憩空间模式

工业遗址本身具有一定的场地特征以及具有改造潜力的设施设备，可以改造成为市民交往和活动的公共场所。例如，位于杜伊斯堡市的北杜伊斯堡景观公园，建在了著名的蒂森钢铁公司所属的旧钢铁厂，现在被改造为一个以煤—铁工业景观为背景的公共游憩公园，里面废弃的储气罐改造成潜水俱乐部的训练池（图 2）；一些厂房和仓库变成了迪厅和音乐厅。此外，国内这方面广东中山歧江公园堪称国内工业遗产保护和再利用的一个成功范例，该公园是在始建于 1953 年的广东中山粤中造船厂基础上建设的一个公共性景观。

3.3　以购物旅游相结合的综合开发模式

通过对原有厂房的改造，融入现代商业的时尚元素，形成别具风格的购物环境。比较典型的案例是位于奥伯豪森的中心购物区，其成功地将购物旅游与工业遗产旅游结合起来，它在工厂的废弃地上新建了一个大型的购物中心 CENTRO，同时开辟了一个博物馆，并就保留了一个巨型储气罐，其已成为整个德国鲁尔区购物文化的发祥地和欧洲最大的购物旅游中心，吸引了大量休闲度假的周末游客（图 3）。澳大利亚墨尔本中心 MELBOURNE CENTRAL 保留了一圆锥玻璃顶建筑和世界最大的挂钟，是当地旅游必去之地，是澳洲最大的零售商场之一（图 4）。

3.4　创意产业园模式

工业建筑较大的层高所形成空间的开敞性能够给工作人员宽松舒适的创作环境。同时，镌刻着历史痕迹的工业建筑所具有的独特风貌和文化气息，可以为创作人员提供必要的精神支持和灵感激励，现在已经有越来越多的城市在进行实践。例如，由纺纱厂改制的上海 M50 文化创意园区、由煤气厂改造的北京 751 时尚设计广场等均是其中典型[6]。

图 3　德国奥伯豪森中心购物

图 4　北京 751 时尚设计广场

（图片来源：网络）

4　深圳金威啤酒厂更新改造的探索与创新

4.1　项目概况

（1）现状概况

罗湖区金威啤酒厂更新单元位于深圳市罗湖区布心片区东南部。紧邻水贝珠宝产业园，距水贝珠宝产业园区和罗湖中心“金三角”分别为 2 公里和 4 公里，属于核心区的辐射范围。金威啤酒厂南界布心路，东临东昌路，太白路穿过项目内部，北侧为围岭公园，对外交通联系紧密，处于地铁环中线太安站和布心站 500 米范围内，交通区位较为优越（图 5）。

项目拆除用地范围 86538.3 平方米，更新单元总面积为 90283.9 平方米。项目场地北高南低、西高东低，自西向东地形高差约 15 米，大致分为三个台地；自北向南由围岭公园至布心路，地形高差约 3 米。项目由太白路将场地分成南北两区，其中北侧为啤酒生产区，南侧为办公区（图 6）。

（2）产业发展诉求

水贝——布心片区打造全国性的珠宝时尚产业总部、设计营销中心及旅游购物目

图 5　项目区位分析图

图 6　项目基地现状图

（图片来源：项目组）

的地。水贝黄金珠宝产业聚集地正处于急速向外扩张的发展阶段，而规划区位于水贝黄金珠宝产业区第一梯队辐射区，发展黄金珠宝产业优势明显（图7）。金威片区现有的产业功能及规模已经不适合地区发展需求，受水贝空间限制，企业办公、研发设计以及交易展示环节“被迫”分离，需要释放一系列的空间满足市场需求（图8）。因此，需要构建与水贝珠宝产业链差异化、互补的发展模式，综合研判布吉片区产业发展定位为：水贝——布心珠宝时尚产业总部和设计营销中心区[7]。

图7　项目周边产业分布特征

（图片来源：项目组）

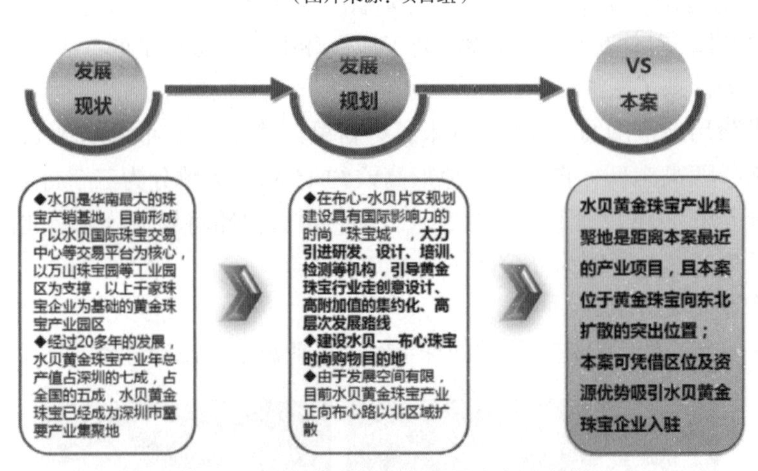

图8　项目所在片区产业上层次发展定位

（图片来源：根据《深圳市罗湖区十二五规划》绘制）

（3）区域空间诉求

广东绿道深圳路段从项目东侧的东昌路经过，绿道串起深圳主要的公共节点，是城市的重要步行空间。项目公共开放空间的塑造需要与城市绿道相互对接，而工业遗产景观则是绿道中的特色节点。因此，项目在公共空间设计上需要从区域的角度整体思考，对上层级的空间战略做出回应，通过结合项目自身需求，与周边空间形成串联，共同打造区域公共活动空间体系（图9）。

4.2 基于多方利益诉求的遗产价值辨析

项目进行过程中开展了众多关于工业遗产的保护研究，包括与市规土委的5次沟通交流，举办了2次建筑环境专家研讨会，策划组织了2次面向社会专业人士工作坊，与区重建局一起对一些优秀的工业保护项目进行实地考察，同时邀请了2家建筑设计单位进行了长达10轮的方案讨论，汇集和分析多方机构和资源对金威酒厂工业遗产的保护利用的研究成果。可以发现，在对待这个公共事件时，每个参与主体的看法和主要观点的侧重都存在一定的差异。

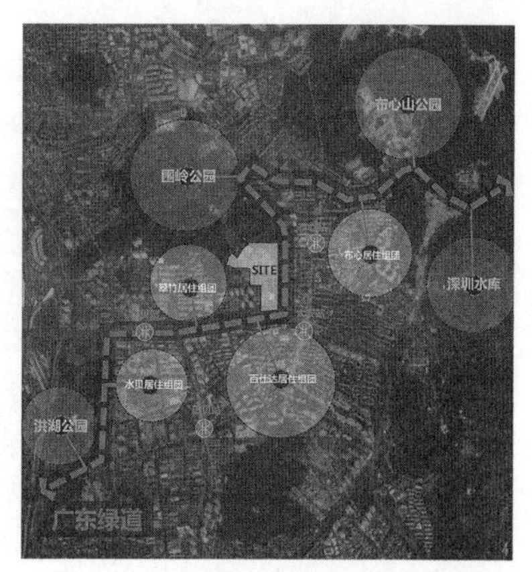

图9 广东绿道深圳路段布局图

（图片来源:结合《广东省绿道规划》绘制）

4.2.1 政府部门

作为罗湖区十大重点项目之一，区政府对金威啤酒厂产业升级后的给片区带来的经济推动充满期盼，在资源紧缺的罗湖，金威啤酒厂项目需要承担一定的产业经济推动的责任；而市政府站在更高的立足点对金威项目提出更高的要求，需要项目未来能作为深圳旧改项目的典范，力争形成城市亮点。

4.2.2 企业自身

金威啤酒厂更新基本是原班领导班子的自我更新，对待项目更多的是一种复杂的情绪，一方面需要考虑未来的经济效益不受影响，另外一方面对待这个曾经的奋斗平台也存在一些眷恋。

4.2.3 市民层面

对于生活在附近的居民来讲金威作为一个封闭的厂区，对其的印象更多的是其沿路表皮构筑物，富有特色的建筑立面常留给人深刻的印象，成为片区的形象地标；而对于深圳人来说，金威啤酒的品牌是深深印在心里的回忆，作为深圳唯一的本土啤酒，金威代表的是众多啤酒消费者的本土味道，同时金威啤酒广场作为深圳知名的夜间狂欢地，同样也承载着众多生活记忆。

4.2.4 设计师层面

金威酒厂更新项目对于设计行业的人员来说是一个难得的好项目，从规划角度上看，项目可以释放出一些土地用作道路、公共设施和绿地的建设，同时将原来的厂区变成一个更加开放的公共活动场所；而从建筑角度上看，厂区极具特色的工业建筑、设施和空间，具备很强的艺术性，有条件打造成一个景观建筑行业的设计精品。

在对众多主体进行分析后，对于工业遗产保护得出一个统一认可的价值取向，即：（1）一个产业促进的项目。它是能与主体产业相互提升、可创造更多附加价值的平台；（2）一个格调隽永的项目。它是有记忆的、富有特色的、有文化内涵的、极具艺术

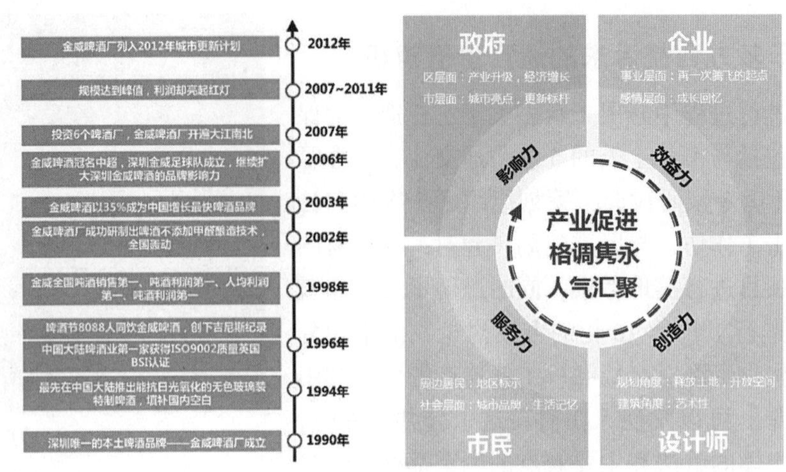

图 10　金威啤酒厂发展历程　　　图 11　基于不同参与主体的价值辨析

（图片来源：项目组）

美感的场所空间;（3）一个人气汇聚的项目。它是开放的、多元包容的、可举办重大活动的场所（图 11）。

4.3　融合文化传承与产业开发的功能定位

4.3.1　项目产业总体发展定位

作为罗湖水贝——布心片区具有示范性作用的城市更新项目，项目集聚的目标产业集群，应在现有优势产业的基础上，结合区域产业升级发展方向，为符合区域总体升级发展要求的产业提供更具吸引力的发展空间，从而通过项目的产业集聚作用，推动区域的升级改造进程。而区域未来产业升级的主要发展方向是以黄金珠宝为核心的专业市场及现代服务产业，而企业总部对相关产业的带动作用最为明显，因此，项目的核心目标产业群定位为珠宝企业总部。通过企业总部的进一步带动，推动整个片区相关产业升级的进程；服务于现代服务产业的金融服务机构是区域市场发展趋势。金融服务机构的集聚，进一步完善和带动了区域产业服务功能的提升，为打造区域产业升级项目打下良好的发展基础；相关衍生产业是项目发展的重要组成部分。在本更新单元有限的发展空间下，应适当培育和发展该类产业发展空间。

核心目标产业——高端珠宝专业市场及珠宝企业总部。水贝——布心片区是深圳珠宝产业发展规模最大的片区，早期发展起来的珠宝生产加工型企业外迁后，以品牌营销、产品展示交易、研发设计为核心的珠宝企业总部将在本片区有举足轻重的地位。该类企业对独栋式、功能齐备的物业有着一定偏好。

重要产业——以文化创意、金融服务、高新技术以及其他企业总部为主。金融业及高新技术产业多以商务写字楼需求为主；文化创意多以商务花园需求为主；相关产业总部基地对二者均有需求（图 12）。

4.3.2 项目功能发展定位

（1）珠宝产业集群＋设计 DIY+ 新媒体交融平台

利用工业遗产的艺术性和开放性功能，将其进行功能再生，植入珠宝设计 DIY 和珠宝信息展示功能，为主体珠宝产业拓展更加广泛的附加值，成为深圳珠宝社会创意和信息的出口。

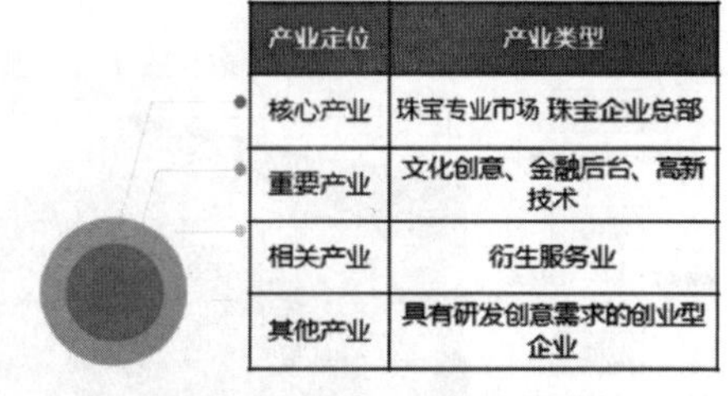

图 12 总体产业发展目标

（图片来源：项目组）

（2）城市记忆与工业文化展示区

保留城市记忆的基础上，昭示企业文化与工业文化：在城市记忆层面，展示老金威酒厂的发展脉络、企业拼搏史，展示深圳人精神；在工业文化层面，展示啤酒工艺文化和珠宝工艺文化，向市民展示工业生产技术工艺的趣味和魅力。

（3）深圳工业＋购物＋设计旅游新景点

依托金威啤酒厂更新项目，打造深圳旅游新名片，旅游策划内容涵盖 5 个要点：①工业旅游，保留部分原金威啤酒厂痕迹，开发啤酒生产的工艺展示、工业设备利用和建筑改造项目。②购物旅游，打造深圳最大规模、最全业态、最具包容度的珠宝购物体验中心。③设计旅游，开放部分啤酒设备，征集社会创意，打造设计创意展示园区。④城市活动，可以举办一些大型的城市活动，类似双年展、啤酒节、珠宝节、设计展览会等。⑤市民聚会，提供交友约会的平台。

4.3.3 规划功能构成

基于项目的发展目标及产业方向，更新规划提出发展集珠宝专业市场、办公、商业、公寓、配套等功能于一体的国际黄金珠宝交易中心。（1）超甲级写字楼：引进高端知名珠宝企业入驻，打造区域地标。（2）大型商业体验中心：打造市民休闲购物体验集散地。（3）珠宝零批中心 MALL：提供集珠宝零售和批发于一体的大型商业中心。（4）企业本部独幢：引进国际知名珠宝企业入驻，形成特色珠宝展示、私人订制和设计办公园区。（5）配套公寓：项目珠宝产业综合体的重要组成部分，有必要形成一定的规模，成为项目发展的优势。（6）时尚五星级酒店：重点考虑为珠宝企业提供定制的五星级酒店，为来水贝进行珠宝交易及洽谈相关业务的珠宝商和加盟商提供餐饮娱乐等配套服务相对完善的酒店。（7）啤酒博物馆及珠宝博物馆：结合文化遗存保护塑造啤酒和珠宝的文化博物馆。

4.4 以活化利用为导向的空间特色塑造

4.4.1 基地特征解读

金威啤酒厂厂区的主要步行流线和生产工艺流线主要由沿太白路料仓和糖化车间开始往北经过发酵罐群、清酒罐再到啤酒成装区，整体呈倒 L 形，同时这些沿道路的建筑和设备一方面是代表了啤酒厂的精髓，同时也是周边居民对其的直观印象（图 13）。

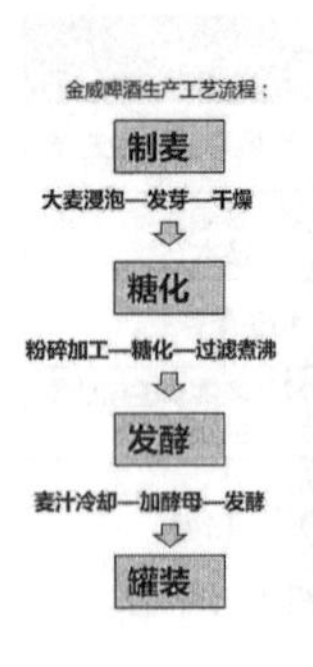

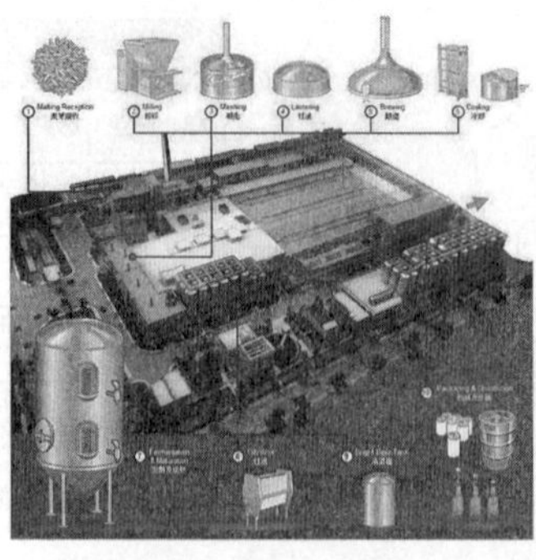

图 13　啤酒生产工艺流程图

图 14　啤酒生产工艺流程图

（图片来源：项目组）

4.4.2　保护利用思路

（1）保护理念及思路

与其他遗产保护项目相比，金威啤酒厂工业遗产保护利用有很多特殊性，其决定了其保护利用的模式不能是采用单一的模式，应该是多类别复合的模式。首先，项目是一个市场出资、市场主导的更新项目，因此其遗产保护利用需要与主体功能相互搭接才能确保项目的可实施性，因而应当以购物旅游相结合的综合开发模式；其次，项目周边毗邻自然公园和地铁站，拥有人流汇集的先天条件，项目所开发的主体功能也希望达到这一目的，需要借由此次更新将原来封闭的厂区打造成一个可向市民开放的园区，因而可参考公共游憩空间模式[8]；再次，金威啤酒对于深圳人来说有着特殊的感情，其啤酒制造工艺曾为深圳经创造了无数的荣耀，折射了深圳的发展，对于深圳来讲是一比无价的财富，可借用博物馆模式。因此，本次项目将采用购物相结合 + 公共空间 + 博物馆的综合模式来达到遗产保护利用的目的。

（2）土地及设备处置方案

对东昌路西侧部分用地进行整体移交，建构筑物现状保留综合整治；对灌装车间建筑进行现状保留综合整治；对部分发酵罐和啤酒管道设备进行可迁址保留；对料仓和糖化间进行记忆重塑原型复建（图 14、图 16）。

4.4.3　空间组织模式

（1）土地利用

随着罗湖区大力推动“水贝—布心珠宝产业聚集中心”建设，布心片区旧工业区的改造升级成为地区发展的重点。项目规划在片区法定图则的基础上，紧扣“产业升级”主题，牢牢把握地区以珠宝业为主的产业导向，提出将现状的啤酒加工制造业转型升级为以珠宝产业为主的新型产业功能，包括珠宝专业市场、珠宝企业总部办公、配套商业与公寓等功能。将法定图则确定的 M1、C1+C2 用地调整为 M0 和 C1 用地（图 15）。具体开发功能布局如下：单元西北部 03-39 地块作为珠宝产业配套功能区，规划为商业用地；单元北部临东昌路 03-40 地块，规划为商业用地；单元北

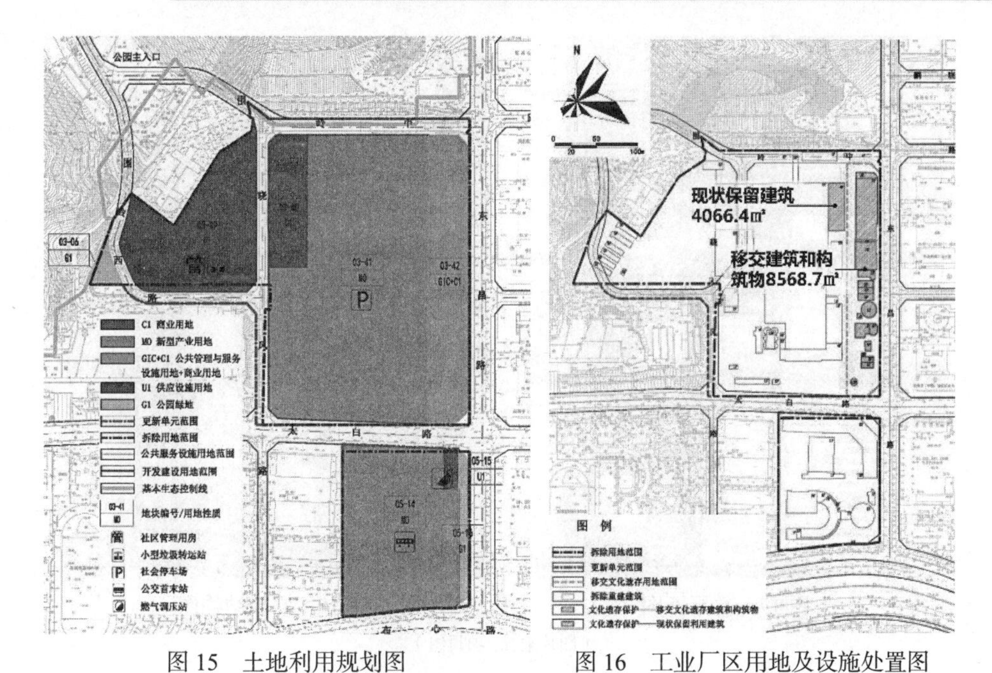

图 15　土地利用规划图　　　　图 16　工业厂区用地及设施处置图

（图片来源：项目组）

部临东昌路 03-41 地块，规划为新型产业用地；单元南部 05-14 地块邻布心路与东昌路交叉口，规划为新型产业用地[9]；

（2）空间结构

采用“一轴、五区、多点”方式组织项目遗存保护结构，其中移交遗存用地将致力打造啤酒珠宝文化展示街区、啤酒文化广场区以及娱乐体验园区[9]。

一轴——沿东昌路打造南北向文化轴线，形成相对清晰的文化遗存保护带，以景观功能步行流线的方式组织文化遗存文化体验。

五区——与购物结合区将原糖化车间、酵罐群以及部分啤酒工艺设备形象特征与商场相结合，形成新旧融合对比的商场结合区；结合水塔和其他设备管道的改造活化使用，植入创意餐饮娱乐，打造创意体验街区；啤酒文化广场区将相关啤酒生产设备进行再利用，形成开放的、工业气息的啤酒文化广场；啤酒、珠宝文化展示街区将酵罐群整体改造成啤酒博物馆，将罐装车间改造形成富有文化气息的珠宝博物馆；远期结合围岭公园的建设，将其打造成以主题创意为主的啤酒文化公园区。

多点——将一些设备进行艺术加工创造，以小品雕塑的形式置于项目公共空间中（图 17、图 18）。

4.4.4　空间设计策略

（1）保留厂区记忆，塑造工业文化气息浓郁的体验场所

金威啤酒厂曾经作为深圳市工业发展中一颗璀璨的明星对老厂房原有的建筑形

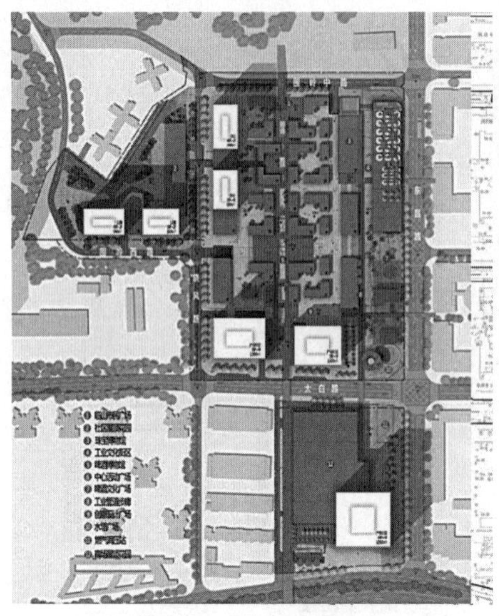

图 17　总平面图

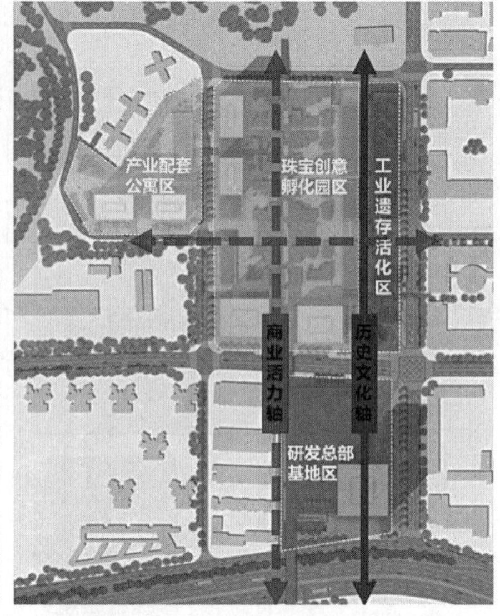

图 18　空间结构图

（图片来源：项目组）

式和功能属性及文化脉络的尊重是本项目改造保留的核心精神。旧元素融入新的功能空间的同时，又能将原有的空间气质进行保留和传承，才能体现这些工业符号的意义与价值。对东昌路西侧部分用地进行整体移交，建构筑物现状保留综合整治；对灌装车间建筑进行现状保留综合整治，打造成珠宝博物馆；对部分发酵罐和啤酒管道设备进行可迁址保留，打造啤酒文化博物馆（图 19）；对料仓和糖化间进行记忆重塑原型复建，形成特色室内空间（图 20）。此外，充分利用原有厂区工业设施设备，通过巧妙的设计有机地植入园区公共活动空间。

（2）重塑场地格局，营造宜人的市民休憩娱乐空间

沿东昌路打造工业娱乐体验园区、啤酒文化广场区、啤酒珠宝文化展示街区。

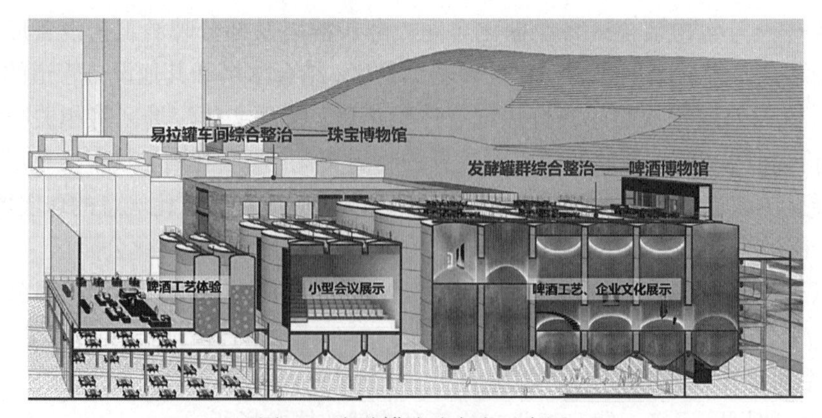

图 19　发酵罐改造方向示意图

（图片来源：项目组）

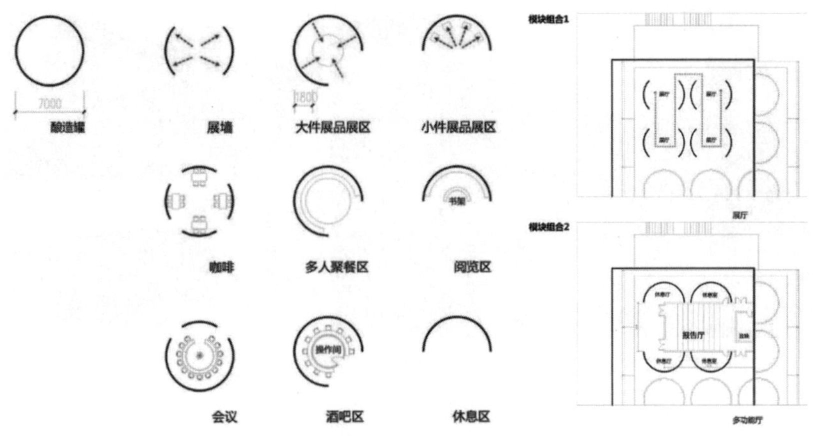

图 20　发酵罐改造功能示意图

（图片来源：项目组）

在人群活动流线上布置啤酒博物馆、珠宝博物馆、浮动舞台、特色餐饮、旋转滑塔、特色草坪等功能节点，塑造丰富多样、文化浓厚的人文活动场地（图 21）。此外，规划啤酒博物馆场地外侧道路存在 3 米的高差，通过台阶的设置消化地形所带来的对人流进入的阻碍，同时将博物馆底层架空打造活动广场，使得外部人流能够便捷地到达和使用。将水塔改造成集观光娱乐于一体的游乐中心，汇集城市活力拓展空间、利用光影元素重塑活力四射的啤酒文化广场。

（3）工业元素与建筑对话，打造新旧融合的空间景观

工业元素的保留是基于未来利用模式下的有机保留，不是单纯地搁置在原址，而是根据建筑功能布局与使用流线等特征，打造为建筑之间的联系纽带，如内廊、外廊、平台、联系构筑等（图 22）。工业元素活化利用成为新建筑的一部分，在功能上体现出新旧融合，而外形上则体现出强烈的对比，形成强烈的视觉美学效果。

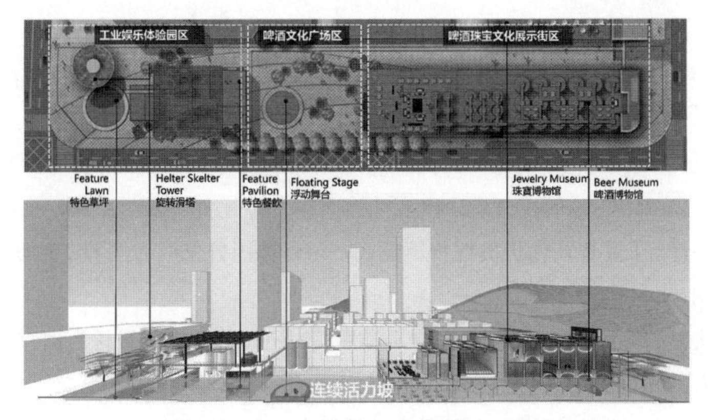

图 21　工业遗存活化区功能布局图

（图片来源：项目组）

图 22　工业厂房及设施改造示意图

（图片来源：项目组）

5　结语

对于深圳的市场化城市更新而言，工业文化遗产的保护在遵循规划设计原则和价值观的同时还应当对市场经济效益进行考量，对于政府计划、市场预期、市民诉求、社会舆论都应当有充分的思考和响应，提升项目的可实施性，让保护与利用的设计理念能够落地。工业是城市发展的核心要素，工业遗产是城市文化的重要基因，如何做到基因传承，是一个历史性难题。在遗产活化利用过程中，要重视整体性、系统性的思维，从城市特色风貌入手，让工业遗产融入当代生活，使其成为公众日常生活的重要组成部分[10]。

参考文献：

[1]　汤晔峥 . 城市文化遗产保护规划技术形态解析与思考 [J]. 城市规划，2016，40（11）：38-48.

[2]　丁凡，伍江 . 城市更新相关概念的演进及在当今的现实意义 [J]. 城市规划学刊，2017（06）：87-95.

[3]　顾威，殷健，张东旭 . 基于 ISP 三元结构体系的工业遗产更新探索 [J]. 规划师，2013，29（S2）：114-118.

[4]　张毅杉，夏健 . 塑造再生的城市细胞——城市工业遗产的保护与再利用研究 [J]. 城市规划，2008（02）：22-26.

[5]　张文卓，韩锋 . 工业遗产保护的博物馆模式——以德国鲁尔区为例 [J]. 上海城市规划，2018（01）：102-108.

[6]　吉慧，曾欣慰 . 城市更新中的工业遗产再利用探讨——以上海八号桥为例 [J]. 城市发展研究，2017，24（12）：116-120.

[7]　罗湖区人民政府 . 罗湖区国民经济和社会发展第十二个五年规划纲要 [R].2011.

[8]　王世福，沈爽婷，莫浙娟 . 城市更新中的城市设计策略思考 [J]. 上海城市规划，2017（05）：7-11.

[9] 深圳市城市规划设计研究院 . 深圳市罗湖区东晓街道金威啤酒厂城市更新单元规划 [R].2015.

[10] 石楠在中国工业遗产保护名录（第二批）发布会上的讲话 .http：//www.planning.org.cn/news/view?id=9624.

作者信息：

罗　欢，深圳市城市规划设计研究院有限公司。

林辰芳，深圳市城市规划设计研究院有限公司。

王　嘉，深圳市城市规划设计研究院有限公司。

基于土地出让模式创新的存量开发探索 *

随着存量开发时代来临，“存量与减量”的发展思路在深圳、上海、广州等地的城市规划中全面落实，与存量减量规划相配套的实施管理机制在逐步完善，推进利益共享、搭建利益均衡体系的工具与手段不断推陈出新。本文从土地出让模式的视角出发，研究土地出让与规划实施的政策机制关系，探索其对存量开发的影响与意义。

1 现有制度

1.1 土地出让制度

国有土地有偿使用制度改革 30 余年来，通过启用经济杠杆、引入竞争机制，完成了土地由无偿、无期限、无流动向有偿、有期限、有流动的转变。与此同时，土地出让模式也发展形成行政划拨、协议出让和招拍挂等多种形式。2004 年叫停协议出让以后，土地出让开始实行招拍挂和行政划拨并存的双轨制，招拍挂成为经营性用地出让供应的唯一渠道。

土地使用是一个动态观念，土地使用制度改革主要围绕“财政、调控和产权”三大功能展开，其中在土地调控方面，完善和探索招拍挂的“价高者得”制度及其他出让模式是一个重要的改革方向 [1]。在现有存量开发实践中，北京、上海等地是政府主导土地征收与出让，属于传统政府垄断的土地收储模式，采取招拍挂方式进行市场出让。而广州、深圳等地，因为广东国土改革政策试点，可以采用协议出让方式进行三旧用地改造，极大地激活了市场参与动力，企业全程介入从更新意愿收集到实施主体的开发合意达成的全过程。基于不同的政策背景，多元创新的出让模式不断涌现，存量土地开发路径出现了拆除重建、综合整治、功能改变、第三方租赁经营、收储出让开发、联合开发、分割转让开发等多种形式。

1.2 规划实施路径

根据《城乡规划法》的第三十八条、第三十九条规定，国有土地出让必须以控制

* 该文收录于 2019 年城市规划年会论文集。

性详细规划为依据并将规划条件纳入出让合同之中。通过土地使用权的市场化出让，受让方在获得土地开发和使用权利的同时，也依合同契约承诺了按照规划控制的要求行事。即土地权利的行使必须在规划所限定的条件下进行，从而将规划的要求转换成合同履行的义务，使得具体项目的建设与城市规划的整体目标很好地结合在一起。

具体的规划实施管理是通过“一书两证”的审批来实现，“一书两证”作为一种开发权许可，将规划要求贯彻到对建设项目的具体规划管理当中。地方政府通过土地出让合同的拟定和“一书两证”的核发，将土地使用权的赋予与土地行政管理权的行使紧密结合，共同完成对土地使用权利的调配与安排。这样城市规划与土地出让就通过出让合同形成一种捆绑关系[2]，这种硬捆绑让城市规划深深嵌入土地使用权出让分配的权力格局之中[3]。

1.3 现行土地出让模式下的规划挑战

伴随土地使用权的市场化配置，城市规划得到广泛的落地实施，高效地展现了城市化进程中的土地价值。然而随着经济社会发展，现行土地出让模式下的规划实施面临一些新挑战。

1.3.1 规划实施的财政挑战

改革开放以来中国城市的高速发展，建立在以现行“价高者得”土地出让模式为核心的土地财政基础之上。增量开发时代，地方政府借助土地财政获得城市化的“最初的信用”，积累城市化原始资本[4]。随着大城市由增量向存量开发为主转变，新城快速开发阶段的结束和旧城土地出让成本的上升意味着土地出让收入将快速下滑。在经济增速逐步趋缓的新常态下，地方政府面临严重的财政风险[5]，陷入“两难境地”——不推动人口城镇化，经济发展缺乏动力；推动人口城镇化，意味着要花钱为新增人口提供更多的公共服务。

规划实施需要稳定而可持续的地方财政支持，现有土地出让模式带来的财政不可持续会极大制约未来城市公共服务的供给，从事前到事后的公共服务收费体制（以房产税为例）改革只能作为一种远期选择，在当下的过渡阶段，需要思考如何在存量开发时代拓展新的公共服务供应途径。

1.3.2 规划管理的操作挑战

一方面是规划条件的拟定。物权法明确土地出让获得的开发权和发展权是一种物权权益，遵循物权法定原则，纳入出让合同中的规划条件必须同时具备法律条文和合同条款的严谨性，条款应当明确、肯定、完整。若规划条件只包含明确的指标要求，则无法确保规划意图的完全实现；若规划条件将常见城市设计控制要求全盘纳入，则将大量的合同条款落实审查问题推到开发建设报审环节，短时大量的行政审查容易滋生寻租行为。因此，如何将规划控制要求在出让阶段转化为地块的规划约束条件是规划实施的重要挑战。

另一方面是动态规划的实施。城市建设是一个动态过程，需要根据城市发展需要进行滚动式规划编制和渐进式规划改进，但是没有新开发就没有动态规划实施，出地出让合同一旦签署，在实施期限结束后就无法变更法定规划条件，只能出具普适性政策条文约束，动态规划实施受到明显的时空限定。因此，存量开发必须借助制度设计将规划目标前置于前期的土地开发之中。

1.3.3 土地开发的出让挑战

城市规划制度与土地出让制度直接干预土地资源的空间配置和产权分配，其目标在于让最优使用者按照既定的空间使用要求，提供最大化社会经济效益[6]。在增量开发时代，土地资源从农业开发变为非农开发，现行土地出让模式总体实行“价高者得”机制，即可粗放地选择最优使用者；来到存量开发时代，非农开发的价值洼地已被挖掘，新的开发收益来自土地用途转变和容积率调整。此时存量开发的矛盾集中于增值收益的分配。

目前的城市更新制度通过协议出让保障了企业前期沉没成本的收回，通过减步法保障了政府基本的公共服务设施用地，但是存在政府与开发单位的大账不细、实施主体与原业主的小账不清的问题。因此，存量时代的土地出让模式需要解决的问题是如何设计一种交易成本最低的方式寻找到土地最优使用者。面临的挑战是在宏观层面协调土地资源的稀缺性与公共性的同时，国土规划部门如何协作设计具体的供地条件吸引潜在买家、如何搭建平台协调空间利益各方、挑选何种规则下的利益博弈赢家以达成多方共赢。

2 土地出让模式创新——“定地价竞容积率”模式

继 20 世纪 80 年代开启以土地有偿使用改革为核心的土地制度改革之后，2012 年深圳市又因《深圳市土地管理制度改革总体方案》站在了新“土改”起点。这之后涌现了一大批先行先试做法，其中“定地价竞容积率”出让模式实现了多目标下的土地市场化配置，预示了未来存量开发的趋势。

2.1 模式基本概况

2.1.1 模式规则

依据《招标拍卖挂牌出让国有土地使用权规范（试行）》，市场化的土地出让方式基本遵循“价高者得原则”，只有招标采取“综合条件最佳者得原则”综合确定中标人。“定地价竞容积率”模式的独特之处在于竞价规则中采用了“定地价、竞买人向下竞容积率、报低者得原则”。一般当挂牌期结束后，属“1 人竞买”的，竞买人现场填写《土地使用权挂牌出让竞买单》，所报商品住房面积不超过挂牌起始面积的即为竞得人；属“多人竞买”的，在挂牌期结束后即刻进入现场竞拍程序，采用定地价、向下竞争可售商品住房建筑面积的方法，将所报商品住房建筑面积最少（主持人依照现场应价情况调整竞价阶梯）的竞买人确认为竞得人。“定地价竞容积率”模式的现场竞拍规则设计如下表 1。

“定地价竞容积率”模式现场竞价规则对比分析表　　表 1

程序	常规拍卖模式	“定地价竞容积率”模式
1	竞买人必须服从主持人的裁判	
2	竞买号牌代表竞买人的资格，因竞买人未尽到保管义务，致使他人使用该号牌应价的，视为竞买人的行为，并由其承担相应的法律责任	
3	若在电脑报价期间无人报价的，现场竞价的起叫价为该宗地挂牌起始价；现场竞价过程中无人应价的，该宗地不成交	本次挂牌现场竞拍采用地价不变、回迁住房面积、商业面积和配套面积不变，向下竞可售商品住房建筑面积的办法，现场竞拍商品住房建筑面积自 ×××× 平方米起，每次递减幅度不少于 ××× 平方米
4	若在电脑报价期间已有竞买人报价的，现场竞价的起叫价为有效最高电脑报价；应价没有高于起叫价的，有效最高电脑报价继续有效，符合成交条件的，该报价的竞买人即为竞得人	现场竞拍中竞买人举牌向下竞可售商品住宅建筑面积的行为，即视为应价（报价）行为。现场竞拍过程中无人应价的，该宗地不成交
5	主持人有权依照现场应价情况调整竞价阶梯	主持人有权依照现场情况调整竞价递减幅度
6	竞买人以举牌方式应价，也可以口头方式报价。竞买人以口头方式报价的，口头报价须高出当前最高应价一个以上竞价阶梯，并得到主持人的确认，否则其报价不予接受	竞买人以举牌方式应价，也可以口头方式报价。竞买人以口头方式报价的，口头报价须低于当前最高应价一个以上竞拍阶梯，并得到主持人的确认，否则其报价不予接受
7	竞价过程中，同一价格多人应价的，主持人以举牌时间先后确定先者为目前报价并予以接受	竞拍过程中，同一数额多人应价的，主持人以举牌时间先后确定先者为目前报价并予以接受
8	经主持人宣布“第一次”、“第二次”、“最后一次”而无人进一步应价时，该应价视为最后应价，主持人以击槌方式确认成交。主持人一经落槌，将不再接受任何报价	

（资料来源：笔者根据《深圳市土地使用权挂牌出让竞买须知》整理绘制）

2.1.2 模式实践

深圳市鹿丹村建成于 1989 年，曾被评为“全国第一文明社区”、开物业招投标全国先河，是深圳有名的大型福利住宅小区和“名流村”。因建造时使用大量海沙，鹿丹村建成不久即出现楼板开裂、墙体裂缝、破损严重等问题，1996 年至 2010 年间不断提出拆除重建动议，但因拆迁补偿等原因改造工作一直陷入僵局。2011 年由市政府主导、重启了鹿丹村片区综合改造工程。2015 年 2 月 6 日重建项目用地在深圳市土地交易中心出让，这是深圳首个进入招拍挂程序的居住区项目，更是国内首块采用“定地价竞容积率”方式出让的土地。此次出让的鹿丹村地块成交后，总建筑面积随竞得人所报建筑面积核减，即总建筑面积 = 回迁住房面积 + 竞得人所报建筑面积 + 商业面积 + 配套面积（其中回迁住房、商业和配套各分项建筑面积保持不变），且竞得人在项目建成后需将回迁住房无偿移交给市住房建设局。最终全场历经 70 轮激烈竞拍，中海地产以3.99万平方米的可售商品住房建筑面积、容积率3.97、地块总价8.88亿元、高达2.23万元/平方米的平均楼面价拿下这块用地。据测算，与挂牌起始相比，可售住宅面积被砍去近6成、容积率直降23.4%，若折合回迁房建安成本，该宗地商品房楼面价达到3.48万元/平方米。

2.2 模式博弈分析

2.2.1 一般土地出让博弈

非市场方式的土地交易价格由开发商和地方政府私下协商确定，无法显现土地的真实价值。在市场化出让方式中，招标又称密封式拍卖[①]，属于典型的不完全信息静态博弈（静态贝叶斯博弈）。通过招标博弈分析可知，参与竞标的企业越多，政府得到的土地收益就越多，当参与竞标的企业趋于无穷多时，政府几乎获得企业保留价格的全部。招标和拍卖都要求竞买人不得少于三人，而挂牌出让没有人数限制，哪怕只有一家开发商参与竞价，只要超过底价即可揭牌，而且每个参与人都可多次报价，因此适用范围更广。挂牌方式遵循的规则也是“价高者得”，但因挂牌间隔时间较长，给参与挂牌的竞价人之间提供了串谋可能。招拍挂出让方式使房地产商陷入“囚徒困境”，即开发商报的价格越高，中标的机会越大，但其支付（中标后的收益）也越小，因为参与者越多，最终交易地价就越接近开发量反映的真实开发价值。现实世界中房地产商并非相互独立，通过串谋博弈模型分析可知，要防止他们之间串谋，政府要科学确定土地保留价格并保密，提高开发商的串谋成本与处罚力度，同时通过信息公开增加竞价人数。

2.2.2 “定地价竞容积率”博弈

“定地价竞容积率”出让属于公开拍卖方式，与密封拍卖（招标）不同，其特点是开发商能够观察到对手的出价信息、开发商轮流行动、整个博弈可有多个回合。因此，它是一个典型的完全信息动态博弈。虽然每次报价都要低于上一次，“定地价竞容积率”拍卖在严格意义上仍属于公开喊价中的英式升价拍卖（而非荷兰式降价拍卖）。

假设政府准备以“定地价竞容积率”方式出让某块土地，有n个开发商参与土地拍卖竞价博弈，竞价人的集合为N=（1、2、…，n），每个竞价人对该地块都有独立的估价。与向上竞价方式类似，在地价一定情况下通过经济测算可以将估价换算成保留商品房面积，设Si为第i个竞价人对该地块的保留商品房面积。拍卖开始后，第一回合某个竞价人报出b1的价码，第二回合，所有保留商品房面积高于b1的竞价人退出竞争，余下的人在（bL，b1）范围内继续报价（假设最低容积率要求商品房面积为bL），若有人报出的价格b2＜b1，则该博弈进入到第三回合……当第T–1个回合时，报价为bt–1，所有保留面积高于bt–1的竞价人退出竞争。假设最后只剩下m和n两家开发商，此时他们的报价已经接近于各自的保留面积Sm和Sn，当竞价人 m 将报价减到其保留面积 bt=Sm 时，竞价人 n 继续报价即 bt+1 ＜ Sm，且 bt+1 ≥ Sn，此时开发商 m 将不再报价，开发商 n 竞得该块土地的使用权。

该博弈的纳什均衡是开发商 m 的报价等于其保留面积，开发商 n 的报价小于 m 的保留面积。双方的效用分别为：开发商 m 的效用为 V（bt–Sm）=0，开发商 n 的效用为 V（Sn–bt+1）。最终成交的拍卖面积是最低的商品房面积（也即最低容积率），其接近于第二低竞标者的程度取决于拍卖规则中所规定的最小递减额。综上可知，“定地价竞容积率”拍卖与价高者得向上竞价拍卖的过程类似，或提高拿地成本或压低预期利润，只要多于两人的市场参与者参都明晰此信息，最后土地成交面积都是无穷接近市场上竞标者可接受的最低保留面积[7]。

2.3 模式综合评价

2.3.1“定地价竞容积率”模式评价

2.3.1.1 参与者角度

对开发商而言，相比“价高者得”拍卖，“定地价竞容积率”模式的地价总额可控，现金流压力减小；但也导致企业竞争加剧，限制项目总货值，利润总额下降。此模式下开发商需要在前期策划、成本测算中严控风险，确定底线利润率所在。

对地方政府而言，“定地价竞容积率”模式使得地价可控、财政稳定，同时保有公共服务持续的融资能力。在放弃追求土地最高现货价值之后，新模式有助于地方政府转向更加综合多元的开发目标，促使城市向精明增长转型。

对社会公众而言，“定地价竞容积率”模式考验地产公司的综合实力而非资本雄厚程度，可引导项目建设更加注重设计品质、突出品牌价值，有利于房地产市场长远发展。同时，低容积率意味着更佳的居住品质和环境效益。

2.3.1.2 规划实施角度

鹿丹村地块紧临深圳河和滨河大道，人流较为集中，新模式将原规划容积率压低，有效限制未来的开发强度，缓解该区域的交通压力，保障城市人居环境，成为深圳市旧城改造的一个范本。同时，“定地价竞容积率”模式作为参与式规划的体现，让更多利益方实现公共参与，既减小开发商调整规划或寻租操纵的空间，又减少规划质疑与实施阻力。通过将城市规划统筹理念与操作前置，让企业在政府引导下主动参与存量开发，在改造前期植入规划意识，有利于城市更加合理布局建设。

2.3.1.3 制度设计角度

拍卖交易机制设计的理论基础是信息经济学的机制设计理论与显示原理，卖方选择出售商品的方式就是设计或选取一种博弈规则，在信息不对称的情况下让买方真实显现个人信息，减小交易成本。“定地价竞容积率”模式很好地完成了两个基本功能：揭示信息和减少代理成本，有助于减少买方和卖方之间损害委托人（普通市民）的合谋和寻租行为。新模式既通过定地价形式筛选出更大数量卖方，充分竞争的结果有利于确定土地实际价格和最优土地买方，又揭示了更加综合全面的卖方利益所在。

2.3.2 不同出让模式创新比较

土地出让制度改革的基本思路是坚持和完善土地招拍挂出让制度，推动土地供应由“价高者得”的单一目标向完善市场、保障民生等多目标管理转变。土地出让模式创新主要围绕交易实现、行政管理、参与市场调控和提升土地利用综合效益等四大功能展开[8]。加快建立多元主体的土地供给体系，改变市场垄断格局，已经成为深化土地制度改革的重要目标。从这几年北上广深等城市的改革试点来看，目前改革成果主要有四大类型（图 1）。

综合比较来看，市场调控类创新在近年实践较多，源于其对土地价值的挖掘更完全，调动市场参与的积极性更高，链接多重施政目标更灵活。在“一限一竞”组合模式中，“定地价竞容积率”模式的特殊之处在于，一方面它不直接调控房价，不扭曲房地产市场的定价机制；另一方面它有别于传统控制城市建设规模的硬限定思路，通过综合研究规划目标来确定建设量上限、市场竞争来探寻底线利润下的最低开发。该模式适合潜在利润丰厚而开发商竞逐激烈的城市中心地段更新，需要由强力政府主导前期开发合意的达成，减少开发商与业主谈判破裂的风险，而且锁定的地价应有充分合理的市场估价研究为依据。

3 基于土地出让模式创新的规划思考

适应性而非效率性是制度演进的选择机制，城市更新需要适应新的土地开发形势，而非理想主义地依据效率最优设置开发条件。以“定地价竞容积率”模式为代表的出让模式创新不仅是土地产权交易的创新，也是土地受益分配变革的一种方向。

3.1 规划价值观

计划经济体制下的城市规划是经济计划的具体化和空间化，规划作为利益分配既定情况下的空间调节，在管理手段上依靠行政指令链，在操作手段上依靠技术标准，形成了“技术—行政”的内部化操作规程。步入市场经济社会后，城市规划由利益分配式角色向利益协调式角色转变，并逐步向公共政策方向转型。存量开发时代的城市规划不仅协调、平衡不同的利益关系，而且本身也在不断揭示、创造新的利益关系。

城市规划的价值观是保护与促进公共利益，但在多元社会下如何界定公共利益并非易事，作为公共政策的城市规划需要直面利益分配冲突，并成为社会各利益阶层进行有效博弈的平台，才能完成公共利益界定和社会共识达成的任务。“定地价竞容积率”模式预示着规划的利益协调作用将凸显，通过在各开发阶段提供协调博弈的平台支持，引入公开透明的竞争方式与游戏规则，让企业参与城市规划的决策制定、共享城市存量开发机会，同时有效实现利益相关人的公众参与，求得最大化综合效益。未来的城市规划需要通过对目的—手段链的设计和因果—运作机制的理解，完善城市空间最优利用的路径设计。

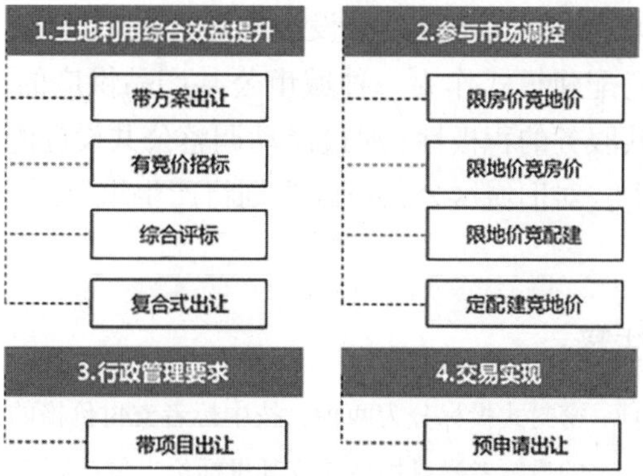

1.土地利用综合效益提升
带方案出让
有竞价招标
综合评标
复合式出让
2.参与市场调控
限房价竞地价
限地价竞房价
限地价竞配建
定配建竞地价
3.行政管理要求
带项目出让
4.交易实现
预申请出让

图 1　现有土地出让方式创新模式

（图片来源：笔者自绘）

3.2　规划编制创新

"定地价竞容积率"模式对传统规划的容积率设计构成冲击。综合因素测算下的容积率应该是一个大致"区间取值"，但由于增长主义要求，实际规划编制与管理的容积率经常作为下限值被不断突破，无法辨析其弹性调整的合理度。控规对各种环境容量的指标控制是为了将城市建设规模与市政、生态等城市承载力匹配，这是一种控制建设负外部性的底线思维，是达成城市最优方案的静态路径。因此，与其让规划容积率被反复修改消耗规划权威性，不如将容积率的确定前置于土地出让之中，在相关主体博弈中自然形成。存量规划的容积率设计重点转向对其上下限取值区间的技术论证，以区间取值的技术理性维护城市底线，以均衡取值的市场博弈和公共参与实现经济效益。

此外，为促进存量开发开展，有必要尽快实现规划区内控规全覆盖和规划信息实时查询。一是有利于规范规划管理部门的自由裁量权，二是有利于形成稳定的市场开发预期，促成开发申报与行动生成。土地出让前做好规划信息公开②，开发建设主体就能够在"竞地"的成本测算及后续研究阶段做到与政府部门的信息对称，这不仅是产权明晰和市场有序的先决条件，也是政府公信力透明度的重要体现。

3.3　公共服务供给

随着市场经济发展与城市政府竞争，作为土地一级市场垄断经营者的地方政府需要提供多样化的土地产品，诸如整体 / 部分、地上 / 地下的空间分层出让、分期租赁等方式。公共服务的需求端变化对规划实施的供给侧提出了更高的要求。

以"一限一竞"类型中的"限地价竞配建模式"为例，它指在地价限定的条件下，以公共配套承诺建设面积最大确定竞得人。"配建"指拆迁安置房和限价房、公租房等保障性住房，未来可增加与地块捆绑建设的公共产品（或准公共产品）性质的公共配套设施，或者是城市更新中移交给政府的净地。此模式中配建的竞拍量与地块内的公共服务成正相关，土地公共利益不局限于土地出让金高低，也体现在公共服务水平的提升和土地市场价值的经营之中，对促进土地增值分配大有裨益。竞配建模式可将大部分公共设施配置直接市场化，并显现出每块土地的公共服务消费价值。竞配建模式作为一种城市公共产品供应的可能解，化被动为主动，激发市场提供公共服务的积极性；通过浮动调整公共设施配置总量、推动设施空间布局向更新地块集中，对旧城区公共设施规划将产生重要影响。

注释：

① 密封式投标分为两种，按中标者支付价格的方式分为两种：第一高价密封投标中，出价最高的投标者赢得物品并按其投标价支付；在第二高价密封投标中，出价最高的投标者赢得物品，但仅需支付第二高的投标价。

② 根据博弈理论，在信息不对称博弈中卖方（信息优势方）诚实地披露拍卖品的私人信息，有助于投标者提高对拍卖品的估价，减小投标者的价格低减幅度，也有助于买方降低赢家的诅咒。因此规划信息公开有助于出让土地的市场价值显现和避免恶性竞争所致的高地价开发困境，对政府和开发商都是双赢。

参考文献：

[1] 靳相木，丁静．土地出让制度改革的三个视角及其综合 [J]. 农业经济问题，2010（10）.

[2] 何子张．控规与土地出让条件的“硬捆绑”与“软捆绑”——兼评厦门土地“招拍挂”规划咨询 [J]. 规划师，2009，11：76-81.

[3] 孙施文，奚东帆．土地使用权制度与城市规划发展的思考 [J]. 城市规划，2003（09）.

[4] 赵燕菁．土地财政：历史、逻辑与抉择 [J]. 城市发展研究，2014（01）.

[5] 张智威．土地出让金与财政风险——以江苏为样本 [EB/OL].www.sifl.org.cn.

[6] 赵燕菁．存量规划：理论与实践 [J]. 北京规划建设，2014（04）.

[7] 何振华．旧城区社区公共服务设施规划研究 [D]. 重庆大学，2016.

[8] 庄幼绯，卢为民，王思．我国土地交易方式的创新模式和趋势 [J]. 中国不动产，2015（05）.

作者信息：

何振华，深圳市城市规划设计研究院有限公司。

探究更新政策引导下传统风貌保护性开发路径——以沙井大街统筹规划为例*

1 引言

2003年,深圳提出“文化立市”策略,以建设文化城市为目标,文创产业快速发展。在历史文化方面,深圳非传统意义上的历史文化遗产大市,但其内容在全国具有唯一性和标志性,如南头古城、大鹏所城及鹤湖新居(现已新辟为深圳客家民俗博物馆)等,城中村地区分布有以传统民居为主的众多不可移动文物和传统风貌建筑,质量良莠不齐,保护标准不明朗。

2018年,习近平总书记在考察广东期间提出,“城市规划和建设要高度重视历史文化保护,不急功近利,不大拆大建,更多采用微改造这种‘绣花’功夫”。2018年5月,深圳市规划国土委签发了《关于开展城中村更新模式分区划定工作的通知》。2019年3月,深圳市规划和自然资源局印发《深圳市城中村(旧村)综合整治总体规划(2019-2025)》。随着系列政策的编制和生效,更新模式和范围进一步明确,城中村内大量不可移动文物得以在快节奏城市更新中获得更大的讨论余地与留存机会,深圳市历史文化与传统风貌街区的保护也有了更大操作空间。

2 城市更新中的传统风貌保护理论

现阶段城市更新项目注重效率,保护和改造一齐推进,但实施推进过程中,由于历史风貌保护范围和对象不明晰,实施办法不具体,故只能用小范围、间断性的方式在各个更新项目中试点开展,风貌整体格局遭受到一定破坏(廖永林,曹爽,2019)。更多具备一定历史价值的老城区不在历史保护划定范围内,这些街区大多属于非保护类街区,内部的历史建筑形成一定规模,但风貌和格局的完整性不足,未被划入保护范围,缺乏清晰的相关条款保护(唐瑜慧,任绍斌,2018)。

传统风貌老街区空间形态背后或隐藏了经营多年形成的社会网络与文化内涵

* 该文收录于2019年城市规划年会论文集。

（阳建强，2017），保护之余应关注开发和活化利用。由于空间特征、建成环境和精神价值的特殊性，非保护类街区不应当进行简单的更新置换，而应对已建成环境进行恰当地改建、扩建等，通过更新手段营建业主和租户、投资方和运营服务方之间的合作关系（王世福，2017），从推倒重建转变为各参与主体基于协商与共识的小规模渐进式更新；应以动态发展的眼光看待建筑遗存，在留存、延长其生命周期的同时，设置丰富灵活的空间框架，以适应未来城市发展功能需求（刘健，2017）。

深圳市紫线保护区、历史风貌区以及历史建筑三类历史文化空间分布在城中村内的总面积达 9.75 平方公里，占全市比例 85%，[①]诸多非物质文化遗产的建筑群落载体也主要集中在城中村内，大量未经统计的，体现了深圳古代移民史、发展史的非保护类传统风貌街区与建筑物也分布其中。除了强制性历史文化保护外，更需关注凝集了城市发展脉络和城市集体记忆的城中村与传统风貌街区，并探索更新的恰当路径。

3　传统风貌保护与活化路径探索

3.1　深圳市城市更新中对历史文化保护的政策引导

《深圳市城市更新“十三五”规划（2016-2020）》第三节“旧城区指引”提出，以综合整治为主要手段保育、活化并复兴具有历史人文特色的旧城区，注重环境保护与文化继承，保留生活特色，鼓励与旅游开发进行有机结合。

《深圳市城市更新单元规划容积率审查规定》中对拆除重建类项目提出，保留已纳入名录或已认定的历史风貌区或历史建筑，且实施主体承担相关费用及责任，并将产权无偿移交政府的情况，可用该用地面积与城市更新单元基础容积率乘积的 30% 计入转移容积；建设用地范围内，保留上述风貌区与建筑的，按保留建筑面积的 1.5 倍计入奖励容积。该条款考虑了拆除重建项目中移交土地和建筑物和仅移交建筑物的两种移交方式，并提出相应补偿容积的方式，从规划设计阶段鼓励城市更新中的历史文化保护工作。

《深圳市城中村（旧村）综合整治总体规划（2019-2025）》的编制说明中所述分区划定原则为：位于紫线、历史风貌区等文物风貌保护区域的，划入综合整治区。这一类型占最终分区总规模的 5%。[②]该规划提出刚性管理要求，除法定规划确定的公共利益、清退用地等，综合整治分区内的用地不得进行大拆大建。

以上更新政策更多强调留存，对保护机制未提出明确规定。对于大量未定级不可移动文物以及边缘化的非保护类街区来说，面临的环境依然严峻：建筑物缺乏保护、修缮与管理，风貌区遭到现代城市侵蚀，仍为“只存不活”的局面。

3.2 其他地区历史文化保护性开发案例

欧洲对保护性开发机制的探索走在前沿。代表之一为意大利的古建筑“领养人”制度：政府通过招标将古建筑的部分使用权外租，租用企业承担古建筑日常维护管理工作，可作特定功能如书店、咖啡厅、展览等活动使用。

港台地区由于地理位置与文化的相似性，其保护性开发运作模式和实际成效对深圳更具借鉴意义。在合作关系构建上，香港的“活化历史建筑伙伴计划”、台湾的“老房子运动”等均与领养人制度相似。

自21世纪以来，香港越发强调对街区与建筑这一城市集体记忆载体的关注，公众逐渐形成文化保育意识。香港“活化历史建筑伙伴计划”在2007年启动：计划第一步由政府物色并选定需活化的建筑主体；第二步由企业递交运营申请书，对未来保护措施、运营形式、财务可行性与社区受惠方式作阐述；第三步由政府向申请成功的企业提供一次性拨款，用作翻新工程并预防前两年运营赤字，同时就建筑物租用象征式收取一定租金。流程公布在官方网站，保证民众的知情、咨询乃至参与决策。

香港的城市更新与文物活化实践经过了十数年时间检验，数期计划盘活了诸多历史建筑、建筑群，如始建于1931年的唐楼“雷生春”，从医馆转变为中医药保健中心，由香港浸会大学中医药学院进行运营；蓝屋建筑群于2007年纳入伙伴计划，2017年初完工，同年获“联合国教科文组织亚太区文化遗产保护奖”最高级别的卓越奖项，目前用作民间博物馆、放映厅、故事馆，为当地居民和游客提供了别样的文化体验。该机制运行下，参与活化运营的主体广泛多样，从政府、企业到当地居民，多方主体在不同时期均参与了保育讨论。对深圳而言，这一制度具备可充分借鉴的优点，其不足则在于运营企业意愿多落在留存情况良好、建筑特色显著的单体上，而单体建筑散点式活化并不足以形成整片的历史文化风貌街区。

活化案例学习研究表明，城市更新过程中，老建筑活化主动发挥了部分城市功能作用，如形成片区的文创、商业吸引点甚至创意中心，增加了片区业态的多元性，为居民和游客提供了独特的公共活动空间等。这些功能作用帮助了城市集体记忆的继承和文脉特色的延续，有助于城市在千城一面中破局而出。

传统风貌街区又有不同。由于强制法律规范保护的缺失，保护运营工作在城市更新中仍处于被动方。因保留风貌区导致开发建设土地减少，直接影响了城市更新的开发强度与开发主体利益，故开发主体保护意愿弱。原住民的赔偿诉求也可能受到一定影响，难以取得居民层面的理解，保护压力加大。

若要化被动为主动，传统风貌街区在争取留存时，必须先行研究未来的活化运营的制度和方式，探讨一种复合开发模式，结合已有的拆除重建利益返还方式，化解部分利益矛盾，同时通过传统风貌区的整治更新和活化运营为片区带来长期收益。

4 沙井大街统筹规划中的传统风貌保护与活化

4.1 沙井古墟的形成与发展

沙井古墟总面积 41.6 公顷，与东门归墟、沙头角古墟、观澜古墟并称为深圳四大古墟。沙井古墟以沙井大街古街为中心主轴，两旁生长巷弄，为鱼骨状街巷格局。古墟肌理明朗清晰，村落有序地呈半月形分布于沙田间，形成“金沙壆岗，半月古村”的特色格局。

沙井地处珠江入海口，出产的蚝肉肉质鲜嫩，居民充分利用自然资源优势，逐步形成打山口、流水作息等一整套成熟的养殖和加工技术，另衍生有蚝壳砌墙、上香礼、拜天后等习俗，炭烧生蚝、蚝鸡粥等特色美食名声在外。沙井蚝生产习俗于 2010 年列入深圳市的非物质文化遗产名录。2010 年，全国最大的蚝文化博物馆于沙井蚝厂原址上建成，2004 年起多次举办“金蚝节”，2007 年升格为广东省旅游文化节。

沙井古墟保护状况远不匹配非物质文化遗产的繁荣。古墟外部被周边现代住区完全包围，古墟肌理正随着城市化进程加快逐渐消失。内部街巷空间内部混乱，无人维护，不符合消防规范，安全隐患大，无法植入城市公共功能。文物约 23 处，其中 7 处为文物保护单位，其余均为为已登记不可移动文物，文物保护保护等级普遍偏低。由于年久失修，保育意识不强，古墟范围内建筑物整体破败，存在约 800 间危房。

2018 年，沙井大街统筹规划投标工作开展。沙井古墟的保护性规划面临诸多问题，

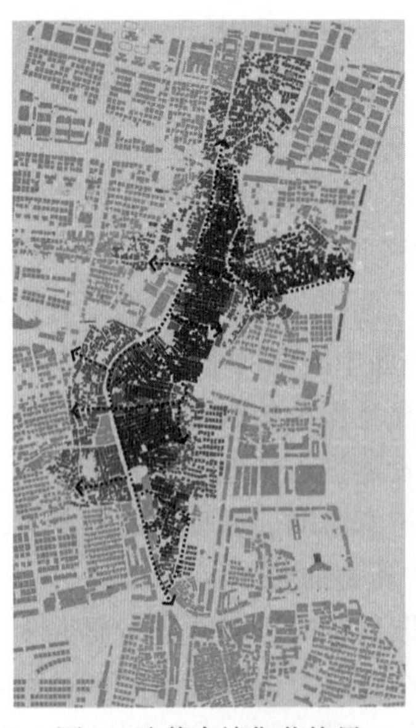

图 1 沙井古墟街巷格局

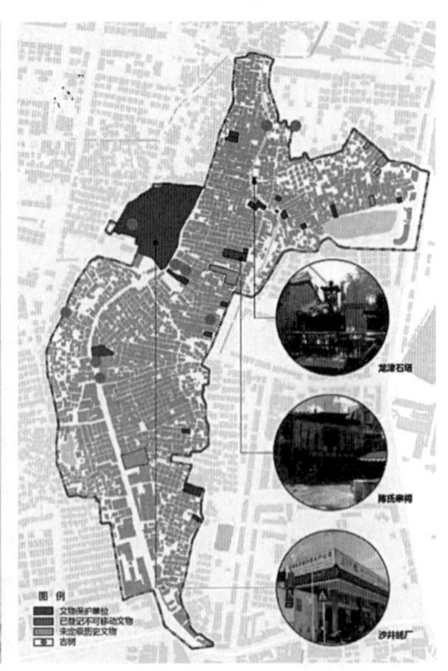

图 2 沙井古墟古建筑分布图示

一是包含深圳市城市总体规划、法定图则等在内的上层次规划未对该片区的风貌保护设立强制性要求；二是古墟范围涉及多个村界，利益分配问题大幅增加了规划实施的复杂度；三是古墟本身范围大，涉及建筑物数量多，保护改造成本高昂，在更新规划的高速推进下，无论哪一主体都难以承担整体改造成本，保护规划必然面临分期、分时段更新的局面，复又影响实施操作方式的选择。

因此，在缺乏明确保护机制，保护力度和意愿较弱的情况下，沙井古墟保护性开发如何在城市更新的利益博弈中获存一席之地，是该片区更新规划中的一个重要课题。

4.2　统筹操作手段

沙井大街更新规划的实施操作中，古墟保护开发的主要实施阻力在于各村利益平衡问题。如图 3 所示，在统筹中若要保留现有古墟边界，各村需切割的古墟用地面积不等，其中沙四村、沙头村和壆岗村范围内无古墟留存，沙一村、沙二村等古墟面积占总面积近半，各村相差较大，导致各村统筹协商时对是否保留古墟各持不同立场。

出于均衡移交用地面积的考虑，规划提出统筹的基本原则，即保证各更新单元均为 50% 的土地移交率。用地统筹首先在法定图则基础上确立路网结构，最小化对古墟的影响；其次根据古墟与河道走向，落实规划绿地面积；在此基础上分配公共设施用地面积，使得最终各单元移交的古墟用地、道路、绿地、河道和独立公共设施建设用地总面积占比相近，毛移交率持平在 50% 左右（其中衙边村与辛养村建议绑

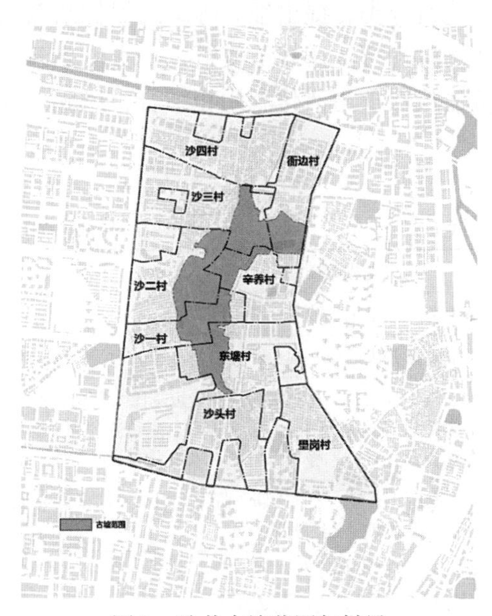

图 3　沙井古墟范围与村界

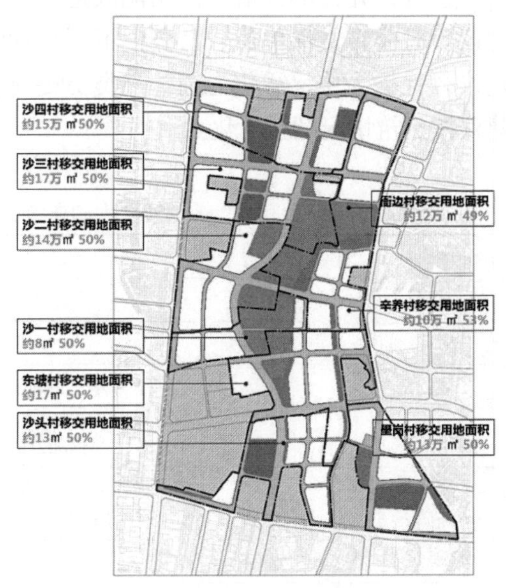

图 4　统筹用地方案示意

定实施，平衡移交率）。通过保证开发建设用地占比的一致，尽量消弭各村关于古墟保护的分歧。

在实施公平的基础上，对规划方案的经济可行性进行验证。依据计算规则进行开发量测算，统筹更新后居住量拆建比约为 2.0。若各村单独申报，由于各村更新时序的不定性，更新时差可达数年，各村单独开发运营的意愿较弱，因此规划建议将含不可移动文物的部分古墟调出拆除重建范围。在政府部门对单元移交率有一定要求的情况下，涉古墟各村的开发建设用地减少，通过计算，最终居住量拆建比约为 1.5，村民返迁收益降低。

出于单元公平与整体收益考虑，结合深圳已有的拆除重建利益返还模式，将风貌区整体移交政府，不再进行拆除。这一移交方式适用于"移交用地转移容积"的政策，计算验证 30% 的额外转移量规模可观，具备经济可行性，由此古墟保护可取得更多原住民支持，减少政府统一征收的阻力及经济压力，兼顾发展与保护。

4.3 古墟活化路径探索

4.3.1 划定文物等级与对应保护建议

古墟包含诸多不可移动文物，其中已划定级别文物的保护措施可依据现有文物保护体系实行。规划依照国内现有文物分级体系，梳理古墟内共 7 处文保单位，16 处已登记挂牌不可移动文物，依照对古墟整体建筑情况的判定，梳理 7 处历史建筑，其中历史建筑根据留存情况与历史、建筑、社会价值进一步分为一二类。余下为风貌建筑。

规划首先提出统一保护原则：强调核心价值要素的保护，如主要立面、特色材料与工艺等，允许部分恰当的功能改造。针对建筑分类，提出细分等级的保护与改造建议。已公布文保单位、已登记不可移动文物按现行法律规范实行，一类历史建筑建议以保护为主、活化为辅，二类历史建筑建议保护与活化利用相结合，风貌建筑建议按建筑情况翻新活化。

沙井古墟建筑分级表 表 1

文保单位（7）	省级（1）	龙津石塔
	区级（2）	辛养陈氏大宗祠、沙井蚝加工厂
	镇级（4）	升平围围墙、观音天后庙、围头井、洪圣古庙
已登记不可移动文物（16）		榕波公家塾、碧涧公家塾、瑞丰公家塾、德辉陈公祠、衙边陈氏大宗祠、平冈公家塾、陈氏大宗祠（义德堂）、龙裔公家塾、澜安公家塾、宗佑陈公祠、润祖曾宗祠、昂積陈公祠、东塘曾氏大宗祠、静乐陈公祠、凤冈祖祠、宣玉钟公祠
历史建筑（7）	一类（6）	观音里牌坊、迎阳祖家塾、恒足公家塾、天后古庙、陈氏大宗祠（拱星堂）、陈氏大宗祠（雍睦堂）
	二类（1）	陈思远堂
风貌建筑	—	—

4.3.2 活化模式建议

基于建筑等级划分与保护改造方式分类，进一步探索活化利用方式。建筑物经统筹整体移交，土地与产权交予政府入库后，参考香港“伙伴计划”机制，由政府搭建统一监管运营平台，选定单个建筑或绑定数个单体建筑公开招标，在政府总体把控的前提下，打开广泛的社会参与渠道。对于参与运营的主体，规划根据片区实际情况与运营成本考虑，在统筹阶段先行提出用途建议：

对已公布文保单位、部分已登记不可移动文物和部分保护情况良好的历史建筑，如沙井蚝加工厂，建议为政府保有，可行用途有：用作公共文化设施建筑与用房，如博物馆、旅游景点或结合政府紧迫性公共功能设置；纳入人才公寓体系，建立社区青年公寓或保障房；纳入政府产业用房，发展地方特色产业，如美食品牌打造等。

对于部分已登记不可移动文物和部分历史建筑，建议用途有：由企业运营，入驻产业，用作文创工坊或商铺，数目较多的小型建筑单体归属一家，进行集团化运营，结合当地非物质文化遗产资源，形成片区特色产业集群；由小型机构领养，在规定条件内改造并活化利用为商铺、零售、餐饮、教育机构、旅游咨询等；由专业领域个人租用，如艺术家工作室、民间展览等。

此外，为了保证古墟的持续运营发展，鼓励居民参与是必要的。居民群体对集体记忆的认同感是社区运营活力的重要来源。因此，对部分具有特定意义的风貌建筑，如祠堂等，可鼓励居民组成运营集体，持运营股份，用作社区创业、社区公共活动场所等，居民收取运营红利或场地租金。

通过营建政府、开发商和当地居民的合作机制，充分发挥所借鉴的“伙伴计划”的机制优点，即确保活化启动前，未来运营方向就能在文物保育、政府提出的片区发展需求和居民意向间讨论协商并取得平衡（马宁，寿劲秋，2015）。

在整体格局得以保留的前提下，开发运营工作可以更稳定、更精细地推进，形成针灸式开发。类似案例有北京大栅栏更新计划，该计划提出节点簇式改造方式，即保证胡同整体的肌理不变，从一点、一屋、一户入手，最终“由点及面”最终完成整体面貌的改善。沙井古墟同理，运用针灸式开发策略，在保护核心街巷格局、河道、历史风貌的基础上，可逐步解决危房问题和城市空间由底层至多层过渡的问题。

4.4 沙井古墟在城市更新中的主动作用

城市更新本质上是对城市资源进行重新规划和配置，在经济利益驱动的大环境下，历史街区得到的保护力度和更新细化程度有赖于合理的资源配置（房昐，2018）。仅依靠官方保护修缮的街区和建筑只存不活，历史文化和传统风貌只有参与了城市资源的循环流动，才能真正参与城市的未来发展。

沙井古墟保护活化模式的重点在于引入城市资源，打破各主体消极切分既有利益的局面。比起传统保护，统筹规划借由将古墟整体移交政府，由政府搭建平台对外租用，将风貌保护问题转换为片区公共事务，有效减轻政府保护成本负担，同时获得更广泛的关注和社会讨论；企业与机构通过政府平台租用风貌建筑使用权，重新开发城市空间资源，通过运营可以在片区形成相关产业集群，于打造特色文创名片上大有可为；社区居民通过参与社区公共空间的开发运营，实际参与了与生活息息相关的空间规划设计的决策，强化对社区的归属感，也在共同营建中加深城市的集体记忆。

如前文 3.2 所述，传统风貌街区的保护工作在城市更新中向来处于被动方，消极等待城市资源的投入。沙井古墟的保护性开发模式争取化被动为主动，除传统风貌区一贯可发挥的城市功能作用之外，还争取作为一种统筹手段参与协调各村开发利益分配平衡，作为空间资源助力文创产业发展，并作为城市社区情感纽带建设的物质工具，加入城市资源流动渠道。

5 结语

在《深圳市城中村（旧村）综合整治总体规划（2019-2025）》印发生效后，更多的传统风貌区落入综合整治范围，有力遏制了大拆大建的可能性，反之整体移交成了可行性更强的更新单元开发方式。沙井大街统筹规划的操作路径不失为一种具备参考意义的初步探索。

沙井大街统筹规划抓手在于公平。由于拆除重建类城市更新项目的大拆大建方式，各主体对整体利益拔高的追求和对利益分配的分歧成为主要矛盾。在保证移交率公平、利益分配公平的基础上，通过将古墟作为贡献用地整体移交的更新手段，使用转移容积补偿的政策，提高片区的开发强度与整体收益，有效减轻了利益主体对传统风貌保护的阻力。古墟保护活化模式的要点则在于营建由政府、企业和居民的多方运营合作关系，参考学习国内外保护性开发机制的经验，研究适用于片区的运营模式，形成活化运营聚落和文创产业集群，带来长期持续收益。

随着相关政策逐步完善，对城市更新工作提出更明确引导，更新规划应当主动对接政策，通过政策法规的运用平衡利益追求与城市风貌保护，激活城市集体记忆与文脉，探索出一条具备城市文化特色的更新路径。

注释：

① 数据来源：《深圳市城中村（旧村）综合整治总体规划（2019-2025）》，深圳市规划和自然资源局。

② 数据来源：《深圳市城中村（旧村）综合整治总体规划（2019-2025）》，深圳市规划和自然资源局。

参考文献：

[1] 房盼．城市更新中历史街区的保护更新研究——以镇江西津渡历史街区为例 [J]. 建材与装饰，2018（21）：111.

[2] 廖永林，曹爽．城市更新中历史文化街区改造的土地政策研究 [J]. 中国土地，2019（03）：13-15.

[3] 刘健，黄伟文，王林，石楠，阳建强，王世福．城市非保护类街区的有机更新 [J]. 城市规划，2017，41（03）：94-98.

[4] 马宁，寿劲秋．集体记忆推动下香港历史建筑活化的启示研究 [J]. 华中建筑，2015，33（12）：35-40.

[5] 唐瑜慧．城市更新中非保护类历史街区再生性研究——以“武汉天地”为例 [A]. 中国城市规划学会、杭州市人民政府．共享与品质——2018 中国城市规划年会论文集（09 城市文化遗产保护）[C]. 中国城市规划学会、杭州市人民政府：中国城市规划学会，2018：10.

[6] 阳建强，杜雁，王引，段进，李江，杨贵庆，杨利，王嘉，袁奇峰，张广汉，朱荣远，王唯山，陈为邦．城市更新与功能提升 [J]. 城市规划，2016，40（01）：99-106.

作者信息：

许文桢，深圳市城市规划设计研究院。

张道琼，深圳市城市规划设计研究院。

更新碎片化背景下教育设施片区统筹的规划方法研究 —— 以深圳市盐田区沙头角片区为例

引言

教育设施作为一种主要由政府供给的公共产品，市场自发调节作用有限，供需矛盾突出，尤其在经济快速增长的大中城市如深圳，由城市人口不断扩张引起的设施承载力不足、资源分配不均、校际差距加大等教育不公问题更是“陈年旧疾”。深圳作为国内高密度发展城市的代表，早于2011年就进入存量发展阶段，截至2018年12月，已批更新单元规划项目累计447项，涉及规划批准开发建设用地33.67平方公里①，城市更新已经成为拓展深圳城市发展空间、落实公共设施、提升城市空间品质的主要手段。其中，受限于深圳教育发展不平衡不充分的遗留问题及教育设施需求高增长现象，教育设施的配置问题已然是深圳城市更新规划工作中的重点内容。

但是，深圳更新由于市场化运作的特征而呈现出时空碎片化的特征，使得传统的规划工具（如修编耗时较长的法定图则）难以对一些教育设施供需矛盾尖锐的城市更新统筹片区进行及时、灵活的统筹与建设安排。鉴于此，深圳市学位紧缺的原特区内地区自2010年以来纷纷开始探索城市更新片区统筹规划，衔接上层法定图则和下层更新单元规划，从中观层面统筹安排片区教育资源，实现片区教育设施的公平配置。

有鉴于此，本文结合《深圳市盐田区沙头角片区教育资源配套专项研究（2013-2020）》的规划实践，通过回顾在教育设施片区统筹工作过程中的规划方法选择及工作流程，主要从供需缺口预测方法和设施空间布局方法两个方面，探讨规划师们应如何在庞杂的更新项目库中如何进行教育设施的精细化统筹，分析了以地块分类计算为基础的教育供需缺口的学位需求预测方法，提出了“现状设施挖潜、落实法图规划、更新项目联动”三位一体的教育设施统筹落实方法，为深圳具有类似更新情况的城市教育设施片区统筹项目提供经验借鉴。

1 沙头角片区城市更新教育设施专项规划编制背景

1.1 教育设施更新统筹的紧迫性

本次沙头角片区教育设施更新统筹项目位于深圳市盐田区，包括沙头角、海山两个街道办，总用地面积为410.33公顷。片区西临梧桐山，东接盐田港，在空间区位上独立成片，在教育设施供给上除高中外需要在片区内实现平衡。根据盐田区统计局提供的数据，沙头角片区2012年常住人口规模达到10.8万人，已经超出了沙头角片区法定图则（2009）所确定的10万设施配套人口规模，存量上已存在一定的教育设施缺口。另根据统计，截止到2014年，沙头角片区已批和已纳入更新计划的更新项目共计10个，潜在更新项目总计13个，改造意向以居住功能为主，其中大部分项目容积率都在6.0以上。与之形成对比的是：更新前城中村容积率都在3.0以下，且租住居民尚将一部分学龄儿童留在家乡就学，更新后的住宅不仅密度翻倍，且都将变为辖区有义务提供学位的“学位房”，可以预见：更新项目会带来显著的增量人口和教育设施缺口。因此，亟须对片区教育设施状况进行评估与重新梳理，通过供需预测和布局规划扩大学位供给和实现优质教育资源的公平分布。

1.2 教育设施更新统筹面临的挑战

1.2.1 更新地块碎片化

由于更新中较为明显的市场化特征，以及深圳发展的土地历史遗留问题，深圳的城市更新逐渐显示出碎片化表征。碎片化原意是指完整的东西破成诸多零块[②]，表现为“非集聚化”特征，这是从整体观的思维对其形态进行分析的结果。表现在城市更新上的碎片化具有项目地块面积趋小化、项目分布零散化以及项目推进阶段化的特点。现状沙头角片区的城市更新碎片化现象较为明显，该片区60%更新项目的用地面积都低于片区均值(2.47公顷),且规划推进速度不一，项目位置相对分散、彼此间较难形成连接（图1）。

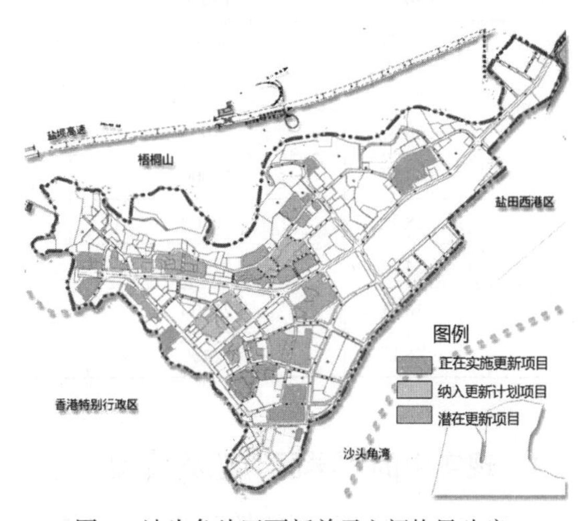

图1 沙头角片区更新单元空间格局破碎

1.2.2 静态、独立的教育设施提供途径

更新的碎片化现象显然会加剧教育设施落实及统筹规划的难度。首先，城市更新会打破法定图则预计的规划期内片区教育设施的供需平衡

关系。从供需量上分析，更新项目的推进有利于落实部分法定图则已规划的教育设施，增加学位供应总量，但实现存量土地二次开发的城市更新，会显著地提高土地利用强度，带来大量的居住、就业人口，必然增大教育设施需求总量。而且，城市更新往往会伴随着对存量用地功能的重新安排，工改居、工改商（带有一定比例的商务公寓）会带来显而易见的人口增量和就学需求。可见，在法定图则静态的需求预测被突破的背景下，如何科学地预测动态更新下的学位需求成为教育设施片区统筹中的首要问题。

其次，专项规划需要统筹能够提供教育设施但现实中孤立存在的各种空间途径，教育设施缺口的填补需要统筹落实法定图则设施，扩容挖潜既有教育设施，倒逼城市更新进行教育设施提供以上三种方法综合进行计算和排序。另外，沙头角更新中项目的面积普遍偏小、单独贡献出较大的中小学用地难度较大（表 1），需要在统筹中探索贡献用地联动开发建设的可能性及技术方法。

沙头角片区单个更新单元按照 30% 贡献率可配置教育设施的能力　　表 1

项目名称		最小用地规模（平方米）	具有配置能力的更新项目最小用地面积（公顷）	贡献用地面积高于设施最低面积的个数占比
幼儿园	6 班	1800	0.60	22/23
	9 班	2700	0.90	22/23
	12 班	3600	1.20	18/23
	18 班	5400	1.80	12/23
小学	18 班	6500	2.17	10/23
	24 班	8700	2.90	8/23
	30 班	10800	3.60	5/23
	36 班	13000	4.33	3/23
初中	18 班	9000	3.00	7/23
	24 班	12000	4.00	4/23
	36 班	18000	6.00	0/23
	48 班	24000	8.00	0/23
普通高中	18 班	16200	5.40	1/23
	24 班	21600	7.20	0/23
	30 班	27000	9.00	0/23
	36 班	32400	10.80	0/23

1.3　现实中的“学区”边界管理

目前，沙头角片区的教育设施主要是规划部门依据 2009 版的法定图则根据中小

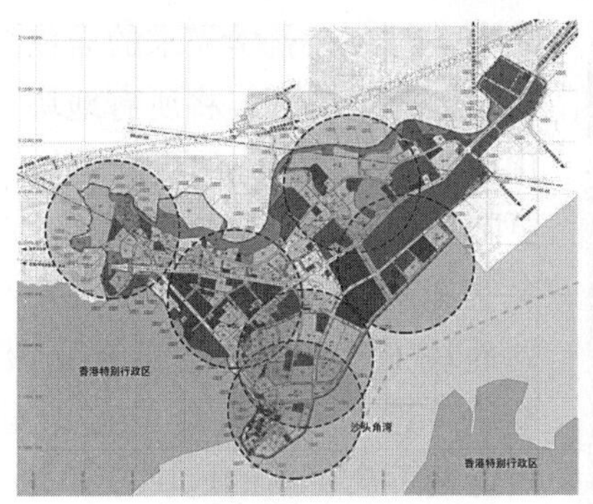

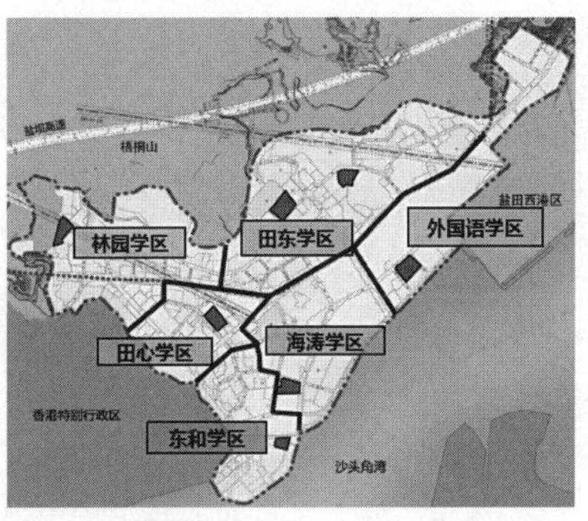

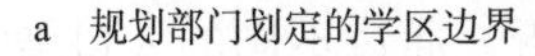
a　规划部门划定的学区边界　　　　b　教育部门划定的学区边界

图 2　小学学区划分（以沙头角片区为例）

学的圆形服务半径内的居住人口进行配置，而在实际操作中，教育部门则是按照与上述服务半径有所不同的不规则的“学区范围”进行入学管理（图 2）。因此，为了更好地切合设施使用实际，专项规划需要在根据学区范围进行精细化的更新带来的学位需求预测与设施建设统筹。

2　教育设施统筹的技术方法研究

2.1　基本工作思路

沙头角片区教育设施统筹的主要工作流程可细分为教育设施缺口预测及空间布局规划两步（图 3）。其中教育设施缺口预测主要将学区范围内的地块精细化分类，基于其不同的人口增长模式计算学位需求，将其和各类教育设施学位供给进行供需比较，计算学位和设施缺口。而空间布局则是上述缺口教育设施落地环节的具体研究，需要基于更新项目的贡献地块大小以及与其他地块联动贡献的可能性进行测算。

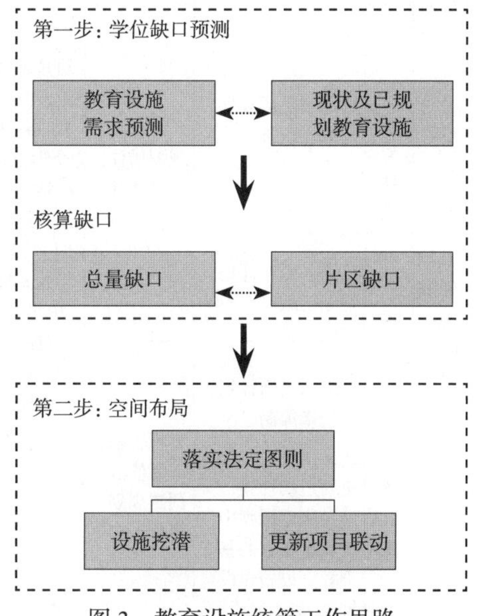

图 3　教育设施统筹工作思路

2.2　教育设施缺口预测

（1）需求侧预测

城市建设用地增长方式由“增量”转向“存量”，对应的教育设施预测也需面对属性复杂的存量用地斑块，转向“精细化”供需计算。因此，在沙头角片区教育设施统筹实

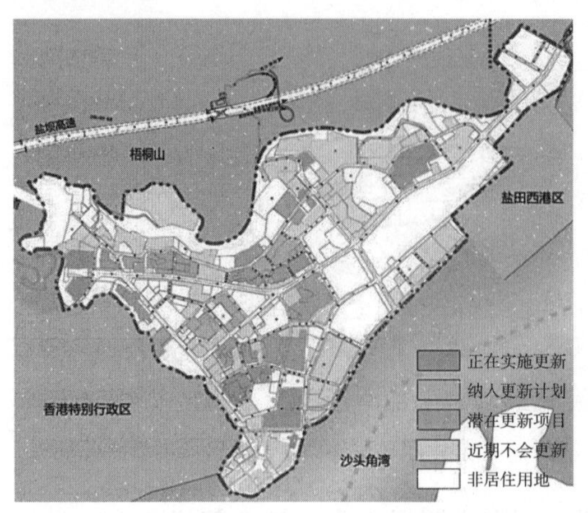

图 4 沙头角片区居住用地地块分类结果

践中，对存在就学需求的居住型用地进行用地分类梳理，将所有地块全覆盖细化成为：正在实施的更新地块、已纳入更新计划类已编制规划地块（近两年内会实施）、已纳入更新计划类未编制规划地块（近五年内会实施）、潜在更新地块（近二十年内会实施）、建成期较短近期不会更新的地块等五类进行具体分析，通过不同的人口增长赋值进行计算，同时将指标区间化，预留规划弹性，得到高准确度的教育设施需求总量预测结果。

预测的具体思路及方法如下：

基于地块分类计算法的学位需求精细化预测过程及结果 **表 2**

项目划分类型		划分依据	统计及人口预测方法	需求预测指标	需求预测方法	人口统计及预测结果（人）	各类教育设施需求预测结果	备注
保留类项目		现状用地性质与法定图则一致，近期更新可能性小	查询楼盘信息，进行现状居住人口统计	幼儿园每千人应提供 36-54 个学位；小学每千人应提供 54~72 个学位；初中每人应提供 24~40 个学位	学位需求 = 人口规模 * 规划千人指标	68576	幼儿园学位 5004~7506 个（167~250 个班） 小学学位：7506~10008 个（167~222 个班） 初中学位：3336-5560 个（67-111 个班）	其中对潜在更新项目及未编制该规划项目采用容积率赋值法，具体公式如下：规划人口 = 用地面积 *FAR*a*b/m FAR：采用目前已经通过规划审批的更新项目平均 FAR，可适当调高。 a：居住建筑面积占更新项目总建筑面积的比例； b：非贡献用地面积比例（参考 85%）； m：人均住宅建筑面积，取为 30 平方米；人均保障性住房面积取为 23 平方米；
更新类项目	正在实施更新类	已编制更新规划并通过审批	规划居住人口统计			21569		
	纳入更新计划类	已编入更新计划，规划已编制				13071		
		已编入更新计划，规划未编制	容积容积率赋值法预测规划居住人口					
	潜在更新类	更新迫切性强，涉及法定图则中所安排布置的基础教育设施建设推进				36198		

（2）供给侧统计

供应量统计的是现状已建成、在建、已通过规划并于近期建设的教育设施的供应能力。统计过程需适当考虑对现状设施达标能力进行修正，按照法定图则标准规模进行学位统计（表3）。

沙头角片区内现状小学供给侧统计结果 表3

学校名称	学位供给能力			片区供给学位总量（个）
	标准规模的班额（个）	班级标准学位数（个）	标准规模可提供学位数（个）	
林园小学	24	45	1080	5832
田心小学	24	45	1080	
海涛小学	24	45	1080	
田东小学	24	45	1080	
外国语小学	24	36	864	
外国语小学（东和校区）	24	36	864	

（3）供需核算

供需平衡第一步是做以上需求侧和供给侧的差值处理，测算供需总量缺口，但城市更新碎片化背景下，片区设施分布不均衡，配套差异化现象明显，存在局部片区教育设施配套压力大的问题，同时鉴于教育设施的学区服务特征，研究第二步还采用多方法校核法，对片区教育设施状况总量进行评估与重新梳理，进一步将片区进行划分，从学区尺度分学区去核算各类教育设施的供需缺口，作为学区内设施布局的重要前提（表4）。

沙头角片区小学供需核算结果 表4

计算范围	林园小学	田心小学	海涛小学	田东小学	外国语小学	外国语小学（东和分校）	片区
现状可供应学位数（个）	1080	1080	1080	1080	864	576	5832
现状学位需求数（个）	810~1080	540~720	1296~1728	1944~2592	194~259	648~864	6075
现状学位缺口数（个）	无	450	-432	1180	639	-180	-243
更新完成后学位需求数（个）	1404~1872	1080~1440	1782~2376	2214~2952	—	1026~1368	7506~10008
更新完成后学位缺口数（个）	324~792	0~440	702~1296	1134~1872	—	378~720	1674~4176

2.3 教育设施空间布局

（1）相关空间布局方法比较

教育设施的合理布局需要基于对现状设施和教育需求的科学分析结果。传统布局方法主要有基于学区划分的经验法和服务半径分析法这两类，前者以学区内学龄人口需求为布局依据，但容易忽视了各区域间差距，甚至可能出现布局过密或覆盖空白的两极分化；后者方法更为常用，是以学校覆盖范围能力为基础分析布局盲区，但是忽视了用地性质，对就学人口考虑不足，也许许多实际工作中的学区划分情况不符。随着大数据的应用，许多国内学者在分析中运用 arcGIS 等计算机空间模拟分析手段，开展了一系列关于学区划分及优化、设施可达性及供需密度估计等方面的分析及布局方法研究，对传统分析布局方法进行优化（孔云峰，2011；宋小冬，2014；胡思琪，2013 等）（表 5）。

布局分析方法的主要内容及对比　　表 5

分析方法类型	主要内容	存在不足	优点
经验法	根据现状调查结果和学区学龄人口规模直接布局	对规划人员素质要求较高，容易忽视了各区域间差距，形成学校布局过密或者部分区域出现覆盖空白	分析过程比较简单
服务半径分析法	对现有学校按服务半径画圆并在服务盲区附近布置新校	忽视了用地性质和城市中心区及城市边缘区的需求差异，对就学人口考虑不足	分析结果简单直观
学区划分和优化	利用缓冲分析、Voronoi 分析、网络分析法以及综合多种分析方法划定学区	仍不能兼顾服务半径的大小	是对经验法的升级，利用计算机技术考虑多种因素使学区划分更具科学性
	结合哈夫模型和线性规划等方法的学区优化		
可达性分析法	从设施可达性出发，考虑出行成本、机会积累、时间成本、空间相互作用的设施可达性分析	该项研究所提倡的方法偏宏观，不涉及具体选址	考虑出行的路网和成本等因素，对设施的实际服务范围进行分析
供需密度估计方法	以密度估计为基础的分析方法，居住人口为需求方，设施容量为供给方，以密度指标为基础，采用基于栅格的核密度估计、圆形临近分配法、泰森多边性估计法、网络服务区分析法将供需区域化	数据获得难易程度不一，且准确度存疑	同时兼顾设施容量、服务范围、服务人口等多个因素，且分析过程及结果直观易懂

（资料来源：作者整理）

（2）面向实施的教育设施空间布局方法

基于以上布局分析方法开展的各类研究工作多以确认拟建设的设施类型及计划布局区域为工作重心。但教育设施片区统筹工作中，用地供应受限，需要基于项目可实施性考虑存量背景下的用地供应与设施布局的关系，对设施进行精细化布局及可建设性管控，具体布局内容包含教育设施的定域（大致位置），定性（学校类型），定规模（用地、建筑、招生规模），定位（基于周边环境、建设项目，划定用地边界），定时（大致建设时间）这五个方面。鉴于此，沙头角片区教育设施统筹实践为确立最具实施性的空间布局方案，基于对现状设施条件及土地供应情况的关联性分析，从地块识别、多种规划途径统筹使用、供需均等化调整这 3 个方面进行规划布局，促进教育设施公平配置。

1）可用地块识别

通过梳理盐田区法定图则的实施历程和沙头角片区更新项目规划情况可以发现，教育设施的配置及落实受可利用用地的用地条件限制颇多，存在部分教育设施新建落实难（如海鹏小学）、扩建规划落实难的现象（如海涛小学），主要原因包括：现状土地可建设用地面积小，产权分散，权属复杂，以市场为主体的更新缺乏实施教育设施建设的动力等。

因此，更新中配置教育设施，落实统筹后的学位数需要对片区内近期会更新的项目及地块进行梳理，识别在片区及更小尺度——学区里可用于建设教育设施的用地，不仅包括面积、规模达到要求的独立贡献用地，还包括更新项目集中区可进行贡献用地合并的用地以及毗邻现状教育设施可用于其扩建的贡献用地（表 6）。

沙头角片区东和学区内更新项目教育设施可用地识别结果　　表 6

类型	名称	面积	可用贡献用地面积	重建、扩建、新建的可能性
已通过审批正在实施项目	桥东片区更新单元	46368 平方米	—	无小学扩建用地
	海涛花园更新单元	53849 平方米	—	
潜在更新项目	海涛花园以西片区改造	8153 平方米	3000 平方米	小学无扩建可能
	管吓村改造	11308 平方米	3000 平方米	
	田心市场改造	18639 平方米	3000 平方米	
	中英街碧海度假村	4351 平方米	—	

2）统筹多种途径填补教育设施缺口

不同于增量开发，更新项目运作背景复杂，实际工作需采用途径进行相应的教育设施配置，较为常见的配置途径有 3 种：①依据存量设施的学位供应能力进行更新改造；②落实法图图则的规划；③联动更新项目的贡献用地建设设施。沙头角片区实践根据用地识别结果，对现状设施情况及可利用用地进行关联性分析，提出了“现状设施挖潜、落实法图规划、更新项目联动”三位一体的教育设施统筹落实方法。其统筹布局思路及结果见表 7 及图 5。

多途径统筹思路 表7

可利用用地条件	与周边更新项目关系	位置与现状设施关联性	选择布局途径	备注
面积、规模合适	—	服务半径内无重叠设施	落实法图或增建	—
		服务半径内有重叠设施	落实法图或增建	判断是否有需要建设及建设类型、时序
面积、规模偏小	紧邻	服务半径内无重叠设施	更新项目联动	—
	分离	服务半径内无重叠设施	—	无法建设
		毗邻现状教育设施	现状设施挖潜	依据设施能力选择规划手法

其中，现状设施挖潜途径要求充分挖掘现状教育改扩建潜力，调整现有城市储备用地和更新贡献用地，综合考虑设施和相邻贡献用地的关系选择相应的改扩建手法，例如连廊连接型扩建（图6）、紧凑型扩建（图7）及办公空间腾挪（图8）等，增加用地规模、建筑规模，提高现有建筑的利用率。

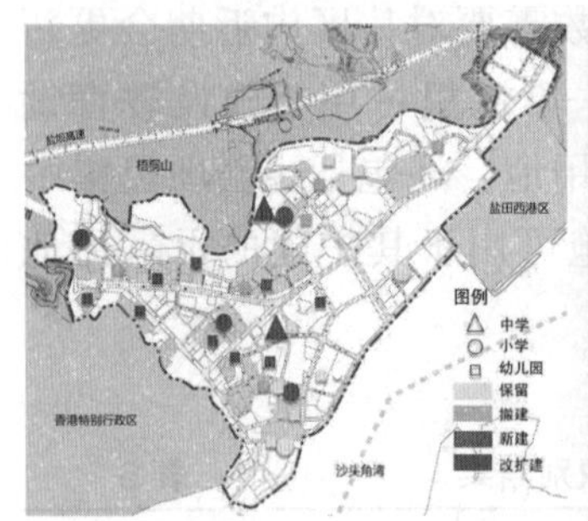

图5　沙头交片区教育设施布局结果

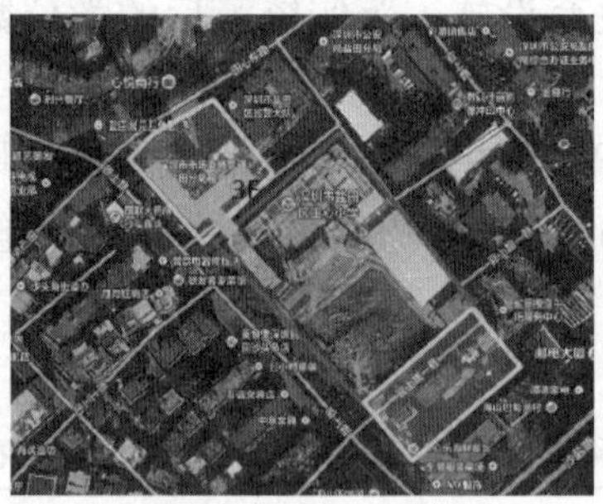

图6　连廊连接型扩建

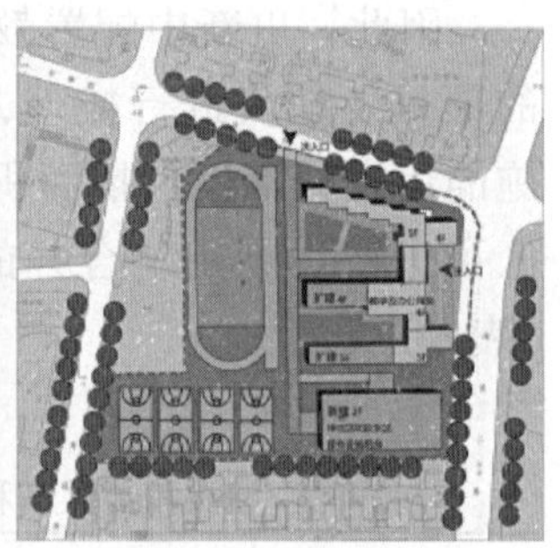

图7　紧凑型扩建

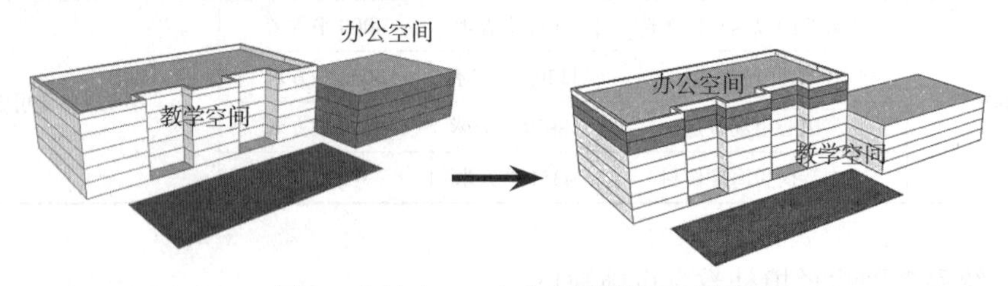

图8　改扩建——办公空间腾挪示意图

3）促进教育设施布局公平

实现教育资源的学区内部均衡，还需要通过一些额外的供需调整手段，比如调整学区边界、学区联动解决学位需求以及优质教育设施联动提高等，小规模的协调学位存余学区与仍有少量学位缺口的学区，并充分发挥优质设施对其他设施的辐射引作用，进一步提升供需的匹配程度（图9、图10）。

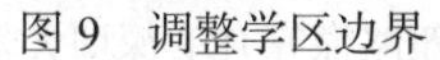
图 9 调整学区边界

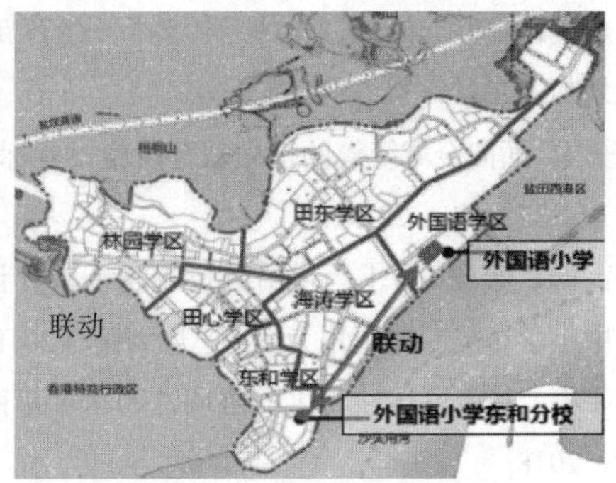

图 10 优质设施联动

3 总结与思考

教育设施配置关系到人民的切身利益，一直是社会关注的焦点。当前教育配置问题的立足点不仅在于设施的“有无”问题，也在于空间分布均衡问题。在碎片化的存量更新阶段，教育设施的规划布局逐渐凸显出片区整体统筹改造的必要性。在此背景下，规划师们为实现高质量的统筹，开始积极探讨能实现基础设施合理配置的各种技术手段。本文基于沙头角片区实践案例，提出精细化、可实施性强的预测方法和统筹布局方法，基于该方法得到的规划结果能从实施角度对教育设施配置提供科学指导，有利于教育设施资源的配置与城市更新保持相互呼应和动态平衡，解决目前紧迫的学位供需不足问题，可为一般性教育设施片区统筹工作提供经验参考。

注释：

① 引自报纸：深圳市城市更新局：《深圳城市更新的探索与实践》，《中国自然资源报》2019 年 -2 月 -21 日（第 007 版）

② 引自 https：//baike.baidu.com/item/%E7%A2%8E%E7%89%87%E5%8C%96/2369218

参考文献：

[1] 宋小冬，陈晨，周静，等 . 城市中小学布局规划方法的探讨与改进 [J]. 城市规划，2014，38（8）：49-57.

[2] 傅一程，吕晓蓓 . 城市更新中基础教育设施空间配给研究——《深圳市罗湖区笋岗片区教育资源梳理与布局》的规划实践 [J]. 上海城市规划，2017（5）：48-52.

[3] 沈若宇，李志民，李昌华 . 基础教育设施布局规划发展研究 [J]. 华中建筑，2019，37（6）：122-126.

[4] 丁成呈，姜莘，施强，蒋伟，周瀚章．生育新政背景下合肥市基础教育设施规划应对策略 [J]. 规划师，2018，34（S1）：15-20.

[5] 艾勇军．面向全域统筹的基础教育设施设置标准研究——以佛山市南海区为例 [J]. 小城镇建设，2019，37（04）：20-31.

[6] 韩高峰，秦杨．需求与供给分析视角下教育设施布局规划指标体系构建——以南康市中心城区中小学布局专项规划为例 [J]. 规划师，2013，29（12）：104-109.

[7] 廖宇亮．基于可达性与供需协调性的深圳市南山区基础教育划片和规划布局研究 [D]. 深圳大学，2018.

[8] 马妍．教育设施在城市片区统筹更新中的空间布局优化策略探究 [D]. 深圳大学，2018.

[9] 胡思琪，徐建刚，张翔，曹华娟．基于时间可达性的教育设施布局均等化评价——以淮安新城规划为例 [J]. 规划师，2012，28（01）：70-75.

[10] 刘科伟，史茹，康智渊．基于供需关系的城市边缘区基础教育设施布局研究——以西安市长安区韦曲街道为例 [J]. 地域研究与开发，2018，37（05）：83-88.

[11] 孔云峰．义务教育学校空间布局优化之模型、工具与应用 [A]// 中国地理学会．地理核心问题与主线——中国地理学会 2011 年学术年会暨中国科学院新疆生态与地理研究所建所五十年庆典 [C]. 乌鲁木齐，2011：1.

[12] 薛姣．基于加权 Voronoi 图的小学优化配置模型 [D]. 石家庄：河北师范大学，2013.

课题资助：

研究受到广东省自然科学基金（项目批准号 2017A030310256）、国家自然科学基金青年基金（项目批准号 51608326）、深圳大学人文社科青年扶持项目（批准号：17QNFC22）支持。

作者信息：

刘卫斌，博士，深圳大学建筑与城市规划学院，讲师。

陈　璐，深圳大学建筑与城市规划学院，硕士研究生。

陈子阳，深圳市建筑设计研究总院有限公司，城市更新规划研究院院长，高级规划师。

“城市更新”中的“城市设计”——深圳城市更新探索与实践

1 深圳城市更新概况

1.1 深圳市城市更新发展阶段

（1）初步探索期（2004 年 10 月 ~2009 年 11 月）:2004 年 10 月 28 日，深圳市委、市政府召开“全市城中村改造暨违法建筑清查工作动员大会”。这一阶段的改造对象拓展至城中村、旧村、旧工业区三种类型，方式拓展至全面改造（拆除重建）和综合整治两种。

（2）发展成熟期（2009 年 11 月 ~2016 年 11 月）: 2009 年深圳市颁布《城市更新管理办法》，首创“城市更新单元”概念，确立了“城市更新单元规划”法律地位，标志着深圳城市更新迈入第二阶段，城市更新活动得到了快速、全面的推进，城市更新已成为深圳挖掘用地潜力、拓展发展空间的主要方式。

（3）创新调整期（2016 年 11 月至今）: 2016 年深圳市颁布《深圳城市更新十三五规划》、修订《城市更新管理办法》等，明确指出了未来 5 年内的改造方向和总体目标。积极推进以城中村、旧工业区为主要对象的拆除重建；加快政府强区放权。截至 2018 年 12 月 29 日深圳市区两级共发布的城市更新相关政策文件约 61 个。

深圳的城市更新活动经历了从“以旧村改造为主的散点小片区的改造”到“以城市更新单元为基础的统筹改造”再到“多元主体快速推进的全面整体改造”的过程[1]。随着深圳城市的不断发展，城市更新的规模不断增加，改造方式也从单一拆除重建，发展到拆除重建、综合整治、功能改变多种方式并举的综合改造。更新对象也由单一的“旧村”扩大至“城中村”、“旧城”、“旧工业区”、“商业区”为对象，依据系统性的城市更新体系推进的综合片区改造。

1.2 深圳市城市更新主要类型

深圳把城市更新分为拆除重建、综合整治、功能改变三种模式。拆除重建类城市更新，是指将原有建筑物拆除后，按法定规划重新建设，主要针对城市基础设施、公共服务设施亟须完善，环境恶劣，存在重大安全隐患，现有土地用途、建筑物使用功能明确、不符合经济社会发展要求，影响城市规划实施的区域。综合整治类更新项目主要包括改善消防设施、改善基础设施和公共服务设施、改善沿街立面、环境整治和既有建筑节能改造等内容，但不改变建筑主体结构和使用功能；功能改变类更新项目改变部分或者全部建筑物使用功能，但不改变土地使用权的权利主体和使用期限，保留建筑物的原主体结构[2]。

从总体上看，深圳更新模式仍然是以拆除重建为主的市场化更新。拆建式城市更新通过空间再生产，创造最大化增量空间，为开发商取得了除业主补偿成本、政府公共利益之外的可观剩余资本，吸引了强烈的市场热情。然而，拆建式更新项目往往会带来一系列空间上的问题。深圳部分建成或已规划拆除重建项目，显现出经济、文化、生态等多元问题，诸多问题成为引发社会争议的冲突点。

1.3 深圳市城市更新基本特征

1.3.1 法治型与市场性

由于地缘及历史原因，“市场”一直是深圳城市更新的主要推动力。随着更新改造的深入，巨大烦琐的工程量与日渐凸显的各种矛盾使得政府深层次的介入成为必然。政府在宏观调控的同时，还需要采取多种措施增加更新资金投入，有效吸引社会资金，依靠社会各方面的力量，以市场化运作的方式来进行改造[3]。

深圳的城市更新在政策上体现为较强的法制性和市场性。在实施过程中，强调政府与市场之间的“协商机制”，更新中不同地区，根据其具体情况采取了不同的指标。在这有更新过程中，社会资本在政府尽力放权的情况下焕发出强大的活力。因此，更新中的各项问题往往交由开发商自行处理。

1.3.2 城市更新单元

2009 年，为了在市场机制发挥主体作用的同时也保证公共利益的实现，深圳市政府出台《深圳市城市更新办法》，确立深圳城市更新实行更新单元规划和年度计划管理制度，并严格规定了拆除重建类的城市更新活动必须以制定城市更新单元规划、纳入城市更新年度计划为前提条件。具有一定规模的集中成片的区域统一更新在城市更新单元的法定支持下成为深圳城市更新的主要特点[4]。

在 2018 版的《深圳市拆除重建类城市更新单元规划编制技术规定》中进一步强调了城市更新的城市更新单元规划的控制与引导作用，向上衔接法定图则、向下控制并指导规划与土地管理，提高更新单元规划的实施性[5]。

2 深圳城市更新下的城市设计

城市更新中拆除重建已经成为城市建设的主要方式；而城市设计是品质提升的

路径和手段，是空间研究的方法。深圳当前建设发展中，"城市更新"与"城市设计"相辅相依，由于城市更新与开发建设紧密结合，城市设计最终依托更新行为，实现从设计蓝图到设计实效的升华；城市更新通过城市设计的价值判断，实现城市空间内涵增长。城市设计以其功能策划以及空间的形象化表达为城市更新开发提供了一种全新的视角[6]。

2.1 空间设计下的利益平衡

在城市更新中需明确各实施主体的责权利关系，统筹兼顾各方利益诉求。随着城市更新参与主体的增多，尤其是房地产市场的介入，使得更新的主体更加复杂化，传统的以指标为导向的规划已不能满足多个利益主体的多元化需求[7]。可视化的城市设计在更新中对原权利人的权益保障有着直观地反映。设计的成果是由真实、多样，并且可能相互矛盾的各种需求所共同推导出来的。这种"协商式"设计的过程，也是一个以设计去探索可能性的方式。

大涌村位于深圳市南山区，总用地面积 69.46 公顷，是深圳西部最古老的村落之一，是深圳乃至全国最大的旧改项目。该项目在改造之初也面临着来自政府、开发商、村集体、村民的多方博弈，经过反复地沟通探索，最终确定了以"政府主导、市场化运作、股份公司参与"的多方协作运作模式，共同推进旧改之路。在大涌村城市设计过程中，以社会利益为出发点，将关注点从图纸扩大到人，扩大到住户、开发商、政府和城市。在规划中重新审视设计的作用，将项目变为城市更新的推动力。

大涌村改造设计过程中涉及两千位被拆迁的居民，回迁物业的设计须回应一些特定的约束条件。在项目推进的与大涌村民谈判的过程中，他们表示希望看到回迁物业的实施方案才签约，所以回迁自住区 A 区，B 区及出租区的方案设计工作早在 2008 年就已开始。在考虑村民地缘情感因素的基础上，将回迁自住 A 区置于铜鼓路以东最核心的位置，处于大涌片区腹地的中轴线之上，这个区域也是临近村民居住原址的区域。随着签约的推进，选择自住 A 区的村民逐渐增多，导致原有的设计量已不能满足他们的需求，需要扩大自住 A 区的面积重新设计。因此，规划不得不打破原有的开放绿轴，有意降低了这一地块的密度，在地块东边

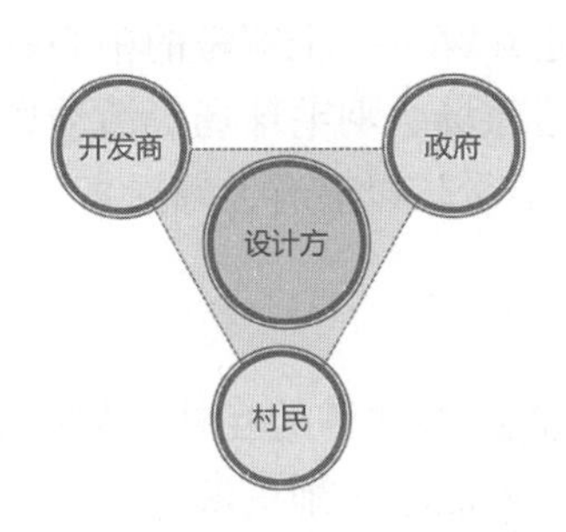

图 1 设计方与多方利益主体的关系

图 2 大涌村更新改造

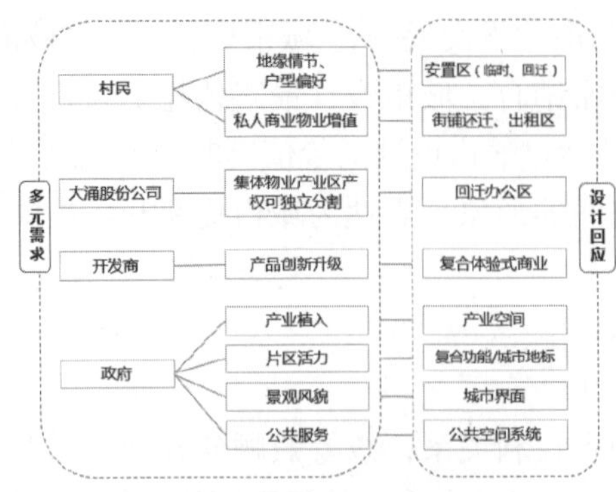

图 3 多元需求与设计回应

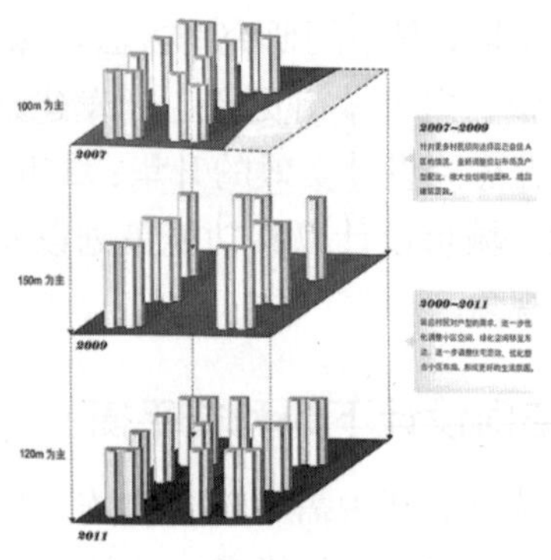

图 4 回迁自住 A 区设计演变

图 5 过渡安置区划定

布置带状景观系统，形成住宅区的大型园林公园。考虑部分村民爱热闹与重商的情结，将回迁自住 B 区置于开放式街区内，设计体现较强的多元化生活。B 区以市场价格更高的街铺还迁村民，同时在设计回迁房中充分考虑村民物业价值最大化，将还迁的商业与出租住宅混合设置于深南路靠近科技园一侧充分利用最佳展示界面、最便利的交通。业态组织形式也充分保证了资产增值的可能，对改造的推进起到了很好的加速作用。

拆迁过程中，村民们提出能否保留部分区域作为过渡区，在拆建期间他们愿意居住在此。这种做法在以往的城中村改造中并无先例。但在设计中研究发现这是一条很好的解决途径。于是，项目保留了东北角的片区作为过渡安置区，等回迁物业建好，村民搬入新居所之后再拆除。给过多次细致的现场考察，梳理原有建成环境，选择性地拆除部分质量较差的楼房。建筑之间的间距和内部采光得以改善，建筑单体的管线设备和内部户型也进行了改造，原有的出租屋格局已经优化成适合村民自住的户型。为了给村民设置新的开放活动空间，还开辟了一个宽敞的中心庭院，并配置园林绿化和健身游憩设施，如老年活动室、篮球场、羽毛球场等活动场地与社区医疗服务站、餐饮菜场等配套设施，令村民的生活量较以前有大幅提高。

2.2 空间设计下的多专业协作

在土地资源极度稀缺的深圳，土地利用只有通过多学科的互补，从规划政策、建筑规范、建筑设计等多个维度对项目进行推敲，才能将土地资源充分利用。多学科协作也能更加理解更新的“游戏规则”，提供可实施、高效的更新模式 [7]。

在大涌村规划设计中，对于回迁的两个居住区以及出租区，办公区，我们基于分析各个地块的特点和性质，在恰当地安置各种类型住宅的同时，平衡了各地块的总体品质。在此以回迁自住A区的设计为例，在整个方案设计过程中，我们通过现场踏勘，与大涌六个经理部的深入沟通，清楚了解到村民的实际生活需求和愿望。对村民"一梯四户，户户朝南、户户通透，拥有独立的体育会所，明厅、明卧，明厨，明卫，明梯等五明"的设计要求均予以满足。户型更是给出了二十种平面图的可能性让村民自行选择，最终根据村民间的协调形成了自住A区7个户型，自住B区4个户型的组合。

大冲回迁出租由两栋多塔楼建筑及一栋单塔建筑组成。1栋A座为50层公寓，一栋B座为39层住宅，1栋C座为30层住宅，1栋D座为50层住宅，E\F座为39层公寓，2栋D座为32层公寓3栋为50层住宅。改造完成后，将成为辐射科技园

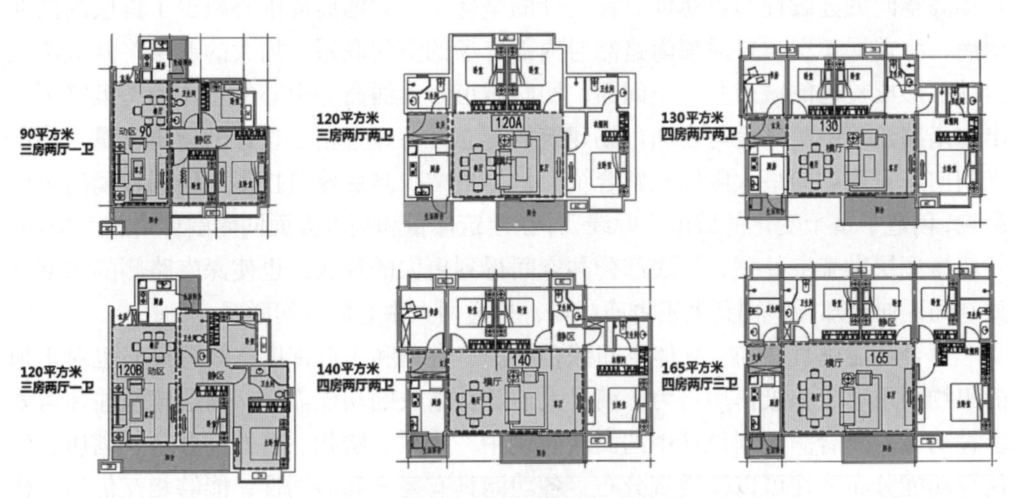

图6　回迁户型设计

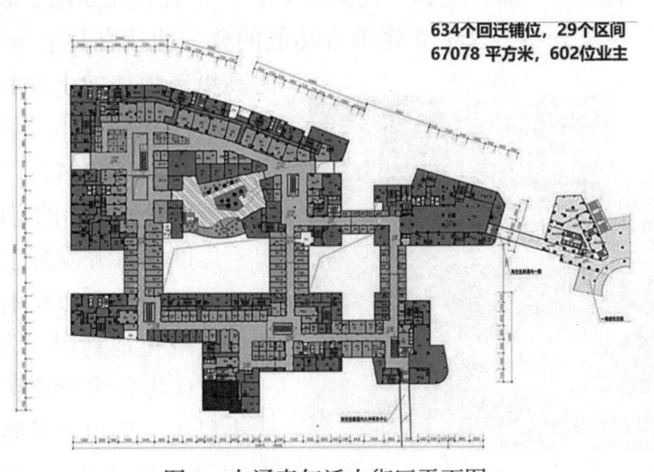

图7　大涌青年活力街区平面图

高新片区、华侨城片区、滨海金融商务区，集城市地标性写字楼群、大型购物中心及高档社区于一身的核心体。

2.3 空间设计下的土地统筹利用

现阶段的深圳城市更新的对象是存量用地，更新过程中强调了建设用地规模性管控和土地的高效利用。在规划中采取多元化的策略来提高土地效率。在用地更新中各功能用地应符合建筑尺度要求。以商业区为例，矩形的平面中，建筑面宽应控制在 200 米左右，进深为 120~160 米之间，商业动线应在 200~225 米之间；长条形的平面中，建筑沿街面宽应控制在 350~420 米之间，商业动线约为 350 米。

在大涌商务中心更新设计中注重城市开放空间的打造，形成网络型的整体开放空间体系，同时考虑到多个城市界面的处理。我们尊重村落的重要历史空间节点，并提高空间的连续性与可达性。在设计的坚持下，大涌商务中心减少了首层的商业用途，将首层架空，打通深南路侧与内部广场的空间联系。加大的首层将开放给人活动，形成贯通的城市开放空间面，回归城市。大涌商务中心的总体形态策略为突出深南路建筑的整体性与古庙广场建筑的标志性，经过精心设计的建筑体量，将阳光朝向与景观朝向最大限度地整合统一，尽量减少高层建筑投影对周围环境的负面影响，创造了富于变化的城市天际线，并在建筑体量和高度方面同周围环境相互协调。各塔楼底层做架空处理，使底部公共空间得到更大的释放，也使深南路侧的内部开放空间延伸至郑氏宗祠到大王古庙广场，打通两大中心的空间联系。

复合功能垂直叠加、立体空间综合利用、合理利用低密度空间等策略也对土地的集约利用有着积极作用。为了满足人们日益增长的功能需要，高层建筑往往需要多种功能的复合。规划设计中的高层建筑中，娱乐、购物、餐饮、办公、酒店、居住等功能分布往往可以呈垂直分布，各功能具有复合和协同性，能够相互借用，优势互补，产生“整体大于部分之和”的聚集效益，并且相互作用于激发，产生意想不到的新功能。在规划中，这种立体垂直功能的叠加往往有利于城市功能的复合，提高更新地块的土地利用效率。同时规划中应充分利用公园、学校、低密度商业街、历史村落等低矮空间，提升高密度开发产品的空间品质。

图 8 大涌商务街区

片区统筹开发强度和系统化联系公共空间设计可以将有限的土地资源更加高效化地利用。公共空间的部署一直被认为是赋予城市可读性的方法，从小尺度，简单而朴素，到高层次的表达乃至纪念性。大涌的公共空间，

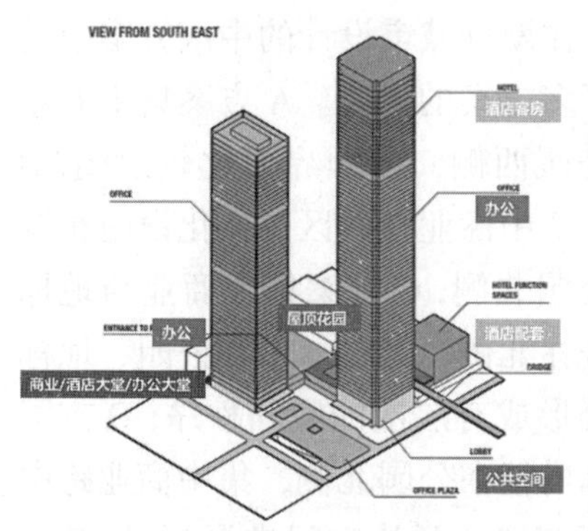

图 9 深业上城——城市综合体

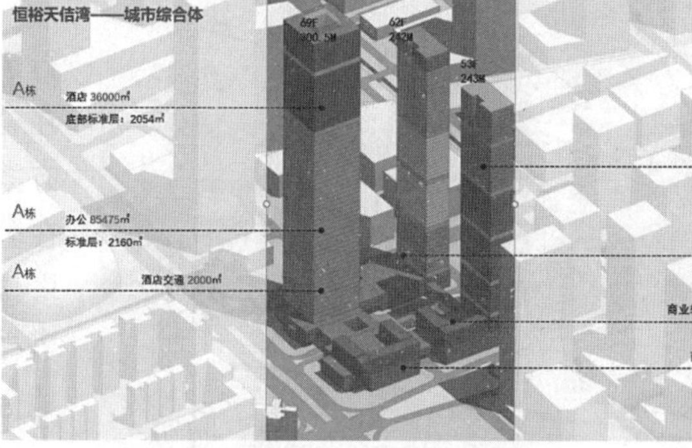

图 10 恒裕天信湾——城市综合体

不仅体现出对道路，公共空间，连接小径，建筑状况的专业化与系统化的研究过程，更是赋予旧村清晰的新空间脉络和新体验。开放的公共空间系统是整个大涌片区的空间组织要素。总体规划中动静各异的休闲场所组成等级分明、功能明确的开放空间体系，居住区中的公共空间和步行系统围绕绿地景观布置，社区公园和街景设计结合各种高品质的景观设计元素，建立大涌片区独有的场所感。场地内部我们设置三种富有特色的道路，High Street、Parkway 和 Boulevard。三种道路的尺度各异，街景特色不同，承载着各自不同的功能。由这三种道路为主框架形成的道路网络除了负责组织地区的主要交通，还将地块内部的开放空间、重要节点和地标塔楼有机地串联起来，形成一个整体，实现居住、商业、商务、文化活动和城市公交系统之间的良好连通。它为各种社区行为提供了充分条件，促进和鼓励行人活动和社区互动。行人优先是方案贯彻始终的原则，以便为各种人流提供便利并减少地块内往返使用机动车的必要性。三种道路均设置人行道，最大限度地保护行人安全，同时考虑设置部分自行车道，鼓励以自行车代替机动车。三种道路均考虑了近人尺度的沿街界面，并以一定节奏布置公园和广场，张弛有度。

3 多维度介入的城市设计更新策略

3.1 多方案规划的设计

功能组团是指将片区功能联系频度、密切度较高的两个以上相关功能单元尽可能就近布置，并形成功能组团。城市规划布局与规划的合理性与可实施性密切相关。在规划设计初，应就功能组团与规划布局进行反复推敲。城市更新中，城市空间、居住组团、天际线设计也体现在方案设计中，根据各方意见有针对性地对方案进行调整。在此基础上，通过对综合产业文化以及经济综合的考虑对方案进行深化调整。

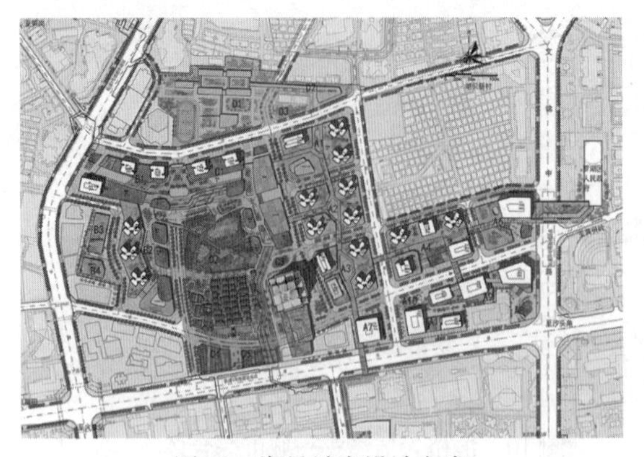

图 11　湖贝城市设计方案

在湖贝城市设计的中区方案中进行了多方案的讨论。A 方案集中商业在公园西侧，公园界面比较封闭；B 方案集中商业在西区，文化设施布置在公园北侧；C 方案集中商业与地标塔楼在北侧，老村、中心公园、地标塔楼形成有层次的空间秩序；D 方案地标塔楼在公园北侧，集中商业跨中西区布置。开放空间进深不足；E 方案集中商业在西区和中区，中区整体打造缓坡公园，开放空间通透性不足；F 方案集中商业在北侧，公园与文化设施结合，弱化中区商业体量。

经过多方案的研究与权衡最终得到优化方案：中区由古村、公园、文化建筑、地标塔楼构成；开放空间向北延伸；集中商业退让到公园北侧，以退台式界面迎向公园；西区塔楼往外退让开放空间。

3.2　概念性规划方案深化

在旧城更新中通过对项目背景与更新地块现状的研究确定发展方向与定位。在此基础上根据更新实施主体的不同连接开发资源，从而确定设计策略和最终的规划方案。在规划中分别对规划理念、产业规划、空间结构及土地利用以及具体空间结构的确定来引导更新区的发展。在产业规划研究中，评估周边地区的产业发展趋势，结合更新片区的发展条件，分析产业发展的需求和供给潜力（新增和改造），提出片区产业升级方向、门类选择与发展指引。

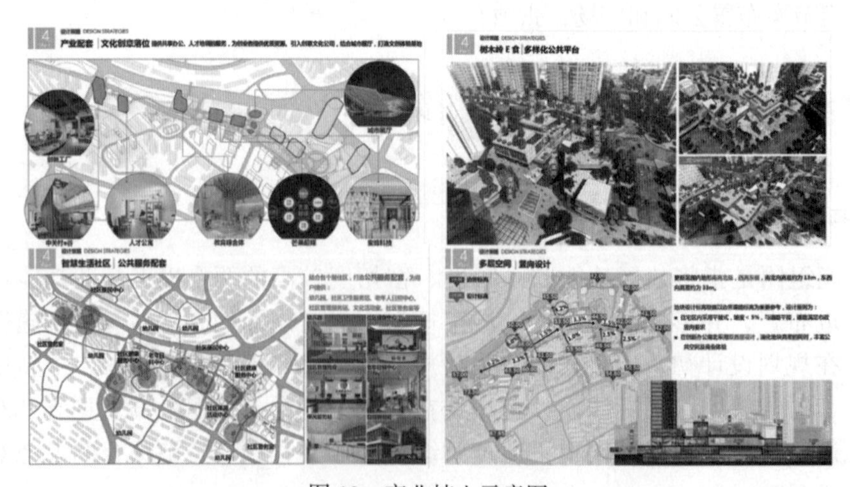

图 12　产业植入示意图

在功能定位及总体城市设计研究的基础上，确定空间结构，并结合用地条件，合理配置土地资源，确定城市的土地利用方式。生态系统规划的研究需要，分析规划区内生态和自然环境资源，提出生态系统修复、环境保护、污染治理等方面的规划研究和策略。

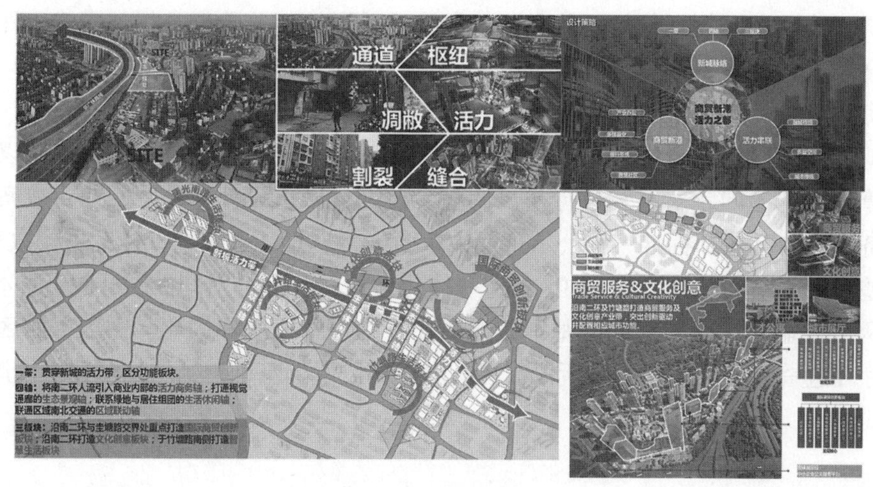

图 13　功能定位示意图

湖贝片区城市更新在考虑总体概念规划的同时，开展旧村专题研究。通过比较多个方案，秉持“保护与开发并重”的原则，对湖贝旧村在圈套范围进行保留，不仅保留紫线范围内的怀月张公祠，更对“三纵八横”旧村格局进行完整保留，老村背山面水，实现中国传统村落布局，通过科学合理的技术手段将罗湖文化公园的古树移植到老村，重塑“湖贝大围”村落建筑风貌，并注重对保留后旧建筑的活化利用，兼顾旧村村民、片区居民、社会各界、政府和开发商的利益诉求，努力实现传承在地文化，融入城市肌理，打造多元商业，再造罗湖“新都心”。

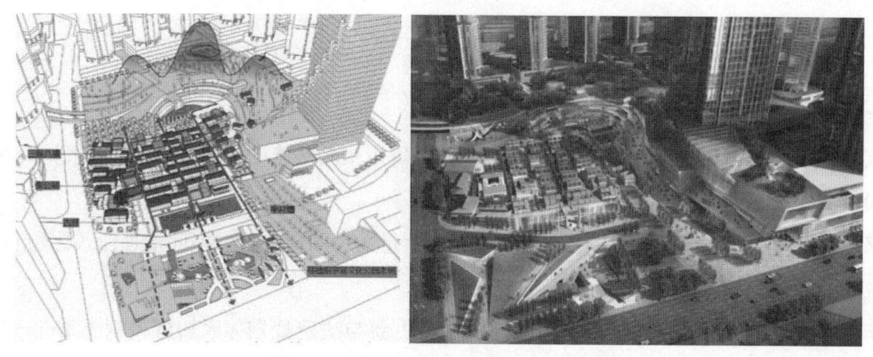

图 14　“湖贝大围”村落建筑风貌

3.3 城市设计方案优化

在规划中，根据概念规划对该片区的政府投资改造建筑总量和各分类建筑量的预算，以及对地价、土地级差效益、基础设施配套和环境交通条件影响、有偿使用状况、开发方式以及各类建筑工程造价等相关因素的分析，综合评估开发的经济性。并说明旧改项目用地现状权益状况，更新改造适用的相关政策及相关影响，评估项目社会效益、经济效益。提出城市设计实施的时序安排、实施的策略和措施，以及管理实施运作机制的建议方案。

湖贝片区城市更新中，在概念规划方案基础上，根据各利益主体的反馈以及实施预算中出现的问题对方案进行初步调整。在湖贝城市设计专题中，初步方案在各项经济指标中已达到标准，在公示过程中东西区为满足还迁需求，住宅塔楼数量多，体量差异大，空间较为密集；中区打造一体化地景式公园，空间极度开阔；整体空间呈现两个极端的状态。东区已基本完成回迁签约，方案基本固化。中区、西区规划布局存在进一步优化的可能。所以，在减少建筑数量的基础上，增加了建筑高度。

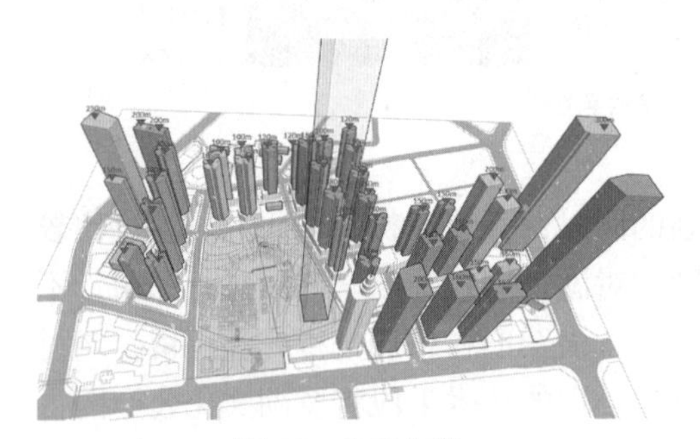

图 15 公示方案

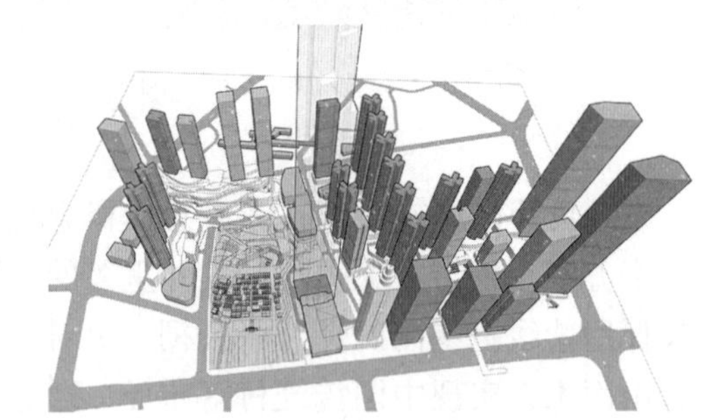

图 16 方案优化

注：文中案例以及图片来源于华阳国际设计集团旧改实践，案例来自于《城市再生：华阳国际的旧改实践》。

参考文献：

[1] 邹兵．存量发展模式的实践、成效与挑战—深圳城市更新实施的评估及延伸思考 [J]. 城市规划，2017（1）：89-94.

[2] 郭旭，田莉．“自上而下”还是“多元合作”：存量建设用地改造的空间治理模式比较 [J]. 城市规划学刊，2018（1）：66-72.

[3] 李璐颖，江奇，汪成刚．基于城市治理的城市更新与法定规划体系协调机制思辨——广州市城市更新实践及延伸思考 [J]. 规划师，2018，34（S2）：32-38.

[4] 深圳市人民政府 . 深圳市城市更新办法 [EB/OL]，2009.

[5]《深圳市城市更新单元规划编制技术规定（试行）》（深规土〔2011〕828 号）.

[6] 周晓，傅方煜 . 由广东省"三旧改造"引发的对城市更新的思考 [J]. 现代城市研究，2011（8）: 82-89.

[7] 田莉，姚之浩，郭旭，殷玮 . 基于产权重构的土地再开发——新型城镇化背景下的地方实践与启示 [J]. 城市规划，2015，39（01）: 22-29.

[8]《城市再生：华阳国际的旧改实践》（香港建筑科学出版社）

作者信息：

张　昊，深圳市华阳国际工程设计股份有限公司，城乡规划助理工程师。

韦怡华，深圳市华阳国际工程设计股份有限公司，城乡规划工程师。

李嘉桐，深圳市华阳国际工程设计股份有限公司，城乡规划助理工程师。

政府背书的"非正规物业的产权安全性增强"：以深圳市水围村柠盟公寓项目为例

1 绪论

2017年党的十九大提出"鼓励多主体多渠道提供住房，强调非市场化住房"，一时间"租售同权"、"房住不炒"等话题在学界广泛兴起，加大公共住房供给成为大城市管治的重要议题。深圳市政府在"十三五"规划纲要中明确提出，计划到2035年建成170万套住房，其中不少于100万套住房将纳入公共住房系统。但是，深圳市当前面临可建设用地短缺、一半以上的现有住房位于城中村等现实困境；对城中村非正规住房进行更新改造从而纳入政府公共住房体系，可能成为深圳市区别其他各大城市、加大公共住房供给的独特路径。柠盟公寓项目正是在这一背景下而做的尝试，该项目成功地将城中村非正规住房转化为政府认可的青年人才公寓，已成为深圳市乃至全国城市更新改造的创新案例，该模式是否可复制、可推广也在各界引起广泛关注。

不同于传统拆除重建的更新路径，柠盟公寓项目提供了一种优化升级的城中村更新模式，该模式也或多或少应用在了广州、深圳等其他城中村的更新改造历程中。但在学术界，鲜有研究对其进行充分的分析与讨论。在柠盟公寓的改造中，政府通过提高土地使用权的安全性以实现项目的顺利推进，这是一种政府机制：政府背书的"非正规物业的产权安全性增强"。政府利用在一定程度上可称之为"非正规"的手段提高了产权的安全性，但并未赋予产权实质性的法律定义。对这一特殊机制的研究将对传统的合法化路径提出挑战，政府不再严格依照正规路径——通过集体产权国有化提高产权的稳定性，而是采用非正规方式加强合法外产权的安全性。通过案例的分析，本文旨在加深对于加强权属安全、刺激投资和非正规住房改造机制的理解，着眼于全球社会、特别是广泛发展中国家，对城市非正规空间优化的相关研究做出贡献。

2 水围村柠盟公寓：从非正规农民房到公共租赁住房的升级之路

水围村紧邻深圳CBD，靠近皇岗口岸和福田口岸，村庄占地面积0.23平方公里，居住着大约1500名本地村民和30000多名外来租客。1984年，村集体成立深圳市水围实业股份有限公司负责村集体资产的运营管理。柠盟公寓项目位于水围村西南边缘，项目占地约8000平方米，地块上的35栋住宅由村集体统一规划，2002年完成建设并命名为水围新村，新村的业主大多已移居海外。在这35栋住宅中有29栋纳入了柠盟公寓项目，项目于2016年启动，2018年完成改造，为福田区政府提供了504套优质青年人才公寓。

图1 水围村区位及柠盟公寓位置示意图

2014年，水围集体股份公司出面与35栋私宅的业主沟通，希望通过长期租赁方式获得物业长期使用权用于发展柠盟公寓项目。经过六个月的谈判，最终与32.5栋私宅业主达成十年租赁协议，其余2.5栋业主坚持保持原状，自行出租。2015年6月，股份公司与业主签订了十年租赁合同，集体股份公司每月向业主支付大约73元/平方米的租金，每两年增加6%。2017年3月，福田区政府宣布深业集团有限公司（深业）加入水围新村私宅改造工作，改造后的住房将纳入福田区公共住房。水围村集体股份公司、深业和福田区住建局共同签订合同，合同规定共有29栋农民房参与柠盟公寓项目，集体股份公司将这29栋楼的二层以上物业的使用权移交给深业进行管理，深业向集体股份公司定期缴纳租金（每月70~80元/平方米），一、二层物业保留集体使用权，改造后由村集体负责运营；福田区住建局担任项目监理人，在项目改造完成后以每月150元/平方米的价格从深业租赁其负责的物业作为区属公共租赁住房定向分配给福田区相关企业员工使用。2017年3月，深业开始对这29栋农民房的内部布局及外部基础设施进行升级改造，以提高其居住安全性、便利性、舒适性和美观性。建筑物中增加了七部电梯以及连接建筑物的高架走廊，以改善每个单元的可达性并增加互动空间（图2a）。同时，深业还为青年人才提供了舒适的公共生活区，包括公共厨房、健身中心、书吧和文化沙龙等；29栋楼的楼顶都改造为缤纷的屋顶空间，包含了洗衣房、菜园和休憩花园。经过精心布局设计，504套公寓呈现出18

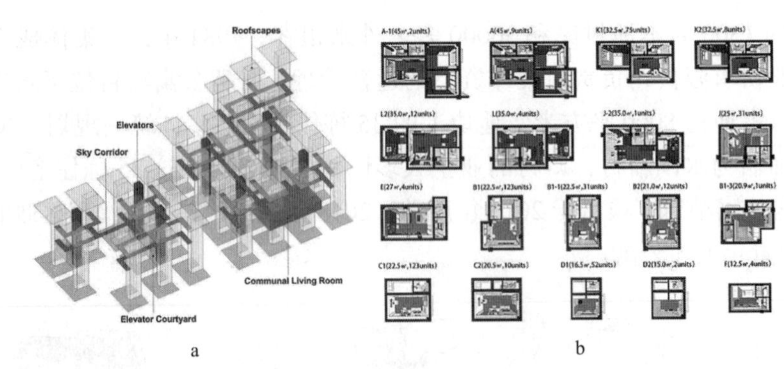

a b

图 2　柠盟公寓项目改造效果图

（图片来源：DOFFICE，2017）

种不同户型（图 2b），面积为 15~55 平方米不等，每间公寓都有独立的浴室、卫生间。升级后的 504 间公寓纳入政府保障性住房系统，在福田区注册并由区政府选拔目标企业的正式员工通过官方渠道进行租赁申请，租金为每月 75 元 / 平方米，租金远低于相同区位的商品住宅（100~120 元 / 平方米），与水围村内其他农民房相当。

这些农民房的所有权属性与深圳众多城中村私宅类似存在多种历史遗留问题，通常被称为“合法外”的非正规产权，因此由深业集团负责的柠盟公寓改造项目自始至终只能按照装修改造工程向政府申请审批。而事实上，按照市政相关规定，柠盟公寓这类新增了电梯、连廊等结构，建筑结构发生改变的工程本应归类为框架建设项目进行管理审批。然而，即便是作为室内装修项目，柠盟公寓项目仍存在大量无法达标的内容，其中由于城中村私宅楼宇间距狭窄无法满足防火规范标准是最大的安全隐患。

柠盟公寓项目的升级改造模式，在社会和经济成果方面与传统城中村拆除—重建模式存在明显差异。首先，拆除—重建方法为建筑物和土地确立明晰的正规产权，而柠盟公寓项目则保留了原始的非正规产权。其次，拆迁过程中财产的原产权通常在村民、开发商、公众间经过了重新分配，而升级改造过程只发生使用权转移，财产所有权仍归原权利人所有。第三，改造升级模式中建筑物的建筑结构保持不变，而拆除—重建模式完全推倒重新建造了新的建筑结构。柠盟公寓项目建成后，作为人才保障性住房由福田区政府根据其发展目标与计划选择符合要求的相关单位，分配住房的申请名额。

3　政府背书的“非正规产权的正规化”

柠盟公寓案例的特点在于其有效的城市升级改造方式，更在于其背后由政府支持的非正规物业正规化的特殊机制。这一机制可总结为政府背书的“非正规产权的正规化”，政府主导提升了非正规住房的产权安全性和空间质量，并将其纳入正规的公共住房保障体系，但是仍保持其非正规的所有权属性。

深圳的城中村存在大量合法外物业，参与柠盟公寓项目的29栋农民房也属于其中一部分。快速城镇化过程中，村民为了追求更大的租金收益，私自加盖，以至于私宅超过了农村宅基地上允许建设的建筑面积限制。面积超限的农民房无法获得合法产权证书，相关的新增构筑物（例如增加电梯）也无法通过审批。此外，由于这29栋农民房间距太小，楼宇之间过道狭窄，消防车难以进入，不满足消防安全标准，项目无法通过正式批准施工。建筑面积超出规定、消防不达标两个关键性问题导致这29栋农民房在升级改造中只能保持其产权的非正规性。但是，更新过程中福田区住建局等政府部门作为该项目的监管主体，创新采用了“以函代证”、“会议纪要”和“现场指导”等方式，保障了非正规住宅更新改造和持续使用的产权安全性。村民、政府官员、深业工作人员和租客等利益主体都得到了更多的安全保障，非正规住房中的风险与隐患大大减少。

“以函代证”是指在项目推进过程中，面对无法获得正规批准的程序时，深业通过向当地政府部门（例如消防局）发送正式信函，说明深业会尽力达到规定并请相关部门监察，政府部门在综合考虑和讨论后回复正式信函允许项目实施。这些信函不是正规的工程审批证书，但同样提高了建筑的产权安全性。深业通过确认政府部门已知晓项目的情况，并且向政府部门承诺项目已尽其所能满足国家法规的要求而达成协议。“会议纪要”是深业与政府部门（例如福田区消防，建筑，环境和城市规划局）定期组织有关柠盟公寓项目的联席会议，会议上多方详细讨论升级改造项目的工作任务之后，所有参与者现场达成共识并作正式记录。会议纪要要求参与者签名，以集体承担责任的方式来发挥效用。“现场指导”主要是指由于柠盟公寓项目无法达到消防等相关法规要求，无法获得正式批复，转而通过邀请相关政府部门领导在项目进行期间定期走访现场并就推进项目提供专业建议。这些意见一方面提高了柠盟公寓项目的实质质量，另一方面职能部门的把控与官方肯定，为公寓带来了更多的产权安全感。

图3　升级改造后的消防安全设施

通常情况下，产权的“非正规性”增加了业主与居民被迫迁离的可能性，削弱了人们对产权的安全感。而在柠盟公寓项目中，政府通过这些“非正规”手段增强了非正规物业的产权安全性。与国有化方式确权的模式不同，经过升级改造的柠盟公寓依旧没有改变其产权的非正规性，但政府通过“非正规的”机制同样起到了增强产权安全性的效用。这些机制的非正规性在于它们涉及的非正规流程、非正规参与者与非正规合同形式。尽管采用以函代证等方式通过了建筑、消防部门的检验，但这些方面依旧是非法的，不符合相关法律法规规定。如果没有政府的参与和支持鼓励，柠盟公寓项目不可能推进实施。这是政府背书的“非正规物业的产权安全性增强”，只要政府介入，即便一切不受法律保护也会提高村民及租客对房屋产权的安全感，政府运作对于降低风险有着至关重要的作用。这一机制的实质是政府利用自身的可信度，通过政府背书的方式实现柠盟公寓由非正规住房到“正规性”人才住房的转变。虽然过程中采用了非正式的机制，但是依然起到了增强非正规产权安全性的效用。

4 结论与讨论

本文以深圳水围村柠盟公寓为例，通过介绍城中村农民房升级为公共租赁住房的开创性历程，挖掘其背后政府背书的“非正规物业的产权安全性增强”机制，揭示非正规物业产权安全性提高的过程及原因。柠盟公寓项目介绍了一种新的城中村更新改造模式，通过这一更新改造过程，非正规住房依旧保持其非正规性，所有权主体未发生转移，建筑物的底层结构保持原状，但产权安全性大大提升；最独特的，备受诟病的非正规住房华丽转身为政府大力扶持的城市保障性住房。

从政策实践和制度创新环境的角度来看，柠盟公寓的成功离不开深圳市政府对城中村改造升级的鼓励和对于城市管理制度创新的包容性。柠盟公寓的升级改造工程实质是一种打破现有规则的制度创新驱动下的空间升级，这种微观尺度的制度创新行为反映了我国改革开放的大格局。一方面，快速发展变化的环境要求制度创新，政府鼓励以规避旧规则的方式对原有制度体系进行调整，建立新制度以应对新情况；另一方面，开放包容的制度环境推动、引导并支持各部门在具体实施过程中积极探索创新性工作模式。

人们对于城市可持续发展的关注和以人为本意识的提高也是城中村升级项目得以展开的重要原因之一。柠盟公寓项目中“政府＋国企（深业）＋村集体”的合作模式，让政府、企业、业主及租客等多方主体的意愿得到充分表达与满足。政府管理者面对土地发展指标少与保障性住房需求大的矛盾，从增量更新向存量更新转变，保障城市可持续发展；企业基于社会责任，在项目盈利方面做出让步，提供更好的社区生活环境；集体股份公司发挥村民与政府沟通桥梁，表达业主意愿，维护业主权益。面对当前充满挑战的发展环境，柠盟公寓这样的存量更新模式将产生持续的效用，柠盟公寓和中国的其他相关经验为全球其他发展中国家的政策构建和方案实施提供借鉴经验。

参考文献：

[1] Heilmann，S.（2018）. Red Swan：how Unorthodox Policy Making Facilitated China's Rise. Hong Kong：TheChinese University Press.

[2] Li，B.，Tong，D.，Wu，YY.，and Li，GC.（2019）Government-backed 'laundering of the grey' in upgrading urban village properties：Ningmeng Apartment Project in Shenzhen China，Progress in Planning，https：//doi.org/10.1016/j.progress.2019.100436.

[3] Li，B.，& Liu，C.（2018）. Emerging selective regimes in a fragmented authoritarian environment：The ' three old redevelopment ' policy in Guangzhou，China from 2009 to 2014. *Urban Studies*，55（7），1400–1419. https：//doi.org/10.1177/0042098017716846.

[4] North，D.（1990）. *Institutions*，*Institutional Change and Performance*. Cambridge：Cambridge University Press.

[5] Roy，A.（2005）. Urban Informality：Toward an Epistemology of Planning. *Journal of the American Planning Association*，71（2），147–158. https：//doi.org/10.1080/01944360508976689.

[6] Tong，D.，Wang，X.，Wu，L.，& Zhao，N.（2018）. Land ownership and the likelihood of land development at the urban fringe：The case of Shenzhen，China. *Habitat International*，73（December 2017），43–52. https：//doi.org/10.1016/j.habitatint.2017.12.011.

文章初次发表：

Bin Li，De Tong*，Yaying Wu，Guicai Li. Government-backed 'laundering of the grey' in upgrading urban villageproperties：Ningmeng Apartment Project in Shuiwei Village，Shenzhen，China. Progress in Planning，https：//doi.org/10.1016/j.progress.2019.100436.

基金支持：

国家自然科学基金 41971205、41871154 和 4184203。

作者信息：

黎　斌，男，博士，北京大学深圳研究生院城市规划设计学院，博士后。

仝　德，男，博士，北京大学深圳研究生院城市规划设计学院，副教授、博士生导师。

吴雅莹，女，北京大学深圳研究生院城市规划设计学院，博士生。

李贵才，男，博士，北京大学深圳研究生院城市规划设计学院，教授、博士生导师。

转型期广州工业用地更新政策变迁及其阶段性特征回顾

1 引言

改革开放后我国的市场化转型过程当中，我国逐渐走出一条中国特色的渐进式变革道路，国家制度变迁和地方政策演变一直处于随着外部形势与自身问题，不断调整的过程。工业用地更新随着这一进程大规模开展，其政策变化和对城市空间结构、产业功能带来的影响，可谓是转型期制度与空间变化的缩影和鉴证。

工业用地在存量用地更新中占比最大、更新成本最低，因此一直是城市更新的主要内容。改革开放之前，我国城市功能以“生产”为主，普遍存在重“生产”轻“生活”的现象，城市用地结构不合理、住房与公共服务设施缺乏。伴随着国企改革与住房改革，20 世纪 90 年代开始各大城市的更新改造几乎都从工业用地开始，对城市发展起到调整主城区用地结构、改善环境、增加住房供给的作用。

近十年间，随着新增建设用地供给受到限制、经济发展放缓，工业用地转型更多开始跟经济发展紧密相连，在城市建设中的作用日益重要，“集约节约”用地成为推动转型的关键词汇。在这一背景下地方政府出台政策，不同程度上放宽了存量用地的开发限制。而从近几年的实践情况来看，目前我国工业用地转型存在更新改造类型以房地产开发为主、不通过正式途径变更土地利用的“非正式”转型现象突出、土地供给与规划管理方式已经不适应存量工业用地转型新趋势等问题。因此，在工业用地更新对城市发展愈发重要的当下，以一座具有代表性的城市为例，梳理回顾工业用地更新政策变迁与实施、总结各个阶段工业用地更新模式特征及其带来的城市空间变化、探究更新模式变迁背后的动力机制凸显出理论意义和实践价值。

广州作为传统的区域中心城市、改革开放的先驱城市，不仅有大量国有旧厂，也有着大规模的村集体工业，工业用地更新类型多样。同时，广州是较早“摸着石头过河”的借助市场力量进行建设的城市，对于土地与建设的管理经历了从无到有，从无法适应市场化趋势到逐渐成熟的过程，既体现了转型期我国工业用地更新的共性问题，又体现出在国家整体政策框架下，地方根据自身特点不断进行政策调整的特征，具有典型性和代表性。

2 广州工业用地更新政策变迁

2.1 起步阶段：市场主导的工业企业改造

（1）20 世纪 90 年代初开始启动国有工厂改造

1992 年开始，广州市将部分企业列为“解困转制”的试点单位，可以有偿转让土地使用权筹资解困。1993 年颁发的《广州市国家建设征用土地和房屋拆迁管理若干补充规定》中提出，旧城区的国有工厂可得到地价返还作为拆迁补偿[1]。1993~1996 年，广州市允许 114 家“解困转制”重点企业的原有市区土地进行房地产开发，企业可以异地搬迁全部开发，也可厂区部分开发。改造中，企业可以与开发商联合开发获得土地开发收益，也可以转让土地使用权，获得实物或资金方式的补偿，“土地使用权转让金”除部分上缴财政外，主要归还企业用于“弥补亏损、安置人员、支付搬迁改造补偿”。

（2）20 世纪 90 年代中期以后更大规模的国有工厂改造

1997 年“十五大”确定“国有制为主体，多种所有制共同发展”，国家启动全方位的国有企业改革，国务院提出“用三年时间完成大中型企业脱困”，盘活土地资产被作为支持国企改革的重要途径，推动了国企土地房地产开发。从 20 世纪 90 年代初开始，广州就通过房地产开发帮助国有企业解困，在 20 世纪 90 年代后期的国家倡导下国企改革步伐加速，更多企业加入到厂址外迁、企业用地置换中。1996 年市政府颁发施行《广州市优化资本结构，实现“两个根本性转变”试点实施方案》。老城区经济效益不好的企业，允许其改变企业原有的土地使用形式，出让或开发房地产，所得除按规定上交国家和省外，可留给企业安置职工、偿还历史债务使用。

广州在 1998 年之后已经开始推行经营性用地公开招标、拍卖出让，但工业企业改造很大程度上是为国有企业提供发展资金、促进污染企业搬迁、有利于城市发展与土地的合理使用，因此使用特殊的土地政策。这类项目的地价款通常享有优惠，国有企业地块开发若公开出让，企业可以获得不高于 56% 的土地出让款返还；工业企业也可与开发商联合开发，直接获取更多的开发收益。

相对旧城居住区的改造，工业企业改造无须动迁安置大量居民、原有产权主体单一，利于谈判协商、属于地租“洼地”，政策支持又进一步减少了改造成本，从 20 世纪 90 年代开始工业企业通过房地产开发快速推进。在国家扶持企业的政策下，1992~2000 年，广州有 70 家工厂搬离城区[2]；1996~2000 年，旧工厂集中分布的海珠区置换工业用地面积超过 200 公顷，工厂变为高层居住区。国有企业土地成为其发展资本，大量工业用地置换为居住、商业用地。相对旧城居住区的改造，工业企业改造无须动迁安置大量居民、原有产权主体单一，利于谈判协商、属于地租“洼地”，政策支持又进一步减少了改造成本。

2.2 调整阶段:“退二进三”目标下的旧厂房改造利用

2000年以后，国家意识到土地融资对宏观经济的影响，2004年土地供给也成为宏观调控的工具[3]。国土资源部、监察部联合下发通知（71号令），“要求从8月31日起杜绝之前多被采用的协议出让方式，所有经营性土地都要公开竞价出让”。土地供给的规范虽然提高了土地价格，同时也收窄了获取再开发土地的渠道。在企业自主进行房地产开发受限、政府又无足够能力进行大规模收储补偿进行工业地块改造的情况下，暂时性地改变用途进行经营，是政府、国企、来自市场的经营方能够共赢的方式。2008年广州市政府下发《关于推进市区产业“退二进三”工作的意见》(穗府〔2008〕8号文),要求位于环城高速以内的污染企业限期搬迁，明确提出《广州市区“退二进三”企业工业用地处置方法》——“企业可以从事不包括房地产开发在内的第三产业，优先鼓励以自营或出租方式利用旧厂房发展创意产业。”[4]该文件给予工厂改造的政策依据，使失去生产功能的厂区转变为商业、商务功能。

2.3 突破阶段:“三旧”改造政策推动旧厂改造

(1)“三旧”改造政策的提出

2009年国土资源部给予广东省“三旧”改造的特殊政策，初衷在于解决珠三角特有的“集体建设用地”问题，通过再开发重组土地产权，并且达到产权结构重组的成本最小化[5]。以节约集约用地、优化土地资源配置为目标的“三旧”改造也不仅限于集体建设用地，其本质是释放土地潜在价值，促进存量建设用地“二次开发”。继广东省出台《关于推进“三旧”改造促进节约集约用地的若干意见》(粤府〔2009〕78号）后，广州市政府发布文件指导广州市“三旧”改造的具体运作（穗〔2009〕56号)。“三旧”改造提出后，之前并行的危旧房改造、工厂外迁、城中村改造一同纳入城市更新体系，三旧改造第一次以“集约节约”用地这一目标统辖所有的改造形式。

“旧厂”改造的“公开出让、收益分成”模式与“自行改造、补交地价”方式，相对于传统的土地征收出让方式，以损失部分土地收益为代价，减少了前期资金投入以及协商谈判成本。从实施效果来看，“三旧”政策对“旧厂”改造的推动最为明显。在“三旧”政策出台之前的7年间，通过市土地开发中心收储后进行出让的国有“旧厂”不到6宗，实施“三旧”两年，收储地块就达48宗。三旧改造政策的提出为旧工厂拆除再开发提供了依据，因此改造项目基本采用拆除重建或拆除重建与保留相结合的再开发方式，只有暂时无法纳入“三旧”的旧工厂，才会选择旧厂房再利用的改造模式。将旧工厂改造为创意产业园仍旧受到各区政府的支持，以低租金、过渡性为特征的旧厂房再利用方式在空间上开始从中心向边缘转移，至 2014 年共有 62 个退二企业改造为文化创意产业园。

（2）2012 年后的政策转向

2012 年后，三旧改造进行方向性调整，广州出台了《关于加快推进“三旧”改造工作的补充意见》（穗府〔2012〕20 号），确立了“政府主导、市场运作、成片更新，规划先行”的原则；调整了国有土地旧厂改造的收益分配比例；加强了重点功能区块土地优先储备和整体开发，三旧改造的重点转向了市属国企及周边地区的成片改造；考虑到集体旧厂单独改造短期内将对国有土地一级市场和经营性物业市场形成冲击，集体物业、集体旧厂必须与旧村居同步捆绑改造。2013~2015 年，除纳入退二名单的市属国资旧厂仍由市土地开发中心实施收储外，三旧改造处于停滞状态。

2.4　提升阶段：产业发展目标下兼顾长期效益和实施效率的工业用地更新政策

（1）兼顾长期效益和实施效率的城市更新政策调整

经过几年调整期后，2016~2017 年广州出台的城市更新政策倾向于兼顾了城市更新的长期效益和实施效率，强调工业用地更新与产业导入升级相结合。2016 年，广州颁布了《城市更新办法》及旧村庄、旧厂房、旧城镇更新 3 个配套文件，建立了全流程政策框架，提出“全面改造”与“微改造”两种改造方式，为旧厂房的再利用模式提供了制度依据。2016 年之前，集体旧厂必须与住宅物业“捆绑”改造以摊低旧村的现状容积率，新政策放宽了集体土地物业、旧厂先行改造的条件[6]。2017 年，广州出台了《广州市人民政府关于提升城市更新水平促进节约集约用地的实施意见》（穗府规〔2017〕6 号）政策（以下简称《实施意见》），相比城市更新“1+3”政策，《实施意见》丰富了旧厂自行改造类型，支持产业转型升级高端化发展：一是国有土地旧厂房自行改造由原来的“工改工”、“工改商”增加了“工改新产业”；二是差异化了旧厂自行改造补缴土地出让金标准，“工改工”可不增收地价、“工改商”按市场评估价缴交地价、“工改新产业”给予 5 年过渡期①；三是未纳入成片连片收储范围的旧厂房也可自行改造条件，控制性详细规划为非居住用地（保障性住房除外）的国有土地旧厂房可优先申请自行改造；《实施意见》为鼓励土地权属人交地收储，基本按照政府与土地权属人 5 ∶ 5 的思路分配土地增值收益（按时交储奖励 10%）。

（2）以产业发展为目标的工业用地更新政策

2019 年广东省自然资源厅为支持制造业企业盘活土地，降低制造业企业成本，出台《广东省自然资源厅关于明确工业物业产权分割及分割转让不动产登记有关事项的通知》（以下简称《通知》）允许制造业企业的工业物业产权按幢、层等固定界限为基本单元分割，用于引进相关产业链合作伙伴的产业项目。基于省自然资源厅《通知》精神，2019 年 4 月广州市规划与自然资源局出台了《广州市提高工业用地利用效率实施办法》(以下简称《实施办法》)，设立了用于支持新产业、新业态发展，融合研发、创意、设计、中试、检测、无污染生产等环节的新地类——新型产业用地(M0)，明确了新型产业用地内产业用房分割、转让的规则。新型产业用地享有土地出让价格、容积率和配套比例控制的优惠政策，M0 土地出让价格，约为同地段办公用途市场评估楼面地价的 20%，容积率不低于 3.0，配套设施比例可达 30%。新型产业(M0)用地在容积率和地价上是介于商务办公和工业用地之间的强度和价值，显然是一种比较折中的方案，而更改为 M0 后，政府可以获得部分土地收益，也可获得更多税收收益(相比于低效的工业用地)，从而取得综合收益。

此外，《实施办法》确认并明确了此前《实施意见》提出的“工改工”可不补缴地价、利用存量房产进行制造业与文化创意、科技服务业融合发展的五年过渡期政策的适用范围和前置条件，工业用地可以通过划拨、协议出让、公开出让、租赁、先租赁后转让、弹性出让、集体土地流转和引导进入标准厂房等多种形式供应。

(3)放权让利推动村级工业园有序改造

广州经历过改革开放初期，“村村点火、户户冒烟”的工业发展模式，村级工业园普遍存在业态低下、用地低效，用地手续不齐全、土地权属情况复杂、环保排污不达标、消防安全隐患等问题，且较为突出，因此近年来数百个村级工业园也成为重点改造对象。2019 年 7 月，广州市政府审议通过《广州市村级工业园整治提升实施意见》(以下简称《实施意见》)，提出通过“关停淘汰、功能转变、改造提升”进行村级工业园整治提升。《实施意见》与广州正在推动的工业产业区块划定工作进行衔接，工业区块以外的村级工业园关停淘汰、进行功能转变，工业区块以内的改造提升，保障一定时期内的工业用地规模。位于工业产业区块内的村级工业园，采取拆除重建或综合整治的方式进行“工改工”、“工改新”，结合市区重点产业发展方向，积极开展产业转型升级。

《实施意见》在以下几方面提出村级工业园改造的支持措施。一是针对村级工业园改造提升类项目村集体做了适度让利[②]。二是推动规划修正。位于工业产业区块内且现行控制性详细规划为其他用地性质的村级工业园可进行规划调整。三是对一定时期(5~10 年)内适宜保留用来发展工业和战略性新兴产业的村级工业园，允许通过综合整治的方式提升利用效率。四是工业产业区块内连片改造的村级工业园“工改工”、“工改新”拆除重建项目提高容积率。五是提高审批效率。将符合控制性详细规划的村级工业园“工改工”、“工改新”项目实施方案的审定权下放到各区政府实施。五是推进土地互换，村级工业园“工改工”、“工改新”拆除重建类项目，集体建设用地与集体建设用地之间、国有建设用地与国有建设用地之间可进行土地互换。

3 更新模式特征及其动力机制

3.1 第一阶段：缺乏制约的土地换资本

起步阶段市场主导的工业企业改造政策特征体现为：政府对市场投资完全欢迎，几乎不加管控；为吸引投资、快速改变城市面貌对“土地批租”、“国有企事业单位的”开发行为缺乏限制。

造成这一特征的外部背景是“南巡”讲话确立市场经济激励、上层制度变革、改革开放初期希望解决居住困难并快速实现“现代化”的社会理念影响。工业企业通过改造获利虽然是来自国家与工业系统的诉求，但对于地方政府而言，推动国企改革既是责任也可以提升城区环境、进行产业升级与用地功能的调整，得到部分土地出让收益，则是促成20世纪90年代大规模工业企业改造的深层动因。此外，改革开放初期市场资金与政府财政资金不足、土地价值还未充分体现，资本的稀缺也是土地换资本不受制约的重要原因。吸引投资的方式只有降低参与开发的门槛，如降低土地获取的难度、对开发强度不设限制以保障资本获利。

（1）建设管理向市场经济过渡

这一阶段的问题体现了向市场经济过渡的特征，土地供给的市场化运作处于起步阶段、市场主体的行动缺乏相应法规制度监管。尽管早在1992年广州就成立了土地开发中心，但大部分用地以协议出让、实物地价为主，国有房地产公司直接征地、拆迁。土地资源没有采用市场机制分配，未引入竞争、缺乏公开透明，造成土地价值难以充分体现。

（2）工业企业改造目标局限且政府管制缺位

这一时期工业企业改造以解困为目标，欠缺出于城市建设长远发展的考虑。鼓励工业地块再开发的政策只是降低了交易成本，如何有效、适度地利用存量用地并不被关注，政策的暂时性必然导致仓促实施，针对再开发的制度建设并不完善，缺乏出于公共利益的有效管控。工业企业改造对于城市整体的正面影响是推动一些环境污染严重的工厂（例如广州铜材厂、广州硫酸厂、广州农药厂）迁出市区；在市场价格机制的作用下调整了土地利用结构、提高了土地使用效率。其弊端首先是土地开发收益的公共返还不足。工业企业改造是特殊的更新模式，企业需要获得资金或实物（建筑面积）补偿作为发展资金，所以政府放弃了部分土地出让金收入。其次就是对市场主体行为的控制不够。工厂搬迁地块的改造以土地变现为目标，政府对开发设计条件没有特别限制，改造的结果是工业用地被置换成为高密度住宅区[7]。由于此类改造没有统一规划，仅是原有企业产权边界下的再开发，各个地块各自为政，缺少片区基础设施的投入，导致整体环境改善有限（图1）。同时，工业企业产权地块内的再开发，固化了计划经济时期形成的单位用地，大单位变成超大规模

图 1　荔湾区中山八路以北某工厂集中片区改造状况（至 2006 年）

[资料来源：广州市地形图（1982 年、1998 年、2006 年）；百度地图；广州建设用地规划许可证信息]

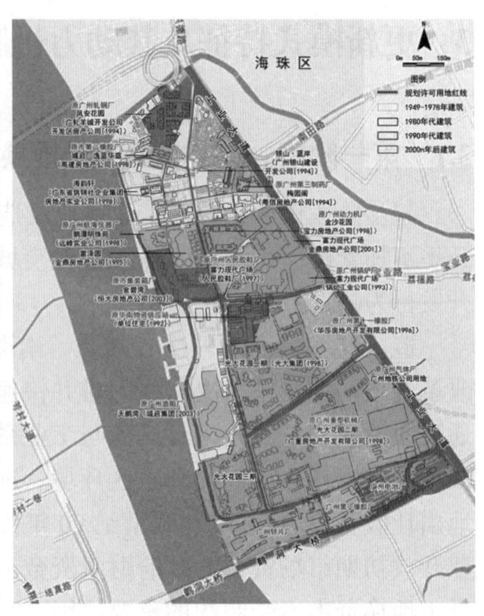

图 2　海珠区某工厂集聚区改造情况（至 2006 年）

[资料来源：广州市地形图（1982 年、1998 年、2006 年）；百度地图；广州建设用地规划许可证信息]

小区（图 2）。缺乏政府公共财政投入与统筹规划，从企业利益出发、政府缺位的模式，是造成这种缺憾的主要原因。

3.2　第二阶段：“文化创意园”作为工厂改造的过渡性选择

2000 年以后城市发展条件发生了一系列变化，国家提倡“退二进三”产业调整政策，支持文化产业发展；国家对金融与土地进行宏观调控，强制规范土地出让，存量土地获取难度增大。在这样的背景下，优化用地功能、促进产业升级、美化城市形象从而提高土地价值，在城市竞争中胜出，成为广州政府推动城市发展的核心目标。基于这一目标，政府一方面要应对区域竞争、“全球化”与消费主义对空间提升的要求；另一方面要突破中央政府通过金融、土地供给对地方发展“冲动”的“束缚”，工业企业“退二进三”发展为过渡性质的“文创”产业园是调整转型目标的具体体现。

出于环境保护与产业结构调整的需求，2005 年广州市政府开始推行市区产业的“退二进三”。面对失去生产功能的土地，企业可以有三种选择，与开发商合作进行房地产开发、自主改造转换厂区功能、将土地交给政府收储。房地产开发面临诸多制度限制，而土地被收储则意味着放弃对土地的经营，通过自主改造、联合运营、租赁的方式将厂区变成文化、办公、商业功能区，这对于企业是暂时的最佳选择。“退

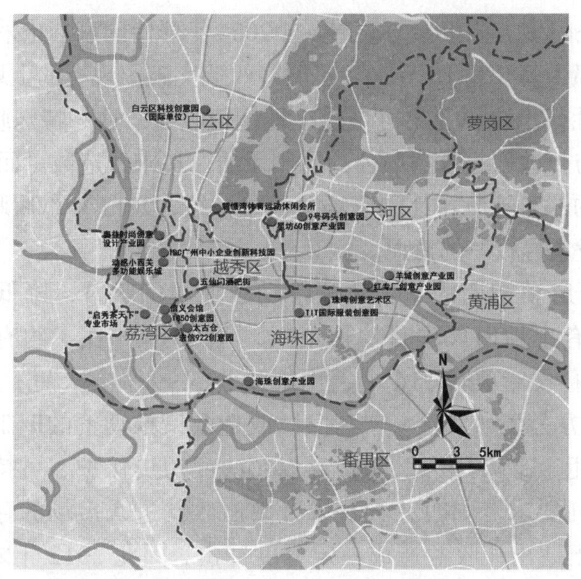

图 3　广州活化利用为商业商务功能的旧工厂改造分布图（至 2010 年）

二进三”目标下“工业企业”改造为创意产业园，政府允许国有企业改变用地功能，出租运营国有资产获得收益，运作机制为政府支持、企业主导、“地方文化资本”驱动，暨来自政府、市场、民间的三重动力。

被改造的旧工厂多建成于 20 世纪 50~70 年代，其中一些具有代表性的厂区记录了广州工业发展历史。这些本位于城市边缘的厂区有着便利的水陆交通条件，随着城市的扩张，具备了升级转换功能的良好区位（图 3）。在亚运会与“退二进三”的背景下，房地产开发浪潮中存留下来的部分厂区被改造成创意产业园区、购物休闲场所，例如荔湾区的“信义会馆”、“1850 创意园”，海珠区的“太古仓”、“TIT 创意园”，天河区的“羊城创意产业园”、“红砖厂创意产业园”，是这一时期广州工厂改造的代表性案例。其后，“红砖厂创意产业园”因金融城建设部分拆除、“TIT 创意园”位于“新中轴线”南延段去留未定，说明经济收益偏低的“文化创意园”只是工厂改造的过渡性选择，政府与企业，仍然“青睐”地产导向型城市更新。

3.3　第三阶段：政府引导的强化与市场运作的制度化

“三旧”改造提出后，广州城市更新政策经历了“从政府引导到政府主导，从政府放权到收权”。“三旧”改造政策颁布之初，强调政府让出开发收益、激励既有使用权主体与开发商参与城市更新；2012 年以后倡导政府主导，加强政府介入、重新设定收益分配规则。作为第一个针对“存量”土地变更制度，“三旧”改造政策的目标是“最大化土地收益、最小化产权重组成本”，试图通过给予特殊的土地管理制度、提高开发收益预期（放宽容积率限制）等方式，去除土地获取与利益分配两大障碍，激励政府、市场、民间多方积极参与改造。自2004年开始国家禁止采用协议出让方式，所有经营性土地都要公开竞价出让，“三旧”改造突破了现有的土地出让制度，其政策红利及其局限性都出自原业主可享受土地增值收益，这一特殊政策不符合我国的土地管理制度，与土地增值收益归公的原则矛盾。追求改造数量而面临“市场风险”与“社会风险”的“土地收益让利市场”不可持续，2012年以后政策变动体现了政府“掌控开发建设主导权”的意愿。

“三旧”改造启动初期的3年政策推动了业主的收益，降低了改造难度。业主获利较大的国有土地旧厂项目快速申报，至2014年底，约有220多宗旧厂改造获得批复，政府收储项目116个，用地面积5.99平方公里；自主改造105个，涉及用地5.97平方公里（图4）。“三旧”改造政策推动下的旧工厂改造，业主与市场以获取土地租金最大化为取向，难以解决“历史保护、可持续发展、提供公共产品”等一系列要求。同时，大量未经政府收储进入市场的存量土地对土地市场稳定以及政府土地出让收益造成一定程度冲击，因此2012年之后，广州对“三旧”改造政策进行调整，加强了政府引导下的成片连片开发，调低了旧厂的土地分成收益。

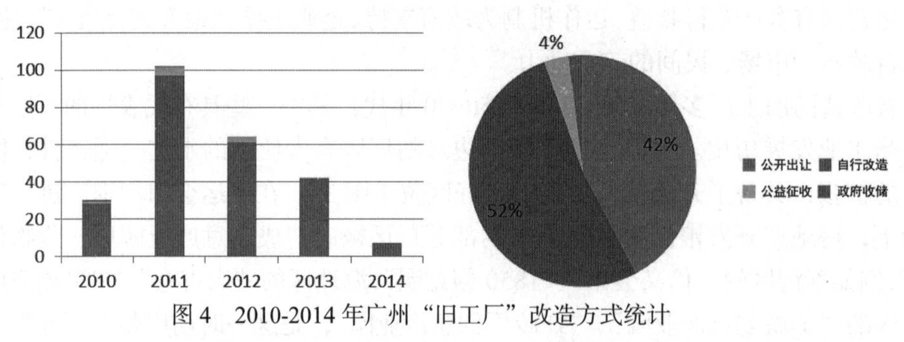

图4 2010-2014年广州“旧工厂”改造方式统计

［资料来源：广州市城市更新局网站公布“旧厂”改造已批项目情况统计（截至2014年9月）］

这一时期广州采用国内普遍采用的“公私合作”模式，政府主导开发更具规模的项目，用土地收储后公开出让的方式获取收益。例如，政府主导的“重点功能区”改造，改造对象以国有“旧厂”为主，结合“旧村”的成片整体更新，采用“规划设计、征地拆迁、逐步出让”的操作步骤，例如广州金融城、广钢新城都是这一时期启动的典型项目。此种改造模式通过提高定位、整体开发充分体现土地价值，在市领导的重点关注下项目进展迅速，是目前国内各大城市成片改造的主流方式。利用“三旧”改造政策的成片连片开发意味着广州城市更新已经从过去依靠市场转变为政府主导下的“公私合作”，也标志着广州城市更新模式进入市场运作的规范化、制度化阶段。

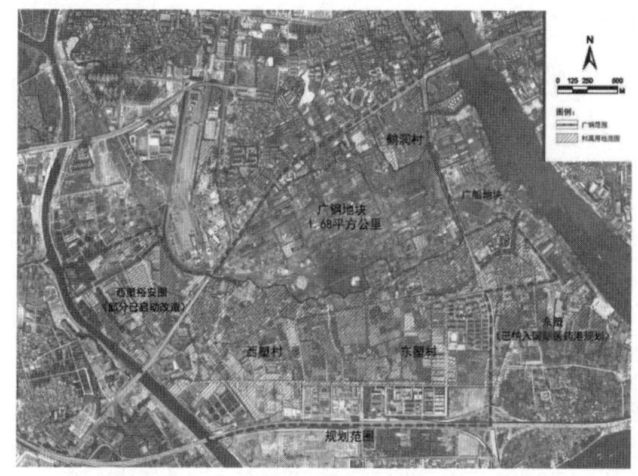

图 5　广钢新城改造范围及权属

（资料来源:《广钢新城控制性详细规划修编》）

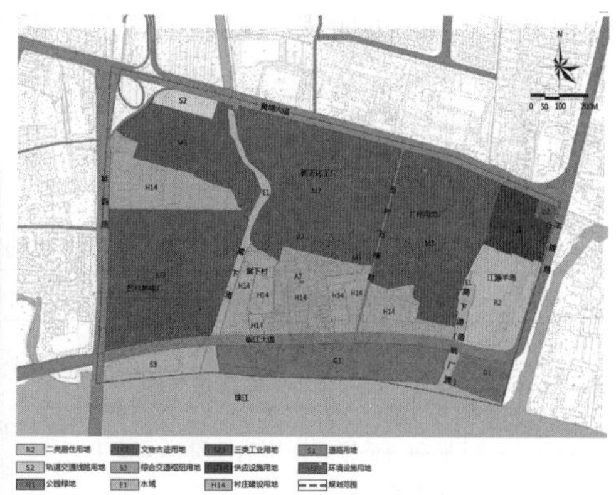

图 6　广州金融城起步区土地利用现状图

（资料来源:《广州金融城控制性详细规划》）

3.4　第四阶段:激励与约束并重体现差异化的工业用地更新

随着经济发展“新常态”的到来，地方政府不再只关注短期的土地收益，更看重长期的城市发展，并意识到工业用地尤其是新型产业能够创造稳定而充足的税收。因此，防止产业“空心化”、城市更新“房地产化”，成为发达地区地方政府存量用地发展政策的核心。近年来广州面临传统产业逐渐失去优势而新兴产业还未充分成长等问题，因此城市更新需要平衡短期利益和长期利益、公共收益与市场活力，希望通过工业用地转型谋求长期的税收、就业、经济增长收益，因此激发市场活力、推动产业发展成为近两年广州工业用地更新政策的主题。

广州与国内其他地方一样，面临工业用地转型存在更新改造类型以房地产开发为主、不通过正式途径变更土地利用的“非正式”转型现象突出、土地供给与规划管理方式已经不适应存量工业用地转型新趋势等问题。与以往的工业用地更新转型不同，经过 30 年的市场化进程，工业用地权属主体已不再是单纯的国企，而是出现了大量民企作为土地使用或运营方；用地权属不只有国有用地，还有村级工业园的集体用地；并且很多工业用地存在复杂的租赁关系。

面对土地使用者的多元性、转型目标的多元化，存量工业用地更新政策针对不同类型使用主体与现实问题，工业用地更新政策采用鼓励与约束并重的引导方式（表 1）。一方面原国有土地使用权人盘活存量工业用地的更新模式受到多项政策激励，开放产业用房（工业楼宇、研发总部项目）的分割转让，转型后的工业用地保留产业性质同时也可像居住、商业、办公类别一样分割产权出售，有利于开发主体快速回收资金投入；另一方面对优惠政策的施用设置了多项前提条件，同样体现了基于长期收益（长期税收）与短期收益（土地收益）平衡的出发点。政府为了鼓励工业用地的转型与更新，新的工业用地更新政策通过规划管理与土地供给对于“工改工”、“工改新型产业（M0）”给予支持，对于集体用地性质的村级产业园改造加强“放权让利”，但前提条件是不影响政府收储和重点地区的成片连片改造，确保与控制性详细规划确定的用地性质一致（只有保留工业可申请调整规划）。

广州工业用地更新相关政策对市场的激励与约束（2017~2018 年） 表 1

要素	激励机制	约束机制
转型方向与区位引导	对于符合城市发展方向的先进产业规划管理与土地供给优惠	划定区块，对于区块范围内工业用地的转型方向进行严格限定
规划管理	推动调整原规划用地性质，保留工业用地性质	位于工业产业区块内的村级工业园、用地单位申请仍按照普通工业用地建设的，经所在区政府、广州空港经济区管委会组织开展城市规划、环境影响、产业发展、交通影响等方面的评估论证
	允许通过综合整治的方式改造村级工业园	加建、扩建增加的建筑面积原则上不超过原有合法建筑面积的 20%，且不突破《实施办法》规定的工业用地容积率上限标准
	提高容积率	位于工业产业区块内连片改造的村级工业园“工改工”“工改新”拆除重建项目
	工业用地在用地范围内提高开发强度	除《广州市产业用地指南》禁止类用地项目、纳入政府土地储备计划且为非工业用途的储备用地、纳入“退二”企业名单的工业用地、与控制性详细规划确定的用地性质不符
	村级工业园“工改工”“工改新”项目实施方案的审定权下放各区政府实施	符合控制性详细规划
土地供给	土地弹性出让年期	各区政府、广州空港经济区管委会可以根据产业发展周期，按有关规定采取弹性年期出让工业用地
	五年过渡期	进行制造业与文化创意、科技服务业融合发展的，经发展改革、行业主管部门审核符合投资和产业要求的，新的用途与控制性详细规划不一致的，在申请规划条件前应先申请调整控制性详细规划
	自行改造	纳入村级工业园整治提升年度计划、用地面积低于 10 万平方米（150 亩）、经论证确实不能纳入旧村全面改造和综合整治的且保留集体用地性质的村级工业园“工改工”“工改新”拆除重建项目
	工改工增加建筑面积不补缴土地出让金	存量普通工业用地在符合城市规划及区域产业发展政策、不改变土地用途的前提下，经批准在原用地范围内新建、改建、扩建工业项目，且投资强度、容积率等指标符合省、市规定
	协议出让、先租赁后转让、弹性出让、集体土地流转和引导进入标准厂房、地价优惠	设定投资强度、土地产出率考核监管，拟定投入产出协议，并将该协议纳入土地供应文件
	推进土地互换	村级工业园“工改工”、“工改新”拆除重建类项目在权属清晰、程序合法且满足“净地”条件的前提下，可按照“价值相等、自愿互利、凭证互换”的原则
	工业物业可以分割销售（供地变供楼）	分割转让的产业用房应用于引进相关产业链合作伙伴的产业项目，规定物业自持比例、转让周期、配套用房不得独立进行分割
创新型产业用地	定向供地；允许一定比例的商业、居住配套用房；允许一定比例的分割销售；容积率高于工业用地；地价相对商办用途低	新型产业用地（M0）原则上在市级核心区、区级核心区、轨道交通站点周边 500 米范围以外选址

4 总结

从广州工业用地更新的发展历史可见，工业用地更新政策在国家政策框架下发挥地方能动性，其最终目标是借用市场力量完成产业与土地功能的调整，实现增加税收与就业、城市环境面貌的改善和土地出让收益。在改革开放之后的转型期，城市之间的竞争日趋激烈，广州面临历史包袱重、地方财政压力大等问题。城市更新政策转变的目的是突破内外约束，实现资本与土地的结合，根据国家政策与市场环境在加强管制与放松管制之间调整。

4.1 工厂改造具有福利性与市场性的双面特征

改革开放初期以国企解困为目标的工厂改造具有福利性与市场性的双面特征，工业企业改造是计划经济时期的历史遗留、市场经济下土地价值显现双重叠加的结果。由于改造的主要目标之一是通过土地收益帮助企业解困和再发展，考虑到降低土地产权组织重构的交易成本，因此政府通过政策设置让利企业，放弃部分一次性的土地增值收益，获得改造后能够带来的利益分成，如“更多的税收、拉动经济数据、改善城市形象”等。

4.2 工业用地更新政策反映了地方对国家政策的适应和调整

21 世纪初国家开始加强土地批租管理，禁止以协议方式出让经营性用地，严控在划拨用地上建设住宅。但是用合法合规的工业用地收储出让的方式，前期土地整备成本较高、相关利益难以平衡，更新速度满足不了市场需求，市场活力受到限制，政府也无法取得相应的税收。这种情况下，部分企业通过将厂房改造为商务办公或商业服务用途来进行“非正式更新”得到了政府的认可，甚至以支持“文创”产业发展的形式进行政策鼓励，在一定时间内，平衡了政府、企业、投资方等各利益相关方的权益，成为探索正式更新合理路径的过渡性政策。

2008 年广东成为集约节约用地试点示范省，提出“三旧”改造政策，允许“原有产权主体在改造中获得经济收益”，实施初期广州市积极利用政策红利，加速了旧工厂改造的推进；之后意识到市场主导存在的问题，进行“从政府引导到政府主导，从政府放权到收权”的调整。

4.3 工业用地更新政策变化体现了政府与市场的博弈

工厂改造模式变化的背后是收益分配机制的不断调整，工业用地更新的管制机制从缺乏管制到过于严格的管制，影响市场活力、从政府缺位的市场主导到政府引导下的市场主导；从面对单一的国企国有用地到包括私营企业、村集体用地在内的多元化主体，政策在“严”与“宽”之间不断调整，既要激发市场活力，又要防止工业用地转型被滥用，影响政府收益与市场稳定，其实质是政府与市场博弈的过程。如果设置过高的开发门槛，例如严格的容积率限制和较高的土地出让金，则会造成依照政策进行的“正式”更新行为成本非常高昂，促使更大规模的旧厂房改造利用这种“非正式”的更新行为[8]。广州市在国家严控土地出让的阶段推出鼓励旧工厂可改造为创意产业园的政策，又在近两年提出工业物业可分割转让、工改新型产业用地 M0、利用存量房产进行融合发展的五年过渡期政策，都是为了降低工业用地更新的制度成本，将“非正式”更新行为纳入管理，借用市场力量推动工业用地向政府所希望的用途转变。同时，规划用地调整的权利一直掌握在市一级层面，严格控制可能会影响政府收益与市场稳定的工改“商住”。

4.4 工业用地更新与产业发展、市场需求紧密相关

政府为了鼓励工业用地转型，从最初的工改居、工改商，到工改文创产业、新型产业用地（M0）的提出，工业用地转型的目标更加多样，是地方根据产业发展与市场需求不断调整的结果。改革开放之前，我国城市功能以“生产”为主，普遍存在重“生产”轻“生活”的现象，城市用地结构不合理、住房与公共服务设施缺乏，因此 20 世纪 90 年代以国有企业解困为目的的工业企业改造，通常采用房地产开发方式。21 世纪初由于休闲、办公、空间体验式消费需求的增加；工业建筑、厂区的保护与利用价值逐渐被认识，出于经济实用角度的简单拆除，重建已经不是工业地块改造的唯一选择。在亚运会与“退二进三”背景下，将原来生产用途的厂房厂区活化利用作休闲、办公、商业用途，成为政府鼓励的工业地块改造方式。

近十年来，在经济发展进入“新常态”背景下，地方政府不同程度上放宽了存量用地的开发限制。由于工业用地改造成本较低，国内存在大量工业用地更新的“房地产化”，经济发达地区一方面需要防止“产业空心化”、促进产业转型升级；另一方面，面临着新型产业空间严重不足的问题。近年来深圳、杭州、上海先后推出了“新型产业用地”（M0）、“研发总部类用地”（C65）这一创新，进行差别化供地、差别化地价、差别化管理；推出分割转让政策、提高建设强度、地价优惠政策支持“工改工”。广州顺应这一全国趋势，基于广东省文件精神也推出了以产业发展为目标的、差别化的工业用地更新政策。

注释：

① 国有土地旧厂房利用工业用地兴办国家支持的新产业、新业态建设的，可按现有工业用地性质自行改造，按照“工改工”政策执行，5 年过渡期后，按新用途办理用地手续。

② 对低于 150 亩的村级工业园“工改工”、“工改新”拆除重建项目，一是完善集体建设用地手续的村集体历史用地部分，将原定 30% 的经营性用地转为国有用地后无偿移交给政府降低到

20%；有合法手续的村级工业园无须根据原政策规定的“按现状用地和毛容积率 1.8”计算权益建筑面积。

参考文献：

[1] 广州市地方志编纂委员会 . 广州市志（卷三）[M]. 广东：广州出版社，2010：90.

[2] 广州市地方志编纂委员会 . 广州市志（卷三）[M]. 广东：广州出版社，2010：147.

[3] 刘艳君 . 土地供给参与宏观调控的传导机制研究 [D]. 华中农业大学，2006.

[4] 范晓君，徐红罡 . 广州工业遗产保护与再利用特点及制度影响因素 [J]. 中国园林，2013（09）：85-89.

[5] 刘宪法 .“南海模式”的形成、演变与结局 [J]. 中国制度变迁的案例研究，2010：68-132.

[6] 姚之浩，田莉 .21 世纪以来广州城市更新模式的变迁及管治转型研究 [J]. 上海城市规划，2017（05）：29-34.

[7] 叶浩军 . 经济价值观对微观尺度城市形态的影响研究——以广州地铁一号线上盖物业的开发为例 [J]. 南方建筑，2013（06）：27-32.

[8] 郑德高，卢弘旻 . 上海工业用地更新的制度变迁与经济学逻辑 [J]. 上海城市规划，2015（03）：25-32.

课题资助：

广东工业大学校内博士启动基金（16904），市场化背景下广州城市更新政策选择及政府角色研究。

作者信息：

刘　垚，女，（1985-），博士，广东工业大学建筑与城市规划学院，讲师。

产城融合视角下广州市城市更新实践

1 引言

“产城融合”概念的提出主要源于我国20世纪80年代开展的新城新区建设，城市空间大幅度外拓，开发区所在区域功能、产业结构单一引发的“产城分离”现象，进而要求产业与城市功能融合。然而，随着城市旧城中传统、污染产业的淘汰，城市中心区的产业空心问题日益加剧，所以产城融合的理念同样适用于城市更新。

广州的城市更新主要经历了三个阶段，第一阶段是以危房改造和污染性企业置换为主要内容的城市更新活动，这个时期主要由政府主导，财政压力较大，城市更新推进较为缓慢；第二阶段是引入市场机制，通过市场力量进行城市更新改造，出于发展商的趋利性，这阶段城市更新主要为全面拆建，进行商品房开发，城市功能结构并没有本质上得以优化；第三阶段形成了“政府主导、市场化运作、多方参与”的多元协作模式，城市更新的重点更加注重产业空间的保障，城市人居环境及公共配套完善。由此可见，产城融合是城市更新过程中的一个重要目标。

2 城市更新对于产城融合的意义

从外部环境看，受到全球第四次产业转移的影响，我国经济进入新常态，广州亟待植入创新职能，促进发展转型，进而提升其在国家和国际分工体系中的战略地位[2]。但是在城市长期的“摊大饼”式的发展中，土地瓶颈问题逐渐显露[3]。城市更新中的存量空间正是城市补充产业短板，实现产城融合、高质量发展的唯一载体。

从城市内部发展来看，城市更新不同于新城增量式、拓展式的发展模式，关注的重点聚焦于为城市内部的低效土地。通过对存量土地的再次开发，实现城市土地利用效率的提高以及城市功能的升级和优化，是促进城市内部功能复合、产城融合的重要契机[4]。

3 城市更新中的产城融合

城市更新中的产城融合路径主要由两大步骤组成：一是，根据区位特征、政策导向、资源禀赋条件以及开发商的资源链接能力确定适宜的产业发展方向；二是，由于城市更新中土地属性较为复杂，需要通过一系列土地调整手段和空间设计手法，进而实现产业空间的整合以及产业、生活空间的融合。后者，因更新项目性质、区位的不同，在规划设计手段具有一定特殊性。

通过总结广州城市更新实践，我们将城市更新中的产城融合类型分为产业服务型、高阶产业型、特色产业型。接下来将通过案例逐一展开论述。

产城融合发展方向 **表 1**

产业类型	案例	影响要素特征	产业发展导向
产业服务型	西山村	区位特征：位于城市中心区 资源条件：交通、市场便捷，生态良好 开发实力：开发商擅长重资产运营 政策诉求：强化中心区服务能级	发挥中心优势，发展生产性服务性服务业
高阶产业型	上岗村、瑶田村、章陂村	区位特征：位于城市产业核心 资源条件：产业集聚效应明显 开发实力：开发商擅长链接高端产业资源 政策诉求：引领产业进阶	延伸产业链条、新兴导入
特色产业型	水西村	区位特征：位于城市一般功能区 资源条件：传统文化资源优越 开发实力：开发商擅长文化运营 政策诉求：文化保护与传承、文化自信	彰显特色、差异发展

3.1 产业服务平台型——西山村

（1）项目发展思路

西山村旧改项目位于广州市增城区增江街道，增江大道与广汕公路的交会处、增江东岸经济发展板块中心，距离老城综合服务中心 2 公里，属于增城中心城区的重要组成部分。周边生态环境优越，人文底蕴深厚，紧邻南山古胜、增江画廊、鹤之洲湿地公园等自然人文景点。规划总用地面积为 73.80 公顷。现状以旧村旧厂为主，已纳入广州市标图建库范围，基地要如何发挥自身优势，利用有限的存量空间发挥增量价值是目前的首要问题。

基于该项目处于城市中心区的特殊位置，所以在确定该项目的发展定位时，主要考虑了增城中心区的功能缺位状况以及与城市其他产业区的互动关系。基地所在的增江东岸已聚集东区高新科技产业园等各类工业园区，但相关的服务设施主要集中在增江西岸。因此，在规划区搭建产业服务平台，引爆增江东岸产业发展，营造成熟的城区氛围，吸引创新人才汇聚，实现中心强化、能级提升，生产、生活、生态互相交融，从而促进增城中心城区“一江两岸”发展格局的形成。

（2）产业服务平台的搭建

产业服务平台的搭建主要围绕增城现状制造型、研发型、服务型产业的发展诉求，

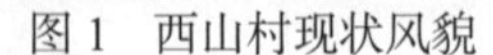

图1 西山村现状风貌　　图2 “三旧专项”标图建库　　图3 项目区位图

由国际会展中心、商务办公集群和产业孵化平台三大部分组成。增城作为广州东部门户区域，应该抓住大湾区建构“世界文明互鉴高地”的机遇，以文化交往参与重大议题及顶层设计，国际会展中心对于带动产业发展进阶具有重要意义；商务办公集群主要包括以企业咨询管理平台、企业总部、研发中心等为主的金融服务办公集群和以信息安全技术研发中心、智慧云与大数据处理中心、物联网技术集成中心、电商孵化区为主的科技服务办公集群；产业孵化平台主要包括公共技术平台、企业加速器、产品研发社区、小微企业定制总部、共享孵化服务平台等功能，为中小微企业提供金融、生活、专业经理人等全生长周期服务。

（3）城市功能的完善

增加名片型城市人文商旅酒店、一站式商业综合体、文创时尚商业街，以及新零售社区商业、文化娱乐、体育休闲、教育培训、医疗设施等多元公服设施，满足居民生活所需，营造幸福生活场景。建设多元社区，融入智慧理念，构建智慧物联网系统，实现社区智能化。

（4）空间整合

城市更新的更新范围划定是规划的重点及难点，已列入城市更新改造范围内的三旧图斑用地的形状非常零碎，为了保证连片开发，土地价值最大化，需要进行土地整合，调整更新范围。

本次用地整合的思路是“新征地＋留用地＋旧村改造”相结合的方式。具体实施分为三步：首先，要确认三旧图斑的用地范围，所有土地的腾挪置换在此基础上进行；然后，将政府征收农用地转为建设用地，通过返还留用地补齐三旧图斑边角不完整地块，便于整体改造；最后，将地块历史留用地等面积置换政府征收的农转用建设用地，并在此基础上根据安置、融资需求，进行土地利用规划，将重要的产业功能地块布置于沿广汕公路北侧，城市公共服务功能布置于地块内部。

在城市设计过程中，主要关注沿广汕公路城市形象界面的打造以及地块中建筑群体与自然生态环境之间的关系。发挥基地内部的河道资源优势，以“一公里动感纽带”为理念构建绿色通廊，连接地块外其他绿色空间，形成连续性的城市生态系统。

通过步道将各产业地块联通，形成便捷、高效、活力的城市公共空间，进一步促进产业活动与城市活动的融合（图 8、图 9）。

图 4　政府征收农用地及返还留用地

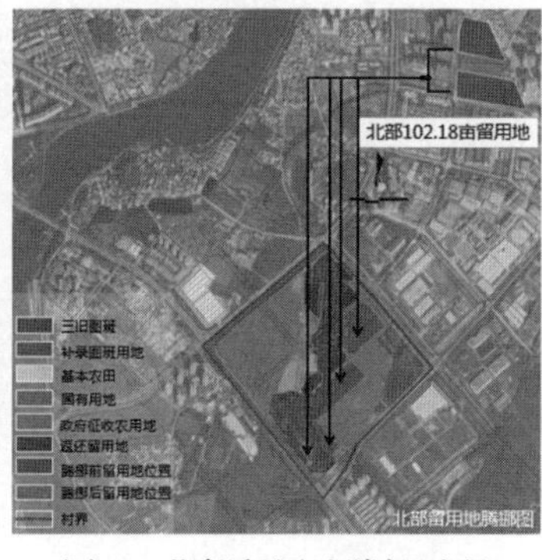

图 5　北部留用地腾挪过程

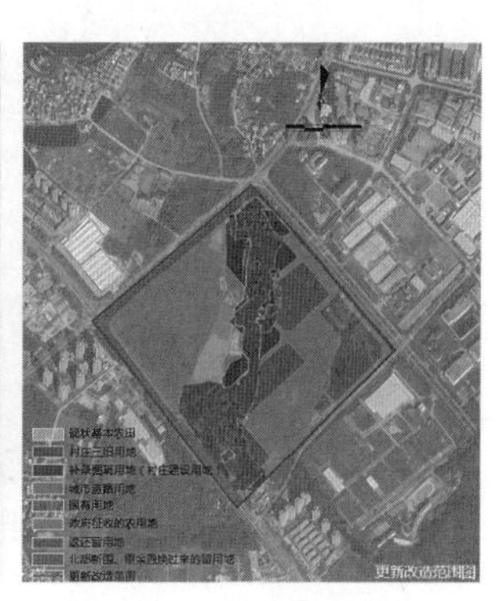

图 6　土地整合后

注：a. 建议政府征收农用地，并把全部返还留用地落在村内补齐三旧边角地方，见图 4；b. 把北部的 6.81 公顷（102.18 亩）留用地等面积腾挪到政府征收农用地转为建设的四块用地上进行一起改造，见图 5；c. 根据集体经济土地所有权权属范围、土地利用现状图、城市总体规划图、土地利用总体规划图、留用地腾挪整合后得到更新规划范围。整合后规划范围内用地包括三旧图斑、补录图斑用地、国有用地、北部腾挪过来的留用地、政府征收农用地、返还留用地及基本农田，共计 73.80 公顷（1107 亩），见图 6。

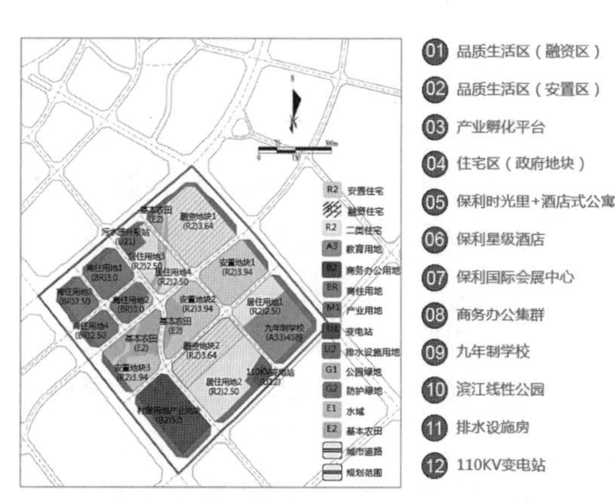

图 7　土地利用规划图

图 8　城市设计总平面图

3.2　高阶产业型——长岗、章陂、瑶田

（1）项目概况及发展思路

基地位于广州市增城经济开发区核心区，是广深科技走廊上的重要节点，承担着推动大湾区战略的重要使命。紧邻广州东部交通枢纽——新塘站，广州东部对接

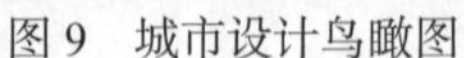

图 9　城市设计鸟瞰图

图 10　基地现状

珠三角东岸地区的门户，区位条件优越。基地总面积为 511.12 公顷，现状为废弃的工业厂房、林地以及长岗、章陂、瑶田三个村庄的建设用地（图 10、图 11），土地利用效率较低，规划范围内约有 36.11% 的用地纳入三旧改造范围，未来片区更新改造潜力较大。在现行控规中，主要用地形式为 B 类用地。

综合分析本项目立足于增城经济技术开发区核心的区位特征、周边先进科技产业集聚的资源禀赋优势、广州对于“IAB”、“NEW”等新兴产业的发展诉求以及开发企业强劲的资源链接能力，将该基地定位为集大湾区科技产业创新合作区、粤港澳青年创新创业示范基地、世界级生态宜居产业形成为一体的粤港澳大湾区国际科创城。

（2）高阶产业导入

基地产业发展重点为“一大枢纽 + 四大产业集群”。一大产业服务枢纽包括创业孵化平台、科技成果转化平台、科技金融平台、人才服务平台。四大产业集群主要为以 5G 通信服务、物联网、软件设计、互联网信息为主导产业的新一代信息技术产业集群，以电竞动漫、创意设计、教育出版为主的文化创意产业集群，以医疗器械、健康管理、新兴医疗为核心的生命健康产业集群，以电商运营、体验展示、教育培训为核心的电子商务产业集群。依托企业资源植入多个高端旗舰项目，包括国科大湾区创新创业基地、国家计算机产业创新中心、国家“5G”物联网微站基地、无人驾驶汽车总部基地、电竞与泛娱乐产业基地、欧洲设计中心、国际精准医疗基地、健康保险区域总部。

（3）产城融合式土地利用布局

在广州市最新公布的《关于进一步加强征收农村集体土地留用地管理的意见（征求意见稿）》中明确指出被征地农村集体经济组织自行开发或者自主引入产业开发的留用地，按照规划使用，但不得建设商品住宅。因此，需要综合当前各村留用地的分布情况重新调整土地规划布局（图 12）。

图 11　三旧图斑分布

图 12　留用地布局

在本次规划区中，土地利用现状性质相对复杂，同时涉及三个村庄的三旧用地（旧村庄用地、旧厂房用地），农地及留用地（表 2），三个村村民的改造意愿也有所差异，但均表达就地安置的诉求，即回迁的住宅、物业均临近于居住地。但在现行城市控规中，将商业、居住、产业用地分别置于三个相对独立的区域，和居民意愿严重相悖，具有一定不可实施性。

村庄用地明细　　**表 2**

行政村	地块属性	占地面积（亩）
瑶田村	旧改	3393.1
	新围社留用地	167.3
	创业中心	513.6
长岗村	长岗村旧改	622.6
	农地	1225.3
章陂村	旧改	1242.1
	留用地	502.8
合计		7666.8

在本次规划中调整了原控规中商业、居住集中布置的形式，形成多组团、多功能布局，提高用地混合度，促进产业功能与城市功能的融合、空间整合[5]，很好地解决了村民的就地安置诉求。在本次规划中，总建筑面积为 746.09 万平方米，其中回迁建筑总面积 184.8 万平方米，包括回迁住宅、物业及配套等（图 13、图 14）。

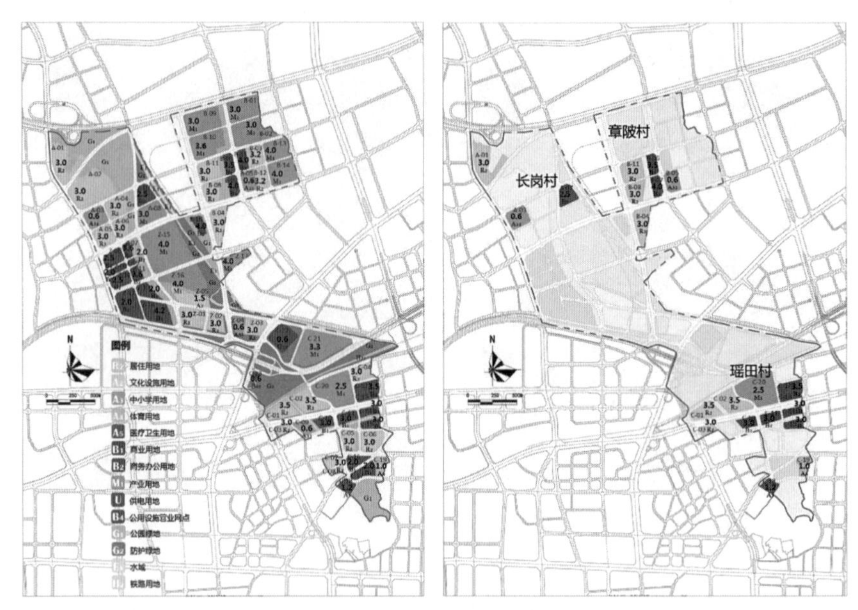

图 13　土地利用规划　　　　图 14　回迁分布

（4）城市特色空间营造

整个新城的空间结构为两链两带多芯，两链为串联一系列工业记忆的文化创意链和串联各类型生态空间的健康生态链，两带为智慧研发带和科技创新带，根据功能分区，形成“科创芯、文创芯、生态芯、智慧芯、商贸芯”。

（1）以文化和生态为核心打造现代特色工业游、科技游走廊

规划关注对原有生态、工业文化肌理的延续，凸显规划地块的可识别性。串联防护绿地，形成健康生态链，为片区生活工作人群提供良好的运动游憩环境。同时，打造一条文化创意链，植入 8k 科技体验中心、智慧田园、AI 文化公园、设计中心、文化创意园等特色文化节点，形成现代特色工业、科技游览路径，吸引旅游人群，提高片区活力。

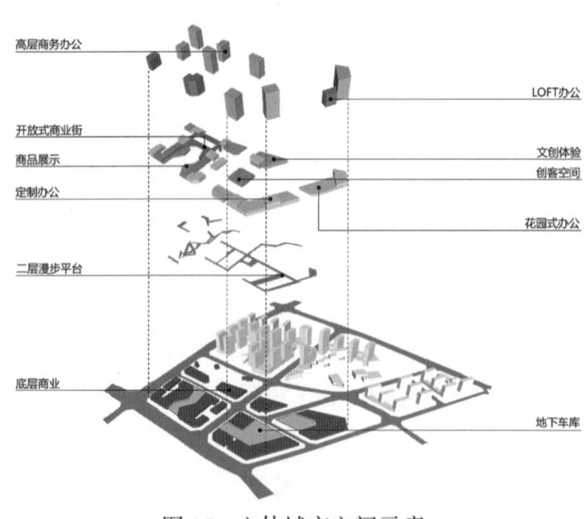

图 15　立体城市空间示意

（2）构建功能复合的立体城市空间

设计引入多元化、立体化的复合功能空间，应对科技创新产业对多元功能集聚的需求（图 15），联动区域，促进了产业和城区功能的融合发展。

3.3 特色产业型——水西村艺术文化圣地

（1）项目概况及更新思路

水西村位于黄埔区水西村南端，规划面积 5.46 公顷，处于历史文化保护区，改造范围内共有 9 处传统建筑（含文物），建筑面积 1608 平方米（图 16）。其余建筑类型以居民住宅为主，少量为商铺、仓库，建设杂乱、质量较差、建筑密度大，村民居住环境亟待提高。在这样深厚的历史文化资源背景下，水西村应该充分发挥自身优势，找到适宜的发展方向。

项目初始，刘佑局现代艺术博物馆落址水西村，刘佑局是我国当代美术家、中外文化交流大使，在文化艺术具有很高的国际影响力。这也给水西村的发展指明了一条文化创意之路。纵观当前广州文化创意产业园发展现状，多缺乏现代艺术感，园区辐射范围狭窄，知名度低。从黄埔区产业发展格局来看，南有广州科学城，北有中新知识城，文化创意资源不足，希望以刘佑局现代艺术博物馆为契机在水西村打造一个具有国际影响力的广州艺术文化圣地——“艺术水西，文化磁极”，和周边科技知识产业区形成差异，互补发展。

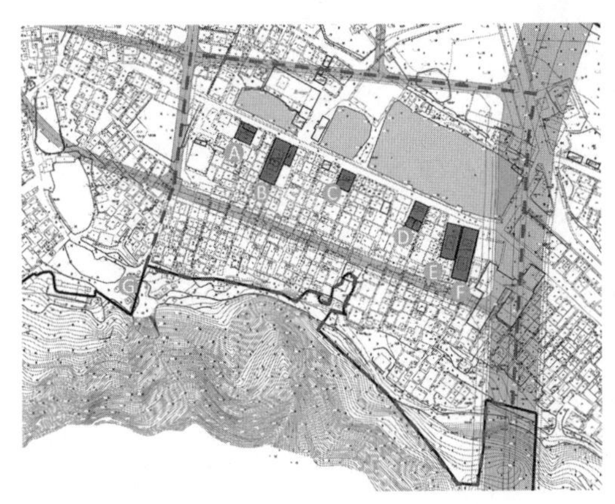

图 16　水西村现状保护建筑

（2）文化创意产业体系策划

本项目中的文化创意产业主要包括以下三部分内容，首先以现代艺术博物馆为核心，构建艺术平台，形成艺术文化渗透和思想碰撞的精神地标；其次，依托艺术博物馆的区域形象和平台效应，构建文化创意全产业链；最后搭建“艺术 +”模式，探索“艺术 + 商业”、“艺术 + 传统”、“艺术 + 科技”等跨领域时尚业态，寻找更多能够为文化艺术带来更强生命力的支点。最后形成集文化展示、体验、交易、创造、服务于一体的现代艺术文化园区。

（3）文创产业空间塑造

本项目规划范围内全部为建设用地，已全被纳入城市更新实施计划。在总规和控规中主要以居住用地为主，为了促进整个片区的产城融合，将该规划片区内用地性质调整为 B 类用地，用以承载文化产业发展（图 17、图 18）。

在接下来的空间设计中，规划充分尊重现状条件，依据保护地块原有的一字街、风水塘以及保留建筑的空间布局，设计以一条横向的文创发展轴，形成了一心一轴四片区的结构（图 19）。再通过纵向街道绿化串联起北侧的风水塘与南侧的山体景观，使得规划后的文创空间和周围的山水格局紧密契合。保留建筑的风格特色，将成为形成本场地风貌的重要基因；并对部分质量较差的保留建筑进行改造，使其赋予新的功能；其余新建建筑，以刘佑局老师的现代艺术博物馆为核心，采用新的现代主义建筑形式。最终，在场地内形成传统与时尚和谐相融的现代艺术氛围（图 20、图 21）。

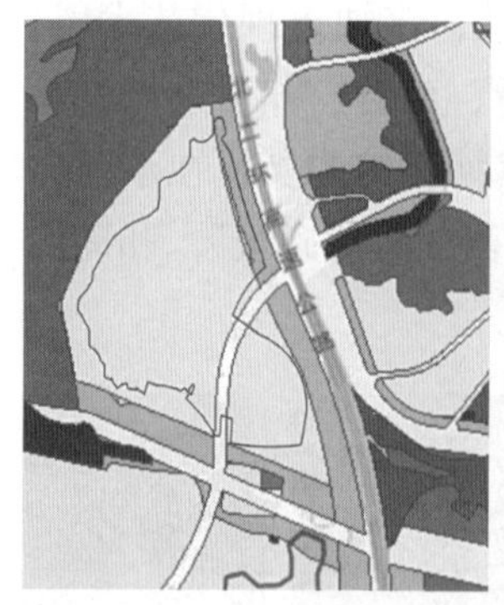

图 17 《广州市城市总体规划（2011-2020）》

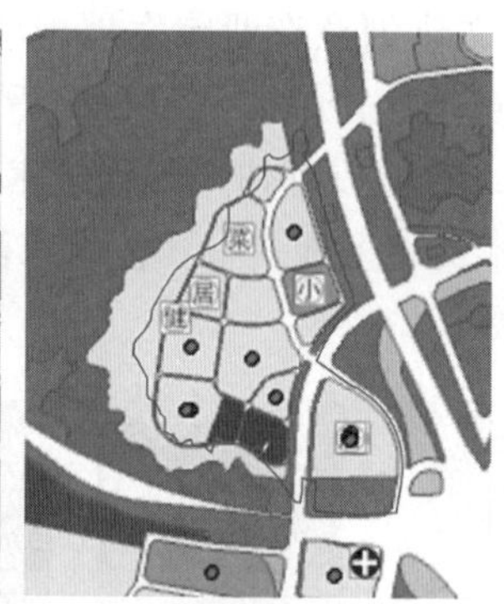

图 18 现行控规（广州市城市规划空间资源平台）

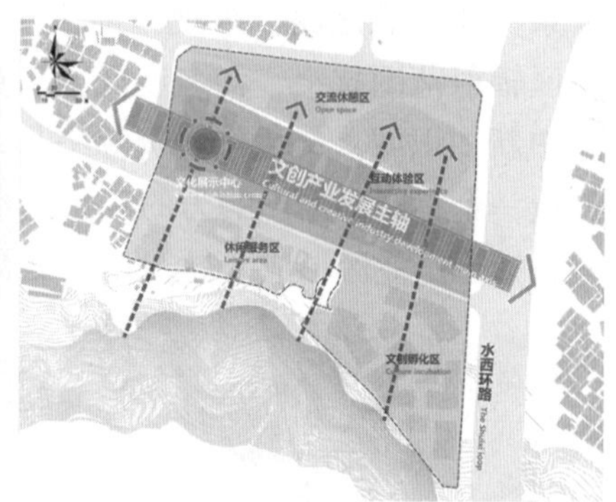

图 19 水西村空间结构

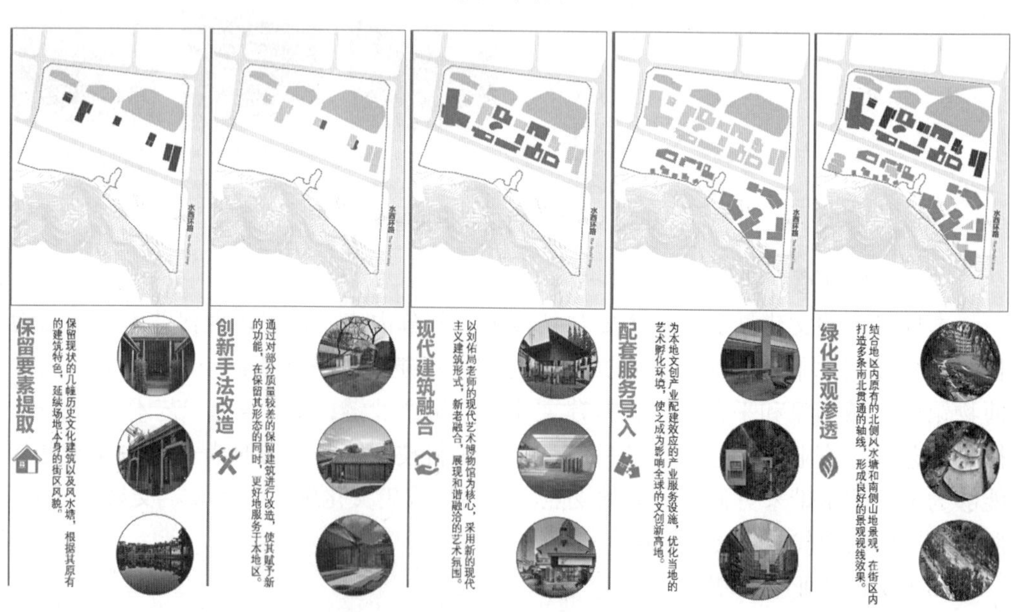

图 20 水西文化艺术空间营造逻辑

1. 刘佑局现代艺术博物馆
2. 辅而别墅
3. 润峰祖祠
4. 文化艺廊
5. 艺术品3D打印体验中心
6. 创意工作室
7. 活动广场
8. VR画廊
9. 艺术体验馆
10. 金陵公祠
11. 非遗体验馆
12. 零售商铺
13. 水幕景墙
14. 休闲餐饮服务区
15. 远亭家塾
16. 抱虚公祠
17. 崑山祖祠（游客服务中心）
18. 林下艺术交流空间
19. 跌水泳池
20. 社区服务中心
21. 创意民宿
22. 登山步道
23. 林地体验空间
24. 独立书店
25. 双创中心
26. 艺术家孵化器
27. 服务平台
28. 国际会议中心
29. 艺术教育培训学院
30. 人才公寓
31. 艺术公园

图 21　水西村城市设计平面图

在基地中形成环形的游览路线，串联起博物馆、文创街区、民宿和绿地区等功能。地块道路系统采取完全人车分行的模式，充分保证内部空间的人行体验。

4　结语

随着广州城市的高质量发展，城市更新将成为城市规划工作中非常重要的一个内容。在长期的更新实践中，经历了政府主导、市场参与、多元协作等多个阶段，形成相对成熟的经验，在全国范围内具有一定的先进性和借鉴意义。

城市更新工作是针对一片有历史、有文脉、有建设的城市地块的空间重塑和资源再分配，要求城市更新应摸清更新对象的发展优势和发展诉求，找到适宜的产业支撑，为地块的发展注入持续动力，形成产城互促、共荣发展。

注释：

① 文中案例以及图片来源于深圳市华阳国际工程设计股份有限公司规划设计研究院在广州的旧改实践。

② 参考 2009 年 8 月，广东省政府出台《关于加快推进“三旧”改造工作的意见》（粤府〔2009〕78 号）。

③ 参考 2009 年 12 月，广州市政府出台《广州市人民政府关于加快推进“三旧”改造工作的意见》（穗府〔2009〕56 号）。

④ 参考2015年12月，广州市政府先后出台《广州市城市更新办法》及《广州市旧村庄更新实施办法》、《广州市旧厂房更新实施办法》、《广州市旧城镇更新实施办法》，简称“1+3”政策。

⑤ 参考2017年6月，广州市政府出台《广州市人民政府关于提升城市更新水平促进节约集约用地的实施意见》。

⑥ 参考2018年1月，广州市城市更新局出台《关于进一步规范旧村合作改造类项目选择合作企业有关事项的意见》。

⑦ 2018年4月，广东省国土资源厅印发了《关于深入推进“三旧”改造工作的实施意见》（粤国土资规字〔2018〕3号）。

参考文献：

[1] 程大林，张京祥 . 城市更新：超越物质规划的行动与思考 [J]. 城市规划，2004（2）：70-73.

[2] 毛艳华，蔡敏容 . 新常态下的中国创新型城市建设 [J]. 上海城市规划，2015（2）：12-16.

[3] 周晓，傅方煜 . 由广东省“三旧改造”引发的对城市更新的思考 . 现代城市研究 [J]，2011（8）：82-89.

[4] 唐晓宏 . 城市更新视角下的开发区产城融合度评价及建议 [J]. 经济问题探索，2014（8）：144-149.

[5] 李文彬，陈浩 . 产城融合内涵解析与规划建议 [J]. 城市规划学刊，2012（s1）.

作者信息：

李亚蓉，女，深圳市华阳国际工程设计股份有限公司，城乡规划助理工程师。

赵孟哲，男，深圳市华阳国际工程设计股份有限公司，城乡规划助理工程师。

广州市旧城全面改造资金平衡初探

1 旧城改造的背景及现状研究

1.1 旧城改造的背景

城市更新是当代新型城镇化历程的必经阶段，广东省作为全国三旧改造的首批试点省份，为解决经济快速发展所带来的用地资源不足、土地产能低下等问题，积极探索节约集约用地路径，大力推进城市更新。2018 年广东省土地利用计划管理办法中取消了珠三角地区普通计划指标，仅通过奖励机制引导通过存量建设用地盘活的方式获取新增建设用地指标，以此倒逼珠三角各地加快旧改的进程。

广州市作为省会城市，最早开始“三旧改造”的实践，并对“旧村”、“旧厂”的改造及资金平衡路径形成一系列行之有效的指导规范。广州大规模的旧城更新起于新中国成立之初，历经半个世纪的探索、发展演变，资金平衡难、权属复杂等问题层出不穷，当下仍难有切实可行的改造路径。随着建成区的不断扩大、成熟，旧城区普遍存在基础设施不足、交通拥堵、居住环境恶化、老龄化加剧等问题，旧城镇功能衰退,已无法满足社会经济发展的需求。当下破解旧城改造的现状困境迫在眉睫，而其中探索如何实现资金平衡成为旧城全面改造“破局”的关键。

1.2 广州市旧城改造的演变历程

广州旧城改造历经了两大阶段。

第一个阶段是 1987 年以前，由政府主导旧城改造，以实物补助兑现业主改造的预期。在此阶段,广州已开展的大规模旧城更新主要集中于 54 平方公里老城区范围。该阶段历经三个时期，由于土地市场化机制暂未形成，改造主体单一，资金来源也主要依赖政府及业主的投入。其中：

第一个时期:新中国成立初期，在全国以“生产性建设”为主的社会主义计划经济模式下，旧城改造形式简单，主要依赖政府出资，对棚房、简易建筑进行改造。

第二个时期:“大跃进”时期，城市生产性建设速度明显加快，建成区规模逐渐扩大,人口急剧膨胀,在此阶段形成了一定规模的工人住宅,如广州现在的建设新村、凤凰新村。此阶段政府财政有限，主要通过“自助公助”的公私合作形式，政府和业主各出一部分资金对房屋进行加固及改良。

第三个时期：改革开放前期，为适应中心城区经济快速发展的需求，政府主导腾退旧城范围大量新中国成立前期的危破私人住宅，在资金来源上同样依赖公私合作的方式，在改造形式上主要采取“见缝插针”式改造，政府引导私人对单栋房子进行翻新或重建，放宽各种审批程序，造成不符合技术指标的房子大量增加，为旧城人口密度及交通压力剧增埋下了隐患。

第二个阶段为1987年之后的探索与完善阶段，该阶段历经三个时期，始于广州国有土地有偿使用的尝试阶段。1992年政府向香港开发商出让东风中路块土地，开创了以道路改造带动城市更新的开发模式，在此之后才开始从“土地作价”的角度考虑旧城改造的资金平衡问题。其中：

第一个时期：房地产黄金十年（1986~1997年），市场利益导向下的旧城更新成为城市建设的主导旋律。政府大规模拆建布局基础设施用地的城市建设需求与开发商狂热追逐旧城区位价值的利益导向相互契合。政府暂未形成有效的管控经验，企业仅从实现自身的盈亏平衡的角度来考虑开发建设，通过拆除大量旧街坊，建设高层办公楼及住宅，这种开发的盲目性导致了旧城的交通与环境不堪重负。

第二个时期：控制调整期，2000年开篇，广州历经行政区划调整、空间战略布局调整，城镇新区建设和城镇规模不断扩大。2003年政府发出“旧城改造不让开发商参与”的禁令，结束旧城更新的失控阶段。2006年，广州实施“东进南拓北优西联中调”战略，再次强调复兴老城区，并重点针对老城危破房、棚户区进行改造。

第三个时期：“三旧改造”时期（2009年～至今），政府主导的微改造成为旧城更新的主要形式。2016年《广州市城市更新办法》及其配套政策出台，并创造性地提出旧城微改造，重点针对2000年前建成的，功能配套不全、建设标准不高、基础设施老化的779个老旧社区进行改造更新。据统计，2018年重点推进微改造项目168个，累计财政投入6.08亿元，其中越秀区2.07亿元，荔湾区1.68亿。

此阶段政府虽积极探索市场准入参与的旧城改造模式，但并未能解决资金平衡的难题，推行的“微改造”模式也是政府在有限财政支持下，创造商务社会参与的旧城更新改造的良好范式，而旧城全面改造仍处于探索过程中。

1.3 相关政策支持

为充分调动企业参与的积极性，缓解政府财政压力，实现旧城改造资金平衡，系列政策演变经历了审批事权下放、参与渠道放开等路径演化，鼓励多方主体参与旧城改造的优惠政策、保障措施逐渐出台，积极探索支持资金平衡的有效路径。

当前广州支持的旧城改造的整体思路是基于56号文中提出的“由市、区政府安排财政资金组织拆迁补偿安置，房屋拆迁完毕后，通过公开出让融资地块土地使用权回笼资金。”其改造路径一为56号文中的“熟地出让”模式，即“投资实施主体按协议约定投资完成拆迁补偿安置和土地整理后，政府通过市公共资源交易中心平台公开出让土地，同级财政部门按照协议约定统筹安排资金，支付相应费用给投资实施主体。”路径二为5号文中“生地出让模式”，即政府可“将拆迁工作及拟改造土地的使用权一并通过招标等方式确定改造主体（土地使用权人），待改造主体完成拆迁补偿后，签订土地使用权出让合同。”两条路径的核心均是通过获取土地出让金来平衡前期的动迁成本。

为减轻企业参与旧城改造的成本压力，相关政策对地价计收优惠及税收优惠政策做出了明确规定，其中于2019年省71号文中提出“‘三旧改造’供地，可以单宗或区片土地市场评估价为基础，综合考虑改造主体承担的拆迁安置费用、移交给政府的公益性用地及物业等因素确定政府应收地价款。”即在地价评估中考虑改造主体承担的拆迁安置费用及移交公益性物业等因素。56号文中规定“符合条件的旧城镇改造的安置复建房项目，依据棚户区改造政策，按照安置复建面积“建一免一”的原则，减免城市基础设施配套费，并可在本市权限范围内依法减免其他行政事业性收费和政府性基金。”

为降低动迁过程不定性因素，缩短旧城改造周期，在系列政策中强化司法保障措施。71号文中明确指出，针对符合具体分类情形的，“原权利主体均可向项目所在地县级以上人民政府申请裁决搬迁补偿安置协议的合理性，并要求限期搬迁。”

2 旧城全面改造的主体决策行为

2.1 旧城改造模式

旧城改造的主要模式有两种，一是以“修缮提升”为工作中心，不涉及产权变更的微改造模式，二是以“拆除重建”为工作中心，涉及产权变更的全面改造模式。由于微改造目前主要依托财政资金支持，不涉及资金平衡问题，在此仅考虑政府主导情况下旧城全面改造模式。

2.2 参与主体的决策行为分析

旧城全面改造由于涉及复杂的权属变更，高昂的拆迁补偿以及较长的开发周期，并非一项简单拆除重建行为，因此应被“当作一项投资行为”，从多方参与主体的角度出发，考虑其在参与投资决策过程中对于实现“盈亏平衡”的基准标尺，并着重分析“改造成本、投资收益、行为博弈”三个核心要素。

从政府的角度出发，其决策行为不是单纯的利益导向，而是关注社会、经济的综合效益。其考虑的改造成本不仅包括了项目的改造成本，还有改造过程中的外部环境效益及转嫁到区域公益性设施、基础性项目协调上的建设成本。政府对于投资收益的预期既有对城市环境、经济活力的优化提升，也有对片区价值的联动提升效益以及对政绩的期望。在博弈上，政府具有最强的管控能力及谈判能力，扮演着裁判员的角色。政府在改造过程引入开发商，并令其扮演执行员的角色，该行为的初衷是将开发商作为银行来利用，以实现项目的资金平衡，推动项目快速落地。

从企业的角度出发，其决策行为是单纯的利益导向，以实现盈利为目的。开发商投入的成本主要包括土地出让金、动迁成本、安置补偿、征收奖励、基础设施建设费用及不可预见费。旧城改造虽然是一块硬骨头，开发周期长、限制因素多、前期资金投入大，但由于其所处的区位价值优势明显，往往是人口密集、商业发达、交通便利地区，具有巨大的经济活力和吸引力，如果脱离政府的管控，则容易演变为开发商追逐“超额利润”的香馍馍，开发商可通过高强度开发来平衡旧城改造的巨额成本，并尽可能压低对拆迁户的补偿，争取更多的税收减免、容积率奖励等优惠政策。在利益的博弈过程中，开发商面对具有更强谈判能力的政府部门，往往会选择损害业主的权益，甚至通过“权力寻租”等不正当的手段干扰正常的动迁秩序，推动项目较快落地。

从业主的角度出发，其决策行为也是一种“利己”行为，只有拆迁的收益大于损失时，业主才会同意拆迁。业主需衡量的成本主要有两方面：一是物质上的损失，如房屋价值损失、停业停产损失等；二是精神上的损失，需承担安置过程中不确定风险、承受社会关系和地位转化、“城市记忆”变迁带来的不适应等方面的损失。在投资的收益上，业主可获得相应的经济补偿，享受居住环境改善的幸福感和获得感。在利益博弈中，部分居民有传统安土重迁的观念，为保留原有的社会关系网络，不愿被驱逐，因而排斥异地安置。另外，由于商品房使用权市场流通的自由性，不可避免手握使用权的个别群体坐地起价、漫天要价，增加了旧城改造成本的不可控因素。

3 旧城全面改造资金平衡的难点分析

旧城改造的思路及方案编制的基本出发点是“以土地再开发带来”的地价收益，抵扣动迁安置及开发建设成本，实现旧城改造资金平衡。但在现实中由于改造成本的不确定性及“再开发地价收益”的局限性，导致旧城改造资金平衡方案无法实现，现将其主要难点总结如下。

3.1 资金平衡的考虑原则难以落实公平性

现有可行的旧城资金平衡方案是从“成本定价”的原则考虑，即将改造中需要的征收补偿、奖励、拆迁安置费用转化融资土地的出让金。但土地的价值应取决于其所处区位、规划性质等价值衡量因素，并非取决于开发土地所付出的代价。在自由竞争的市场经济中，开发商从投资决策的角度出发，定会本着“不做亏本买卖”的态度，追逐低成本高收益的改造项目。

目前旧城改造释放的总体价值是固定的，但利益的角逐会导致改造成本剧增，即旧城改造的代价不断增加，而改造主体所获取的价值收益并未能同步递增，若政府未能针对不同项目执行分区分类政策、制定有效的干预措施、奖励措施，将难以保障旧城改造市场的公平性。

3.2 缺少增量落地空间，难以实现就地平衡

广州城镇化建设以外延式扩张的圈层化模式演变，即所谓的空间上“摊大饼”，这导致了人口、交通流量高度集聚于旧城区，旧城空间已无存量用地。同时，旧城也是城市历史文化的起源及重要载体，广州名城保护规划对旧城范围的开发强度进行严格控制，导致旧城几乎无增量用地。因此，旧城的改造无法单纯按照复建与融资的逻辑来考虑，并非是地块的开发容积率足够高，就能实现就地平衡。

荔湾区金花街改造是广州在土地有偿使用契机下的初步尝试，有三家国企按约定对业主进行就地安置及融资平衡，据统计，改造后的总建筑面积达到 93.7 万平方公里，毛容积率从现状的 1.2 提升至 3.9，平均人口密度从现状的 11.2 万人 / 平方公里增长为 12.5 万人 / 平方公里。开发商为解决内部资金平衡，提高融资建设量，导致人口大量集聚于旧城，对基础设施及公益设施需求量剧增，严重增加老城的负担，制约城市发展。由此可见，在考虑旧城合理容量的前提下，旧城改造已难以简单复制“就地平衡”的实施途径。

3.3 用地权属复杂，难以进行规模化开发

旧城镇涉及复杂的土地产权及房屋产权问题。新中国成立后，城市先后经历过公私合营、人民公社、改革开放等浪潮，在旧城中出现了直管公房、单位代管公房、代管侨房、商品房、自住私房等多种权属类型的住房，甚至存在大量无产权却使用已久的违章建筑，再加上自由的流通方式及多样的让渡形式，导致旧城产权碎片化严重，难以形成规模化的开发。在实际操作中，房屋拆迁前需先取得土地使用权，旧城国有土地使用权与居民使用权分离，又缺乏类似村集体的主导组织，导致多方利益主体展开利益争夺的拉锯战越演越烈，旧城动迁工作阻力重重。

3.4 改造周期长，难以有效把控开发进度

旧城改造需经历多方主体谈判博弈的方案研究阶段及“动迁、安置、建新”的开发周期，流程繁杂，周期冗长。一方面导致资金周转时间长、增加改造的融资成本、机会成本。另一方面导致项目动迁的难度系数增加，在市场自由经济体制下，居民或单位大都抱着“骑驴找马”的观望心态。鱼珠旧城改造在 2007 年以前的十多年间

已先后四次被列入社区建设计划，直至2010年才重新启动改造工作，历经十年，区政府于2019年2月批复同意了更新改造规划方案，过长的改造周期导致开发商难以把控开发进度，在资金平衡过程中难以进行风险预估、精准把控。

4 国内外旧城改造资金平衡的启示

借鉴国内外旧城改造实践，在资金平衡方面，普遍强调“政府主导、多方平台搭建”的重要性，主要通过政府激励政策、多方利益捆绑、多元化资金筹措手段，降低项目的开发成本和风险，维持资金平衡。

4.1 香港“公私合营”运作模式

香港的旧城更新主要经历香港房屋协会、土地发展公司、市区重建局3个阶段，从早期的私营运作，到公私合营的逐渐完善。

1948年香港房屋协会（简称房协）成立，是一个自负盈亏的私营组织，主要开发低层楼宇及重建难度较小旧区地段。政府给予地价优惠，减轻房协的资金压力。对于高层、高密度的旧区更新，往往拆迁难度较大、资金投入较多、获利空间较小，私营组织模式显现出了局限性。

1988年土地发展公司（简称土发）成立，是一个财政自负盈亏的半官方半商业组织。政府提供一亿港元的非循环附息备用信贷，作为旧城更新资金的支持。这一时期的土发，过于注重经济效益，忽视了旧城更新的社会效益。

2001年市区重建局（简称市建局）取代了土地发展公司，成为主导香港旧城更新的负责机构，是财政自负盈亏的半官方半私营组织。香港优先更新的项目由于属于中等高度，除去收购物业、支付利息将所剩无几。基于旧城更新的公益性，香港政府为市建局提供了相关贷款、免征重建地段地价、项目间平衡等支持。

4.2 东京“创新拆迁补偿机制”

六本木城位于日本东京都会区，原为东京破旧的老城区，更新后集合了居住、办公、娱乐等多种功能及设施，是一个超大型复合性现代化都市区。拆迁补偿在旧城更新资金投入占比较高，是项目经济平衡的关键。六本木城的拆迁补偿以“货币补偿、房屋置换、资产入股”三种方式，衍生出多种不同的补偿组合。其中，入股分红是指以土地及房屋资产作价入股六本木城开发公司，与开发商共享土地升值收益。开发商接受居民折价入股，看似是贡献了自身的部分利益，实际上可能获得额外的收益。开发商引入“资产入股”后，解决了长达14年的拆迁利益矛盾，减少了部分土地房屋的征拆成本，同时居民积极推进项目的拆迁及建设，节约建设成本，缩短拆迁和建设时间。

5 旧城改造资金平衡策略与建议

5.1 设置激励与管理机制

广州旧城更新普遍存在产权多元、建筑密度较高、规划管控较严的现象。市场主体出于拆迁协调难度大、拆迁补偿标准高等问题，基于单一项目自负盈亏，较难获得资金平衡，对旧城改造的参与热度较低。旧城改造不同于其他房地产开发项目，具有改善城市面貌、优化市政基础设施、增加公共服务设施、提高居民的居住生活水平等公益效益。基于旧城改造的公益性，建议对开发资金难以平衡的项目，强化政府主导，采取系列的激励政策，推进旧城改造。如，减免改造地块的地价、提供低息贷款、组合项目间平衡等。政府在设置激励机制的同时，应当加强对旧城改造项目的监管；在项目的资金平衡测算中，应对资金测算给予充分论证与审核，必要时对项目进行公示，再给予激励政策；在资金监管上，应严防低息贷款他用，设置多方监管账户，保障专款专用。

5.2 探索多方合作模式

参考中国香港、英国伦敦等城市的旧城改造经验，建议成立“政府、市场主体、社会”三方合作的运作模式，推进旧城改造。在公共机构与私人机构之间达成伙伴合作关系，签署合同明确双方的权利和义务以确保项目的顺利实施。参与旧城改造能够节约交易成本，使得参与者各方通过对资源的共享实现双赢或多赢的局面。

5.3 成立旧城改造基金，多元化筹措改造资金

目前，市场主体在资金筹措方面，主要有银行贷款、房地产信托、发行债券、房地产投资基金等方式。近年来，中央以税收、法律、金融、财政等市场调节机制对房地产行业进行调控，限制房企的融资渠道，保持经济的可持续发展。在中央调控的背景下，建议适当放宽旧城改造融资渠道，引导建立“旧城改造基金”，通过少量的城市政府财政投入和国有企业投资，吸引大量的中小企业资金、居民储蓄以及旧城改造中被拆迁居民的拆迁补偿费入股投资。对于以基础设施改善，不以营利为最终目的，建议引入公益性组织投资。

5.4 考虑远期土地升值红利和“保险”机制

旧城改造不应着眼于短期的资金平衡。改造后，产业得以升级，可带来租金收入上涨、税收增加等收益；城市环境得到改善，企业在群众的认可度增强，企业形象提升；远期，随着城市功能的不断完善，区段土地升值。在企业后期运营中，探索引进“保险”机制，约定企业在某个阶段未能达到资金平衡，政府可启动税收减免等“保

险”机制，维持企业的资金平衡。

6 小结

本文简要梳理了广州市旧城改造发展历程，从政府主导、实物补助时期到政府主导、市场参与时期再到禁止开发商参与阶段，进而是现在政府主导、市场合作模式推进旧城改造工作。初步分析旧城全面改造参与主体决策行为，探讨“政府、企业、业主”的利益诉求，对广州旧城全面改造代表性案例进行研究，总结目前广州旧城全面改造资金平衡的难点。借鉴发达城市的旧城改造经验，从激励与保险机制设置、多元化资金筹措、多方合作平台构建等方面，吸引市场主体参与、减轻企业资金压力和降低开发建设成本。通过多元的资金平衡模式，协调“政府、企业、业主”的利益关系，稳步推进广州市的旧城改造工作。

作者信息：

庄 婧，女，广州市城市更新规划研究院，规划师。

蚁洁煌，男，广州市城市更新规划研究院，规划师。

粤港湾大湾区背景下广州与其他城市的更新机制的差异研究

建设粤港澳大湾区是习近平总书记亲自谋划、亲自部署、亲自推动的国家战略。2018 年习近平总书记赴广东考察调研时嘱托:“要把粤港澳大湾区建设作为广东改革开放的大机遇、大文章,抓紧抓实办好。”目前,湾区发展已迈入存量时代,城市更新已经成为实现湾区科技人文发展的重要途径与提升区内经济民生的重要保障。

2019 年 1 月，广州市完成了职能部门机构改革工作。全市主要的城市更新职能归置住房与城乡建设局。为抓住机构改革与湾区发展契机，重新审视广州市的城市更新机制，现对大湾区内其他城市的更新机制进行对比研究。

1　广州当前城市更新工作的主要特征

1.1　广州城市更新职能部门缺乏城市更新专项许可权和适当的执行优先权，单一更新项目接受多头平行管理，难以统筹

在专项许可权方面，按照现行政策，城市更新内容的法定化过程及建设执行过程除了接受更新职能部门审查外，还需通过规划等职能部门的行政审查及实施许可，形成了分段串联的行政审批，客观上增加了审批时长。

如涉及控规调整的更新片区策划方案通过市更新领导小组审议后，控规调整方案还需另行报送规划委员会审议方可完成控规调整审批工作;更新项目实施方案在获得批复后还需向规划职能部门申请办理建设用地规划许可手续方可开发建设。整体更新改造审批流程复杂，不利于更新职能部门总体把控，全面统筹。

执行优先权缺失方面，主要体现在更新职能部门在执行协调工作中仅搭建协调平台，缺乏独立作出协调决议的机制。

如缺乏确定单宗地应开展收储还是更新改造的决策机制;缺乏实施公益设施的土地整理、施工建设的统筹机制。

1.2 广州当前城市更新开发总量主要由“改造成本”推导所得，需加强建成环境的综合考虑

由于缺乏城市层面的土地开发强度的统筹，城市更新项目开发总量通过《广州市旧村庄全面改造成本核算办法》测算所得，改造成本的测算更多地考虑土地权益人诉求，对城市发展战略、城市环境的承载力考虑不足，容易形成开发总量超出区域交通、环境承载力，或是开发总量无法实现区域开发强度最优、最大的情况。

因此，仅以改造成本为依据，忽略城市发展战略、地方经济容量、社会容量、环境容量的综合变化，单因素确定更新项目开发总量的方式有待完善。

1.3 针对更新项目公益用地及产业发展的专项统筹不足

目前，广州更新改造项目的公建配套主要依据《广州市城乡规划技术规定》（广州市人民政府令第158号）标准测算更新改造范围内人口配建公共服务设施。按照现行规范，单个城市更新项目一般仅需配建社区、街道级公共服务设施，但多个项目叠加多会导致大范围内的区域级公共服务设施配置不足。

产业发展方面，广州暂无针对特定区域和具体用地的产业发展指引，无法引导地区更新改造后的产业方向，保证产业空间的建设量。现阶段市场主体基于利益最大化的驱动，选择以营利为目的的更新项目，导致大量更新改造以住宅建设为主，不利于落实城市发展战略及完善城市产业功能。

1.4 城市更新上位法规、条例缺失

1. 现行城市更新办法与土地管理上位法并未完全兼容。市级职能部门间对更新政策的理解差异直接导致更新政策摇摆，创新更新工作思路及措施动力不足，欠缺创新解决问题的思路。

2. 市一级政策创新的动力不足。一方面，由于受限于上位政策和法规，职能部门解决问题的研究动力不足；另一方面，省、市间暂未形成长期、稳定的更新政策研讨平台。

3. 因缺乏争议解决和强制执行机制，在私人物权保护的原则下，临迁安置与安置区的建设、拆迁补偿安置标准及程序、违法建设等问题造成拆迁困难[1]。

2 东莞、深圳、珠海、佛山切实推进城市更新工作的机制

2.1 职能体系完备，更新系统可独立统筹更新相关的规划建设工作，实现简化更新项目审批流程

1. 四地为加强城市更新职能部门的执行力，将城市更新工作对应的权限归并到

同一部门，实现单一部门即可总体把控更新的方案审查、用地报批、征收储备计划、控规调整、行政许可、实施建设等改造全流程工作。

2. 在审批流程上，四地均在各职能由单一部门把控的前提下进行了深入探索。如东莞市针对单个项目的更新改造，开展了全流程审批事项整合工作：通过制定《东莞市城市更新单元（项目）“1+N”总体实施方案审批操作细则（实行）》，将若干份报告一次性报人民政府批准；将前期研究报告（含控规研究）、改造方案、征地报批方案、收储方案、收地方案、供地方案等打包，实行“一次过会，全程通行”。

2.2 基于城市发展需求，系统性统筹更新改造建设量与城市的功能、空间环境

不同城市对更新改造量与城市空间开发强度的关系做了不同探索，按思路可分为以下四种类型：规划约束型、改造成本约束型、现状与规划协调型、自由裁量型。

1. 深圳——规划约束型：深圳早已完成了全市的密度分区工作，更新改造需严格执行现行密度分区确定的地区开发强度。为鼓励建设公共服务设施、保障房，同时确保特定区域建设量不突破，深圳创立了奖励容积率、转移容积率的建设量平衡机制。总体而言，深圳更新项目现状情况与改造后的建设量不产生直接关联，凸显了规划的强制性。

2019 年 3 月，深圳出台了《深圳市城中村（旧村）综合整治总体规划》，从城市发展战略高度出发，基于城市功能及空间环境，充分考虑城市发展弹性，分区划定了综合整治对象，差异化管理旧村更新改造工作。

2. 珠海——改造成本约束型：珠海也划定了密度分区，但改造总量由明确认可后的改造合理利润决定：更新总成本 + 合理利润（25%）= 商品房面积 × 售价，由此计算安置补偿、物业回迁、融资开发建设量，更新总量主要受改造成本影响。

3. 东莞——现状与规划协调型：借鉴深圳的密度分区，东莞对更新范围内特定区域的开发强度采取了多要素计算的模式：基础建筑面积（通过密度分区计算）+ 奖励建筑面积（通过贡献公建配套面积计算）+ 补偿建筑面积（基于现状建筑计算）= 更新改造后建设总量。该算法将规划作为参考，根据现状安置及新建公建配套等因素，对开发强度进行修正，为安置房、公共服务设施建设提供保障。

4. 自由裁量型：佛山市未开展密度分区工作，其城市更新以旧村、旧厂为主。佛山旧村普遍包含大量工业园区，土地资源较为充裕，仅通过更新成本、收益研究确定的建设量往往导致地方开发强度偏低。因此，佛山市鼓励下辖各区结合地区功能，合理确定用地开发强度。

2.3 针对更新改造项目涉及的公益用地、产业空间出台专项措施

1. 在公益用地方面，深圳市为落实保障性安居工程建设，促进产城融合，制定了《深圳市城市更新项目保障性住房配建规定》。规定确定了不同地区不同类型的更新改造项目保障房配建建筑面积的基准比例，其中的公共租赁住房及搬迁安置用房免交地价，建成后政府回购。

除此之外，深圳还出台了《深圳市城市更新外部移交公共设施用地实施管理规定》，对各医疗、教育、社会福利、公共设施、绿地与广场、交通站场等公益用地的权属、面积提出了详细的管控要求，从而保障了区域内的公共利益。

2. 在产业方面，各市均划定了产业发展保护区。其中，佛山更新政策结合《佛山市城市棕线管理办法》明确提出激励产业发展保护区内的工业提升；东莞市通过《东莞市城市更新单元划定方案编制和审查工作指引》提出了改造范围内最小产业用地占比的要求；深圳市《深圳市城市更新项目创新型产业用房配建规定》对拆除重建类更新项目的产业用房配件比提出管控要求。

2.4 拥有一定政策创新及审批事权，为各地自主探索城市更新路径提供土壤

1. 佛山改革试点：2010 年，佛山市事权全面下放。下放后，顺德（享有地级市的行政执法权限并将接受广东省的直接考核的）、南海（全国土地改革试点、全省新一轮深化“三旧”改造综合试点）等区均针对自身情况开展了更新政策探索及创新。尤其南海区为佛山其他区，乃至广东省的政策编制均提供了丰富的经验及研究基础。

近期，顺德区正着力探索在不拆除重建的情况下，对公益类资产用地完善历史用地手续；南海区也在权限内探索不同所有制（集体与国有）土地混合开发、集体与国有用地互换的更新改造路径。

2. 深圳建立完善的法律体系的探索：一方面，基于省司法厅《关于印发探索“三旧”改造民主协商与司法裁决有效途径实施细则的通知》建立行政裁决机制；另一方面，探索学习香港征拆工作所采取的“强制售卖”模式，共同破解制约城市更新实施“拆不动、赔不起、玩不转”等困境的深层次瓶颈，促进更新工作依法和谐有序进行。

3 优化广州城市更新工作的建议

3.1 强化更新体系职能，加强部门统筹城市更新及相关规划工作的力度，简化更新项目审批流程

1. 政府授权，市住房和城乡建设局牵头，各职能部门配合，共同搭建以住建局

为核心的周期性更新联动协调会，由市政府分管副秘书长主持会议，并对每次协调成果形成纪要。

2. 由市住房和城乡建设局与市规划和自然资源局共同搭建项目联合审批体系，探索对一个更新项目的多项问题，进行一次性审查报批的流程。

3.2　强化规划引领，细化更新工作的上位规划与实施指引

1. 由市住房和城乡建设局牵头，开展全市更新规划专项研究，结合广州城市发展战略及空间管控要求，对全市更新范围的开发强度予以初步判断，作为下阶段更新工作具体实施的指导、依据。

2. 由市住房和城乡建设局牵头，各职能部门配合，对现有城市更新项目进行分类，并采取差异化的更新措施。例如，研究更新项目的建设强度超出规划承载量后的容积率转移路径；研究更新项目建设量未能达到合理开发强度，如何补足功能及建设量的指引。

3.3　强化更新工作中公益用地、产业空间的规划统筹及建设实施

1. 由市规划和自然资源局牵头，市住房和城乡建设局配合，研究出台更新片区范围内公益用地的设置标准及监管流程，确保从政府出发、区域统筹，提高公益用地设置的合理性，保障公益用地实施落地。

2. 由市工业和信息化局牵头，市住房和城乡建设局、市规划和自然资源局配合，基于全市产业发展格局，分区分片，提出全市更新改造的宏观产业发展方向，制定城市更新项目最小产业空间设置标准。

3.4　探索多项事权下放，发挥地方特点，鼓励构筑稳健的政策探索渠道

鼓励南沙区、黄埔区等区利用自身行政特点，积极探索更新改造实施路径，将创新做法定期报市住房和城乡建设局，由市住房和城乡建设局在市内组织专家、职能部门研讨会，将具备借鉴意义的做法报省厅征询意见。

参考文献：

[1]　窦飞宇 . 广州市旧村庄更新改造中的土地置换问题浅析 // 中国城市科学研究会 . 中国城市更新发展报告（2017-2018）[M]. 北京：中国建筑工业出版社，2018.

作者信息：

石　潇，男，广州市城市更新规划研究院。

市场参与背景下的广州市旧城更新改造路径思考

伴随着城市化进程的发展，土地资源紧缺、利用效率低下、公服配套不足、交通拥堵加剧等城市问题日益凸显。城市总体发展趋势由增量“扩容”发展转向存量“提质”。以广州为例，2015年广州建设用地1787平方公里，而土地利用总体规划控制性1949平方公里，结合2020年规划期末限制时点，年均仅可以新增29平方公里，城市发展亟须转向以盘活存量为主的模式。

2008年原国土资源部与广东省人民政府签署《共同建设节约集约用地试点示范省合作协议》，标志着广东省全面拉开“三旧”改造序幕。为落实节约集约用地试点示范作用，广州市由2009年的“三旧”改造项目推进，发展至今天的城市更新常态化推进。目前的改造政策和已批项目，以旧村庄和旧厂房改造为主，项目规模旧城镇改造以老旧小区微改造为主。

目前，广州市中心城区及周边镇街存在大量原有单位大院以及其他房龄超过40年的老旧小区。这些住宅区有的区位条件佳、占地面积大，不利于城市土地集约利用以及交通组织疏导，需要以成片连片的全局观，与周边项目整体推进，真正起到激活城市，带动区域发展的作用。

2019年，广州市出台《广州市深入推进城市更新工作实施细则》，提出“旧城连片改造项目……将拆迁工作及拟改造土地的使用权一并通过招标等方式确定改造主体（土地使用权人）……”的思路，为旧城镇成片连片改造带来生机，但政策并未指明具体实施路径和方法。

1 旧城的概念与改造前置条件

1.1 旧城概念尚未明确

根据《广州市旧城镇更新实施办法》第二条，旧城镇改造范围为危破旧房集中、基础设施落后等地段。但何为危破房？如何界定危破房集中、基础设施落后地段？是否旧城镇主要指旧住宅区，或者是排除旧村、旧厂以外，并符合一定使用年限的区域？其具体改造对象未进一步予以说明。

以深圳市政府印发的《深圳市人民政府关于加强棚户区改造工作的实施意见》为例，其对棚户区改造政策适用范围规定为使用年限20年以上，且符合存在住房质量、消防等安全隐患，使用功能不齐全，配套设施不完善条件之一的区域。通过使用年限界定，一定程度上明确了“旧”的概念。

1.2 为自下而上改造提供可能

旧城改造从历史上看，以自上而下的国有土地上房屋征收等形式为主，其动因在于，存量土地再开发利益、提升地方政府政绩、改善城市发展与面貌。从世界各国的立法来看，各国立法大都规定征收或征用财产，必须是为了公共利益。

而更新改造不同于征拆，以广州市为例，体现为以居民意愿为主的自下而上地主动改造。旧城全面改造第一轮征询区域居民改造意愿同意率≥90%，即可启动改造；签订附生效条件的房屋拆迁补偿安置协议的居民≥2/3，即可具体实施拆迁。

2 以征拆为主的旧城改造

广州市旧城改造历程经历了“政府主导—开发商主导—政府主导—政府主导和市场参与”的阶段。其中，以2009年为时间点，划分征拆与更新两种途径，丰富了改造的路径选择。

广州市旧城改造起步于1979年，以设施配套、危破房改造、鼓励开发商投资旧城改造为动因。

20世纪末，广州市出台了第一部房屋拆迁管理的地方法规《广州市城市房屋拆迁管理条例》。此时的改造以开发商为主体，在明确规划条件后，由开发商向政府申请规划许可，凭规划许可向拆迁主管部门提出房屋拆迁申请，获得拆迁许可证，开发商与拆迁户签订补偿协议后实施拆迁获得土地开发权。此阶段强制拆迁引发纠纷和矛盾有所增加。部分项目因未达成拆迁协议至今仍未实施。

21世纪初期，在国务院颁布《城市房屋拆迁管理条例》的背景下，广州市对原条例进行修订。新条例对拆迁当事人合法权益予以保护，约束政府行政行为，改变无偿剥夺土地使用权的状况。此阶段流程明确了市场主体参与需通过公开招标的形式，引入专家论证、社会公示等程序保护拆迁户权益。

2007年随着《物权法》出台，明确规定只有以公共利益的需要为目的的，才能启动对私有财产的征收程序。但何为“公共利益”仍未有明确界定，一方面保护了旧城产权人合法权益，另一方面对旧城征拆工作带来困难。广州旧城改造与全国其他地方相比冲突较少，但也导致整体建设步伐相对滞后。

3 引入城市更新的旧城改造

2009年广州市出台“三旧”改造政策，旧城改造由原来的被动征拆的路径，拓展至可由改造主体主动申请。广州市城市更新改造经历了初步探索阶段、“三旧”改造阶段、城市系统和谐更新，以及战略引领和有效推进四个阶段。

广州市在2009年制定了《关于加快推进“三旧”改造工作的意见》，初步建立“三旧”改造政策体系；2015年随着《广州市城市更新办法》和《广州市人民政府办公厅关于印发广州市城市更新办法配套文件的通知》的出台，城市更新工作向常态化方向推进；2017年出台了《广州市人民政府关于提升城市更新水平促进节约集约用地的实施意见》(以下简称“实施意见”)，针对旧厂房改造以及旧村庄全面改造政策予以细化；2019年出台了《广州市深入推进城市更新工作实施细则》(以下简称“实施细则”)，从标图建库动态调整、旧村庄全面改造、加大国有土地上旧厂房改造收益支持、成片连片改造、城市更新微改造、加大城市更新项目支持力度、完善历史用地手续等八个方面对实施意见进行了补充完善。历次改造政策中《广州市旧城镇更新实施办法》(以下简称“实施办法”)以及实施细则对旧城镇改造做出了政策引导。

3.1 市场资金仅允许介入改造安置和土地整理，供地方式不变

旧城镇更新改造的目的在于城乡建设协调发展，优化城市生态环境以及完善城市基础设施配套。《广州市旧城镇更新实施办法》对改造主体、主体职责、融资时点与模式、改造土地供应方式以及具体征收补偿标准做出指引。

在改造主体与供地方式上，根据《广州市城市更新办法》第三十五条，“旧城镇更新项目由区政府按照签订的拆迁补偿协议组织落实补偿……”之后，区政府向市土地主管部门提出申请建设用地的公开出让以回笼资金。因此，实施办法规定：由改造属地区政府作为改造责任主要负责人，负责改造前期摸查、编制改造方案和拆迁补偿安置方案、拆迁安置、建设本区就近安置房、土地整备、项目运作、建设管理、维护社会稳定等工作。在完成现状调查、方案编制和土地收储整理等前期工作后，才可以公开出让的方式进行社会融资。

实施办法还规定，根据项目需要可以通过公开方式，引入社会资金用于拆迁补偿安置和土地整理。因此，对比以往政府主导全权负责改造工作的模式，实施办法允许市场资金用于前期工作视为一定程度上的突破。

3.2 土地整理和土地使用权可一并打包，公开招标市场参与主体

在市场参与方面，实施办法允许在前期工作予以介入。考虑到市场具有逐利的特性，实施办法并未规定市场主体获利方式，将影响政策实施效果，区政府仍将承担改造资金压力，从而影响改造项目实质性推动。

2019年广州市出台《广州市深入推进城市更新工作实施细则》，在推动成片连片改造目标中规定，“由政府（广州空港经济区管委会）作为征收主体，将拆迁工作及拟改造土地的使用权一并通过招标等方式确定改造主体（土地使用权人）……”。对比实施办法，实施细则通过土地整理和土地使用权一并打包招标的方式，鼓励市场主体参与。这一方式，在一定程度上向广州市现行的旧村庄改造市场参与方式看齐。而市场参与旧村改造的案例相对较多，实践也较为丰富，可以调动市场主体参与改造的积极性。

对比2015年与2019年的两份政策可以看出，虽然市场参与内容与参与程度逐步放开，但在方案编制与开发建设条件方面，政府仍严格主导。而如若规划条件不明朗或难以达到成本与利益平衡的预期，加之两项政策均未给出具体操作指引，势必仍旧难以达到市场参与的目的。

3.3 市场参与阶段提前至方案编制，允许以协议出让土地使用权

作为广东省“三旧”改造改革创新试点的广州市黄埔区在2019年9月发布《关于全省“三旧”改造改革创新试点工作的若干措施》（以下简称“措施”）。措施针对旧城改造提出“旧城改造或成片混合改造项目可通过公开招标方式引入社会资本，由其作为实施主体出资开展实施方案编报及拆迁安置工作，待实施主体按分期计划完成相应地块的签约和拆卸后，可协议出让相应分期实施地块。”相比广州市政策，黄埔区允许将实施方案编报工作一并打包与市场主体，进一步拓宽市场主体参与时点与内容。

4 市场参与旧城改造实施路径

4.1 2018版旧城镇改造报批指引

2018年原广州市城市更新局针对旧村庄、旧厂房和旧城镇发布城市更新项目审核及报批流程指引。指引主要依据2015年的实施办法以及相关文件制定。原指引按“计划申报—实施方案编制—实施方案审批审定—实施方案批复—实施方案批后实施”的报批流程。

4.2 新政背景下的指引亟须优化衔接

2019年出台的实施细则与黄埔区若干指引并未针对新政内容更新旧城改造操作流程。因此，可参考广州市已有的旧村庄操作指引，重新梳理。

4.2.1 建议调整部分操作流程

新政允许引入社会资本开展实施方案编报，因此方案编制主体可分为区政府（更

新机构）及社会实施主体。方案审核、审查及批复阶段，根据广州市正在制定的《关于城市更新方案审定事权委托下放的通知》，对于符合事权下放条件的项目，需相应调整审核报送主体、审查及审定主体。在启动拆迁阶段，新政规定可以由社会实施主体组织实施，也应相应调整。

4.2.2 建议增加部分操作流程

根据引入社会资本作为实施主体出资开展实施方案编报的政策指引，建议在基础数据调查核查后，需增加引入社会实施主体及主体公示流程；建议在方案审查完善后，增加方案批前公示，及时反馈居民有关意见，保证规划方案编制过程中公众的参与权益，增加批复方案可操作性。

4.2.3 其他需明确内容

虽然新政出台后，市场主体参与下的旧城改造流程在一定程度上可以参考旧村改造，但两类项目在土地权属、权利人属性及组织架构等方面均存在差异。因此，仍需对流程操作予以细化。例如，基础数据调查形式；拆补标准及无产权证明建筑是否完全参考国有土地上房屋征收政策；针对房改房、公租房等特殊住房如何进行补偿；是否参考改造成本与融资收益平衡的原则计算改造成本以及制定改造方案；启动拆迁阶段，还需明确居民签订房屋拆迁补偿安置协议达到 2/3 以上的规定时限。

新政背景下旧城改造报批流程调整建议 **表 1**

报批阶段	流程要点		原操作说明	是否需要调整
第一阶段 计划申报	1	标图建库	区更新机构申请纳入	○
	2	更新范围	区政府（更新机构）合理确定	○
	3	改造意愿	区政府组织征询改造区域内居民改造意愿，同意改造户数比例达到 90% 以上可启动更新改造	○
	4	年度计划	区政府申请纳入市城市更新年度计划	○
第二阶段 实施方案编制	1	数据调查核查	区政府统筹组织基础数据调查与核查，基础数据经区政府认定（公示 15 日）	√
				△
	2	方案编制	区政府（更新机构）组织编制项目实施方案，征求各方意见修改完善	√
第三阶段 实施方案审核审定	1	方案审核	区政府（更新机构）征求市相关单位意见并修改完善后经区政府审核同意	√
	2	方案审查	区政府审核同意的方案上报市更新局审查	√
				△
	3	方案审定	由区政府提交市更新工作领导小组审议通过	√
第四阶段 实施方案批复	1	发出批复	市城市更新局向区政府发出项目实施方案批复	√

续表

报批阶段	流程要点		原操作说明	是否需要调整
第五阶段 实施方案批后 实施	1	启动拆迁	区政府组织实施，在规定时间内，签订附生效条件的房屋拆迁补偿安置协议的居民达 2/3 以上的，方可具体实施拆迁	√
	2	建设报批	区政务服务中心集中受理立项、规划、国土等行政审批申请	○
	3	项目建设	—	○
	4	完成验收	—	○

备注：对比原有流程“○”表示保留不变；“√”表示需要修改；“△”表示建议新增流程。

5 结语

土地是不可再生的有限资源。在增量难以为继，需通过存量挖潜的现实需求下，亟须探索和建立适合旧城改造的具体路径，规范操作指引，以期通过政府、市场和居民等多方主体共同参与，促进城市的有序更新发展。

作者信息：

郭婉翌，女，广州市城市更新规划研究院。

广州市城市更新政策演变的思考——以政府收储类型的国有旧厂房改造为例

1 前言

广东省的城市更新政策自2009年起主要有三个重要的时间节点。2009年8月，省政府发布《关于推进“三旧”改造促进节约集约用地的若干意见》(粤府〔2009〕78号文)，主导思想为“节约集约，统筹规划，政府主导，市场运作”；2016年9月，省政府发布《关于提升“三旧”改造水平促进节约集约用地的通知》(粤府〔2016〕96号文)，主导思想为“统筹兼顾，完善利益共享机制，规划管控引导，连片或片改造”；2018年4月，省政府发布《关于印发深入推进“三旧”改造工作实施意见的通知》(粤国土资规〔2018〕3号文)主导思想为“加强土地规划保障，加快用地审批，规范改造供地，加强改造实施监管”。

广州市的城市更新政策自2009年开始主要有四个重要的时间节点。2009年、2012年分别发布了《关于加快推进“三旧”改造工作的意见(穗府〔2009〕56号)》(下文简称“56号文”)、《关于加快推进三旧改造工作的补充意见(穗府〔2012〕20号)》(下文简称“20号文”)，提倡建立公平、合理的利益补偿，分配和平衡制度，旧厂房用地“应储尽储”；2015年发布《广州市城市更新办法(穗府令〔2015〕134号)》、《广州市城市更新办法配套文件(穗府办〔2015〕56号)》(下文简称“1+3”)，提倡“政府主导，市场运作，利益共享，兼顾各方利益，建立健全土地增值收益共享机制”；2017年2月发布《广州市人民政府关于提升城市更新水平促进节约集约用地的实施意见(穗府规〔2017〕6号)》(下文简称“6号文”)，提倡“坚持政府主导，加强统筹组织，坚持利益共享，推动连片更新改造”；2019年4月发布《广州市深入推进城市更新工作实施细则(穗府办规〔2019〕5号)》(下文简称“5号文”)，提倡“坚持规划统领，有序推进城市更新，加大国有土地上旧厂改造收益支持”。

2 研究方法

本文的主要研究对象为广州市历年来城市更新政策涉及国有土地上旧厂房改造

广东省、广州市主要城市更新政策一览表　　表 1

类型	发文单位	文号	名称
广东省政策	省政府	粤府〔2009〕78 号	关于推进“三旧”改造促进节约集约用地的若干意见
	省政府	粤府〔2016〕96 号	关于提升“三旧”改造水平促进节约集约用地的通知
	省国土厅	粤国土资规字〔2018〕3 号	关于印发深入推进“三旧”改造工作实施意见的通知
广州市政策	市政府	穗府〔2009〕56 号	关于加快推进“三旧”改造工作的意见
	市政府	穗府〔2012〕20 号	关于加快推进“三旧”改造工作的补充意见
	市政府	广州市人民政府令第 134 号	广州市城市更新办法
	市政府办公厅	穗府办〔2015〕56 号	关于印发广州市城市更新办法配套文件的通知
	市人民政府	穗府规〔2017〕6 号	关于提升城市更新水平，促进节约集约用地的实施意见
	市政府办公厅	穗府办规〔2019〕5 号	关于印发广州市深入推进城市更新工作实施细则的通知

的内容，时间段选取为 2009~2019 年。政策、数据主要来源于广州市政府、原广州市城市更新局网站。

研究主要采取比较分析法，以政府收储类型的旧厂房改造项目为例，在一个或多个假定的前提下进行分析研究。在不同政策下控制容积率作为单一变量、控制用地性质作为单一变量，以此做纵向与横向的分析比较。假定规划为居住用地的前提下，容积率取值 1.5、2.5、4.0，涵盖不同政策临界值进行分析；假定容积率为 2.0 前期下，用地性质选取居住用地、商业用地，涵盖大多数实际项目情况进行分析。根据历年的政策分别计算政府、权利人的收益，从而得出利益分配的变化趋势，提出对后续政策编制的思考。

3　利益分配的演变

假定规划为居住用地的前期下，收储类型旧厂房改造项目的权利人收益经历了由高至低，再提高的过程，56 号文的分配方式为规划毛容积率 3.5 以内土地成交价的 60%；20 号文分配方式为规划毛容积率 3.0 以内土地成交价的 60%；“1+3”的分配方式为规划毛容积率 2.0 以内土地成交价的 40%；6 号文的分配方式为规划毛容积率 2.0 以内土地成交价或市场评估价的 40%；5 号文的分配方式为规划毛容积率 2.0 以内土地成交价或市场评估价的 60%、规划毛容积率 2.0 以上部分 10%。

假设某旧厂房地块用地面积 1 万平方米，规划毛容积率 1.5，规划为居住用地，土地成交价（市场评估价）3 万元 / 平方米，根据不同时期的政策按时间排序，土地权利人可获得的现金收益分别为 2.7 亿元、2.7 亿元、1.8 亿元、1.8 亿元、2.7 亿元。

不同政策下权利人及政府收益对比表　　表 2

时间	政策	权利人收益分配方式	预估权利人收益	预估政府收益
2009 年	56 号文	规划毛容积率 3.5 以内土地成交价的 60%	2.7 亿元	1.8 亿元
2012 年	20 号文	规划毛容积率 3.0 以内土地成交价的 60%	2.7 亿元	1.8 亿元
2015 年	“1+3”	规划毛容积率 2.0 以内土地成交价的 40%	1.8 亿元	2.7 亿元
2017 年	6 号文	规划毛容积率 2.0 以内土地成交价或市场评估价的 40%	1.8 亿元	2.7 亿元
2019 年	5 号文	规划毛容积率 2.0 以内土地成交价或市场评估价的 60%、规划毛容积率 2.0 以上部分 10%	2.7 亿元	1.8 亿元

注：预估收益假设某旧厂房地块用地面积 1 万平方米，规划毛容积率 1.5，规划为居住用地，土地成交单价（市场评估单价）3 万元 / 平方米，土地成交总价（市场评估价）为 4.5 亿元。

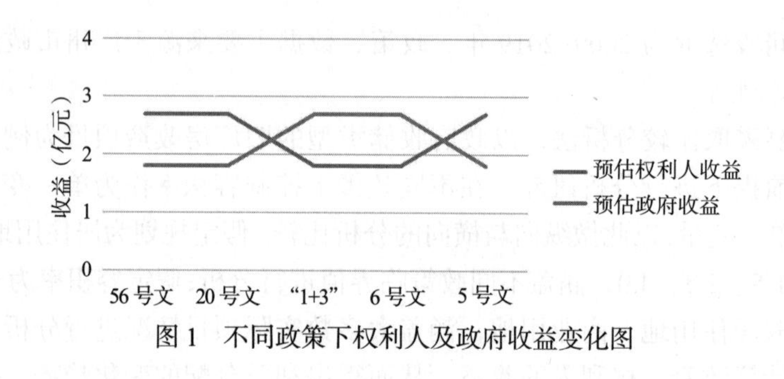

图 1　不同政策下权利人及政府收益变化图

假设某旧厂房地块用地面积 1 万平方米，规划毛容积率 2.5，规划为居住用地，土地成交价（市场评估价）3 万元 / 平方米，根据不同时期的政策按时间排序，土地权利人可获得的现金收益分别为 4.5 亿元、4.5 亿元、2.4 亿元、2.4 亿元、3.75 亿元。

不同政策下权利人及政府收益对比表　　表 3

时间	政策	权利人收益分配方式	预估权利人收益	预估政府收益
2009 年	56 号文	规划毛容积率 3.5 以内土地成交价的 60%	4.5 亿元	3.0 亿元
2012 年	20 号文	规划毛容积率 3.0 以内土地成交价的 60%	4.5 亿元	3.0 亿元
2015 年	“1+3”	规划毛容积率 2.0 以内土地成交价的 40%	2.4 亿元	5.1 亿元
2017 年	6 号文	规划毛容积率 2.0 以内土地成交价或市场评估价的 40%	2.4 亿元	5.1 亿元
2019 年	5 号文	规划毛容积率 2.0 以内土地成交价或市场评估价的 60%、规划毛容积率 2.0 以上部分 10%	3.75 亿元	3.75 亿元

注：预估收益假设某旧厂房地块用地面积 1 万平方米，规划毛容积率 2.5，规划为居住用地，土地成交单价（市场评估单价）3 万元 / 平方米，土地成交总价（市场评估价）为 7.5 亿元。

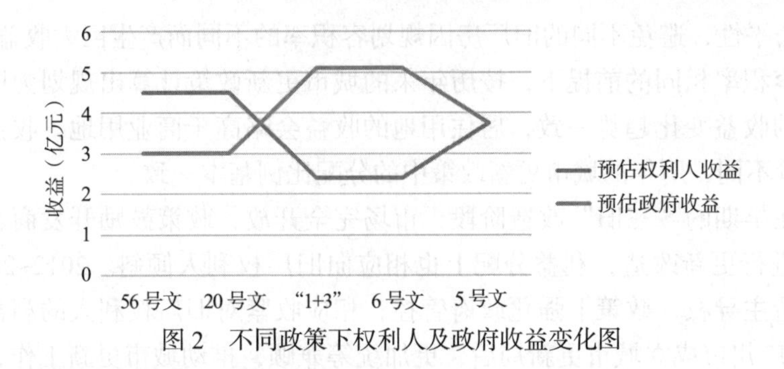

图 2 不同政策下权利人及政府收益变化图

假设某旧厂房地块用地面积 1 万平方米，规划毛容积率 4.0，规划为居住用地，土地成交价（市场评估价）3 万元 / 平方米，根据不同时期的政策按时间排序，土地权利人可获得的现金收益分别为 6.3 亿元、5.4 亿元、2.4 亿元、2.4 亿元、4.2 亿元。

不同政策下权利人及政府收益对比表 **表 4**

时间	政策	权利人收益分配方式	预估权利人收益	预估政府收益
2009 年	56 号文	规划毛容积率 3.5 以内土地成交价的 60%	6.3 亿元	5.7 亿元
2012 年	20 号文	规划毛容积率 3.0 以内土地成交价的 60%	5.4 亿元	6.6 亿元
2015 年	“1+3”	规划毛容积率 2.0 以内土地成交价的 40%	2.4 亿元	9.6 亿元
2017 年	6 号文	规划毛容积率 2.0 以内土地成交价或市场评估价的 40%	2.4 亿元	9.6 亿元
2019 年	5 号文	规划毛容积率 2.0 以内土地成交价或市场评估价的 60%、规划毛容积率 2.0 以上部分 10%	4.2 亿元	7.8 亿元

注：预估收益假设某旧厂房地块用地面积 1 万平方米，规划毛容积率 4.0，规划为居住用地，土地成交单价（市场评估单价）3 万元 / 平方米，土地成交总价（市场评估价）为 12 亿元。

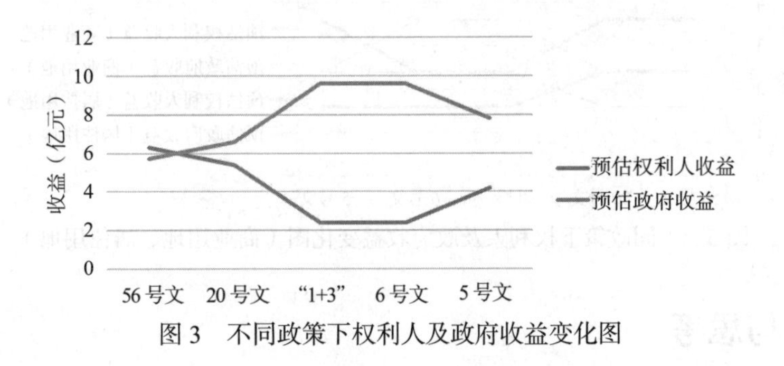

图 3 不同政策下权利人及政府收益变化图

分析可见，在政府收储类型的旧厂房改造项目中，不论地块容积率高低，权利人的收益历年来都经历了由宽松至收紧，再宽松的过程。在这个趋势下，如果地块容积率越高，波动的幅度则越大。侧面反映出政府在地块价值高的条件下，严格管控权利人的利益，让地块的价值更多地倾斜于公众利益。另一方面也体现了对各个权利人的公平性，避免不同的旧厂房因规划容积率的不同而产生巨大收益差的情况。而在地块容积率相同的前提下，按历年来的城市更新政策计算出规划为居住用地或商业用地的收益变化趋势一致，居住用地的收益会略高于商业用地，收益差的主要原因为地价不同，历年的城市更新政策中的分配比例基本一致。

广州在早期的“三旧”改造阶段，市场完全开放，政策鼓励开发商、旧厂权利人为主导进行更新改造，利益分配上也相应向旧厂权利人倾斜。2012~2015年，政府收回改造主导权，政策上强化政府管控，相应收紧对旧厂权利人的利益分配。而在2015年广州市成立城市更新局后，更加统筹兼顾，推动城市更新工作，在利益分配上未作出较大调整，而是在政策的细则上提出更明确的要求，推动项目实施改造，加快项目审批、落地的过程。在2019年城市更新职能移交广州市住房和城乡建设局后，利益分配重新向旧厂权利人倾斜，提高自愿申请政府收储的积极性。

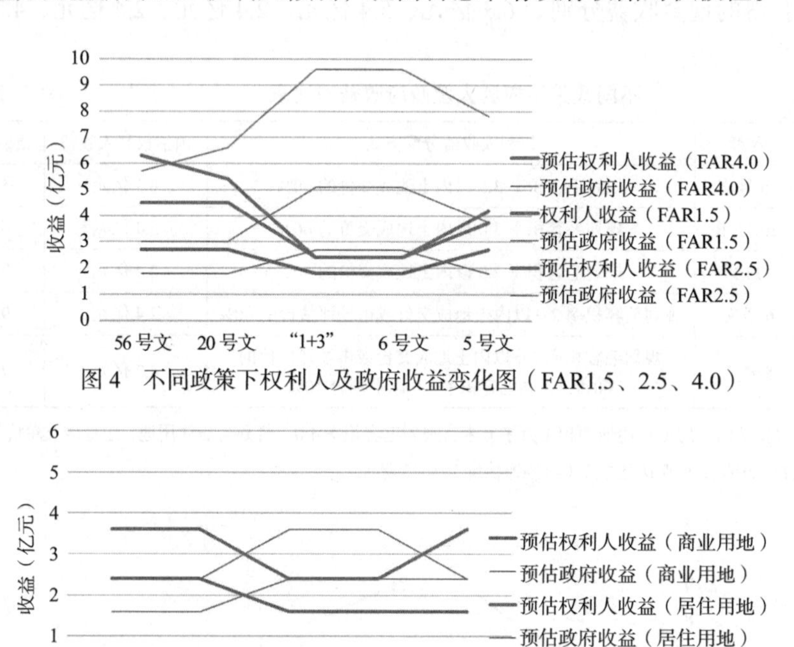

图4　不同政策下权利人及政府收益变化图（FAR1.5、2.5、4.0）

图5　不同政策下权利人及政府收益变化图（商业用地、居住用地）

4　结论与思考

本文通过对历年来城市更新政策演变的分析，着重研究各类型旧厂房改造项目利益分配变化的过程，利益分配历经宽松至收紧，再宽松的过程，逐渐趋于成熟与稳定。城市更新涉及的利益主体主要包括政府、权利人和社会。经验表明，成功的城市更新需要三方利益主体之间的合作，由政府进行政策引导，权利人和社会共同合力完成。

政府在制定政策过程中，应做到各个利益主体之间的利益和需求平衡，为市场的资金进行正确的方向引导，政府与市场中的权利人应在实施更新项目过程中，注重对公众意见的听取和吸收，在这个过程中，公众参与机制不可或缺。不同利益主体之间良好的沟通和协作是通过近年来城市更新政策的横向对比，无论政策宽松还是收紧的阶段，完善的有关城市更新及配套措施的各项法律法规都是政府引导城市更新发展的最高权力保障。广州市政府出台了完整的城市更新办法和实施细则，就其中改造主体、土地出让模式、资金筹措、公众参与等各操作程序颁布了详细的政策规定，为更新工作提供了规范的政策指引。完善的配套法规政策是城市更新工作的基础所在，是开展城市更新工作所必须具备的条件。

参考文献：

[1] 姚之浩，田莉 .21 世纪以来广州城市更新模式的变迁及管治转型研究 [J]. 上海城市规划，2017（05）.

[2] 唐婧娴 . 城市更新治理模式政策利弊及原因分析——基于广州、深圳、佛山三地城市更新制度的比较 [J]. 规划师，2016（05）.

[3] 于今 . 城市更新 [M]. 北京：国家行政学院出版社，2011.

[4] 张艳锋，仝雷，陈伯超，徐帆，欧阳红玉，唐作剑 . 旧工业建筑的改造——沈阳市铁西工业区旧厂房改造 [J]. 沈阳建筑工程学院学报（自然科学版），2003（04）.

[5] 贾及鹏 . 城市工业区改扩建的理论方法研究 [D]. 西安建筑科技大学，2001.

作者信息：

曾艳婷（1989-），女，广州市城市更新规划研究院，工程师。

高　杰（1994-），男，广州市城市更新规划研究院，助理工程师。

传统风貌型社区环境微改造策略初探
—— 以旧南海县老旧小区微改造为例

1 引言

我国在城市改造的过程中，已经从大规模粗放式改造方式逐渐演变为渐进式改造方式，在此过程中，如何对老旧小区进行改善已经成为当前城市改造和更新的重点课题。[1] 而针对传统风貌型社区，由于其具有的特殊历史文化意义和呈现的独特历史传统风貌，更应在城市双修背景下，不断改善其公共服务质量，改进市政基础设施条件，发掘和保护传统社区历史文化，使社区功能体系及其承载的空间场所得到全面系统的修复、弥补和完善，提升社区的空间活力、文化环境、社区基本功能。

2 传统风貌型社区特点及困境

传统风貌型社区为居住型历史地段，具体是指以居住功能为主，存有一定规模的真是历史遗存，保留一定街巷肌理，有较完整历史传统风貌和民族地方特色的城市历史地段，能集中且鲜明的反映城市发展得历史印记或某一具体历史时期的文化、生活特点。[2]

传统风貌型社区普遍面临居民人口老龄化程度高，超负荷使用，社区房屋及公共环境破败、损毁；地域特色鲜明，构成当地鲜明的风貌特色等困境，大部分传统风貌型社区亟待进行保护性改造，开展更新活化工作。

3 旧南海县社区概况

旧南海县社区位于越秀区六榕街，处于五仙观—怀圣寺—六榕寺历史文化街区的核心保护范围内。改造范围占地 4.28 公顷，社区南临中山路、北至福泉一街、西起旧南海县街、东接六榕路。

旧南海县社区处于广州城市中心地带的一部分，文物荟萃，古迹众多，民间传说流传广泛：有全国重点文物保护单位——六榕寺；有广州市文物保护单位——吊碑井;《大公报》报社旧址和陈济棠公馆；有目前广州市内最具规模、保存最好，建于20世纪二三十年代，集岭南民居和西式洋楼风格于一体的惠吉东、西路华侨房子，共计有1处历史文保单位，72处；还有百福泉水井美丽的传说，它们浓缩、记录和见证了羊城千古岁月的沧桑变迁。

<table>
<tr><th>序号</th><th colspan="3">保护对象分类</th><th>数量</th><th>具体保护对象</th></tr>
<tr><td rowspan="2">1</td><td rowspan="2">不可移动文物</td><td colspan="2">文物保护单位</td><td>1</td><td>1处广州市文物保护单位：吊碑井</td></tr>
<tr><td colspan="2">登记保护</td><td>1</td><td>《大公报》临时社址《区登记》</td></tr>
<tr><td>2</td><td colspan="3">历史建筑</td><td>0</td><td>无</td></tr>
<tr><td>3</td><td colspan="3">不可移动文化遗产保护线索</td><td>72</td><td>惠吉西一坊2、2-1号、惠吉西路2、4、7、8、9、10、11、12、14、16、18、20、22、23、25、29、31、32、33、34、36、38、40、42、46号、惠吉西二坊3、9、10、11、12、13、15、16号、惠吉西三坊1、3、5号、惠吉东路1、3、4、5、6、7、9-1、9、11、13、14、15、16、17、19、18-32（双号）、31-43（单号）、34、36、38、47号民居</td></tr>
<tr><td rowspan="5">4</td><td rowspan="5">历史环境要素</td><td rowspan="2">自然环境</td><td>古树名木</td><td>0</td><td>无</td></tr>
<tr><td>古井</td><td>1</td><td>吊碑井</td></tr>
<tr><td>传统街巷</td><td>骑楼街</td><td>1</td><td>中山六路</td></tr>
<tr><td colspan="2">一类传统街</td><td>5</td><td>惠吉东路、惠吉西一坊、惠吉西二坊、惠吉西路、惠吉西三坊</td></tr>
<tr><td colspan="2">二类传统街</td><td>1</td><td>福泉新街</td></tr>
</table>

图1 旧南海县社区历史文化遗产

3.1 社区业态分布

社区总体街巷格局呈现两条南北向主街、三条东西向次坊，东段为惠吉东路，宽约5.3米；西段为惠吉西路，宽约8米；惠吉西一、二、三坊宽度亦有4.5米，街巷空间尺度宜人。整理街巷格局保存和建筑风貌良好，属于保存较为良好的传统风貌型社区。因此，依托旧南海县社区独特的街巷风貌和舒适的空间尺度，社区中已有部分商业业态萌芽。目前，惠吉东路上的业态以少儿托管与兴趣培训为主；惠吉西路上的业态以咖啡厅、主题餐吧、酒吧等休闲娱乐类商业为主，为进一步提升社区业态提供了良好的基础。

3.2 社区现状问题

（1）建筑本体衰败

旧南海县社区的建筑精华是在惠吉东、惠吉西的建筑。这些闹中带静的华侨老房子，是目前广州市内保持时间最长、面积最大的西式建筑群。20世纪二三十年代，广州很多华侨回乡置业，在此地兴建住宅。由于年久失修，这里的外墙立面残旧破损，旧南海县社区建筑群建成至今已近百年历史，由于历史悠久，远超一般建筑使用年限，部分建筑老化现象严重；建筑立面雨篷 、空调位、晾晒设施缺乏统一规划，形式杂乱不一。

（2）公共配套缺失

原有沿街商业缺乏统一管理，风貌参差不齐；街巷中到处架设电线，街巷三线混乱；照明设施损坏、老化，尽管夜间部分酒吧商业繁荣，但街巷漆黑，夜晚出行不便；道路坑洼，给居民出行造成困难，居民缺乏像样的文化休闲活动场地，街容街貌显得凌乱；环卫社区缺乏，生活垃圾收集点分布于各街巷和公共广场中，严重影响社区公共活动空间；社区中老年群里比重较大，但社区内相应的康体互动空间、适老化设施未能满足老年人需求。

图 2　建筑本体衰败　　　　图 3　公共配套缺失

4　微改造保护与更新策略

4.1　鼓励公众参与，倡导社区共同缔造

传统风貌型社区多是在城市小型熟人社区，利于发动居民参与社区改造。近远期结合，近期组织立竿见影的社区营造活动，唤起公众参与意识，远期达到公民高阶参与的状态。

（1）组建社区自治组织

微改造进行的过程中，探索微改造基层自治模式，制定社区建管委员会工作条例、议事机制、社区微改造项目实施工作流程等，结合社区的“村规民约”，建立社区建管委。为居民提供参与方案设计、资金筹措、施工监管验收、后期维护管养全过程的平台，充分征询居民改造意愿，发动居民积极参与改造工作。

旧南海县社区组织辖内居民街坊、设计单位召开微改造自治议事会。通过召开居民议事会的方式，设计师向居民讲解社区微改造的目的，通过发放微改造居民调研问卷，真切了解居民对社区微改造服务的真实需求及收集居民的建议和意见，融于改造方案中。

图 4　微改造居民自治议事会

（2）联动高校，探索工作坊机制

尝试集合各方人员，自上而下从市、区政府城市更新职能部门，到街道及社区居委会、社工组织等，自下而上由社区居民以及外来的由规划、建筑、产品、景观、公共艺术等不同专业的设计师，联动艺术院校师生组成的设计团队。自上而下与自下而上结合起来，以实现社区美好的生活愿景为目标，针对不同类型社区面临的不同问题，组建多方参与的微改造工作坊实践，共同探讨社区环境品质提升途径。目前通过与广州美术学院合作，美院师生以“三家巷”为主题，对社区内电箱、卷闸门等进行美化涂鸦；提高了微改造的社会参与度，同时也为社区创造了鲜活又融于街区场景的艺术作品，吸引了更多富有活力的年轻人。

图 5　联合高校工作坊，艺术介入微改造

4.2　优化社区功能，提升公共基础设施

公共基础设施为居民生活提供便利具有首要意义，因此首先考虑完善生活配套，为居民提供更好的公共基础设施，提升居民的生活质量。

本次微改造对社区内的排水、电力、通信、照明与环卫设施等维持社区正常运转和居民生活质量的市政基础设施进行更新改造，具体包括：改造排水系统，解决污水外溢、化粪池破损等问题，并在有条件路段实施雨污分流；治理架空线路，改善社区净空和建筑外观杂乱的面貌；提升社区照明，塑造社区夜间舒适的光环境，消除街道和公共场所的盲点；完善环卫设施，加强管理与维护，提高公共环境的卫生水平。

提升公共服务设施，如提升街道居委办公室及党群服务中心，为居民提供更舒适的便民服务环境，提供场地为居民提供居民议事、党群服务等活动；努力破解社区基础设施与城市配套的差异，实现基本服务供给共享，从根本上改善传统风貌型社区内基础服务设施不能适应现代生活的困境。

图 6　社区三线整治改造前后对比

4.3　优化街区步行空间，完善适老化设施、标识系统等

旧南海县社区历经多次改造，原有社区内的道路铺装层层累加，道路中间已高高拱起，此外随着社区内树木根系的生长，不少树木周边铺装也已经破损。因此，优化街区步行空间，我们结合地下管线的更换，重新铺设街区铺装，铺装主要采用条形的荔枝面、菠萝蜜混铺的黄锈石花岗岩，局部嵌入老麻石，两侧马蹄石，区分行走和停留空间；并设置线性历史径，引导游览。改造社区内原有设置不尽合理的无障碍坡道，为社区老人和小孩提供平整无障碍的步行空间。

图 7　改造提升后的适老化设施、标识系统

社区内增设标识系统，加强道路指引性。传统风貌型社区由于街巷风貌建筑分布广泛，具有一定的游览性，因而以不破坏建筑风貌为前提，考虑在街区合适的位置，布置一套完整、准确、美观的标识系统，引导居民和外来参观游览游客人流，也彰显了社区历史文化。

4.4 恢复建筑历史风貌，推动风貌建筑保护修缮

旧南海县社区内的华侨楼房，多为三层楼高，红砖墙、钢花窗、小阳台、水泥梯，檐门、围墙或屋顶楼均有琉璃瓦剪边，中西合璧，岭南特色浓厚，集富有岭南、西式特色的竹筒楼，既可以看到很明显的西方建筑艺术风格，也留有广州旧式民居的痕迹。华侨楼房建筑风貌基底优秀，因而我们在保持建筑主要立面、特色装饰不改变的情况下，主要对原有老化、破损的外立面、门窗、构件等进行微小的修缮提升，恢复其原有风貌。此外主要针对建筑杂乱的雨篷、晾晒设施、防盗窗进行更换，规整空调位并新增冷凝水管、空调百叶，使其与建筑传统风貌协调。

图 8 建筑外立面改造前后对比

4.5 公共空间微更新，提升公共环境

旧南海县社区中，开展街道全要素提升，将街巷的转角处设置景观节点，借助良好的历史建筑风貌，打造文旅生活街区。对街巷空间和广场空间进行整修，修整了六榕文化广场、福泉街头小广场等，从而有效地提升居民的生活环境，促进传统风貌型区的发展。

六榕文化广场的改造，希望将广场营造为社区客厅，对外吸引游人进入社区漫游；对内成为具有活力的居民活动场所。原有入口标识不鲜明，考虑重新塑造社区入口形象，拆除围栏，增加入口广场的引导性和社区的开放性。六榕广场舞台处的高差空间备受老人小孩欢迎，但却缺乏足够的休憩空间，舞台背景建筑立面单调。结合广场舞台背景的凹凸变化、台阶等，作为休憩座椅，增加社区内的休息设施。

图 9　社区文化广场改造前后对比

惠吉西、惠吉东两条主街的街道提升，首先惠吉西入口牌坊隐没于杂乱的商铺和绿化中，考虑整饰两侧商铺立面，提高入口的引导性。街区风貌独具特色，但铺装破损、城市家具缺乏、三线凌乱。采取三线下地，并进行铺装提升;增设城市家具，鼓励邻里和游人，在街区多作停留交往。

幼儿园门口节点空间，提升休憩座椅，使其与街区风貌更为和谐，为家长提供更多的等候空间。福泉街头小广场，拆除割裂空间，且利用率较低的宣传长廊，腾挪出宽敞的小广场，并结合商铺与道路的高差设置座椅，打造活力的街区商业环境。

图 10　惠吉西改造前后对比

4.6　挖掘地域文化，融入社区历史文化

南面惠吉西街二坊 2 号曾为《大公报》、《文汇报》报社旧址，门前一个一米多高的黄铜雕塑的报童站在大街小巷里叫卖着《大公报》;《大公报》、《文汇报》报社旧址的对面墙壁，一幅 10 米长《归、根、思、和》华侨生活题材的浮雕图，充分反映了当地华侨风貌。针对社区原有的历史文化片段，我们进行保护和适当修缮。

此外，还结合社区惠吉西二坊 2 号曾作为《大公报》、《文汇报》旧址的历史，将位于大公报旧址的社区小广场，打造为大公报文化广场。设置景墙分隔出垃圾收集点，景墙和铺装融入大公报的首刊等信息，使其成为大公报发展历史的展示空间，为社区提供文化保护，同时建立文化交流场所，延续其固有的文化传统。

图 11　大公报广场改造前后对比

4.7　鼓励活化利用，引导社区业态提升

我国已进入旅游消费爆发性增长的高峰时期，居民对旅游的需求日益增长，对旅游品质的要求也成为旅游消费的重点。如何推动传统风貌型社区的经济发展，活化利用特色建筑，是从根本上提高当地居民生活质量的关键。

在微改造前，旧南海县社区内已有不少居民将自家住宅首层改为商业、餐饮等服务性建筑，表达了社区居民改善自身经济现状的渴望。因此，社区微改造工作应鼓励并配合建筑物内部功能的开发与置换，通过转变历史文化保护观念，打造具有岭南特色的休闲文化旅游线路，提升传统风貌型社区的旅游业发展、环境建设等，改善居民生活状态。

结合本次建筑外立面修缮整饬和今后的建筑风貌管控，在与街区历史风貌协调的前提下，鼓励居民采用“文商旅”相结合的方式，倡导居住性的风貌建筑兼容发展商业零售、特色餐饮、主题旅馆等商业服务、文化休闲业态，从而与社区微改造互为促进互相带动，既发挥了传统风貌型微改造的改造成效，也进一步促进居民和商户自发地对传统风貌街区和建筑进行保护性地修缮与开发。目前通过微改造提升了街区公共环境和建筑外立面界面后，已有商户自发调整了商户门店形象和门店业态。

5　总结

一座包容发展的城市应是一座有文化特色的城市，一座没有地方化的国际化城市是没有根基的，同样一座缺失传统文化的现代化城市也并非是一座包容发展的城市。对于城市中现存的传统风貌型社区而言，其承载的不仅是历史文化，更是城市的未来发展。只有让城市的现代化建设与历史文化、传统风貌交织共融、共同发展，才能打造出一张标志性的城市名片。因此，在传统风貌型社区微改造的过程中，相关设计和规划人员需要注重传统风貌与现代化建筑空间的有效结合，为传统风貌型社区的居民提供更好的生活环境。

参考文献：

[1] 付雪亮．“城市双修”背景下老旧社区更新策略探讨 [J]. 建材与装饰，2018，9.

[2] 孙立，贾灵光．居住性历史文化街区保护与更新案例策略研究 [J]. 建筑与文化，2018，5.

[3] 史淑洁．“环境微更新”的历史地段保护模式探索 [D]. 东南大学，2015，5.

[4] 何镜堂，陈晓虹，何正强．公共空间改造为切入点的岭南旧城更新——以东莞可园历史片区为例 [J]. 建筑学报，2010，2.

[5] 杨东，任雪冰，张伟一．历史街区“互助更新”改造模式的思考——以北京大栅栏历史街区为例 [J]. 华中建筑，2014，9.

[6] 詹美旭．历史街区微改造的规划管理研究——以永庆坊为例 [C]. 持续发展理性规划——2017中国城市规划年会论文集（02 城市更新），2017，11

[7] 钱晨，张凯莉．日常生活视角下的北京旧城居住街区更新模式研究 [J]. 北京规划建设，2018，7.

[8] 华琳．基于社区发展视角的居住型历史地段保护更新方法初探 [D]. 东南大学，2017，5.

[9] 王佐，彭昊．基于城市修补理念的城市老旧住区街道空间环境改造研究 [J]. 遗产与保护研究，2018，3（04）：34~37.

[10] 杨贵庆，何江夏．传统社区有机更新的文献研究及价值研判 [J]. 上海城市规划，2017（05）：12~16.

作者信息：

陈淑群，女，广州市城市更新规划研究院。

梁　伟，男，广州市城市更新规划研究院。

广州市旧城更新改造模式与路径探索

1 现状与困境

1.1 广州市旧城更新发展背景

广州市古代及近现代城市发展可总结为两大历史阶段，即古代城市建设初期阶段和近现代城市建设深化阶段。

（1）古代城市建设初期阶段。该阶段是以中心区新建与扩建为主要行为的城市空间发展时期。广州市自秦始皇时期设郡建城，以南越古都（任嚣郡尉时期）为第一次规模化的城市建设阶段。至隋唐时期，广州依靠外贸业（海上丝绸之路）发展形成规模化的商业集聚，成为与扬州、汴梁齐名的全国重要商业城市，并吸引大量经商的外来人口流入，城市蔓延至城墙外，城内则形成古老的南北中轴线格局雏形。南汉，城内进一步明确功能分区，设“宫城、皇城”与“内城、郭城”，这是广州城市建设发展史上非常重要的阶段。明嘉靖，广州再次往东北扩建“新城”，初步形成六脉通渠、北山南江东门西濠的格局，体现了生态城市建设的规划思路。清乾隆，五口通商推动下将广州商贸发展再次推向高潮。鸦片战争后外贸环境遭到重创，上海商贸业崛起并逐步取代广州在全国外贸业中的地位。

（2）近现代城市建设深化阶段。该阶段是以近郊区新建与中心区改建为主要行为的城市空间发展时期。民国时期，西方规划思想与方法传入广州，对广州规划体系产生直接影响。近代广州城市规划与发展以 1928 年成立规划设计专门机构为起点，1932 年公布的《广州市城市设计概要草案》成为广州市史上第一部规划设计文件，由此奠定了广州市老城区总体布局。改革开放后，广州城市近郊区开始圈层式快速扩展，旧城区则逐步转向空间修补方式的发展。2001 年广州市建设确定以“南拓、北优、东进、西联”为总体战略，奠定了如今城市格局。

1.2 广州市旧城更新实施回顾

（1）广州旧城更新萌芽。从民国时期开始，中心城区开始第一轮“旧城更新演替”。老城区由于道路宽度已不能满足用地改扩建需求，城市道路系统性改造升级工程成为推动广州市近现代城市更新与商业发展的重要力量（又称“马路主义”）。“文革”前，广州以打造“华南工业基地”为目标“大跃进”发展工业，并围绕工业配套居住用地及公服设施，街道单元建设小工厂的“大分散、小集聚”模式，导致大量小型作坊散乱分布，设施无法共享，资源利用率地下，同时带来一系列城市环境污染问题。改革开放后，随着土地转为国有制，大量工厂企业单位转为国家或村集体控股，该阶段产生了大量为单位及职工宿舍划拨的建设用地，国企单位转型、改扩建与再生产，城市层面的统筹建设成为城市更新主要任务，并使得政府成为更新改造的主体角色。

（2）广州旧城更新初期。20 世纪 90 年代初，广州是全国经济体制改革试点城市，城市国有土地公开出让合法化意味着广州城市新一轮再开发时代的到来，城市建设用地规模也呈现了爆发式增长。随着房地产兴起，广州逐步转变为依托土地财政与外商投资。旧城区的房地产开发是广州市第二轮旧城全面改造时期。2000 年前后，广州市地铁线路开通与主干道拓宽改造，再次带动沿线商住设施开发；政府主导下推动城市公共空间及沿江景观的美化改造，以及老城区工业搬迁改造，有效实现旧城功能结构与环境景观的初步优化，并开始初步探索旧城人口疏解、小单元改建、城中村改造等旧城更新的实施路径。

（3）广州旧城更新发展期。2008 年至 2015 年是广州市旧城更新发展迈入新阶段的重要阶段。在国家“节约集约用地”与广东省“三旧改造”有关政策指引下，2009 年广州市创立“三旧”改造政策体系，成立“三旧”改造办公室。2015 年，广州市成立了国内第一个市级城市更新局，标志着广州正式从“三旧”改造转向综合性“城市更新”。同年，广州市出台《广州市城市更新办法》等系列政策，标志着广州市城市更新工作进入了一个崭新的、常态化的发展阶段。

2016 年，广州市编制完成第一轮城市更新总体规划（2015-2020 年），2017 年编制完成《广州市城市更新战略规划纲要——十年行动规划纲要》。在相关规划的指引下，城市更新项目按计划组织实施。截至 2018 年 12 月，广州市城市更新年度计划项目 122 个（全面改造类项目 21 个，微改造类项目 101 个）、用地面积 16.46 平方公里；其中微改造项目以旧城居住小区为主要改造对象。在土地供应方面，《广州市 2017 — 2019 年城市更新土地保障计划》计划保障供地 9.26 平方公里。

目前，广州市已初步形成以政府主导、市场运作、利益共享为原则的更新机制，强调产业转型升级、历史文化保护和人居环境改善，注重长期效益和可持续发展，确保产业和项目的有机融合，完善各利益主体土地增值收益共享机制，有效提高改造综合效益。

1.3 广州市旧城存量与困境

根据最新调查统计，广州旧城更新存量用地规模约 124 平方公里（含 2000 年以前建成的国有的旧居住用地、旧商业办公用地、旧市政基础设施用地、旧公服设施用地），其中旧城区（越秀区、荔湾区、海珠区）存量规模约占全市 20%，旧居住存量规模近67平方公里（约占54%）、旧商办存量规模约17平方公里（约占14%）。2009年始，广州市旧城更新微改造类项目大规模推进实施，以羊城同创汇、永庆坊等微改造项目为代表，正探索“居住类”和“办公类”主导功能的旧城微改造实施。其中居住类微改造项目由市、区两级财政投入的政府主导方式。

总体而言，广州市旧城存量空间主要集中在老城三区。越秀区作为传统的行政、文化和商业中心，具有一定的发展底蕴，集聚了大量优质的公共资源（包括区域型的公共服务设施等），空间环境条件维护状况较荔湾及海珠区好，同时旧城格局下交通流量与人口密度的压力较大，北京路传统商圈活力正逐步衰减。荔湾区及海珠区整体产业经济发展现况较天河区、白云区明显弱势，配套设施水平较差，道路设施、管网设施及其他卫生、文教、消防等设施的服务水平参差，空间环境质量一般、局部地段老化严重（棚户区）；目前海珠区人口仍呈现集聚趋势，但荔湾区常住人口正在流失，老龄化加剧，就业环境和人均收入水平较低。

针对上述旧城存量现况，广州市旧城更新困境在于空间平衡、部门协作、土地整备、市场投入及政策动力等几个方面。具体可归结为如下四类存在问题：

（1）城市重心外延，旧城磁力减弱。随着城市规模的不断扩大，城市界限的不断外延，广州市中心主城区的重心向东南方漂移。一方面确实起到合理调整功能分区，疏解旧城区人口和交通源，降低旧城区人口密度、建筑密度和交通负荷的作用，但另一方面，旧城区市政设施陈旧、道路交通拥挤、空间格局混乱等城市环境不良的因素造成该区域的发展活力降低，商业吸引力下降。

（2）旧城更新弱统筹，缺乏更新协调机制。目前城市更新的行业管理不仅牵涉多个部门的条状管理，也牵涉不同的行政区的块状管理，是一个复杂的科层网络的管理模式。但传统的城市规划、开发建设、管理监督等方式已经难以适应城市发展所面临的各种产权、制度、税收、资本等问题，城市更新行政管理创新改革将从条块的管理走向“跨部门联合管理体系”的整合协同，应进一步构建平台生态圈，逐步形成良性循环的城市更新工作机制。

（3）上位政策缺支持，更新项目实施难。目前广州市旧城更新政策中仅对老旧小区微改造出台了导向性政策，但微改造方式不改变土地利用规划、不考虑产权整合，只是单纯的空间修补，难以解决旧城存在的根本问题，如市政设施老化、产权复杂难以整合等。因此，旧城更新政策中关于土地整备、经济平衡与激励措施等内容缺乏具体引导是旧城更新难以全面深化实施的原因之一。

（4）保护与发展协调难，经济投入“平衡难”。现状广州市旧城更新微改造以政府主导、全部财政投入为改造资金模式，但该模式涉及财政公平性与分配科学性两大问题。随着城市更新发展进入存量深度挖掘阶段，中心城区存量用地必然成为城市发展空间抓手，亟待解决包括旧居住的各类存量用地的更新路径问题。由此，大规模的旧城存量难以再由政府一力承当，既是政府需要市场与社会力量共同参与更新、支撑存量发展，而旧城存量也将成为市场在城市更新领域利益角逐的主战场。

2 案例与启示

国外旧城更新大体可分为三个阶段“大规模内城改造、城市衰败地区清除、历史文化遗产保护运动”。国内旧城更新以北京、广州、上海、成都等地先导，在近三十年的更新实践中已积累一定经验。

2.1 巴黎旧城

巴黎城市改造可分为两个阶段，即奥斯曼时期城市改造以及之后的城市保护时期。第一阶段主要改造内容包括：改善路网，形成香榭丽舍大街、里沃利大街等城市交通主轴；建设供水设施，包括超发展规模承载力的地下排水系统，成为保障旧城发展的百年设施；增加学校、公园、医院等服务设施的数量与承载力；严格控制沿街建筑风貌，维护历史城区格局。第二阶段的保护时期，主要设立马莱保护区，编制《保护与价值重现规划》和相关改造政策，对旧城内历史文化建筑、一般建筑及违法建筑进行分类处置，总体以疏解人口密度、改善居住环境为目的。

2.2 纽约曼哈顿

曼哈顿 Harlem 社区改造前是全纽约市环境最差的街区，环境破败、社会治安不稳定。通过“社区企业家”的创新模式，鼓励本街区的中小企业参与旧城改造，实现改善社区环境的同时增强社区经济的可持续发展。这种模式的创新点主要有三个方面：一是参与改造企业的本土化，大部分业务活动在改造区内的企业有优先参与改造的权利。二是在改造中专门规划出劳动密集型的街道与家庭手工业场所，解决贫困阶级经济收入问题。三是针对性的企业财政补贴政策，专门扶助街区中小型企业。

2.3 上海新天地

上海新天地是整个太平桥地区改造项目的启动区，毗邻上海老城区，改造前是人口密集的石库门，是极具历史价值的老旧危房集中区，同时陈旧的基础设施和物质环境已无法与城市发展环境及人居要求相适应，因此系统性改造成为必由之路。整体改造由开发商企业为实施主体，通过就地融资平衡“北部留旧、南部置新”方式，对历史价值保留建筑进行必要的维护、修缮，并进行功能置换、产业导入，居民拆迁安置到南部，由此老旧居住区整体改造为商业步行街，部分还原公共空间、提升环境景观效益。投入运营后，采取“管理与经营分离”模式，精细化定位服务客户群体，多方位营造品牌价值。

2.4 广州金花街

20 世纪 90 年代广州金花街的改造是当时广州最早开始旧城更新的项目之一，具有一定的代表性。改造前，金花街的用地主要为居住用地和工业用地，建筑质量差，建筑密度高，人口密度是广州市人口密度较高的街道之一。通过无偿获得土地租用权的方式进行改造，改造后金花街整体形象改善，提高居民生活质量。

2.5 广州永庆坊

广州恩宁路位于广州西关老城的心脏地带，完好保存并整齐延续的骑楼街被称为“广州最美老街”，永庆坊便在其中。凭借永庆坊临近恩宁路主街的人流优势，内部有汪精卫故居、李小龙祖居等历史老建筑的文化底蕴，以政府为主导，结合居民意愿完成永庆坊的改造。改造后，在保留了原街道肌理的同时融入创客空间、青年旅社及儿童早教中心等设施，使浓郁的岭南风情和西关文化特色得以传承。

3 空间更新模式探讨

结合广州市旧城更新三类主要的存量对象（居住类、商办类、设施类）的特征、资源分布情况与更新改造诉求，相关案例启示与实践经验等，以下从功能转换与空间平衡两个方面初探广州市旧城更新空间更新模式。

3.1 老旧小区或单位宿舍改造模式

“居改居”：指多层老旧小区通过拆迁、补偿等土地整理过程与融资开发结合的方式实现以就地平衡为主的全面改造模式。该模式可结合广州有关征收办法与城市更新办法，参照“旧村”更新思路，通过前期引入意向合作企业、定向出让方式，由市场作为合作改造主体组织拆迁与再开发。但由于旧城区在历史保护规划限高控制下，多难实现就地经济平衡式开发，建议借鉴有关容积率奖励、开发权转移（TDR）的方式，结合规划统筹、研究老城区基准容积率（开发密度分区）具体探讨政策优化路径。

3.2 旧商厦改造模式

（1）“办改租”：指旧商务办公楼宇改造为租赁住房的模式。根据 2017 年印发的《广州市加快发展住房租赁市场工作方案》，允许将商业用房等按规定改造成租赁住房（不得销售），且改造后土地使用年限不变，整体确权，用水、用电、用气价格改按居民标准执行。（2）“办改设”：指旧商务办公楼宇改造为幼教、养老、卫生服务、图书馆或公共文化活动场地等特定服务对象与功能的配套设施的模式。结合有关实践案例与学术研究成果，旧商厦楼宇有条件通过结构加固、平面改造（含室内改造设计）、智能化升级改造等手段实现建筑本体功能多样化，以及设施承载力提升的，建议充分利用存量空间,在保障安全性与适用性前提下进行高效更新。(3)“办改创”：指旧商务办公楼宇改造为创意办公、产业孵化器等新型办公用房的模式。该模式对办公建筑及用地用途不作改变,建议可参照现行广州市城市更新政策中“工改科”“工改孵化器”方式进行功能提升为主的微改造。

3.3 旧医疗设施改造模式

医疗设施就地升级改造的模式。目前旧城内大型医疗设施用地内部土地利用效率较低，尤其“房改房”时期大量单位宿舍楼以居住建筑独立确权方式与医疗主体功能分割，造成“居住与医院用地混合”格局。但该部分嵌套在医疗用地内的居住用地，由于房屋老旧、开发强度较低，以及现代医疗卫生事业发展急需优化医疗资源配置，导致规模较大的医疗设施用地亟须通过整体改造方式进行优化升级。以广州市第一人民医院整体扩建项目为例，其整体扩建规划内容主要涉及医院权属用地内的功能重新调配与用地整合，房屋征拆与补偿主要由财政补助，基本按照“1 ： 1”拆除复建，通过适当提高开发强度、降低建筑密度方式，有效腾退近 30% 用地规模。

3.4 旧道路交通设施改造模式

指包括闲置或土地利用效率低下的交通站场用地、交通枢纽设施用地以及道路用地等用地的更新改造，含微改造及全面改造方式。其中，高架桥桥下空间的微改造利用是目前较为成熟、实践案例最多的一种交通设施改造模式。在满足高架桥立体空间中的基本交通功能基础上，通过功能置换，增加桥下空间的可利用性，功能开发可包括公共服务、商业服务、市政服务、科普教育及文化艺术等。以纽约高线公园、日本东京中目黑高架桥下空间更新为典型的成功案例，可探讨更多样化的桥下空间综合利用方式。此外，如旧城公交站场等交通设施用地的更新改造模式也有待探索，重点在于该类划拨用地的更新改造如何引入社会资本运作、减轻财政压力，如何整合旧城区内零散的设施用地资源并实现多渠道的存量空间供给是解决该类设施更新的关键。

4 总结与展望

随着城市发展进步，“共建，共享，共治”的意识逐步得到社会认同并付诸实践，广州市城市更新也将在“多元共享”思维导向下，探索更多存量改造的模式与路径。预期旧城更新将逐步实现三大转变——从空间管控向空间治理转变，从政府主导向合作自发更新转变，从空间生产走向空间修复与特色营建转变。从行政管理体系层面则将逐步趋向多部门密切协作的"共同治理"模式，尤其是"规划"与"更新"的联动规划，包括用地综合开发、基准容积率规划、更新总体战略、更新单元规划等强关联性的专项实现"多规融合"，同时加入经济效益评估、社会治理等各项专业支撑，构建广州城市更新健全的规划与实施体系，保障旧城可持续的更新与发展。

参考文献：

[1] 冯江 . 广州变形记：从晚清省城到民国第一座现代城市 [J]. 城市与区域规划研究 . 2013（01）：107-128.

[2] 翟斌庆，伍美琴 . 城市更新理念与中国城市现实 [J]. 城市规划学刊 . 2009（02）：75-82.

[3] 冯萱，吴军 . 旧城更新的中观层面规划管控思路与方法——以广州市旧城保护与更新规划为例 . 城市观察 [J].2014（03）.

[4] 潘安，易晓峰，陈翀 . 城市发展中的旧城更新：广州的回顾和展望 [D]. 中国城市规划年会 .2006.

[5] 黄志宏 . 西方国家旧城改造与贫困社区的可持续发展——纽约市旧城改造成功经验启示 [J]. 城市 .2006（06）：31-34.

[6] 向前，崔伟 . 旧办公建筑改造为养老设施的设计技术要点 [J]. 山西建筑，2014（6）：12-13.

作者信息：

吴嘉慧，女，广州市城市更新规划研究院规划师，工程师。

肖　钰，男，广州市城市更新规划研究院规划师，助理工程师。

珠江三角洲地区典型城市更新方案编制体系分析 —— 以广州、深圳、佛山、东莞、珠海为例

1 研究背景

城市更新改造方案编制要解决城市发展战略在本区域落地的问题，通过功能的优化，基础设施和公共服务设施的补缺和提升来补城市快速发展中存在的短板；同时要实现文化的保护和传承、城市特色的维育、平衡原土地权属人的发展和利益诉求。基于这样的需求，珠江三角洲地区几个典型城市的更新方案编制体系均包括从宏观到中观再到微观的不同层级，宏观把控主要对接和落实国土空间规划，中观再把控主要对接控规管理单元，微观层面则到具体项目的落地。

2 珠江三角洲地区典型城市更新方案编制体系及内容

典型城市案例选取了广州、深圳、佛山、东莞、珠海五个城市。其中广州市在“1+3”体系下，强调政府管控企业参与，目前形成了较为完善的政策体系。深圳市是全国最早的“村企合作”试点城市，其城市更新政策体系最为完整。佛山市是全国最早的“三旧”改造试点城市，是广东省“三旧”改造综合试点。东莞市的土地开发强度较高，在省内仅次于深圳，其城市更新工作始于产业结构调整，并着力于生态环境提升与产业升级改造。珠海市城市更新工作始于旧城镇、旧区的改建工作，其更新改造思路强调“慎用大拆大建，少用小拆小建，多用不拆不建整治”。这个五个城市的城市更新工作在珠江三角洲地区具有典型意义。

2.1 广州市城市更新方案编制体系

广州市城市更新方案编制体系为四个层级：城市更新总体规划 / 专项规划——城市更新年度实施计划——片区策划——实施方案。

其中，城市更新总体规划 / 专项规划（旧村、旧城、旧厂专项规划）是城市更新总体层面的规划引导，主要明确城市更新的目标、策略、规模、重点改造区域、改造时序

以及总体功能和空间指引等。城市更新年度实施计划是城市更新管理的抓手，主要明确全市及各区年度工作目标、任务、规模，明确更新片区、项目单元边界及工作内容等。

片区策划方案编制通过梳理片区问题，明确片区总体定位、发展目标、改造思路与模式、建设规模、用地布局、开发强度、公益性设施（公服、市政、道路等）、初步经济测算、项目单元边界、资金来源、改造时序等内容，为控制性详细规划编制或修改提供依据。实施方案的编制根据片区策划方案及控制性详细规划编制，明确改造范围内用地布局、开发强度、实施主体、经济测算、实施时序等内容，推动项目的开发实施。

2.2 深圳市城市更新方案编制体系

深圳市城市更新编制体系包括：城市更新专项规划 / 更新“五年规划”——城市更新单元计划——城市更新单元（含有一个或者多个项目），共三个层级。

其中，城市更新专项规划 / 市层面“五年规划”通过目标控制、总量控制统领全市城市更新工作，主要内容为明确五年内全市更新的目标、策略、时序和重点片区，并突出重点片区的统筹地位，量化城市更新计划、规划、用地规模和公共配套设施指标。区规划落实市“十三五”提出的更新单元计划的结构、规模、配套设施、固定资产投资。

城市更新单元计划，是城市更新工作有序开展的重要管控手段，列入更新单元计划的项目应当具备近期实施条件，具可实施性。城市更新单元计划需要明确拆除范围、更新方向、主要公共利益等核心内容。现行法定图则与更新单元计划功能不符的，需开展法定图则调整编制，具体需要明确更新单元范围、范围内应当配置的基础设施和公共服务设施的类型和规模、城市更新单元的规划指引。

城市更新单元规划则是具体的改造项目方案内容，主要内容包括：土地与建筑物信息核查、更新范围、更新目标与方式、功能控制、城市设计、公益移交、分期实施、生态修复，以及产业、交通、市政、公服、历史、环境、生态等专项研究。

2.3 佛山市城市更新方案编制体系

佛山市提出三级规划管控体系，在增加了实施方案编制工作后，共四级管控体系：更新专项规划及城市更新五年规划——城市更新单元计划——城市更新单元规划——实施方案。

更新专项规划落实城市总体规划重点需要明确城市更新的目标、策略、总体规模和分区指引，以及具体工作任务。城市更新五年规划衔接近期建设规划重点明确市层面更新规模，区层面确定更新范围及更新任务。

城市更新单元计划主要内容包括城市更新单元划定、控制性详细规划修改说明、明确公益性城镇建设用地提供的责任主体及完成时间表，需明确更新类型（政府主导更新改造、社会资金参与改造、集体经济组织自行改造、原土地使用权人自行改造等），资金来源，供地方式（协议出让、公开出让）等内容。

城市更新单元规划主要内容包括：具体项目范围、更新目标、更新模式、开发时序、规划控制指标、公共服务设施、交通承载、城市设计指引规划管控、城市设计等。更新单元如涉及规划调整，该环节视为控制性详细规划修改；如不涉及，该环节视为地块开发细则。

实施方案编制以已经批准的城市更新单元规划为依据，主要内容包括：地块规划、现状、土地利用情况、协议补偿方案、土地整合方案、征收、拆迁方案、分期建设方案、公益性设施及用地建设和移交方案，完善历史用地手续方案。

2.4 东莞市城市更新方案编制体系

东莞市城市更新方案编制共四个层级：全市城市更新专项规划——镇街城市更新专项规划——更新单元划定——“1+N”总体实施方案。

其中，全市城市更新专项规划、镇街城市更新专项规划以城市总体规划、土地利用总体规划、生态控制线规划、工业保护线专项规划为编制依据，主要内容包括：全域更新管控框架，落实生态控制、文化保护、工业保护、公建配套底线，衔接轨道交通和重大产业平台开发建设规划，作为更新单元划定基础，确定更新单元类型；参照近期建设规划深度进行编制。镇街层级需包含年度实施计划、确定公共服务设施捆绑内容。

城市更新单元划定主要内容包括：提出单元改造目标，明确更新范围、更新方向，依据上层次规划提出应在单元内配建的公共设施内容、用地规模、建设主体和移交方式等要求。

“1+N”总体实施方案整合了全流程审批事项，包括一份申请和前期研究报告、改造方案、征地报批方案、收储方案、收地方案、供地方案等。方案依据东莞全市密度分区及容积率计算指引对更新单元的开发建设量等规划条件进行计算论证；城市设计研究方案，可经确认的改造主体组织编制修建性详细规划方案；控制性详细规划修改论证报告，落实用地细分、道路、市政评估、公共设施用地布局；征地报批方案、收储方案、收地方案、供地方案。

2.5 珠海市城市更新方案编制体系

珠海市更新改造方案编制共四级体系：全市更新专项规划——城市更新单元划定——控制性详细规划和更新单元规划——实施方案。

全市更新专项规划，一般为五年，并与近期建设规划相衔接，主要明确全市城市更新的重点区域及其更新方向、目标、类型、时序、总体规模和更新策略。各行政区可以根据实际需要编制辖区范围的城市更新专项规划。

城市更新单元的划定，需符合全市专项规划，符合基本生态控制线，各类强制性管控要求，保证基础设施、公共服务设施完整性。

控制性详细规划和更新单元规划同步开展，并相互影响，需要确定的内容为：城市更新单元内更新项目的具体范围、更新目标、更新方式和规划控制指标；城市更新单元内基础设施、公共服务设施和其他用地的功能、产业方向及其布局；城市更新单元概念性布局规划及单元城市设计指引；与城市总体规划、控制性详细规划强制性内容及城市更新专项规划内容的衔接说明；控制性详细规划未覆盖或者对控制性详细规划的强制性内容做出调整的，应当补充公共服务设施论证、交通影响评价、城市更新经济评估等技术报告；符合控制性详细规划，但按照相关规定应当进行交通影响评价的，应当补充交通影响评价报告；文物、历史街区、历史建筑和城市文脉资源的保护方案以及城市景观风貌保护评估等。

实施方案为项目的具体内容，包括项目实施主体、基本情况、投资计划、建设进度安排、搬迁补偿安置措施、监管措施等。

3 珠三角地区典型城市更新方案编制体系特点分析

3.1 编制体系层级趋于成熟

各城市的城市更新方案编制体系层级均为从宏观的总体控制层面到中观的单元/片区层面，最后到实施层面。其中总体层面控制侧重于全市的更新战略方向、工作任务、重点地区等统筹内容；中观层面的单元/片区层面，则侧重具体的项目执行计划、公共利益的保障、产业经济的综合把控；最后的实施层面包括与法定规划指标的衔接与确定、具体的改造项目的土地整理、征拆、分期建设、完善历史用地手续等内容。具体各城市结合自身特点进行细化执行。

3.2 “单元”/“片区”规划

广州市要求划定城市更新片区，应当保证基础设施和公共服务设施相对完整，要综合考虑道路、河流等自然要素及产区边界等因素，要符合成片连片和有关技术规范的要求；对具体的面积大小没有要求。深圳市城市更新单元拆除范围用地面积大于1公顷，城市更新单元内可供无偿移交给政府，用于建设城市基础设施、公共服务设施或者城市公共利益项目等的独立用地应当大于3000平方米且不小于拆除范围用地面积的15%。佛山市城市更新单元用地不小于1公顷，范围内总面积的15%必须用于建设公益性项目，如人均绿地未达佛山相关要求的，公益性项目比例不得低于25%，用于公益性项目的独立用地应大于3000平方米。东莞市城市更新单元面积原则不小于150亩，不超过500亩；可以由多个更新单元合并形成一个大型改造片区，片区原则上面积不超过1500亩。珠海市规定拆建类城市更新单元不小于10000平方米，公益性用地不小于3000平方米，且不小于已供地面积的15%。

从各城市对更新单元/片区的界定可以看出，从较大范围划定城市更新单元/片区，实施成片连片改造，避免配套设施无法落地，保证城市整体发展效益。空间上协调各方利益，解决城市整体与利益个体的关系。改变侧重盘活存量用地、追求土地经济效益的单一目标，将城市更新上升到城市发展战略的高度，注重改善人居环境、促进产业转型升级、传承历史文化、激发城市活力等多元目标的实现。

3.3 更新方案与法定规划的关系

广州市城市更新片区策划与控制性详细规划修改相衔接，片区策划方案作为控制性详细规划修改的依据，通过控制性详细规划落实更新改造方案的法定性。佛山市的城市更新单元规划等同于控制性详细规划的修改，东莞市则在“1+N”总体实施方案需包含独立的控制性详细规划修改环节；深圳市的更新单元规划有法定图则具有同等效力；珠海市控制性详细规划为独立环节，并与更新单元规划同步开展、相互影响。

目前，城市更新改造方案不属于法定规划体系的环节，在执行过程中必须与控制性详细规划相结合。随着更新改造工作的不断开展，未来需要从更高层面上提高城市更新改造方案的法定地位，提高方案编制与执行的效率。

4 结语

城市更新以已开发的低效、面临再开发需求的用地或建设为对象，本质是对既有众多利益相关人的利益格局的再调整、再分配。城市更新方案编制工作作为利益各方的协商平台，要求展现不同以往的规划逻辑，需要进一步探索科学有效、综合施治、共同治理逻辑下的编制方法体系及细则。

参考文献：

[1] 广州市城市更新办法（广州市人民政府令第 134 号）.

[2] 深圳市城市更新办法（深圳市人民政府令第 290 号）.

[3] 佛山市人民政府办公室关于深入推进城市更新（“三旧”改造）工作的实施意见（试行）（佛府办〔2018〕27 号）.

[4] 公关是人民政府关于印发《关于深化改革全力推进城市更新提升城市品质的意见》的通知（东府〔2018〕102 号）.

[5] 珠海经济特区城市更新管理办法（珠海市人民政府令第 114 号）.

作者信息：

窦飞宇，女，广州市城市更新规划研究院。

刘　娴，女，广州市城市更新规划研究院。

广东省东莞市城市更新政策及发展趋势

1 东莞城市更新发展历程

东莞城市更新由来已久，2009年随着广东省“三旧”改造的开展，东莞城市更新与省“三旧”改造进行了并轨。大致经历了“鼓励起步时期”、“规范管理时期”和“加强统筹时期”三个不同时期的发展，构建了更新政策体系，城市更新已形成“数量→质量→高质量”的转变，从而使城市品质不断提升。但随着大湾区建设，对东莞城市更新又提出了新的要求。

1.1 东莞三旧改造的必然性

“三旧”改造是东莞城市发展的必然选择，主要原因：一是过去三十多年自下而上的粗放型快速发展，东莞增量用地空间已经接近极限，远远高于国际警戒线。目前，东莞建设用地空间拓展已非常困难，向存量要空间、要效益是东莞未来发展的必然选择。二是东莞拥有大量低效碎片化工业用地，可供二次更新开发，有巨大的提升空间，这样有助于管住总量、严控增量、盘活存量，落实习近平总书记在中央城镇化会议上的讲话要求。满足中央、广东省明确提出的东莞每年新增开发量使用存量的比例不低于40%的要求。三是省“三旧”政策也为东莞存量用地二次开发提供政策支持，有助于解决存量用地二次开发的一系列复杂问题。四是面对环境恶化、产城分离、人地矛盾和资源枯竭的潜在问题，制约了东莞进一步提高城市竞争力，城市可持续发展难以为继。在政策倒逼、现实需要、政策支撑的背景下，东莞已经进入存量用地二次开发的城市更新时代。东莞城市更新发展历程分别为鼓励起步时期、规范管理时期和加强统筹时期。

1.2 东莞三旧改造历程

（1）鼓励起步时期（2009~2013年）

最初是运动式推进阶段，为抢抓政策机遇，市属各部门全面放松管控，很多不合理的改造诉求都给予满足，规划的严肃性受到极大挑战，改造哪里、改造方向、改造强度由市场决定，导致“三旧”改造全面失控，对东莞产业发展的空间产生了极大的冲击。进入微调政策阶段后（2012~2013 年），一定程度上保障了东莞市产业的发展，适度扭转了市场潜在问题。全面检讨阶段（2013 年），东莞市就“三旧”改造工作进行了反思和检讨，并在逐步完善“三旧”管控的体系和机制。

（2）规范管理时期（2014~2017 年）

随着国土资源部批复同意《广东省深入推进节约集约用地示范省建设工作方案》，“三旧”改造政策得以延续并长期化，东莞市“三旧”改造也将从一项试点性工作转变为常态性的制度安排和部署。进入“加快转型升级、建设幸福东莞、实现高水平崛起”的新战略时期。为此推出了《关于加强“三旧”改造常态化全流程管理的方案》，明确加强常态化全流程管理的意义和目标，加强常态化全流程管理的主要内容，加强常态化全流程管理的实施保障以及相关文件。

（3）加强统筹时期（2017~ 至今）

首先成立城市更新局，逐步健全市镇更新工作机制，政府主导，连片改造。印发实施《关于深化改革全力推进城市更新提升城市品质的意见》，为东莞城市更新定位和方向，提出“政府统筹、规划管控、完善配套，产业优先、利益共享、全程覆盖”六大格局，建立“规划管控、资源调控、项目招商和供地产业扶持、财税鼓励、行政审批”六大体系，明确“加强组织领导、完善配套政策、鼓励改革创新、强化督查考核”四点要求。

三个时期出台关键文件：

2009-2013年

东莞市人民政府文件

东府〔2009〕144号

关于印发《东莞市“三旧”改造实施细则（试行）》的通知

各镇人民政府（街道办事处），市府直属各单位：

《东莞市“三旧”改造实施细则（试行）》已经2009年第33次市党政领导班子联席会议讨论同意，现印发给你们，请认真贯彻执行。

二〇〇九年十二月十六日

2014-2017年

东莞市人民政府文件

东府（2014）147号

关于印发《关于加强“三旧”改造常态化全流程管理的方案》的通知

各镇人民政府（街道办事处），市府直属各单位：

现将《关于加强“三旧”改造常态化全流程管理的方案》印发给你们，请认真贯彻执行。

东莞市人民政府

2014年12月8日

2018年

东莞市人民政府文件

东府（2018）102号

东莞市人民政府关于印发《关于深化改革全力推进城市更新提升城市品质的意见》的通知

各镇人民政府（街道办事处），市府直属各单位：

现将《关于深化改革全力推进城市更新提升城市品质的意见》印发给你们，请认真贯彻执行。

2018年8月15日

图 1

（资料来源：东莞市自然资源局）

东莞市城市更新政策体系 **表 1**

<table>
<tr><th>主干</th><th>实施细则</th><th colspan="2">配套政策</th></tr>
<tr><td rowspan="14">东莞市推动产业结构调整和转型升级实施城市更新管理暂行办法（东莞市推动产业结构调整和转型升级实施三旧改造土地管理暂行办法）（为需要重新修订的政策、法规）</td><td>城市更新办法实施细则（东莞市“三旧”改造实施细则）</td><td rowspan="11">配套政策</td><td>土地政策（城市更新土地出让办法）</td></tr>
<tr><td rowspan="13">东莞市城市更新机构设置办法（法定化机构）（为需要重新修订的政策、法规）</td><td>拆迁补偿（安置）政策</td></tr>
<tr><td>产权认定政策</td></tr>
<tr><td>财税类政策（城市更新改造成本评估管理规定、城市更新土地出让金缴交标准及返还规定）</td></tr>
<tr><td>东莞市“三旧”改造产业类项目操作办法</td></tr>
<tr><td>生态修复区建设量、建设用地指标转移政策</td></tr>
<tr><td>东莞市城市更新公共设施配套政策</td></tr>
<tr><td>城市更新年度设施计划管理办法</td></tr>
<tr><td>东莞市产业转型升级基地认定和管理试行办法（为需要修正完善的政策、法规）</td></tr>
<tr><td>东莞市公租房建设政策</td></tr>
<tr><td>农民公寓建设管理办法</td></tr>
<tr><td rowspan="3">标准细则</td><td>改造专项规划编制指引及审批规定</td></tr>
<tr><td>改造单元前期研究报告编制指引及审批规定</td></tr>
<tr><td>改造单元规划编制指引及审批规定</td></tr>
</table>

2 东莞城市更新特征

东莞三旧改造界定范围指特定城市建成区，在 2007 年 6 月 30 日之前土地利用现状图或卫星影像图（或航片、正射影像图）上显示为已有上盖建筑物的建设用地，包括旧城镇、旧村庄、旧厂房，明确了不纳入“三旧”改造的范畴。

2.1 改造政策差异化

细化经营性用地出让方式的规定，工改居（商）项目由政府收储后通过公开招拍挂方式出让，其他类型改造项目可以协议出让。优化利益分配格局，降低工改居（商）项目土地收益返还镇村的比例，并将一定比例的土地出让收益作为专项资金用于扶持产业发展和公建配套；提升旧村改造项目土地收益返还村集体的比例。根据不同的改造对象和更新目标，制定配套的规划、土地、财税、产业等相关政策组合。政策红利向“配套提升、环境改善、产业转型、政府统筹、连片改造”等方向倾斜。在城市更新主管部门主导下，系统梳理、修正和补充相关政策、法规。

土地出让方式差异化　　表2

<table>
<tr><th>改造类型</th><th>土地出让方式</th><th>出让金返还</th><th>容积率政策</th></tr>
<tr><td>工改居</td><td rowspan="2">政府收储后
招拍挂方式出让</td><td rowspan="2">降低土地收益直接返还镇村的比例
一定比例土地收益作为产业及公建发展专项基金</td><td rowspan="2">按密度分区定容积率
容积率确定更具弹性</td></tr>
<tr><td>工改商</td></tr>
<tr><td>改产业</td><td>可协议出让</td><td>资金补助和扶持政策</td><td>按密度分区定容积率
容积率确定更具弹性</td></tr>
<tr><td>旧城改居（商）</td><td>优先政府收储后通过招拍挂方式出让；
政府确定不收储的地块可协议出让</td><td>—</td><td rowspan="2">按改造成本确定容积率；
政府收储、村集体自行改造容积率确定更具弹性</td></tr>
<tr><td>旧村改居（商）</td><td>可协议出让
但公开招标方式确定开发主体</td><td>土地收益返还村集体比例扩大</td></tr>
</table>

2.2 改造手段差异化

划分不同的改造方式：改造型、拆除重建、综合整治、功能改变类，并界定各类改造方式的适用范围，引导和规范改造行为。

改造方式差异化　　表3

改造方式	改造原因	开发强度	改造目标
改造型	区域战略功能转型，需大规模土地使用性质和物质形态的改变	显著提高	提升原城市功能、优二进三，形成商业、办公、居住混合功能区，成为第三产业发展主要载体和城市形象地区
重建型	原空间不适应用地功能规模需求，或建筑破旧无法通过局部整治达到效果	变化较大	不改变用地性质，原用地扩建、改建、加建建筑物，或拆除部分建筑，提升建筑空间品质、优化功能载体
置换型	旧建筑功能不适应发展要求，但建构筑物具有历史保留价值，可延续文脉	变化较小	注入新功能，与原空间结合，形成创意产业、工业设计等生产性服务业，为第二产业提速，为地区带来新活力
整治型	建筑物年久破损、环境污染或配套设施不完善	用地性质、强度均不变	对具有历史保护价值的建筑、街区和村庄进行整治、修葺和维护，重点改善人居环境、完善配套

（资料来源：东莞市自然资源局）

2.3 改造空间差异化

根据不同区位特征和功能定位，实施差别化的改造管制策略。不同的改造分区给予不同的政策红利。

改造空间分区　　表 4

改造分区	主要分布区域	政策红利导向	改造管制策略
城镇中心区	城镇中心区	配套提升、环境改善	优先完善公共设施和提升人居环境 支持高强度、高密度集约发展
战略发展区	政府连片储备用地、未来城市发展主要战略潜力地区、轨道站点地区	政府统筹、连片改造	只能政府收储、不能自改； 支持高强度、高密度开发
产业集聚区	工业园区	产业发展、效益提升	严控工业用地转功能； 鼓励提升土地开发强度
生态发展区	生态控制线内的旧村、旧厂	改善生态环境	只能逐步清退作为生态发展； 制定建设量补偿制度
特色保护区	古村落、特色村落、历史街区、历史建筑群	保护特色	保护为主，严控开发强度； 综合整治和功能转换，强化特色
一般性地区	其他地区	环境整治、配套完善	按规划引导进行改造

（资料来源：东莞市自然资源局）

3　东莞城市更新现状及问题

3.1　改造规模大而分散

至 2014 年申报的“三旧”改造用地约 183 平方公里，占现状建设用地的 17%，改造规模位居全省第三。在缺乏自上而下统筹和要求的情况下，各镇街自下而上地申报改造项目，导致改造布局偏分散、缺乏空间秩序，如寮步镇的改造地块分布在镇域范围各处。在具体改造过程中，就地块论地块情况普遍，缺乏连片开发的思路。

3.2　空间品质改善力度不足

大量改造项目提出高容积率、高强度开发的诉求，出现大量改造后居住地块净容积率在 4~6 的项目,开发强度超过了《东莞市城市规划管理技术规定》的要求（《东莞市城市规划管理技术规定》规定居住用地容积率控制在 2.5 以下，商住用地容积率控制在 3.0 以下）。如此高强度的开发诉求，将加大舒适宜人空间尺度营造的难度。

3.3　公共服务提升不足

结合自身的发展特征、管理特点，东莞规定所有改造项目需符合“拆三留一，公共优先”的规定。“拆三留一，公共优先”，即按拆迁用地面积计算，预留比例不低于 1/3 的用地，作为道路、市政、教育、医疗、绿化、其他开敞空间等公共用途。但是在实施过程中，发现了新增的休闲设施、体育设施、学校极少，小区内公共设施偏少的现象。

3.4 产业发展空间受到限制

东莞原本寄希望通过“三旧”改造为产业发展、转型提供更多的空间，但现实情况却是原有产业用地被挤占，为新产业提供空间载体不足，“三旧”改造不但没有为产业发展提供新的空间，反而在挤占现有产业的发展空间，无法为重大产业项目的进入提供更多空间。

4 大湾区背景下东莞城市更新问题的应对策略

改革开放以来，东莞走出了一条独具特色的外向型经济发展道路，经济以年均近 18% 的速度增长，成为具有全球影响力的现代制造名城，形成了众多新兴产业，构建了配套齐全的现代工业体系。新时期的粤港澳大湾区建设将是中国经济新增长极，穗深港经济走廊是粤港澳大湾区建设的核心轴，是牵引整个大湾区建设的核心区。东莞位于粤港澳大湾区核心轴线上，具有不可替代的地缘优势，东莞又将迎来新的发展机遇。因此，对接和融入粤港澳大湾区是东莞市“十三五”规划纲要和新一轮总规划的核心策略。这也对东莞的城市更新提出了新要求，不仅要破解现状问题，更要高起点、高目标打造粤港澳大湾区中的国际制造中心。

4.1 高效落实明职责分工

围绕湾区建设目标，提出城市更新要求。发挥各级政府职能，市政府为战略部署、平台搭建、顶层设计。统筹资源配置、与湾区周边城市产业联动。完善的城市更新管理架构，规范高效化的城市更新项目审批和监管程序，统筹、指导、协调、监督城市更新各项工作。适当集中城市更新的审批权，提高城市更新工作效率和工作质量，协调战略地区城市更新的各方利益。城市更新土地储备中心有计划地盘活存量土地资产，按计划配置土地资源。各行政、企事业单位，城市更新过程涉及土地、规划、建设、计划、财政，以及能源、电力、水务、通讯、绿化等众多部门和企事业单位，必须要求各涉及方共同遵守法定的工作程序。镇街政府组织、协调本辖区城市更新项目的实施。

4.2 优势互补促产业提升

一方面结合改造动力，平衡近远效益，坚持“成熟一片、改造一片、提升一片”推进城市更新，避免优质存量资源被过早、过度、零碎的消耗，建立城市更新的年度准入制度。同时，要根据区位和基础更新产业内容，着眼大湾区协同发展和长远发展，与其他城市产生紧密联系，明确阶段性产业布局改造重点，把控战略开发时序。集聚改造空间，从总体规划、宏观视角确定需要进行城市更新的区域，从城市合理产业角度识别战略空间、划定重点改造区域。

4.3 上下联动强规划管控

完善“三旧”改造专项规划，加强市、镇两级统筹。“三旧”改造专项规划是总体规划层面的专项规划，是镇街对辖区内“三旧”资源的改造功能、时序、空间分布等的整体把握和统筹安排，是“三旧”改造工作的纲领性规划，是实行“三旧”改造工作自上而下规划管控的重要抓手。

4.4 连片集聚统土地收储

整合部门行政资源，设置专职土地收储、整备和更新机构，统筹连片土地资源。政府积极介入重点改造区域的土地整备、收储，把控战略空间的发展建设，建立全市统一的土地投融资平台，提供大规模土地整备的资金保障，赋予土地储备中心土地收储的优先决定权。城市更新应保证湾区建设中重要产业和设施的用地。提升东莞在区域交通中的重要地位，充分发挥交通运输对经济发展的支撑和引导作用，从“节点城市”升级为“枢纽城市”。

4.5 改造模式益多样并行

由于改造主体的基础条件和目标诉求不同，加之利益博弈激烈等，多种改造模式才能应对错综复杂的问题，多采用政府主导、自行改造和社会参与三种模式。

一是政府主导，人民政府授权土地储备机构、镇街政府进行具体项目的改造，分为政府投资、政府与集体经济组织合作两种类型。属于政府收购储备后再次供地的，必须以招标拍卖挂牌方式出让。二是土地使用权人自行改造，原土地使用权人自行进行的改造，分为有偿出让的国有建设用地使用权人申请自行改造、划拨土地使用权人申请自行改造、有偿出让的国有建设用地使用权人收购相邻多宗地块集中改造。三是引入社会资金参与的改造，分为政府在统一组织实施“三旧”改造的拆迁阶段通过招标的方式引入企业单位承担拆迁工作，或政府将拆迁及拟改造土地的使用权一并通过招标等公开方式确定土地使用权人，或政府将拟改造土地的使用权通过招标等公开方式确定土地使用权人并由政府负责拆迁等三种类型。

4.6 同步配套强公共利益

珠江口东岸创新走廊从香港向北到深圳，再经东莞松山湖（生态园），直抵广州科学城、知识城一带，几乎所有珠江口东岸的研究机构、创新研究项目都在向这个新轴线区域布局聚拢。东莞正处于这条创新走廊的中点，南承北接，能够串联起整个珠江口东岸，完善功能布局和配套设施，提升人居环境，建设人文湾区，有利于融入广深同城生活圈，特别是更好对接广州高校科研和人才资源。机遇前车之鉴，这一轮城市更新，要加强政府直接介入和主导社会性、公共性强的更新项目，加强规划实施监督力度，在保障“拆三留一落实”基础上，强化公共配套与改造项目的捆绑实施关系以及财政支持制度，达到高标准建设。

5 项目案例

5.1 东城区新世博商贸中心区改造项目

（1）改造类型：旧厂房改造

改造地块标图建库号为44190000352，位于东城区中心片区中央商圈核心地段，范围为东城东路、东城大道，东城中路，莞樟路围合区域，改造范围内包括城中村、工商住混合区、国有工业用地、旧居住区用地。地块占地面积25.65公顷，总拆迁建筑面积27.4万平方米。改造前片区年度生产总值约3900万元，税收约280万元。

（2）改造模式：政府主导

由东城区办事处采用政府主导方式进行改造，完成征拆后以挂牌方式供地。总投资约79亿元，其中一期用地（东城万达广场）投资58亿元。

（3）改造规划：公共设施用地、居住用地、道路广场用地、市政公用设施用地和绿地

改造后，该宗土地将用于公共设施用地8.94公顷，容积率4.1，建筑面积34.77万平方米；居住用地7.37公顷，容积率3.2，建筑面积23.58万平方米；道路广场用地4.32公顷，容积率0.34，建筑面积1.48万平方米；市政公用设施用地1.5公顷，容积率2.16，建筑面积2.96万平方米，绿地3.58公顷。

（4）改造政策

该项目采用政府主导方式进行改造，土地出让市政府收益部分返还给镇政府。

（5）改造成效

新世博商贸中心区更新改造后，引进了万达广场、卓越商业广场等综合商贸项目，并配套规划建设地铁站、公交枢纽站、幼儿园、慢行系统等配套设施，改造后该区域总

改造前

改造后

图2

图3 东城世博商贸区现状

（图片来源：东莞市自然资源局）

建筑容量约88万平方米，容积率为3.42，地下商业建筑容量约21万平方米。整个区域更新改造项目总投资达79亿元,改造完成后将涵盖大型商业中心、连锁百货、商业步行街、影院、文化娱乐、餐饮、云商超级旗舰店、超五星级酒店、高档办公楼等业态及高档居住项目，预计每年税收超过7亿元。万达广场、卓越商业广场和未来规划建设等大型商业综合体项目的落成将推动周边土地价值和产业效益成倍增长，实现了社区经济和环境的双提升，同时实现了落实公共配套设施、提升区域空间品质的目标。

5.2 东莞万江下坝坊

（1）改造类型：旧村改造

下坝坊东莞市万江街道坝头社区，位于万江、南城与莞城的交界处，占地0.7平方公里，常住人口1750余人。村内有岭南水乡特色古民居230幢，最老古宅落成时间已有500多年。还有詹氏祠堂、大队部、明洪武年间木金匾一方、张王爷庙一座、土地庙三座、古渡口一个、风水塘三个、青麻石旗杆夹一个、碑刻一通、国家三级古树七棵等特色建筑和要素。

（2）改造模式：前期自主改造为主，后期政府引导。

（3）改造规划：公共设施用地、居住用地、道路广场用地、市政公用设施用地和绿地。

（4）改造政策

通过利用市政府建设特色村落的优惠政策，按照东莞市打造水乡特色村落总体要求，支持综合整治与改造。

（5）改造成效

东莞首个以文艺创作、平面设计等功能为主、以休闲服务为辅的高效率、慢生活的休闲文化创意村；集创意、设计、休闲、艺术于一体的生活街区；东莞市的“岭南水乡文化泛博物馆”，咖啡馆、茶室、清吧、私房菜｜画廊、设计师工作室、艺术家工作室、艺术品作坊、现代传媒机构办公点｜古董商店、古旧书店、古琴作坊等。已入驻的主力机构有蔷薇之光、菩提湾、藏吧、DEJAVU、东莞古琴协会、南方都市报等。

下坝坊改造，保护了村落的传统格局和整体风貌，丰富的休闲业态与城市功能互补共赢，促进了乡村发展。被评为广东省第三批历史文化名村，东莞市级名村创建点，东莞市“三旧”改造结合产业升级的特色示范性项目。

民宅都很小，最大的一间民宅为60多平方米，工作室、咖啡馆多是两三间房子打通改造而成。

图4　下坝坊沿河景观

5.3　常平镇东莞晶苑毛织制衣有限公司改造项目

（1）改造类型：单宗工业项目升级改造

改造地块标图建库号为44190011031，位于东莞市常平镇司马村司马牌坊东深公路旁，总面积9.37公顷，该地块现用途为工业厂房、办公、员工宿舍，为东莞市常平镇晶苑毛织制衣有限公司自1993年开始使用。现有建筑面积约143500平方米，容积率为2.4，年产值约为8.55亿元。

（2）改造模式：工改工

由东莞晶苑毛织制衣有限公司申请自行进行产业升级改造，计划投资6.45亿元。

（3）改造规划：工业用地

改造后该宗土地中9.37公顷将继续作为工业用地，容积率为2.4，建筑面积143500平方米。

项目计划分四期建设：第一期投资额约0.5亿元人民币，改造面积约4万平方米；第二期投资1.45亿元人民币在A区新建一幢集生产、办公、研发为一体的十层综合楼，总建筑面积4.30万平方米；第三期投资3.45亿元人民币对B区进行扩建，拆除现有6幢单层旧厂房，新建建筑面积为5.94万平方米的厂房；第四期投资1.05亿元人民币新建建筑面积为6.05万平方米员工宿舍。

（4）改造政策：该项目积极响应“节约集约用地”和“工改工”政策自行进行产业升级改造。

（5）改造成效：

①通过本次改造，新建的A3大楼总建筑面积为43086平方米，使该公司的容积率由1.8提升至2.4，大大地节约了生产用地。新增楼面面积3.9万平方米，新增面积产生的销售额预计每年可达2.8亿人民币。

②员工人数由2010年的4500人增加到现在6000人左右，预计2013年产能可增至513万打，比“三旧”改造前将提高44.5%。2011年被广东省评为“广东省转型升级示范企业”；从2006~2012年连续六年成为我镇“出口创汇前10名三资企业”和“纳税前10名外资企业”。

图5

图6　常平镇晶苑毛织厂现状

（图片来源：东莞市自然资源局）

③通过“节约集约用地”和“工改工”政策，对公司进行升级改造，给公司带来的巨大转变，实现了发展空间和经济效益的双赢。

5.4 寮步镇香市公园地块改造项目

（1）改造类型：旧厂房、旧村庄改造

改造地块标图建库编号为44190011129，位于寮步镇中心区主干道香市路与蟠龙路交叉处，地理位置独特，交通十分便捷，东至蟠龙路，南至祥福路，西至农业生态园、北至海悦花园。改造面积1.9994公顷，改造前用途主要是工厂和私人住宅，现有建筑面积1.6419万平方米，容积率为0.82，年产值约为800万元。

（2）改造模式：政府与集体经济组织合作改造

①由寮步镇人民政府与陈家埔社区合作改造。

②投资规模：计划投资8500万元。

（3）改造规划：公园绿地

香市公园以香市历史文化、中华龙文化、岭南民俗民风文化为主题，内设香远塔、藏香阁、中国沉香（莞香）艺术博物馆、书画苑、岭南农耕具展览厅、香市观景台、登山径、溪流、小桥等设施，建筑风格以仿古明清岭南建筑为主。按照现有格局和功能定位，香市公园划分为“一心一线两片五区”，即以香市文化博物馆为中心，以规划的登山主干道为游览主线，分为生态保护片区和市民休闲活动区，五大功能区分为入口区、香市博物馆区、生态保护区、休闲活动区以及管理服务区，是寮步镇中心区规模最大、生态环境和休闲设施最完善的城市公园。

（4）改造政策

完善用地手续，继续保留自居自用的集体建设用地，可以协议出让方式供地。

（5）改造成效

寮步镇香市公园规划总占地面积300多亩，其中“三旧”改造范围占地面积2万平方米（合30亩），香市公园作为寮步镇首个以莞香文化为主题的城市休闲公园，是全镇打造香市文化“八个一”工程的重要项目。投资约8500万元，分二期建设，

改造前

改造后

图7

（图片来源：东莞市自然资源局）

图8　寮步镇香市公园现状

力争打造成为寮步的“黄旗山”。

随着东莞市“四位一体”城市架构的拓展，寮步位于中心提升的核心位置，区位优势更加明显。因此，为加快城市化步伐，寮步镇结合自身现状和全市角度，确定了发展定位为现代绿色新香市，把寮步建设成为一个集现代产业、生态休闲与香市文化魅力于一体的东莞城市新区。提出了要把寮步镇打造成为东莞城市新区、线材产业新区、生态休闲新区的“一城三区五提升”的工作思路。本项目的建设正是实现建设“三区”目标的“九项重点工程”之一。同时，为了实现建设“现代绿色新香市”，寮步镇已经确立了全面创建以“一区六园”为主体的5A级香市旅游区，包括佛灵湖森林公园、汽车文化公园、香市动物园、香市生态园、香市公园、体育公园等。“六园”主体工程建设，将以香市文化建设推动旅游产业发展，通过旅游业的发展宣传香市文化，使香市文化建设与旅游业和谐融合、共同发展，最终实现打造“千年香市，中国香都”和中国旅游名称的目标。

5.5 麻涌镇新基村特色村落改造项目

（1）改造类型：旧村整治改造

新基村位于麻涌镇东北部，临近东环路，现存明清时期祠堂11座，古民居2座，庙宇1座，现存古建筑多为传统的祠堂和岭南水乡凉亭，具有浓郁的岭南建筑特色以及深厚的水乡历史文化底蕴，是广东省历史文化名村。新基村总面积约4.4平方公里，现有户籍人口5708人，共1673户。改造前的新基村民居外观参差不齐、道路环境差、历史文化古建筑残旧、水体污染严重。

（2）改造模式：特色村落综合整治，政府主导

新基村采用“政府主导综合整治”的改造模式，由新基村委会积极落实，不走“大拆大建、文物迁移扎堆”的老路，按照东莞市打造水乡特色村落总体要求，融入麻涌的龙舟、祠堂、凉棚及曲艺等文化元素，规划“幽静天然、艺曲新风、古粤乡情、乡悦游园”四个特色区域，以改善整个新基水系水质，修葺历史建筑为主线，逐步恢复新基村原有的传统水乡风貌和韵味，并结合旅游文化和商业发展打造独具特色的岭南水乡村落，为全面推进水乡特色村建设工作提供示范作用。

改造前

改造后

图9

图10 麻涌镇新基村现状

（图片来源：东莞市自然资源局）

（3）主要采用的旧改政策

通过利用市政府建设特色村落的优惠政策，按照东莞市打造水乡特色村落总体要求，支持综合整治与改造。

（4）改造成效

经济效益方面：通过改造，新基村成了具有岭南风貌特色的古村落，带动了旅游文化产业的发展，为新基村招商引资奠定了良好的基础，尤其是农地得到了升值，由原来的每亩每年三四百元的租金到现在统筹的每亩每年1500元，使新基村的集体经济得到了更好的发展。同时，新基村以旅游文化产业为平台，计划打造农副产品展销区和饮食文化体验区，规划一个地块作为农副产品展销区，销售农民自产的农产品，包括香蕉、蔬菜等，这样既能使游客买到新鲜而又有特色的农产品，又能够增加新基村农民的收入。通过规划一条饮食街，让村民经营水乡传统美食，包括农家餐馆、休闲茶馆等，作为旅游的配套设施，使游客能够留下消费，这样既能促进新基村村民的就业，又能带动第三产业的发展。

社会效益方面：新基村自改造成特色村落后，国家部门领导、省市领导先后到新基村进行了视察和参观，对特色村落的改造成果给予了肯定，使得新基村的知名度大大提高。通过改造，新基村成功打造了属于自己的品牌，使更多的人认识了新基村这个具有岭南特色风貌的古村落，并在社会上形成了良好的回响。

生态效益方面：新基村紧抓水乡特色发展经济区建设的机遇，除了以改造为平台发展经济外，更是大大地改造了村内的生态环境。绿化工程中，保留了原有的百年榕树和群植的经济蕉林，通过种植藤本植物、水生植物、绿化苗木，对新基村起到了绿化美化环境、优化改造水质的良好作用，让群众重新感受到天蓝水清的美好风光。环境的绿化、水质的改造，使新基村回到了以前纯朴自然的面貌，空气清新，植物丛生，河水干净清澈，鱼儿成群，繁衍出各种水生物，重新形成了一个平衡的生态系统。

（5）投资规模

新基特色村落整治投资4697万元。

6 粤港澳大湾区建设背景下东莞城市发展展望

按照“新时代·新征程·新东莞”的发展要求，坚持“国际制造名城、现代生态都市”的发展定位，以提高城市发展质量和提升土地节约集约利用水平为核心，加快推进城市更新工作，助推东莞在更高起点上实现更高水平发展。通过“保底线、拓空间、优品质”的“三旧”改造和城市提升的办法发挥空间效用，在“一中心四组团”的基础上，打造六大片区，以大组团、大片区对接湾区发展。以松山湖地区为核心，打造北接广州科学城，南连南山区，横贯珠三角东岸的“创新走廊”。建设“两个创新带”，依托珠江口东岸地区，主动承接广州地区创新资源，形成“临港现代产业创新带”；依托与深圳加快与深圳创新资源的融合、吸收和再创新，打造“环深创新资源融合发展带”。促进东莞从分散式创新到协同式全域创新发展，构建东莞产业集群优势打造创新驱动“升级版”，建设滨海湾新区和水乡新城，营造宜居宜业环境，用好广深科技创新走廊中间的重要组成部分吸引人才，使东莞成为“国际先进制造业之都，宜居生态之城”。

参考文献：

[1] 石建业 . 关于东莞市城市更新机制的探讨 [A].2016.
[2] 任精彦 . 古村运营模式案例分析——东莞下坝坊，2014-8-5.
[3] 深奥城市更新公司 . 东莞三旧改造政策解读 .
[4] 贺茉莉 . 浅析东莞历史文化资源对于当地经济的发展作用 [D] 东莞职业技术学院，2016.
[5] 东莞自然资源局官网城市更新栏目 . http://land.dg.gov.cn/land/zjgz/siggindex.shtml.

表格来源：

表 1 至表 4 均引用自《关于东莞市城市更新机制的探讨》——石建业（东莞市城建规划设计院 523000）。

编辑整理：

吴 昊，广东工业大学建筑与城市规划学院，研究生。
王曼琦，华南理工大学建筑学院城乡规划，博士研究生。

广东省珠海市城市更新政策及发展趋势

1 珠海城市更新发展历程

珠海城市更新由来已久，1993年珠海已开展了早期旧城镇更新探索，并在2000年率先开展大规模的城中旧村更新。2009年，随着广东省“三旧”改造的开展，珠海进入更新政策体系构建时期，目前已形成“一二三+N”的更新政策体系。

按照发展历程，珠海城市更新大致可分为三个时期，分别为问题导向下的初始探索时期、与省“三旧”政策并轨时期以及更新政策体系构建时期。

珠海市城市更新发展历程　　表1

时间	更新政策
1993年	珠海市提出加快城镇旧区改建，出台了旧城拆建改造政策，开始探索实施旧城镇片区、城中旧村整体拆除重建
2000年	珠海市提出“改造城中旧村、建设文明社区”的行动，全面铺开香洲城区26条城中旧村整体拆除重建改造工作。现已实施33个城中旧村改造项目，涉及总用地面积260万平方米，落实总回迁建筑面积240万平方米
2008年	结合《广东省人民政府关于加快发展我省服务业的实施意见》(粤府［2008］66号)，探索开展旧厂房通过临时改变建筑使用功能发展第三产业
2009年	结合省“三旧”改造工作部署，依据省“三旧改造政策”，稳步推进了旧厂房、旧城镇和旧村庄的改造工作
2012年	成立实体机构“珠海市城市更新管理办公室”(2014年并入市住规建局)，探索建立可持续发展的城市更新机制，启动了新一轮城市更新工作
2016年	不断加强法制化、规范化建设，推陈出新，构建形成以《珠海经济特区城市更新管理办法》(市政府令第114号)为总纲的“一二三+N”政策框架体系
2017年	全面推进“放管服”，城市更新项目审批事项全部下放区政府(管委会)

1.1 问题导向下的初始探索时期(1993~2008年)

该时期的更新政策以解决社会突出问题为出发点，政策间相对独立，联系性较弱。

（1）旧城镇更新政策探索：珠海快速发展时期，为加快城镇旧区改建，给老城区发展科技、旅游和商贸中心提供空间。1993 年珠海市出台《关于珠海市城镇旧区改建有关问题的通知》（珠府办〔1993〕22 号），探索实施旧城镇片区改造政策，拉开珠海城市更新序幕。

（2）城中旧村更新政策探索：为提高城中旧村生活群体的居住安全，2000 年 6 月，珠海全面开展香洲区 26 条城中旧村改造工作（总占地约 300 万平方米，动迁人口将近 20 万）。期间出台《香洲区改造城中旧村建设文明社区配套政策》（珠府〔2000〕62 号），并决定城区 3 年内不再新批房地产用地。此外，政府提出“拆一免二至三”政策并减免相应的报建费用。该时期，通过政策引导、政府扶持、市场运作的方式，珠海成功推动了 22 条城中村顺利实施。

（3）旧工业更新政策探索：2008 年，结合《广东省人民政府关于加快发展我省服务业的实施意见》（粤府〔2008〕66 号），珠海探索开展旧厂房更新工作，通过临时改变建筑使用功能发展第三产业，促进了一批旧厂房更新。

1.2 与省“三旧”政策并轨时期（2009~2011 年）

2009 年，珠海市结合省“三旧”工作部署，开展“三旧”改造工作，并于 2010 年出台《关于加快推进“三旧”改造工作的意见》（珠府〔2010〕32 号），明确“三旧”改造的目标任务、改造范围和实施要求。随后珠海市原国土资源局分别针对旧工业厂房、旧城镇和旧村出台三套实施办法：《关于推进旧工业厂房用地改造的实施办法的通知》（珠府办〔2010〕21 号）、《关于推进旧城镇用地改造的实施办法的通知》（珠府办〔2010〕22 号）、《关于推进旧村改造的实施办法的通知》（珠府办〔2010〕23 号），初步形成“1+3”的政策体系，与省“三旧”政策并轨。

《关于推进“三旧”改造促进节约集约用地的若干意见》（粤府〔2009〕78 号）

《关于加快推进“三旧”改造工作的意见》（珠府〔2010〕32 号）

《关于推进旧工业厂房用地改造的实施办法的通知》（珠府办〔2010〕21 号）

《关于推进旧城镇用地改造的实施办法的通知》（珠府办〔2010〕22 号）

《关于推进旧村改造的实施办法的通知》（珠府办〔2010〕23 号）

1.3　更新政策体系构建时期（2012 年至今）

一二三 +N 政策框架体系　　表 2

<table>
<tr><td>1个
“总纲”</td><td colspan="8">珠海经济特区城市更新管理办法（原《珠海市城市更新管理办法》）
（珠海市人民政府令第 114 号，2016 年 11 月 17 日）（珠海市人民政府令第 86 号，2012 年 8 月 28 日）</td></tr>
<tr><td>2个
“配套”</td><td colspan="4">珠海市“三旧”改造城市更新项目
地价计收标准
（正在修订）</td><td colspan="4">珠海市城市更新项目申报
审批程序指引（试行）
（珠府〔2018〕44 号，2018 年 5 月 9 日）</td></tr>
<tr><td rowspan="2">3类
指导文件</td><td colspan="4">城中旧村</td><td colspan="2">旧城镇</td><td colspan="2">旧厂房</td></tr>
<tr><td>珠海市城中旧村更新实施细则（珠府〔2015〕123 号，2015 年 11 月 3 日）正在修订</td><td>珠海市香洲区城中旧村更新房屋面积认定和补偿暂行办法（珠规建更〔2016〕18 号，2016 年 7 月 29 日）正在修订</td><td>珠海市城中旧村更新开发规模测算指引（试行）（珠规建更〔2016〕19 号，2016 年 7 月 29 日）正在修订</td><td>关于加快推进香洲区城中旧村更新工作的通知（珠香府〔2017〕67 号，2017 年 10 月 15 日）</td><td>珠海市老旧小区更新实施办法（正在制定）</td><td>关于九洲新村老旧小区拆建更新试点项目工作的指导意见（珠自然资函〔2019〕259 号，2019 年 3 月 6 日）</td><td>珠海市临时改变旧工业建筑使用功能项目管理实施意见（珠府办〔2013〕24 号，2013 年 6 月 14 日）正在修订</td><td>关于加快推进香洲区旧工业区升级改造的若干意见（珠香府〔2017〕24 号，2017 年5月3日）</td></tr>
<tr><td>N 个操作办法、细则和辅助管理文件</td><td colspan="8">珠海市城市更新单元规划编制技术指引、珠海市城市更新单元规划开发规模测算技术指引、珠海市城市更新项目经济评估工作指引、珠海市城市更新工作信用信息管理办法（试行）、珠海市城市更新工作档案管理规范</td></tr>
</table>

（1）一个纲领性文件

2012 年，珠海市出台《珠海市城市更新管理办法》（珠府〔2012〕86 号发布），奠定了珠海市城市更新的主基调。2016 年，对该文件进行修订，《珠海经济特区城市更新管理办法》（珠海市人民政府令第 114 号），进一步确立全市城市更新工作的纲领文件。

（2）两个核心配套文件

更新地价文件：2015 年珠海市出台《珠海市城市更新项目地价计收和收购补偿管理办法（试行）》（珠府〔2015〕19 号），后因与广东省新出台“三旧”政策中关于地价评估的要求相冲突，于 2017 年被废止，随后两年时间内更新地价政策缺失。2019 年 6 月，珠海市发布《珠海市城市更新项目地价计收办法（公开征求意见稿）》，即将结束更新地价无法可依的局面。

更新程序文件：2017 年，珠海市全面推进“放管服”，城市更新项目审批事项全部下放区政府（管委会）。在此背景下，2018 年珠海市发布《珠海市城市更新项目申报审批程序指引（试行）》（珠府办〔2018〕44 号），规范更新项目的申报和审批程序，明确城市更新项目审批职能分工，强调了区政府（管委会）和区更新主管部门是城市更新申报审批和实施监管的重要主体。

（3）三类指导文件

城中旧村指导文件：2015 年发布的《珠海市城中旧村更新实施细则》（珠府〔2015〕123 号），对更新模式、实施方式、工作主体及申报审批工作等程序逐一进行了明确，是珠海城中旧村更新的核心指导文件。并启用珠海市城中旧村更新开发规模测算指引配套软件，在 25% 的成本利润率控制下，按照更新总成本加合理利润，与商品房开发计容积率建筑面积市场销售总额相平衡的原则测算开发规模。香洲区相继出台《珠海市香洲区城中旧村更新房屋面积认定和补偿暂行办法》（珠规建更〔2016〕18 号）、《关于加快推进香洲区城中旧村更新工作的通知》（珠香府〔2017〕67 号）。

旧城镇指导文件：计划制定《珠海市老旧小区更新实施办法》，目前尚未出台。2019 年 3 月，珠海市自然资源局发布《关于九洲新村老旧小区拆建更新试点项目工作的指导意见》（珠自然资函〔2019〕259 号），以九洲新村老旧小区拆建更新项目为试点，试行老旧小区拆建更新扶持政策，为制定出台《珠海市老旧小区更新实施办法》奠定基础。

旧厂房指导文件：全市层面针对旧厂房更新出台的指导文件为《珠海市临时改变旧工业建筑使用功能项目管理实施意见》（珠府办〔2013〕24 号），结合珠海实际提出旧工业建筑用于发展现代服务业的鼓励措施，一定程度上促进了全市产业空间布局优化和结构调整，提高了土地使用效益。香洲区层面于 2017 年出台《关于加快推进香洲区旧工业区升级改造的若干意见》（珠香府〔2017〕28 号），以整体统筹为出发点，以“优二进三补公”为方针，以整治、改建和拆除重建为手段，力求提高工业土地使用价值，加快创新发展步伐。

（4）N 个辅助文件

为更好地服务城市更新实操，配合上述主导政策，珠海还出台了 N 个操作办法、细则和服务管理文件，如《珠海市城市更新单元规划编制技术指引》、《珠海市城市更新单元规划开发规模测算技术指引》（珠规建地〔2017〕22 号）、《珠海市城市更新工作信用信息管理办法（试行）》（珠规建更规〔2017〕3 号）等。

2 珠海城市更新政策特征

2.1 珠海旧村更新政策特征

（1）旧村更新规划条件研究前置

珠海旧村改造政策经历几个阶段的发展，目前主要参考《关于加快推进香洲区城中旧村更新工作的通知》(珠香府〔2017〕67号)的政策，该政策创造性地提出了城中旧村更新规划条件前置，由政府委托先行开展城中旧村项目更新规划条件研究，通过市规划委员会审核后，明确城中旧村总体开发规模、风貌控制、公共服务配套等强制性内容，再根据该规划条件开展自下而上的城中旧村更新单元规划。在该方式的指导下，珠海新一轮城中旧村更新得到重大突破，目前洪湾村、银坑村已通过该方式获得规划批复。

(2)旧村更新参与主体进一步明晰

2017年香洲区先行先试发布了《关于加快推进香洲区城中旧村更新工作的通知》(珠香府〔2017〕67号)，提出“项目开发企业”的概念，赋予了项目开发企业唯一谈判权和预签约权，两年内预签约率达到90%及以上，即可成为项目实施主体，较好地维护了项目开发企业的合法利益，大大调动了企业参与更新的积极性。2018年9月，原市住规建局就《珠海市城中旧村更新实施细则(修订公开征求意见稿)》举行听证会，暂将该方式纳入。

2.2 珠海旧工业更新政策特征

全市层面针对旧厂房更新出台的指导文件为《珠海市临时改变旧工业建筑使用功能项目管理实施意见》(珠府办〔2013〕24号)，结合珠海实际提出旧工业建筑用于发展现代服务业的鼓励措施，一定程度上促进了全市产业空间布局优化和结构调整，提高了土地使用效益。香洲区层面于2017年出台《关于加快推进香洲区旧工业区升级改造的若干意见》(珠香府〔2017〕28号)，以整体统筹为出发点，以“优二进三补公”为方针，以整治、改建和拆除重建为手段，力求提高工业土地使用价值，加快创新发展步伐

(1)旧工业区严格按照相应区域转型方向有序推进

《关于加快推进香洲区旧工业区升级改造的若干意见的》(珠香府〔2017〕28号)文要求改造方向应区分不同区域有侧重开展转型升级，其空间结构应符合“两带一片区”发展战略布局。即前山—南屏产业带以高端制造业为主；九洲—南湾大道产业带以高兴技术产业、新型产业和现代服务业为主；香洲北创新创业示范片区鼓励重点转型发展集研发设计、无污染生产、运营管理等功能于一体的各类孵化载体。

(2)鼓励“工改工”和“工改产”、有序推进“工改商”、严格限制“工改居”

《关于加快推进香洲区旧工业区升级改造的若干意见的》(珠香府〔2017〕28号)文中指出，支持旧工业区通过整治、改建或者拆建做大做强高端制造业和高新技术产业，积极发展与生产密切相关的新型产业，同时旧工业区更新改造需根据“两带一片区”转型方向，在符合控规的前提下有序推进“工改商”，香洲区范围内的旧工业区，原则上不得用于商品住宅及商业配套建设，其他政策文件另有规定的，从其规定。

2.3 珠海旧城镇更新政策特征

（1）老旧小区以综合整治为主拆建为辅

珠海市正在开展旧城镇和老旧小区专项规划，着手制定《珠海市老旧小区更新实施办法》，目前尚未出台。办法明确4个标准：①整治为主、拆建为辅，原则上建成20年以上的，才界定为老旧小区，建成30年以上的老旧小区方可实施拆除复建。②业主出资，在项目具体实施过程中，业主需要支付相应的成本费用。③拆除复建适当扶持，土地使用年限重新起算；拆除复建计容积率总建筑面积允许新增20%；原有建筑面积不计收地价，新增计补评估市场地价。④组织实施模式，由政府主导。珠海市老旧小区建议采取政府主导方式实施老旧小区拆建更新，避免开发商提前介入扰乱业主补偿诉求和市场秩序。

（2）加快烂尾楼盘活更新，妥善处理历史遗留问题

珠海市2017年5月出台了《关于加快珠海市“烂尾楼”整治处理的实施意见》政策，文中对烂尾楼的界定标准、处理主体、扶持政策等进行了明确。在土地处置方面，允许土地出让年限重新计算，并可以按照基准地价标准计收应当补交计收的地价；在规划方案调整方面，原规划设计方案已不符合现行规划或公共利益，确需调整的，在符合控规且不影响房屋质量和安全的情况下，通过“四评估”进行合理研判，涉及增加住宅功能的无须配建公租房；在奖励措施方面，属地区政府可设定相应的规费补贴等奖励措施，根据项目处理具体情况予以扶持。

3 珠海市城市更新面临问题及难点

3.1 城市更新项目实施推进周期较长

（1）市场运作方式下城中旧村更新中“钉子户”处置难

采取市场运作方式实施城中旧村更新的，目前只能通过协商解决“钉子户”问题，导致部分项目长期停滞、烂尾。虽然政策中也提出可通过行政诉讼等强制措施解决，但仍然面临较长周期与较大难度，从而造成项目难以按照预计的周期完成后续工作。

（2）各方主体利益诉求难以整合

城市更新项目中涉及各方主体，包括政府、权利人、开发主体等，在市场运作方式下，由于权利人的心理预期越来越高导致拆迁安置成本过高，而政府部门无法将部分费用核定为拆迁安置成本，从而使项目批复的容积率及开发规模无法满足开发企业的需求。目前城市更新项目普遍面临政府补公、权利人补偿、开发企业经济可行等诉求难以整合的问题。

3.2 城市更新配套政策需进一步完善

（1）旧城镇、老旧小区等类型的改造政策缺失

目前珠海市正在积极申报国家历史文化名城，加大文化遗产保护力度。旧城镇、老旧小区改造尚未颁布，包括项目认定的标准、补偿标准、改造流程等尚不清晰，使旧城镇项目推进缓慢；老旧小区目前以综合整治为主，但部分旧村、旧城镇项目中涉及的老旧小区，无政策参照，使改造进程受到一定影响。

（2）老旧城区历史用地无法确定宗地界线

按照省、市相关规定，实施改造的“三旧”用地必须土地权属清晰、权属界线准确、地类用途明确。老旧城区更新范围内，部分土地仅有地上上盖物的房屋所有权证，没有土地使用权证，且用地档案缺失。原用地单位已注销工商登记，无法按原用地单位办理历史用地完善手续；现用地范围内拥有房屋所有权证的居民人数多，难以按作为现用地单位办理历史用地完善手续。

4 项目案例

4.1 广东省三旧改造重点项目“城市之心”

城市之心项目位于珠海核心商圈之一的吉大商圈，处于珠海的城市腹心，现状建筑功能与空间布局目前已难以适应城市规划与片区功能定位。项目规划总用地93.1万平方米，分为核心区、中心区、南山区三部分，分别对区域进行差异化的功能定位，实现区域功能优化并推动城市商业格局的提升，项目更新定位为以商业办公为主导功能，集商业、办公、酒店、旅游、文化、休闲于一体，建成后将提升珠海的整体城市形象、完善配套服务设施，打造一个能够体现珠海城市活力特色、展

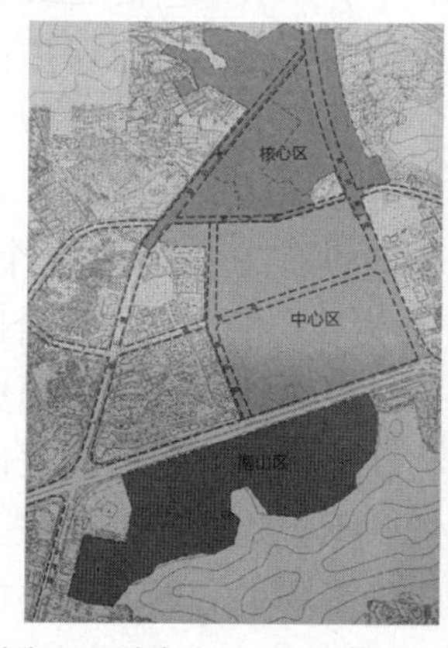

图1 “城市之心”区域划分图

图2 “城市之心”整体效果图

示珠海现代化城市风貌的地标性、极具核心凝聚力的城市商务中心区与极具文化特色的滨海花园式城市会客厅，是珠海城市的心脏，有了“城市之心”。未来该片区将会焕然一新，将山、城、海相连，展现珠海城市现代化活力（图 1、图 2）。

（1）“城市之心”核心区

“城市之心”核心区规划范围东侧临海滨公园，紧邻西面的石景山大酒店，珠海市博物馆和万科珠宾花园，总用地面积约 18.8 万平方米，总拆迁建筑面积约 18.1 万平方米，建成后将会进一步完善该区域的配套服务设施，实现山、城、海相连的景象，极具旅游特色的“城市之心”开放空间有将成为珠海真正的城市会客厅（图 3）。

（2）“城市之心”南山区

“城市之心”南山区规划范围北至九州大道，西至水湾路，南至石花山，总用地面积约 19.5 万平方米，总拆迁建筑面积约 20.1 万平方米，共涉及产权人 546 户。片区发展依托九洲大道串联吉大旅游商务中心形成沿路商务、商贸的主要功能，同时绿色社区沿山布局，打造居住、商贸功能为主的综合功能区（图 4）。

图 3 “城市之心”核心区

图 4 “城市之心”南山区

4.2 历史文化名村“北山村”项目

北山区域更新项目位于珠海大道和南湾大道交汇处，处于南屏中心城区，总占地面积约 55.92 万平方米，规划总建筑面积约 101 万平方米，包括北山村片区和南屏片区。该项目通过对北山村整村搬迁，进行综合整治更新，采取保护性开发的模式还原北山历史建筑风貌，对北山村的居住环境、公共配套、交通设施等进行全面升级改造，在不割裂传统街区的前提下，重新规划定位地区道路等级，并新增一处公交首末站、6 处社会停车场、保留 1 处加油站，同时设有 2 个公园、1 个农贸市场、1 个邻里中心，以多种业态相结合，创建以文化产业为核心的多功能综合区。

北山村通过对百年历史文化古村的提升和保护，以更新改造传承历史文化、革新老旧面貌，将项目打造成珠海城市新名片、文化新地标。改造后的北山村片区将充分发挥历史风貌延续功能和城市的生活住区功能，承担片区的公共服务和商业服务功能，进行旅游文化、创意产业的开发，使其成为南屏中心城区重要的居住、商业和公共休闲中心和多元混搭的国际化创意平台，塑造珠海城市新活力（图 5）。

图 5 “北山村”项目改造

4.3 已完成成回迁房交付项目——华发峰景湾

华发峰景湾项目位于珠海市湾仔南湾大道西侧，用地总面积约为 8 万平方米。项目改造后用地功能为商业、办公和住宅，容积率约 3.20，计容总建筑面积 25.8 万平方米，其中回迁住宅约 10 万平方米，项目分为两期开发，其中一期回迁住宅已于 2017 年 6 月正式交楼。华发以高度社会责任感，按照新一代优 + 生活产品体系打造回迁房，以“统一交楼标准、统一物业管理”开发、管理回迁房，为珠海旧改项目的回迁房树立了新标杆（图 6、图 7）。

图 6 “华发峰景湾”改造前

图 7 “华发峰景湾”改造后实景图

5 粤港澳大湾区背景下珠海城市更新对策及展望

粤港澳大湾区建设将促进珠海新一轮大发展，使珠海成为国家级的大装备制造业中心。深化珠三角九市与港澳全面务实合作，珠海横琴是关键节点和核心平台，被赋予了建设粤港澳深度合作示范区的重大使命。探索协调协同发展新模式，珠海横琴将发挥重大合作平台作用，为粤港澳发展提供新动能，为建粤港澳大湾区优质生活圈，促进内地与港澳更紧密合作提供示范，城市更新也肩负新的使命。

5.1 城市更新未来发展趋势

从我国城市化进程来看，一、二线城市大规模建设和快速城市化阶段已基本结束，城市发展的主要方向也将转向城市更新、复兴、发展和建筑文化遗产的保护。“城市更新”已经成为一线城市拓展城市空间、优化城市功能最重要的途径之一。大湾区建设，在用地规模、产业提升和遗产保护方面对城市更新提出新要求。对于房地产开发企业而言，随着一线城市土地供应收缩，“地王”频现，进入门槛不断攀升，关注重点开始从增量市场转向存量市场，开发模式将从“大拆大建”转变为盘活城市低效存量建设用地、旧村居、旧工业区、旧住宅区和旧商务区的品质提升、功能重塑及产业升级。以“旧楼改造、存量提升”为核心的城市更新模式日益受到重视，成为一些房企扩大规模跻身一、二线城市的重要途径。

5.2 政策措施及更新红利

未来的政策措施将会结合粤港澳大湾区建设，调整城市产业结构及经济发展的需要，分工协作，互补共赢。对不同的改造类型进行政策的分类制定，使其在功能上更加适合当前的需要，城市更新更注重“有机更新”。随着政府治理能力的提升，预期接下来珠海城市更新政策将围绕鼓励产业升级、推进连片改造、提升环境品质、整合土地资源和传承历史文脉等方面进行新一轮政策体系构建。

随着城市更新，整个行业各个链条不断成熟与完善，城市更新对每一个参与的主体都将带来深远的影响。对于一个城市，城市更新对其的经济发展、产业结构调整、公共配套健全、城市风貌的提升带来的改变将是巨大的；对于改造的权利主体，城市更新将使其居住环境、生活品质、经济收入等得到大幅提升；而各房地产开发企业也可以通过城市更新，以更低的成本获取土地资源，同时为自身的转型与发展发展也带来更多的机会。

注：本文图表来自珠海市更新办，效果图由华发集团提供。

作者信息：

麦谦敏，珠海华发城市更新投资控股有限公司。

王曼琦，华南理工大学建筑学院城乡规划，博士研究生。

吴　昊，广东工业大学建筑与城市规划学院，研究生。

佛山市“三旧”改造的回顾、经验与展望

1 引言

佛山位于广东省中南部，粤港澳大湾区北部，东倚广州，西接肇庆，南连中山、江门，北通清远，地理位置优越。佛山市下辖五个区，其中南海区和顺德区一直是全国百强区前两名；佛山人口约 846 万，2018 年 GDP9936 亿，排名全国第 17 位（稍落后郑州），广东第 3 位。

佛山是全国三旧改造发源地。自 2004 年起，佛山就率先开展起“三旧”改造的试验性摸索工作，在“三旧”改造的实践过程中，佛山市委市政府高度重视，并敏锐地认识到对“三旧”用地进行重新规划、二次开发，事关佛山经济社会又好又快发展的全局，于 2007 年 6 月 28 日出台了《印发关于加快推进旧城镇旧厂房旧村居改造的决定及 3 个相关指导意见的通知》（佛府〔2007〕68 号），正式从市级层面全面推动“三旧”改造工作，这也标志着佛山开始全面实施和推进“三旧”改造工作。

佛山三旧改造规模仅次于广州。2016 年标图建库总规模 55.63 万亩，目前已实施更新规模约为 11.13 万亩，占标图建库比例的 0.2%。年度完成更新规模 7810 亩，仅次于广州。

2 佛山市“三旧”改造基本情况

2.1 佛山三旧改造的背景介绍

（1）现状开发强度高、增量建设用地不足

1997~2005 年间，佛山市建设用地年均增长了 5202.84 公顷；2006~2009 年间，佛山市建设用地年均增长了 2009.75 公顷，至 2009 年佛山市土地开发强度达 33.3%。除去严控的耕地面积及禁止开发区域，实际上佛山市剩余可开发用地量较少，尤其是禅城区的建设用地开发强度超过了 70%、南海区、顺德区超过了 50%，三区土地瓶颈问题突出。

按照《佛山市土地利用总体规划（2006-2020 年）》，2010~2020 年的 10 年间，佛山市年均新增建设用地的增长必须控制在 1842 公顷以内，仅为过去 13 年间建设用地年均增长规模的 43%，新增建设用地指标的严重紧缺，逐渐成为制约佛山市新

型城镇化建设的瓶颈。

（2）自下而上的发展模式，积累了大量的低效用地

佛山工业发展起步较早，早期乡镇经济发达，但由于缺乏统一规划，村镇工业高度分散，呈现出“村村点火、户户冒烟”的工业发展态势。这种自下而上的发展模式导致以下问题：

①催生了大量的低效用地。形成了一大批低端的简易厂房，占用了大量建设用地指标。

②导致城乡建设空间破碎化。表现为城市、乡村、厂房相互混杂，建设破碎。

③产生了环境污染和安全生产隐患。大量的村级工业园都存在环境和安全生产隐患。

（3）生态环境脆弱、生态赤字大

生态用地数量进一步下降，从70.9%锐减至52.2%，位于全省倒数第一；顺德、南海成为珠三角地区空气环境质量较差的地区之一。

过度的开发透支了环境容量，生态赤字达1.329公顷/人，远超0.4公顷/人的全国平均赤字水平。

（4）积累了一定规模的历史遗留问题需要解决

佛山以镇街为单位的民营经济的蓬勃发展，导致新的土地管理法出台后，在佛山的农村集体用地上出现了大量不合法的历史用地。由于存在改造即失地的风险，导致大规模的土地资源处于闲置状态，也在一定程度上影响了镇街地区的城市建设。

2.2 佛山三旧改造的阶段回顾

佛山市自2007年至今，三旧改造工作已推行了将近12年，根据12年来三旧改造呈现出的不同特征和矛盾，总体可以划分为4个阶段（表1）。

佛山“三旧”改造阶段　　表1

阶段	标志性政策	阶段特征
第一阶段（2007~2009年）	1.《印发关于加快推进旧城镇旧厂房旧村居改造的决定及3个相关指导意见的通知》（佛府〔2007〕68号） 2.《印发广东省建设节约集约用地试点示范省工作方案的通粤府明电》（〔2009〕16号） 3.《关于推进“三旧”改造促进节约集约用地的若干意见》（粤府〔2009〕78号）	自下而上探索阶段，以零散的、小规模的自行改造为主
第二阶段（2009~2012年）	《印发关于加快推进三旧改造促进城市升级工作意见的通知》（佛府办〔2012〕37号）	这一阶段的三旧改造逐渐开始重视连片的改造和开发，同时，为了推进产业升级和转型，政府出台了相关政策扶持产业提升
第三阶段（2012~2015年）	2015年底，佛山市城市升级三年行动计划到期，其后虽有两年延伸计划，但城市更新的工作已经开始专项城市的综合治理	这一阶段的三旧改造重点是通过佛山中轴线以及各区的重点项目等，着力提升佛山市的城市形象、塑造良好的城市环境和推进岭南文化名城的建设，更加重视环境再造和改善

续表

阶段	标志性政策	阶段特征
第四阶段（2015年至今）	1. 佛山市成立了城市治理办公室，开展综合治理工作，同时出台了城市更新实施意见，着力推进城市更新整体制度框架的搭建，将城市更新工作推向制度化、法制化和常态化。 2. 佛山市成立了城市治理办公室,开展综合治理工作,同时出台了城市更新实施意见，着力推进城市更新整体制度框架的搭建，将城市更新工作推向制度化、法制化和常态化	这一阶段的三旧改造逐渐调整为城市更新，不仅更新的内涵在发生变化，更加强调城市的综合提升改善，也更加强调城市的综合治理和城市更新在管理、政策和规划体系等方面的制度化建设

2.3 佛山三旧改造取得的成绩

（1）促进了土地的节约集约利用

2007~2016 年佛山三旧改造年均提供 6.63 平方公里土地，约为新增建设用地指标（11.44 平方公里）的 58%，推动了 59.67 平方公里低效用地的再开发。全市每平方公里建设用地产出 GDP 从"三旧"改造实施之初 2007 年的 2.84 亿元提高到 2016 年的 5.66 亿元；每亿元 GDP 消耗土地面积从 2007 年的 0.35 平方公里减少到 2016 年的 0.18 平方公里。三旧改造促进了佛山土地节约集约利用，开发强度大幅提升，市域"三旧"改造项目平均容积率由 0.7 升至 2.6。

（2）拉动了经济增长、促进了产业升级

三旧改造累计投入超过 2700 亿，年均投入约占全市固定资产投资额的 18.2%；提供了 470 万平方米厂房，建设了广佛智城等一批示范性项目。

（3）优化了城市结构、完善了公共设施

三旧改造约 55% 项目分布在中心城区，30% 在主要组团；三旧改造累计提供了 117 万平方米公益性设施用地，主要为道路交通设施及公园绿地。

（4）加快了岭南文化名称建设、优化了人居环境

三旧改造推动了一批示范项目的建设（岭南天地、仁寿寺、梁园）；新增 700 万平方米居民住宅，200 万平方米设施及绿地。

（5）改善旧村居环境，增加村集体收入

"三旧"改造中旧村庄更新改造面积约 353.2 公顷，一方面带动了旧村居周边地区环境和设施的提升，改善了城市的环境；另一方面，也通过功能的完善接纳了大量的流动人口，改造提升村集体的产业类型，增加了村民收入，缓解了政府的管理压力。

2.4 城市更新政策演进特征

（1）市级政策文件主要以纲领性政策为主

内容丰富，涵盖旧城、旧厂、旧村专项文件，协议出让、项目建设、城市升级等方面。

（2）各区在市基础上搭建城市更新政策体系

各区政策体系框架不完整，法规层面和技术标准层面缺失；侧重于配套政策特别是国土政策研究，技术标准和操作细则缺乏。

（3）阶段性政策侧重点或趋势

2009年以前：政策要点相对零散，重点在项目认定、历史遗留问题及土地确权、土地出让金分配以及拆迁补偿几个方面；

2009~2011年：政策要点逐渐聚焦，重点在一是国有工矿转国有商服允许协议出让、二是明确了三旧改造土地出让款的分配比例、三是涉及建设用地流转收费问题、四是涉及拆迁补偿标准问题、五是集体转国有的交易问题、六是农民公寓问题；

2011~2015年：主要针对上一阶段的六大问题进行细化、深化。同时开始重视“工业提升”、“社会维稳”。

2015年以后：政策要点逐渐调整到“村级工业园提升”、“连片改造”、“混合开发”、“人才配房”、“公益设施配建”等方面。

2018年以来：侧重于城市更新规划体系、管理体系的构建；改造方向上明显抑制工改居、鼓励产业提升、旧村居改造；土地出让方式上则全面放开协议出让，配套地价计收。

（4）佛山市最新城市更新政策结构

《佛山市人民政府办公室关于深入推进城市更新“三旧”改造工作的实施意见（试行）》（佛府办〔2018〕27号）基本结构包含6大部分、43条款、5大附件（图1）。五大附件包括城市更新规划体系、城市更新管理流程、城市更新单元计划申报指引、城市更新单元规划编制技术规定、城市更新地价计收。

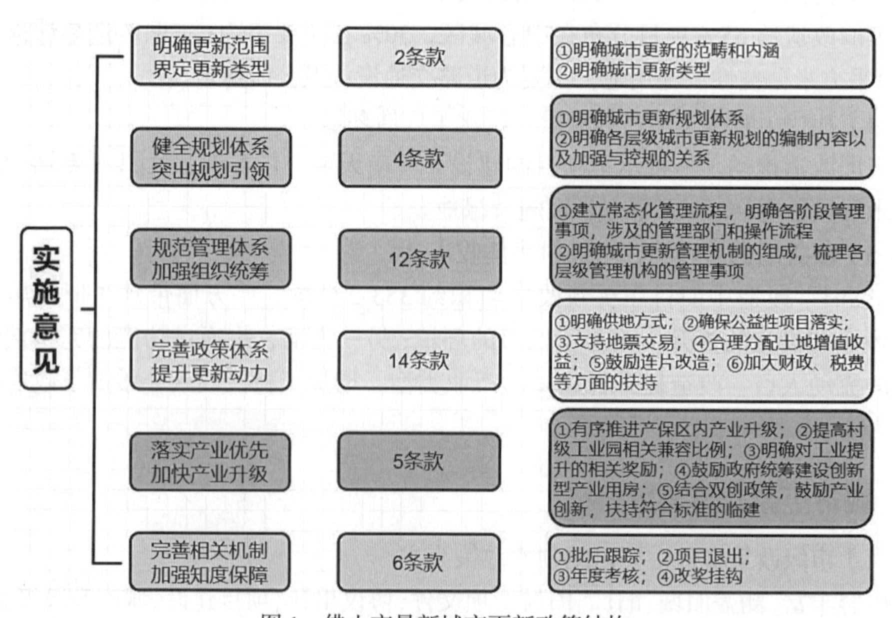

图1　佛山市最新城市更新政策结构

3 主要做法和相关经验介绍

3.1 规划层面

（1）构建立体评估体系、科学评估成绩与不足

①横向评估

基于与珠三角相关主要城市的横向比较。明确佛山市三旧改造的优势和存在的不足、差距，为下阶段三旧改造工作的重点和方向提出相关借鉴和指引。

②纵向评估

基于自身时间序列上三旧改造进展情况，对佛山市三旧改造在改造进度、改造方向、改造强度、空间分布、设施贡献、产业提升、环境改善、历史保护等方面进行科学评估，指导下阶段三旧改造的方向和重点。

（2）摸清三旧改造家底、挖掘存量更新潜力

在标图建库的基础上，结合三旧改造入库图斑特征以及低效用地特征，科学构建三旧图斑相关标准（图2），全面摸查三旧改造家底，深入挖掘存量低效用地更新潜力。全面摸查后，市三旧图斑总规模约88万亩，比标图建库的56万亩多出约32万亩。旧厂房、旧村居，旧城镇分别占改造对象总规模的63%、15%、22%（图3）。

- **旧城镇**：**土地利用效率较低**（容积率小于1.5）、**功能混杂、建筑质量较差**（三四类建筑为主）、**建筑竣工时间超过20年**的旧住宅区、旧工商住混合区和历史风貌区；

- **旧厂房**：**土地利用效率低下**（容积率0.7以下）、**建筑竣工时间至今超过20年**的旧工业园区；

- **旧村居**：**公共配套水平低、建筑质量较差**（三、四类建筑为主）、**建筑竣工时间超过20年**的旧村分布区域。

图2 佛山市“三旧”图斑相关标准

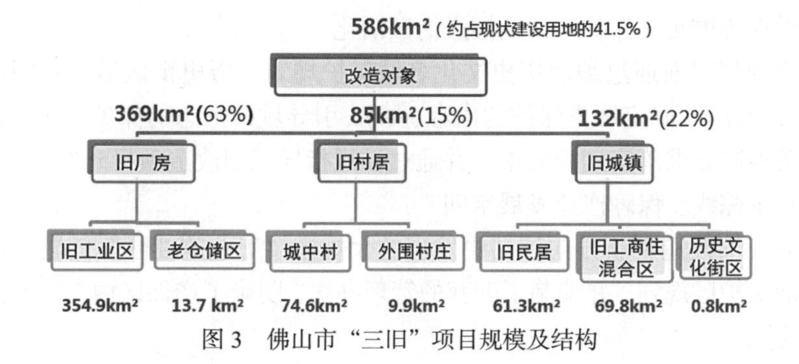

图3 佛山市“三旧”项目规模及结构

（3）划分不同改造分区、提出分区改造指引

根据发展条件划分优先更新地区、限制更新地区、一般更新地区三种类型分区（表2）。选择基础条件好，市场主体积极性高的城市主中心、副中心和组团中心区，规划重大公共设施待建地区，重大产业集聚园区，城市主要景观轴200米范围，交通枢纽与轨道站点沿线500区域，规划待建快速路与主干路沿线区域等区域，作为优先更新地区。

佛山市“三旧”改造分区 表2

分区	规模	功能指引
优先更新地区	约500平方公里（含三旧图斑139平方公里）	指引各区更新单元计划
限制更新地区	约240平方公里（含三旧图斑75平方公里）	引导图斑复绿、复垦、复蓝以及加强保护
一般更新地区	约600平方公里（含三旧图斑372平方公里）	鼓励综合整治

（4）重点衔接法定规划、切实践行多规合一

①基于存量规划探索并推行了“控规改革创新”

为适应存量开发为主导的规划管理方向调整，佛山市结合规划管理的要求、市场作为三旧改造主要参与者对经营性用地开发带来的不确定性等因素，探索并推行了以“分层编制、分类控制、动态维护、分级管理”为原则的控规改革创新。

②通过控制性详细规划落实三旧改造公益性设施要求

控规是指导地块开发的法定规划，为推进三旧改造项目的公益性设施配比要求，佛山市、特别是南海区在政策及规划编制、管理等方面将三旧改造相关指标嵌入进控规，明确了三旧改造项目需提供不低于25%的公益性设施的比例要求。

③加强多规合一的符合性审查，提出针对性改造指引。

两规都符合的列为“三旧”改造优先区；两规都不符合的引导“三旧”改造项目复垦复绿；符合城规不符合土规的引导土规局部调整；符合土规不符合城规的，引导建设用地指标增减挂钩。

（5）重视历史文化保护、鼓励推进街区活化

一方面规划层面通过编制历史文化名城保护规划、历史街区活化利用规划、历史城区城市设计等，确定历史保护的内容、要求，引导城市形态的保护优化；另一方面，将上述相关控制要求落实到控规中，并通过控规指导三旧改造项目开发。

（6）划定棕线、保障产业发展空间

为应对三旧改造更新方向评估中发现的大规模“工业改商住”问题，佛山市编制产业发展保护区规划，并编制了配套的管理办法，明确了产保区内三旧改造以“工业升级为主”。

3.2 政策层面

（1）重视政策体系搭建、为推进三旧改造提供政策保障

一是搭建起了“纲领性政策 + 配套政策 + 操作细则”较为完备的政策体系；二是改造政策内容丰富，涵盖有“项目认定和管理、规划政策、国土政策、土地出让收益分配政策、工业提升扶持政策、旧村居改造政策、项目监督管理措施”。

（2）完善前期土地整理、创新多种土地整理模式

政府主导推进土地整合适用于“三旧”改造早期，政府较为强势，可以在短时间内完成大规模拆除工作。典型的案例是祖庙东华里改造，仅仅用了三个月的时间，完成了近万户的补偿安置。随着民众维权意识增强，该模式难以为继。目前佛山在实践中探索出原业主自行改造、挂账收储、毛地出让、引入前期投资四种土地整理模式（图 4）。

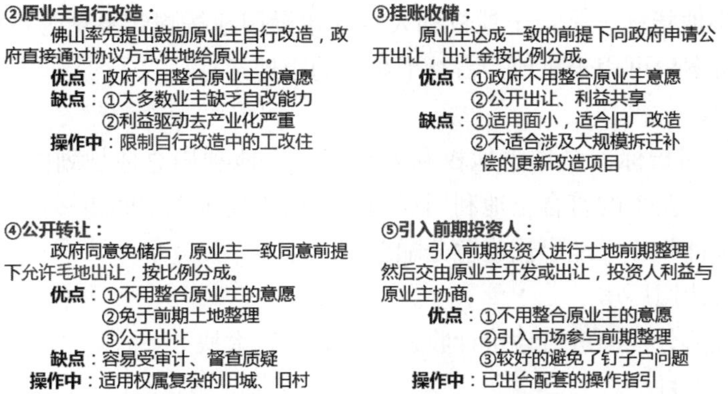

②原业主自行改造：
佛山率先提出鼓励原业主自行改造，政府直接通过协议方式供地给原业主。
优点：政府不用整合原业主的意愿
缺点：①大多数业主缺乏自改能力
②利益驱动去产业化严重
操作中：限制自行改造中的工改住

③挂账收储：
原业主达成一致的前提下向政府申请公开出让，出让金按比例分成。
优点：①政府不用整合原业主意愿
②公开出让、利益共享
缺点：①适用面小，适合旧厂改造
②不适合涉及大规模拆迁补偿的更新改造项目

④公开转让：
政府同意免储后，原业主一致同意前提下允许毛地出让，按比例分成。
优点：①不用整合原业主的意愿
②免于前期土地整理
③公开出让
缺点：容易受审计、督查质疑
操作中：适用权属复杂的旧城、旧村

⑤引入前期投资人：
引入前期投资人进行土地前期整理，然后交由原业主开发或出让，投资人利益与原业主协商。
优点：①不用整合原业主的意愿
②引入市场参与前期整理
③较好的避免了钉子户问题
操作中：已出台配套的操作指引

图 4 佛山市“三旧”改造土地整理模式

（3）推动房地产反哺工业、探索多种路径

①探索了混合开发制度

连片项目混合开发是指按照“统一规划、统一交易、统一建设、统一经营”的原则，通过混合开发的方式，引入房地产商跨界共建，将单一生产功能的连片项目改造为融合住宅、商服、办公、科研、生产等功能齐备的综合性项目。

②建立了村级工业园改造专项基金

南海、顺德等区均已建立村级工业园改造专项基金。以南海为例，南府办〔2017〕13 号明确要求：桂城街道、大沥镇、里水镇的城市更新项目涉及收回公开出让作商住、商服用途的，其土地出让金中区、镇分配部分各提留 5%，专项列入区级村级工业园改造专项基金。

③正在探索村“房票”制度

南海区规划局提出了“建立房地产开发权证制度”的设想；南海区制定了“产业升级与房地产联动发展的方案”，并启动了“南海区城乡用地综合整治”的研究。这些研究都是着眼于以市场化的方式，通过创设各类交易指标，实现存量建设用地的

优化配置，平衡各主体的经济利益。

（4）探索地券制度、推进城乡建设用地增减挂钩

为推动城乡建设用地增减挂钩，推动优势建设用地要素形成集聚空间，推动用地节约集约和空间优化。佛山正在积极探索“地券”制度，鼓励土地权属人将零散低效的建设用地复垦为农地，将产生的建设用地指标用于推进城市建设用地空间的集聚。因此类活动产生的建设用地指标可以地券的形式发放给土地整理方，并通过公共交易平台进行交易。并将地券细分为以下三类：

①建地券

指建设用地指标，是指土地权利人自愿将其建设用地按规定复垦为农用地后，依据“增减挂钩”形成的可用于新农转用的土地指标；

②耕地券

指补充耕地指标，是指土地权利人将其建设用地按规定复垦为耕地，并经国土部门验收、备案后可用于耕地“占补平衡”的土地指标；

③规模券

指规划空间指标，是指土地权利人将符合土地利用总体规划的现状建设用地，复垦或复耕后，获得的符合土地利用规划的建设用地规划空间指标。

（5）地价计收（土地出让收益分配）

①区分对待旧厂房

旧厂房改造分类型进行地价计收，主要分为三大块。

a. 工改工项目

在符合规划、不改变土地用途、不延长土地使用年限情形下，不再补缴地价款。

b. 工改居项目

挂账收储类，容积率 2.5 以下部分，按公开市场成交价的 50% 补偿；城市更新项目规划容积率 2.5 以上部分，按公开市场成交价的 5% 补偿。协议出让类，容积率 2.5（含）以下部分，按土地市场价格的 50% 计收；城市更新项目规划容积率 2.5 以上部分，按土地市场价格的 95% 计收

c. 工改商项目

容积率 3.0（含）以下部分，按公开市场成交价的 60% 补偿；城市更新项目规划容积率 3.0 以上部分，按 30% 补偿。

②充分向旧村居改造让利

一是允许搭配不超过 50% 的非住宅物业。实施意见针对旧村居改造进行了专门的定义，为推动旧村居改造，允许搭配不超过用地规模 50% 的旧厂房等物业，用以平衡旧村居改造的利益；二是地价计收方面充分让利。“旧村庄”更新项目，认定建筑面积 2.2 倍以上部分，按照土地市场价格的 40% 计收。“挂账收储”公开出让类的补偿标准由各区自行制定。

③充分向旧城镇改造让利

旧城镇与旧村居改造在地价计收方面思路是总体一致的。主要区别在于旧城镇为国有用地，认定建筑面积2.2倍以上部分需要100%计收地价。

4 “三旧”改造存在的问题

4.1 立法问题

国家层面：目前从国家层面尚没有一部法律是针对存量用地改造的；省部层面：省部层面虽然出台了一系列关于“三旧”改造和低效用地的政策文件，但尚没有出台在该领域的法律法规；市级层面：珠三角各市相继出台了城市更新办法或意见，但立法层面仍未突破，深圳特区的城市更新条例虽然已经推进多年（立法层面），但仍未获批。

立方层面的欠缺导致城市更新中“涉及补偿等的税费”缺乏取消依据，加大了改造成本；城市更新中的创新性政策和操作办法经常受到审计；城市更新中遇到的相关问题的解决缺乏法律保障。

4.2 利益平衡难题

（1）原权利主体的利益补偿难

对原业主的补偿缺乏科学统一的补偿标准，依据现行法律法规，在实操过程中面临以下问题：

一是改造项目中打包部分农地的补偿标准问题。依据《土地管理法》第四十七条规定，征收土地按照被征收土地的原用途给予补偿，具体为该耕地被征收前三年平均年产值的六至十倍，最高不得超过被征收前三年平均年产值的十五倍。按照这个计算方法，平均每亩地的补偿价格仅约1~3万元，这在珠三角地区是难以操作的。

二是收回土地使用权及对地上建筑物的补偿标准问题。《国有土地上房屋征收与补偿条例》第十九条规定：“被征收房屋的价值，由具有相应资质的房地产价格评估机构按照房屋征收评估办法评估确定”。也就是说，对三旧改造项目的拆迁补偿，国家要求通过逐宗评估的方式来确定，但这种方式在实际操作时会面临问题。一宗土地两个评估机构的评估价相差3亿元，土地管理部门花费40余万，专门聘请国土资源部的专家来评审两个方案的优劣，但权威专家认定这两家评估机构的评估方式、流程都合乎规定，无法确定应该采取哪个评估结果。

（2）村级工业园的复垦复绿如何保障村民收入水平不下降

为践行金山银山就是绿水青山的理念，佛山正在通过城市更新积极的推进农村零散用地的复绿复垦。复绿复垦的补偿还需探索——复绿复垦如果补偿额度过低难以执行，同时也无法解决村民的收入水平不下降；补偿的数额过高则难以大规模推进复绿复垦。

（3）公益性设施建设的用地、资金等缺乏来源

推进公益性设施建设，提升城市整体环境和综合服务水平是城市更新的重要目标之一。目前城市更新仍以市场为主导，市场的逐利性导致公益性设施贡献度低；建设公益性设施的费用较高，无法完全由政府承担；建设用地紧缺的背景下，公益性设施的供地难以解决。

4.3 社会矛盾化解难题

（1）钉子户问题

依据《土地管理法》，出于公共利益的需要，政府可以进行土地的征收，但“三旧”改造项目很难归于公共利益需要，特别是涉及住宅的改造项目，政府应与原业主进行平等协商，在此基础上收回、收购土地使用权。由于缺乏强制性的手段，这种需要“平等协商”的做法容易出现“钉子户”问题。另外，针对极少数“钉子户”问题，《国有土地上房屋征收与补偿条例》禁止地方政府进行强拆，导致政府主导开展三旧改造困难重重。

（2）农村集体经济组织政策缺乏延续性的问题

任期短造成的政策不延续。目前农村集体经济组织选举任期为两年，远远短于三旧改造项目的改造周期，导致部分项目因为村集体负责人的更换中途夭折或难以推进。

宗族势力造成的社会矛盾。三旧改造中因为宗族势力牵涉进去而导致的利益分配不公平、项目操作以及补偿标准不一致等问题，由于涉及社会和谐及维稳等，处理起来较为棘手。

5 “三旧”改造未来展望

5.1 加强规划的引领作用

针对更新方向失衡、连片改造不足、市场主导更新、规划严肃不足的问题提出注重更新方向均衡——划定工业红线、加强对产业在规划层面的整合、加强房地产开发与工业提升的联动、刚性控制更新中的公益设施贡献率；注重连片开发——划定连片开发重点区域，规划引导；加强混合功能的连片开发；加强在规划层面形成单一的改造主体；强化政府的主导作用——编制规划限制市场更新、通过计划引导市场更新；强化法定规划的严肃性——加大调规在时间、程序、资金成本上的难度；尽快出台强度调整技术指引。

5.2 构建科学的城市更新规划体系

针对宏观层面缺抓手、中观层面缺计划、中观层面缺衔接、微观层面缺方案问题，

提出构建科学的三级更新规划体系。宏观层面编制市一级的更新专项规划（含五年规划），引领全市更新的把目标、重点区域，并通过近期建设计划引领更新方向和规模；中观层面编制更新单元计划、更新单元规划，指导全市更新实施，同时加强与控规创新的结合；微观层面——强化对改造方案的审查。

5.3 理顺更新机构的层次、事项及职能

针对现状机构职能不顺、管理权限不明晰，提出理顺四级管理体系：强化市领导小组的对重大决策的审批权；强化市国土规划局在核心指标以及关键环节的审核以及签署意见的权利；强化区三旧办对年度计划的编制、审核权利以及改造方案的审核权；强化镇街三旧办对项目初步认定以及监督项目实施等方面的权利。

明确各级管理部门的事项和职能，通过更新规划体系各级层面的事项梳理，明确各层级更新管理机构具体负责的事项和权利，并覆盖至城市更新项目的整个流程。

5.4 逐步构建系统完整的更新政策框架

针对城市更新法规层面的缺失导致更新工作缺乏法律保障，佛山现状更新政策体系在技术标准层面是缺失的，导致容积率的调整、公益设施的安排等缺乏指导。提出构建政策体系框架——逐步完善并构建“法规 - 配套政策 - 技术标准 - 操作细则”四级的政策体系框架。近期推动城市更新立法，应积极推动更新立法。补充相关技术标准，对于已有政策中难以突破的瓶颈问题，加大研究力度。

5.5 加强瓶颈政策研究，规范并强化市场驱动

进一步推动历史遗留问题的解决和土地确权。一是简化程序并申请审批权下放；二是探索一定比例的不合法用地参与到历史遗留问题的解决；三是加大指标扶持。

进一步优化地价计收政策方面。一是严格区分旧厂、旧村、旧城镇不同的改造模式下地价计收的针对性；二是补充实物补偿的方式；三是建立梯级征收办法；四是均衡房地产开发、产业开发、旧城保护和产业提升的关系。

调整完善拆迁补偿政策。一是加快研究出台科学的拆迁补偿标准和配套的程序；二是通过立法减少“少数派”对群体利益的绑架。

提出开发强度技术标准。一是研究并出台容积率分区指引、容积率调整办法；二是结合控规制度改革成果实施分级审批，合理确定片区改造强度。

加强土地整备。一是加强区一级土地整备的职能；二是出台政策鼓励集转国；三是进一步探索建设用地增减挂钩；四是进一步加强零散用地归宗的政策扶持。

加大政府收储力度。一是明确更新项目一定比例的土地移交率；二是以 TOD 开发为抓手，增加政府收储；三是针对原有划拨土地明确强制征收的相关办法。

扶持建筑改功及创新临建。一是明确对建筑改功的负面清单式管理；二是创新并

出台相关政策和措施鼓励临建。

研究税费减免政策。落实省96号文要求，研究针对三旧的税费减免政策；研究税费征收与后期收益的联动机制，减少更新改造的前期成本。

5.6 重点扶持产业，鼓励产业升级和创新驱动

科学优化产业结构，应在科学划定产业保护区的基础上推动产业结构的优化，防止对优良产业的调整；加大对高新技术产业的扶持——加大对入驻或升级的高新技术产业在土地供应、税费减免、资金奖励等方面的扶持；加大城市更新对创新的政策扶持，加大对创新类产业在土地供应、税费减免、资金奖励等方面的资金扶持；加强对用于产业升级的“R&D”经费的补贴和奖励等。

5.7 推动房地产对产业发展的反哺

加大房地产对产业发展的反哺，应明确佛山产业立市的基础，通过房地产收益对产业发展的反哺，为佛山未来财政运行的健康和持续发展打好基础。有目的减少新增土地供应，新增建设用地供应应为重点项目和大型设施预留空间，城市的建设和发展应逐步转型到以存量开发为主的路径上。进一步加大城市更新的力度，一方面通过土地政策进一步释放红利，强化市场的驱动力；另一方面通过更新计划的实施，有步骤的推动更新目标的实现。

5.8 加大对公益性设施建设的扶持

加大复绿、复垦和生态用地建设，应尽量通过节约集约建设，利用单位建设用地建筑容量的增加，增加市域范围内复绿、复垦和生态建设的规模。优先安排公共设施和交通设施用地：首先城市更新中应明确一定比例的用地作为公益设施贡献用地，可以捆绑同一单元内规划的设施用地；另一方面，新增建和用地指标以及政府储备用地应优先供应设施建设。

备注：

文中内容参照“佛山市城市规划设计研究院”报告（《佛山市“三旧”改造情况介绍及问题分析》2019年7月）编写。

编者信息：

刘 垚，女，（1985-），博士，广东工业大学建筑与城市规划学院，讲师。

广东省中山市城市更新政策及发展趋势

1 中山市城市更新发展阶段及特点

随着城市化、工业化的快速推进，人们对城市环境的需求提出了更高层次的要求。中山具有自我探索意义的城市更新始于2010年。秉持“边探索边完善”的宗旨，在不到十年的时间里，政府根据所总结的经验和教训不断迭代政策，从未停止过探索属于中山特色的城市更新之路。

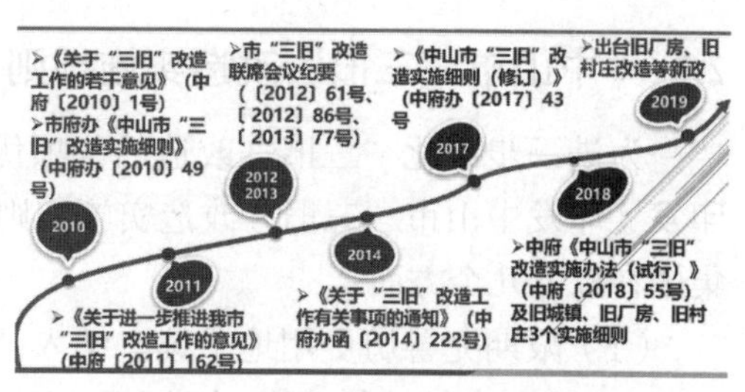

图1　中山市城市更新发展阶段

按照时间发展历程，大概可以分为以下四个阶段：

1.1　第一阶段（2010~2012年）：大胆探索

主要特点：以单宗用地为主，鼓励“工改商”、“工改住”的自行改造。优惠举措：“拆一免三”，免收新型墙体基金、容积率可增加20%、商住用地可适当提高商业比例，超容免部分地价款、地价款返还、补办土地证。

1.2　第二阶段（2013~2016年）：趋缓趋停

主要特点：等待省的新政策下放，同时在2013年底暂停改变土地用途（“工改商”、“工改住”），2015年允许有条件的“工改商”。优惠举措：已批项目“拆一免三”，有条件“工改商”的进行自改。

1.3　第三阶段（2017~2018年）：探索新路经

2017年主要特点：主要借鉴广州，“比深圳严、比广州松”、“住宅用地一律招拍挂”。2018年主要特点：主要借鉴比深圳，对标珠海和东莞。

1.4　第四阶段（2019年~至今）：全面统筹

主要特点：延续2018年的思路，保持政策的稳定性，同时“打补丁”（调整、优化、细化）。

2 中山市城市更新政策特征

2.1 《关于“三旧”改造工作的若干意见》

2010年3月中山市出台《关于“三旧”改造工作的若干意见》(中府〔2010〕1号),具体明确了“三旧”改造工作的目标、职责、范围、计划、手续、政策和管理等内容,尤其是安排了多项优惠政策,如适当提高土地开发容积率、加快完善用地手续及用地报批、优先安排土地指标、拆迁单位前期投入的拆迁补偿成本可在地价款及市(镇)财政对该项目所收取规费中按一定比例抵减等。

2.2 《中山市“三旧”改造实施细则》

为进一步细化“三旧”改造的各项优惠政策措施,中山市于2010年8月20日印发《印发中山市“三旧”改造实施细则的通知》(中府办〔2010〕49号),其重点集中在以下几个方面:

(1)限期完善历史用地手续。纳入“三旧”改造范围、符合土地利用总体规划和“三旧”专项规划、没有合法用地手续但已建成使用的建设用地等历史用地,可通过“三旧”改造政策完善手续,完善历史用地手续必须在2012年前完成。

(2)减免五项收费扶持改造。一是减免商业超容补地价款。二是减免城市基础设施配套费。三是减免建筑物转功能费。四是减免城中村、旧村庄成片改建的相关费用。五是减免新增建设用地有偿使用费和耕地开垦费。以上政策在一定程度上推动了三旧改造实施进度,同时也带来了新的问题,例如减免商业超容补地价款在改善旧区内商业配套的同时,也会使“三旧”改造项目中,商业和居住类型所占的比例过高。

(3)土地补偿全额返还镇区。基础设施和公用设施配套费、征地管理费、土地补偿费和土地出让金等大部分返还“三旧”项目所属的镇区,可达到提高镇区推动“三旧”改造的积极性的目的,返还费用的用途由镇区统筹,镇区可根据自身“三旧”项目的特点,差异化地制定相关优惠鼓励政策,给“三旧”项目的推进留下了很大的刺激空间。

2.3 《关于进一步推进我市“三旧”改造工作的意见》

2011年12月19日,中山市为切实解决“三旧”工作推进过程中的一些新情况和问题、规范和加快推进“三旧”改造工作,出台了《关于进一步推进我市“三旧”改造工作的意见》(中府〔2011〕162号),主要提出以下五点要求:

(1)建立“三旧”改造地块标图建库动态调整机制。由于刚开始“三旧”申报工作时,进入“三旧”图斑的门槛低,且在优惠政策没有得到充分解释时,业主对政策优惠具有盲目趋向性,所以申报项目数量巨大,随着流程和申报程序的完善,

“三旧”改造项目中不断出现新增、调整、删减的“三旧”地块。制定标图建库的动态调整机制，有助于降低“三旧”工作的繁杂程度，将优惠政策落到实处。

（2）加强对“三旧”改造规划实施的指导。对涉及控制性详细规划调整的，若项目地块所在区域未编控规的，可在综合考虑市政基础设施、道路河流等因素下，依据“三旧”改造控制单元编制改造单元规划；若项目地块所在区域已编控规，且开发强度突破控规指标的，经程序纳入片区控规调整。采取对“三旧”项目的实施指导进一步优化项目审批进程，加快推进改造步伐。

（3）明确“三旧”项目用地办理程序。首先对“三旧”项目中涉及“三地”的（边角地、夹心地、插花地），制定“三地”专项处置办法以及简化办理的手续流程，其次对“三旧”改造项目用地面积的确定办法、占用国有土地等的产权问题和历史用地手续问题等，都予以明确的操作办法和处理流程。

（4）明晰“三旧”改造项目的公共设施要求。首先是对主动配建公共设施、停车位和人行通道的予以容积率奖励；其次是加大财政返还的力度，鼓励非经营性用地转功能为经营性用地；最后是鼓励改造利用“三旧”资源重点发展第三产业。“一案一策”的做法可以针对不同的项目采取不同的补偿和奖励办法，对“三旧”实施中更加关注公众利益的保护和提供公共服务；在财政分成上，虽然中心城区范围返还50%，镇区100%，但返还部分的用途没有明确规定，对改造企业业主的积极性有一定的影响；而在提高商住项目的商业比例上，业主可以获得较大的灵活性，导致商住项目扎堆，商住容量过大的问题出现。

（5）优化工作机制，提高办事效率。主要是建立督办通报和“三旧”改造考核制度，督办通报制度的作用是将全市24个镇区“三旧”改造项目的报批、改造进度等向全市通报，建立监管数据库，防止业主囤地等行为；而考核制度是纳入镇区领导干部的年度考核，并与每年下达新增建设用地指标挂钩，一方面可起到提高领导干部对“三旧”改造推进的积极性作用，但另一方面，由于各个镇区的“三旧”进展不一，项目的复杂程度不一，在项目推进上给审批部门造成一定困难。

2.4 《中山市“三旧”改造实施细则（修订稿）》

2017年9月30日，为下一步更好地推进“三旧”改造工作，进一步规范相关规定，中山市组织修订并施行《中山市“三旧”改造实施细则》（修订稿）。

修订稿与2010年公布的《中山市“三旧”改造实施细则》相比，修订稿进一步加大“三旧”改造的优惠和扶持力度，对调动改造各方积极性，加快推进中山“三旧”改造工作将起到积极作用，政策的变化主要体现在以下两方面。

（1）鼓励建设各类公建配套设施。“三旧”改造项目的范围有所扩大，明确对旧村庄、城中村改造、政府主导或社会资金参与的成片改造项目，实行“一案一策”，并鼓励各类公共设施的配套完善。对按规划提供公共服务设施、市政基础设施、公共绿地等设施，或者提供城市公共空间，受紫线控制的“三旧”改造项目，超过规定的配套用地与建筑面积标准的，可向政府申请回购。

其次，是鼓励建设公共停车位及立体式公共人行通道。对提供公共使用超过500个车位以上的配建停车场（库），且在改造范围内配置有“港湾式公共汽车站场”等公交设施或立体式人行公共通道设施的，项目配建车位可按规定的80%计算。建设地面以上停车库的可不计容积率，但车位数不得超过总配建停车位30%，且道路退让标准必须按有关规定执行。

（2）“三旧”改造的基本流程更加细化。修订稿中对申请实施“三旧”改造的基本流程也有修改，并更加细化，办事流程有所简化。为了调动镇（区）“三旧”改造积极性，在“三旧”改造财政收益规定返还镇（区）部分规定，对于改变为商业用途的“三旧”的改造项目，市级收入扣除2万元/亩收取办证费外，土地属中心城区范围的返还50%给区，土地属镇区范围的全额返还给镇。

除上述鼓励政策外，原第十七条中的，“经批准的实行自行改造或单宗改造的‘三旧’改造项目，工程未竣工验收前不得转让（包括股东变更）。确实无法完成的，由政府按改造前土地用途的基准地价收回建设用地使用权”的内容也被删除。可见，政府对“三旧”项目的建设年限有一定宽限，对推动阻力强的项目给予了一定照顾。

2.5 《中山市“三旧”改造实施办法（试行）

2018年3月，为针对性解决中山“三旧”改造工作中存在的问题，加快推进改造项目的实施，中山市在对检讨《中山市“三旧”改造实施细则（修订稿）》的基础上，启动了《中山市“三旧”改造实施办法（试行）》（以下简称“办法”）的编制工作。

（1）初步完善政策体系。通过借鉴周边城市工作经验，本次修订构建了“1+3”的政策体系，即《中山市“三旧”改造实施办法（试行）》与《中山市旧村庄全面改造实施细则（试行）》、《中山市旧厂房全面改造实施细则（试行）》、《中山市旧城镇全面改造实施细则（试行）》，分类别对全市“三旧”改造工作进行针对性指导。

（2）降低公益性用地配比要求、刺激市场动力。办法中第二十六条要求“通过签订搬迁补偿协议或合作协议实施的旧城镇、旧村庄改造项目，改造单元规划应当明确相关改造项目无偿移交政府的公益性用地面积、比例、范围或公益性建筑面积、位置、建筑功能等，并符合以下要求：

①公益性用地面积不小于项目用地面积的15%，且不小于3000平方米，并无偿配建城市基础设施、公共服务设施或者其他公益性设施。

②按上述比例计算公益性用地面积小于3000平方米的，应无偿移交给政府不少于改造项目计容总建筑面积15%的公益性建筑面积。

上述无偿移交的公益性用地须为国有建设用地，公益性用地及公益性建筑面积不计收土地出让价款。

旧厂房改造项目，或者通过旧村庄、旧城镇改造后用于工业用途的，除相关规划另有要求外，均无须无偿移交政府公益性用地或公益性建筑面积。”

将公益性用地配比由上版政策要求的“20%”降低到了“15%”。

（3）进一步细化与完善改造工作流程。办法中明确了项目意愿调查、申报主体确认、项目预备库建立、基础数据调查、规划设计条件获取及后续审批报建工作的具体流程和要求，对工作的开展做出了详细的规定，便于指导属地区镇开展相关工作。

3 中山市城市更新面临问题

3.1 纲领统筹力度偏弱

（1）以市场驱动为主，改造项目遍地开花。中山市“三旧”宗地申报由地块业主向镇政府提出申请，再上报市“三旧办”确认，基本以市场驱动为主，导致单宗改造项目面积普遍偏小、零散，降低了“三旧”改造的社会效应和环境效益，也不利于城市更新的有序发展。

（2）自上而下的推力不足，项目落地难。中山市政府层面对“三旧”改造的总体统筹指导较少，自上而下的引导力不足，未能很好地通过“三旧”改造收回土地。由于缺乏相应的土地政策配合，“三旧”用地缺乏整合，一些理应进行改造的地块因业主没有申请改造，而政府招商引资进来大型项目也难以落地。

3.2 政策执行存在偏差

（1）实体经济类型较少，产业转型目标不乐观。2010年以来，我市出台了多个“三旧”文件，力求通过容积率奖励、转功能费用返还、面积奖励、审批绿色通道等办法鼓励“三旧”项目推进。然而，扶持政策偏向商业和商住房地产开发项目倾斜，缺乏对“工改工”项目的支持，导致实体经济型改造的积极性不高。

（2）改造项目类型单一，公服设施执行效果未显现。据统计，改造项目类型较单一，主要是商业、商住项目。2010版“三旧”规划里面提到“增加配套设施是‘三旧’改造的主要任务之一”，《实施细则》中也提出的“实施‘三旧’应遵循预留足够的公共用地及空间（预留比例不少于1/2）的原则”。但是，中山市的政策文件中没有硬性规定每个项目预留公共空间的指标，因此在实际操作中，“三旧”项目对公共空间的提供往往被忽略。

3.3 配套政策有待完善

（1）部门联合办公机制不健全，申报程序繁杂。2010年以来，中山市“三旧”改造开工项目占地面积仅占总体“三旧”宗地面积的5%左右，实施率低。据了解，导致实施率低的一个因素是审批过程繁杂。在“三旧”改造项目实际操作中，“三旧”项目需经过“入库”、“认定”、“方案审查”、“报建”等前期程序方可施工，然而这些程序中涉及的部门较多，以及审查的资料互有交叉和重复。而且，由于“三旧办”的联合办公机制不健全，“三旧办”收到申报材料后，需递交到各部门的相关科室进行审批工作，导致“三旧”项目的审批流程和时间比一般项目的流程更多，时间更长。对改造方而言，延长了审批时间相当于提高了成本，大大削弱了业主改造的动力。

（2）政策实操难度大，相关配套政策不完善。由于政策实操难度大，政策变动频繁，部分条文表述模糊等原因，使改造项目中途搁浅或无法继续推进的情况常有发生。例如，《实施细则》提到“原房屋建筑主体结构不变，经改造后面积不变，但在原房产内从事现代物流、商务服务、科技服务、信息服务、区域总部、研发设计、创意产业、文化产业等现代服务业的，不视为改变土地用途，可以直接经营。”这里的“等现代服务业”表述模糊，导致部分项目因此无法被认定为现代服务业，而改造完成后至今一直未能通过验收。另一方面，报建方案享受“三旧”优惠政策后与控规存在矛盾，但缺乏相关的配套政策措施衔接和指导，导致审批部门面临难以依法落实政策的困境。

4 中山市城市更新对策和做法

自 2010 年以来，中山市“三旧”改造实施面积总计 275.47 公顷，主要集中在主城区，有效促进了主城区土地集约利用，为存量空间的再利用和保障发展用地探索新途径。

4.1 确保技术体系的稳定性

结合本市的土地整备情况及各城镇区域的发展趋势，中山从宏观层面入手，强化对更新工作的整体统筹，对改造项目的规划设计层次进行了梳理和归纳，分别是“三旧”改造专项规划——改造单元规划阶段——项目实施阶段。

4.2 项目审批体现“绿色通道”价值

城市更新项目实现“一案一策”，真正缩短审批流程和时间。

4.3 “控制单元”是城市更新的抓手

控制单元是中山市“三旧”改造规划管理和导控的基本单元，是中山市“三旧”改造政策重点扶持和确保的区域。控制单元可以是单个“三旧”宗地，也可以包含多个“三旧”组成一个综合改造项目。

市政府通过公示控制单元规划和配套有关优惠政策，引导各种资金重点投入控制单元的改造。年度实施项目原则上应从控制单元中选取，2015 版“三旧”专项规

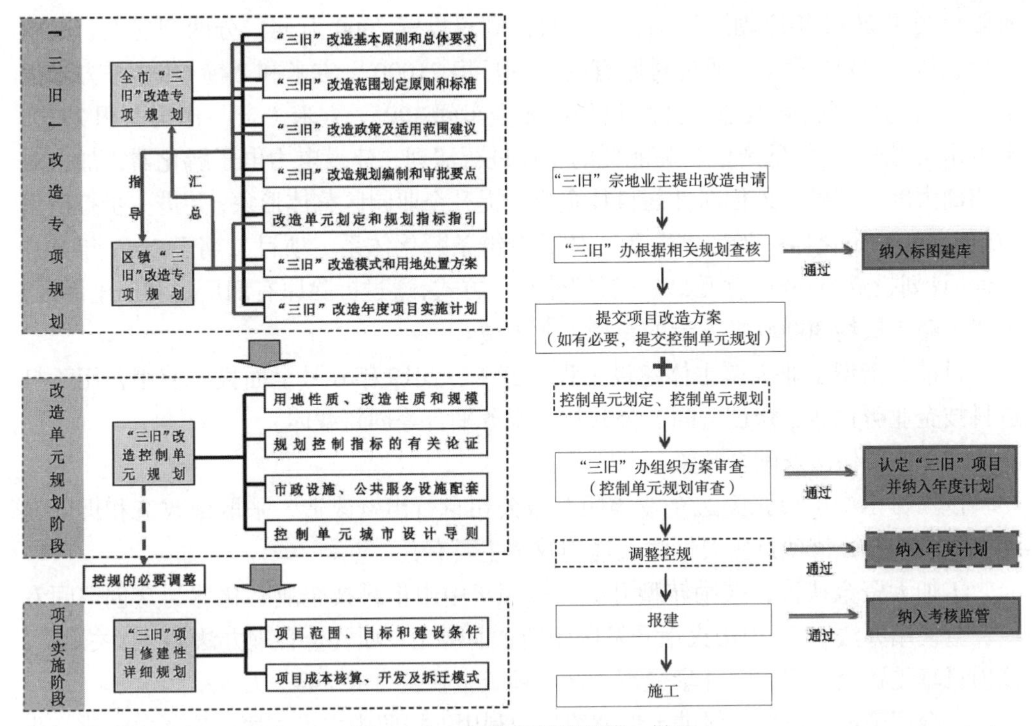

图 2　中山市城市更新对策、做法

划控制单元之外的“三旧”宗地如条件成熟须列入年度计划进行改造的，应申请纳入控制单元。控制单元内进行“三旧”改造时，如开发建设需求与已批准的控规不符，应编制“三旧”改造控制单元规划，在科学论证的基础上，通过法定程序调整规划指标。

5　项目案例

5.1　“工改工”项目：中山市张家边企业集团有限公司

（1）基本情况

中山市张家边企业集团有限公司的旧厂房改造项目位于火炬开发区中山港大道70号的工业园区，项目占地总用地面积25355.5平方米（38亩）。20世纪90年代，中山市张家边企业集团有限公司按照“三来一补”的产业模式在该用地上建起38000平方米简易厂房，发展形成了以化工以及制衣为主导的传统加工制造业产业园区。经过数十年，原厂房日渐破损，以化工以及制衣为主导的传统加工制造业能耗大、污染重、产出低，10家传统低效低产企业年产值仅2000万元左右，大量优质资产得不到高效利用，影响了企业发展，破旧的厂房也破坏了城市整体形象。

为加快园区企业转型升级，提高土地利用水平和产出，中山市张家边企业集团有限公司于2012年启动了该项目。项目计划总投资7000万元，分两期建设，其中一期投资约1000万元，通过对原有的8栋厂房21000平方米和2幢6000平方米生活区进行全面翻新微改造，并新建公共无尘车间300平方米（合共建筑面积27300平方米），把原有的低产值、高能耗的企业进行清理，建设电力电子孵化器，加大对外招商力度，积极引入创新性高科技企业，提升企业园区整体形象；并进一步打造集“众创空间—孵化器—加速器”为一体的全链条孵化体系。项目二期于2017年8月启动，计划投资约6000万元，以“拆旧建新”方式，通过拆除原有旧厂房和旧生活区，重建1幢5层约30000平方米的新型工业大厦。

目前，新型工业大厦主体建设工程已完工，2019年6月全面投入使用，用于打造科技企业孵化器、众创空间、公共技术服务平台等创新载体。

（2）主要做法及配套政策

该项目由中山市张家边企业集团有限公司自行出资改造，采取微改造和拆旧建新方式相结合，该项目主要做法及适用政策主要有：

①加大资金扶持，鼓励转型升级。按照《中山市科技企业孵化器与众创空间专项资金使用办法》和《中山火炬开发区创新企业孵化专项资金管理办法》的有关规定，该项目享受资金扶持，累计享受市、区专项资金扶持合共844.2万元。

②合理确定容积率，促进土地节约集约利用。按照中山市人民政府《关于进一步推进我市“三旧”改造工作的意见》第二点第（二）项第1点“凡‘三旧’改造项目涉及调整控制性详细规划（下称‘控规’），经市‘三旧’改造办确认纳入改造范围的，可以视为市政府已同意开展控规调整工作，涉及用地性质、容积率、公建配套等强制性内容的，按《广东省控制性详细规划管理条例》、国家住房城乡建设部《城市、镇控制性详细规划编制审批办法》等法规要求进行：由原控规组织编制机关编制控规调整（或单元规划）方案，征求同地段利害关系人意见后，报市城乡规划局并组织专家审查；对修改后草案进行公示；经规划委员会审议通过；报市政府批准。”的有关规定和原省住房和城乡建设厅《关于加强“三旧”改造规划实施工作的指导意见》（粤建规函〔2011〕304号）的有关规定，为促进土地节约集约利用，该项目用地依法办理了规划调整手续，容积率由改造前容积率1.0提升为改造后容积率2.28。

图3 项目改造范围

③降低改造成本，调动市场主体。按照《关于“三旧”改造工作的若干意见》（中府〔2010〕1号）第五点，改革创新，加大支持鼓励力度”第（四）项“适当提高土地开发容积率。工业用地改造后不改变原用途而提高容积率的，不再增缴土地价款”的有关规定，该用地按规定免缴土地增容的地价款。

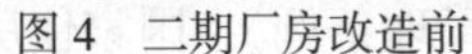

图4 二期厂房改造前

图5 二期厂房改造后

5.2 “工改商”项目：中山大涌红木文化博览城

（1）基本情况

随着经济持续发展，人民的生活水平不断提高，大涌镇着力打造的红木家具名片远近闻名，到大涌镇选购的红木家具的客商络绎不绝。连接大涌镇与沙溪镇、石岐区的岐涌路两侧，商业氛围越来越浓，逐渐成为全镇最旺的红木家具商业街。在此位置发展工业加工生产已不适合城市规划建设，工业废水和废气成为城市环境的污染源。

2013年，经市委市政府审议通过，同意实施《中山市大涌镇产业转型升级发展规划纲要（2013-2020）》，明确提出大涌镇产业转型升级的发展方向。中山市尚都红木文化传播有限公司积极响应号召，收购英陶洁具等效益低的旧厂房整合了近200亩用地建设红木文化城博览城（简称红博城）。红博城被纳入省市重点项目，是大涌镇红木产业升级的龙头项目和重要平台，计划建设成为一个集交易、交流、展销、会展、设计、鉴赏、收藏、拍卖、文化传播、主题旅游、餐饮娱乐等服务功能于一体的文化产业集聚区。

（2）主要做法

该用地由中山市尚都红木文化传播有限公司通过拆除重建方式实施全面改造，为提高土地利用效率，主要做法及政策如下：

①鼓励用地整合连片开发，形成规模效应。按照《中山市“三旧”改造实施细则》第三章第十五条“有偿出让的国有建设用地使用权人收购相邻多宗已批的“三旧”地块集中改造，按原用途完成过户手续后，再按有偿出让国有建设用地使用权人自行改造流程进行改造。”的有关规定，由中山市尚都红木文化传播有限公司收购位于岐涌路旁的英陶洁具及其相邻共6宗地块，并对土地进行整合后形成200多亩用地进行连片开发，便于规划建设，更好地发挥土地资源的规模效应。

图6

②以协议供地方式保障改造主体用地权利。将土地用途由工业用途改为商业用途，按规定补交出让金后，以协议出让由中山市尚都红木文化传播有限公司实施改造。

③确定合理容积率，促进土地节约集约利用。按照中山市人民政府《关于进一步推进我市“三旧”改造工作的意见》第二点第（二）项第1点“凡‘三旧’改造项目涉及调整控制性详细规划（下称‘控规’），经市‘三旧’改造办确认纳入改造范围的，可以视为市政府已同意开展控规调整工作……涉及用地性质、容积率、公建配套等强制性内容的，按《广东省控制性详细规划管理条例》、国家住房和城乡建设部《城市、镇控制性详细规划编制审批办法》等法规要求进行：由原控规组织编制机关编制控规调整（或单元规划）方案，征求同地段利害关系人意见后，报市城乡规划局并组织专家审查；对修改后草案进行公示；经规划委员会审议通过；报市政府批准。”的有关规定和原省住房和城乡建设厅《关于加强“三旧”改造规划实施工作的指导意见》（粤建规函〔2011〕304号）的有关规定，为促进土地资源节约集约利用，该用地容积率由1.5调整为3.1。

④降低改造成本，调动市场主体积极性。按照《关于“三旧”改造工作的若干意见》“‘三旧’改造项目属拆旧建新的，新建面积在拆除面积3倍以下部分免收基础设施配套费”和《中山市“三旧”改造实施细则》第九章第四十一条第（四）款“属拆旧建新的项目，须先办理建设用地规划条件，完善用地手续后，办理项目建筑方案审查和规划报建；建设单位在办理规划报建时须提供原建筑物房产证，并由市‘三旧’改造办确认拆迁前原有房产面积，在缴费通知单中明确原房产面积及新建建筑物建筑面积，新建面积在原房产面积3倍以下的部分，可免缴城市基础设施配套费。”的有关规定，为协助企业降低改造成本、调动产权人改造积极性，该项目地上原房屋建筑面积为58923.77平方米，按规定减免了176771.31平方米的城市基础设施配套费。

6 粤港澳大湾区背景下中山市城市更新展望

世界有四大湾区，分别是纽约湾区、旧金山湾区、东京湾区和我国正在建设的粤港澳大湾区。基于大湾区特殊的区位，以开放性、创新性、宜居性和国际化为其最重要特征，其高效的资源配置能力和强大的集聚外溢功能，具有引领创新和聚集

改造前

改造后

改造后

改造后

图7 中山市城市更新改造前后

辐射的核心功能，是带动全球经济发展的重要增长极。

中山市是粤港澳大湾区九市之一，位于湾区的西岸，在粤港澳大湾区中占有十分重要的地位。大湾区的建设为中山市提供了难得的发展机遇，也对城市更新提出了更高要求。在发展空间上，要满足重大设施和产业建设，有助于大湾区整体交通体系更加完善，提高互通、互联效果和集聚共享产业价值链。打造出更为宽广的科技创新平台，构建开放的创新体系，使大湾区能够发展成我国重要的科技产业创新中心。

同时，中山还是我国历史文化名城，享有华侨之乡和广东曲艺之乡的美誉，是我国现代文化的重要源头。更新改造要保护利用文化遗产资源，留住乡愁和城市记忆，讲好中国故事，提升人居环境，成为宜业、宜居、宜游的特色鲜明的城市，发挥中山在人文湾区建设中独特的作用。提升人居环境，增强人们的归属感、激发华侨的爱国爱乡情怀，发挥江门在人文湾区建设中的重要作用。

参考文献：

[1] 中山市城市更新综合科 . 旧村庄改造政策汇报，2019-07-31.

[2] 中山市城市更新局, 中山市规划设计院 . 中山市“三旧”改造（城市更新）专项规划（2017-2020），2018.

[3] 广东省自然资源厅 . 广东省“三旧”改造典型案例汇编，2019，03.

[4] 中山市城乡规划局 . 关于“三旧”改造工作的若干意见 .

[5] 中山市城乡规划局 . 中山市“三旧”改造实施细则 .

[6] 中山市城乡规划局 . 关于进一步推进我市“三旧”改造工作的意见 .

[7] 中山市城乡规划局 . 中山市“三旧”改造实施细则（修订稿）.

[8] 中山市城乡规划局 . 中山市“三旧”改造实施办法（试行）.

[9] 中山市城市更新局 . 中山市旧村庄全面改造实施细则（试行）.

[10] 中山市城市更新局 . 中山市旧厂房全面改造实施细则（试行）.

[11] 中山市城市更新局 . 中山市旧城镇全面改造实施细则（试行）.

作者信息：

冯　慧，中山市城乡规划设计院，规划师。

王曼琦，华南理工大学建筑学院，博士研究生。

广东省江门市城市更新政策及发展趋势

1 江门城市更新发展历程

江门城市更新由来已久，20世纪90年代起即开展了旧城（区）改造。2009年，随着广东省“三旧”改造的开展，江门进入三旧改造政策体系构建时期，与省“三旧”政策并轨。至2018年起城市更新作为江门城市品质提升行动的一个重要环节纳入政府统筹推进。

按照发展历程，江门城市更新大致可分为三个时期，分别为旧城（区）改造探索时期、与省“三旧”政策并轨时期以及城市品质提升行动时期。

1.1 旧城（区）改造探索时期（2009年之前）

该时期的城市更新以利益驱动为主，发展商各自为政，旧城改造缺乏完善的规划指导，建设标准过低、环境质量不高，缺乏地方文化特色保护。1999年起，政府、部门陆续出台了相关政策，加强对旧城改造的指导。

（1）旧城（区）改造政策探索：1999年江门市规划管理部门出台了《江门市区房地产开发规划建设实施细则》，对旧城（区）改造开发提出了明确要求，旨在疏散旧城人口、增加绿地，改善交通和市政等公共设施，改善居住环境，提高城市等综合服务能力，使江门城市更新进入有序建设阶段。

（2）城中旧村更新政策探索：为推进“城中村”整治改造工作，2003年江门市政府印发了《江门市人民政府关于江门市区改造城中村的意见》，制定了“拆一免三”的优惠扶持政策，并对安置住宅实行免收相关费用等扶持政策。但城中村的整治改造是一项复杂的系统工程，改造进程缓慢，为进一步改善我市城市环境，加快城中村改造，江门市人民政府于2009年印发了《江门市加快推进市区城中村改造工作方案》（江府办〔2009〕59号），按“先急后缓、先易后难、先近后远，成熟一个、改造一个，有计划有步骤、分期分批改造”的原则进行城中村改造。

1.2 与省“三旧”政策并轨时期（2009~2018年）

2009年起，江门市结合省“三旧”工作部署，开展“三旧”改造工作，并于2010年出台了《江门市推进旧城镇旧厂房旧村庄改造的指导意见》（江府〔2010〕1

号）和《江门市区“三旧”改造实施意见（试行）》(江府〔2010〕3号),明确“三旧”改造的目标任务、组织架构、实施步骤、工作要求和实施方案,与省“三旧”政策并轨。2010年年底,《江门市市区“三旧”改造专项规划2010-2020》编制完成,明确了“三旧”用地的总体布局和规模。随后，江门市陆续出台了文化遗产保护、建筑物建设成本、工业类用地升级改造等“三旧”改造细化文件，下辖三区也结合自身职能出台了相关工作细则，使“三旧”改造项目的认定和改造实施规范化、快速化、责任化。

2017年,江门市按照省“三旧”工作的最新要求,重新修订了《江门市区“三旧”改造实施意见（试行）》(江府〔2017〕19号)。后续结合机构改革，陆续出台了相关工作细化文件。

类别	资料名称	文号
专项规划	江门市市区“三旧”改造专项规划2010-2020	
政策文件	江门市推进旧城镇旧厂房旧村庄改造的指导意见	江府〔2010〕1号
政策文件	江门市区“三旧”改造实施意见（试行）	江府〔2010〕3号
政策文件	关于在“三旧”改造中认真做好文化遗产保护的通知	江府〔2010〕200号
政策文件	关于印发江门市蓬江、江海区“三旧”改造建筑物重置建设成本价的通知	江三旧办〔2012〕7号
政策文件	关于印发江门市市区工业类用地升级改造开发项目的工作指导意见的通知	江府〔2015〕12号
政策文件	江门市市区“三旧”改造实施意见（试行）	江府〔2017〕19号
政策文件	江门市推进三旧改造工作领导小组办公室关于印发广东省国土资源厅关于印发深入推进“三旧”改造工作实施意见贯彻意见的通知	江三旧办2018[17]号
政策文件	江门市关于承接省人民政府委托建设用地审批（审核）以及“三旧”改造涉及土地征收审批职权的工作方案（2019年修订）	江自然资〔2019〕529号
政策文件	江门市“三旧”改造中关于土地、房屋征收的工作指引（送审稿）	江自然资〔2019〕744号

1.3 城市品质提升行动时期（2018年至今）

2018年2月，为加快推进城市品质提升工作，江门市制定了《江门市城市品质提升行动实施方案》，提出了高标准建设城市新区、城市更新、城市交通水平提升、市政基础设施提升、民生服务设施完善、城市景观提升、生态环境提升、城市管理服务水平提升等行动计划，力争用3~5年时间，使城市面貌、城市品质迈上新台阶。

老城区改造对于提升城市品质具有重要意义，也是一大难点。根据相关方案，江门针对开放式老旧小区环境将持续开展排查、整治、提升，重点开展环境卫生、市容市貌、市政设施、户外广告及招牌牌匾、园林绿化、“三线”、老旧建筑外立面等综合整治，健全完善老旧小区各类配套设施，补齐短板，优化功能，提升环境，把老旧小区打造成居住舒适、整洁有序、环境优美的美丽家园。

2019年7月，江门市政府常务会议审议并原则通过了《关于推动“六稳”工作的实施方案》。城镇老旧小区试点改造名单出炉，育德社区、怡福社区等10个小区的基础设施、道路景观等将会升级改造。

2 江门城市更新政策特征

2.1 江门城市更新政策紧贴省“三旧”改造要求

江门城市更新政策经历几个阶段的发展，多次主文件的出台均与省发布新的“三旧”改造要求有关，与省“三旧”政策保持高度一致，落实省“三旧”改造要求。

2.2 结合江门市实际补充细化要求

江门市城市更新类型以旧村、旧厂为主，为保护地方历史文化遗存、避免大拆大建、鼓励工业转型发展，江门陆续出台了文化遗产保护、建筑物建设成本、工业类用地升级改造等“三旧”改造配套细化文件，下辖三区也结合自身职能出台了相关工作细则，使“三旧”改造项目的认定和改造实施规范化、快速化、责任化。

2.3 与城市品质提升行动融合

在《江门市城市品质提升行动实施方案》中，城市更新作为八大行动之一，已融入具体行动中。行动提出，一是选取重点区域，推动“三旧改造”连片实施；二是开展老旧小区微改造，包括社区综合整治、户外广告整治等；三是保护历史文化遗产，包括历史建筑活化利用、建设工业遗址公园、历史文化名城保护；四是道路沿线改造；五是结合文明城市创建持续开展三线整治。

3 项目案例

3.1 广东江门船厂“三旧”改造项目

江门船厂“三旧”改造项目位于江门市江海区滘头周屋围地段，江门水道南岸、礼乐桥头，周边配套完善地理位置优越，项目建设用地面积 11.51 公顷。以道路为界，分两个区域进行开发建设。

北部以保留建筑、绿地景观为主。保留船坞横移区现状场地肌理及风貌景观；保留现状建筑，按原风貌修旧如旧原则，更新作文化设施、创意产业用途，并对外开放；结合保留建筑，建设工业遗址公园。

南部以商业、住宅开发为主，靠近北部划定风貌协调区。

项目亮点：江门船厂改造是江门水道南岸工业遗址项目中的重要部分，现存建筑反映了船厂工业在不同时期的“新陈代谢”，是江门城市工业的发展与变迁的一个缩

图 1　沿河景观效果（河边为保留建筑）

（图片来源：江门御景半岛花园项目（船厂三旧改造）成果）

图 2　改造后效果

（图片来源：甘化厂及周边地段改造与开发规划方案咨询优胜方案）

影，是城市历史的佐证。本次改造推动了项目范围内历史建筑的保护，共计 14 栋建构筑物入选为第七批江门市文物保护单位。

3.2　甘化厂及周边地段改造与开发项目

甘化厂及周边地段位于江门市北部主城区板块，东面紧邻西江，位处旧城区、北新区及滨江新区发展区三区交界之处，区域优势明显，规划地段总用地面积 271.40 公顷。甘化厂是江门老一辈的企业，是周恩来总理来厂视察时亲笔命名，经历了江门工业发展史上最为辉煌的年代。随着“三旧”改造政策的出台，甘化厂及周边地段将面临改造，该滨水地带也将承载着江门主城区城市更新的重任。

项目深化落实城市总体规划，保护工业遗产建筑，营造滨水开放空间，定位为以江门传统文化与产业为背景，发展集高档商业金融、办公、居住功能为一体的滨水组团，成为江门二次发展的新起点。

项目亮点：通过概念规划方案竞赛推动控制性详细规划编制及历史建筑保护，确保城市景观落实及制糖车间保护。

3.3　长堤历史街区更新改造项目

长堤历史街区位于江门市主城区蓬江区，是江门城市发展原点，侨都兴城、商墟核心。近年来，江门市政府在长堤历史街区保护规划上付诸多项行动。本项目旨在活化利用历史街区，提升旧城空间内涵，传承历史文明及城市记忆。项目用地面积 77.7 公顷，其中启动范围用地面积 3.3 公顷。

项目提出四大规划提升与活化利用策略，一是通过建筑空间改造、公共空间改造、公共空间管制进行历史空间活化；二是对标案例，策划适合本地区的更新模式、业态引导，进行产业活化；三是通过爆点营造、特色企划、活动安排进行人文活化；四是结合产权整合、公共参与、合理分区确定整体改造时序。

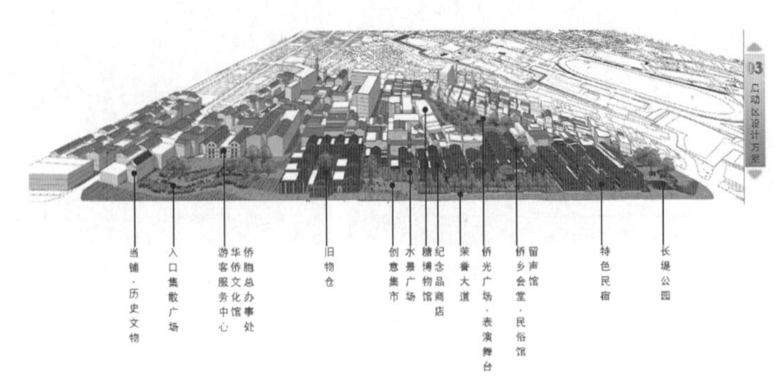

图 3　江门市历史街区提升与活化利用策略方案

图 4　江门市长提历史街区提升与活化利用策略方案

4　江门市城市更新面临问题及难点

4.1　现有城市更新研究成果不完善

（1）现版《江门市市区“三旧”改造专项规划（2010—2020）》编制年代较久，与现行政策未能很好契合，且部分江门城市重点发展区的用地未纳入城市更新用地范畴，不符合江门市未来发展要求。

（2）已实施的城市更新地块多以个体改造为主，缺乏系统性研究，导致已改造地块与周边用地的道路衔接和城市景观不协调，缺少区域性公共服务设施。

（3）实施改造的城市更新用地对部分未纳入紫线及三普文物点但具有历史保留价值的地段破坏较大，令部分凸显江门特色的文化、建筑及历史流失。

（4）针对国内提出的生态修复，未开展实质性工作。

4.2 “三旧”改造项目实施问题

（1）旧城镇改造政策支持力度不足

目前旧城镇改造无论公开出让还是自行改造，都必须由申请主体将改造范围内所有房地产的相关权益转移至单一主体后，再由该主体申请实施改造；项目的拆迁安置及其他相关的前期改造成本均需由申请主体先行垫付。业界声音认为当前的“三旧”改造政策在旧城镇改造方面的支持力度不足，无相关详细配套政策的大力支持，使得旧城镇改造项目难度大、进度慢，不利于提高旧城镇“三旧”改造的积极性。

（2）旧厂改造主体多持观望态度

市现行政策要求旧厂房改商住必须公开出让（区、镇（街）属国有全资企业除外），易受土地出让市场供求因素影响，使得原打算改造为商住项目的业主处于观望状态，改造积极性不高。同时，连片改造及需整合周边零星地块改造的旧厂项目，要从城市整体规划和土地合理利用方面考虑，完善土地手续及落实改造单一改造主体后，方可实施改造，推进相对缓慢。

（3）旧村改造“钉子户”问题突出

旧村改造的土地及房屋权属复杂，涉及改造的房屋大多单间独户，土地利用率低，违法用地、违章建筑较普遍，“钉子户”问题多发。虽然省完善了“三旧”改造司法裁决途径，但未有具体措施，增加旧村改造的难度。而且有不少村无专人跟踪办理业务，对有关旧村改造报批手续不熟悉，村（经联社）干部换届后的工作衔接，村委领导班子对“三旧”改造工作不重视、推动力不足，宣传发动工作不到位，村民普遍未认识到“三旧”改造带来的好处，无法达成改造的共识。也有部分村干部认为拆迁问题难，工作程序烦琐，使得村整体对“三旧”改造的积极性不强，也对旧村改造工作的推进有一定影响。

5 江门城市更新建议

5.1 城市更新目标

以优化城市功能、提升人居环境、破解资源困境及修复生态环境为目标，完善江门市的“三旧”改造政策，改善居民居住条件，提高城市治理能力。

5.2 城市更新策略

以突出重点的集聚化改造、引导多元的差异化改造、强化统筹的整体性改造为策略，积极推进中心城区危旧房改造、简易楼拆迁、城中村整治、废旧厂更新等。统筹推进老旧小区综合整治和有机更新，修补城市功能，提升公共服务水平和环境品质，对旧城区交通进行疏导。

5.3 城市更新指引

对保留价值低的工业区、旧村地区、迫切需要改造的地区由政府统筹优先整体改造；对开发潜力一般地区包括新村（城中村）及旧城镇地区优先考虑改善人居环境，待条件成熟时再积极推进改造；对保留价值高的工业区及城镇楼盘考虑进一步环境优化、提质。

5.4 重点城市更新地区识别

重点保护33墟街、新会历史文化名城及“五大祠”片区；重点改造“一河两岸”沿线区域，城市门户地区（轻轨站、高速出入口等），城市主要通道两侧地段（如江门大道，五邑路等），农药厂片区，紫莱村片区及新会老旧城区等区域。

5.5 城市修补建议

针对有一定历史价值的“三旧”用地（如江门造船厂、江门造纸厂等片区），在城市修补方面，一要把对城市空间和环境的修补与完善城市功能相结合，二要把对物质空间和设施的修补与社会、社区的共建共治共享相结合，三要把城市街区的修补与城市文化传承和建构相结合，四要把营造健康和活力的城市公共场所和改善民生相结合，五要注重城市发展和基础设施建设相同步，集中资源补齐短板。在开发建设的过程中，对被损坏的山体、水域进行生态修复。

6 粤港澳大湾区背景下江门城市更新展望

粤港澳大湾区是由深圳、惠州、肇庆、佛山、中山、江门、珠海、东莞、广州共九个市以及澳门与香港两个特别行政区共同组成的城市群，在世界级城市群中，我国粤港澳大湾区是影响国家建设与国家竞争力的重要载体。作为九市之一的江门市，要抓住粤港澳大湾区建设的发展机会，对城市更新提出新的要求。主要在盘活土地，积聚优化以及产业布局等方面提前谋划。以“三战略、三带动”为路径，推动产业向集聚化、规模化、中高端迈进，助力打造珠三角新的增长极，发挥不可或缺的作用。建设珠三角及港澳地区与粤西连接的重要交通枢纽和大通道。多地加强交流与合作，带动有效投资，新型消费和全面开放。做强先进装备制造业和重大产业平台，做好产业转型升级和民营经济，大力实施创新驱动发展战略，强化科技兴农，汇聚各类人才提升创新能力。江门还是我国著名侨乡，城镇建设侨乡风貌特色鲜明，开平碉楼还入选世界文化遗产，承载着特殊的历史记忆。因此，在城市更新中保护好城市记忆和乡愁，提升人居环境，增强人们的归属感、激发华侨的爱国爱乡情怀，发挥江门在人文湾区建设中的重要作用。

注：部分内容来源于江门市自然资源局“三旧”改造存在的问题和对策建议。

作者信息：

周亮棠，江门市城市规划设计院，总规划师。
郑士祺，广东工业大学建筑与城市规划学院，研究生。
王曼琦，华南理工大学建筑学院城乡规划，博士研究生。

惠州市城市更新进展

1　城市更新与城市发展

自广东省政府2009年发布《关于推进“三旧”改造促进节约集约用地的若干意见》（粤府〔2009〕78号），开启广东省“三旧改造”工作以来，广东各个市区人民政府纷纷响应号召，出台适应本市区的相关政策。惠州市作为珠江三角洲地区中心城市之一，于2010年8月发布《惠州市人民政府关于推进“三旧”改造促进节约集约用地的实施意见》（惠府〔2010〕98号，以下简称“《惠州实施意见》”），正式开启惠州“三旧改造”新篇章。其后，又于2011年发布《关于进一步促进节约集约用地的实施意见》（惠府办〔2011〕71号）与《惠州市惠城区“三旧”改造项目认定、管理办法》，进一步明确了惠州“三旧改造”中的相关问题。

惠州城市发展自2010年以来，“三旧”改造工作开始推进，但进展缓慢，改造更多地集中在容易改造的旧厂房。根据惠城区2015年土地利用变更调查数据显示，全区土地总面积为115716.23公顷。土地利用区域差异明显，北部山区土地开发强度小，土地利用主要以农业利用为主；中部地区土地开发强度高，土地利用主要以城市建设为主；南部地区土地开发强度中等，土地利用以工业建设为主。

总体而言，惠州城镇化和城市工作取得的显著成效，城镇规划体系日趋完善，城市综合实力不断增强，城市建设水平和市民生活质量不断提高。现阶段城市发展坚持规划引领，推进“四规合一”，构建了城市总体规划等完整城乡规划体系，实现了各级规划的全覆盖。经过近30年的发展，惠州已经从一个传统的农业城市发展成为一座新兴工业新城，从粤东区域城市发展成为珠三角重要城市。

2　城市更新体制

2018年8月初在惠州市政府网站公示的《惠州市“三旧”改造实施办法（征求意见稿）》（以下简称“《实施办法》”），正是在“三旧”改造工作效率和效益有待提升的背景下编制出台的。该办法填补了城市更新改造在制度方面的空白，进一步建立健全“三旧”改造工作政策法规体系，完善管理制度。《实施办法》将更有效确保“三旧”改造中公建配套和市政基础设施同步规划、优先建设、同步使用，实现协调、可持续的有机改造，提升城市机能。

3 城市更新模式

根据《惠州实施意见》规定，惠州市“三旧改造”模式共分为六种，即政府实施改造、原产权人自行改造、市场主体实施改造、农村集体土地改造、政府主导，引入社会资金成片拆迁改造、国有企业、资产经营公司、集体企业所持有的土地改造。《惠州实施意见》对于各种改造模式的适用范围作出了具体规定：

改造模式	改造细则	政策要点
政府实施改造	因城市基础设施和公共设施建设或实施城市规划进行旧城区改造需要调整使用土地的，由市、县（区）政府依法收回、收购土地使用权，纳入政府土地储备	政府因建设需要，可收回、收购土地进行改造
原产权人自行改造	旧城镇改造范围内，鼓励原土地使用权人自行进行改造。但原土地使用权人须拥有改造范围内全部或大部分土地权属才能申请。涉及的划拨土地使用权和改变土地用途以及延长土地使用年限可以采取协议方式出让	鼓励原权利人自行改造，可以协议方式出让用地
市场主体实施改造	旧城镇改造范围内，各地块的使用权人可共同成立项目公司联合自行改造；或市场主体与其他土地权利人采取签订土地转让（收购）合同等方式取得原权利人的同意，在落实相关补偿安置措施的前提下，自行收购改造范围内的多宗地块及地上房屋建筑后，申请对收购的地块取得拆迁许可后进行集中、成片拆迁改造。涉及的划拨土地使用权和改变土地用途以及延长土地使用年限可以采取协议方式出让	市场主体通过联合或收购改造，可以协议方式出让用地
农村集体土地改造	旧村庄改造范围内，农村集体经济组织自愿申请将集体建设用地转为国有并经依法批准，由农村集体经济组织依照规划自行改造或与合作单位改造建设的，按以下规定办理用地手续；若交由农村集体经济组织自行改造使用，以划拨方式供地，但不得用于商品住宅开发；农村集体经济组织与有关单位合作改造建设的，以协议出让方式供地，将土地使用权出让给村集体的合作开发单位或是合作成立后的单位	农村集体经济组织可申请将集体建设用地转为国有建设用地，自行改造或合作改造
政府主导，引入社会资金开展“三旧”成片拆迁改造	对于成片拆迁改造项目，政府可在拆迁阶段通过招标的方式引入企业单位承担拆迁工作，也可在确定开发建设条件的前提下，由政府将拆迁及拟改造土地的使用权一并通过公开交易方式确定土地使用权人，建筑物、构筑物及其他附着物的拆除清理和安置补偿由中标人或者竞得人负责	政府主导，引入企业负责拆迁，通过公开交易选定改造主体
国有企业、资产经营公司、集体企业所持有的土地改造	纳入“三旧”改造范围的国有企业、市直或县、区各类资产经营公司以及集体企业所持有的土地，上述单位作为原土地使用权人可自行改造；若其与他方合作改造，则由市、县（区）政府统一收回，采取公开出让方式确定改造主体。因企业退市、改制等原因，土地连同地上建筑物等资产已在政府产权交易部门公开交易的，则不须再由政府收回，土地资产持有人可依照改造规划直接参与改造	国有企业、资产经营公司、集体企业所持有的土地改造存在特殊模式

4 城市更新经验

预计到2020年，惠州市规划建设用地规模约192万亩，其中城乡建设用地规模约139万亩。扣除2017年现状建设用地，全市建设用地规模空间约27万亩，其中城乡建设用地规模空间约14万亩。尽管用地规模的量上有保障，但惠州在土地高效利用方面还做得不够，与珠三角先进城市相比，惠州节约集约用地水平较低，主要表现为土地产出率偏低、耗地率偏高。

另外，惠州市2009年成立市“三旧”改造领导小组，该领导小组为多部门议事机构，工作队伍由国土、住建、房产等部门人员抽调组成。目前，原有抽调人员已逐步撤回，现有“三旧”改造由市国土资源局相关科室兼顾。由于惠州市没有在市一级层面成立城市更新局，导致区一级城市更新发展中心没有直接对应的上级部门，因此在业务指导、上级文件下发、信息沟通方面并不顺畅。

但是，惠州市在改造模式上仍具有自身特点。除了由政府组织实施、权利主体自行实施、市场主体实施或者合作实施的改造模式，惠州市在农村集体土地改造上规定若交由农村集体经济组织自行改造使用，可以划拨方式供地（但不得用于商品住宅开发）。同时，惠州市单独规定了国有企业、市直或县、区各类资产经营公司以及集体企业所持有的土地的改造模式。

5 城市更新的标志性项目

5.1 惠城区江南街道祝屋巷社区

惠州市惠城区江南街道祝屋巷社区，位于惠州西湖北畔，占地约26万平方米。它与周边主要文化旅游景点西湖、丰渚园、元妙古观、丰湖书院、朝京门等连成一线，共享西湖22平方公里景区面积。各具特色的咖啡馆、私房小菜、网红饮品连成一排，装修风格古朴典雅，透露出一股浓浓的文艺范儿。曾经残旧斑驳的老街区，随着文创公司的进驻和文创业态的出现，正渐渐蜕变为有浓郁历史文化氛围的潮流之地，吸引着越来越多的年轻人在这里聚集，也让祝屋巷不断散发出年轻的气息。

5.2 惠环街道中星社区三坳岭旧村改造

2018年6月27日召开的广东省“三旧”改造项目推介会上，仲恺高新区惠环街道中星社区三坳岭旧村改造项目作为惠州唯一签约项目顺利签约，这也是惠州市第一宗旧村庄改造项目。三坳岭项目位于惠环中星社区，改造范围用地面积42562平方米，建筑面积38871平方米，现状综合容积率为0.9，总投资约11.1亿元。改造范围已纳入标图建库，标图建库图斑编号为44130214019，标图建库面积为26489平方米。改造亮点是通过“三旧”改造形式对三坳岭旧村进行升级改造，以加快该片区的城市化进程，实现综合环境标本兼治。

5.3 仲恺高新区启动天益国际项目

仲恺高新区启动天益国际项目，这也是惠州第一宗旧城镇改造项目。天益国际项目位于仲恺大道，面积为 7 万多平方米，计划投资 10 亿元，打造成集创意产业、休闲、娱乐、餐饮、购物、酒店、度假、居住于一体的大型综合体标志性建筑。2016 年 12 月 24 日，天益国际项目一期天益城开业，为当地提供约 5000 个就业岗位，每年可创造税收约 5000 万元。

6 城市更新的未来展望

对于城市更新的未来展望，惠州市政府提出，要立足功能定位提升城市品质和能级，发展壮大城市经济，加快推动城市更新，使惠州这座城市变得更加有特色，更加有吸引力，更加有竞争力。当务之急，是希望通过成立机构和完善法规，以实现城市更新的实现多方共赢。作为重要举措之一的《实施办法》，构建了“一套机制、三种类型、两大关键、六种方式、两个导向”的政策管理体系，厘清政府与市场的权利边界，综合运用空间资源规划权、配套政策制定权、市场准入把控权、改造实施监督权、改造收益调配权等，为各类主体参与改造创造条件、做好服务，全面提升“三旧”改造工作效率和效益，切实加快改造进度。

参考文献：

[1] 龚蔚霞，钟肖健 . 惠州市历史文化街区渐进式更新策略 [J]. 规划师，2015，31（01）：66-70.

[2] 林超慧，程建军，谢纯 . 传统道教祭祀场所与惠州山水城市格局的关联 [J]. 南方建筑，2018（06）：97-102.

[3] 罗川山 . 探寻惠州城市发展的思路更新与变革 [N]. 惠州日报，2018-10-11（A08）.

[4] 曾兴华 . 惠州如何借力城市更新提升城市能级 [N]. 惠州日报，2018-08-21（A02）.

编者信息：

黄健文，男，广东工业大学建筑与城市规划学院，讲师。

肇庆市“三旧”改造实施意见

肇庆市人民政府

为贯彻落实《国土资源部关于印发〈关于深入推进城镇低效用地再开发的指导意见（试行）〉的通知》（国土资发〔2016〕147号）、《关于推进“三旧”改造促进节约集约用地的若干意见》（粤府〔2009〕78号）、《广东省人民政府关于提升“三旧”改造水平促进节约集约用地的通知》（粤府〔2016〕96号）、《广东省国土资源厅关于印发深入推进“三旧”改造工作实施意见的通知》（粤国土资规字〔2018〕3号）等有关文件要求，促进社会经济高质量发展，实现节约集约用地的目标，按照“政府引导、市场运作、规划统筹、公共优先、利益共享、公平公开”的基本原则，结合我市实际情况，特制定本实施意见。

一、“三旧”改造用地范围

（一）“三旧”改造是指由人民政府、农村集体经济组织、土地使用权人或其他符合规定的主体，依据相关政策法规，在确定的改造范围内，对旧厂房、旧村庄、旧城镇中的低效存量建设用地进行整治、改善、重建、活化、提升及成片连片开发等活动。其中，旧厂房改造是指工矿仓储国有用地改造项目；旧村庄改造是指农村集体土地或农村集体经济组织使用的国有建设用地改造项目；旧城镇改造是指旧厂房、旧村庄改造以外的国有土地改造项目。

（二）2009年12月31日前已建设使用，地块上盖物基底面积占入库单元地块面积比例达30%以上，符合土地利用总体规划，经第二次全国土地调查（以下简称“二调”）和最新的土地利用现状图认定为建设用地，布局散乱、利用不充分、用途不合理、规划确定改造的低效存量建设用地，可按规定纳入“三旧”改造范围。上盖物基底面积占入库地块面积比例不足30%的，经原土地权利人自愿申请，可按照2009年12月31日前上盖物占地面积确定可纳入“三旧”改造范围的用地面积。

（三）对于符合粤府办〔2009〕122号文规定，单块面积小于3亩且累计面积不超过项目用地面积10%，属于夹心地、插花地、边角地的农用地或未利用地，可一并纳入“三旧”改造范围。

（四）上盖物占地比例符合建设用地规划许可证、土地供应法律文书等载明的规划条件，可不受30%比例限制。“二调”认定为非建设用地，但实地在2009年12月31日前已经建设使用且符合上盖物占地比例要求的，可按规定纳入“三旧”改造范围。

（五）对于已认定为闲置土地的，不得申请纳入“三旧”改造范围。

二、“三旧”改造管理机构及职责

（六）市成立“三旧”改造工作领导小组负责领导全市“三旧”改造工作,对“三旧”改造重大事项进行决策,将“三旧”改造作为一项长期的重点工作持续系统推进。领导小组由市政府主要领导任组长,分管领导任副组长;小组成员由发改、经信、财政、国土、环保、住建、农业、规划、税务、土地储备等部门主要领导组成。各成员单位按职责负责“三旧”改造相关工作：

1. 发改部门负责“三旧”改造中涉及基本建设投资项目的立项、参与产业政策制定及行业发展规划编制。

2. 财政部门负责在年度规划经费中安排“三旧”改造相关专项规划经费；负责制定并按属地原则落实“三旧”改造的财政扶持政策、土地出让收支管理及“三旧”改造财政资金使用的监督管理等工作。

3. 国土部门负责办理农用地转用、征地等用地报批手续以及建设用地供地手续，负责土地确权、登记；配合“三旧”改造专项规划编制工作；负责具体落实土地出让金的征收工作。

4. 住建部门负责“三旧”改造项目工程建设监管，并负责指导国有土地上房屋征收与补偿工作。配合“三旧”改造专项规划及年度实施计划编制等工作。

5. 规划部门负责组织编制“三旧”改造专项规划、“三旧”改造单元规划，确定项目改造用地范围线，审批项目的规划报建手续等工作；配合“三旧”改造年度实施计划编制等工作。

6. 土地储备部门负责“三旧”改造项目用地的收储、前期开发等工作。

7. 经信、环保、农业、税务等部门在各自的职责范围内对“三旧”改造工作进行指导和管理，并探索研究相关支持鼓励政策。

成员单位间建立常态化的沟通协调机制，加强协作，形成工作合力。

领导小组下设办公室（以下简称市“三旧”办），设在市国土资源局，负责组织全市“三旧”改造工作，依法拟订“三旧”改造相关管理政策，制定“三旧”改造相关技术规范，协调处理“三旧”改造过程中的问题，指导、监督“三旧”改造项目的实施，以及做好领导小组交办的其他事项。

（七）各县（市、区）政府（管委会）成立相应的“三旧”改造工作领导小组及其办公室,负责“三旧”项目的审核和“三旧”项目改造方案编制的指导工作,负责“三旧”改造年度实施计划的编制工作,跟踪落实辖区内“三旧”改造项目具体管理工作,协助改造主体完成项目立项、用地、规划、报建以及拆迁等手续，指导、监督改造主体按“三旧”改造批复意见实施改造。

三、“三旧”改造规划管理

（八）由各县（市、区）政府（管委会）统一领导,各地规划部门负责组织编制“三旧”改造专项规划。“三旧”改造专项规划经各县（市、区）政府（管委会）审核后,报市政府批准同意实施，并抄送省住房城乡建设厅和省自然资源厅。

（九）若因实际情况确需对“三旧”改造专项规划作局部调整或修改的，由各县（市、区）政府（管委会）报市政府批准同意。

（十）各县（市、区）政府（管委会）根据“三旧”改造专项规划、“三旧”改造项目批复情况等编制“三旧”改造年度实施计划，并报市“三旧”办备案。

（十一）“三旧”改造单元规划由各地规划部门按有关文件要求编制。

（十二）为加强产业用地支撑，保护工业资源，由规划部门牵头会同相关部门根据各地产业和空间分布情况划定工业保护控制线，在控制线范围内禁止工业用地改变用途。

四、“三旧”改造标图建库管理

（十三）“三旧”改造地块数据库每季度调整一次，以各县（市、区）为单位，每季度末将本行政区域拟调整完善的“三旧”改造标图建库数据报市“三旧”办审核后，纳入我市“三旧”改造地块数据库，可按规定实施“三旧”改造。

（十四）“三旧”改造标图建库数据的调整必须符合省、市有关标准、规定,各县（市、区）政府（管委会）对涉及增补入库的地块必须进行实地核查，拟调整项目入库前必须将项目信息在相关政府网站上公示,接受社会监督。对标图建库工作中弄虚作假、以权谋私的，要严肃追究相关责任人的责任。

（十五）对于符合标图建库条件，改造条件成熟、改造需求迫切的地块，特别是贫困村改造用地，可按规定同步办理土地征收和标图建库手续。

五、“三旧”改造项目审批

（十六）纳入“三旧”改造标图建库用地,由改造主体或土地权利人向用地所在“三旧”办提交申请,各地“三旧”办征求同级“三旧”改造工作领导小组各成员单位意见,经审核并公示无异议后报县（市、区）政府（管委会）审批（其中端州区范围内的由端州区政府审核后报市“三旧”办送市政府审批）。

（十七）“三旧”改造项目最小规模原则上不小于1公顷，经规划部门同意可以单独改造的项目除外。

（十八）非政府收储类的“三旧”改造方案由改造主体依据“三旧”改造专项规划、控制性详细规划或“三旧”改造单元规划实施编制，具体确定改造规模、开发强度、利用方向、资金平衡、需完善的用地手续等内容。对拆除重建等实质性改造，要明确对上盖物的具体处置措施；对于原有上盖物年代较新、质量较好的，允许继续保留使用，并通过改变功能、加建扩建、局部拆建、节能改造、完善公建配套设施等方式实施改造。

（十九）“三旧”改造项目涉及完善土地征收手续和集体建设用地转为国有的，由改造主体按省、市文件有关要求组织材料申请办理，逐级上报审批。

六、旧厂房改造项目

（二十）对于低效旧厂房改造为住宅、商业等经营性项目，除本实施意见另有规定的，必须由政府统一收储后重新公开出让。

1. 土地权利人选择挂账收储的：土地权利人向“三旧”办提出政府收储申请，经审批同意后，土地权利人须在收到书面批准文件后1个月内与土地储备部门签订土地收储协议，并依协议约定时间（原则不超半年）完成土地拆迁平整工作，以净地方式移交收储。收储后的土地原则上按收储时间先后顺序安排供地，供地时间不超过两年。重新供地后，在1个月内按土地出让成交总价款对应容积率2.0部分（即成交价的楼面地价乘以土地对应容积率2.0的建筑面积）的一定比例对原土地权利人进行补偿（含原土地价值、拆迁平整成本等）。其中本实施意见实施后1年内完成交地的（交地时间以土地储备部门、土地权利人和“三旧”办三方现场验收后签订交地确认书时间为准），对原土地权利人按土地出让成交总价款对应容积率2.0部分的50%进行补偿；本实施意见实施1年后到2年内交地的，按土地出让成交总价款对应容积率2.0部分的40%进行补偿；本实施意见实施2年后交地的按土地出让成交总价款对应容积率2.0部分的30%进行补偿。

如容积率不足2.0的，按成交价的楼面地价折算2.0容积率补足；容积率超出2.0部分不予补偿。

如政府收储土地满2年由于各种原因未能出让的，可按所在片区商服用地最新基准地价25%的标准计算土地补偿先拨付给原土地权利人，待出让后再按差额进行补偿。

2. 土地权利人选择直接补偿收储的：土地权利人向“三旧”办提出政府收储申请，

经审批同意后，须在1个月内与土地储备部门签订土地收储协议，依协议约定时间（原则不超半年）完成土地拆迁平整工作，以净地方式移交收储，土地储备部门在签订交地确认书后1个月内按所在片区商服用地基准地价的50%予以补偿（含原土地价值、拆迁平整成本等）。

3. 上述补偿资金由财政部门予以安排，如未能按照协议约定时间支付补偿资金的，依法补偿银行同期贷款利息。

（二十一）旧厂房土地权利人申请政府收储的，应开展土壤环境状况调查评估。对评估结果不符合环保要求的，须治理修复达标后方可申请收储。

（二十二）鼓励低效旧厂房权利人在不改变土地用途前提下，自行实施产业升级改造。

1. 对旧厂房改造项目，增加容积率不再增收土地价款。

2. 对旧厂房改造项目属拆旧重建的，土地权利人可先向政府申请在不补偿的情况下收回旧厂房用地，再按工业用地最高出让年限、基准地价10%的出让价格（补偿和出让价格总值不低于出让地块所在片区工业用地基准地价的70%），重新协议出让取得该用地。重新协议出让时，土地出让合同应约定改造后的容积率、开工和竣工时间等要求，土地权利人未按要求建设的应支付与违约行为相应的违约金，违约金总金额原则上不超过基准地价90%。

3. "三旧"改造项目改造后，项目容积率大于等于1.5、小于2.5的，对新建建筑面积按每平方米200元的标准给予奖励；容积率达大于等于2.5的，对新建建筑面积按每平方米300元的标准给予奖励。奖励资金在改造项目竣工验收后由所在地财政部门予以安排（不重复享受《肇庆市扶持产业用地指导意见》高标准厂房有关奖励）。单个项目奖励最高不超过1000万元。

（二十三）鼓励地方政府加大对低效旧厂房的收储力度。

对工业控制线范围内的低效用地，政府要加大清理腾挪、强化整合的力度，全力推进产业升级转型。对土地权利人缺乏资金实施自行改造的，鼓励政府实施收储，可按照所在片区商服用地基准地价的20%~40%予以补偿[各县（市、区）按照实际情况确定具体执行比例，但各县（市、区）补偿比例标准须一致]，补偿资金由财政部门予以安排。

七、旧村庄改造项目

（二十四）旧村庄改造主要采取引入合作主体参与改造的方式进行改造。

（二十五）农村集体经济组织有意向进行旧村庄改造的，须开展调查摸底，形成调查报告。调查报告包含拟改造范围、面积、权属及用地手续情况、地上建（构）筑物测量及拆迁补偿成本、土地租赁合同关系解除成本、征拆可能存在的难点分析。

（二十六）农村集体经济组织根据调查摸底情况制定改造方案（包含改造规模、

开发强度、利用方向、资金来源和管理、需办理的用地手续、征地补偿标准、回迁补偿方案等内容），连同合作开发协议、招拍挂方案等，经农村集体经济组织召开会议表决（有90%或以上股东或成员代表同意和占地上建筑物建筑面积90%或以上所有权人同意），并公示15天以上，报所在镇政府（街道办）审核，送“三旧”办按程序报审。

合作开发协议不得设置影响公平竞争的限制条件，以确保公平公正。

（二十七）农村集体经济组织按规定经表决同意后，可委托相关具备资质的服务机构协助开展调查摸底、编制改造方案、合作开发协议、招拍挂方案等工作，所需费用通过以下方式解决：

1. 由农村集体经济组织自行支付。

2. 农村集体经济组织向所在镇政府（街道办）申请，镇政府（街道办）加具意见后向“三旧”办申请先行垫付，待项目合作主体确定后，约定由合作主体返还。

（二十八）项目批复后，农村集体经济组织应通过市、县（市、区）级公共资源交易中心以公开招拍挂方式确定合作主体（合作主体确定后应报“三旧”办备案）。如采取招标方式确定合作主体的，农村集体经济组织成员代表应占评标委员会人数30%或以上。

（二十九）确定合作主体后，合作主体与农村集体经济组织签订合作开发协议，进行征地拆迁补偿、完善用地手续等工作，按规定实施改造。合作主体可按规定以协议出让方式办理相关用地手续。

公开确定的改造方案、合作开发协议原则上不得变更，确需变更应按原审批程序重新申请，逐级上报审批、备案，变更内容不得背离合同实质性内容。

（三十）本实施意见生效后批复的旧村庄改造项目须安置村民回迁的，应明确回迁房面积、选址等，同时回迁房必须安排在首期建设。回迁房未竣工或搬迁补偿协议未与全体回迁户签订完成的，改造项目主体工程不得销售。

八、旧城镇改造项目

（三十一）旧城镇改造以政府统筹为主。政府委托具备资质的服务机构对拟实施改造范围开展调查摸底,形成调查报告（包含拟改造范围、面积、权属及用地手续情况、地上建（构）筑物测量及拆除补偿标准、土地租赁合同关系解除成本、征拆可能存在的难点分析），对经评估项目的土地市场价值大于改造拆迁成本的，通过公开方式确定改造主体负责征地拆迁补偿和土地开发建设工作。

（三十二）对旧城镇改造项目中权属单一或相关房地产权益已转移到单一主体的商业用地改为住宅或商住用地项目，改变用途后容积率不变的，允许该主体申请实施自行改造，无须缴纳土地出让金；如改变用途后容积率增加的，由政府净地收储后重新公开出让，成交后的地价款原容积率部分对应价款全额补偿给原土地权利人，余下价款按 30% 补偿原土地权利人。

（三十三）旧城镇改造项目中工业用地面积不能超过项目总面积的 20%，否则工业用地部分应视同为旧厂房改造项目并按本实施意见有关规定实施改造。

（三十四）对于教育、医疗卫生、市政基础设施、交通等公共管理与公共服务类国有建设用地，应由政府收回纳入土地储备。涉及地上建筑物的，按国有土地上房屋征收与补偿有关规定予以处置。

九、“三旧”改造退出机制

（三十五）对本实施意见生效前已批复确定“三旧”改造主体的项目，根据不同情形，采取下列方式处置：

1. 对于旧厂房改造项目，在本实施意见生效前没有完成改变用途并补缴土地出让金的，取消该“三旧”改造项目或改造主体资格。

2. 对于旧村庄、旧城镇改造项目，在本实施意见生效前未完善用地手续或未完成征地拆迁、补偿有关工作的，取消该“三旧”改造项目或改造主体资格。如项目涉及前述情形，但能提供材料证明已开展征地拆迁、补偿工作并实际投入相关资金的，改造主体可在本实施意见生效之日起半年内提出延期申请，经申请、核实后，可延长项目改造期限 1 年，如 1 年内仍无法完成征拆工作，取消该“三旧”改造项目或改造主体资格。

3. 对于仅涉及单一农村集体经济组织的旧村庄项目，原批复合作主体已通过公开方式取得部分村集体用地的，经该村集体 90% 或以上股东或成员代表和占地上建筑物建筑面积 90% 或以上所有权人表决同意，可视同以公开方式确定了合作主体，按程序报县（市、区）政府（管委会）同意后，可以协议方式办理剩余“三旧”改造用地的变更手续，并负责完成后续旧村改造的相关工作。

4. 对于已完善用地手续但未实施动工建设的“三旧”改造项目，参照闲置土地处置有关规定处理。

5. 对于其他已批复确定“三旧”改造主体但不属于上述情形的改造项目，应视为特殊情况单独报市政府处置。

（三十六）本实施意见生效后确定“三旧”项目改造主体的，改造主体必须在项目批复后 1 年内申请办理用地（土地征收、集体建设用地转国有）或规划（取得建设工程规划许可证、施工许可证）等相关手续，并在 2 年内动工建设（具体以土地出让合同、监管协议约定条款为准）。逾期未按规定实施改造，已供地的参照闲置土地处置有关规定处理，未办理相关用地手续的报项目原审批单位同意后，取消该“三旧”改造项目或改造主体资格。

（三十七）取消“三旧”改造项目或改造主体资格，应由“三旧”办审核并报原审批单位批准。重新申请改造的，按本实施意见执行。

十、“三旧”改造监管保障

（三十八）除由政府收回、组织实施的项目外，其他改造项目应在项目批准并确定改造主体的3个月内，由项目所在镇政府（街道办）与改造主体签订监管协议。监管协议重点对改造项目按照经批准的改造方案及相关规划要求实施改造，无偿移交公益性用地，履行改造范围内配套建设义务，落实对改造范围内原土地权利人的补偿安置义务，实现改造项目的综合效益等方面进行监管。有条件的县（市、区）政府（管委会）可建立“三旧”改造资金监管制度，在签订土地使用权出让合同前，由改造主体到项目约定的银行设立改造专项资金监管账户，足额存入复建安置资金，监管账户内资金由改造主体、项目所在镇政府（街道办）和监管账户开户银行三者共同监管，确保专款专用；也可以在签订土地使用权出让合同之前由改造主体向镇政府（街道办）提供专项监管保证资金的银行保函，银行保函应为不可撤销、无条件的见索即付保函，由镇政府（街道办）监管。为落实共同监管责任，各相关职能部门将落实监管协议约定内容作为改造项目签订土地使用权出让合同以及办理建设工程规划许可证、房屋预售许可证等行政审批手续的依据。

（三十九）各县（市、区）政府（管委会）要落实“三旧”改造项目备案制度，改造方案及用地批文、土地供应结果、实施监管协议、改造实施情况等应当在相关法律文书或证明文件作出之日起30日内通过省“三旧”改造项目监管系统进行备案。

（四十）各县（市、区）政府（管委会）要加强“三旧”改造信息公开，在门户网站上公开本行政区域内“三旧”改造地块信息，将已入库地块的图斑编号、用地面积、坐落位置等信息纳入政府信息主动公开范围，在门户网站上予以公开，接受公众查询和社会监督。“三旧”用地或改造方案经有权机关批准后，应当按规定发布公告。其中，涉及土地征收的“三旧”用地，应当在批复文件作出之日起10个工作日内发布公告并进行公证，保留相关证据，公告应当载明批准机关、批准文号、批准时间、批准内容、公告的有效期限以及行政复议、行政诉讼等权利事项。

（四十一）财政部门每年在“三旧”改造土地出让收益中提留一定比例作为“三旧”改造专项经费，专项用于“三旧”改造规划编制、标图建库数据更新、现场勘测、征拆成本评估等相关工作经费开支。

十一、其他规定

（四十二）“三旧”改造项目中涉及的各类历史用地，凡用地行为发生在1987年

1月1日至2009年12月31日期间的，完善用地手续时按用地面积2元/平方米的标准进行处罚。用地行为发生在1987年1月1日之前的，无须处罚。

（四十三）“三旧”改造项目通过政府收储后重新出让方式实施改造，涉及被收储土地权利人两个或以上的，补偿资金按各权利人被收储用地原净用地面积占比分配。

（四十四）“三旧”改造项目涉及地价评估的均由“三旧”办委托有资质评估机构按市场价进行评估，评估费用纳入各地财政支付。受委托的评估机构必须严格按照评估规范、结合市场价格出具估价报告，对于违反规定的评估机构将在评估机构备选库中剔除，不再选用。

（四十五）“三旧”改造中的旧城镇改造项目涉及将工业用地等土地用途改变为商业、旅游、娱乐和商品住宅等经营性用地，由原土地权利人自行实施改造的，除应当按规定计收土地出让金及相关税费外，应当按照城乡规划要求将不低于项目工业用地面积15%的土地无偿移交政府用于公益性项目建设。规划部门认为改造地块较小不适合移交或未提出预留公益性用地要求的，应按应移交面积、公益性用地用途的评估价格缴纳土地价款视作已完成公益性项目用地移交义务。公益性用地移交（拆除原有地上建筑物、签订移交协议、办理不动产权证分割登记）或土地价款缴纳应在签订土地使用权出让合同前完成。

（四十六）市“三旧”办做好“三旧”改造年度考核工作，定期在各地“三旧”改造年度改造计划完成情况、节约集约用地情况等方面选取多项考核指标，合理确定各指标权重值，形成考核指标体系，综合考评各地“三旧”改造工作情况，考核结果作为土地利用计划指标分配及其他相关奖惩措施的依据。

（四十七）本实施意见自发布之日起施行。我市以往“三旧”改造政策、规定与本实施意见不一致的，以本实施意见为准。

从社会因素角度考量香港城市更新模式的可持续性*

引言

香港的建筑存量迅速老化，目前约有4 000栋建筑物楼龄为50年或以上，这个数字在未来10年将以每年500栋的速度增加[1]。为了解决市区老化的问题并提高旧区居民的居住环境，香港于2000年7月颁布了《市区重建局条例（第563章）》。并于2001年成立了市区重建局（URA：Urban Renewal Authority），以协助香港政府再生和更新老城区衰败的城市环境。政府宣布采用“以人为本，立足于区，公众参与”的方针，试图在不牺牲任何特定群体的合法权益的前提下，平衡社会各群体的利益和需要，主要目标是提高市区居民生活质量，减少栖身于欠佳居住环境的人数。在城市更新中秉持可持续发展的理念，为香港缔造优质的城市环境，建造更美好的家园。香港政府强调城市更新不是“大拆大建”，而是一个综合、全方向、有内涵的过程，借助重建（Redevelopment）、复修（Rehabilitation）、活化（Revitalization）和文物保护（Heritage preservation）四种手段更新旧城区[1]。然而，香港的城市更新往往只专注拆迁补偿和拆迁安置等物质领域的内容，极少关注社会学领域，如原居民的社会网络或当地居民对更新规划的顾虑和关注等[2]。

香港对历史建筑和古迹的态度一直在微妙地变化着。在城市快速增长的进程中，特别是1997年以前，商业利润是城市发展的首要目标，为了改善地区的生活环境，很多有历史价值的旧建筑无法避免被大规模拆迁的命运。但是，从20世纪70年代中期开始，历史建筑保护受到重视和提倡。政府在1976年出台了《古物与古迹条例》（香港法例第五十三章，下称《条例》），以确保最有价值的文物获得保护。在《条例》中，根据建筑价值、历史价值、社会意义和稀有性，将历史建筑分为两类：文物建筑和法定古迹[3]。

1997年香港回归后，历史建筑逐渐成为公众利益和政府工作的重心，历史遗产也被重新定义。“文化遗产”逐渐成为一个能够唤起积极反馈的术语而被广泛使用[4]。

---

* 郎嵬，李郁，陈婷婷．从社会因素角度考量香港城市更新模式的可持续性[J]. 国际城市规划．2018年第6期。

当前，这一术语几乎被大众媒体滥用，化身为提高上流社会文化生活的催化剂。同时，人们开始追求高质量的公共空间，商品化的遗产成为“一种以消费为导向的畸形怀旧，其本质是把历史转变为适合富裕阶级品位的商品”[2]。

政府改变其角色，不再以追求发展为首要重点，在1998年和1999年制定了相关政策，提倡积极对待保育问题。1998年成立了文物旅游专责小组（HKTA：Heritage Tourism Task Force）；2000年成立了文化遗产委员会（CHC：Cultural and Heritage Commission），该委员会提出文化遗产在城市规划中扮演着十分重要的地位，历史建筑应转变为城市的文化活动中心，应提倡和宣传文化旅游。2007年，发展局（The Development Bureau）成立，并于2008年4月25日成立了文物保育专员办事处（Commissioner for Heritage Office），以便推行文物保育政策，并经常检讨政策、推展一系列文物保育措施，监督有关文物保育和活化项目的进程[5]。

香港的城市更新理念一直伴随着批评的声音而成长，许多城市更新项目未能实现自己的目标，反而产生了新的环境问题和社会问题[6]。有人批评，这是城市更新方案质量较差的原因；亦有人认为，城市更新只是“另一种城市开发模式”[7]。实际上，与其他城市不同，香港的城市更新的目的是在交通便捷的繁华市区，利用以建筑物为主导的更新策略振兴衰败或贫困地区的经济，促使地区经济转型，重塑独特的文化底蕴和历史风采[2]。城市更新往往有利于经济发展，但同时也会导致文化缺失和原有的城市肌理受到破坏，特别是有些项目较容易引发各种社会问题如绅士化，弱势群体被迫迁移，社区凝聚力和原有社交网络受到破坏等，还可能打破当地的社会包容性。问题累积到一定程度会演变成社会问题，同时凸显出城市发展中经济和环境两方面的缺点。文物保育和城市更新看起来似乎是相互矛盾的，而两者是否可以并存，如何增强和提升社会层面的可持续发展，是本文要重点探讨的。

本文以旧香港水警总部城市更新项目为例，通过深层次梳理和挖掘历史建筑保育过程中的社会因素，探讨城市更新过程中影响社会可持续发展的内在因素，从而提高城市整体的可持续性。本研究着眼于城市更新中的社会可持续性，这也为国内其他城市在城市更新建设过程中增强社会可持续性的方面提供了一定的参考。

1 城市更新背景下的社会可持续性定义

1.1 什么是城市更新?

城市更新是指拆除并重建破烂的、陈旧的建筑物，以创造一个更美好的生活环境[8]。城市更新被认为是一个广泛运用于应对不断变化的城市环境和满足不同社会经济目标的复杂过程[8]。城市更新往往引发诸多社会问题，包括切断原有的社会关系网络，破坏社会连续性和邻里关系，导致社区参与的排外性、房地产投机、归属感缺失，城市盲目扩张等[9-11]；还导致弱势群体被驱逐出原社区，生活环境质量显著下降等[8、9]。这一系列现象和问题迫切需要我们找到一种有效的方法来指引未来的城市更新。近年来，可持续发展的城市设计理念已融入城市更新项目的规划和设计，其以为城市居民创造可持续发展的社区为宗旨，在解决城市更新过程中的社会问题方面取得了理想的预期效果，已获得普遍认可[12]。

1.2 可持续城市设计

可持续城市设计是指，把可持续发展的概念融入城市更新规划的决策过程之中并起决定性作用的城市设计要素。“可持续发展”已成为全球城市共同关注的问题之一。1987 年，环境与发展世界委员会（WCED）把“可持续发展”定义为“发展既满足当代人的需要，又不损害后代人满足其自身需求的能力”[13]。2015 年，联合国在“变革我们的世界：2030 年可持续发展议程”中宣布了 17 个可持续发展目标和 169 个具体目标[14]，再次强调可持续发展理念的三大重要组成部分，经济、环境和环境是不可分割的。可持续城市设计则强调，在为人类创造空间艺术的同时，既要满足功能和审美的需求，又要为建筑和空间上的安排提供设计指引，为城市居民创造出高品质和可持续的物质环境[15、16]，为社区增加投资机会，提高生产率，提高投资回报，创造更多的就业机会，提供多种便捷的服务设施和提升生活质量等[8、17]。

1.3 社会可持续发展

社会可持续发展是指维护和改善当代和后代的福祉[6]。换句话说，在城市更新过程中，为当代居民创造和谐的生活环境、改善和提高生活质量的同时，为下一代居民减少社会不平等和社会分裂，最终达到社会可持续发展。在以往的文献中，传统的研究主题主要包括社会公平、减少贫困和维持生计等，而当前的研究较多辅以更多无形的、无法用数值衡量的评价指标，如身份识别、地方归属感、社区参与性、可达性、社会资本、社会凝聚力、社交网络、幸福感和生活质量等[18]。这些变化说明当前社会可持续发展的研究正在走向多元化的视角。城市更新日益强调保育和活化，关于保育和重建是否可以互补的话题是争论的核心[19]。当前，可持续发展在社会层面仍然缺乏达成共识的基本要素，随着社会可持续性的重要性日益增加，社会可持续性评价指标体系的构建成为当务之急。

2 社会可持续性评价指标体系的构建

基于定性与定量相结合的研究方法，即以文献综述和问卷调查来评估香港主要利益相关者的意见，并采用多种统计分析，包括因子分析方法①，构建一套城市更新设计的社会可持续性指标体系。通过与多位业界和学术界的专家学者的讨论和校正，最终确定城市更新设计中的 4 项设计标准（表 1），并制定与此相应的 9 项指标，下面对具体指标进行论述。

城市更新项目中社会可持续城市设计标准的社会指标　　表 1

设计标准	指标	定量	定性
（1）地方特色的保护 / 改善	本地特色是否升值	√	
	重建区域的独特性		√
（2）当地就业可达性	每 1000m² 创造的就业机会个数	√	
	就业机会的质量		√
（3）非住宅发展对不断变化需求的适应性	应对未来变化的能力	√	
	适应度		√
（4）开放空间的可达性	至最近开放空间的平均步行距离	√	
	开放空间的可达度	√	
	服务于残疾人、老人和儿童的无障碍和特殊设施的设计		√

（资料来源：参考文献 [4]，[9]，[21-24]）

（1）地方特色的保护 / 改善

公众对一个城市的地方特色的认识和了解源于街区、建筑和开放空间的布局，建筑的形态，不同土地功能的混合，以及人们的各种活动等。建筑形态、建材、配色方案等决定了视觉质量，城市发展模式和人类活动展示了城市的形象、内涵和文明程度。这些地方特色的元素往往见证了时间的流逝，同时体现了前人努力的成果，打造了“集体回忆”。“集体回忆”已成为越来越多的市民希望在城市更新过程中保留的地方特色。为了保留更新区域的原貌，现有的土地利用类型和功能应保留，提高更新区域的经济价值和社会价值，真正反映社区的地方特色。同时，打造新的标志和地标，增强地方的认同感；新的建筑功能和结构必须与现有的时代元素融合在一起。更新区域的再开发将帮助补充和完善这种正面效应。

（2）当地就业可达性

就业是社会可持续性的主要焦点之一。增加就业机会有助于促进社会融合，市民通过获得工作机会，增加收入，从而改善生活，同时工作场所为人们的社会交往和交流互动提供了场所。斯蒂格利茨（Stiglitz）发现，失业率高的社区，离婚率、自杀率和酗酒率往往也随之上升 [25]。随着就业率的上升，相关社会问题会减少，如贫困、社会歧视、福利依赖、心理问题、家庭纠纷和社会动乱。

（3）非住宅发展对不断变化需求的适应性

适应转变是社会发展的关键。城市的政治环境、经济发展、科技水平和市民需求是不断变化的。已建成的各种服务设施、建筑以及城市的规章制度和设计准则也应与时俱进地演变。建筑和城市形态应当有较强的适应性来实现自我优化，并充分利用建筑及其附属设施的价值 [26]。当设计具有足够的灵活性，能够应对不断变化的市场需求，作出迅速反应，方可满足不同市民的需求，还可能出现意想不到的商机。

（4）开放空间的可达性

在拥挤的城市地区，开放空间为社交聚会和居民互动提供了一个宽敞的场所[6、27]；特别是绿化较好的开放空间有利于社会稳定，能有效促进居民的身心健康，减少人们的生活压力，因此开放空间的可达性显得至关重要。市民空闲时候喜欢前往离自己家较近的开放空间，在那里可结交新朋友，或者与老朋友见面聊天，从而不断改善和提升人际关系、增强归属感。应确保社区内弱势群体（如残疾人、老人和儿童）的利益得到充分考虑，相应地配置辅助设施，让他们得以平等地享受开放空间。

另外，良好的社会公共服务设施供应和布局也是一种社会福利资源。开放空间作为一类公共服务设施，需要满足不同阶层市民的基本需求和生活模式，它既可以帮助不同收入阶层的市民改善民生和提高生活质量，又要体现公平正义的原则，减少社会不平等[28]。在不同社会发展阶段制定不同标准，避免空间分异带来的空间配置和资源分布不均衡等问题，保障公共服务设施的空间可达性和需求的匹配程度。

3　香港城市更新的社会可持续性考量——旧香港水警总部项目改造案例

旧香港水警总部于1884年落成，是一组维多利亚式建筑群，由主楼、马厩及报时塔组成；现址自20世纪80年代起至1996年一直是香港水警的总部，是香港四所现存最古老的政府建筑之一。1993年香港城市规划委员会同意将该片区定位为一个综合发展区；1994年该片区被列为香港的法定古迹。旧香港水警总部地处繁华的文化商业区——尖沙咀商业区，有多样化的酒店、商场、餐厅、公共空间等配套设施。2003年为推动文化旅游，决定由旅游事务署（Tourism Commission）牵头，以商业招标形式将其交于私人发展商，保留旧水警总部建筑并发展为文物旅游景点，成为首个私营机构参与保育，将古迹发展为旅游设施的项目[29]。2003年5月，发展商长江实业（集团）以3.528亿港币投得旧水警总部发展权，为期50年。在保留原有建筑的前提下，投资超过10亿港币将其改建为酒店。具体的建筑功能变化是：主楼作为高级古迹酒店，马厩改建为餐厅，消防局改建为商店。项目被命名为“1881 Heritage”（图1、图2），于2009年正式启用。2011年政府同意和批复了尖沙咀法定图则，旧水警总部及周边道路被列为以旅游为主题的商业发展区。

（1）保护地方特色

城市更新的目的是实现最大的再开发潜力，更重要的是保护当地的地方特色。在为历史建筑增添新功能的过程中，如何将原有建筑整合到新的城市布局中，如何利用历史建筑，以及如何让新的城市环境与历史建筑相呼应等，都是极为重要的挑战。

旧香港水警总部改造采用文化旅游为主题导向的发展理念，将之打造成为香港

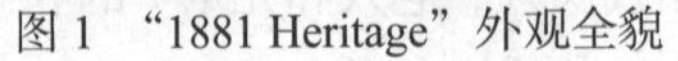

图 1 “1881 Heritage”外观全貌　　图 2 “1881 Heritage”露天广场

著名的文物古迹旅游景点之一。项目位于尖沙咀商业区，新增用途是酒店、知名品牌商店、高级餐厅等，这些设施均与周围城市环境相容，产生的干扰较小。在改建过程中，完整地保留其建筑风格，将报时塔改为水警展览馆，并保留了建筑群内有上百年历史的火炉，这一系列举措极大地提高了项目的地方特色和价值。

（2）多元需求促进商业发展和增加就业机会

旧香港水警总部的改造带动了整个区域的房地产价格，以及商业和非商业部门的发展，被称为“1881 效应”[30]。旧水警总部及周边地区从传统的商业中心发展成为文化旅游商业区，每年为香港带来 10 亿元港币的收入。显然，旧水警总部的商业化成为香港尖沙咀地区的重要经济资源，并成为促进旅游业、当地就业、经济发展和城市更新的一个典型案例。

（3）商业化改造破坏历史文脉

与此同时，旧水警总部项目引起了很大的争议，其中讨论的最多的是古迹的失真和过度商业化。政府根据现行的城市规划机制，借行政措施鼓励拥有人保护整栋或部分建筑。但因整个项目由私人发展商主导，只要符合城规条例，政府在出售发展权后就无权影响发展用地的各种设计，规划师更不拥有干涉其发展的权利。根据《香港规划标准与准则》第十章第 4.6.5 条，设计在风格、比例及视觉感受三方面是否使新旧建筑物相融配合，需征询古物古迹办事处和建筑署的意见[31]；另外，现行的《城市规划条例》并没有订立条文来保护法定古迹、历史建筑物、具考古价值的地点和其他文物，只在法定图则的说明书中强调，任何发展和土地用途地带改划建议，如果影响以上文物及其周围地区，必须先征询古物古迹办事处的意见[31]。可见，香港城市规划委员会的角色更多是负责聆听并提供意见，而非最终裁决者。最典型的一个争议在于，旧水警总部地处的小山丘——尖沙咀山曾是英国殖民地时期走私鸦片基地的地点，其居高临下的地势是旧水警总部选址于此的重要原因。从历史角度来看，尖沙咀山比建筑群更加重要；然而在改建中，尖沙咀山被整个铲平了，而且山丘上原本绿树成荫，有 192 棵树木，最终仅保留了 18 棵。原来的尖沙咀山变成一个露天大广场，整个古迹的旧貌被破坏。也许露天广场可以为游客和居民提供更多的交流和休闲空间，但历史风貌已无法修复，后代也无法完全体会“水警总部”和“鸦片走私”

这一历史脉络。造成这一破坏的原因就是香港城市规划委员会在私人发展商主导的发展模式下，难以介入保护本土特色的行动。

（4）公共空间受限，改变原有的社区识别

改建后的“1881 Heritage”内主要是国际知名品牌的旗舰店和时尚食府等高级场所，而非大众化的商店或餐厅，这不禁引起大家的疑问：保育和改建是否营造了新的地方特色？社会包容性是否增强？政府采取发展商私人投标的市场模式开发旧水警总部，保留了历史建筑但没有花纳税人的钱；可见，政府基于商业收益来考虑保育问题，对经济的重视超过了对文物遗产价值的重视[29]，没能更有效地发挥历史建筑的经济和社会效应。具体来说，地政总署当年与长江实业（集团）签订地契时，并没有具体列出保育要求和运营管理规范，包括开放时间和开放范围等，因而留下了很多灰色地带，即便建筑群内的公共空间理论上是属于大众的，但由于权限不明，导致市民无法进入参观[32]。在古物咨询委员会与发展商多次协商后，目前每天仅有一个指定时段，市民可参加免费导赏团参观酒店内部；而市民和游客能够自由游览、拍照的空间，只有“1881 Heritage”前方的露天广场。另外，改建后的五星级酒店，价格极其昂贵，非一般人能够负担，普通市民根本无法享用这一古迹。有市民到酒店后园欲拍照留念，却被保安以私人地方为由喝止。可见，利益导向下的城市更新难免会中断居民对原有场所的认知和社区识别，对城市结构的完整性也可能造成一定程度的威胁。

4 结论

前文已通过四大核心指标构建出评价城市更新项目社会可持续性的基础评价体系，四大指标分别为：（1）地方特色的保护 / 改善；（2）当地就业可达性；（3）非住宅发展对不断变化需求的适应性；（4）开放空间的可达性。基于这一评价体系深入探讨旧香港水警总部改建项目的可持续性，发现该项目很好地保留和保护了原有建筑群，通过文物保育和历史建筑的“活化”提升了当地经济发展，增强了当地就业，重塑了地方特色。但由于政府采取商业招标形式将项目发展权交给了开发商，在经济利益驱动下，历史建筑的价值和该片区原有的历史文脉在一定程度上被忽略了。改建后的高级酒店中仅部分公共空间对外开放且很大程度上限制了公众的进出，破坏了当地居民、游客及后代对原有场所的认识和识别，降低了社会包容性。

近期，随着公众对历史建筑和遗产保护兴趣的增加，本应由专家、学者解决和考虑的问题在基层引起了广泛的关注。人们就“哪些建筑和风貌是过去的”“这是谁的遗产”等一系列问题争论不休[33]，关于“谁最权威来判定什么内容应得到保存以及如何保存”也存在较大分歧[34]。然而，政府对遗产保护和历史建筑的宣传不充分以及向公众提供的信息不足，影响了公众参与城市更新和保育行动的积极性和有效性。伊沃·奈恩纽斯（Ivo Nienhuis）等提出了结构性偏见的问题，认为在城市更新过程中，社区的内部成员比其他人更具有优势和话语权[35]。在旧香港水警总部改建的案例中，社会大众，尤其是当地社区居民，并没有参与规划决策和规划实施的过程。开发商主导的城市更新打破了不同利益和价值观之间的平衡，加上缺乏公众参与，人们逐渐对当地社区失去归属感，也不愿意参与社区活动。因此，政府、规划师和设计师在今后的城市更新规划过程中，应在寻求区域协调与整体发展的同时，通过以公众为主体、自下而上的城市更新模式，促进城市持续渐进的有机更新；结合社会可持续性评价体系，综合考虑经济、社会和环境的可持续发展。

本文在写作过程中先后得到了香港理工大学建筑与环境学院陈汉云教授和容晓君助理教授的宝贵建议，在此表示感谢。同时，衷心感谢广州中大城乡规划设计研究院对本研究的支持。

注释：

① 因子分析是指研究从变量群中提取共性因子的统计技术[20]。它简化因子的大矩阵，并确定少量因子可以解释大多数观察到的变量。

参考文献：

[1] Development Bureau. People First a District-based and public Participatory Approach to Urban Renewal Urban Renewal Strategy[EB/OL].（2011）[2016-04-19]. http：//www.ura.org.hk/en/pdf/about/URS_eng_2011.pdf.

[2] Ng M K，Cook A，Chui E W T. The Road Not Travelled：A Sustainable Urban Regeneration Strategy for Hong Kong[J]. Planning Practice and Research，2001，16（2）：171-183.

[3] Antiquities Monument Office. Built Heritage in Hong Kong[EB/OL].（2014）[2016-03-29]. http：//www.lcsd.gov.hk/CE/Museum/Monument/en/built.php.

[4] Swensen G. Integration of Historic Fabric in New Urban Development - A Norwegian Case-study[J]. Landscape Urban Planning，2012，107：380-388.

[5] Development Bureau. Commissioner for Heritage’s Office[EB/OL].（2014）[2016-04-17]. https：//www.heritage.gov.hk/en/about/commissioner.htm.

[6] Chiu R L H. Social Sustainability，Sustainable Development and Housing Development：The Experience of Hong Kong[M] // Forrest R，Lee J，eds. Housing and Social Change：East-west Perspectives. USA：Routledge，2003：221-239.

[7] Lai C. Treating the Symptoms a Critical Review of Urban Renewal in Hong Kong[Z]. Civic Exchange：Hong Kong，2010.

[8] Couch C. Urban Renewal Theory and Practice[M]. London：Macmillan Education Ltd，1990.

[9] Pendlebury J，Townshend T，Gilroy R. The Conservation of English Cultural Built Heritage：A Force for Social Inclusion?[J]. International Journal of Heritage Studies，2004，10（1）：11-31.

[10] From Istanbul 1996 to Venice 2002：Socially Sustainable Revitalization of Historical Districts：Architects Speak Out[R]. UNESCO World Heritage Centre，2004.

[11] Chan E H，Yung E H K. Is the Development Control Legal Framework Conducive to a Sustainable Dense Urban Development in Hong Kong?[J]. Habitat International，2004，28：409-426.

[12] DETR. By Design：Urban Design in the Planning System：Towards Better Practice[M]. London：Thomas Telford，2000.

[13] World Commission on Environment and Development WCED，Our Common Future[R]. Oxford University，1987.

[14] United Nations. Transforming Our World：The 2030 Agenda for Sustainable Development[R]. United Nations，2015.

[15] Couch C，Dennemann A. Urban Regeneration and Sustainable Development in Britain：The Example of the Liverpool Ropewalks Partnership[J]. Cities，2000，17（2）：137-147.

[16] Oktay D. Urban Design for Sustainability：A Study on the Turkish City[J]. International Journal of Sustainable Development and World Ecology，2004，11（1）：24-35.

[17] CABE and DETR，The Value of Urban Design：A Research Project Commissioned by CABE and DETR to Examine the Value Added by Good Urban Design[R]. Thomas Telford，London，2001.

[18] Polse M，Stren R. The Social Sustainability of Cities：Diversity and Management of Change[M]. Toronto：University of Toronto Press，2000.

[19] Pendlebury J. Conservation and Regeneration：Complementary or Conflicting Processes? The Case of Grainger Town，Newcastle upon Tyne[J]. Planning Practice & Research，2002，17：145-158.

[20] Kim J O，Mueller C W. Factor Analysis：Statistical Methods and Practical Issues[M]. London：Sage Publications，1978.

[21] Strange I，Whitney D. The changing roles and purposes of heritage conservation in the UK[J]. Planning，Practice & Research，2003，18（2-3）：219-229.

[22] Yung E H K，Chan E H W，Xu Y. Assessing the social impact of revitalising historic buildings on urban renewal：the case of a local participatory mechanism[J]. Journal of Design Research，2015，13（2）：125-149.

[23] Atkinson R. Commentary：gentrification，segregation and the vocabulary of affluent residential choice[J]. Urban Studies，2008，45（12）：2626-2636.

[24] Social Exclusion Unit. Neighbourhood Renewal：The National Strategy Action Plan[R]，The Stationery Office，London，2001.

[25] Stiglitz J E. Employment，Social Justice，and Societal Well-being[C] // Labour Organization，ILO Global Employment Forum 1-3. Belgium：Ghent，2001.

[26] Montgomery J. Making a City：Urbanity，Vitality and Urban Design[J]. Journal of Urban Design，1998（3）：93-116.

[27] Cuthbert A R，Dimitriou H T. Redeveloping the Fifth Quarter - A Case Study of Redevelopment in Hong Kong[J]. Cities，1992，9（3）：186-204.

[28] Corbett J，Corbett M. Designing Sustainable Communities：Learning from Village Homes[M]. Canada：Island Press，2000.

[29] Yung E H，Chan E H. Re-examining the Growth Machine Ideology of Cities Conservation of Historic Properties in Hong Kong[J]. Urban Affairs Review. 2015，1-29.

[30] Siu S W. Cashing in on the '1881 Effect' [R]. The Standard，2009.

[31] 香港城市规划条例和准则，第十章：自然保育及文物保护 [EB/OL]. 香港规划署 .（2015）[2016-03-11]. http：//www.pland.gov.hk/pland_sc/tech_doc/hkpsg/full/ch10/ch10_text.htm.

[32] 黄伟骏 . 长实霸道 1881 内不准拍照 [N/OL]. 苹果日报 .（2009-12-05）[2016-03-23]. http：//hk.apple.nextmedia.com/news/art/20091205/13491971.

[33] Zukin S. Gentrification：Culture and Capital in the Urban Core[J]. Annual Review of Sociology，1987，13：129-147.

[34] Yung E H K，Chan E H W. Problem Issues of Public Participation in Built-heritage Conservation：Two Controversial Cases in Hong Kong[J]. Habitat International，2011，35：457-466.

[35] Nienhuis I，VanDijk T，DeRoo G. Let' s Collaborate! But Who' s Really Collaborating? Individual Interests as a Leitmotiv for Urban Renewal and Regeneration Strategies[J]. Planning Theory & Practice，2011，12：95-109.

资助项目：

本文国家自然科学基金项目（41571118）、香港理工大学研究项目（1-ZVB9）、中央高校基本科研业务费（17lgy39）共同资助。

作者信息：

郎　嵬，博士，中山大学地理科学与规划学院副研究员，广州中大城乡规划设计研究院规划师，国家注册规划师。

李　郇，中山大学地理科学与规划学院，教授；广州中大城乡规划设计研究院；中山大学城市化研究院，院长。

陈婷婷，博士，中山大学地理科学与规划学院，副研究员；广州中大城乡规划设计研究院，规划师。

空间转型效应：后世遗时代澳门城市空间生产力的重塑

澳门位于中国珠江口西岸，东距香港60多公里，北接珠海。2017年澳门陆地面积30.8平方公里，包括澳门半岛（9.3平方公里）、氹仔和路环（21.5平方公里）两个部分。澳门回归祖国已近20年，随着2002年赌权开放政策的实施和2005年澳门历史城区成功入选世界文化遗产，澳门社会经济和城市建设取得巨大成就[1-3]。曾经历史上中西交流的重要国际贸易港口[4]，转变为世界最大的赌城和世界级的旅游城市[5]。博彩业是澳门旅游的特色，然而世界遗产是国际旅游的顶级品牌，能够有效吸引游客和提升游客消费[6-7]。世界文化遗产澳门历史城区是澳门的传统城市核心，占澳门半岛总面积的13.2%（图1），是我国少有的居住性世界文化遗产。入遗对澳门城市发展的影响主要集中在对旅游和博彩业发展的思考[8-12]，本文从入遗效应推动澳门城市空间和形态变革的视角，深入剖析后世遗时代的城市转型。

图1　澳门历史城区示意图

1　城市定位的转变：世界旅游休闲中心

澳门的经济发展以入遗为界分为两个阶段。1999年澳门回归后经济开始恢复增长，2002年澳门政府赌权开放和2003年内地开放澳门自由行政策，有效带动了澳门经济增长。以2005年申遗成功为契机，2009年《珠江三角洲地区改革发展规划纲要》和2011年国家"十二五"规划进一步提出澳门建设"世界旅游休闲中心"的目标。后世遗时代的澳门不仅极大地提升了作为中西文化之都的城市形象[8]，更确立了在国家和区域发展中的顶层设计，为澳门的博彩旅游业注入了新的发展动力[3]，开启了回归后的经济腾飞。

入遗后澳门经济发展主要体现在 3 个方面:(1)世遗品牌增强了游客吸引力。游客数量是旅游城市的重要指标，2006 年澳门入境旅客增长 17.57%，是仅次于 2004 年开放港澳自由行第一年的历史第二高增长率①，尤其是对日本和东南亚游客的吸引力增强 [8]。尽管澳门面积仅相当于香港的 2.6%，但在 2006 年访澳游客首次接近香港，2008 年游客人数超出香港 5%[3]。(2)博彩业为主导带动世界旅游休闲中心建设。2007 年澳门博彩业占 GDP 比重首次超过 50%，并迅速增加。2012 年以后特区政府提出澳门经济适度多元化和增加非博彩元素政策，博彩业独大的情况得到了改善(图 2)。相比而言，澳门贸易和工业比重已经大幅萎缩。(3)社会财富增加。澳门人均 GDP 在 2006 年以后超越香港，与粤港澳大湾区其他城市相比也遥遥领先。

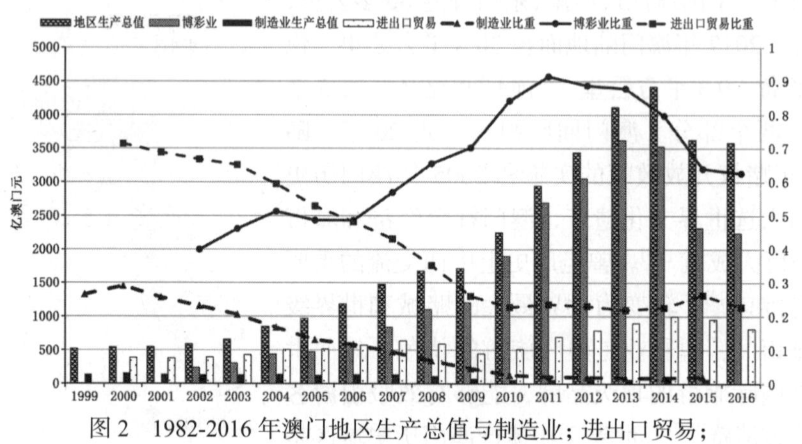

图 2　1982-2016 年澳门地区生产总值与制造业；进出口贸易；博彩业生产总值的关系

2　城市发展重心的转移：从内港到外港

早期澳门是由葡城和内港构成的“城”、“市”结构。依托澳门半岛地形地貌(图 3)，葡萄牙人沿白鸽巢、大炮台山、西望洋山一带地势较高的位置建立自己的定居点，并以“直街”为主干、两侧有支路延伸的形成鱼骨状街道骨架。东北和东南从白鸽巢 - 大炮台山 - 东望洋山 - 南湾 - 西望洋山 - 妈阁修筑城墙和炮台防御工事，东北面用于区隔北面仍属于香山县管辖的华人乡村，东南面能够抵御来自海上的进攻(图 4)。“市”位于葡城西北的内港，受到东南侧山体和防御工事的双重保护，是一处适合船舶停靠的港口和贸易场所，形成了类似里斯本庞巴尔下城区的港口商业区。“城”和“市”构成了上城区(Uptown)和下城区(Downtown)二元并置的模式，是一种葡萄牙居住与商业结合的传统城市空间结构 [13]。

内港是前世遗时代澳门城市核心商业区，其发展经历了两个主要时期。第一个时期是 19 世纪下半叶的自由港政策时期，澳葡政府在内港开展大规模填海造地，建立了近代内港商业区。第二个时期是 20 世纪初至 20 世纪 80 年代澳门工业化发

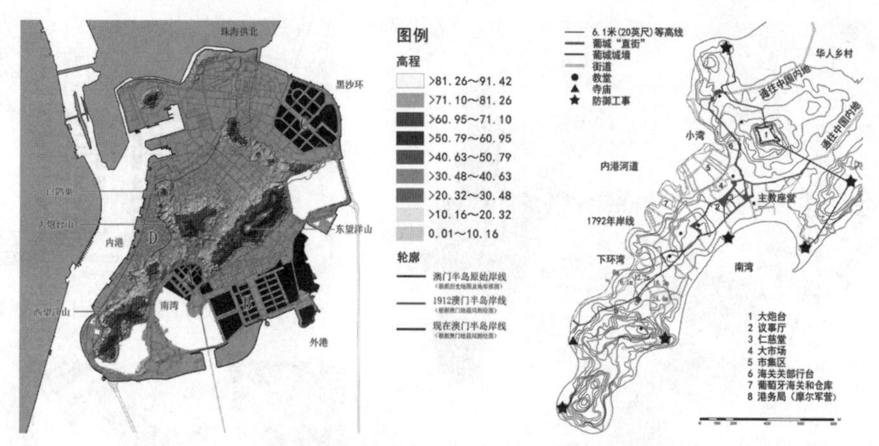

图 3　澳门 GIS 地形地貌分析　　　　图 4　18 世纪澳门城市结构分析

展时期。澳葡政府推动澳门工业化转型，并开辟了连接内港和外港、切割原有城市肌理的交通干道——新马路。20 世纪 50 年代进一步实施“繁荣计划（Plano de Fomento）”[14]，推动了澳门工业产品的生产和进出口贸易，扩建内港 34 个现代码头。内港贸易繁荣促进了内港片区多层住宅、商业、工厂的建设。依托连接内港和外港的区位优势，新马路聚集了不同类型商业，价值日益显现、商家争相入驻，沿街建筑频繁地转换业主和重建[15]，成为澳门最繁华新商业中心，更为城市空间转移奠定基础。

入遗后世遗保护及其周边地区建筑景观风貌的管控，极大地限制了包括内港在内的旧城区发展，再加上原有地块小、业权错综复杂，传统以内港为核心的店屋式商业模式已经无法适应后世遗时代世界旅游休闲中心发展的需要。为城市寻找新的发展空间，由西向东开启外港时代成为澳门城市空间转变的必然选择。

3　废止城市规划：充分释放空间生产力

2006 年，特区政府以“《外港新填海区都市规划章程》和《南湾海湾重整计划之细则章程》实施至今已逾 15 年，已完全不能配合澳门特别行政区现今社会及经济的发展”为由废止了原有规划，用以发展大型博彩旅游综合体②。以此为标志，入遗后的澳门非世遗城区的发展反而进入“否定规划”的时代，南湾新住区、外港新填海区、黑沙环新填海区通过行政命令改变原有规划的功能定位和开发限制，为城市空间生产力的释放大开方便之门（图 5）。

3.1　新口岸商务区的博彩化和旅游化

新口岸商务区的发展始于 1991 年颁布的新口岸新填海区（N.A.P.E.,图 6）规划。原规划采用 120 米 ×54 米的规整网格式街块，包括办公 + 居住地块、纯居住地块、

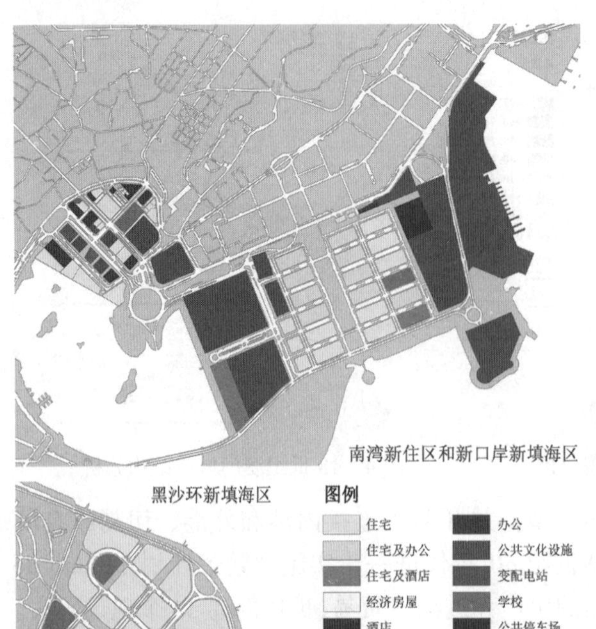

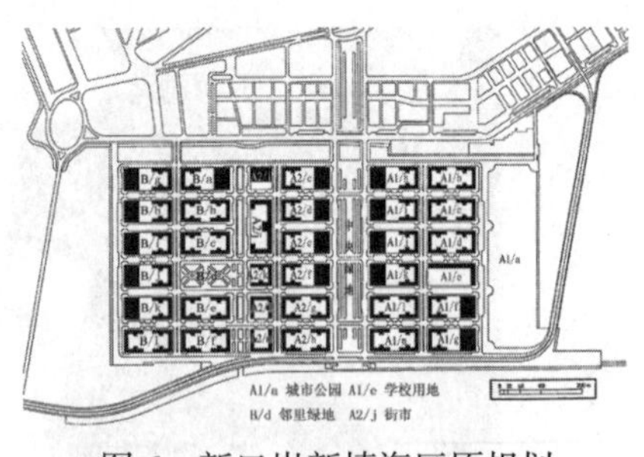

图 6　新口岸新填海区原规划

图 5　南湾新住区、新口岸新填海区、黑沙环新填海区主要用地性质分布

图 7　入遗后新口岸新填海区建筑高度布局

学校地块、片区公园、市场、中央林荫大道、城市公园，是一个功能混合的商务区[③]。为了应对入遗后的旅游发展，特区政府在 2004 年分批收回 B 区 12 个街块[④]，合并成 2 个长宽约 275 米的矩形超级街块，分别批出用于兴建永利和美高梅两个大型博彩娱乐综合体项目，占地达到 5.3 公顷和 5.2 公顷。建筑高度突破原有规划 80 米 的限高，最高达到 185 米（图 7）。事实上，这两个博彩综合体的批准已经违背了 1991 年的城市规划。

A2/i 地块（即星际酒店）在 2006 年获准合并临近小地块和提高开发强度，建筑面积由 4.3 万平方米 增加至 10.6 万平方米，层数由 22 层增加至 41 层[⑤]。A2/j 地块最初规划为市政市场，2003 年批准改为两座分别为 24 和 20 层高的五星级酒店、住宅、商业及停车场用途的建筑综合体，2009 年重新调整为 61 层，建筑面积由 7.8 万平方米 增至 16.2 万平方米，建筑高度达到 209.9 米（图 7）。在废止原规划后，新口岸新填海区的西部发展成一个大型博彩娱乐综合体聚集的博彩 CBD。

新口岸新填海区东侧，新建渔人码头和扩建金沙度假村两个大型旅游博彩项目。2005 年 12 月，特区政府宣布孙逸仙大马路和友谊大马路滨水地区“渔人码头”项目具有旅游用途，并要求提供澳门本土菜肴、传统葡国餐，“优先聘用澳门居民及完成旅游学院课程或本地其他培训机构所设之酒店业务课程之人士，接待处应有能正确地讲官方语言及英语之人员”⑥。批准渔人码头的建设成为政府建设世界旅游休闲中心的又一重要措施，渔人码头片区也成为澳门首个具有旅游用途的滨水休闲商业区。2012 年，渔人码头获准部分重建和填海扩建新的酒店商业设施⑦，并于 2016 年完成重建。2015 年，政府将渔人码头 A 地块从原本 60 米的限高放宽至 90 米⑧。为了适应“澳门中山游艇自由行”政策，增设游艇自由行停泊码头并设置海关⑨。渔人码头在功能上包含了酒店、葡国风情餐饮商业街、娱乐场、会展、游艇码头、滨水休闲。

金沙度假村用地原为新口岸新填海区城市公园与孙逸仙大马路所夹形成的三角形海面，其赌场部分在 2004 年已建成开业，建筑面积约 9.2 万平方米。2008 年政府批准其扩建一栋五星级酒店，建筑面积达 13.6 万平方米⑩，建筑高度突破东望洋周边区域海拔限高 90 米的规定⑪，达到海拔 116.7 米（图 7）。扩建后的金沙度假村紧邻澳门文化中心广场，虽然在建筑形态上与澳门文化中心建筑群格格不入，但在功能上与该区域周边的澳门文化中心、澳门科学馆、外港码头共同构建了外港博彩旅游、文化艺术、滨水休闲空间。新口岸新填海区转变成博彩、旅游及商务 CBD。

3.2 南湾新住区的博彩化和商业化

南湾新住区介于新马路和新口岸博彩商业区之间，是最接近历史城区和内港传统商业区的区域。1966 年《南湾新住宅图》显示，南湾新住区最初规划以居住功能为主，混合了包括商住楼、4 所学校、工人体育场，以及酒店娱乐场（即旧葡京酒店）[16] 等多种功能。南湾的转型发展始于 1991 年在澳门利宵中学用地上落成的中国银行大厦，是当时澳门最高的地标办公建筑。同年，政府颁布南湾海湾重整计划 A 区规划（图 8），然而，直至 2005 年南湾新住区的发展相对停滞。

由于特殊的区位，2008 年政府以关闸综合体育馆为置换条件，批准在工人体育场建设新葡京酒店⑫。该建筑 208.3 米高的超大体量和极端个性化的建筑形体，与周边环境格格不入。但就博彩业的发展而言，新旧葡京成为澳门博彩业文化的象征，形成南湾至新口岸的博彩业旅游商业核心。

南湾海湾重整计划 A 区原规划为商业办公和滨水住宅功能，共分为 12 个地块⑬。入遗前该区仅建成 A2、A5、A7 三个地块的办公建筑，这 3 座建筑在高度上和功能上严格遵守了原规划。2006 年废止“南湾海湾重整计划”后，开发商可以根据市场需求向政府申请土地开发。首先是改变土地使用功能。例如 A9、A12 地块由办公改为住宅用途。A1 地块由分层所有权商业和办公楼，改为单一所有权商业和办公楼⑭，以适应大型零售百货公司的功能需求，即新八佰伴。A2 地块建筑由办公和商业功能改为酒店用途⑮。其次是突破原有建筑限高。A3-5 三个地块的限高从 85.7 米增加到 103 米，A12 地块更是从原 57.8 米限高增加至 113 米，A9 地块限高从 107.3 米增加到 190 米高度（图 9）。第三是合并开发地块。为了增加首层的利用率，A6-8 三

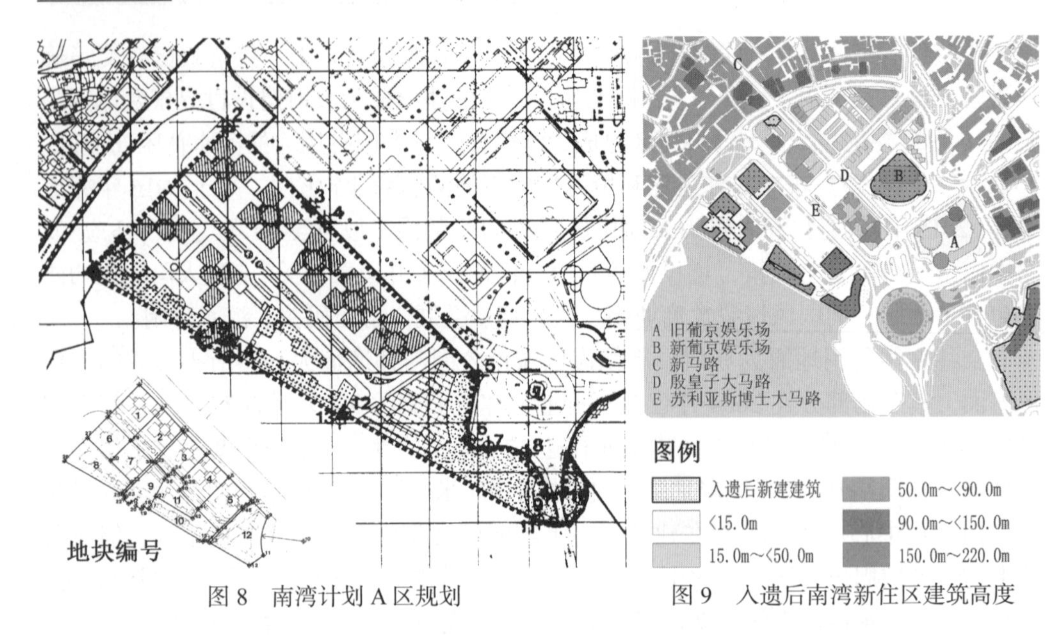

图 8　南湾计划 A 区规划

图 9　入遗后南湾新住区建筑高度

个地块形成了一个空中平台。第四，原建筑改扩建。A5 地块建筑扩建 3 层，高度由 80.30 米增至 95.875 米[16]；A7 地块建筑扩建 1 层[17]。通过上述方式，南湾新住区发展成为包括办公、酒店、博彩、住宅的高级商业区，与博彩商业 CBD 共同塑造了入遗后世界旅游休闲中心的新形象（图 10）。

图 10　南湾及新口岸新填海区建筑群

3.3　黑沙环平民住区的豪宅化

入遗后澳门吸引了大量外地投资者，刺激了房地产业的发展。2005 年后澳门半岛新动工住宅及新建成的住宅出现大幅增长。2006 年，澳门半岛新建住宅平均每套面积达到 148.01 平方米，2009 年更高达 156.21 平方米。数据显示，入遗后澳门半岛新建住宅数量增长迅速且呈现豪宅化的趋势（图 11），而黑沙环新填海区住宅平均价格远高于北区及澳门平均水平（图 12），是南湾新口岸之外的另一豪宅发展区域。

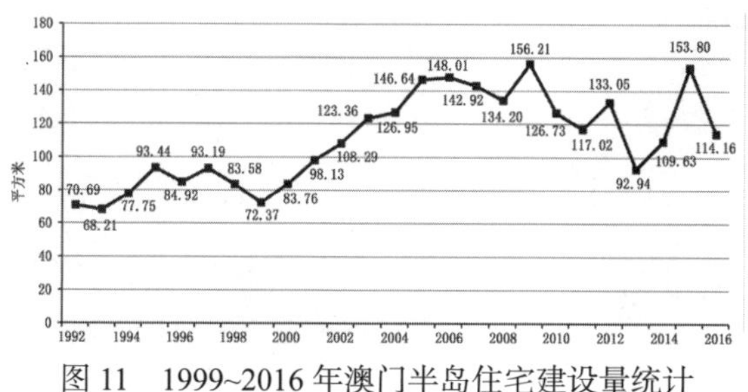

图 11　1999~2016 年澳门半岛住宅建设量统计

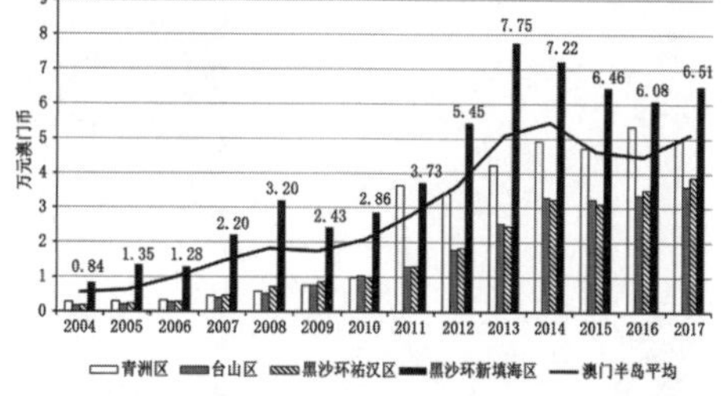

图 12　2004~2017 澳门每平方米住宅价格

黑沙环新填海区分三期规划，原规划以私人住宅、公共房屋、工业厂房 3 种功能为主，入遗后政府批准变更第二、三期地块规划条件（表 1）。一是大部分地块建筑高度和开发面积都大幅增加，从而增加了住宅建筑面积和居住品质（图 13）。二是将工业用地改变为商住用地。例如，Pa 地块开发商提出“澳门纺织业竞争力逐渐丧失”，申请将工业用地改为商住。三是在建筑设计上，该区域的住宅均采用满铺地块多层裙楼加上部住宅塔楼或板式住宅楼的建筑形式，裙楼用作商业和停车，裙楼屋顶可用作花园和会所，居住品质和配套设施齐全，成为入遗后澳门新的豪宅模式。该区域的形成改变了北区的城市空间形态，颠覆人们对北区拥挤、贫困的旧观念，吸引了大量澳门高薪阶层的入住，提升了北区的城市形象和生活品质。

黑沙环地块入遗前后规划变更情况　　　　**表 1**

地块编号	相关规划变更批示内容	批示编号
KL	改工业用途为商住用途，18 层，住宅 137057 平方米，商业 13236 平方米。	《15/SATOP/95》1995 年 2 月 22 日
	36 层，住宅 140284 平方米，商业 12367 平方米。	《17/SOPT/2006》2006 年 2 月 15 日
S、Pa、V	S 地块：32 层，住宅 129193 平方米，商业 7324 平方米 Pa 地块：67896 平方米纺织业工厂 V 地块：必须在 P 地块工厂建成后开发，总 32 层，住宅 123377 平方米，商业 4987 平方米	《123/SATOP/93》1993 年 9 月 1 日
	S 地块：37 层，住宅 129158 平方米，商业 7365 平方米 Pa 地块：改商住用途，47 层，住宅 599730 平方米，商业 100000 平方米 V 地块：48 层，住宅 123336 平方米，商业 4987 平方米	《19/SOPT/2006》2006 年 3 月 1 日
R	商住楼限高 50 米	《78/SATOP/96》1996 年 6 月 19 日
	44 层高，住宅 151235 平方米，商业 2934 平方米	《208/SOPT/2006》2006 年 12 月 6 日
U	商住楼限高 50 米	《80/SATOP/96》1996 年 6 月 19 日
	许可建筑高度大于 50 米	《52/SOPT/2005》2005 年 5 月 4 日
	住宅 147045 平方米，商业 11039 平方米，五星级酒店 19699 平方米	《43/SOPT/2009》2009 年 10 月 7 日
T	商住楼限高 50 米	《79/SATOP/96》1996 年 6 月 19 日
	49 层，住宅面积 188188 平方米，商业 7399 平方米	《39/SOPT/2013》2013 年 6 月 26 日

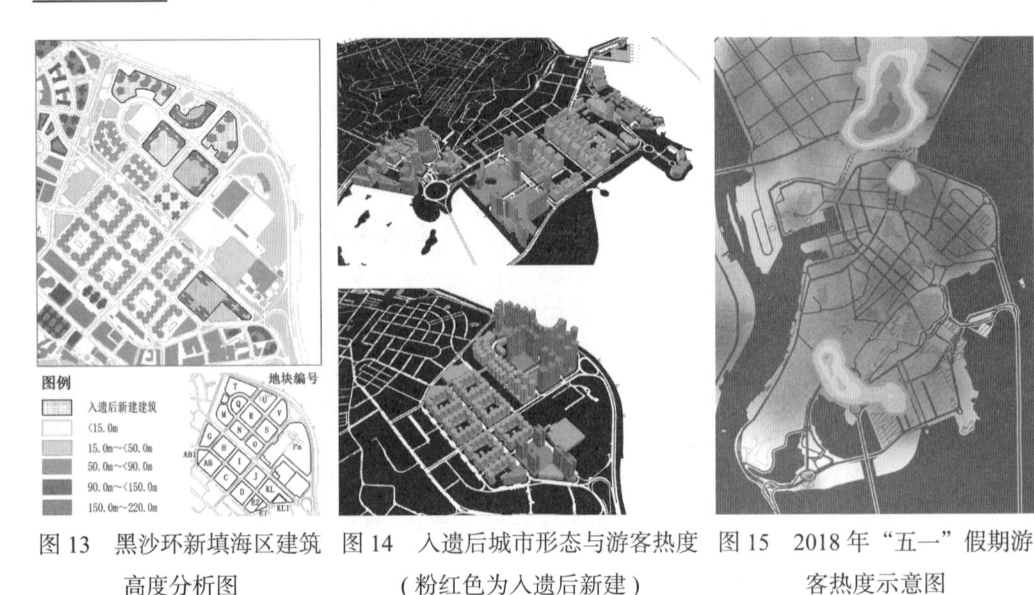

图 13　黑沙环新填海区建筑高度分析图

图 14　入遗后城市形态与游客热度（粉红色为入遗后新建）
上：南湾新口岸建筑形态对比；下：黑沙环新填海区建筑形态对比

图 15　2018 年“五一”假期游客热度示意图

4　传统特征和城区多样性的丧失

否定原有规划给后世遗时代的澳门城市塑造了全新的城市景观，但也在很大程度上改变了澳门的传统城市意象，体现在两个方面。首先是改变澳门传统“城”“市”二元结构，新区的发展导致内港传统商业区由于缺乏产业支持而走向衰败。内港的传统商业在博彩业的冲击下逐渐没落，地块城市休耕现象从 2005~2016 年持续增多[15]，世遗历史城区成为隔绝新旧的空间屏障。另一方面，新区高大的建筑体量对原有城市制高点东望洋山（海拔 91.7 米）和东望洋灯塔形成遮挡和压迫，改变了传统澳门港航道标志性入口景观和城市空间的尺度。联合国教科文组织在 2017 年 5 月大会上已对此提出警告，要求重新检讨渔人码头片区和新城 B 区的建筑高度[17]。博彩建筑争奇斗艳，大量伪历史建筑模糊了人们对澳门传统建筑和“假古董”的辨识，建筑形态与周边建筑形成强烈反差（图 14）。结果导致了游客对澳门的关注集中在大三巴景区和新口岸博彩旅游区之间两点一线的区域，而完全偏离了以直街为核心的世遗历史城区和内港旧城区（图 15）。历史城区吸引力下降的现象对世界文化遗产城市是一种巨大讽刺和警示。

城市片区功能单一，缺乏多样性和均衡性。入遗后新的城市空间主要用于发展博彩业和旅游业相关的设施，即便政府鼓励产业适度多元化，但这种多元化在很大程度上仍然是依托博彩业，例如澳门会展空间大多位于大型博彩娱乐综合体内。黑沙环新填海区取消原有工业用地有其合理性，但全部发展高档住宅，在居住多样性和就近就业方面造成了新的城市问题，例如人口老龄化和人口密度分布不均衡（图16、图17）。博彩旅游区和高档豪宅区的聚集效应为局部城区的发展带来强劲的经济增长动力，但是导致职住空间分离加重了钟摆效应产生的城市通勤交通负担。另一方面，城区之间不均衡发展加重，入遗13年来澳门仍未制定城市总体保护和管理规划。由于政府部门职责不同，新区发展和历史城区保护难以互相协调，每一个片区的发展缺乏从城市宏观层面的思考，其结果时常引起矛盾争议，城区内部的多样化和城区之间的互补始终无法实现。历史城区的保护往往限制了自身及周边区域的开发，外港及黑沙环新区则关注空间生产力的最大化。相比而言，2005年政府提出的旧区重整[18]直至2016年政府5年规划提出的都市更新[19]始终无法落实，内港、关闸、祐汉等旧区成为城市发展的盲区。历史城区和新区吸引了大批的游客和投资者，旧区更新无法受惠于入遗后城市发展的红利。

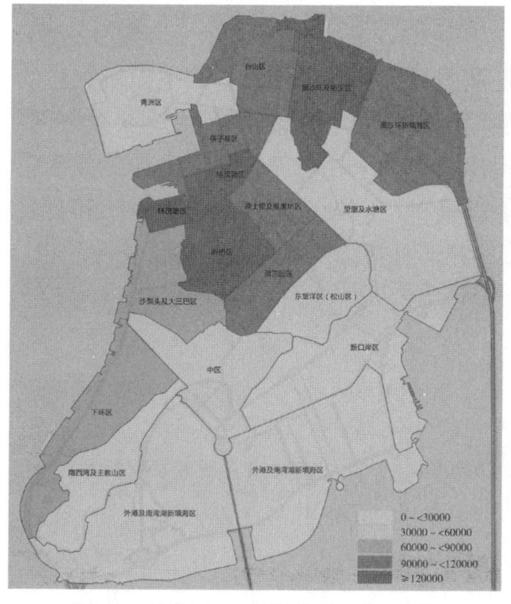

图16　澳门人口密度分布(人/km²)

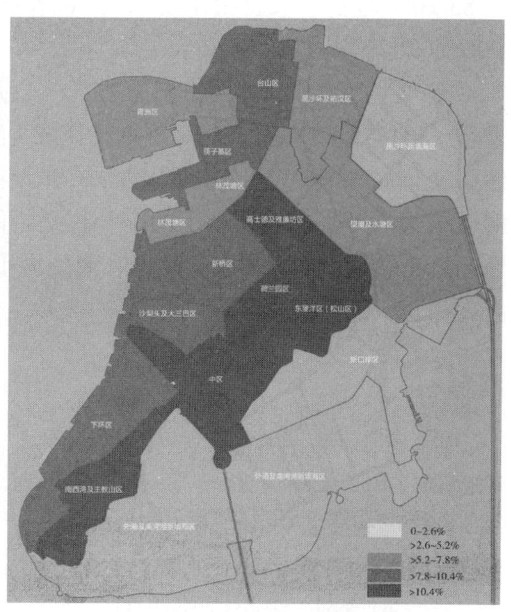

图17　澳门人口老龄化分布

5　结论

纵观澳门450多年的发展，申遗成功是又一次城市转型发展的重大契机，后世遗时代澳门城市发展具有自身独特性。

（1）入遗使澳门在国家和区域经济发展层面有了独特的地位和功能，前所未有的从顶层设计上明确了澳门世界旅游休闲中心的城市发展定位。世界文化遗产澳门历史城区是这一城市发展定位的前提和独特资源。

（2）空间转型是利用世遗效应推动澳门建设世界旅游休闲中心的结果，造成了城市物质形态两面性和城市生活两面性。后世遗时代的外港在平面格局、建筑类型和土地使用功能方面都不同于内港传统商业区城市形态特征。新的城市形态“如何通过维持城市与海的视觉联系加强澳门作为历史性贸易港口城市特性”，以及新的城市空间缺乏对市民居住生活的吸引，这些矛盾日益显现。

（3）政府是后世遗时代澳门城市空间生产力塑造的主角。澳门地狭人多，城市空间是最紧缺的生产要素。政府通过废止入遗前的城市规划，回购和置换已批出的土地，且在未建立新规划的情况下，使原有城市片区成为无规划地区，进而“以租赁制度及免除公开竞投”的个案批出方式支持发展博彩旅游度假综合体，塑造了南湾 - 外港世界旅游休闲中心的新形象。然而，这种否定原有规划，最大程度释放空间生产力导致城市无序发展，给城市发展带来极高的风险，也令政府规划的权威性备受质疑。例如渔人码头 A 地块 2013 年规划条件图提出的 60 米建筑限高要求，比第 83/2008 号行政长官批示要求的 90 米限高更为严苛，导致 2015 年规划条件图重新改为 90 米限高。

空间生产力如何得到有效管控，一直是澳门社会和联合国教科文组织所关注的重点。值得庆幸的是，文化局近期已完成《澳门历史城区保护及管理计划》公众咨询，然而文化局只能对历史城区内的城市建设提出具有约束性意见，缺乏土地工务部门对城市规划开发控制层面上的配合，是否能够抵御空间创造财富的强烈诱惑和盲目性，真正做到澳门世界文化遗产和澳门城市的和谐可持续发展仍值得持续关注。

注释：

① 数据来源：澳门统计暨普查局统计数据库。

② 《澳门特别行政区公报——第一组》第 34 期，2006-08-21，第 248/2006 号行政长官批示。

③ 《澳门政府公报——第二号附报》，第 15 期，1991-04-18，第 68/91/M 号训令。

④ 《澳门政府公报——第二号附报》，第 15 期，2004-04-14，第 33/SOPT/2004、34/SOPT/2004、35/SOPT/2004、36/SOPT/2004 号运输工务司司长批示；《澳门政府公报——第二号附报》，第 22 期，2004-06-02，第 54/SOPT/2004 号运输工务司司长批示；《澳门政府公报——第二号附报》，第 32 期，2004-08-11，第 81/SOPT/2004 号运输工务司司长批示。

⑤ 《澳门政府公报》第 26 期，1992-06-29，第 70/SATOP/92 号批示；《澳门特别行政区公报——第二组》第 39 期，2006-09-27，第 155/2006 号运输工务司司长批示。

⑥ 《澳门特别行政区公报——第二组》第 52 期，2005-12-28，第 163/2005 号社会文化司司长批示。

⑦ 《澳门特别行政区公报——第二组》第 39 期，2012-09-26，第 41/2012 号运输工务司司长批示。

⑧ 《街道准线图 2000A042-2013-03-07》、《规划条件图 2000A042-2015-03-13[草案]》。

⑨ 《澳门特别行政区公报——第一组》第 12 期，2016-03-21，第 20/2016 号行政命令。

⑩ 《澳门特别行政区公报——第二组》第 17 期，2008-04-23，第 11/2008 号运输工务司司长批示。

⑪ 《澳门特别行政区公报——第一组—副刊》第 15 期，2008-04-16，第 83/2008 号行政长官批示。
⑫ 《澳门特别行政区公报——第二组》第 38 期，2008-09-17，第 28/2008 号运输工务司司长批示。
⑬ 《澳门政府公报——第二号附报》，第 15 期，1991-04-18，第 69/91/M 号训令。
⑭ 《澳门特别行政区公报——第二组》第 26 期，2008-06-25，第 19/2008 号运输工务司司长批示。
⑮ 《澳门特别行政区公报——第二组》第 36 期，2006-09-06，第 136/2006 号运输工务司司长批示。
⑯ 《澳门特别行政区公报——第二组》第 8 期，2010-02-24，第 15/2010 号运输工务司司长批示。
⑰ 《 澳门特别行政区公报——第二组》第 40 期，2009-10-07，第 44/2009 号运输工务司司长批示。

参考文献：

[1] SHENG L. Explaining Urban Economic Governance：The City of Macao[J]. Cities，2017（61）：96-108.

[2] SHENG L，TSUI Y. Casino Boom and Local Politics：The City of Macao[J]. Cities，2009，26（2）：67-73.

[3] TANG U W，SHENG N. Macao[J]. Cities，2009，26（4）：220-231.

[4] 郭旃 . 和世界遗产相关联的澳门城市规划 [J]. 城市规划，2014（S1）：86-90.

[5] 王五一 . 繁荣与矛盾：澳门赌权开放十周年回望 [J]. 广东社会科学，2012（4）：108-117.

[6] 林玉虾，林璧属，孙小龙 . 世界遗产对入境旅游的影响差异——基于中国境外游客的群组分析 [J]. 经济管理，2016（12）：132-148.

[7] 麦婉华 . 澳门旅游局局长文绮华专访——申遗成功带旺旅游，过半游客来自大陆 [J]. 小康，2014（17）：24-25.

[8] Y E U N G Y，L E E J，K E E G . M a c a o i n a Globalising World：The Challenges Ahead[J]. Asian Geographer，2010，27（1-2）：75-92.

[9] SHENG L. Foreign Investment and Urban Development：A Perspective from Tourist Cities[J]. Habitat International，2011，35（1）：111-117.

[10] SHENG L. Specialisation Versus Diversification：A Simple Model for Tourist Cities[J]. Tourism Management，2011，32（5）：1229-1231.

[11] PENNY WAN Y K. A Comparison of the Governance of Tourism Planning in the Two Special Administrative Regions（SARs）of China-Hong Kong and Macao[J]. Tourism Management，2013，36：164-177.

[12] WONG K I，KOU K P，WAN I M. Travel Characteristics in Macao：a Small and Gaming-led Tourism City[J]. Asian Geographer，2013，30（2）：169-180.

[13] OLIVEIRA V，PINHO P. Lisbon[J]. Cities，2010，27（5）：405-419.

[14] 澳门大众报 . 澳门工商年鉴 1959-1960[G]. 澳门大众报，1960：4.

[15] 郑剑艺 . 澳门内港城市形态演变研究 [D]. 广州：华南理工大学，2017.

[16] 澳门大众报 . 澳门工商年鉴 1965-1966[G]. 澳门大众报，1966：16.
[17] WORLD H C. Convention Concerning the Protection of the World Cultural and Natural Heritage：41st Session WHC，UNESCO，Paris，France[R]. Paris：2017.
[18] 龙炳颐 . 澳门城市规划性研究意见书 [R]. 澳门：澳门特别行政区可持续发展策略研究中心，2007：10.
[19] 澳门特别行政区五年发展规划（2016-2020）[R]. 澳门：澳门特别行政区政府，2016：25.

图表来源：

图 1：文化遗产保护法（第 11/2013 法律）[S]. 澳门：澳门特别行政区政府，2013：1899。

图 2、图 11、图 12：作者根据澳门统计暨普查局数据整理绘制。

图 3~ 图 5、图 7、图 9、图 13、图 14：作者采用 ARCGIS 分析绘制。

图 6、图 8：注释 13。

图 10、图 18：吴波摄影。

图 15：作者根据 2018 年五一假期百度热力地图重绘。

图 16、图 17：根据澳门 2011 人口普查地理资讯系统重绘。

表 1：根据历年《澳门政府公报》整理。

基金项目：

国家自然科学基金青年基金项目（51308232），国家自然科学基金项目（51578250，51578251），福建省自然科学基金项目（2016J01238）。

作者信息：

郑剑艺，澳门科技大学人文艺术学院。

吴　波，澳门科技大学人文艺术学院。

湾区城市更新的经验与借鉴：东京、纽约和旧金山

城市更新作为一种崭新的城市可持续发展观，将提升城市发展质量与竞争力，激发城市发展活力。在经历了改革开放四十多年的发展之后，粤港澳大湾区与纽约湾区、旧金山湾区、东京湾区一同成为全球四大湾区，各城市均取得了巨大的成就，经济规模与总量实现了质的飞跃，但是也面临着城市用地资源紧张、后续发展速度减缓的压力。亟须实现从外延拓展型向内涵提升型的发展模式转变。因此，因地制宜地推进湾区城市更新，实现城市经济发展质量的提质扩容，将是湾区城市转型发展的必由之路。

纽约湾区、旧金山湾区、东京湾区作为粤港澳大湾区的三大对标湾区，三个城市都开展了大量的城市更新实践，通过不同的城市更新重点项目，不断挖掘城市潜力，实现了城上造城和形成了新的城市发展动力。因而，研究东京、纽约和旧金山三个国际城市的城市更新模式和做法，将为我国湾区城市的城市更新开展与实施提供宝贵的经验借鉴。本文选取了东京、纽约和旧金山三大城市的三个典型城市更新案例，通过分析和对比其城市更新的特征与做法，以期为我国湾区城市的更新提供一定的经验借鉴。

1 东京丸之内地区城市更新发展经验

1.1 案例背景

日本明治政府在 19 世纪 80 年代制定了最早的城市规划法——以东京为目标的"市区改正"条例，开始东京的城市化进程。丸之内（Marunouchi）街区作为最早建成的办公街区，与东京站一同成为近代东京城市的象征。

丸之内指紧邻东京站的大手町、丸之内和有乐町 3 个片区组成的区域，面积约 120 公顷，区内集中了 104 栋大厦，主要商业建筑有丸之内大厦、新丸之内大厦、丸之内公园大厦、东京大厦、新东京大厦等，并兴建了很多以大型银行与三菱财团为中心的企业大厦，如三菱大厦、三菱 UFJ 银行大厦、三菱商事大厦、AIG 大厦等 [1]，

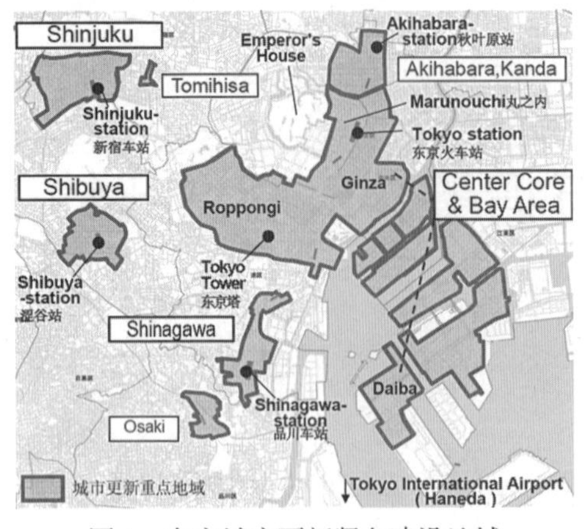

图 1 东京城市更新紧急建设地域

（图片来源：参考文献 [4]）

是日本最重要的 CBD。该地区集聚着约 4000 家企业与 23.1 万就业人口，占东京 GDP 的 20%[1]，总价值约为 1 万亿欧元（2012 年）。丸之内中的东京站是东京的核心车站，拥有 20 条轨道交通线路（电铁和地铁）[2]，日均客流量约为 46 万人。而东京站除了交通运输的功能外，作为丸之内 TOD 模式的核心，它还肩负着商业核心的作用，与周边的办公空间形成联系，构建一个商业、休闲、娱乐、生活、交通等多功能结合的综合体。经历了 20 世纪六七十年代的高速增长，丸之内中央商务区已经成了日本经济的中枢。20 世纪 80 年代，多中心主义的盛行让丸之内的经济地位下降，而紧随其后的 20 世纪 90 年代的经济危机更是让丸之内的地位受到极大的打击。

21 世纪初，为了应对未来几十年的经济危机和通货紧缩，在日本经济振兴政策和城市更新激励政策的推进下，日本全国划定了 63 个城市更新紧急建设地区，东京划定了 11 个包括丸之内地区在内的特殊城市更新紧急建设地域，约 2296 公顷（图 1）[3]。丸之内地区作为重点更新地域，进行了再开发，再次焕发了活力，强化了经济地位。

1.2 丸之内的更新历程

（1）20 世纪 90 年代之前的更新

丸之内的发展历史始于 1890 年，当时明治政府制定了《东京市区改正条例》，将丸之内周围的土地卖给了私营企业——三菱集团，并在“市区改正设计”的基础上推进了基础设施建设。第二次世界大战后，日本经济进入高速增长阶段，迎来了丸之内地区建设的一个高峰期。20 世纪 60 年代，经济的增长带来对高层办公楼需求的增加，加上日本对超高层建筑建设的解禁和采用容积率为城市规划控制指标，丸之内迎来第二轮建设高潮，规整城市路网，将原来的小规模地块整合起来建设大型商务办公楼。这一轮的更新形成了现代化的商务办公区。这也是亚洲第一个当代意义的 CBD[5]。

1986 年，中曾根政府提出“城市更新政策”，目的是将私人企业加入城市的规划与发展中，从而提升经济与改善公共设施。1987 年，东京都政府推行国家均衡发展政策，推出“创造二级中心”的计划，旨在鼓励多中心主义，从而限制了丸之内地区的发展，影响了丸之内的经济主导地位。面对丸之内地位下降的威胁，三菱集团联合其在丸之内地区的合作伙伴提出“曼哈顿计划”，希望通过规划的方式，吸引公共与私人资金的进入，重建丸之内，从而达到与“二级中心”竞争并激发丸之内活力的目标，但计划并未取得成果。

（2）20 世纪 90 年代之后的更新

20 世纪 90 年代起，日本经历资产价格泡沫破裂，丸之内地区的经济地位大受打击，三菱的商业扩张速度也有所下降。而随着新兴亚洲其他国家加入全球竞争，尤其是中国的崛起，中国香港、中国上海、新加坡等新的国际城市的蓬勃发展，大型跨国公司在亚洲设立分部的位置不再仅局限于东京，导致东京的经济地位有所下降。在双重打击下，该地区的重建被提上议程。东京都政府制定了在该区域提供土地混合使用和多种商业用途的政策。方案涉及办公空间的重组，商业活动多元化及公共空间重新开发等方面。20 世纪 90 年代末，全球爆发金融危机，日本经济一落千丈，丸之内地区作为日本经济的核心，更是遭受重创。在 20 世纪 90 年代末，东京都政府还促进了东京车站的修复和京瓷街的升级。

进入 21 世纪，为提升城市竞争力，日本政府在 2002 年提出《城市更新特别措施法》，将其选为优先城市更新区，通过相应的政策，刺激社会资金的投入，鼓励政府与私人企业合作进行再开发。在法律中，政府允许私人企业提出城市更新的规划。若规划经政府审批后通过，开发商能获得税收减免，开放规划限制等优势。2005 年，以三菱为首的重建项目委员会提出“ABLE 城市”的丸之内地区再开发方案。该项目不同于从未实现的“曼哈顿计划”，而是建议大都会政府将其 CBD（中央商务区）转换为“ABC”（宜人的商务中心）。ABLE 城市是指 Amenity 宜人；Business 商务；Life 生活；Environment 环境[3]。该计划强调城市便利设施建设、用地功能多样性、历史文化遗产保护以及环境质量和抗震性建筑物。使丸之内地区确保在办公时间以外保持活跃，并提高其零售潜力，使其客户群体不仅限于白领阶层。再开发的内容主要有：①建筑物的改建与更新；②交通设施的完善，打造以公共交通为主导的开发模式；③继承与发展历史文化；④多样性功能的导入；⑤绿色景观的打造；⑥鼓励社会与居民的参与。

1.3 丸之内更新经验

丸之内地区经过新一轮的城市更新，被赋予了日本领先的商务中心角色，增强了世界竞争力。东京城市更新发展的经验主要包括两方面，一是公共私人伙伴关系（PPP）推动更新，二是 TOD 增量再开发推动更新。该项目过程的最重要特征是土地所有者（主要是私人企业）与政府之间的合作，以及实施增量再开发。

（1）公私合作关系（PPP）推动更新

从上文的丸之内发展过程可以看出，私人企业在这其中占据着不可或缺的地位。从 20 世纪 80 年代中曾根政府提出“城市更新”政策起，日本政府就有意让私人企业承担区域城市更新的任务。在政府主导的更新中加入私人更新主体可以实现更新主体的多元化，增强城市更新项目的抗风险能力。公私合作的一个重要做法是规划编制的私有化（图 2）。

规划私有化的好处有两点：一是规划更具有针对性。相较于政府，私人企业更了解市场的需求，更懂得如何去改造区域从而提升经济发展空间。而政府只需对规划进行审批，并对审核通过的规划进行减免税收等奖励即可。丸之内地区原本由三菱集团建造，三菱集团对其的发展最为熟悉。从20世纪90年代的地区重建计划到21世纪初的“ABLE城市”计划都是三菱集团主导规划的方案，从规划中可以看出，三菱集团对丸之内地区每个时期的需求较为了解，方案也更针对丸之内当前所存在的问题，这是政府未必能做到的。可以看出，日本政府在规划方面的功能逐渐从以前的主导变为现在的服务。以前一直由政府对国家、城市乃至区域进行规划，并主导规划的实行。但随着城市更新的推进，私人企业在区域规划中分量逐渐加重，政府也转换成了利用法律来引导，用税收减免等手段来鼓励的方式。二是规划的资金无须政府承担。私人企业规划的地区由于关系到企业本身的发展，所以企业会不遗余力地推动规划的实行，而实行所需的资金企业也会承担。政府可以将资金投入基础设施建设等更重要的地方。

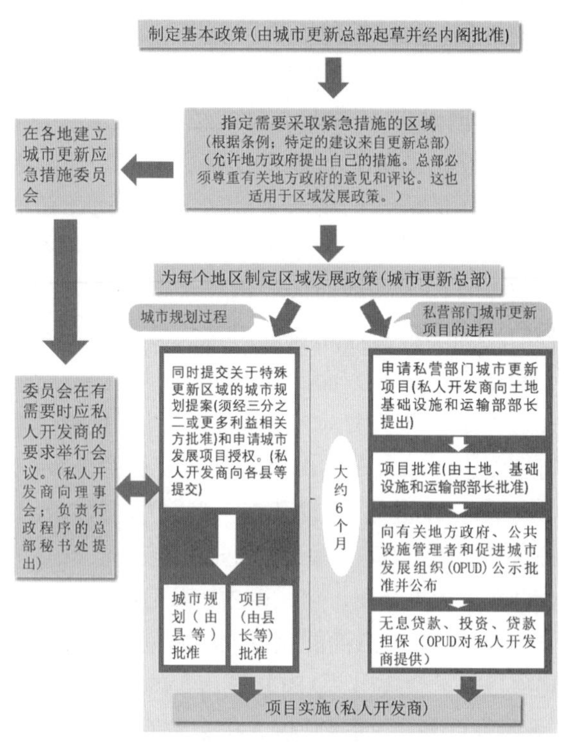

图2　公私合作推进城市更新规划的具体操作流程

（资料来源：http：//www.mlit.go.jp/english/white-paper/mlit03/p2c3.pdf）

（2）TOD增量再开发模式推动更新

日本的TOD模式与欧洲的TOD并不相同，尽管两者均吸引了附近的人们步行，但欧洲的车站倾向于将车站与周边地区发生关系，但日本的车站倾向以车站为载体，构建一个多功能集合的建筑群。这种建筑群以车站人流量大的优点为基础，既满足了旅游的需求，也为产业的发展提供了场地。此时，车站不再仅仅用于交通运输，同时被赋予了商业、促进交流和思想碰撞等功能。

2000~2014年，虽然整个东京经济停滞，但是地价有升有降。其中提升得高的区域，恰恰与其背后的城市更新政策以及东京推动的TOD——以车站为中心的开发密切相关[6]。由于东京站的TOD开发带动了丸之内CBD的发展。TOD带动增量再开发的做法是通过引入额外的建筑容积率以促进东京站周边地区的城市发展，主要是限制东京东站的容积率，节约出来的容积率用于周边建筑。通过立体化高密度的模式节省用地空间，以腾出地面用于建设城市绿化、公共场所、小型设施（图3）。

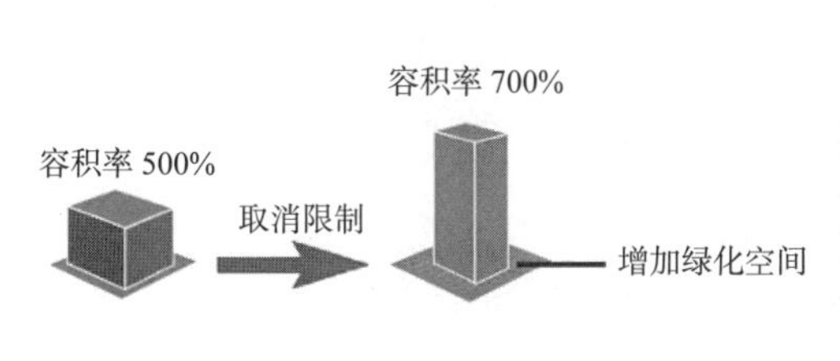

图 3　丸之内城市更新与容积率增加

（图片来源：参考文献 [3]）

图 4　丸之内东京站周边的高密度再开发

（图片来源：参考文献 [4]）

依托“ABLE 城市”项目，丸之内 CBD 的城市更新主要经验与做法有以下几个方面。一是复合多元的土地功能整合。由于东京站的公共交通站点带来大量的人口聚集，形成了人口流动活跃的地带。因此，周边地段的开发采用多功能混合的形式，将商业、金融、休闲娱乐、文化、居住等功能相结合，形成有着高容积率、高密度的高楼群（图 4）。

二是完善站点周边的公共交通系统，增强资源的流动。轨道交通加强了丸之内 CBD 与各城市组团间的联系，为市民提供了方便快捷的出行需求。这大大增强了信息的交流与人口资源的流动。除轨道交通外，东京站周边还注重慢行交通的设计，建设人车分离的交通体系，形成步行、车行和轨道交通的立体交通系统，保证了交通的无缝链接。同时，便捷的交通也减少了中心区因为人口密集所带来的种种问题。人们不再因为工作在中心区而必须选择在中心区居住。

三是以人为本的立体公共空间。丸之内 CBD 的再生，不仅更新高密度、复合化的建筑，还根据各自的用途，为不同人群提供人性化的立体公共空间 [7]。以公共交通站点为核心，建设地面地下一体的立体空间。利用步行廊道、地下步道、绿道等方式串联各个公共空间。同时结合广场、公园、屋顶花园等绿色景观，给人们提供休闲、娱乐、交流的场所。

四是对历史文化的保留利用。日本东京站的更新保留了基本的历史原型与风格（图 5、图 6），将历史文化建筑修复改造成满足现代功能需求的新型空间，既保留了历史文化元素，又充分利用了空间，提升了城市中心区的品质。

图 5　东京站更新前（1914 年）

（图片来源：https://ja.wikipedia.org/wiki/%E6%9D%B1%E4%BA%AC%E9%A7%85%E3%81%AE%E6%AD%B4%E5%8F%B2）

图 6　东京站现状

（图片来源：https：//japan-magazine.jnto.go.jp/en/1212_tokyost.html）

2　纽约布鲁克林海军造船厂更新发展经验

2.1　案例背景

纽约是世界经济的核心中枢，主要产业包含金融、国际贸易、传媒、旅游、生物和制造业；代表产业有金融、航运、计算机；知名企业有 IBM、花旗、AIG 等。行政区域上包括曼哈顿、布鲁克林、皇后、布朗克斯、斯塔滕 5 个区，城市面积约为 789 平方公里。布鲁克林海军造船厂（Brooklyn Navy Yard）占地约 121.4 万平方米，坐落在沃约特湾上，位于曼哈顿和威廉斯堡大桥之间，在曼哈顿对面的东河上。布鲁克林海军造船厂成立于 1801 年，165 年来，制造了美国最强大的军舰，包括缅因号、密苏里号和亚利桑号等，以及帮助研发美国海军相关的技术，是美国最重要的海军造船厂。

2.2　布鲁克林海军造船厂更新历程

（1）起步期

由于第二次世界大战后政府财政紧缩，国防部长罗伯特·麦克纳马拉于 1966 年关闭了拥有 9000 多名工人的海军造船厂[8]。1969 年纽约市政府收购造船厂，并将其作为一个工业园交给一家非营利组织经营。但公司寻找大工厂入驻的方案与美国制造业外移的政策不符，导致造船厂发展得很困难。所以政府又将其交给了布鲁克林海军造船厂开发公司（BNYDC）。直到 1989 年，BNYDC 选择将土地分割成小单元，并将土地出租给轻工业企业。新策略取得巨大成效，全部土地均被出租，造船厂逐渐走向复苏（图 7）。

图 7　1944 年布鲁克林海军造船厂的鸟瞰图

（图片来源：https：//www.shangyexinzhi.com/article/details/id-141304/）

（2）发展期

20 世纪 90 年代，海军造船厂计划改造成制造业与生产性服务业合为一体的新型工业园。21 世纪初，纽约市资助了造船厂场地基础设施的重大升级。而布鲁克林海军造船厂开发公司支持绿色产业的发展，让绿色产业与制造业相辅相成。项目改造目标为 4.6 万平方米的新产业空间及 5000 平方米的零售业空间。

（3）成熟期

2010 年起，海军造船厂更新项目推进三大主要项目，分别为绿色制造业中心、77 号大厦，以及 72 号码头。这三大项目将为布鲁克林区的发展提供更大的空间，创造 8000 个以上的就业岗位，同时使该地区成为区域新型经济的发展核心区 [9]。

77 号大厦始建于 20 世纪 40 年代，是布鲁克林海军造船厂区域更新的最大核心项目 [10]（图 8、图 9）。其更新目标是将这一传统建筑转化为高新科技研发的中心区。项目允许国外投资者进行投资 [11]。该建筑的更新转型定位为食品加工、小型加工制造、仓储物流、高科技办公等，将原有建筑的 1 ~ 3 层改建为食品加工、美食广场，并以此形成整个工业园区的主要出入口 [12]。

图 8　77 号大厦改造前

（图片来源：John Bartelstone Photography）

图 9　77 号大厦改造后

（图片来源：http：//nycrc.com/project.html?id=5）

72 号码头并不是旧建筑改造利用 [14]，而是对旧有场地的更新再利用案例（图 10）。这座 17 层高的建筑将成为创意和科技公司的办公场所。除办公室外，该建筑还将拥有 3252 平方米的便利设施，包括食品大厅、健康和保健中心、带游戏的开放式草坪、新的纽约渡轮码头、室外篮球场以及可容纳 200 人的会议中心。该建筑的体型类似于海军船坞中建造的各种形式的船只，这种特殊的设计还融入可欣赏布鲁克林和曼哈顿天际线美景的露台。

绿色制造中心原为造船厂的生产车间，经改造后，1.5 万平方米的工业建筑中设置了大量半透明的办公空间 [14]。而其中的新实验室经过五年的设计改造，已经成为尖端科技产业孵化基地（图 11），可容纳 50 个微型企业。为适应企业工作的需求，

图 10 改造后的 72 号楼

（图片来源：https://untappedcities.com/2018/06/27/inside-brooklyn-navy-yards-massive-expansion-plan-underway/）

图 11 布鲁克林海军造船厂的新实验室

（图片来源：http://www.5icity.net/index/detail/id/612.html）

相对私密的企业办公室、会议室一楼两边，而中间则打造成集商店、休息室于一体的社交平台与展览长廊。二楼则被用作休闲区与共享交流空间，建筑两侧则用通过巨型钢梁架起的吊桥系统相连接。

纽约市政府在 2014 年宣布了一项以科技振兴经济的计划，提出了布鲁克林科技金三角方案，布鲁克林海军造船厂被划为高科技实验区，政府投入大量资金改善当地的基础设施，引进了更多的高科技公司。

2018 年，布鲁克林海军造船厂总体规划提出了创建新的垂直制造空间的愿景，到 2030 年将容纳 30000 人工作。该计划包括建造三栋新的垂直制造建筑（图 12）[15]。新的垂直制造建筑以物流基地为基础，结合大型生产空间和公共服务设施；通过共享资源和公共空间连接混合工业 / 轻工业和创意办公楼层。总体规划还着眼于改善往返造船厂内部的交通，创造班车、公共汽车、共享单车结合的立体交通空间。该计划还通过增加公共交通数量和非机动车道路来倡导绿色出行。总体规划设想通过激活开放的步行广场、连接的天桥（图 13）、新开发地点的底层空间以及码头环形海滨广场，在当地社区中建立一个更加一体化的海军造船厂。

图 12 垂直建造建筑

图 13 面向公众开放的天桥人行道

（图片来源：https://ny.curbed.com/2018/9/27/17906392/brooklyn-navy-yard-master-plan-wxy-vertical-manufacrturing）

2.3 布鲁克斯海军造船厂更新经验

（1）创新驱动更新

创新空间的建设和形成，不仅是城市创新功能水平提升的重要支撑，也是城市空间调整的重要手段[16]。77 号大厦与 72 号码头的更新目标正是将原有的低端制造工厂转变为集生物医药、高科技以及小微型制造企业为一体的科技研发产业基地。高新科技产业的进驻是布鲁克林海军造船厂更新的重要支撑力量。而布鲁克林造船厂的区域更新同样吸引了更多创新产业的投资与进驻。

（2）绿色产业驱动更新

为了促进绿色制造业的发展，最大限度地减少海军造船厂的碳足迹，并进一步改善其社区环境，布鲁克林海军造船厂开发公司大力发展绿色建筑和可持续基础设施，包括纽约市首台安装在建筑物上的风力涡轮机，全国首盏风能 / 太阳能路灯，及布鲁克林第一台太阳能垃圾压缩机。与此同时，布鲁克林海军造船厂开发公司还大规模建造节约用水和减少雨水径流的工程，包括兴建新的供水和污水系统、道路网络和美化环境。而最有名的绿色工程莫过于在布鲁克林海军造船厂 3 号楼上的屋顶农场，这个农场不仅生产了大量的新鲜农产品和为当地创造了众多就业岗位，而且每年转移将近 100 万加仑的雨水径流。绿色环境的营造让布鲁克林海军造船厂与周边社区建立了良好的邻居关系，并树立了良好的商业地位，使得大量绿色产业的企业涌向造船厂，形成产业集群。

（3）政府的政策扶持

布鲁克林海军造船厂的发展史也是政府功能转变的过程。海军造船厂原在 1966 年因经济下滑被迫关闭。但 1969 年纽约政府收购了造船厂，将其定位为工业园区重新开放，并卖给了一个非营利性组织。此时的纽约政府对造船厂的更新处于主导地位。从 1982 年通过的新海滨复兴计划（于 2002 年和 2016 年更新）、2020 年愿景、2011 年纽约市综合滨水计划以及 2011 年的纽约远景规划开始，纽约市就一直在制定应对后工业滨水区的策略。这些策略加快了造船厂的新一轮更新，带来新的经济增长点。而 2014 年颁布的布鲁克林科技金三角规划，则引导了造船厂生产性服务业的发展，将原来的制造业转向科技研发及创新产业。在具体的实施过程中，纽约市政府对园区的更新给予了税收优惠、配套建设等相关的扶持政策，并与布鲁克林海军造船厂开发公司共同推进园区的主要扩建项目。

21 世纪初，布鲁克林海军造船厂面临基础设施短缺的问题。海军造船厂基础设施老化，不断恶化的地下水、下水道和电线，以及摇摇欲坠的码头都在威胁造船厂的长期生存能力。在市长迈克尔 · R · 布隆伯格的带领下，纽约政府在基础设施工程上投入 2 亿多美元，将造船厂的基础设施与老旧建筑进行翻修。而这些建筑在建成后为造船厂带来了巨大的收益。

3 旧金山 SOMA 地区更新发展经验

3.1 案例背景

旧金山市位于加利福尼亚州西北部旧金山半岛的北端，是美国与太平洋地区贸易的主要海港，素有“西海岸门户”之称。包括水域在内，旧金山总面积约 600 平方公里，其中市区面积仅 119 平方公里。旧金山城市经济以服务业、商业和金融业为主，是美国西部金融中心，也是太平洋岸证券交易所和美国最大的银行美洲银行总部所在地。

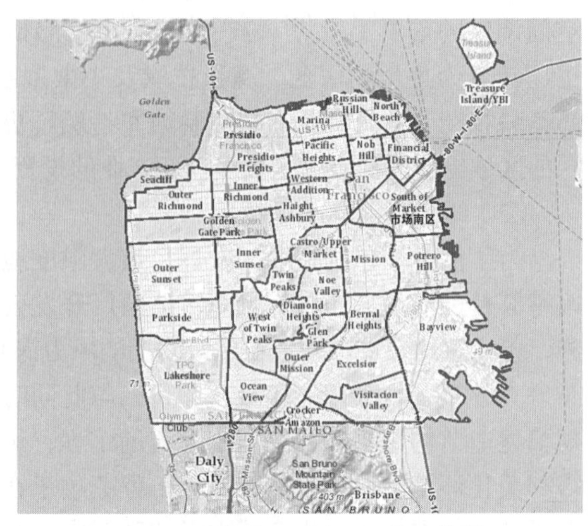

图 14 市场南区（SOMA）区位图

（底图来源：https://cummingsmoving.com/san-francisco-neighborhoods/）

市场南区（South of Market Area，SOMA）是位于加利福尼亚州旧金山的一个大型区域，从市场街延伸到 Townsend 街，从 Embarcadero 街延伸到第十一街（Eleventh Street）。它包括南滩（South Beach）、芳草地（Yerba Buena）和林孔高地（Rincon Hill）等多个子社区，人口约 39911 人（2015 年）①。自 1996 年起，受硅谷辐射效应的影响以及旧金山市区低房价的吸引，成千上万个互联网创业者、软件开发者、市场营销人员等来到 SOMA 区。SOMA 地区通过规划引导及市场力量运作，营造了便利的城市中心生活空间，避免了金融区的拥堵和喧嚣，承载着旧金山经济的快速发展，并成了湾区的创业圣地。南部市场区在新科技革命的影响中得到了很好的体现。

3.2 发展历程——从旧工业废墟到复合功能的大型城市社区

市场南区，靠近旧金山市中心，与传统金融区仅一街之隔。长期以来，这里工厂、仓库和居民区混杂。由于传统制造业外迁，至 20 世纪 80 年代初，一度被称为“贫民窟”和“工业废墟”，是无家可归者的集聚地②。但从 20 世纪 80 年代后期，该区租金低廉的低矮仓库和制造业厂房对新一代年轻人产生了很强的吸引力，汇集了不少艺术家和富有激情的创业者。20 世纪 90 年代中期，随着信息技术革命的重心转向“软件”部分，市场南区的人才、文化以及空间优势开始受到重视，成为多媒体公司创业的首选之地。很短的时间内就有多家多媒体公司在此成立，原来空空如也的仓库迅速转变成多媒体和网络公司的所在，工作人员很快达到几千人，奠定了旧金山市“交互式媒体产业发源地”的地位。20 世纪 90 年代后期，市场南区聚集了越来越多的多媒体公司，产生了很大的规模效益 [17]。产业的发展带动了市场南区房地产的发展，更多的生产与生活空间被开发，从而改变了南部市场区的面貌。

2008 年的金融危机使 SOMA 区再一次受到严重的打击。失业率高达 9.4%，大量金融、保险、房地产公司倒闭，人去楼空，办公空间空置率达到 10.6%。旧金山政府通过出台如社会福利协议（Community Benefit Agreement）、税收优惠等新政策吸引企业入驻。原本深扎在硅谷的创业公司，由于硅谷地区高昂的租金和有限的空间的压力，纷纷开始在旧金山地区建立办公室。由此开始了第二次由硅谷向 SOMA 等区域的科技迁徙。推特是最初迁往该地的科技公司。随后，一大批科技公司陆续前往 SOMA 区。这些科技企业主要聚集在市场南区的 South Park 地区。现在，推特、Dropbox、Airbnb、Uber、Yelp、BitTorrent、Square、Slack、Pinterest 办公室紧挨着，它们陆续在过去的十年中从初创企业走向成熟，科技创业已成气候，带动了整个地区的发展③。

3.3 南部市场区城市更新策略

（1）土地混合利用

自 21 世纪初以来，市场南区东部（East SoMa）一直是各种土地用途混合的所在地，包括商业、娱乐和居住空间。现存的大多数建筑物是沿着主要街道排成一行的小型办公室或生产、分配和维修空间。2002~2006 年，建造了约 1550 个新的住宅单元，主要是按市场价格购买所有权和居住 / 工作的阁楼。由于噪声或工业企业的影响，这些新的办公室或住宅用途的功能空间与以前的工业用途功能空间发生冲突。针对既保留现有业务和住宅用途的空间，同时又为新开发项目（尤其是经济适用房）建造空间的需求提出以下策略：

①在保持其现有的特殊混合用途特征的同时，鼓励在南市场区东部进行住房建设和其他混合用途的开发；②在保持与周边社区品质相一致（如限高、容积率等）的情况下，最大限度地提高住房开发潜力；③灵活使用“法律不兼容使用”的规定，以确保南市场东区土地持续的混合使用权；④支持南市场东区“知识部门”业务的发展，包括允许使用有限的办公空间，并为所有类型的办公用户提供更多灵活空间，支持知识领域的制造产业的功能，推动研发部门发展加强其对知识部门的支撑作用；⑤减少噪声对受影响区域的影响，并确保满足该区域符合噪声防控要求；⑥改善南部市场区的空气质量 [18]。

（2）产业援助计划提高区域经济竞争力

经济发展应为旧金山的居民、工人和企业创造可持续的繁荣。这种可持续的繁荣包括增加工作机会、工资、税收以及小企业发展，同时要减少经济不平等和企业外迁。在南市场的更新中，纽约政府制定了一系列的产业援助计划，使南市场区专注于产业发展。产业援助是帮助旧金山产业领域发展，提升竞争力的重要举措。产业援助由城市或非营利组织提供的援助，通常包括项目启动援助、技术援助、财政援助、选址用地援助、获取劳动力和奖励计划的援助，以此形成特定行业的行业协会或组织。在南市场区，有三个广泛定义的行业：实体经济、知识部门和小型企业部门。

实体经济指包括具有关键特征的生产、分销和维修业务，例如对灵活的工业空间需求及其在提供商品和服务以支持旧金山其他主要行业（例如旅游业、零售业）中的作用，如高科技和基于办公的行业。向实体经济的企业提供业务援助非常必要，能加强人才与客户之间的联系性。

在保证实体经济发展的同时，应在南市场区为“知识部门”业务提供空间。知识部门的业务援助很重要，因为大多数知识部门行业在地方经济中对任何行业都有很大影响。特别是：知识部门给旧金山提供了较多高薪工作，并且可以为没有四年制学位的工人提供高于平均水平的高薪工作；知识部门为当地服务企业和城市工资税创造了显著的乘数效应；知识部门将在城市经济发展轨迹方向选择上发挥重要作用。

小型企业通常被定义为员工总数为100人或以下的企业，其中包括没有雇员的个体经营者。小型企业在城市经济中所占的比例越来越大，能为该市创造更多的就业机会和收入。

高昂成本以及不利的产业发展环境是该地业务增长和经济发展的障碍，若既要保持实体经济、知识部门和小型企业的发展，并从大型企业提供的更多工作中受益，那么它就必须提供有竞争力的产业发展环境。而产业援助服务是加强整体产业发展环境并帮助这些产业部门发展的重要措施。

（3）保障经济适用住房的供应

由于存在大量的老旧房屋以及租赁物业，南部市场区历来是优质且廉价住房的重要来源。但是，该地区的负担能力越来越弱，租金不断上涨，而且新增的住房为市场价格,属于商品住房。2000年的人口普查显示,将近40%的家庭承受了经济负担，这意味着他们所支付的住房成本等于或超过了其家庭收入的30%，比东部地区的任何地区都要多，甚至超过了整个纽约市。租房者（在上次人口普查中占南部市场区地区近90%的家庭）以及由城市新移民（例如移民、年轻人、艺术家和学生）组成的家庭为主要经济负担者。

主要是通过公共资助进行经济适用房开发，帮助低收入家庭，同时保留和改善现有住房。确保住宅开发不仅满足可负担性需求，而且满足其他需求，如单元大小、卧室数量、社区服务和邻里便利设施等，为东部邻里的居民创造高质量的生活条件和降低住房成本。

（4）多种交通方式和系统相互作用

南部市场区地区靠近市区，密集的混合用途开发区和高架高速公路，形成了多种交通方式。行人、自行车、过境车辆与汽车和高速公路通行共用街道。南部市场区地区的交通改善涉及提高街道的安全性、宜居性和多式联运能力，同时适应高速公路交通和汽车流通。措施主要有改善公共交通和现有服务；提高交通换乘舒适性；通过增加中转站提高交通便利性；实施停车位政策，减少拥堵和控制私家车出行量；以及通过改善南市场区和城市其他地区的行人通行连接，支持步行出行。

（5）提升公共空间活力与保护历史资源

南部市场区缺少为附近地区服务的开放空间。因此，更新规划提出提供满足居民、工作人员和游客需求的公共公园和开放空间；确保新发展包括高质量的私人开放空间；创建绿色街道网络以连接开放空间并改善邻里的可步行性、美学和生态可持续性。此外，南市场区的更新要求识别、保护、再利用历史文化遗产。随着该地区的变化和发展，不应因破坏或不适当的改动而丧失其历史特色和属性，或削弱其重要性。规定新建筑应尊重南市场区的历史背景并与之联系，并根据相关标准规范对历史资源进行合理处理，鼓励修复和对合格的历史文化遗产保护项目进行奖励。

4 案例经验总结

东京、纽约和旧金山三大湾区城市的更新有着诸多相同与不同之处（表1）。三个城市典型更新项目的成功都离不开政府的政策支持和行之有效的更新规划，但同时又各具特点。粤港澳大湾区作为我国重点开发区域，有着重要的战略意义。三个国际湾区城市的典型更新案例对粤港澳大湾区的城市更新和发展有着不少的可借鉴之处。

湾区城市三大案例对比 **表1**

项目	东京丸之内	纽约布鲁克林海军造船厂	旧金山市场南区
用地功能	金融商务区	科技研发及创意园区	高新技术产业、创意产业
相同之处	政策扶持	政策扶持	政策扶持
更新特色模式	公私合作伙伴关系、TOD 模式增量开发	创意与科技产业、绿色产业带动	创新驱动、产业援助
更新的特点	交通设施的完善与发展推动城市更新；让私人企业参与到规划中	产业结构调整推动城市更新	高新技术推动城市更新
案例对粤港澳大湾区的借鉴意义	1. 让公众、私人企业等非官方组织参与城市更新的规划和项目实践中； 2. 完善交通设施，形成以交通枢纽为核心的生产性服务业发展区	1. 应形成多产业互助的产业园区，推动区域的多元化发展； 2. 公私合作推动城市更新	形成政府推动，企业与高校合作的创新驱动循环，通过土地复合多功能的形式，推动湾区的创新发展

（资料来源：作者设计）

（1）提高城市更新规划的多方参与性，保障更新项目的可实施性。东京丸之内的更新体现了典型的公私合作特征，在规划过程引入私有企业的参与，可以在规划设计阶段体现更新主体的需求与意图，有利于项目的顺利实施与落地。其更新经验为我国湾区城市在推进城市更新项目的过程提供了有价值的参考。现有我国的规划体系中，总体规划和控制性详细规划公众参与编制的范围与幅度较小，一般是事后参与，容易导致更新项目落地难。通过在规划阶段引入私人企业等多方主体的参与，可以规避规划落地难、更新推进速度慢的问题，同时减轻政府部门的规划经费支出，减少公共支出和提高行政效率。

（2）推行 TOD 发展模式，推进城市高密度再开发。坚持发展 TOD 模式不仅仅在于低碳出行，发展生态城市，而是以交通枢纽为核心，发展集居住、商业、商务、娱乐、休闲等多功能于一身的综合体，实现高密度开发与更新。通过容积率转移和高密度开发，一方面可以节约地面空间，为公共服务设施和绿化空间增设预留更多的空间，另一方面可以形成错落有致的城市空间形态。同时依托大型交通站点带来的人流汇聚效应，加大对地上和地下空间的再开发，实现立体化高密度更新，可以丰富城市空间，提高土地节约集约利用率。

（3）创新驱动生产性服务业发展，引领湾区经济转型升级。创新驱动是生产性服务业发展的动力。如旧金山湾区通过发挥众多世界一流大学人才培养和创新的职能，创新科技金融体系，发展成为世界级的大湾区，成为创新驱动的典范。布鲁克林海军造船厂之前破旧的仓库如今成了新工业的发展空间。77 号大厦通过重新改造和包装，现在成了高科技小微企业的集中地，正好体现了“创新驱动，改革引领”的做法。通过高新技术产业的集聚发展是推动城市老旧厂房更新的一个典型模式。

从产业发展角度看，粤港澳大湾区需形成一个创新的产业环，从创新研发到创新技术生产再到创新金融经济，三者循环，缺一不可。旧金山市场南区作为硅谷地区的周边区域,其创新发展模式成功的背后离不开公共政策的支持。在政策的指导下，通过改善城市环境，保证基础住房供应，优化产业结构，接受硅谷的产业辐射，承接硅谷的产业转移，保持自身的发展优势，最终吸引企业入驻，激发经济活力。因此，推进湾区城市更新的创新驱动，需要政府政策的支持和平台建设。通过打造平台集聚人才，做好配套服务，提供良好的人居环境以及创新所需的中介服务，形成承接产业及吸引人才的良好环境。

注释：

① https：//sfplanning.org/neighborhood/south-market

② For more than 100 years，SoMa has been home to the homeless，https：//timeline.com/for-more-than-100-years-soma-has-been-home-to-the-homeless-5e2d014bdd92

③ 湾区最火爆的创业圣地 SoMa[EB/OL]. http：//www.sohu.com/a/169629277_642250，2017-09-05/2019-10-05

参考文献：

[1] 周国平 . 构建 ABLE 城市 促进 CBD 向 ABC 转换——从东京丸之内再开发看现代 CBD 的发展趋势 [J]. 科学发展，2010（3）：107-112.

[2] 日本三菱地所设计 . 丸之内：世界城市“东京丸之内”120 年与时俱进的城市设计 [M]. 北京：中国城市出版社，2013，10.

[3] Waine Raphaël-Languillon-Aussel-&-translated-by-Oliver. The burst bubble and the privatisation of planning in Tokyo[EB/OL]. 2014-2-5. https：//www.metropolitiques.eu/The-burst-bubble-and-the.html.

[4] Mikio ono. Urban Redevelopment in Tokyo：Stimulating development led by private sector at urban regeneration special areas[EB/OL]. https：//www.seisakukikaku.metro.tokyo.lg.jp/gaimubu/anmc21/anmc21org/english/meeting/12_hanoi/pdf/1_2_tokyo.pdf.

[5] 沙永杰，纪雁 . 上海浦东陆家嘴的国际对标城区 21 世纪以来的能级提升举措 [J]. 时代建筑，2019（4）：28-36.

[6] 陆钟骁 . 东京的城市更新与站城一体化开发 [J]. 建筑实践，2019（3）：42-47.

[7] 白韵溪 . 轨道交通影响下的城市中心区更新策略研究 [D]：大连理工大学，2014.

[8] Bloomberg MR. Protecting and Growing New York City’s Industrial Job Base[J]，2005.

[9] Jen Becher. Report of Brooklyn Navy Yard Study[R]，2013.

[10] Brooklyn N. Yard Home of Urban Manufacturing[EB/OL]. 2001-1-1（2001-1-1）. https：/ / brooklynnavyyard.org /leasing /available-spaces /building-77 /suite-1502 /.

[11] Investment Anatomy-of-an-EB-5. A Brooklyn Navy Yard Project[R]，2009.

[12] 梁爽，刘柯岐，董美宁，等 . 纽约布鲁克林海军造船厂适应性再利用研究 [J]. 工业建筑，2019，49（1）：200，206-211.

[13] R MICHAEL. The Next Generation Water Front Workplace[EB/OL]. 2001-1-1（2001-1-1）. https：//www.dock72.com /the-building /.

[14] David Belt. an 84000-Square-Foot Thinkspace in the Navy Yard[N]. Diane Pham Macro Sea. 2016-10-5.

[15] Wxystudio. Brooklyn Navy Yard Master Plan[EB/OL]. 2001-1-1（2001-1-1）. https：//www.wxystudio.com/projects/urban_design/brooklyn_navy_yard_master_plan.

[16] 苏宁 . 美国大都市区创新空间的发展趋势与启示 [J]. 城市发展研究，2016，23（12）：50-55.

[17] 韩忠 . 二战后旧金山湾区中心城市发展道路比较研究 [D]：厦门大学，2008.

[18] Anon. East Soma（south of Market）Area Plan[EB/OL]. [S.l.]：[s.n.]. 2001-1-1（2001-1-1）. https：//generalplan.sfplanning.org/East_SoMa.html.

基金项目：

国家自然科学基金项目（41601170，41971196）；科技部 2019 年度高端外国专家引进计划项目（G20190230027）；广州市科技创新计划项目（201804010258）；广州市社科联“羊城青年学人”项目（18QNXR61）。

作者信息：

吕　恒，男，广东工业大学建筑与城市规划学院，硕士研究生。

廖开怀，男，博士，副教授，广东工业大学建筑与城市规划学院，院长助理，城市规划系主任。

符　蓝，女，广东工业大学建筑与城市规划学院，硕士研究生。

案 例 篇

存旧续新：以创意助推历史环境复兴 * ——海口南洋风骑楼老街区整饬与再生设计思考

1　街区变迁

南洋，是明清两朝对东南亚地区的统称。至近代，苏南至华南沿海受西方殖民文化影响的地区亦被称为南洋。而南洋风，系指东南亚和华南沿海地区具有欧亚文化交融特征的城乡风貌，即近代欧洲及中、近东地区建筑，在东传中适应当地环境气候条件，吸收其人文景观元素后所形成的混合风格。

虽然华南沿海地区的南洋风主要源自东南亚，但与之相比却毫不逊色。其中规模最大且最为典型的，当首推海口的南洋风骑楼老街区，主要由濒临海甸溪的长堤路和街区内的得胜沙路、水巷口、中山路、博爱路、新华路等以南洋风为主调的街廓和街坊构成，华侨和侨匠是南洋风的主要传播者。无疑，南洋风骑楼老街是海口最显著的一张城市历史身份名片。

追溯起来，海南岛西汉时已入中国版图，唐起在海南设州，治所在琼山。宋移治所至今海口位置，宋元之交形成了琼岛与大陆贸易的最大据点——海口浦。明初在海口浦设守御千户所，洪武二十八年（1395 年）修筑了面积不足 20 公顷的近方形所城，为明清地方古城中典型的东西和南北十字街结构，中央曾建有四牌楼（图 1）。

明清以降，所城南北向的南门街和北门街（即南宋末年所建白沙街）渐成为主干道，旧时铺宇鳞次，街延店展，节场仪式尽在其中，无论迎官入巡、祭神节庆、“行符放灯”或商贾云集，无不以此街为主干。康熙二十四年（1685 年）海口被辟为国际贸易通商口岸，建立了粤海关七个总口之一的琼州“常关总局”（俗称“常关”）。1858 年《天津条约》签订之后，海口成为中国沿海十大通商口岸城市之一，光绪二年（1876 年）建管理外商贸易的“琼海关”（俗称“洋关”），故址在中山路，1937 年迁至得胜沙路 8 号新建成的海关大楼。开埠后海口所城北墙（今大兴西街）以外沿海甸溪的商业街中山路最为繁华，并向西扩展，与得胜沙路连为一线。1924 年拆除城墙，以南洋风骑楼为主，兼有中式风格建筑的商业街区开始成片形成 [1-4]（图 2）。

* 本文为国家自然科学基金项目相关报告。

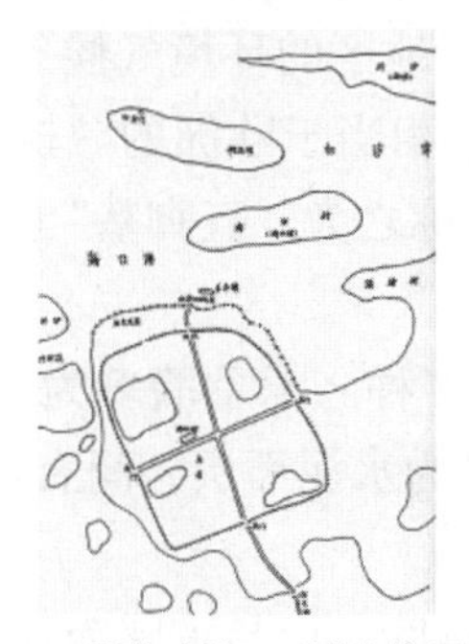

图 1　明洪武海口所城位置图

（图片来源：《海口文史资料》第 1 辑《附录》）

图 2　1924 年城墙拆除后街道图

（图片来源：《海口文史资料》第 1 辑《附录》）

2　骑楼特征

南洋风骑楼街区的肌理主要由临街商住两用的排屋构成，前店后屋，前街后弄。店前街宽 8~12 米，屋后弄宽仅 2~3 米。店屋面阔多在 3 米左右，宽的可达 5~6 米，进深大多纵贯整个地块，华南的闽、粤方言区称之为“毛竹筒”或“竹筒屋”，其间有多进的天井或廊院，实衍生自闽系琼北民居的多进宅院（图 3、图 4）。

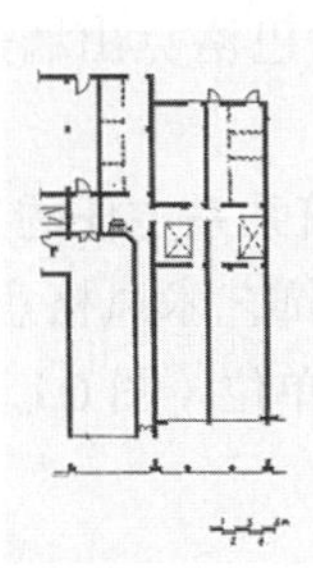

（a）平面图

（b）剖视图

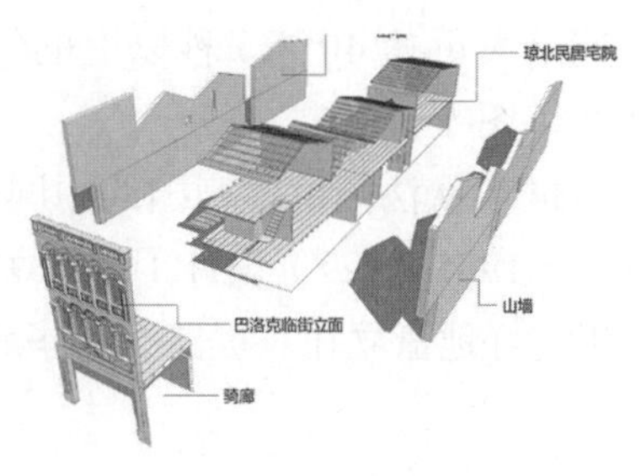

（c）典型骑楼的要素解析

图 3　骑楼“竹筒屋”平面

（图片来源：同济大学建筑系测绘图）

（a）

（b）

图 4　骑楼天井内回廊（a）与连续券凹阳台（b）

（图片来源：常青摄影）

骑楼楼体以 2~3 层为主，为适应亚热带和热带地区的环境气候条件，遮避烈日风雨，在建筑首层置贯通的人行道——“骑廊”，相当于欧洲的“拱廊”（arcade），可全天候穿行其间。在闽语方言圈中，东南亚华侨称之为“五脚基”（five foot way），台湾称之为“亭仔脚”，宽度多在 1.8~2.5 米。

骑楼的结构形式有砖混、砖木、局部桁架等多种。承重墙多为大尺寸厚砖墙，墙基为石砌，内隔墙为较薄的砖墙或板墙；地面多为水泥面层，间有地砖或木地板；屋顶采用传统瓦坡顶与近代平顶组合的方式。

骑楼的造型一般不用正宗的欧洲柱式建筑或拱廊，而是青睐南洋风的乡土化变体，从整体到细部，基本没有什么西式的正宗“章法”可依循。立面二层及以上多以连续券装饰窗户、凹阳台，亦可见少量的凸阳台。窗楣券型有三角、半圆、四心圆，也有欧洲和伊斯兰的双心圆尖券。墙面砖雕和历次灰塑装饰中，多见中西混合的卷草、文锦、回形、如意等纹样及其几何化图案，有些还带有 20 世纪 20~30 年代西方盛行的装饰艺术风格（Art Deco）的影响。

骑楼顶的女儿墙是南洋风最引人注目的特征之一，大致可分为两种：一种为水平护栏，临街一面常做出挂绿釉的宝瓶栏杆；另一种为变形的巴洛克式山墙，造型极丰富，一楼一模样，墙面上部开有圆形、长圆形等形状的风洞，在海口夏季风速最大可达 40 米 / 秒以上的气候条件下，可大大降低风压对巴洛克山墙造成的破坏（图 5）。

1934 年从法国留学归国的中国著名建筑师，曾任同济大学建筑系系主任的吴景祥教授（1905~1999）设计了琼海关大楼，略带当时国际流行的装饰艺术风格意味，至今仍完好地矗立在长堤路、新华北路路口，是国家重点文物保护单位（图 6）。

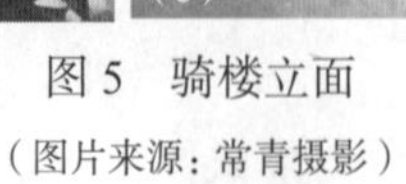

图 5　骑楼立面

（图片来源：常青摄影）

图 6　长堤路 - 新华北路路口的琼海关大楼

（图片来源：常青摄影）

3　修前状况

由于 20 世纪末房地产业泡沫破裂的缘故，海口城市发展大幅减速，骑楼老街区基本被尘封起来，反倒逃过了被破坏性开发的厄运。当时社会的极度浮躁和认知局限导致了太多此类事情的发生。21 世纪的第二个十年伊始，海口又成为经济发展的热点城市，骑楼老街区的整体修缮与活化再一次被提上了议事日程。2007 年，海口被增列为国家历史文化名城，一个重要的前提条件就是其拥有骑楼老街这样规模庞大、特征鲜明的历史文化街区。

经过 90 余载的沧桑变迁，海口骑楼老街奇丽外表的内里已衰朽不堪。首先是商业以低档为主，小五金为多，设施落后，业态缺少地方特色；其次是过境交通穿行，人车流混杂，特别是博爱路一线，是经海甸入市区的南北交通动脉，平日里拥挤不堪，废气、废水及噪声污染严重；再次是骑楼建筑除少数外，内部大多年久失修，危房累累，许多天井内院被后建的房屋覆盖，加之居住密度高，空间狭窄窘迫，卫生条件差，街廓外表的特色风貌背后，却呈现出一派破败景象（图 7）。

在历史文化街区保护项目中，这类对象既不应涂脂抹粉仅维持面子，又不宜伤筋动骨以翻建里子，被业内称为碰不得的“豆腐”遗产，因而修缮工程设计招标曾两次流标。

1992 年夏，受学院陶松龄院长和罗小未先生指派，笔者曾带同济实习生来此测绘了得胜沙路大部和其他老街局部的骑楼建筑，独自拍摄了黑白、彩色照片，反转片和录像各一套，参与了海口骑楼老街最早的保护研究工作 [5]。2010 年笔者受海口方面之邀，率团队重返骑楼街区，承担了保护性整饬和再生设计的重任。可惜的是，得胜沙路此前已被过度改造过，尤其是该街 69 号异常精美、堪称海口“大三巴”的巴洛克立面骑楼，竟不知何时被彻底改建，简陋的临街立面令人错愕不已（图 8）。

图 7　长期未能得到根本改善的海口骑楼老街区人车流交叉和拥挤状况

（图片来源：常青摄影）

图 8　得胜沙路 69 号骑楼立面被破坏性重建的前后对比

（图片来源：常青摄影）

庆幸的是，18年来其余骑楼老街基本保持了原来的样貌，变味或毁掉的一些骑楼精品也有同济当年的测绘图留档。尤其是近年来当地政府管理机构——骑楼公司担当了老街区守护人的时代重任，参考上海经验出台了历史建筑保护条例，对老街历史建筑分三类挂牌保护，使之有了生存保障。

4 “修旧如旧”与“整旧如故”

海口骑楼老街保护性整饬和再生的设计目标可以概括为：重修骑楼本体、重塑老街风貌，提升街区价值，改善空间质量，调整功能业态，恢复经营活力，使骑楼老街能够获得可持续复兴，成为海口经济社会发展的一种文化驱动力。

设计方案首先要解决骑楼街廊的整饬和修复问题。由于直接涉及骑楼的外观形象，立面的门窗、墙体、柱墩成为整饬重点。对此，面临两种方式的选择，一是现状整饬式的“修旧如旧”，二是原状重现式的“整旧如故”。这两种方式在设计中根据不同对象分别都被采用了。

实际上，无论是“如旧”还是“如故”，都与对所谓“原真性”（authenticity）的理解有关。原真是对原物（original）而言，金石、珠宝、字画等文物在身份认定上有原物、仿品或赝品之分，而历史建成物除了岁月的剥蚀，还要经历多次的大修、改建，甚至毁后重建，很少有一成不变的原物。因此对于历史建成物而言，“原真”二字并不确切。只要其形态生成与建造方式之间的对应关系在历史变迁中是延续的，就可基本认定是真实的。以此为认知前提，再来辨识骑楼老街“修旧如旧”和“整旧如故”的差异就要清晰得多。

对于第一种，因为“修旧如旧”的“旧”，主要指时间和事件所造就的客观状态，所以把这种岁月痕迹保留下来就是所谓的“如旧”。《威尼斯宪章》中关于古迹修复原则的精髓之一，是明确提出了修复的目的不是追求外观统一，而是要尊重各时代符合逻辑的变化和添加，缺损修补上去的部分既要与整体谐调，又要明确区分[6]。笔者将之概括为“修旧如旧、补新以新[7]”和“远观天衣无缝，近视新旧有别[8, 9]”。水巷口和博爱北路骑楼立面在修缮中仔细研判了底层和面层的材料构成，基本保持了灰色的外观形状，重点修饰了不同时期形成的灰塑面层和线脚，尽量使之保持一些岁月留下的“古锈”感。连“文革”时期留下的典型痕迹也予以了保留和维修（图9）。

对于第二种，因为“整旧如故[10]”的“故”，笔者理解是蕴含着昔日骑楼主人建房时的愿景和工匠的技艺，能否把握这一点，是可否实现“如故”的关键。而“整旧”也比“修旧”广义，包含了梳理、整饬、修复等意思。通过同济大学历史建筑保护技术中心对骑楼面层材料的取样检测分析发现，历史上的骑楼街廊界面，并非如今日所见为清一色的灰白外表，而是在面层材料中加入了彩色矿物颜料，一楼一色，是华侨表达身份和个性差别而形成的彩楼一条街。为此，我们在中山路做了大胆的

（a）水巷口骑楼整饰后效果

（b）博爱北路骑楼整饰后效果

图 9　整饰后的骑楼

（图片来源：戴仕炳提供）

整旧如故尝试，对这里的骑楼外墙面、外门窗均作了材质和着色处理，尝试恢复了彩楼街廊的历史风貌，成为国内城市修补的一个特殊的工程案例 [11]（图 10、图 11）。

街区内的街道整饰设计，以传统意味的小块毛面铺地青石重新铺设了街道面层，沿街配置了民国式样灯具、座椅、人物雕塑等景观设施和小品。骑廊的结构加固、廊内店面装潢、廊地铺装、廊顶格栅、电线穿管等，均在统一设计后一体实施。至于损害老街风貌的一些现代建筑，也针对不同情况做了灵活处置。例如，对一栋鎏金涂银的高大西式仿古建筑，并未大动干戈予以拆除、减层或作立面修改，而是只做了面层色泽的改善。又如，对中山路—中山横街街口的一栋低质住宅，则做了拆除重建处置，并就势在中山横街街口中央加建了一座与中山路两侧骑廊相连的南洋风牌楼——天后宫阙，轴线正对中山路 87 号天后宫，从而延伸了这座街庙的外部空间（图 12）。

（a）整饰前的中山路（图片来源：常青摄影）

（b）（c）显微镜下的骑楼原色显示之一

（图片来源：戴仕炳提供）

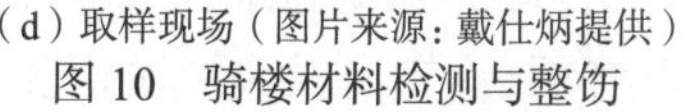

（d）取样现场（图片来源：戴仕炳提供）

图 10　骑楼材料检测与整饰

图 11　整饰后的中山路

（图片来源：常青研究室提供）

深藏于骑楼老街街廓之后的天后宫已有700年历史，是海口最早的一座妈祖庙，省级文物保护单位。天后宫大殿为木构三间硬山顶工字殿，前后殿之间各有一小天井，形制古朴，别具工巧。殿前庭院狭小逼仄，前部挡着一座高大的临街骑楼，人流只能从其旁的一条窄弄出入。整饬设计削减临街骑楼后半部分，扩大了殿前庭院，将余下的部分仍按骑楼风格修补完形，成为大殿对景和门殿。这样，只通过“微创手术”，便解决了天后宫与骑楼老街的轴线贯通问题，门殿外侧大门开在骑廊内，与街对面新建的牌楼——天后宫阙形成轴线对位关系，从而将海口这一著名景点直接纳入了骑楼老街的场景氛围之中（图13）。

（a）整饬前（图片来源：常青研究室提供）
（b）整饬后（图片来源：海口骑楼老街投资开发有限公司提供）

图12　中山路-中山横街路口的整饬

（a）骑廊内的宫门；（b）骑廊后的宫门楼体内侧“减半”
（c）宫门楼体内侧完形；（d）面对新宫门的天后宫大殿

图13　中山路天后宫整饬效果
（图片来源：常青研究室提供）

对于骑廊内的“竹筒屋”改良，我们提出了适应性的翻建策略，即延续骑楼纵向排屋构成的老街肌理，保留屋内老的砖石纵隔墙，但做局部打通，使其内部空间也能横向延展贯通。置入轻钢结构“内胆”，形成新的空间支撑体，重做隔热屋顶和天窗（图14、图15）。恢复多进天井的空间格局。目前这一适应性、渐进式的翻建还在缓慢推进（图16、图18）。

除了骑楼管理部门主导的几处，临街住户也以有控制自建的方式参与了骑楼老街的空间整饬与再生。如中山路28号的“自在咖啡屋”，业主是一位业余艺术家，以其独具匠心的创意，充分利用废旧物品和旧建筑构件，塑造出了室内和庭院别具一格的风土情调（图17）。开放后宾客盈门。再如水巷口新骑楼中的“老爸茶”餐厅、博物馆酒店，其空间和经营方式都有浓郁的海口乡土气息，成为周边百姓和游客喝早茶的首选场所，可以说老街的一些生活习俗在这里适应性地复活了。

从非物质遗产的角度看，人性中有以场景仪式来维系社会存在的倾向，而不仅仅是关注历史环境中的物质本体。2015年颁布的《中国文物古迹保护准则》明确提出，要保护与遗产价值直接相关的文化传统[12]。强调这一点是因为长期以来，我国许多地方的保护和整饬，大都局限于建成遗产的躯壳及物理空间，尚未顾及乡风民俗和场景

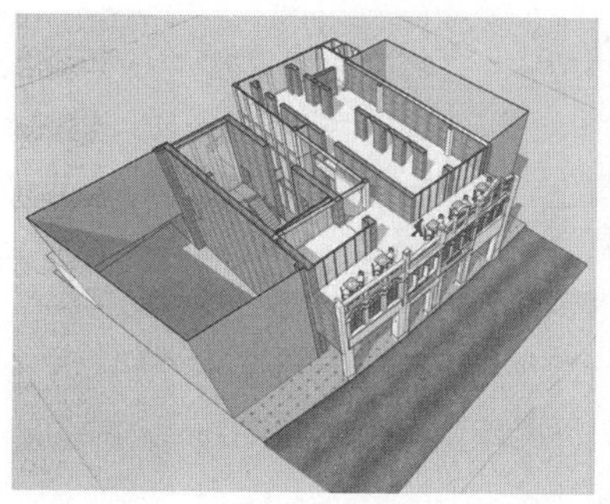
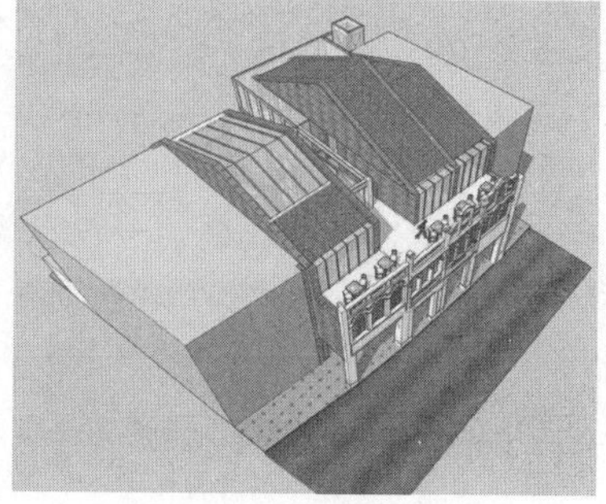

图 14　骑楼“竹筒屋”空间整饬示意

（图片来源：常青研究室提供）

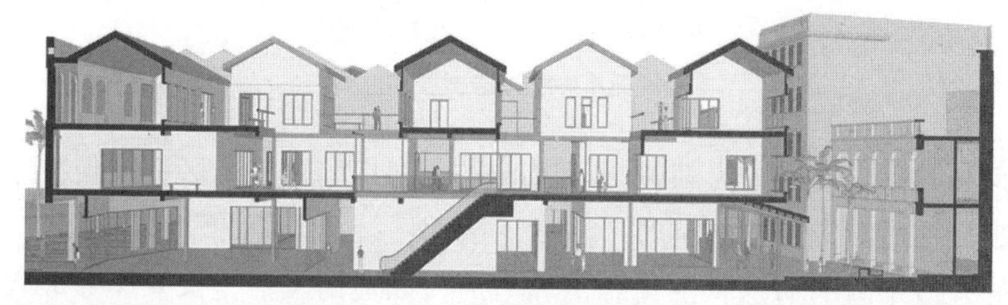

（a）剖面示意

（b）鸟瞰效果

（c）屋顶效果

图 15　骑楼“竹筒屋”空间再生效果

（图片来源：常青研究室提供）

图 16　大亚旅社内部空间整饬效果

（图片来源：常青研究室提供）

（a）后院及戏台　（b）前厅老隔墙保留　（c）后院院门

图 17　中山路“自在咖啡屋”

（图片来源：张嗣烨摄影）

仪式的复兴和升华，使之成为某种活态遗产[13]。海口骑楼老街区整饰与再生则尝试了在商业和观光活力渐渐释放的同时，激活老街的传统场景氛围和节庆仪式。骑楼老街在对公众的开放中就具有这种活化意识和举措，如巡街民俗、长桌宴等节庆仪式和露天演出活动都在老街中一一得到再现。至此，海口骑楼老街区正以活态遗产的形式展现于世（图 19）。

（a）改造后的“竹筒屋”阅览空间（图片来源：张嗣烨摄影）；（b）整饰后的骑廊景观（图片来源：张嗣烨摄影）；（c）改造后的“竹筒屋”开放式楼梯（图片来源：张嗣烨摄影）

图 18

（d）改造后的“竹筒屋”文化休闲空间（图片来源：张嗣烨摄影）

图 18（续）

（a）节场鸟瞰（图片来源：张嗣烨摄影）；（b）节场平视（图片来源：赵爱华提供）；（c）节场仪式（图片来源：张嗣烨摄影）

图 19 中山路上的节庆仪式场景

5 “补新以新”和“与古为新”

如果说老街是骑楼街区的“里子”，那么街区边缘临着海甸溪畔长堤路的城市界面就是“面子”，可视为海口的“骑楼外滩”。然而不幸的是，长堤路大部分临街骑楼早已销声匿迹，低质改建比例很高，后加建筑多品味低下，风格杂陈，造成了不佳的城市形象，活力和场所感均缺失（图 20）。显然，在海口骑楼老街区形成已近百年，21 世纪第二个十年的结尾，其城市形象的现状堪忧。

笔者认为，在保护法规许可的范围内，长堤路作为历史环境朝向城市空间的界面，需要重塑风貌，重启活力，这就需要寻求再生之道。这里的“再生”，包含了“存遗补缺”和活化复兴的双重寓意。对长堤路整体界面而言，“存遗”即保存遗产本体；而去除杂芜后的“补缺”，则有复旧和更新两种选择方式。对于长堤路，显然没有必要以仿古骑楼与街区内真实的骑楼遗产相混淆，因此我们提出了新骑楼“补新以新”的设计思路，这里的“新”，并不是“为新而新”，而是“与古为新”，其实质是要追求“古今融合以为新”的境界[14]。而“活化复兴”正是来自于古今融合所产生的反差和张力，也是“与古为新”所要达到的目的。

因此，长堤路骑楼风貌区路段的再生设计，选择了新旧对比、与古为新的方式，存菁去芜，保留加固 5 栋残留的老骑楼，修缮琼海关大楼，拆除破坏风貌的低质晚近建筑，代之以在尺度、肌理上与骑楼街区相谐调的创意新骑楼，使其形成新旧拼贴关系。在新骑楼群落的设计中，顺应海口气候特点，关照了凹廊、天井、冷巷等外部空间的环境因应特征（图 21~ 图 23）。

长堤路再生设计自西而东，在新华北路入口至中山横街段，重新梳理入口道路，将现状新华北路路口的三角岛和步行入口广场合并，将得胜沙路 69 号被毁的巴洛克立面——海口“大三巴”按测绘图纸予以复原，作为步行广场入口的坊门复建于此，门前再以扇形斜坡形成刻有“海口骑楼外滩广场”的石砌瀑布界面。门后设计了以

图 20　骑楼风貌区长堤路路段北向界面与总平面现状（平面图中灰色为低质后加建筑）

（图片来源：常青研究室提供）

图 21　骑楼风貌区长堤路路段北向界面与总平面再生设计

（图片来源：常青研究室提供）

图 22　长堤路的新华北路至中山横街路段骑楼街区再生鸟瞰

（图片来源：常青研究室提供）

图 23　“大三巴”后拱廊街设计

（图片来源：常青研究室提供）

轻钢构架、网纹采光顶和气楼构成的拱廊街，连通两侧的新骑楼空间。新建的广场建筑与隔着路口的琼海关大楼形成了跨时空的新旧对话（图 24）。

“大三巴”两侧的新骑楼外表为折面构成，以现代古典（Modern Classic）的手法，将老骑楼巴洛克样貌的原型要素——骑廊、三角山花及风洞、平顶女墙的护栏等，以古韵新风的现代形式予以再现[15]（图 25）。

中山横街连接长堤路和中山路，直通天后宫，是街区内外妈祖巡行仪式路线的重要通道，因此对景象同样破败的中山横街做了留、改、拆的重点整修设计，临长堤路的横街口为现代古典形式，街内则恢复了老骑楼的形态特征（图 26）。

中山横街街口至水巷口段，依然以古韵新风的新骑楼为主，以销形留韵的新骑楼与尚存的几栋老骑楼形成新旧拼贴关系。在长堤路—水巷口的新骑楼表面尝试了

（a）去芜存菁补新的再生效果

（b）鱼龙混杂的现状景象

图 24　长堤路 - 新华北路路口广场现状与再生设计前后效果对比

（图片来源：常青研究室提供）

图 25　长堤路 - 新华北路路口东侧的海口骑楼外滩广场景观效果

（图片来源：常青研究室提供）

图 26　长堤路中山横街路口景观设计

（图片来源：常青研究室提供）

以金属穿孔板与玻璃结合，映衬出老骑楼巴洛克立面影像的处理手法（图 27）。此外，水巷口体量和天际线突兀的博爱大厦为十多年前所建仿古骑楼，属过度开发的商业项目。在此次长堤路再生设计中，笔者说服有关方面放弃了拆除动议，改以调整立面构成和色泽、增加前廊的处理，减弱了其在视觉上的突兀感（图 28）。

图 27　长堤路 - 水巷口路口广场上的新骑楼景观效果

（图片来源：常青研究室提供）

（a）现状

（b）整饬效果

图 28　“博爱大厦”整饬设计

（图片来源：常青研究室提供）

6　结语

海口骑楼老街的整饬与再生项目已断断续续延宕了整整八载，其中的甜酸苦辣恐怕也是其他类似项目一样难以回避的。因为做这样的项目，要同时面对社会民生窘迫、产权关系复杂、遗产质低价高、专业风险明显大、成本效益难确定等问题的综合压力。尤其是骑楼老街这样的乡土化城市遗产，建造时的质量和标准就低，又经历了 80~90 年的风雨剥蚀，既不应小动作修饰，又不宜大规模翻建，无论对建设管理方、设计方还是施工方来说，都是块“烫手的‘香山芋’”。

这正应了笔者在多年前出的一本书中所说的话：“保护性设计是一件拖泥带水的‘笨事’，是一种需要数倍的热情和苦干而又一时难见实效的工作 [16]。”但是对于海口骑楼老街区这张城市历史身份的名片来说，这样做很值。换个角度看，也正是因为该工程用时超长，才使我们获得了反复拿捏、推敲的机会和条件，短平快的方式绝对不适合海口骑楼老街区这样的历史环境整饬与再生工程。

当下，国际建成遗产界正在发生着明显的思想转向和认知提升，即认为历史保护不应与社会整体演进相脱离，而是要作为一种城市规划的推力（The Urbanistic Impulse），对当代社会进行审慎地文化塑形[17]。而城市复兴也需要传统文化的创造性转化[18]，在存真的前提下，对其载体——建成遗产及历史环境进行有创意地活化与可持续地再生。回顾海口骑楼老街区的整饬和再生历程，我们正与这些国际前沿理念不谋而合，努力践行着在地的探索。

从80年前老街琼海关大楼的设计，20多年前的老街测绘，到10年前的老街保护规划，再到同济大学作为该工程总体设计方的八载坚持，同济建筑学人和校友与海口结下了历史性的缘分。目前，项目还在继续，距离实现目标还有很长的路要走，这篇论文只是阶段性的小结。在此，谨代表同济设计方，向骑楼老街区保护与再生工程启动以来提出正确决策的海口市有关领导，做出重要贡献的建设方——海旅集团及骑楼公司有关负责人，以及付出辛勤劳动的华磊设计公司和施工单位的同仁们和朋友们致以敬意和谢忱。

设计总负责常青，协同负责王红军，材料修复戴仕炳，景观设计范浩阳、董楠楠；参加设计的研究室成员有张鹏、吴雨航、赵英亓、门畅、辛静、崔梓祥等，2010年以来多名历届研究生参与了该项目的研习和绘图工作。

参考文献：

[1] 中国人民政治协商会议海南省海口市委员会文史资料研究委员会．海口文史资料：第1辑-第17辑[M].[出版地不详]：[出版者不详]，1984-2004印刷．

[2] 唐胄．正德琼台志[M].上海：上海古籍出版社影印本，1964.

[3] 明谊，张岳崧．道光琼州府志[M].海口：海南书局铅印本，1923.

[4] 冯仁鸿．海口市陆地形成及街道沿革史[M]//中国人民政治协商会议海南省海口市委员会文史资料研究委员会．海口文史资料：第1辑[M].[出版地不详]：[出版者不详]，1984印刷．

[5] 罗小未，常青．海口南洋风格建筑形态及其保护性改造[M]//韦湘民，罗小未：椰风海韵，北京：中国建筑工业出版社，1994：117-145.

[6] 国家文物局．国际文化遗产保护文件选编，2007：52-54.

[7] 常青．建筑遗产的生存策略[M].上海：同济大学出版社，2003：4.

[8] 常青．桑珠孜宗堡历史变迁及修复工程辑要[J].建筑学报，2011（5）：1-8.

[9] 常青．对建筑遗产基本问题的认知[J].建筑遗产，2016（1）：52.

[10] 冯纪忠．与古为新——方塔园规划[M].上海：东方出版社，2010：112.

[11] 戴仕炳，常青，王红军，等 . 海口中山路骑楼立面色彩的再现尝试 [J]，中国名城，2013（12）：76-79.

[12] 国际古迹遗址委员会中国国家委员会 . 中国文物古迹保护准则 [M]. 北京：文物出版社，2015：11.

[13] 吕舟 . 文化多样性语境下的亚太地区活态遗产保护 [J]. 建筑遗产，2016（3）：28-39.

[14] 冯纪忠 . 方塔园规划 [J]. 建筑学报，1981（7）：40-45，29.

[15] 常青．论现代建筑学语境中的建成遗产传承方式——基于原型分析的理论与实践 [J]．中国科学院院刊，2017（32-7）：672-674.

[16] 常青 . 建筑遗产的生存策略 [M]. 上海：同济大学出版社，2003：119.

[17] 兰德尔・梅森 . 论以价值为中心的历史保护理论与实践 [J]. 建筑遗产，2016（3）：1-18.

[18] 张松 . 城市建成遗产概念的生成及其启示 [J]. 建筑遗产，2017（3）：1-14.

基金项目：

国家自然科学基金（51678415，51738008）。

作者信息：

常　青，中国科学院院士，同济大学建筑与城市规划学院，教授。

城市更新中的管治困境与创新策略思考

改革开放以来，中国进入快速城市化进程，城市土地价值提升与建成环境质量下降形成巨大反差，在一定程度上加快了地块更新时机的到来。随着地方政府对土地财政与房地产经济的依赖日益增强，城市建成环境的更新与提升成为一种新的重要发展路径。与西方欧美国家“城市更新”（Urban Renewal）历程相似，我国的城市更新也经历了从趋利导向下的大规模整体式更新，转向整体重建与局部整治并重的过程[1]，并创造性地提出“新陈代谢”[2]、“有机更新”[3]等理论，衍生出小规模、渐进式的城市更新方式[4]。由于物质过时、功能过时问题的普遍存在，大量的城市建成环境面临拆除重建、功能改变、环境整治①等更新需求[5]。从释放土地存量价值、提升城市空间环境水平的角度出发，城市建成环境的更新具有积极的意义。但是，在现实语境中，城市更新自身和外部存在的多种挑战又制约了城市更新的进程。

不同于增量新开发，城市更新是面向城市建成环境的改造及再开发行为，城市建成环境承载复杂、多元的“在场利益相关者”（Stakeholders）。因此，针对城市更新的研究，不仅应关注物质环境改造，更应明确更新过程的利益格局和价值取向，从而推动城市更新决策实施、管理的优化。本文从现阶段城市更新的背景切入，对城市更新的内涵建构、规划管理体系优化等内容展开论述。

1　城市更新理论与实践回顾

城市更新相关理论研究

在西方国家，早期城市更新因大规模推倒重建与清理贫民窟所产生的社会问题，引发学者们对城市更新方式的反思和对理论探索。芒福德、雅各布斯、舒马赫、亚历山大等学者分别从不同的立场和角度对大规模城市改造进行了批判[6-9]，他们认为城市更新不仅仅是物质空间环境的改造，更涉及社会和经济的复兴，是可持续、多目标的综合性过程[10-12]。因此，单靠市场机制并不能解决城市更新的根本问题，应建立全面的城市更新机制，实现多元主体共治[13, 14]。国内在经历了快速城市化背景下大规模的旧城拆建之后，也出现了城市更新方式的理论研究，吴良镛先生立足于历史城区的整体保护和人居环境建设的要求，提出了“有机更新”思路，主张循序渐进、小规模整治的原则[3]。随后，“小规模、渐进式”的理念被推广到旧城更新、社区“微改造”等领域[15]，城市更新的内涵和方式得到进一步发展。区别于大规模更新方式，“小规模、渐进式”更新旨在改善居民的生活环境，是一种以政府或居民为主体，多渠道资金来源、自下而上的自主更新行为[16]，具有经济可行性、可参与性等特征。

目前，城市建成环境的小规模、渐进式更新方式趋向共识[17，18]。现实更新改造项目中，不乏形态优美、技术合理、提供多方参与渠道的更新方案，但在实施层面往往演变为政企合作开发、公众形式化参与的模式，建成环境由无数个小规模更新逐渐发展为大规模改造。在更新过程中，公众仍处于边缘化角色，这一方面归咎于公众参与体系尚未建立，公众参与的形式、内容和作用仍不够明晰；另一方面是更新主体未能有效识别城市更新的社会价值，忽视了社区力量。因此，推进建成环境的渐进式更新和多方参与，需要建立开放的公共参与体系，并进一步理解城市更新的治理内涵，否则容易陷入单主体、单目标的困境。

2 城市更新的实践总结

2.1 城市更新类型划分

在市场经济下，城市建成环境面临大量的更新需求，现实环境中也存在多样化的更新现象。依据产权主体、开发强度、空间形态、开发成本等要素，城市更新大致分为“大规模、整体式”和“小规模、渐进式”两种更新类型[4][19，20]，因具有小规模、低强度、低成本的特征，“渐进式更新”成为目前城市更新的主要方式。“渐进式更新”的对象包括建筑物以及建筑物以外的环境，建筑物更新即开发主体对城市建成环境中处于使用或空置状态的现有建筑物进行建筑形态、建筑面积、使用功能等方面的更新（图 1）。

在当前城市更新的背景下，建筑物整体重建和局部整治的更新方式均存在，受到开发成本、经济收益等要素的影响，在局部整治更新中，改变建筑物的功能再利用是最为常见的类型，也是目前规划管理中应该管理却未能有效管理的“真空区”。因此，本文将以此作为主要论述对象。

2.2 城市更新实践面临多重挑战

改造再利用城市建成环境对城市发展具有积极意义，避免了城市空间资源的浪费，促进了城市产业的转型升级，但在更新实践中面临多重挑战。以功能改变再利用为例，建成环境的更新过程首先面临规划管理的制约，由于与规划用地性质的冲突，很多合理且具有社会效益的项目无法通过合法的程序实现更新，也滋生了大量未获

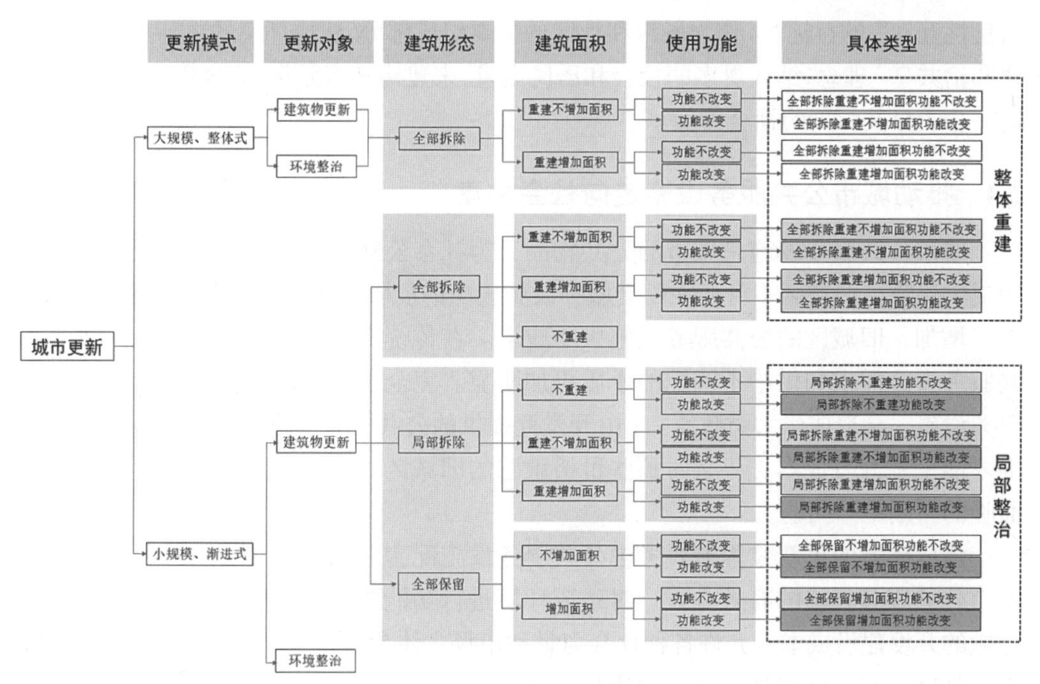

图 1　城市更新类型的划分依据和具体类型示意图

（资料来源：作者自绘）

得管理许可便进行更新改造的行为。此外，由于建筑物的功能改变过程而产生的“负外部性”存在失控的现象，影响周边居民的日常生活，引发周边居民的反对。

相比于新区建设，城市建成环境的空间资源、产权关系、在场主体等方面均更加多样、分散[21，22]，建成环境更新过程对城市和社会的管治能力提出更高的要求。因此，推动建成环境的更新实施过程，需要立足于当前面临的挑战，完善规划管理层面的顶层设计。

2.3　城市更新治理的内涵与社会价值

从 20 世纪 70 年代开始，西方城市更新政策经历了从政府主导到市场主导、公私合作，再到公、私、社区“三向伙伴”关系的演变，形成了“城市更新是对社区的更新”的认识，建立了多元主体合作、赋权社区力量和注重社会公平的管治模式[23]，这对我国城市更新的内涵建构与价值识别具有重要的启示意义。我国的城市更新发展至今，更新主体对城市更新本质内涵的理解、对社会价值的识别还不够深刻，更新过程中社会效益如何实现、社区力量如何赋权、增值利益如何分配等问题，均需要进行思考。

党的十九大报告提出“打造共建共治共享的社会治理格局”，加强对社区治理体系的建设，加大对全民参与和基层力量的重视，“实现政府治理和社会调节、居民自治良性互动”的目标②。作为城市和社区的重要组成部分,建成环境的更新应基于“共建共治共享”理念,纳入更多的社会和居民力量,来建构其多元化、综合化的治理内涵,进一步彰显其深刻的社会价值。

2.4 推动城市公共服务设施走向社会共建

城市公共服务设施是城市的公共物品，为社会公众参与经济、政治、文化活动等提供保障。旧城区本身存在配套服务设施较少的局限，随着居民生活水平的提高、人口增加，旧城区的公共服务设施供不应求。在传统高成本的拆建模式下，城市公共服务设施需求和供给不匹配的矛盾更加明显。完全由城市政府负责建设城市公共服务设施，会造成巨大财政压力；由开发商提供的公共服务设施，需要较高的消费标准才能平衡开发成本，势必对那些价格敏感的旧城区居民形成门槛，加剧社会发展面临的“四难”问题。

建成环境的更新过程需要考虑公共服务设施配套问题，改变功能再利用是更新城市公共服务设施的有效方式。对建成环境进行功能改变再利用，一方面可以避免巨额的开发建设成本，允许各种社会力量和市场主体参与；另一方面，可根据市场需求，鼓励参与主体将建筑物的使用功能调整为医疗服务、教育培训、文化体育、养老服务等。以政府主导、多元主体参与的共建方式，为公共服务设施配套提供空间载体，提升旧城区的公共服务水平，具有社会效益和社会价值。

2.5 推动多元主体走向社会共治

在“强政府、弱社会”的发展背景下,传统拆建式更新的管理过程由政府部门“一手包办”，呈现出强管理、弱治理的现象。对于渐进式更新的过程，多元的在场利益主体对现有管理方式形成了一定的挑战，现实中政府部门管理的结果往往是“管不了也管不好”。

城市更新的本质是社区的更新，应发挥社会调节和居民自治的作用，实现经济、社会、环境的协调发展。社区居民作为社区的主人，在建成环境更新的过程受到最直接影响。因此，应将社区居民纳入更新决策实施和监管的过程，保障其知情权和参与权，使其能够表达自身的观点，与政府、开发商形成相互制衡，保证城市更新多维目标的实现[23]。随着生活水平的提高，人们更加关注个人价值的实现，也更有意愿参与社会事务。城市更新的管理过程应建立多元主体共治的决策和监管机制，明确参与主体的角色和作用，为公众参与共治创造条件。

2.6 推动土地存量价值走向社会共享

从经济学的视角理解，城市更新是获取土地“租差（Rent Gap）”[24]、释放土地存量价值的过程[25]。对于各有诉求的在场利益相关者，城市更新产生的存量价值如何归属以及再分配等问题，始终是各方争论的焦点。在制度缺失的情况下，“谁开发、谁受益”成为潜规则，土地增值涨价归开发主体所有，出现了因分配不公导致的“马太效应”，进而加剧社会矛盾。

城市土地的存量价值是与城市共同成长的，土地增值应由城市、产权主体和开发主体共同享有。事实上，通过对建成环境的改造再利用，开发主体一般都能够获得一定的经济收益，另外，产权主体也始终持有建成环境再利用所释放出的存量价值。但是，对于在场利益的管理，两者不同程度的合作关系并不意味着城市更新的结果是良好的。因此，地方政府必须重视更加公平的更新利益重构，其中既有在场利益代表者的社会关系重构，更有城市整体如何平衡更新过程产生的负外部性、如何制定政策对受益者进行公共利益还原为核心的干预，实现在场利益最大程度的社会共享。

2.7 城市更新规划管理过程与困境分析

城市更新在经济、社会等方面具有深刻的价值，也是实现社会“共建共治共享”的重要抓手。总结城市更新的实践可以知道，城市规划管理是城市更新实施过程受到制约的关键。因此，有必要梳理清楚当前规划管理的逻辑。

3 城市空间开发与再开发管理

3.1 空间开发管理过程

面向城市空间增量的开发建设包括“一级土地整理—二级土地上市—方案设计—规划报建—开发建设”等阶段。其中，方案设计、规划报建阶段受控制性详细规划（以下简称“控规”）控制指引，开发主体依据控规制定的规划条件（地块位置、使用性质、开发强度等）进行建筑方案设计，规划管理部门依据控规进行设计方案审批。在这

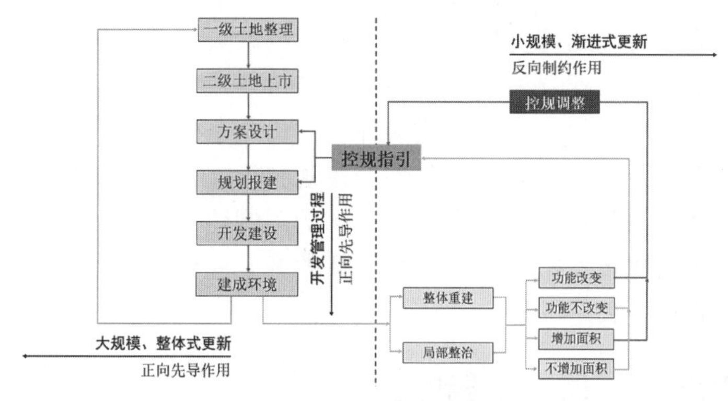

图 2　空间开发与再开发规划管理过程示意图

（资料来源：作者自绘）

一过程中，控规指引对空间开发建设形成正向引导作用（图 2）。

3.2 空间再开发管理过程

不同类型的建成环境再开发，其开发建设和规划管理的过程也存在差异。大规模、整体式更新是拆除现有房屋设施，土地变成净地后重新进行招拍挂流程[26]。而小规模、渐进式更新，如果更新过程中涉及使用性质、开发强度等规划条件的变更时，需要启动控规调整程序，再依据调整后的控规推进开发建设；其余不涉及规划条件变更的项目，均可按照正常程序进行更新（图 2）。

在旧城区建成环境中，控规划定的用地地块上或许会有成百上千的独立建筑单元，每个建筑单元也可能有多个产权主体。现有控规技术文件针对地块进行统一管控，提供带有计划属性的指标管理。现实中多以建筑单元或产权主体为单位的更新会涉及规划条件的变更，依据再开发管理的流程，更新过程需要展开控规调整程序。

4 当前开展城市更新工作的制约与困境

4.1 技术标准滞后，缺乏相关指引和规范

实际上，按照当前的规划管理程序，渐进式再开发过程必然会受到规划管理的反向制约（图 2）。一方面频繁调规难度大，因更新再开发而调整控规，给规划管理部门造成编制压力，也削弱了控规的功能和肌理[27]；另一方面，烦琐的调规程序、高昂的费用也对个体再开发形成壁垒。在这种情况下，不可避免地出现合理更新的项目难以推进，已实施的更新处于缺乏管理的“灰色地带”等现象。

渐进式更新项目难推进，核心原因在于技术标准滞后，这体现为现有各类技术标准、规范的制约，建成环境所需技术指引的缺失。国内规划技术标准、规范等大多形成于城市化快速发展阶段，滞后于城市建成环境，且主要是以服务增量开发为导向，缺少对空间、产权等建成环境的历史条件的系统性考虑，将现有规划技术标准用于再开发管理存在局限性。控规技术文件对建筑功能兼容性方面的制约，消防、日照间距规范对建筑形态变更的限制均是例证。另外，缺少面向建成环境更新的适应性技术指引，对开发主体的开发建设、对管理部门的审批许可都形成了一定的阻碍。

4.2 管理程序滞后，缺乏引导和监管

当前管理职能的固化也是造成规划管理面临困境的重要原因。现有规划管理仍

停留在精英意识主导下的内部操作，缺乏社会力量的介入，管理职能单一[28]。以建成环境功能改变为例，规划管理过程仅为更新项目的审批、许可，更新的过程一旦避开了规划管理，便失去有效的控制和监管。一方面缺乏技术力量介入，建筑结构是否安全、建筑功能是否合理等问题得不到保障；另一方面，缺乏运营监督、管理，生产经营过程对居民生活的影响、占用社区资源、增加市政运营负荷等负外部性要素难以有效控制。这些问题都指向了单一职能的规划管理存在滞后性，仅由规划管理部门主导管控，窄化了规划管理的作用和价值。

4.3 制度设计滞后，缺乏利益分配机制

作为城市整体利益和市民公共利益的代表，当前的城市规划管理仍是以控制干预为主，并未树立面向城市和市民的服务意识和全局意识。建成环境更新过程中，针对土地增值归属问题也一直处于模糊状态,导致公众利益受损。对于开发主体而言，逐利是本性，经济利益是再开发的动力，在更新过程中开发主体获取了物业的存量价值，城市和周边居民承担了社会成本，这对公众和在地利益主体而言是不公平的。缺乏利益分配制度，规划管理部门无法要求开发主体进行公共利益还原，提供公共利益回馈，导致社区利益被商业利益所侵占。

5 面向城市更新的规划管理创新

5.1 规划技术：从指标管理到边界控制，推动公共服务设施共建

城市是不断生长、演变的有机体，城市发展是不断试错的过程[29]。针对城市建成环境复杂的建设条件和多样的更新类型，规划管理应转变思路，由“完备理性”的指标管理转向“有限理性”的边界控制，以公共安全和公共利益为控制原则，为城市创新发展预留空间[29]。以建成环境改变功能为例，由原来控规单一的使用性质管理转向多种方式组合的建筑物功能控制，包括近期技术指引和远期弹性设计。近期由规划管理部门编制设计指引文件，从技术层面保障建成环境更新的可行性，基于结构安全、消防安全、负外部性等角度制定“负面清单”，规定不可改变的建筑物以及不可改变的类型，其余的类型采取论证许可制度；针对消防、日照间距的规范制约，明确“既往不咎”原则，在“不降低原有标准”的前提下允许更新行为。

远期应建立完备的规划技术体系，对用地性质和建筑功能进行大类管理，兼容性设计，制定许可的“正面清单”[5]。对消防、日照间距等规范进行适应性设计，根本性解决规划管理的技术制约（表 1），推动建成环境的更新过程。

针对功能改变的规划技术（技术指引、规范等）创新内容　　表 1

<table>
<tr><th rowspan="2">规划技术内容</th><th colspan="4">管理方式</th></tr>
<tr><th>指标管理</th><th colspan="2">边界管理</th><th>备注</th></tr>
<tr><td rowspan="4">使用性质</td><td rowspan="4">用地小类控制，使用性质单一</td><td rowspan="2">近期</td><td>“负面清单”
（不得许可）</td><td>· 不符合公共安全、建筑结构安全及使用需求
· 现状为社区公共服务设施用房等
· 规划为城市配套服务设施等</td></tr>
<tr><td>论证后临时许可</td><td>其他功能改变由专家、规划技术人员、街道管理人员等进行可行性论证</td></tr>
<tr><td rowspan="2">远期</td><td>用地大类管理</td><td>用地兼容性设计，规定主导用途，不限定具体功能，同一大类间可以进行功能改变</td></tr>
<tr><td>“正面清单”
（许可）</td><td>申请改变功能为医疗服务、教育培训、文化体育、养老服务等设施，给予许可</td></tr>
<tr><td rowspan="2">消防、
日照间距等</td><td rowspan="2">依据规范进行许可</td><td>近期</td><td>“既往不咎”原则</td><td>在“不降低原有标准”的前提下给予许可</td></tr>
<tr><td>远期</td><td>适应性设计</td><td>制定适应建成环境的技术标准和规范，精细化管理</td></tr>
</table>

（资料来源：作者自绘）

5.2 规划管理：从行政干预到协调引导，应对社会多元主体共治

创新规划管理程序，一是规划管理角色的转变，政府由计划属性下的行政“强干预”，转向引导、协调、制定规则；二是完善规划管理职能，加强技术引导和社区监管，形成“前期引导—中期协同—后期监管”的更新管理流程（图 3）。以建成环境改变功能为例，前期引导，即针对开发主体的更新申请进行可行性论证，街道管理部门担任组织方角色，社区规划师、规划技术人员、基层管理人员共同参与，依据技术指引文件对建成环境的安全性和更新需求进行论证，确保更新的可行性；中期协同，即合理统筹各个职能部门的职责，制定便于操作的政策框架和实施办法，形成给予更新项目临时许可的合法程序；后期监管，即建立长效的监督机制，动员社区力量（社区居委、周边居民）对生产运营过程进行监督，对产生的外部性进行评价，

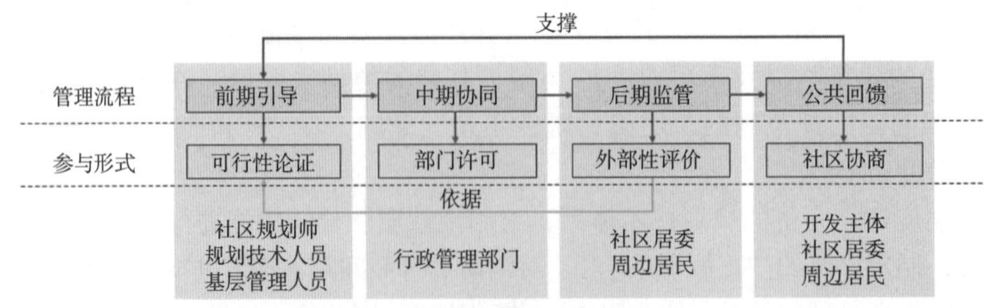

图 3　建成环境改变功能的规划管理流程示意图

（资料来源：作者自绘）

形成周期性申请时技术论证的依据。

优化规划管理程序，制定合理、可行的规划管理流程，明确多元主体的参与过程和作用，对开发主体形成有效引导和制约，最大化社区力量，实现多方参与、多方共治的目标。

5.3 制度设计：加强协商与回馈机制，实现土地存量价值共享

作为制度制定方，规划管理部门应对再开发过程中产生的"涨价归私"、"负外部性补偿"等问题进行制度设计，要求开发主体提供公共利益回馈，平衡负外部性，坚持利益共享。借鉴英国的"规划得益制度"（Planning Gain），开发主体在更新过程中应提供货币，实物或者某种权益等回馈，方能获得发展许可 [30]。以建成环境改造再利用为例，规划管理应要求开发主体选择性地提供如下公共利益回馈：提供公共性的功能，将部分建筑面积用于社区服务设施或其他公益类项目建设；整治社区公共空间，配套城市街道家具，美化景观环境；提供居民优惠价格，作为影响居民生活的补偿；对街道缴纳管理费用，作为社区组织协商、公众参与的费用等。具体的回馈内容由开发主体、周边居民在社区内部自行协商，协商结果交由街道管理部门进行仲裁、备案（图 4）。同样，公共利益回馈可以作为周期性的可行性论证的支撑（图 3）。

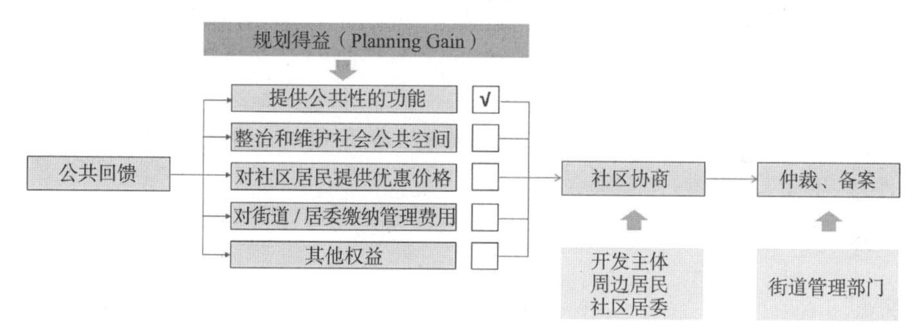

图 4　建成环境更新的公共回馈制度设计示意图

（资料来源：作者自绘）

通过制度设计分配物业再开发的存量价值，一方面有效维护公众利益，另一方面也提供了在场利益主体协商、谈判的机会，让居民更多地行使参与权和决策权。当然，公共利益回馈的制度设计主要面向营利性主导的再开发项目，对于"正面清单"类项目可适当降低标准。

6 结论与讨论

存量规划时代，城市更新具有更加深刻的经济意义和社会意义。城市建成环境是一种巨大的社会资源，为众多的空间创新活动提供载体，城市建成环境的更新释

放了土地存量价值，改善了物质空间环境，为城市发展提供了内源动力。新时代背景下，建成环境改造再利用提供了更好的生活、生产空间，承载着人民对美好生活的向往，有利于民主、公平、正义、安全等美好生活需要的实现。因此，面向城市更新的理论和实践讨论具有广泛、深远的意义。

本文立足于城市更新的价值认识，围绕基层社区治理和顶层规划管理两条主线，分别对城市更新治理内涵建构和城市规划管理体系优化展开论述。首先，在社会治理制度建设的背景下，引入“共建共享共治”理念，从城市公共服务设施共建、社会多元主体共治、土地存量价值共享等角度分析城市更新的机遇和作用。其次，结合城乡规划管理创新升级的背景，提出优化管理体系的创新策略。在技术层面，使技术标准从指标管理转向边界控制；在管理层面，使管理程序从行政干预转向协调引导；在制度层面，通过制度设计加强协商与利益回馈机制。最后，面向城市建成环境复杂的再开发过程，政府应思考规划管理职能与角色的适当转变。管理者应审时度势以应对未来的不确定性；管理过程应更加公开化、民主化，让更多的社会力量参与进来；管理目标应更加明确，即服务于城市的整体利益和社会的公共利益。

注释：

① 深圳市市政府令第290号《深圳市城市更新办法》中，将城市更新活动分为综合整治、功能改变、拆除重建。

② 详见党的十九大报告原文，第八点“提高保障和改善民生水平，加强和创新社会治理”中第六小点“打造共建共治共享的社会治理格局”。

参考文献：

[1] 翟斌庆，伍美琴 . 城市更新理念与中国城市现实 [J]. 城市规划学刊，2009（2）: 75-82.

[2] 中国大百科全书总编辑委员会 . 中国大百科全书 [M]. 北京中国大百科全书出版社，1980.

[3] 吴良镛 . 北京旧城与菊儿胡同 [M]. 北京：中国建筑工业出版社，1994：68.

[4] 王英 . 从大规模拆除重建，到小规模渐进式更新——北京丰盛街坊更新改造规划研究 [J]. 建筑学报，1998（8）: 47-52+79.

[5] 王世福，沈爽婷 . 从“三旧改造”到城市更新——广州市成立城市更新局之思考 [J]. 城市规划学刊，2015（3）: 22-27.

[6] Mumford L. The city in history：its origins，its transformations，and its prospects[J]. American Journal of Sociology，1961（2）: 5.

[7] Jacobs J. TheDeathandLifeofGreatAmerican Cities[M]. P279，Random House，1961.

[8] E. F. Schumacher. Small is Beautiful——EconomicsasifPeoplemattered[M]，HarperRowPress，

NewYork，1973.

[9] Alexander C. A city is not a tree[J]. Archit Forum，1966，122：58-62，58-61.

[10] Teaford J. C. The Rough Road to Renaissance，Urban Revitalization in America：1940-1985[M]. Baltimore：The Johns Hopkins University Press，1989.

[11] V. Bhatt，etc. How the Other half Builds[J].（1990）Research Paper，No. 11，Volume 3，CMCH McGill University，Montreal，1990.

[12] Roberts P，Sykes H. Urban regeneration：a handbook[M]. SAGE，1999.

[13] Hughes J，Carmichael P. Building partnerships in urban regeneration：A case study from Belfast[J]. Community Development Journal，1998，33（3）：205-225.

[14] Carley M. Urban partnerships，governance and the regeneration of Britain's cities[J]. International Planning Studies，2000，5（3）：273-297.

[15] 张晓阳，王世福，费彦．可实施的“微改造”——历史街区的活化提升策略探讨 [J]. 南方建筑，2017（5）：56-60.

[16] 吴丽佳．历史街区小规模、渐进式更新理论探析 [J]. 科技信息（学术研究），2008（13）：28-29+31.

[17] 阳建强，杜雁，王引，等．城市更新与功能提升 [J]. 城市规划，2016，40（1）：99-106.

[18] 丁凡，伍江．城市更新相关概念的演进及在当今的现实意义 [J]. 城市规划学刊，2017（6）：87-95.

[19] 方可．当代北京旧城更新——调查．研究．探索 [M]. 北京：中国建筑工业出版社，2000.

[20] 张杰，庞骏．旧城更新模式的博弈与创新——兼论大规模激进与小规模渐进更新模式 [J]. 规划师，2009，25（5）：73-77.

[21] 刘巍，吕涛．存量语境下的城市更新——关于规划转型方向的思考 [J]. 上海城市规划，2017（5）：17-22.

[22] 王世福，卜拉森，吴凯晴．广州城市更新的经验与前瞻 [J]. 城乡规划，2017（6）：80-87.

[23] 张更立．走向三方合作的伙伴关系：西方城市更新政策的演变及其对中国的启示 [J]. 城市发展研究，2004（4）：26-32.

[24] SmithN. Toward a theory of gentrification a back to the city movement by capital，not people[J]. Journal of the AmericanPlanning Association，1979，45（4）：538-585.

[25] 朱介鸣．制度转型中土地租金在建构城市空间中的作用：对城市更新的影响 [J]. 城市规划学刊，2016（2）：28-34.

[26] 邹兵．增量规划向存量规划转型：理论解析与实践应对 [J]. 城市规划学刊，2015（5）：12-19.

[27] 衣霄翔，吴潇，肖飞宇．美国的“区划变更”及其对我国“控规调整”的启示 [J]. 城市规划，2017，41（1）：70-76.

[28] 周建军．转型期中国城市规划管理职能研究 [D]. 同济大学，2008.

[29] 杨保军，陈鹏．社会冲突理论视角下的规划变革 [J]. 城市规划学刊，2015（1）：24-31.

[30] 张俊．英国的规划得益制度及其借鉴 [J]. 城市规划，2005（3）：49-54.

备注：

本文原发表于《城乡规划》2018 年第 4 期。

课题资助：

国家自然科学基金项目（51878285）；粤港澳大湾区广州智库 2018 年度重点课题（2018GZWTZD24，2018GZWTZD25）；广州市人文社会科学重点研究基地成果。

作者信息：

王世福，华南理工大学建筑学院，亚热带建筑科学国家重点实验室，教授，博士生导师。

张晓阳，华南理工大学建筑学院，研究生。

费　彦，华南理工大学建筑学院，亚热带建筑科学国家重点实验室，副教授。

卓越·深圳中心——深圳CBD核心区城中村蝶变全球都会中心

中国指数研究院

1 项目概述

卓越·深圳中心是深圳最中心位置的破旧城中村——岗厦村的更新改造项目，也是深圳市最早提出城市更新的大体量项目之一，占据了深圳中心区1/9的土地。作为最中心的城中村改造项目，项目从立项开始，每一个节点都备受政府、社会各界人士的关注，堪称深圳市至今建设标准最高、改造难度最大的旧改项目。对于这样一个极具挑战的城市更新项目，由卓越主导、与政府充分协同、统筹联合国内外各类优秀团队的市场化运作方式是其成功实现更新的关键。

图1 项目改造效果

1.1 高标准——打造世界级项目

项目位于凝结着深圳繁华、历史“沧桑”以及厚重人文沉淀的核心位置，注定了其更新改造的非凡使命。

在这一背景下，项目投资商共同确立了战略目标，即“将深圳中心建设成全方位超越传统综合体，在品质和标杆性上无可比拟的世界级项目”。项目定位对标国际知名项目，如第五大道、香榭丽舍大街等。

2013年5月起，卓越·深圳中心项目发起“走读国际大都会”活动，与专家一同考察伦敦、巴黎、纽约、东京四座国际大都会，吸取其城市建设经验，在深圳中心项目中实践。

1.2 高难度——面积大、人口多、复杂

2006年，岗厦旧改正式启动，项目面临68栋楼的拆迁量，54万平方米的改造面积，

近10万的迁移人口，均是深圳旧改历史上从未出现过的数字。超100万平方米的建筑开发量，即使放眼于现在，也是城市更新的巨无霸项目。

项目改造需同时兼顾民众、政府、企业多方利益——涉及近5000户返迁住宅公寓、约15万平方米返迁商业，同时还要满足政府对中心区双龙起舞的城市空间要求，更要兼顾到卓越持有物业、销售物业的品质。

项目改造规模大，涉及利益相关方多，其中的各方沟通、协调难度之大可想而知。

改造后的卓越·深圳中心项目占地面积约22.3万平方米，总建筑面积约140万平方米，包括约50万平方米豪华住宅及公寓，两栋超甲级写字楼，800米中央大街，30万平方米都会商业，规划有云端会所、文天祥纪念馆、设计艺术中心、国际学校等。

卓越将落后旧村升级改造为全球都会新中心，打造中心区最大规模的都市综合街区，跨度大、难度高，在区域升级的同时保护历史文化得以传承，堪称全国旧村改造经典案例。

2 更新经验：协同政府、市场化配置国内外资源，实现优势互补

城市更新项目与传统房地产开发项目相比，其中的不确定性更多，尤其是卓越·深圳中心项目地处核心地段，体量大、人口多，要求高，进一步提升了深圳中心项目的更新难度。卓越集团基于多年深耕城市更新改造的经验，与政府充分配合、聚合各领域国内外优秀团队资源、传承村民文化记忆，多措并举、攻坚克难，力促项目顺利推进。

2.1 经验丰富：深谙核心区域城市更新项目运作可能遇到的问题，提早预防，有效应对

（1）充分沟通，积极协同政府工作

在卓越·深圳中心项目的实施过程中，保持与政府相关部门的信息对称与信息公开的及时性，是卓越重点关注的工作之一。项目体量大、涉及的内容多，很容易出现政策法规不明晰的问题，及时让政府部门参与进来，了解工作的全过程，一方面有利于审批工作的推进，另一方面对政府来说，也是政策规范补漏过程的重要依据。

（2）养了一批经验丰富的员工，成为项目顺利推进的“利器”

卓越集团在深圳中心的项目推进中，派出的多数是一直追随集团发展的经验丰富的老员工，专业程度高、职业素养高。在项目的推进中，专业化的团队充分利用以往房地产开发经验，引导了整个项目开发的节奏，并在政府政策及职能出现调整时确保项目的正常推进。

2.2 重协作：引入实力团队共同开发，实现了各方资源互补，体现市场化协作理念

城市更新是一个复杂的过程，涉及规划、设计、建设等多个方面，卓越在深圳中心项目改造过程中引入不同背景的主体参与，与众多国际一流设计顾问团队合作，过程中体现了卓越强大的资源整合能力：将优秀的团队聚合到一起，共同推动更新工作高质高效完成，实现合作共赢。

卓越通过资源协同，联合广大优秀合作伙伴协同作战，由SOM、CALLISON、KPF、L&O、SWA、MVA、WSP、LPA、HBA等36家国际一流团队合作，共同打造高端综合大都会，实现多方共赢。

在立项之前，卓越便邀请了世界知名的咨询顾问、规划设计团队进行国际招投标，从经济、社会可持续发展、城市设计、宜居环境、人文精神等层面进行分析，历经三年多确立了整个项目改造的专项规划。

（1）商业部分

项目商业部分由美国最大的建筑公司、商业设计的全球领导者CALLISON做整体规划，设计邀请了SOM、SWA、KPF等顶尖建筑师事务所，综合各个政府部门、各类设计单位的意见和建议，进行规划布局和建筑单体设计。规划以“活跃的开放式街区”为基本理念，让人们重新回到地面活动，唤回城市应有的活力，建设一个“没有围墙、完全开放、充满魅力的城市空间”。

（2）写字楼部分

一栋350米高写字楼由KPF担纲设计。KPF是一家国际知名的建筑师事务所，擅长超高层建筑设计。我国480米高的香港环球贸易广场、492米高的上海环球金融中心、660米高的深圳平安金融中心均出自KPF之手。此次，其基于深圳市花“簕杜鹃”为深圳中心写字楼建筑顶端设计了四片花瓣的造型，充分凸显了深圳特色。

另一栋150米高写字楼由SOM担纲设计，SOM是世界顶级设计事务所之一，

图2　商业部分室内

图3　商业部分夜景

图 4　商业部分室外

图 5　写字楼鸟瞰

因其为商业集团、公共社团和投资商所设计的高品质办公楼而著称于世。在该写字楼设计中，其将中国传统园林中特有的窗棂格子元素融入当代建筑，使建筑呈现出独特的设计风格。

（3）公共空间部分

为了凸显项目“立体城市”规划理念，卓越聘请了法国设计师设计空中天桥，使得项目内部多种业态和服务空间可通过地下、地面、地上三层交通体系贯通，形成四通八达的循环网络，不仅实现了高楼大厦和开放式街区有序连接，同时也增添了城市美感。

2.3　融化情感：项目改造注重人文情怀，村民文化顺利传承

对于城市更新项目来说，提升城市环境的同时，也要注重文化复兴，要尊重、敬畏文化。文化是一座城市重要的软资产，如果只是物质化的改变，会使城市的文化韵味大打折扣。如何在城市更新的过程中,保全城市历史与传统,是一个非常关键的问题。

卓越 · 深圳中心改造过程中，在岗厦村家族姓氏传承和家族传统的保留上，卓越可谓不遗余力。

岗厦村是一座有着 700 多年历史的老村，原住居民几乎全部姓文，是民族英雄文天祥的后裔。为了延续文氏后人对文天祥的缅怀，深圳中心项目从立项开始就十分尊重历史和传统。

图 6

在整个项目最核心的地下商业层中，卓越选择了一块约 2500 平方米的区域，专门打造了一个“文天祥纪念馆”，馆内文物均采集自岗厦村村民。纪念馆还全程记录了岗厦村拆迁和改造的全过程。

文天祥的精神是一种文化传承，今后市民来到城市公共广场的时候，

可以在各类社交活动中体验更多的历史文化感。对历史的了解和铭记，将与购物、饮食、休闲一样，成为市民的日常活动，这样更有利于城市文化的传承。除了建设文天祥纪念馆，卓越还组织了文家后人对文天祥雕塑、文家精神堡垒的探讨，体现了更新对文化保护的回应。

3 更新成效：城市中心“造城”，形成商务、生活与文化相融合的新都市空间

从卓越·深圳中心项目整体功能分区规划来看，改造后的项目相当于在深圳核心区再造了一座“城”。项目涵盖业态极为丰富，涉及社会生活的方方面面，满足居民工作、生活、娱乐等各方面需求，其建成后将成为深圳最具标志性的城市综合体。

具体来看，深圳中心项目改造完成后，将从以下方面为地区、居民及城市带来影响：

3.1 完善了交通枢纽功能，便捷居民出行

卓越·深圳中心项目所在位置跨越了三条城市主干道，连接了6条轨道交通，是4条地铁线，近50个公交站点、高铁站组成的城市级交通枢纽，项目改造完成后为城市交通、市民出行均带来了极大的便利。

目前，乘坐广深港铁路从深圳中心区至香港中环仅需15分钟左右，到广州30分钟，到武汉4小时，到北京8小时。

3.2 高品质写字楼提升了城市核心区商务空间新标准

项目建成后将形成聚合政治、金融、产业、咨询配套资源的超甲级写字楼，可满足不同业态的企业需求，领衔核心区写字楼群发展。其中，350米超甲级写字楼是深圳第一栋全双轿厢超甲级写字楼。从全国来看，采用双轿厢设计的均为城市地标性项目，如上海环球金融中心、香港环球贸易广场ICC等，双轿厢的优势在于可大幅提升办公效率，增强员工工作的满意度。

此外，项目还取得了美国绿色建筑委员会颁发的国际LEED金级预认证，标准层无柱无墙，并采用多项生态环保的建筑技术，充分体现了绿色、效率、人性化的理念。

3.3 豪华住宅：国际化设计营造高端居住氛围

项目规划建设的豪华住宅部分，彰显了卓越集团的国际视野和高端项目的超强打造能力。

卓越聘请了担纲设计众多国际知名酒店的HBA打造首层大堂；聘请景观建筑、规划、城市设计专业中公认的世界级领导者SWA设计住宅专属景观。在建设设计

前期，设计团队走访了全球四大中心——纽约、伦敦、巴黎和东京，采集豪宅经典样板。

3.4 配套设施完善，丰富城市功能

卓越代建艺术中心、社区文化室、垃圾转运站、天桥、道路等配套设施，完善了城市发展所必需的功能。

项目规划配建的 30 万平方米商业，共分为 5 大商业主题区。此外，规划建设的 800 米长街成为众多品牌汇聚的国际消费中心，进一步强化了深圳国际化都市的地位。

项目还配建有公共都会剧场、多种功能会员制 CEO 俱乐部、国际小学和幼儿园等。

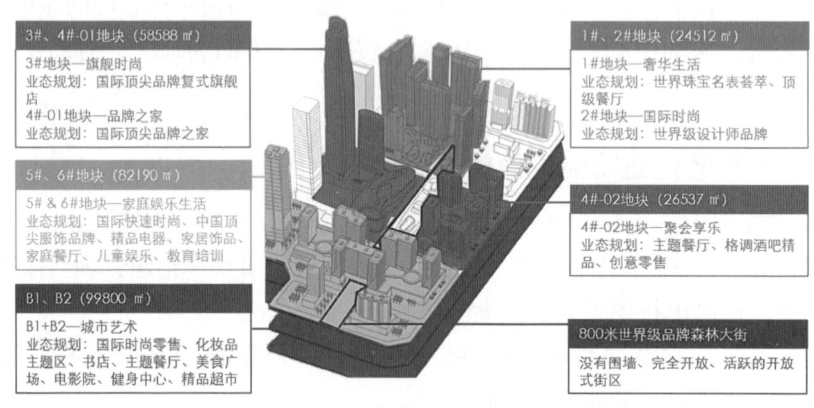

图 7 卓越深圳中心项目商业部分功能分区规划图

3.5 升级村民生活方式，长期收益获保障

项目改造前的建筑大多为村民所有的握手楼，其中常住村民 486 户 /900 人，暂住人口达 6.7 万人，租客庞杂，时有不法分子混杂其中，管理难度大，村内环境恶劣。片区规划布局混乱、安全隐患严重、市政基础和公共配套设施不足，与深圳现代化的城市形象极不相称。

项目改造后，为村民返迁了近 5000 户住宅公寓、约 15 万平方米商业；村民居住小区环境优美，而且采用信息化的统一管理模式，为村民生活环境带来改变，返还的商业部分也将为村民带来更具持续性的收入。

卓越·桥东项目一期——政企协同高效推进城市更新样本

中国指数研究院

1 项目背景与概况

桥东片区地处沙头角西南部，接壤香港新界。20世纪80年代，作为改革开放的最前沿阵地，曾是深圳最繁华的地方，每天有成千上万的国人涌入。三十多年以后，桥东片区内居民楼建筑年限普遍较长、公共配套十分匮乏、居住环境卫生较差、生活设施老化，存在严重安全隐患。这与居民美好生活的需求相差甚远，也制约了城区升级发展，更新迫在眉睫。

在这一背景下，桥东片区2010年被列入深圳城市更新单元第一批计划，成为首批八个旧住宅小区更新改造试点之一。2016年6月，卓越集团进驻后，桥东片区旧住宅区改造进入快车道，市场民主、公开透明、互信互通的拆迁模式得到了各级政府和广大业主的认可和配合。桥东项目因所处片区区位、交通以及景观资源条件优越，被列入2017年盐田区重点城市更新项目，是盐田区最重要的居住片区和门户地区，项目进一步得到政府和企业的高度重视。2018年8月，在政企协同高效推进下，项目一期完成100%签约，12月正式签订土地使用权出让合同，创造了深圳城市更新强区放权以来实施主体确认和土地使用合同签订的全市最快速度。

卓越·桥东项目一期破解了深圳旧改“拆不动、赔不起、玩不转”的难题，为深圳城市旧住宅改造项目加快推进起到了示范作用。项目通过重塑片区居住生活空间，完善周边公共服务功能等，将打造成为以居住为主导，集休闲、商业、教育等配套于一体的综合性区域中心。项目建成后，将明显改善该片区居住生活环境，让片区居民享受城市功能提升带来的便利与繁华，促进桥东片区焕发新的活力。

图1 桥东一期·效果图

1.1 业主访谈——6 栋业主：王龙彪

“二十多年前，这里是区委各单位宿舍，生活、娱乐、交通等配套都十分方便。现在，小区配套等各方面硬件都已老化严重，特别是没有电梯，对大多数像我这样 50 多岁的人来说十分不便。

老旧小区改造关系到千家万户，然而我们这个小区前期改造的滞后也给我们生活带来了一些压力。卓越来了以后，经过两年的不懈努力，终于完成了拆迁。

在这个过程中，我发现他们运用了“法理情”的拆迁理念。用法治道理来跟我们居民沟通，用情去感动大家。特别是在我们小区有很多上了年纪的人，在生活中有很多不方便。这些年轻人进来以后，把这里当自己家一样，处处帮助我们这些业主。在谈判中也好，在搬迁中也好，他们都做了大量工作，我们都很受感动，所以现在大家都很认同卓越。”

1.2 业主访谈——7 栋业主：刘惠群

“1988 年，我们搬到桥东这个小区，当时是盐田区最好的地方。这里临近中英街，人气很旺，大家都很愿意来这里。后来中英街慢慢没落了，特别是 2000 年以后，这里环境就变得很乱了，治安也很差，每一栋楼基本上都被小偷光顾过，我家也不例外。

十年前，这里启动旧城改造，我们这里的房子要推倒重建。当时我就盼望着什么时候能完成拆迁，住进高档小区的新房，那时这只是一个梦想。没想到十年后梦想变成了现实。

特别是卓越来了以后，拆迁的进展就很快了。我们知道卓越是大品牌，在深圳中心区到处都有它的项目，我们也信心百倍，早早就签约了。现在看到工地日夜开工，听到每天都有声音在响，我们对将要住上的新房充满了期待。”

图 2　桥东一期 · 实拍图

2 更新经验

2.1 政企协同、公开透明、互信互通促高效拆迁，2 年完成 100% 签约

（1）政企协同高效推进拆迁

作为深圳首批旧住宅区改造试点项目之一，本项目审批推进过程中与政府对接环节繁多。另外，作为旧住宅区改造项目，涉及居民较多，拆迁任务艰巨。

政企协同在项目报批报建和拆迁过程中起到了重要的推动作用。

报批报建环节中，成立了以区政府相关部门为主导的旧改工作领导小组，监督指导工作，强化政企沟通对接，加快了项目的审批进度。

拆迁环节中，更新局、街道办等政府部门派出专门人员参加卓越集团组织的业主活动和业主座谈会，为业主讲解最新的政策动向、拆迁程序等，为业主解答拆迁中遇到的问题。政府部门针对拆迁工作，向业主宣传、解释到位，成为项目高效拆迁的重要推动力。

以本项目为载体建立的政企协同机制，在法律、制度的框架下，搭建“高效沟通、节点管控、多方兼顾、优势互补”的市场化工作平台，充分发挥各自优势，优化制度保障和项目高效管控，高效稳妥地完成项目拆迁工作，实现百姓、政府和企业的多方共赢。

（2）公开透明的市场化拆迁赔偿方案

2016年6月，卓越集团正式进驻桥东旧改项目。更新改造过程中，卓越团队坚持市场化主导方式处理拆迁利益分配问题，在清晰、明确、既定的预期收益和公开透明的拆迁补偿规则下，居民和企业利益都得到了很好的兼顾。卓越市场化更新改造模式得到了各级政府和广大业主的认可、支持和配合，形成更新改造的合力，为桥东项目的推进奠定了基础。

2018年8月底，桥东项目一期共236套物业、218户权利人完成100%签约，3个月后完成现状建筑物拆除、实施主体确认、产权注销、用地审批等各项拆迁报建手续。2018年12月，项目正式签订土地使用权出让合同，创造了深圳城市更新强区放权以来实施主体确认和土地使用合同签订的全市最快速度，为深圳其他旧住宅区改造项目加快推进注入了一针强心剂，对整个城市更新行业起到了示范效应。

（3）互信互通、因人而异的工作方法

旧住宅区拆迁由于产权关系复杂、权利主体多且分散、多元利益诉求难以平衡等因素，成为城市更新项目中最大的难点与变数。

卓越团队在城市更新相关法律制度的框架下，按照互信互通的原则，与每位业主进行充分沟通协商，针对业主的顾虑对症下药，根据业主的诉求因势利导，因人而异、因地制宜地推进拆迁工作，最终得到业主的信任完成100%签约。该项目从未出现由拆迁引起的负面性民生事件。此外，项目方还承担了部分市政道路等公共配套建设，提升社区居住环境，获得了政府、社会和业主的认同、信任和支持，实现了多方共赢。

（4）人文拆迁传递民主关怀

卓越团队进场后，通过长时间的摸底沟通，充分了解业主的诉求、心理预期和实际需求，制定人文关怀方案。团队成员通过走访业主，主动帮助业主解决家庭琐事和生活中的困难，与业主形成了良好的互动，彼此成了好朋友。如：雨天开车送高龄老人返回东莞家中、为百岁老人发放现金红包等人文关怀细节感染了街坊业主，与业主形成了良好互信关系。此外，作为全国首家城市更新集团，卓越率先提出将回迁房与商品房品质保持一致，提升了行业标准。在桥东旧改项目中，卓越也坚持此项原则，使业主充分享受到城市更新带来的好处。

（5）安全拆迁不留隐患

桥东项目一期位于人群聚集区，三面环路，高峰期人流、车辆密集，对拆迁安全防护要求较高。卓越团队进场后，即进入“五加二、白加黑”工作模式，不分昼夜时刻坚守项目现场，对现场实行24小时无漏角监控，不放过任何安全隐患。

在实施建筑物主体拆除前，卓越拆迁团队还得到深圳盐田公安分局的警犬协助，对拆迁范围内的所有建筑物进行全方位无死角搜索复查，排除每个房屋安全隐患，实现了安全拆迁360° 闭环管理。

在有效的安全防护措施下，拆迁期间无安全事故发生，且保证了临近道路公共车辆畅通无阻、社区居民生活不受影响。

（6）行业数据

截至2018年底，深圳城市更新项目立项746个，已批规划451个，取得实施主体191个，实施率大概是25.5%。深圳首批通过的8个旧住宅改造项目，仅桥东片区一期和鹤塘小区完成拆迁。

深圳首批通过的8个旧住宅小区改造项目　　表1

项目	启动时间	拆迁进展
桥东片区一期	2010年	2016年6月启动拆迁，2018年8月完成100%签约
海涛花园	2010年	签约谈判已近九成，预计2019年底完成签约
木头龙小区	2010年	2015年完成90%签约，至今未完成签约
金钻豪园	2012年	至今未完成签约
华泰小区	2010年	因进展缓慢被调出更新计划
龙溪花园	2010年	2018年完成78%签约
鹤塘小区	2010年	2016年9月完成100%签约
南苑新村	2012年	2018年拆迁签约率已超过90%

（资料来源：广州日报大洋网、深圳房地产信息网）

2.2 完善社区配套，融入多元商业功能，提升居住生活体验

（1）完善社区配套设施，营造和谐人文、舒适便捷的社区生活方式

桥东项目一期规划建设5万平方米高品质住宅（含0.4万平方米保障性住房）、2.2万平方米商务公寓、0.5万平方米商业及0.24万平方米幼儿园等。

图3 桥东一期·改造前后对比

建筑规划方面，桥东项目一期将采用海绵城市的理念，增强建筑防涝能力的同时养护水资源，促进人与自然的和谐发展。

项目根据社区居民需求结构，将完善老年人的居住生活配套，增加幼儿园容量，增设体育运动设施，满足老、中、青、幼等各年龄阶段居民生活需求，力争为居民提供舒适便捷的生活空间。

此外，项目根据城市住房保障需求，将配备人才保障住房，吸引城市高素质人才定居生活，为区域转型发展提供了人力资源支撑。

（2）融入消费、娱乐、休闲等多元功能，打造服务多元需求的社区综合体

桥东项目一期将充分考虑社区多元化生活需求，增加消费、娱乐、休闲等商业功能，将居住生活与休闲娱乐功能融合，塑造成为社区综合生活空间。居民既可在家中享受温馨恬静的家庭生活，又能出门体验时尚繁华的都市生活，大大提升了居住生活体验，满足现代都市多元化的生活需求，促进不同人群的交流。

3 更新成效：满足居住升级需求，助力桥东片区焕发活力

3.1 “桥东速度”回应居民更新改造的迫切期待

曾经繁华的桥东片区已变得陈旧老化、脏乱差、安全问题突出，居民改造需求十分迫切。2016年卓越进场后，投入大量人力、资源、资金，全面推进拆迁工作，坚持市场主导、公开透明、互信互通的拆迁模式，得到了各级政府和广大业主的认可。桥东项目一期2年后完成100%签约，3个月后签订土地出让合同，刷新了深圳旧住宅区拆迁的最快速度。

图 4　桥东一期 · 100% 签约

3.2 “桥东社区”满足不同人群社区生活需求。

桥东项目一期一方面将同步建设公共设施，完善片区服务配套，优化社区居住生活环境，提升居民居住质量。另一方面，还将为社区提供保障性人才住房，增加幼儿园容量，缓解区域保障住房不足和学位紧张的矛盾；增设体育运动设施，满足桥东片区不同年龄阶层的社区生活需求，大大方便居民生活，提升社区治理水平。

3.3 “桥东综合体”助力老城旧区焕发活力。

随着深圳的城市中心不断西移，该区域逐渐没落，失去了往日的繁华。桥东项目一期总投资 11.5 亿元，将顺应城市发展实际和居民都市生活的多元需求，融入消费、娱乐、休闲等多元商业功能，打造成为综合性区域中心。项目建成后将弥补桥东片区商业供给的短板，让片区居民享受城市功能提升带来的便利与繁华，促进桥东片区焕发活力。

卓越·世纪中心——CBD旧商业区改造，打造深圳村集体经济转型升级典范

中国指数研究院

1 项目概述

卓越·世纪中心是深圳福田中心区CBD内城市更新改造项目。项目地块原为皇岗村留用地，区内建筑原为普通家私城。随着城市的发展，项目所在的城市核心区功能不断升级，配套设施、交通规划进一步完善，改造前建筑形态和产业能级与该区域发展定位已极不匹配。对其进行改造是顺应时代的需要，对整个城市的综合发展也大有裨益。

基于项目所在区位（深圳核心区）及其改造所处时期（深圳发展重点由“增量扩张”向“存量优化”转变）的特殊性，该项目的更新改造承载了更多使命，建筑功能要形成核心区的新引领、新标杆，更新模式要对之后深圳城市更新起到示范意义。卓越集团作为开展城市更新的市场主体，担当该项目的更新使命，从项目规划阶段、建设阶段到后期运营阶段均体现了市场化运作的城市更新特色。

卓越集团将项目打造成集国际标准超甲级写字楼、高端商业、高端商务公寓和酒店于一体的大型地标性都市综合体，主要面向海内外实力雄厚、信誉良好的外资公司及国内品牌企业。

图1 旧家私城内景

图2 项目更新效果

更新后的项目是中心区最早的大型商务综合体，填补了当时国内与国际标准相接轨的甲级写字楼的缺口，成为深圳 CBD 中心区标志性商务建筑群的重要组成部分，与地区优异的资源禀赋相契合，与深圳市经济的快速增长相匹配。

制定项目更新改造规划前，卓越派出专业团队研究地区、城市发展规划，据此制定的项目规划更具前瞻性，对引领地区发展起到了积极作用，符合城市发展需要；建筑阶段前卫取材、精工打造，树立了区域标杆；作为拆迁补偿返还给村民的皇岗商务中心是深圳村集体股份中净资产最高的物业（单栋楼估值超过 100 亿），使皇岗村一举成为深圳村集体经济转型的典范。

2 更新经验：精准定位、专注品质、智慧运营

2.1 规划阶段

识大势：项目定位契合城市发展规划，更具前瞻性、立足高起点，卓越·世纪中心项目建设期正值深圳城市发展重心转变、地区升级机遇到来之际，为此卓越成立了专门的政策研究团队，在项目更新改造前期即对城市和地区的发展规划、定位以及发展方向做系统化研究，项目的更新改造规划和定位均追随城市和地区的发展方向来制定，据此制定的项目规划与城市整体发展规划相契合，与周边环境相匹配。在更新勘测和规划设计初期，卓越将完善的配套与丰富功能融入项目设计中，对实现物业升值、带动整个区域价值的提升起到了积极作用。

（1）城市发展重点由“增量扩张”向“存量优化”转变

卓越·世纪中心项目地处深圳福田 CBD 中心区，改造时正值深圳城市发展进入瓶颈期。在这一时期，深圳市制定新的城市规划（《深圳市城市总体规划 2007-2020》），将发展重点由“增量扩张”向“存量优化”转变。

（2）福田中心区作为深圳金融产业发展的唯一主中心，迎来重大发展机遇

在新的城市规划中，深圳城市性质确立为“创新型综合经济特区，华南地区重要的中心城市，与香港共同发展的国际性城市”，进一步明确了“深港关系”，在加强深港合作方面，完善深港金融合作机制成为首要发展目标。在这一背景下，福田中心区作为亲港区域以及深圳金融产业发展的唯一主中心，迎来重大发展机遇。

（3）福田中心区 CBD 定位为国内有重要影响力的中央商务区

CBD 中心区也是深圳的政务中心区，是深圳市政府所在地，区域整体规划前瞻高端，有深圳城市名片的美誉。这里汇聚了世界 500 强中超过 100 家企业，众多高端商务写字楼、高端酒店公寓、会展中心、市民中心等市政配套云集，是深圳未来发展的重要载体，区内土地可谓寸土寸金。

为匹配深圳福田区 CBD 中心区高端规划和未来发展趋势，卓越集团将卓越·世

纪中心规划为集具有国际标准的超甲级写字楼、高端商业、高端商务公寓和五星级酒店于一体的大型地标性都市商务综合体，面向海内外实力雄厚、信誉良好的外资公司及国内品牌企业。此外，卓越还规划将项目打造成为 CBD 中心区标志性商务建筑群的重要组成部分，推动深圳 CBD 中轴空间的塑造。

2.2 建设阶段

重品质：建筑用材前卫，绿色环保，项目兼具美观和实用性

卓越·世纪中心的品质理念在建设阶段得到了充分体现，其选用的建筑材料在当前来看都较为前卫，建筑工艺也十分精湛，不仅注重外表的精致、美观，还将各种先进的环保理念及相关技术应用于项目建设中。项目建成后，以 41 分的高分取得了美国绿色建筑委员会（USGBC）颁布的 LEED 金级认证，成为华南区域首个获得 LEED 金级认证的写字楼物业，成为高端绿色建筑。

（1）建筑材料前卫、工艺精湛

项目四栋塔楼内部和外部的四处角落被轻微切割，形状像轻微切割的菱形钻石，在大多横平竖直的中心区建筑中，实现了“简约不简单”的目的，标志性极强。为了实现钻石切面，卓越在拼接钻石切面造型的玻璃、铝合金上进行了国家级攻关。

大堂墙体造型采用分量轻、硬度高的西班牙云石，不易变形，易安装，透光效果明显，是目前装饰行业最前卫、最流行的环保装饰材料。

幕墙玻璃为专门设计定制的钢化中空 LOW-E 玻璃，其颜色在不同天光效果下会显现出不同的色彩，使项目独树一帜，成为中心区一道靓丽的风景线。

外墙材料采用厚达 1.8 厘米的花岗岩（比一般的 1 厘米厚 80%），全钢化 LOW-E 中空玻璃，规格为 8+12+8（比一般的厚 35%）。

钢化中空 LOW-E 幕墙玻璃膜层中含单层银面，使玻璃可见光透光率较高，实现了良好的自然采光。另外，更低的遮阳系数 Sc，能有效限制太阳热辐射，尤其是减少近红外热辐射透过，有效节约能源，提供了健康的环境。

（2）内部配套高规格电梯和空调系统，实用且舒适

在电梯选择上，项目均采用原装三菱进口电梯。速度高达 6 米 / 秒，电梯的候

图 3　建筑用材绿色环保

图 4　建筑用材绿色环保

梯时间小于 35 秒。1 号楼 20 部电梯，2 号楼 20 部电梯，3 号楼 6 部电梯，4 号楼 10 部电梯，电梯配备量充足。

项目由 4 栋楼围合而成，其中 1 号楼、4 号楼都采用一、二层双大堂设计，在功能设计上将高区和中低区电梯厅由一、二楼分开，大大提升了电梯工作的效率，缓解了上下班高峰乘电梯难的问题。

空调系统方面，项目使用的是特灵（中国）冰蓄冷 VAV 空调系统（此系统在国外高层建筑中使用率达 95%）。优点在于：夜间蓄冰、白天供冷，降低空调运行费用 30%~40%，环保节能；相较传统中央空调，VRV 空调办公室内空调管道无冷凝水，不渗漏，确保办公设施设备安全。

另外，系统中自带新风系统，进行初效过滤和紫外线杀毒，将新鲜清洁的空气源源不断地送入室内；变风量箱分配合理，平均 36 ~ 38 个 / 层，制冷量均是 4070RT。如，1 号楼 4 ~ 16 层、32 层 36 个，18 ~ 31 层 37 个，34 ~ 48 层、50 ~ 62 层 38 个，避免出现楼层越高制冷效果越差的现象。

2.3 运营阶段

强运营：以智能系统为运营载体、配建活力商业、引入高端物业服务

卓越 · 世纪中心的四栋建筑以写字楼为主，面向海内外实力雄厚、信誉良好的品牌企业。在经济技术飞速发展过程中，外观再精致的建筑也总有被超越的一天，后期的运营管理才是体现写字楼项目内在价值的关键。卓越通过智能化运营管理、配建与进驻企业相匹配的商业配套、引入优质物业服务等，使整个项目保持活力。

（1）将 O+ 智能系统应用于项目运营管理中，为入驻企业营造安全、可靠、高效的工作场所

O+ 智慧系统是卓越集团基于多年的 CBD 运营经验打造并不断优化的运营管理工具，为写字楼 / 园区提供一站式智慧平台解决方案（软件、硬件、改造升级、采购、顾问等）。

卓越以智能系统为载体，能够做到对各个子系统（如：视频监控系统、门禁管理系统、停车场管理系统、照明系统等）进行全程集中监测和管理，为写字楼搭建了统一的信息化管理平台。基于此，使各个原本独立的子系统，可以在统一的智能管理平台做到充分数据共享。

此外，卓越还在项目运营中上线了写字楼 APP，无缝链接物管和楼内企业用户及平台商户。用户可通过 O+ 享受手机通行、访客邀请、超级前台、故障报修、停车缴费、共享空间、商旅服务、电子发票、优惠互动等高效便捷的服务，覆盖办公 8 小时的“衣食住行”所需。

通过线上软件、系统与线下服务相结合的方式，项目借助 IT 系统实现物业的可控化、可视化、可量化以及自动化管理，持续改进运营效率，进一步为进驻企业提供良好的办公环境，提高其办公效率，降低非核心业务的管理成本，实现了项目的增值运营。

（2）在写字楼区规划建设了配套综合商业体，弥补了区域商业欠缺的问题

卓越·世纪中心所处位置与多个大型商圈交汇，是金融、商务、办公的集聚地，当区域内商务写字楼不断增加后，片区商业配套不足、活动人群过于单一的问题也开始显现，下班之后随着办公人群的离去，CBD 显得十分冷清。

为了改善中心区商业功能不完善、商业配套设施欠缺的现状，卓越·世纪中心配建了近 4 万平方米的综合商业体“卓悦 intown”，汇聚了购物、休闲、娱乐、餐饮等多元业态。项目开业后一举成为高端写字楼配套商业的代表，商铺日均客流量达到 6 万人次以上，使商务精英在工作的快节奏和生活的慢时光之间找到了最佳平衡，体验到前所未有的商务休闲方式，也为 CBD 周边高级社区的家庭提供了一个近在咫尺的休闲娱乐空间、美食飨乐地，令中心区从此变得更加缤纷多元。此商业项目大大提升了周边社区居民的生活品质，成为中心区商业生态圈的重要补充。

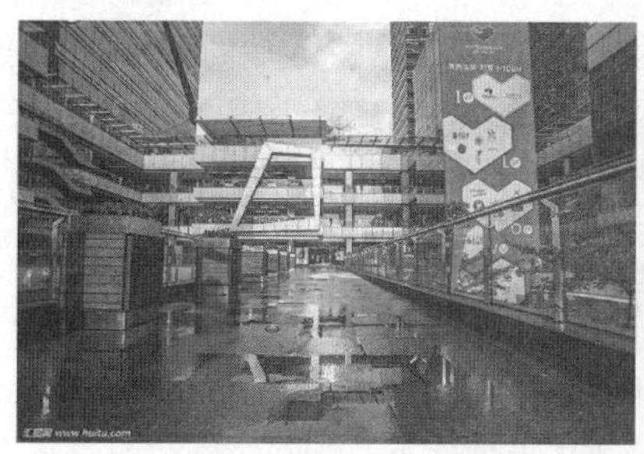

图 5　卓悦 intown 综合商业体

（3）引进国际高端物业服务

物业管理是令物业保值升值、保证租户放心和长期入驻的关键。卓越·世纪中心项目引入了国际金钥匙提供全程物业的资产管理和运营服务顾问，美国拥有 200 多年国际品牌及高端物业管理经验的专家——仲量联行，提供顶级物业管理，为进驻企业提供“安心、省心、放心、开心、同心”五心物业服务。

3　更新成效：完善了区域功能、带动了区域产业升级，为村民带来稳定高收益保障

3.1　打造了城市“集约式”商务模式

更新后的卓越·世纪中心两栋楼以 280 米和 250 米高度刷新了当时深圳中心区的建筑高度记录，成为当时深圳福田中心区 CBD 的新地标。此外，项目是华南首个获得国际 LEED 金级认证的写字楼，集写字楼、商业、酒店为一体，在当时引领了深圳全新“集约式”商务模式。

3.2 建筑形象重塑，带动了区域形象及功能的提升

原建筑高度低，密度高，容积率低，规划、形象和质量均相对较差，各类商业和公共配套也十分低端和欠缺。经改造后，项目变为集商业、写字楼、公寓、酒店于一体的都市综合体。建筑内外均采用钻石切面造型，形象得到重塑，与中心区高端气质更加吻合。此外，项目是多种功能高端物业的有机组合，实现了物业改造和功能置换，带动了区域形象及功能的提升。

3.3 释放了更多空间，提升了土地利用率

改造重建后项目规划总占地面积为 3.1 万平方米，总建筑面积达 46.6 万平方米，释放了大量可用建筑面积，大幅提升了土地利用率，使区域焕发了新的生命力。

3.4 推动区域产业和人口结构的转型升级，增加了财政税收

项目原为普通家私城，产业结构主要为普通家私商户、低端商业和低端服务业。物业出租产生的经济价值也相对低廉。往来人口繁杂，大多为服务于相对低端产业的外来务工人员，整体土地利用效益和产生的经济效益都非常低下，这与当时福田中心区 CBD 发展定位和发展方向极不匹配。

改造成高端综合体后，物业的功能及用途更适应区域以及整个城市经济发展的需要，成为中心区重要的商务办公标杆，吸引了数百家国内外金融、证券、银行、高科技及顾问公司等高端企业进驻，引入大批高素质人才。

与原状相比，整体产业结构和人口结构均出现了重大变化，有力推动了区域产业结构和人口结构的转型升级。为该区域就业、商业市场以及政府财政税收开拓了新的空间。

2019 年卓越 · 世纪中心企业入驻情况　　　表 1

楼栋	进驻企业数量	类别
1 号楼	182 家	国企、央企、外资、银行业
3 号楼	215 家	美容、服务型行业
4 号楼	134 家	金融、地产行业
2 号楼皇岗商务中心为返迁皇岗村物业，由其自行运营，2018 年租金收入已超过 2 亿元		

3.5 为当地村民带来了持续的高收益保障

在项目拆迁补偿中，卓越以项目 2 号楼约 10 万平方米物业——皇岗商务中心作为返迁物业返还给皇岗村原居民，为当地带来了持续性收益，不仅使村里的生活发生了改变，还帮助村里实现持续资产升值，以“传、帮、带”形式，凸显了卓越的社会责任。

据统计，皇岗商务中心 2018 年租金收入已超过 2 亿元，成为深圳村集体股份中净资产价值最高的物业（单栋楼估值超过 100 亿）。通过更新实现了土地价值的最大化，也使皇岗村一举成为深圳村集体经济转型发展的典范。

东莞市单一主体改造模式下的城市更新探讨

1 背景介绍

根据省自然资源厅最新数据，东莞市的土地开发强度已接近 50%[1]，远超国际公认 30% 的生态宜居警戒线，属于建设用地稀缺的城市，因此，城市更新成为东莞市土地资源再利用的重要途径。但由于市镇二元、规土分离、权属多样、违法量大等历史背景，过去的“三旧”改造差强人意，随着东莞对“三旧”政策的不断借鉴、摸索、实践、总结，城市更新政策在 2018 年进行了全面革新，吸引了众多开发商的关注，根据东莞自然资源局资料，截至 2019 年，东莞市具备更新潜力的区域面积达到了 46~66 万亩 [2]，城市更新已成为新的“必争之地”。

依据现行政策，开发商可以通过单一主体挂牌招商方式 [3] 摘牌作为改造主体，也可以通过参与土地整备、参股政府引导基金的方式与政府一同合作，还可以通过“EPC+ 运营权”方式参与活化更新。

本文主要分享开发商在单一主体挂牌招商模式下的城市更细案例及经验。

2 更新项目介绍

2.1 东莞中堂下马四岛概念规划 [4]

（1）项目缘起

下马四岛位于东莞中堂镇镇域西南侧，是倒运海水道中的一个天然岛屿，为加强与穗深的对接，紧邻广深高速和穗莞深城际线中堂站的下马四岛成为中堂镇的首要发展片区之一。

（2）项目特征

下马四岛北临中堂站 TOD，东临中堂镇镇区，西临麻涌镇，南部

图 1　下马四岛现状

与望牛墩镇隔河相望，广深高速与穗莞深城际线穿岛而过。

下马四岛地形较为平整，现状北部为少量村办工厂，其余地区均为村庄和农用地。在《东莞市中堂镇近期建设规划（2017-2020 年）》中将下马四岛规划为中堂风情岛，要求依托河网水系等生态资源发展休闲旅游产业。

（3）目标定位

规划将基地打造成为以农业为基底，融合多元文化，以促进水乡片区品质提升为目标的“下马四生态体育岛”。

“下马四生态体育岛”以运动休闲、健康服务、文化彰显为使命，旨在打造一个以多样运动复合功能，汇聚全球多元、现代、创新休闲运动资源的广东省体育旅游示范基地，成为珠三角、大湾区都市精英人群、创新人才运动休闲、放松自我的休闲运动中心。

（4）规划思路

规划团队通过协调上位规划和限制条件，在保证项目落地的基础上，提出了“功能耦合＋全产业链”的规划思路，“功能耦合”是指协调外部城市功能，发展都市运动、休闲体育、户外运动等功能，与周边地区形成“耦合布局”。“全产业链”指基于体育运动，以生态农业、体育休闲、文化旅游、体育产业、健康居住、服务配套等功能布局推动形成体育健康的全产业链。

（5）空间规划

规划形成“一轴、两心、四区”的功能结构。“一轴”为产业发展轴；“两心”为综合服务核心及产业配套核心；“四区”为都市运动片区、文化休闲片区、生态农业片区及产业配套片区。

在用地布局上以北部下芦村都市运动片区为全岛综合服务核心，沿现状下马四路向南拓展，将马沥村打造为广深高速沿线空间品质提升和水乡滨水环境整治的模

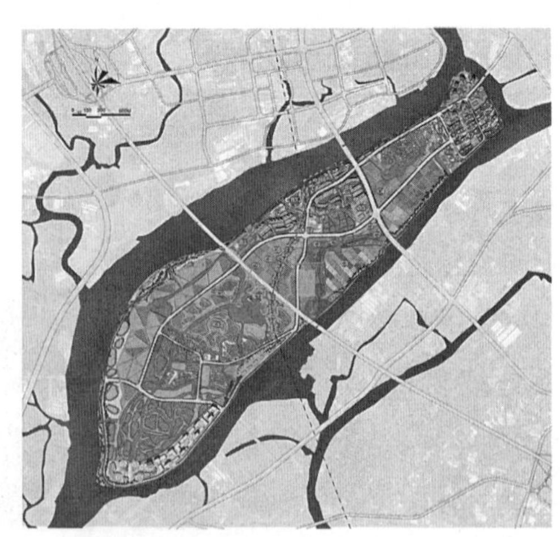

图 2　下马四岛规划平面图

板，成为中堂推进村庄旧改与更新的试点；以四乡村为核心打造为生态农业片区，立足农业生产基础，塑造生态农业发展示范；将下马四岛最南侧打造为体育产业配套片区，与周边板块形成功能互动，是下马四生态体育岛产业的配套核心。

图 3　下马四岛规划效果图

（6）改造模式

规划团队针对各区块定位和功能需求，运用综合整治、活化利用等方式，实现文化的活化利用以及村庄设施的完善；运用拆除重建方式导入体育产业，实现居住品质提升和产业升级。

（7）特色创新

①开展土地梳理，清晰项目的限制条件和获取路径

规划团队首先梳理了现状建设、总体规划、国土规划、高压走廊、城市四线等条件并叠加分析，从合规性、可落地性等角度对用地全面评估，为后期用地的获取提供了依据。

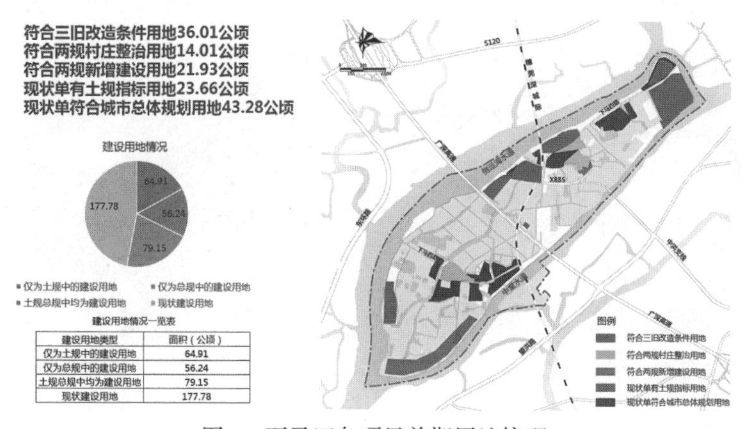

建设用地情况一览表

建设用地类型	面积（公顷）
仅为土规中的建设用地	64.91
仅为总规中的建设用地	56.24
土规总规中均为建设用地	79.15
现状建设用地	177.78

图 4　下马四岛项目前期用地梳理

②注重城市形象的塑造，展现地域文化

由于广深高速与穗莞深城际线穿岛而过，且紧邻中堂站 TOD，因而，下马四岛在一定程度上是反映中堂镇城市形象的重要载体，其环境品质和文化内容对城市“第一印象”的形成至关重要。因此，在规划中利用现有生态和文化资源，在岛上打造休闲农业示范园、运动公园、龙舟文化馆以及贯穿全岛的生态景观走廊，塑造片区高品质形象。

2.2 东莞道滘新城概念规划 [5]

（1）项目缘起

基地规划面积 472.06 公顷，其位置介于中心城区与水乡新城之间，其中中心城区强力打造品质东莞示范区，水乡新城将打造创新节点。在此背景下，为满足项目基地与区域发展相协调，促进区域更好、更快发展，通过城市更新的方式实现城市的可持续发展。

（2）项目特征

一是交通区位优越。基地临近水乡新城和东莞中心城区，轨道和高速交通便利，通过 R1 线一站连接望洪枢纽，具备与区域核心同等的交通条件。

二是文化底蕴深厚。基地是道滘镇的起源之地，河涌纵横分布、水系蜿蜒环绕，有“二十四桥滐济水”之称，同时在美食、曲艺、游泳等方面有丰富的文化底蕴，也已成为道滘镇对外宣传的名片，例如已举办九届的道滘美食文化节，每届接待游客约 30 万人次 [6]；

三是城市品质提升需求强烈。近年来，道滘镇域产业园区转型发展，大量高端产业人群对高品质服务需求强烈。根据昌平、大罗沙、南阁片区控规和道滘镇近期规划，各片区的新型产业人口规模总计约 23 万人；而水乡特色小镇相关规划，确定旅游人口规模约 500 万人。这些产业人口和外来旅游人口都需要高品质的配套服务。

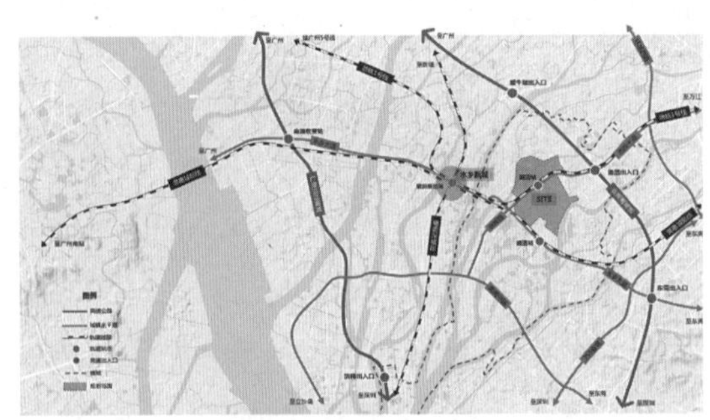

图 5 项目区位图

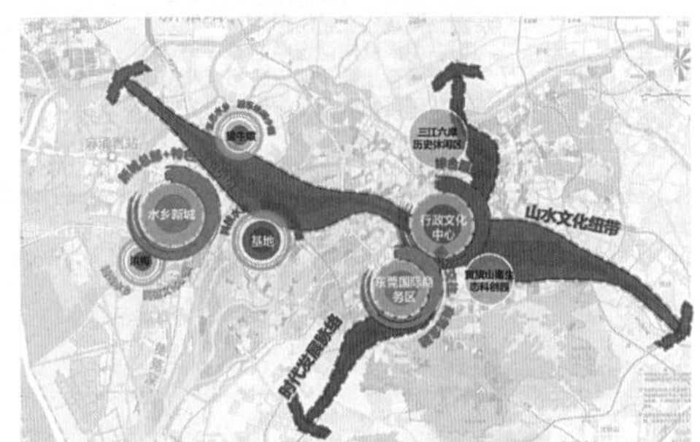

图 6 区域分析图

（3）目标定位

基于抢先发展、特色发展和品质发展的判断，提出“中心重塑、文化再现、品质提升”策略，实现恢复故里秀美、再现汇聚济川，因此提出“飨聚故里 万汇济川”的项目定位。

（4）规划思路

基于现状及发展研判，提出三点规划思路，一是结合轨道站点，在人流和水系汇聚之地打造新中心，二是构建联通中心和历史地区的文化轴线，三是重塑水系机理，以河涌划分岛状功能单元，依据单元特征，确定各单元的主要功能。

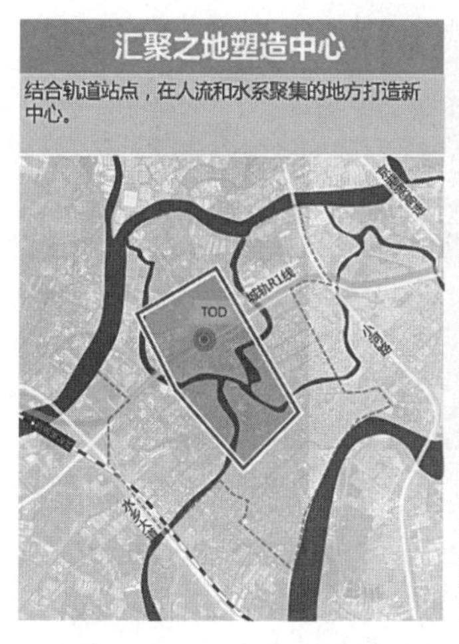

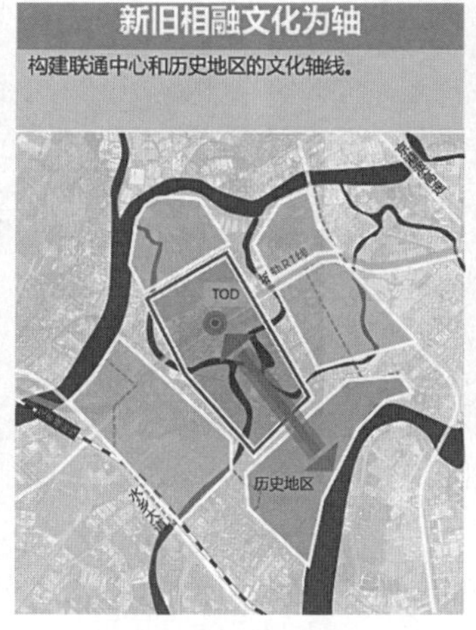

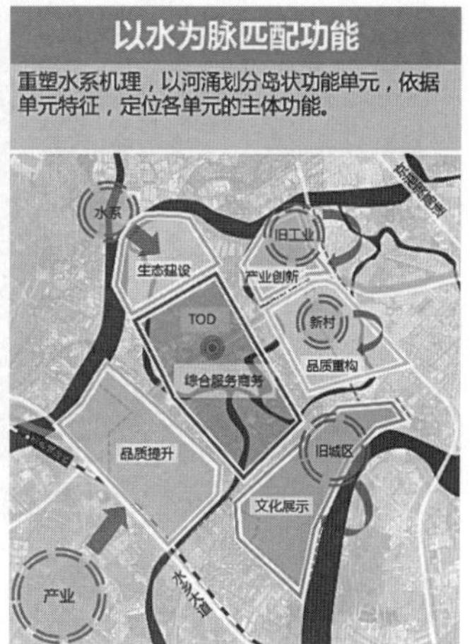

图 7　改造思路图

（5）空间规划

空间上形成“一心一轴，一网五片”的空间结构，一心为综合服务中心，一轴为城镇文化轴，一网为水乡生态水网，五片为水乡印记片区、都市品质片区、产业创新片区、生态水岸片区及品质重构片区。

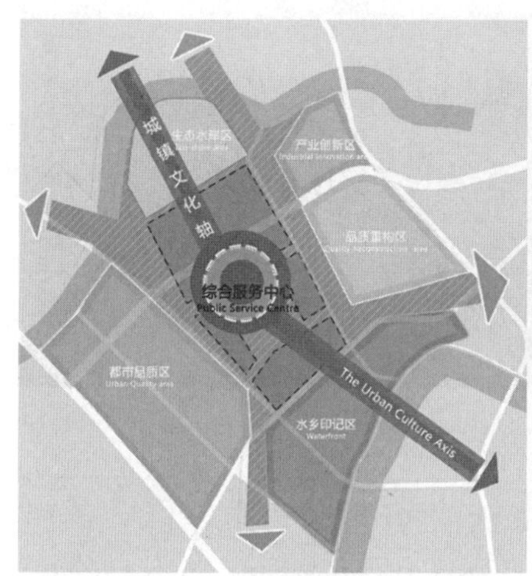

图 8　空间结构图

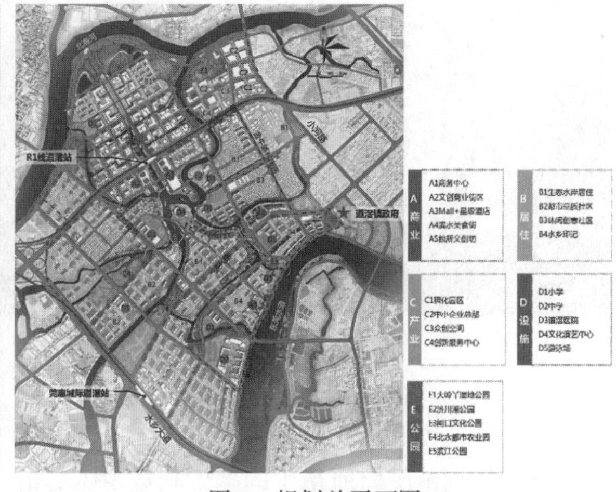

图 9　规划总平面图

（6）功能构成

功能构思兼顾经济、社会、文化、环境等因素，主要通过重塑济川中心城市功能，构筑水乡历史文化印记及提升生活居住环境品质三部分，以激活区域活力，实现城市的可持续发展。

济川湖城市客厅：在五水汇聚的中心整治水岸退线成湖，通过环湖商业、商务、娱乐、文化、运动功能环绕，打造 24 小时活力核心。

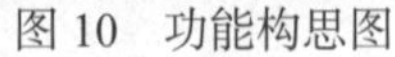
图 10　功能构思图

图 11　功能构思图

打造由中心济川湖至东莞河的历史文化轴线，其中串联的文化演艺中心、水乡美食街、兴隆印记、滨江文化街区，分别代表体现道滘独特的戏曲文化、美食文化、悠久历史和水上文化。

（7）改造模式

由于规划范围广，存在多规冲突、土地权属复杂等问题，针对不同片区采用不同的改造模式，其中涉及 TOD 综合协调开发、拆除重建、综合整治等。

图 12　效果图

（8）特色创新

面对规划范围广所衍生的多方利益主体交错、现状情况复杂等问题，从全局出发，系统梳理了多类上层次规划之间的关系，并结合现有政策体系下可采用的城市更新手段将规划范围划分为多个片区，以保证每个片区有规划可依，有路径可行，切实推动项目落地，使城市品质提升看得见、行得通且走得远。

同时该项目现状生态肌理丰富，水乡特色鲜明并具备悠久的文化底蕴，在规划设计中充分尊重现有生态、文化等因素，从实际出发形成一心一轴，一网五片的空间结构，实现城镇功能的升级，生态环境的优化，文化氛围的营造一体化，全面提升城镇品质。

2.3 东莞道滘大健康特色小镇概念规划[7]

（1）项目缘起

项目位于东莞西部水乡经济区核心地区，紧邻水乡新城，西北部分地区属于水乡新城范围，规划区总面积约373公顷。伴随着湾区一体化战略的提出，作为区域功能网络的重要节点，需要结合自身优势，重新谋划发展方向，抓住发展机遇，通过城市更新实现区域的特色和差异化发展。

（2）项目特征

一是项目位于区域战略发展的重要节点，紧邻水乡新城，是水乡片区产业转型的创新发展先行区。

二是基地位于工业保护线内，有相关政策扶持，利于产业发展。

三是岭南文化积淀丰富，资源类型多样，滨水空间开发潜力大。

（3）目标定位

新时代下打造健康小镇，大湾区中重塑岭南水乡，以水乡健康特色小镇为项目定位。

（4）改造思路

以树立特色小镇价值新标杆，建设珠三角示范型健康小镇为出发点，实现健康小镇的价值内涵，一是打造成支撑水乡转型发展的产业创新区，二是打造彰显独特文化的休闲旅游先行区，三是打造强化生态价值的水乡绿色核心区，四是打造展现岭南现代水乡人居的样板区。

（5）空间规划

通过“一心，一轴，三板块”重塑片区内的空间关系。

通过设立综合服务中心并由创新产业发展轴贯穿三大板块，其中北部以遵循水乡新城规划要求，植入创新研发服务产业，中部利用现有产业基础，发展先进制造业，南部结合优良生态及文旅基地，发展综合配套服务功能。

图13 改造思路图

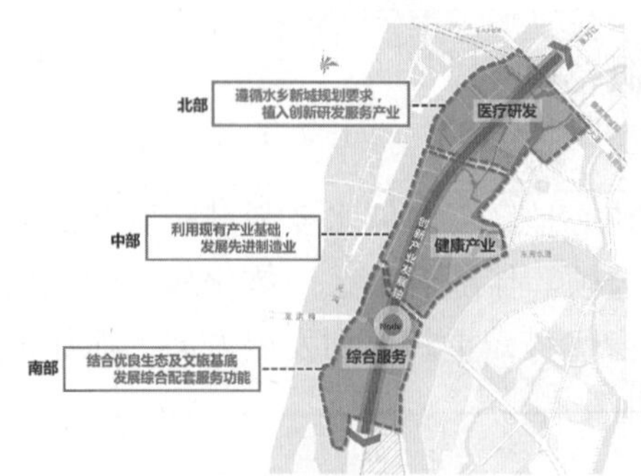

图 14　空间结构图

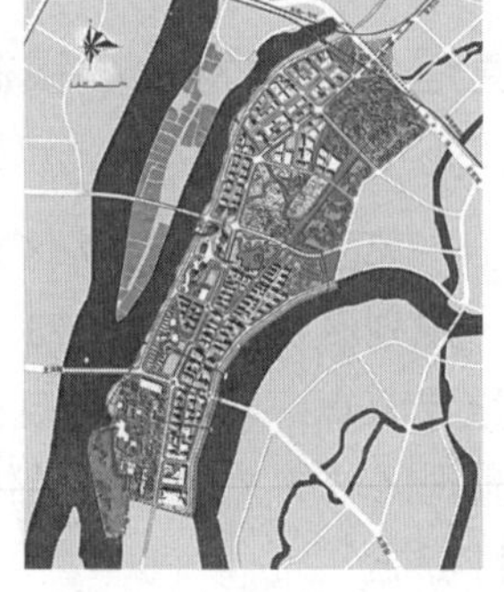

图 15　规划总平面图

（6）改造模式

为实现整个规划范围内的城市品质提升，针对现状情况的不同采用不同的改造模式，其中涉及微改造、拆除重建、生态修复等方式。

如大罗沙村整治，通过微改造的方式，打造大罗沙水乡文化旅游村；建设运营耕雨农园，盘活低水平农业；小镇核心区建设，设有总部基地、医疗器械园区、创新中心等功能空间；人才社区，以打造建设水乡特色的品质社区为目标，提供良好的居住环境。

（7）实施效果

该项目已通过政府汇报且取得高度认可，并协助开发商取得前期服务商资格，截至目前已开展工业红线调整和控规调整工作。

1、 项目编号：JFZB-DG-18039
2、 项目名称：道滘镇大罗沙片区连片改造前期工作服务商采购
3、 采购内容、需求：

项目内容	完成期限	服务商数量
道滘镇大罗沙片区连片改造前期工作	18个月，如因外部原因不能按期完成，经采购人书面同意给予一次宽限期限，到期还不能完成则解除合同。	1家

备注：本项目的需求详见公开招引文件“第二章 用户需求书”。

图 16　项目已取得前期服务商资格 [8]

图 17　效果图

2.4　东莞市沙田镇旧村改造概念规划设计 [9]

（1）项目缘起

随着中央明确建设粤港澳大湾区为国家战略，特别是虎门二桥、穗莞深城轨、莞番高速等建成通车，沙田镇作为重要产业空间腹地的地位将更加突出。2019 年，沙田镇提出“打造港湾新城，融入湾区发展 [10]”的发展目标，要求中心镇区结合城市更新完善相关功能，先锋村和杨公洲村作为中心区较大的旧村，更新改造需求迫切。

（2）项目特征

规划范围包含先锋村和杨公洲村，东至东莞运河，西至东江南支流南至港口大道，北至厚街水道，紧邻先锋渔港和沙田镇政府，是沙田历史记忆的承载地，总规划面积为 137.77 公顷。

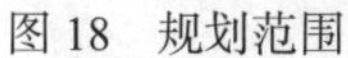

图 18　规划范围

图 19　杨公洲村北部现状

图 20　杨公洲村南部现状

图 21　杨公洲村中部现状

图 22　先锋村及先锋渔港现状

（3）目标定位

规划将基地定位为“水韵湾 · 创新岛”，目标是塑造活力生态港湾，构筑科创服务新城。

（4）规划思路

根据现状限制条件、规划目标和上位规划要求，规划团队提出四大规划策略：

（1）产城融合：产业与城市功能融合、空间整合，“以产促城，以城兴产，产城融合”。

（2）塑造核心：依托交通及地块核心区位创造服务平台，并且在各功能地块塑造片区核心。

（3）活力串联：缝合一河两岸分离地块，串联四大功能核心，优化离散空间。

（4）品质构建：依托周边自然环境与场地资源，在基地内内部构建活力触媒，提升片区品质。

（5）空间规划

规划形成“两核、两轴、四组团”的空间结构。两核：产业服务核、文化休闲核；两轴：产业创新发展轴、滨水生活轴；四组团：文化休闲、智能制造、滨水居住、生态农业四组团。

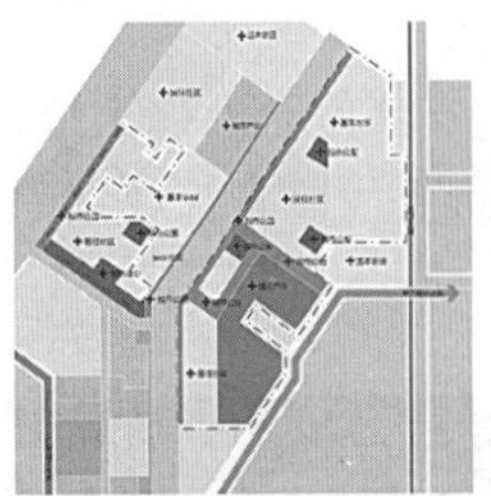

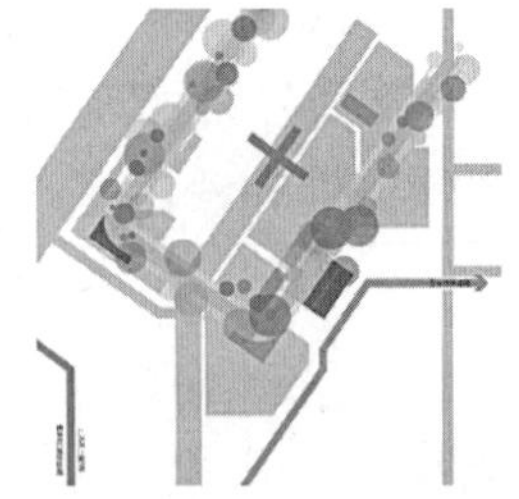

STEP.1 产城融合

产业与城市功能融合、空间整合，"以产促城，以城兴产，产城融合"。

STEP.2 塑造核心

依托交通及地块核心区位创造服务平台，并且在各功能地块塑造片区核心。

STEP.3 活力串联

缝合一河两岸分离地块，串联四大功能核心，优化离散空间。

STEP.4 品质提升

依托周边自然环境与场地资源，在基地内内部构建活力触媒，提升片区品质。

图 23　规划策略

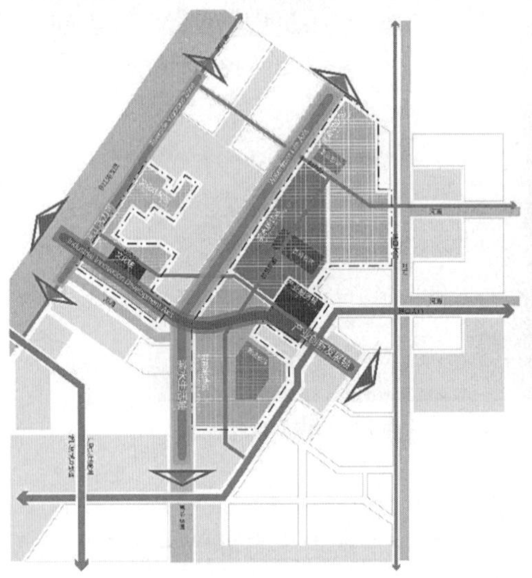

图 24　规划结构

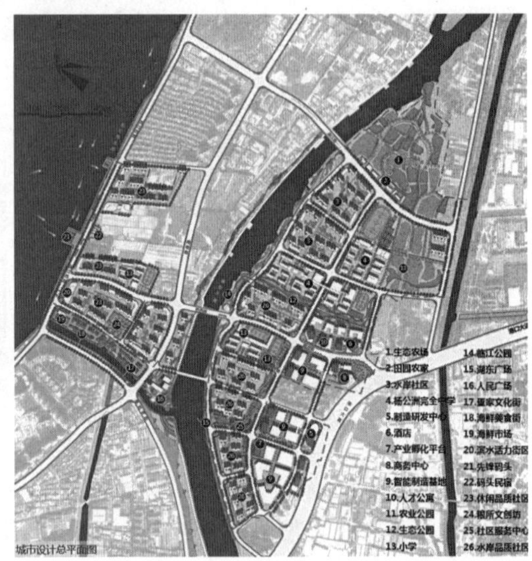

图 25　城市设计总平面图

（6）功能构成

规划形成四大功能组团，分别是文化休闲组团、智能制造组团、教育组团和生态农业组团。

①文化休闲组团，主要以沙田粮所为文化核心，以海鲜市场、先锋渔港等串联打造的滨江活力带为文化载体，打造以粮所文创坊、海鲜市场、海鲜美食街、先锋渔港、码头民宿、滨水活力商业街、中心河休闲走廊等功能组成的文化休闲组团。

②智能制造组团位于杨公洲村南部，以智能装备制造产业为核心，包含商务中心、产业孵化平台、智能制造基地、研发中心、人才公寓等组成的配套功能完善的产业组团。

③教育组团位于杨公洲村中部，以杨公洲完全中学为核心，包含水岸社区、生态公园等设施，其中杨公洲完全中学占地 13.6 公顷，将引入优质的教育资源，打造沙田镇国际化教育中心。

图 26　效果图

④农业组团位于杨公洲村北部，将基于现有环境打造生态农场和农业公园。

（7）改造模式

现状建设强度较高，拆迁难度大的区域主要以综合整治为主；规划条件成熟，限制条件少且违法建设较少的区域以拆除重建为主。

（8）特色创新

提供全流程的服务，在思维上摆脱传统单一规划的思维，有意识地将功能规划、产业策划、该咋成本测算、资源链接和后期运营一体化考虑，对项目的风险进行有效把控。

规划前期，重点研究制约沙田本地产业发展的相关因素，梳理产业要素及上下游产业链的关系。规划过程中，通过研判广深产业资源的外溢，结合本地产业资源，进而形成规划产业体系。

3　总结

自 2009 年开展“三旧”改造以来，东莞城市发展的重点已经过渡到了以存量资产的优化与改造为主的时期，新的城市更新政策也在 2018 年进行了全面革新，对于城市土地开发及物业空间的精细化运营都提出了更高的要求，这就要求规划要更贴近市场、了解市场，要从传统规划转向路径规划，作为长期服务于东莞城市更新的团队，我们总结了以下经验。

3.1　土地梳理，了解项目的利弊和获取的路径

城市更新项目往往面临多规冲突、土地权属复杂等问题，通过多规统筹、限制梳理等方式，从合规性、可落地性等角度对项目现状进行判断分析，了解项目的利弊和获取的路径。同时运用技术手段整合多类规划条件，形成地块潜力分析，以为后期合理的用地规划，可落地的土地开发和可运营的产业置入夯实基础。

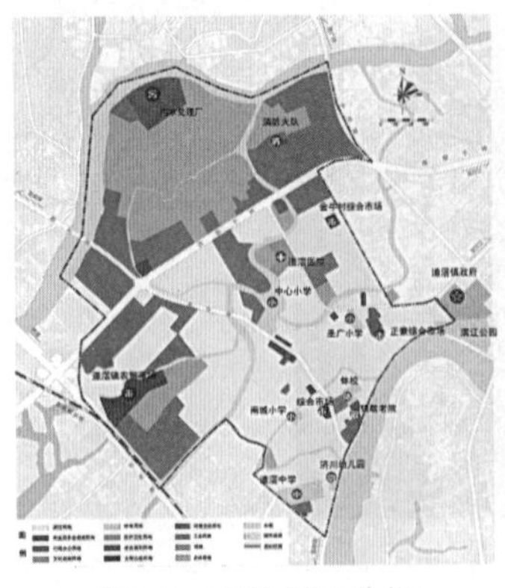

图 27　现状用地分析

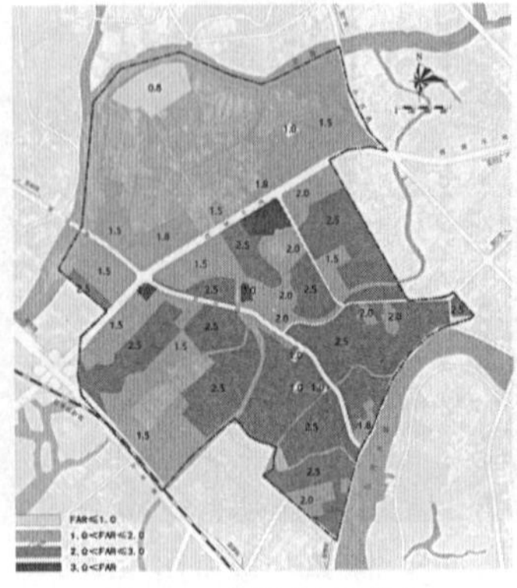

图 28　建设强度分析

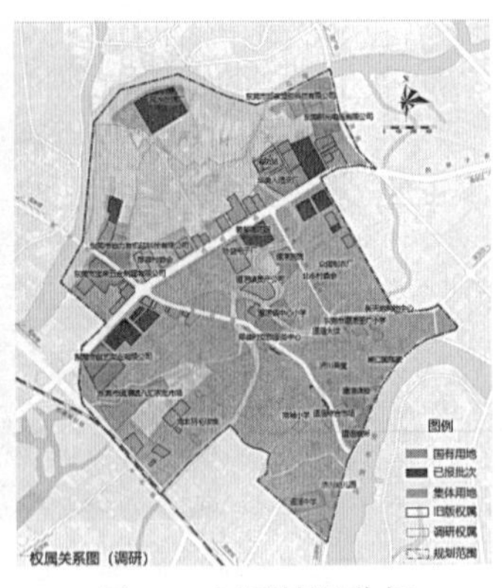

图 29　权属情况分析

图 30　入库条件研判

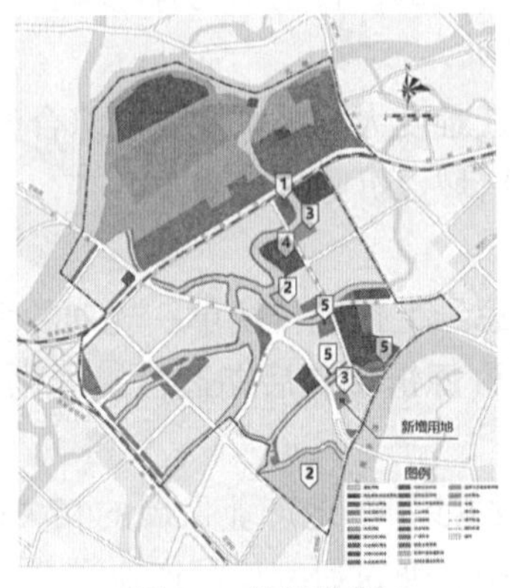

图 31　总规分析

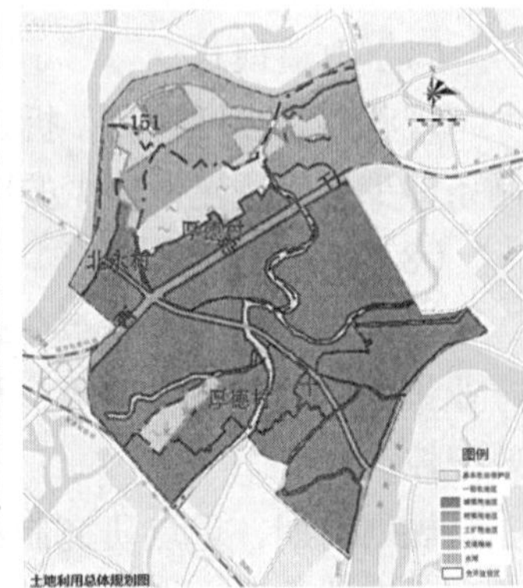

图 32　土规分析

生态控制区面积约92.75公顷

二级管制区包括限制建设区，以及适宜建设区中的连片农林用地、重要交通市政廊道防护绿地、大型城市公园绿地和其它需要管控的区域

二级管制区作“**定量**”管控，在保证总量不减少的情况下，具体边界可由下层次规划调整优化和深化落实。

限制建设区面积约83.86公顷

限制建设区以生态保护为主，不得进行其他项目建设。区内建设活动应严格控制项目的性质、规模和开发强度，在地质和生态综合研究评价基础上，谨慎进行开发建设。

黄线面积约39.75公顷
绿线面积约9.29公顷
蓝线面积约19.05公顷
紫线面积约0.16公顷

图例
限制建设区
规划范围
限制建设区范围图

污水处理厂
R1线车辆段
城市轨道1号线
道滘大坟（市级）
济川善璧(市级)
闸口国殇冢(省级
厚德公园
莞惠城际轨道线
图例
黄线
绿线
蓝线
紫线
规划范围
四线范围图

图 33　限制条件分析（生态线、限建区、城市四线）

工业保护线范围图
图例
工业红线范围
工业蓝线范围
TOD范围
规划范围
专项规划范围图
更新单元划定示意图
DLY-01
ZX-04
SXXC-03
BY-01
YQ-01
图例
更新单元范围
规划范围外用地
规划范围

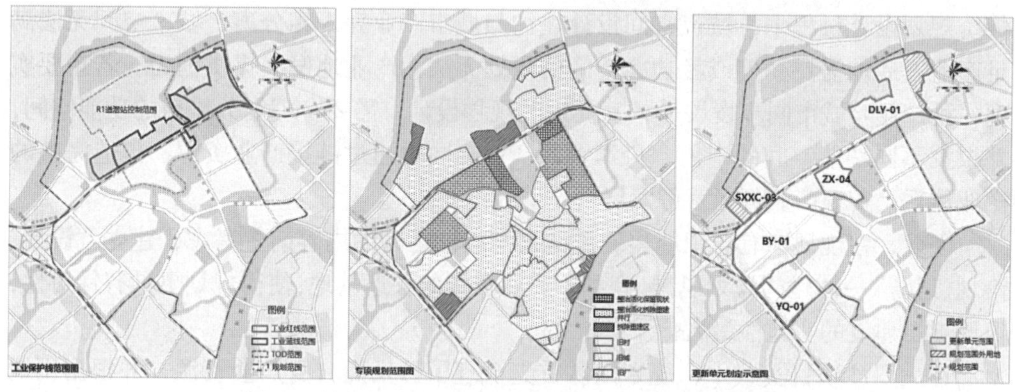

图 34　其他专项分析（工业保护线、更新专项规划）

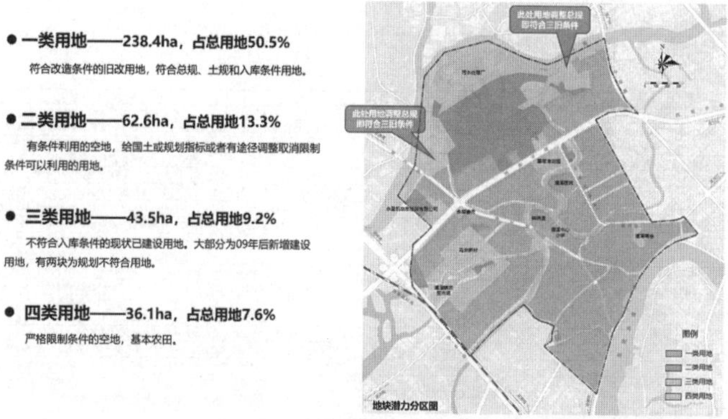

● 一类用地——238.4ha，占总用地50.5%
符合改造条件的旧改用地，符合总规、土规和入库条件用地。
● 二类用地——62.6ha，占总用地13.3%
有条件利用的空地，给国土或规划指标或者有途径调整取消限制条件可以利用的用地。
● 三类用地——43.5ha，占总用地9.2%
不符合入库条件的现状已建设用地。大部分为09年后新增建设用地，有两块为规划不符合用地。
● 四类用地——36.1ha，占总用地7.6%
严格限制条件的空地，基本农田。
地块潜力分区图
图例
一类用地
二类用地
三类用地
四类用地

图 35　改造条件综合分析

3.2　全过程规划咨询，对项目的风险进行有效把控

伴随着社会发展，人们对生活品质的要求日益提高，尤其从过去增量时代转入存量时代。过往粗放式、割裂式的城市建设已经不能满足当前时代的需要，因此，通过全流程的规划服务，将精细的、高质量的设计与营造贯穿整个城市建设过程中才能真正有效地提升城市品质。

因此，在实践中需要规划团队转变设计思维，将项目开发等后期过程前置化考量，从单一的城市规划行为转变为规划、建设、运营到服务的全流程一体化思考，而全过程规划咨询是实现项目有效把控和可持续发展的重要路径。

在东莞道滘新城概念规划项目实践中，团队派遣规划师常驻现场，协助项目组开展现场工作，做好村民工作，同时对后期单元划定、控规调整、修建性详细规划进行技术把关，为项目决策至运营持续提供专业咨询服务。

3.3　链接产业资源，为实现项目上下游提供规划解决方案

城市发展的动力在于城市产业，要实现城市的可持续发展也离不开城市产业。

传统规划设计过程中，城市空间设计往往与城市产业导入相分离，城市空间无法满足产业发展的需要，抑或者功能空间的规划无法为产业地发展提供助力。若想要实现一种产业与城市同步发展，相互促进的规划设计，需要合理划分城市的功能空间，并根据不同功能空间的定位，科学置入产业，同时通过链接产业资源，打造完整的产业体系，实现产业可运营可发展。

因此，在规划中有意识地将资源链接与后期运营的内容前置考虑，建立“设计、策划、运营”一体化的规划思维，有利于产业资源的快速落地，使得规划更具有针对性，保证项目建设的实施性最大化。

在大罗沙项目实践中，规划团队首先梳理了开发商自身产业资源，并根据用地限制及上位规划要求，提出导入大健康产业，打造大健康小镇，在概念规划中予以落实。

分类	名称	性质	主营业务/职能
医疗器械	麦科田生物医疗技术有限公司	国高	输液管理、体外诊断、康复治疗等
	北京瑞德医疗投资股份有限公司	企业	专注于康复、康复治疗领域，提供医疗服务、医疗技术、医疗设备、互联网医疗、医疗投资等综合性医疗技术及服务
	深圳市东亿健康服务有限公司	国高	为医疗机构提供医学检测、医学研发、实验室管理、物流配送、区域检验中心建设等多元化服务
	湖北益健堂科技股份有限公司	国高	医用激光及物理康复仪器研发、生产与销售
	深圳市中电熊猫展盛科技有限公司	国高	高端电源、大功率电源的生产、制造，产品多服务于新能源、监控、金融、电力、医疗、通信等行业
	广州中大医疗器械有限公司	国高	植入材料和人工器官、II类6825医用高频仪器设备、II类6831医用X射线附属设备及部件的医疗器械研发生产
生物医药	华润医药集团有限公司	央企	中成药、免煎中药、化学合成药物、生物药、天然药物、原料药中间体、营养保健品、制药装备、医药流通等多个领域提供产品和服务
	深圳市海普泰生物科技有限公司	企业	研究、开发和生产的试剂的合成、生物分析技术和相关产品为生命科学研究、医学诊断、药物筛选
	瑞孚信江苏药业股份有限公司	国高	现代生物医药健康产业，产品包括人药和兽药。
智慧医疗	深圳市君安康医疗科技有限公司	国高	智慧医疗产品研发、生产、销售和服务
	智联云网科技有限公司	国高	为智慧医疗、智能家居、智能工厂、ICT基础架构、IOT应用等，提供一站式科技服务解决方案。
	深圳市联新移动医疗科技有限公司	国高	从事医疗级智能硬件、应用软件、系统平台、蓝桥（蓝牙物联网中枢）和大数据医疗云等多个领域。
医疗服务	华润凤凰医疗	医疗机构	医疗诊断、医疗健康服务
	MC德州医疗中心	医疗机构	全球最大的癌症治疗中心——安德森癌症中心,全球最大的儿童医院——德州儿童医院,
	梅奥诊所(Mayo Clinic)	医疗机构	全美规模最大、设备最先进的综合性医疗体系,2014 U.S.News & World Report排名第一
	克利夫兰医学中心	医疗机构	世界著名医疗机构之一，集医疗、研究和教育三位一体，在2017-2018年度全美最佳医院排名中排名第二…
	北京协和医院	医疗机构	集医疗、教学、科研于一体的大型三级甲等综合医院，是国家卫生计生委指定的全国疑难重症诊治指导中心
	香港大学深圳医院	医疗机构	深圳市政府全额投资、并引进香港大学现代化管理模式的大型综合性公立医院。
	北京大学第三医院	医疗机构	卫生部部管的集医疗、教学、科研和预防保健为一体的现代化综合性三级甲等医院
检测试验	中检集团南方电子产品测试（深圳）股份有限公司	国企	电子产品的检验鉴定、认证和测试
	上海熠品质量技术服务有限公司	企业	国内首家获得国际认可的商业第三方综合性医疗实验室
	天津海河标测技术检测有限公司	企业	动物实验室、微生物实验室、戏班检测室等
	汇智赢华医疗科技研发有限公司	企业	第三方医疗器械大动物模型临床前研发与创新服务机构。
	广州奥咨达医疗器械技术股份有限公司	企业	为医疗器械企业提供科研转化及生产制造（CDMO）、全球注册及临床试验（CRO）、园区生态服务、产业基金投资和管理软件平台。
	北京精诚通医药科技有限公司	企业	医药产品临床试验的组织和运作管理，药品、器械、保健品注册及市场准入服务，医药行业市场研究与咨询。
	教育部微创医疗器械工程研究中心	科研机构	教育部“985工程”和“211工程”科技创新平台建设重要组成部分，上海市市属院校中第一个获得教育部批准建设的工程研究中心
	清华大学数据科学研究院·医疗健康大数据研究中心	科研机构	从事临床表型、生命组学、医学影像、医院管理、公共卫生等医疗健康大数据分析与应用的研究
人才培训	斯坦福 Biodesign 医疗科技创新中心	科研机构	医疗科技创新创业人才培养与项目孵化
	上海理工大学健康产业人才的培养及交流的平台	培训机构	医疗器械人才培训
生产性服务	深圳市齐放医疗医疗技术有限公司	咨询服务	医疗器械法规咨询服务，包括医疗器械国际注册、医疗器械临床试验、医疗器械专业服务
	国际康体佳联盟	行业组织	基于业界通用的互联标准，不断创建新的网络连接标准,并在全世界范围内推广其通信行业标准
	国际技术转移协作网络ITTN平台	行业组织	技术成果转移交易
	华润润加速产业加速器	企业	提供产业资源、创业融资等方面孵化服务企业
创新服务	力合星空	企业	依托清华研究院和力合集团产学研深度融合的创新孵化体系。
	力合创投	企业	创业投资
	力合创客工坊	/	创客服务
	润加速	企业	华润旗下企业加速服务企业

图 36　大健康产业资源链接

图 37　相关产业平台导入

人才服务平台

基于上海理工大学国家级专业技术人员继续教育基地，构建健康产业人才的培养及交流的平台。

上海理工大学国家级专业技术人员继续教育基地是经国家人力资源和社会保障部批准（人社厅2013（85）号文）设立的国家级培训基地。该基地是专门从事医疗器械专业培训的国家级继续教育平台，也是上海市目前唯一入选的国家级的专业技术人员培训基地。基地依托行业，紧密地与国家食品药品监督管理总局合作开展全国医疗器械监管人员培训，与中国医疗器械行业协会开展对全国医疗器械生产经营企业的培训，与中国医学装备协会开展对全国医院临床工程的培训，基地还与美国RAPS协会、TUV、INTERTK等著名国际行业机构合作，开展医疗器械国际合作培训。

市场服务平台

链接国内外知名的医疗中心、综合医院、医疗结构等为健康出产业的产品（药品与医疗器械）提供应用场景及市场渠道；对接协会资源，协助生物医学工程企业对接产业链上下游企业，通畅产品的供需渠道；

协会/联盟　　医疗机构

图 37　相关产业平台导入（续）

3.4　实施路径，多方讨论促进规划认同

城市更新相比于传统规划而言，面对的利益群体更为复杂，各方诉求难以统一，需要以一种求同存异的方针理念去逐步完善规划设计，同时要积极地与各方沟通以增进多方共识，多方讨论促进规划认同。

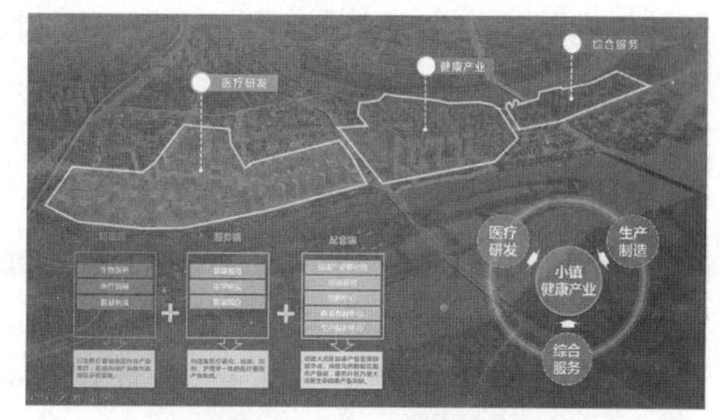

图 38　规划产业落实

同时，在项目具体实施规划上，需要综合判断分析各阶段建设能取得的效

图 39　篮球友谊赛

图 40　政府及党总支代表考察项目

图 41　村民代表考察开发商项目

图 42　政府汇报

益对项目落地的影响，布局顺序对整体规划的影响以及具体实施过程的成本支出等因素，以保证在满足各方利益的前提下，推动项目有序建设。

3.5 关注品质提升，以城市更新为手段推动乡村振兴

在城市更新中，旧村是主要的更新对象，更新模式一般为拆除重建或微改造。乡村也是城市更新过程中绕不开的话题，乡村振兴不是简单地整治村庄环境，也不仅仅是农民变市民、农村变城市，更重要的是导入产业，保证村民在更新后有长期稳定增收，村民才会主动参与到城市更新，才能实现乡村振兴，实现品质提升。

因而，规划团队在城市更新项目中不但要加强乡村公用设施建设、提升宜居环境，还需要从城乡融合、乡村振兴的角度对乡村产业、人才、生态与文化进行深入考量，保证方案的精细化思考，才能找到并落实村民关注的问题，推动项目的开展。

参考文献：

[1] 南方网．东莞城市开发强度全省第二 [EB/OL] http：//news.sun0769.com/dg/headnews/201405/t20140526_3945305.shtml，2014-05-26.

[2] 叶虹，莞萱萱．东莞招商支持释放存量土地 66 万亩 [N]. 信息时报，2018-06-22（D1）.

[3] 市自然资源局．东莞市人民政府办公室关于印发《东莞市城市更新单一主体挂牌招商操作规范（试行）》通知．[EB/OL].http：//land.dg.gov.cn/007330205/0801/201905/ad3afd17d1624c418f7819d0867cd702.shtml，2019-05-09.

[4] 深圳市华阳国际工程设计股份有限公司．东莞中堂下马四岛概念规划 [R]. 2018-05-03.

[5] 深圳市华阳国际工程设计股份有限公司．东莞道滘新城概念规划 [R]. 2019-07-04.

[6] 东莞纪实．有 30 万人都来过！道滘美食节你参加了吗？ [EB/OL].http：//m.sohu.com/a/236637607_479449，2018-06-19.

[7] 深圳市华阳国际工程设计股份有限公司．东莞道滘大健康特色小镇概念规划 [R]. 2019-03-08.

[8] 道滘镇．道滘镇大罗沙片区连片改造前期工作服务商采购项目招引公告 [EB/OL].http：//www.dg.gov.cn/007345503/0703/201810/41a9e8eeac6f4239af60bcf3a35db2b4.shtml，2018-10-08.

[9] 深圳市华阳国际工程设计股份有限公司．东莞市沙田镇旧村改造概念规划设计 [R]. 2019-09-04.

[10] 沙田镇．2019 年政府工作报告．[EB/OL].http：//www.dg.gov.cn/007331320/0402/201903/e68d613bbfef4616a2187987743f76b1.shtml，2019-03-12.

作者信息：

宋春军，深圳市华阳国际工程设计股份有限公司，城乡规划助理工程师。

张志斌，深圳市华阳国际工程设计股份有限公司，城乡规划助理工程师。

汉堡“海港城”：欧洲内城更新的典范

1 项目背景

1.1 海港城

汉堡位于德国北部的易北河北翼，是德国最大的港口和商业中心，被称为德国“通往世界的门户”。海港城是汉堡市的市中心，海港城重建计划始于 1997 年，海港城更新规划理念的新颖性和创新性以及政府良好的运作机制，使得海港城开发项目成为欧洲内城发展的典范项目[1]。

海港城占地 157 公顷，总建筑面积达到 232 万平方米，公共开放空间达到 28 公顷，海岸线长度达 10.5 公里（图 1）。自 14 世纪以来，海港城一直都是一个重要的港口城市，水运的便捷性、仓库城的建设以及火车站的建立使得海港城在工业以及航运枢纽方面的地位逐渐加强。直到第二次世界大战后，港口被破坏，火车站被毁，海港城的重要性下降，城市逐渐衰落。19 世纪末期，由于易北河南岸不适合进行集装箱作业，越来越多的地区将面临经济崩溃的风险[2]。为了保持城市中心的经济实力，使汉堡在国际上仍然能够与其他大城市竞争，诞生了汉堡海港城更新的构想，并于 2000 年开始实施海港城的《总体规划》。

1.2 海港城规划发展历程

如图 2 所示。1997 年，汉堡市第一任市长亨宁·沃舍劳（Henning Voscherau）提出“海港城愿景”，打造滨水市中心，汉堡市议会通过海港城建设决议后，项目管理权于 1998 年交予汉堡市成立的港口学会和发展标准协会有限公司（GHS Gesellschaft fürHafen- und StandortentwicklungmbH）（即今天的汉堡海港城发展有限公司（HGH HafenCity Hamburg GmbH））。该公司负责“港口与城市”基金，资金将用于未来城市

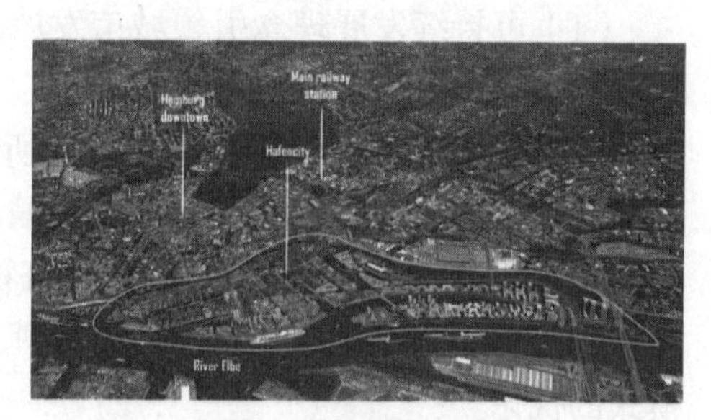

图 1 海港城区位图

（图片来源：https：//www.researchgate.net/publication/306518132_The_analysis_of_the_new_strategic_area_of_Hamburg_the_redevelopment_project_of_the_Hafencity’s_waterfront）

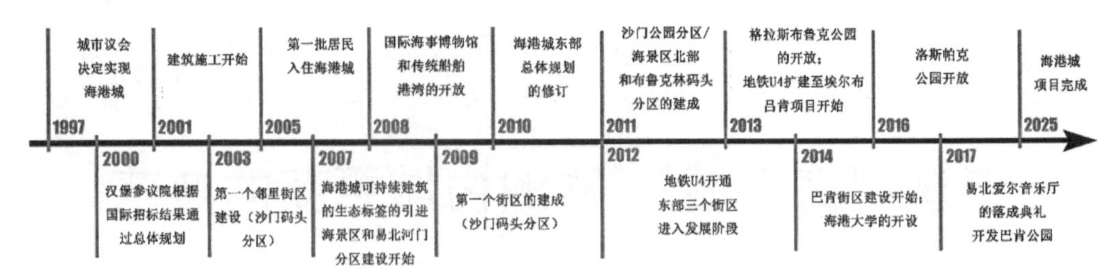

图 2　2000~2025 年海港城规划发展历程

（图片来源：作者重新绘制）

发展（例如：基础设施的建设）。1999 年海港城项目开始国际招标，并以此招标结果作为 2000 年总体规划的基础。2000 年总体规划促进了海港城地区的经济、社会、文化和生态的发展，为城市的经济发展提供了持续而稳定的增长动力，同时规划对不同街区的发展定位不同，落实了海港城的空间功能混合式发展模式 [3]。但是 2000 年总体规划并未为东部三个街区提供很好的发展模板，2008 年到 2010 年间，总体规划进行了重新设计，2010 年参议院通过了修订的总体规划。东部地区的重新规划，意味着海港城的规划第一次充分考虑完全。同时，该总体规划由汉堡海港城发展有限公司、汉堡城市发展与环境部以及原总体规划作者共同领导 [4]。

2　项目做法及特色创新

2.1　项目做法

总体规划确定了海港城的开发理念，包括了各街区的社会、文化、经济和居住功能的开发等方面，此外，还提出有效全面环境保护和能源利用的可持续发展理念，并高度重视防洪创新问题。

（1）可持续发展理念引领城市发展潮流。在城市更新发展过程中，海港城将可持续发展理念融入城市设计和规划中，实现了生态、经济和社会的可持续发展。通过对建筑物生态等级的严格把控，使所有建筑物都符合海港城的生态标签（图 3）；通过形成紧凑、高密度的混合功能的城市结构，使土地资源得到了有效利用，并且改变了市区的景观；同时，开放式建筑物与公共空间的连接，减少了城市热岛效应；完善的公共交通系统，创新性的出行理念促进了资源利用效率和可持续发展的交通模式的优化。

（2）创新的基础设施建设，增强可持续发展能力。创新基础设施的建设是城市经济发展的必要条件，也为城市更新发展注入能量，助力城市社会空间的升级改造。由于海港城临近水域，海港以前洪涝很厉害，所以如何防洪成了一项挑战。主要做法是将所有的路和建筑物都建造在防洪基站上，同时保留防洪地下空间并且一楼的

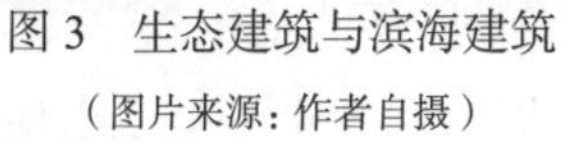

图 3　生态建筑与滨海建筑

（图片来源：作者自摄）

图 4　城市基底的浮岛式设计

（图片来源：作者自摄）

仓库门完全密封。该创新的防洪理念促使城市水面浮岛式广场（图 4）和最大的公共空间麦哲伦梯田的诞生。浮岛式的设计可以保障城市不会被淹，浮岛可以随着水位变化而上下变动。此外，规划还创新道路设计。由于近水区域土壤承负荷能力弱，故所有道路都将建在海拔 11~12 米处，通过为道路加上覆盖层，确保规划较早的道路在其周围进行开发时不会受到损伤。同时，通过桥梁和良好的城市路网使得城市内部和外部建立了良好的连接。

（3）新旧元素之间的对话塑造良好城市形象。在城市更新改造过程中，海港城保留了城市原有特色和个性，通过规划使城市的新元素和旧元素相融合，形成了极具特色的城市景观形象，使城市品位得到明显提升。海港城的建筑几乎全部是新建建筑，唯一保留的历史建筑就是仓库城、港口和码头的墙壁，红砖墙元素很大程度上改变了城市的视觉效果（图 5）。另外，规划还对仓库城进行改造并建设了新的地标性建筑——易北爱尔音乐厅。该音乐厅位于一个立方体的可可仓库墙壁内，通过融合历史港口建筑和现代建筑、港口传统与新区的特色，使其成为全球范围内独特的建筑混合体，也使港口城市的面貌呈现多元化特征。

（4）引进文化创意产业，促进城市经济结构稳定升级。海港城创意产业的发展为城市的经济结构转型升级注入了新鲜的血液。为了使海港城不受经济萧条的影响，海港城引进了各种知识产业，包含非政府组织、博物馆、初创企业以及文化产业。如今海港城的创意产业主要由一些中小型企业承载，并影响着海港城的城市空间和

图 5　城市中的红砖墙元素

（图片来源：作者自摄）

城市文化环境。2010年，海港城已经由200多家公司入驻，其中媒体和物流各占17%，其次是交易（9%）、金融服务（6%）、IT服务（5%）、和管理咨询（5%）。另外，海港城专门设立了海港大学，通过引入教育行业和学生，改善了海港城以办公为主的单一用地结构，增强了海港城的城市综合职能和活力。

2.2 特色创新

海港城创新途径主要为以下几点：

一是，城市结构的升级促使城市可持续发展。规划十分重视土地的高效利用，多样性空间的创造以及建筑用途的混合性，改善了城市结构，促使了城市的可持续规划发展。二是，保留城市特性，增强城市识别性；通过对历史元素的保留，以及时刻围绕滨水城市的开发模式，保持建筑物、开放空间与水的紧密互动，将历史元素与现代元素相结合，提升了城市品位，增强了滨水城市的可识别性。三是，良好的社会结构使得社会融合性增强，通过住房补贴以及残疾人老人的补贴计划，对城市进行基础设施的建设，例如学校、邻里联谊会房屋的建造，不仅增加了城市的活力，也促进了社区空间与城市空间的融合。四是，知识文化空间塑造良好的城市形象；通过对一些大型地标性建筑的建设，融合新旧元素，以及引进非政府企业、文化创意产业和教育机构，使城市的文化与知识环境氛围得到提升。五是，生态可持续性营造良好的发展环境；通过能源供应招标，使得92%的能源可再生。建立生态建筑的生态标签标准，城市公共交通的环境友好型能源以及私家车使用量的减少，促进城市多维度的可持续发展。

3 实施评价

3.1 更新成效

海港城项目正在改变着海港新城，使其在原有港口城市身份的基础上重新赋予了该城市宜居城市的形象；并通过对功能的混合使用、公共空间的改造、建筑质量的把控、地区与城市的融合使得海港城可持续发展。高建筑密度保证了市中心的活力，也因此实现了紧密相连的公共空间结构。这是一个巨大的成果，海港城已经有3000多个住宅单元竣工，为1.4万人创造了就业机会[9]，它使汉堡市的面积扩大了40%，海港城的发展仍在进行中，但是已经被视为未来城市发展的样本[8]。到2022年该地可成为欧洲最大的集零售、餐厅、酒店、娱乐和办公混合一体的混合功能区。

3.2 项目成功经验借鉴

项目成功经验主要有：

（1）规划方案灵活指导城市更新发展。2000年的总体规划，允许在城市建设发展中及时灵活地适应城市的社会经济变化，从而确保社区环境与城市环境的高度融合，保障城市空间的连通性。此外，在灵活的基础上不过度超越原先的规则。规划还确定了规划的总体顺序，总体上呈现从南到北、从西到东的开发格局，每个街区的规划结合规划方案和实际状况进行开发建设，这样的规划指导形式使规划方案能够灵活地满足城市发展中的建设，为街区的后续开发也提供了一定的空间。

（2）创新的开发模式。海港城项目由汉堡海港城发展有限公司监督所有项目，保证了精细化的开发与管理。这一模式使得“规划交接期”整个过程中，汉堡海港城发展有限公司、当局和买方始终保持对话，充分地沟通不仅保证了项目高效的开发和高质量的建筑建设，也使得多方利益相关者都能最终获益。

（3）坚持创新的城市发展理念。海港城项目规划过程中，坚持可持续发展理念，创新基础设施的建设，保持新旧元素之间的对话以及引进知识文化产业，使城市面貌焕然一新。这种超前的规划理念是使其成为一个集多功能于一身、美丽宜居的滨水城市的关键。

参考文献：

[1] Aug Thomsen. Hamburg Germany Christopher Angus Mcintosh[EB/OL]. 2019-9-30. https：//www.britannica.com/place/Hamburg-Germany.

[2] The Hafencity Project[EB/OL]. https：//www.hafencity.com/en/overview/the-hafencity-project.html.

[3] Ziercke Christoph. The Master Plan Concept of theHafenCity Hamburg[EB/OL]. https：//www.christoph-ziercke.de/wp-content/uploads/2018/07/The-Master-Plan-Concept-of-the-HafenCity-Hamburg.pdf.

[4] Hafen City Chronology[EB/OL]. https：//www.hafencity.com/en/overview/chronology-the-emergence-of-a-new-city-district.html.

[5] Welcome to the 21st century city[EB/OL]. https：//www.hafencity.com/en/concepts/welcome-to-the-21st-century-city.html.

[6] Innovative infrastructure[EB/OL]. https：//www.hafencity.com/en/concepts/innovative-infrastructure-.html.

[7] The analysis of the new strategic area of Hamburg：the redevelopment project of the Hafencity’s waterfront[EB/OL]. https：//www.researchgate.net/publication/306518132_The_analysis_of_the_new_strategic_area_of_Hamburg_the_redevelopment_project_of_the_Hafencity’s_waterfront.

[8] HafenCity - great location for smaller businesses[EB/OL]. https：//www.hafencity.com/en/living/hafencity-great-location-for-smaller-businesses.html.

[9] HafenCity Hamburg：State of development[EB/OL].https：//www.hafencity.com/en/overview/hafencity-hamburg-state-of-development.html.

基金项目：

国家自然科学基金项目（41601170，41971196），科技部2019年度高端外国专家引进计划项目（G20190230027），广州市科技创新计划项目（201804010258），广州市社科联“羊城青年学人”项目（18QNXR61）。

作者信息：

陈姝卉，女，广东工业大学建筑与城市规划学院，硕士研究生。

廖开怀，男，博士，广东工业大学建筑与城市规划学院，副教授，院长助理，城乡规划系主任。

谭肖红，女，博士，广东工业大学建筑与城市规划学院，讲师。

村 / 城重生：城市共生下的深圳南头实践

1　南头：村 / 城合体

……现代唯一的新颖性就在于把易懂性和透明性假定成必须系统地追求的目标，即作为一大任务，作为依然需要强加在桀骜不驯的现实上的某种东西。

——《全球化：人类的后果》[1]

长期以来，深圳被演绎为历时 40 年，奇迹般地从一个“小渔村”演变成现代大城市的神话，然而深圳从来不曾是“小渔村”，它有着 1700 多年的建城史。如今，位于市中心的南头古城始于晋代，历代都是深港地区的政治、军事和经济中心，曾经管辖着包括今天的深圳、珠海、香港和澳门等地区。直到新中国成立初期原宝安县政府从南头迁至罗湖，南头城才终结了它一千余年的城市历史而轮回为一座寂静的村庄。

20 世纪 80 年代，随着经济特区的建立，深圳开启了自上而下的工业化和城市化进程，之后不断高速扩张的城市渐渐包围了村庄。和许多其他村落一样，南头村也经历了一场与外部的城市化同步、自发而另类的自我城市化进程。村民在自有宅基地上建造自用住房被出租房屋的市场行为替代，之后随着外来人员大量涌入导致市场需求暴增，村民们一次次翻建、抢建而不断增大增高的小楼终于最大限度地充满了宅基地，形成了高密度的“握手楼”群，这是一种遍布珠三角地区城中村的典型空间格局。城中村虽然位于城市中心却提供了价格相对低廉的出租房和多样的在地就业机会，也成了新来者适应外部严酷城市竞争环境的临时缓冲区和避风港。时至今日，深圳和珠三角地区的城中村绝不仅仅是被城市所分割包围的农村飞地，而是早已拼贴、融合到城市现实之中的“城市化的村庄”。[2] 更确切地说它已经成为一种不同于中国当代城市和村庄二元格局的第三种类型——“城 / 村”，它不仅成为不断涌入的新移民首选的“落脚城市”，且早已融入当今城市的血脉之中，与之生长一处不可分割。[3]

2　定位：古城保护 / 城中村改造

南头由“城”变“村”，又因城市化大潮席卷而演变为“城中村”，戏剧性地实现了城村身份的两次反转。今天古城的历史风貌几乎折损殆尽，只有零星分布的古建筑隐藏在密集的城中村楼宇之间。然而古城主要空间肌理“九街”格局仍然完整，南城门和东城门仍在，城内外还保留有数处祠堂、寺庙、民居、教堂等历史建筑，地上地下更是拥有非常丰富的考古遗址。一直以来，南头同时面对历史保护和城中村改造两个命题，相互掣肘，发展受困[4]。近十年来经历了数轮古城更新规划，从大规模推倒重建到置换人口、兴建仿古街区不一而足。2016年机缘巧合都市实践参与到南头古城更新的研究工作之中，基于多年来对深圳城中村现象的研究和建筑实践，建筑师希望重新反思南头古城的发展定位，提出了一系列有实操性的渐进更新策略，希望在历史文化复兴与当下现实需求之间寻找古城重生的另类路径。

清末以前的建筑在南头古城的所有建筑中占比不足5%，人们直观的感受是“古城不古”。除却被鉴定为文物的历史建筑和遗迹外，那些清末建筑、民国建筑、抗日战争遗迹、20世纪50年代宝安县、20世纪60年代至70年代九街村时期和特区成立后的村集体建筑，以及1992年以来逐渐兴起的城中村建筑混杂在一起。相对于大部分建于20世纪80年代以后的深圳城区，这块区域各历史时期的建筑沉积叠置，建筑类型丰富，材料应用时代特征明显。经过数月的文献研究与现场调查，我们提出南头作为一个鲜活的、不断生长的有机体，其千年文化传承从未间断的空间与社会谱系恰恰是最应被珍视和保护的历史与当代价值。尊重历史的原真性和文化层积，以文化复兴为导向的柔性和有机更新，才是南头古城准确而独特的发展定位。接下来我们提出了由点及面渐进式激活、以文化活动促进古城复兴的发展战略，并为古城量身定制了六项城市再生策略①：游园复兴计划、边界重塑计划、古建保育计划、主街领航计划、文创工厂计划、内城动态更新计划。从空间分布上，改造策略是由南向北，由大型城市公共空间向小型村内私用空间的逐步渗透展开。

3　城市即展场，展览即实践

经过前期大量的研究和设计工作的储备，2016年底我们又以策展人的身份适时引介“深港城市/建筑双城双年展”将主展场选址于南头古城，并以“城市策展”的方式介入古城更新，希望通过重塑古城文化和空间脉络唤起当地居民的归属感和环境自觉，最终为深圳的城中村改造提供不同的样本。从遴选场地到展览开幕仅剩不到一年的时间，尽管时间紧迫，我们仍希望借助双年展的契机开启南头古城再生计划。然而在城中村里的介入实践举步维艰，街道、村集体、代建公司和政府各主管部门多方博弈耗时数月，使得场地范围不断变动，改造设计工作也不断颠覆重来。为尽快打通古城空间脉络的大格局，我们提出的方案以“最小拆迁量，局部拆赔补偿”的方式换得各方相互妥协，最终给古城争取了一次空间提升的机会。

场地改造工作夜以继日地展开，首先遴选出具有重塑古城公共空间潜力和文化承载力的一系列节点，包括南门公园、主街边空地、篮球场和铁皮屋、工业厂房和大家乐舞台等；通过“抽取—提炼”和“改造—置换”的策略把文化植入与空间改造相结合，重建古城的公共空间系统，也使古城完整的未来空间发展框架被确定下来。“抽取—提炼”是将古城隐含的文脉发掘出来，并用当代设计语言使之物化，被人感知。古城空间主线南起于关帝庙，在南门外临时建筑装置“瓮城”界定的半圆形小广场提示古城曾作为重要海防卫所的历史记忆；进城门后的街角被改为居民文娱休闲场地，命名为“书院广场”以追忆此地有关“凤冈书院”的历史[5]；沿主街向北行进，东莞会馆北侧街边的一块空地已变成庭廊院落兼备的微型园林，这是城市设计精心布下的一颗棋子：尽管古城主空间轴线从此折向东北，微型园林却曲折向西延展，指向隐藏在密集楼宇当中的“春景街”组团，为远期的改造埋下伏笔。与此同时，“改造—置换”则意在减少对古城日常生活的扰动，不轻易建新房以免加剧城内本已紧张的空间关系，而是在原有场所条件下改造、置换建筑与塑造场所。例如，在“报德广场”中间保留水磨石篮球场，而两侧的临时铁皮屋被拆除后在原址置换为两栋同样规模的社区公共建筑，它们共同围合成整个古城的核心公共场所；进入工厂区后，厂房首层架空开放，使公众可以自由穿越厂房径直走到西北侧的大家乐舞台和中山公园里。南北向纵深延展的古城空间脉络被打通后，与现存的东街、西街一起，复现了南头历史上作为“所城”和县城所固有的空间形制——十字街；空间轴也将现存的南城门、东城门和北城墙遗址串联起来，以期唤起人们对古城边界空间范围的感知。重建公共空间序列也是对现状城中村“无序”和匀质空间格局的调整。在《想象城市的方式》一书中，作者罗岗从雷蒙·威廉斯在《漫长的革命》（The Long Revolution）中曾用“感觉结构”描述社会及历史文脉对个人经验的冲击出发，进而强调都市生活的变动不居不断重塑人们的“感觉结构”，形成特定的“都市感觉结构”，“……着重强调的是个体感知和意识所依存的城市社会——空间的脉络”。[6] 94 而经过精心梳理的外部环境可以帮助人们重建对古城的认知地图（Cognitive Map）[7]，改善人们的文化、体育、休闲、社交等日常生活空间，也使大量租客人群逐渐增进对暂居环境的文化归属感和价值认同，重构“人与城市的想象性关系”[6]。

4 “报德广场”：重塑古城中心

“报德广场”处于古城公共空间序列中的核心位置，在20世纪70年代曾经作为南头公社的打谷场，如今四周被东莞会馆、报德祠等历史建筑以及各个时期建起的居民楼密集环绕。作为村中少有的空地，近年又见缝插针地塞入了两栋铁皮屋用作临时商业用途。在设计之初，我们通过研究城中村无处不在的利益博弈、空间妥协和不断闪现的空间智慧，希望遵循这块土地原生的逻辑让新建筑自然生长出来。

广场西侧B3栋紧邻中山南街，原址上临时搭建的铁皮屋与相邻建筑共用外墙铺满整个场地。拆除铁皮屋后，建筑师考虑尽可能改善公众可达性和消防安全，新建筑主动缩减首层占地，在场地南侧留出一个2米宽的巷道连通主街和广场，也使得古城的空间轴线能够由此转向报德广场从而加强其社区中心感。为保证拆赔面积，建筑需要设置局部二层才能满足190平方米的新建面积。尽管如此，建筑高度被控制在5.73米，为相邻民宅争取到采光权，建筑形体也主动切削扭转以利于塑造最佳的外部公共环境。建筑西面正对主街旁的小园林，而东侧面向篮球场，一静一动两个户外空间在此串联起来。屋面就势演化为双向台阶的形态，自然形成的坡屋顶恰与街对面历史建筑的尺度和轮廓相呼应。入口被设计在南侧巷道转角，释放完整的西侧沿街面形成大尺度橱窗，吸引着主街上来往行人的关注，室内活动与街道互动。建筑朝向球场一侧设计成缓缓降下的大台阶，爱动的孩童们可从球场一路跑到屋顶，老人们则散坐在台阶上休憩聊天，建筑屋面和台地景观融为一体共同构成了城中村稀缺的公共场地。由外及内，室内空间延续了屋面的跌落，通过局部降低地坪，将设备和服务设施藏在台阶下方的“剩余空间”里，从而将主空间解放出来。二层设计为一个横向插入的独立筒状空间，这使得建筑的坡顶结构清晰可辨。B3栋在展览期间作为信息中心和书店，设计者期望展后可以回归社区文化活动空间。

广场东侧B4栋与B3栋遥相对望，面向球场的立面都呈阶梯状，与周边居民楼的无数窗口、阳台和屋顶共同营造出立体围合的城市剧场。展览期间的露天电影和戏剧表演，以及展后每当夜幕时分，球场上大妈们自发起舞，途经的人们自然而然地停下来、拾级而坐，演绎了一幕幕活色生香、众声喧哗的城市戏剧。B4栋建筑面积365平方米，考虑到功能的适应性，内部空间尽量开敞和高大，未来可以容纳更大规模的文化活动。由于8.8米的高度与相邻建筑的关系更为敏感，建筑形体最高处以曲面的姿态向内倾斜，顶角处也被削平，保证相邻建筑视野通透的同时也照顾到居民可能对建筑尖角的反感。借此屋面掀起一角，室内天光由此倾泻下来，让人颇感意外。大型设备管线被精心隐藏在墙体内和局部屋面中，而设备间和卫浴则被巧妙安置在室外台阶下方，从而最大限度地释放空间承载公共功能。

城中村建筑立面多用马赛克瓷片，这种小尺度的面材在宏阔的城市环境中已经少有大规模使用，但在狭窄街巷的城中村中却大受欢迎，材料多样的尺寸、丰富的色彩和图案与环境尺度相适宜。我们希望使用能与建筑原生环境相契合的立面材料，最终选择了广东佛山地区出产的陶砖。建筑外墙与广场地面采用三种不同模数的陶块，因烧制批次不同陶块的颜色略有差异，混色随机铺贴形成多层次的肌理感。窗框采用锈蚀钢板匹配暖色的陶砖，整个建筑群组希望强调整体的体量感、空间感和物质性。新建筑一方面试图与周边建筑生长一处，又呈现微妙的差异。室内使用欧松板包裹了整体顶棚和墙面，材料颜色与室外的陶块相近，从窗外望去，似乎建筑室外成为室内空间的一种延续。

建筑朝向球场一侧有意设置了大尺度玻璃窗，成为一个与广场“相互瞭望”的景窗，建筑内部的活动可以被展示传播，村中的暂居者、村民、外来观光者得以聚集一处分享和交流。展览期间，每周举办的文化讲座和社会活动吸引了大批村民和游客的参与，展后可以成为不同社团自发举行表演、展览与城村议事的文化场所。新建筑因复杂的限制条件赋予其独特的外观与内部空间，显示了与场地特征紧密相关的空间构成逻辑，重塑的报德广场同时与古城的历史文脉和城中村的当下现实对话、衔接与融合。

5 创意工厂与集市广场

20 世纪 80 年代起深圳农村开始大量兴建工厂，几乎每村都建厂出租，这是村庄快速脱贫致富的捷径，在提高村民收入的同时也为村中的年轻一代提供了就业机会。南头工厂区建筑面积逾 14 000 平方米，20 世纪 80 年代末建成。厂区内有三栋厂房和两栋宿舍，四周环绕的围墙隔绝了古城与北侧中山公园的联系。近期改造中厂房和宿舍楼的外墙基本维持原样，外墙上的水平带形窗、茶色玻璃、干粘石、白色瓷砖和彩色马赛克等都是 20 世纪 80 年代至 90 年代典型外墙材料的样本而尽量加以保留，只有作为双年展作品的大幅壁画在原有旧厂房墙面上叠加了一层新的时间痕迹。厂房东侧广场上拆除了一个临时铁皮棚架，展览期间建起一个轻盈舒展的透光天棚（NADDA 装置设计），棚下可设露天咖啡座和集市，当夜幕降临，天棚内灯光亮起宛如灯笼漂浮于广场之上。由于拆除了厂区西侧部分围墙，中部大厂房首层也被打通，厂区得以与西侧的街巷、大家乐舞台和中山公园连通。厂房底层与户外广场相连一处形成开放的街市，这里远期将成为新型创意聚集区和古城内年轻人的新生活区。

6 “大家乐舞台”/开放式小剧场

“大家乐舞台”出现于 20 世纪 80 年代后期，是深圳早期打工文化的见证。当年伴随着深圳快速工业化以及乡镇企业兴旺发达，为满足大量年轻务工人员的业余文化生活而在全市范围内兴建了大量“大家乐舞台”。然而随着城市发展和工厂外迁，这类底层民间的大众娱乐方式渐渐消失，“大家乐舞台”也被拆除殆尽。在南头现场踏勘时我们惊喜地发现古城与北侧中山公园交界处仍然完整保留有一座“大家乐舞台”，它至今仍是一个面向普通群众、用于业余表演和当地社区活动的半露天剧场，其座椅区的屋顶下可聚集多达 500 名观众，炎热天气里有老人在此乘凉、下棋读报、看着小孩玩耍打闹。我们决定利用这座民间舞台作为本届双年展的多功能厅，在展览期间组织演讲、论坛、戏剧、电影放映等各种活动；同时又希望最大化保留“大家乐舞台”非正式演出场所的特征，在空闲时仍然可以作为居民日常休闲、集会的场所。

我们在现有钢屋架下方置入了三座起坡的观众席，在提供更好的演出氛围及观演视线的同时，如几块散落巨石般的布置又构建了非正式的戏剧性空间。围绕屋架四周设计了一个可升降的织物幕帘系统，它不再是一座封闭、静态的常规剧场，而是通过控制使观众区在封闭和开敞两种空间模式中方便转换。在幕帘的落下和升起之间，种种正式和非正式、室内和室外、演出和集会等各类活动在同一场所的上演成为可能。作为双年展实质性介入城市改造的成果，大家乐舞台新的多种使用方式也将延续至展览结束之后居民的日常生活之中。

7 “城市策展”：面向未来

以“城市共生”（Cities，Grow In Difference）为主题的“2017 深港城市 \ 建筑双城双年展”已经落幕，而南头的村 / 城重生才刚刚起步。借助双年展对公共空间系统的重塑，留下了一系列承载日常活动又兼具历史感和精神性的场所，一方面它们是城市居民了解城中村的历史与文化的载体，另一方面它们也会渐渐增进村中租户对暂居社区的文化和心理归属感。南头古城的重生已经借助城市文化事件走出了这一小步，希望可以引发社会各界的重新思考：我们应该给城中村以时间，破除我们自身对城中村发展的思维定势。双年展为南头古城再生和城中村改造提供了一次另类实践的契机，以“城市策展”的方式介入城市更新，应该成为渐进改善城市空间和提升城市生活品质的一项长期计划。

（2017 第七届深港城市 / 建筑双城双年展（深圳）城市建筑板块总策展人：孟岩、刘晓都）

（图片版权 © UABB，© URBANUS 都市实践；摄影：张超都市实践）

注释：

① 深圳市都市实践设计有限公司内部资料，“南头古城实施规划及重点地段城市设计”。

参考文献：

[1] （英）齐格蒙特・鲍曼 . 全球化——人类的后果 [M]. 北京：商务印书馆，2015：31.

[2] Mary Ann O’Donnell，Winnie Wong，Jonathan Bach. Learning from Shenzhen：China’s Post-Mao Experiment from Special Zone to Model City[M]. Chicago：University of Chicago Press，2017：8.

[3] 孟岩 . 策展南头：一个城 / 村合体共生与重生的样本 [EB/OL].（2017-11-04）[2018-03-15].

http：//www.urbanus.com.cn/uabb/uabb2017/exhibition-venue-design-concept/.

[4] 林怡琳 ."城村共生"文化导向下的城市更新策略—以深圳南头古城为例 [C]// 中国城市规划学会 . 持续发展理性规划——2017 中国城市规划年会论文集 . 北京：中国建筑工业出版社，2017：1206-1219.

[5] 周保卫，伍杨 . 深圳南头古城历史与文物 [M]. 武汉：湖北人民出版社，2007.

[6] 罗岗 . 想象城市的方式 [M]. 南京：江苏人民出版社，2006.

[7] Kevin Lynch. The Image of the City[M]. Cambridge：The MIT Press，1960.

备注：

本文已发表于《时代建筑》2018 年第 3 期。

作者简介：

孟　岩，男，都市实践建筑事务所创建合伙人、主持建筑师，2017 第七届深港城市 / 建筑双城双年展（深圳）总策展人，南头改造项目主持建筑师。

林怡琳，女，都市实践建筑事务所设计董事、南头改造项目总经理、国家一级注册建筑师。

饶恩辰，男，都市实践建筑事务所设计董事、南头改造项目建筑师。

G1·蜂汇（南方物流）改造项目

1 项目定位

1.1 功能定位

规划中的南方物流总部基地，将拥有集团业务的管理中心、大宗商品的交易中心，入驻企业的服务中心和电子商务孵化中心等“4 个中心”的功能。

集团业务的管理中心——作为集团的总部基地。

大宗商品的交易中心——与渤海商品交易所联合设立渤海商品交易所东莞交易中心，与东莞现有产业相配套。

入驻企业的服务中心——通过相关配套设施的完善，促使相关企业向基地周边地区聚集，逐步完善产业链，打造一个国际性的物流总部经济区。

电子商务孵化中心——与美国亚马逊公司合作建立电子商务园区，利用服务上、业务上技术上和资金上的优势，吸引珠三角一批中小电子商务企业入园，并使之不断升级、优化。

1.2 建设内容与规模需求

南方物流集团将在拟调整地块内建设物流大厦、电子商务大厦、大宗商品交易中心，物流信息交易中心、接待与培训中心及少量商业配套等项目和设施，需建设

图 1 改造前

图 2 改造后

（图片来源：广东源筑城市更新提供）

的总建筑面积为143630平方米，各项项目、设施的作用与建设规模要求如下：

（1）物流大厦：一是作为南方物流集团总部基地，二是同时引进国内外物流企业，物流相关企业和物流科研机构等进驻，建筑采用裙楼模式，为甲级智能生态SOHO & LOFT写字楼，高25层，总建筑面积30000平方米。

（2）电子商务大厦：即电子商务企业孵化中心，建筑采用裙楼模式，为甲级智能生态SOHO & LOFT写字楼，高25层，总建筑面积30000平方米。我集团通过与美国亚马逊公司的合作，吸引珠三角一批中小电子商务企业入驻，并利用集团在业务、技术和资金上的优势，为其提供全方位的服务，使之不断实现改造升级。

（3）大宗商品交易中心（渤海商品交易所东莞交易中心）与物流信息交易中心：总建筑面积35690平方米。

（4）接待与培训中心：作为南方物流集团中高层员工及进驻企业高级员工培训，与接待外宾之用，高21层，总建筑面积39930平方米。

（5）商业配套：总建筑面积8010平方米。

由于南方物流集团公司权属地块的净用地面积为2.87公顷，因此其用地的净容积率将为5.0。

2 改造特点

2.1 改造类型：旧厂房改造

改造地块位于东莞市南城区宏图片区中北部、袁屋边片区、东莞市南城汽车客运总站的东南侧，在宏图路与宏二路道路交叉口的东侧，规划总用地面积3.39公顷。

2.2 改造模式：企业自改

改造地块是由东莞市南方物流集团有限公司采用企业自改方式进行改造，总投资约13亿元。

2.3 改造规划：商业用地

改造后，该宗土地将用于商业用地21284.13平方米，容积率6.74，建筑面积199742.43平方米。

2.4 改造政策

该项目采用企业自改方式进行改造，土地出让市政府收益部分返还给镇政府。

2.5 改造成效

更新改造后的蜂汇广场开业率已达 90% 以上，30% 为首次进驻东莞和南城的品牌。其中，有万达影院的杜比影厅、室内儿童游乐品牌永旺莫莉幻想、快时尚品牌 MJ Style、永辉绿标高端精品超市、屈臣氏等综合商贸项目。项目的落成将推动周边土地价值和产业效益成倍增长，实现了提升区域空间品质的目标。

作者信息：

叶旭林，男，广东源筑城市更新有限公司。

基于城市更新背景下的城市新区滨海空间景观提升——以深圳前海自贸区为例

1 研究背景

城市商业规模的增长带动了城市领土的扩张，使得城市建设面积扩大。在改革开放以来，我国各大城市建立诸如经济开发区、高新技术园区等的数量和规模在日益剧增。经济开发产生的新的城市发展空间，成为城市具有活力的区域和城市形象的代表[1]。人们日常生活和工作甚至是城市活动交流，均会在新建的城市区域中频繁发生，新区的开发也会促进旧城的更新和改变。城市景观建设作为城市更新与文明发展的重要内容，城市新区的景观设计也成为时代更新发展背景下关注的重点[2]。

随着经济的发展和人口扩张带来了城市用地压力，围填海作为缓解人地矛盾的有效方法，在全球范围内得到了广泛的应用[3, 4]。我国自汉代以来，便具有悠久的围填海历史，明清之后，开始进行大规模的填海营造和修建[5]。围填海是指人类在海岸线外通过填埋土石方等工程措施，改变海岸的自然形态，从而在获得的空间进行人类生产活动等的利用[6]。城市滨海空间的建设涉及了多个方面：滨海商业居住、滨海旅游度假开发、海岸线综合治理、港口和码头复兴等，滨海地区成为改变城市景观与形象、促进城市经济发展的重要手段。目前我国滨海设计理论还处于探索阶段，存在着生态意识薄弱、空间缺乏场所特征、植物配置缺乏科学性、景观设施利用率低等问题。本文以景观设计相关理论为基础，从深圳前海自贸区滨海空间现状条件出发，解决项目再用地布局，空间组织、服务设施和生态环境等问题，从而促进滨海城市滨海空间得到最大程度的合理利用，满足市民和游客的体验需求，提升城市形象。

2 项目概况

2.1 区域位置

前湾片区位于深圳市西部蛇口半岛的西侧的前海合作区，珠江口东岸，毗邻香港、澳门，由双界河、宝安大道、月亮湾大道、妈湾大道和西部岸线合围而成。具有大小南山和前海湾海岸的生态景观资源。优越的自然环境和地理优势使其成为粤港澳大湾区的战略要地。该区域地处南亚热带，濒临南海，亚热带海洋性气候，四季温暖湿润，雨水充沛，一年中两次多雨期，夏季台风较大。

前湾片区景观区工程总面积约 70 公顷，项目重点打造前海展厅广场、紫荆园、前海石公园、梦海大道绿廊中央公园、体育公园节点，重点提升前湾一路、梦海大道道路景观，全面提升前湾片区的道路，包括前湾二路、前湾三路、怡海大道、鲤鱼门路、听海大道、临海大道、金岸中街等道路。

2.2 土壤与植被特征

该片区属受污染严重区域，土壤属于沙壤土，pH 值在 6.65~8.91 之间，盐碱化程度较高，植物种类匮乏，常年经受雨水冲刷，地面径流量大，主要生长着一些野蒿蒿等植物。通过人工种植的植物长势较差。

2.3 现状环境质量评价

前湾片区环境质量调查结果表明：前海片区环境质量和景观效益较差，景观基础设施不完善，滨海区域大片滩涂裸露，近海区域植物长势不佳，无法形成稳定的群落结构。沿海的城市景观风貌缺乏特色，人群使用率和参与度低。

图 1 前海片区区位图

（图片来源：自绘）

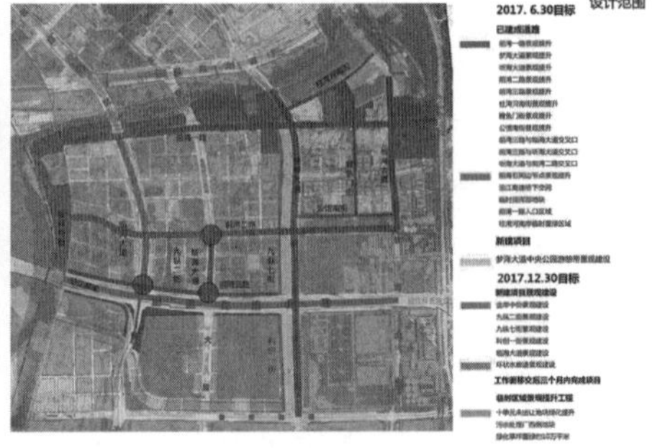

图 2 项目设计范围划分

（图片来源：自绘）

3 设计主要面对的现状问题

3.1 对现状生态环境的提升

在深圳市前海石公园景观建设中，同时也面临强风、盐碱地、缺乏淡水资源等环境问题。填海区域常年遭受海风，且台风在 5~9 月较多，加剧了盐雾沉降和强风对植物生长的破坏。该地段土壤呈黏性，地下水位高，对植物种类和配置、栽培技术的要求较高。在景观提升过程中，改善现状生态环境是首要解决的问题。

3.2 对现状地形的空间组织

前湾片区现状地形单坡向海，缺乏地形的起伏变化。同时，作为海洋和城市的过度空间，地形的单一不利于空间的营造。从生态性的角度考虑，平坦的地形，尤其是在台风天气，导致地表的雨水径流量大，难以形成对雨水的滞留和下渗。对生态系统的构建也存在一定的限制性。因此，对现状地形的重新组织，是空间营造的重要手段。

3.3 对海洋文化的特色景观设计

滨海城市具有独特的海洋文化资源，是打造城市特色景观的主要元素之一。因此在前海景观设计中，海洋文化的融入，是场所精神特征的体现，也是建设独特的城市风貌的途径之一。通过对海洋文化元素的提取和应用,营造独特的滨海城市景观。

3.4 对滨海生态廊道景观设计

滨海空间作为海陆交界处，是海洋和陆地生物频繁活动的区域。景观设计中需要考虑不同生物的活动行为。在引导人与海洋更多参与的同时,需要减少人为的干扰。一方面城市也会受到海洋带来的负面影响，诸如:台风、海岸侵蚀、海水入侵等问题。因此，需要将生态理念渗透到设计的全过程中，达到滨海景观空间的可持续性发展。

3.5 对城市景观风格的延续和历史文化的挖掘

深圳市自 1979 年以来，成为中国改革开放的前沿。2010 年 8 月 26 日，国务院批复同意了《前海深港现代服务业合作区总体发展规划》，深圳前海合作区正式作为国家经济开发战略发展区域建设。随后，粤港双方的《关于推进前海深港现代服务业合作的意见书》等相关合作协议的签订，前海合作区的战略地位被推向了新高度。2012 年 12 月，习近平总书记在前海合作区发表重要讲话，发出了改革开放再出发的号召。深圳前海合作区即将建成为特区中的特区，被寄予了中国“曼哈顿”的期望。

图 3　前海建设前期照片

（图片来源：自摄）

深圳是现代城市的代表，从渔村发展成为现代化的大都市，吸引着大量优秀的青年人才，被赋予了现代和活力的标签。

4 前海合作区的景观更新策略

前海滨海空间的景观更新主要分布在临海、沿海的道路和绿地以及海岸线一带，设计内容包括生态环境的提升、地形空间的组织、交通组织和地域文化特色景观营造。以道路串联各个公共空间，形成特色鲜明的滨海景观。

4.1 生态环境的提升

4.1.1 土壤改良

前海合作区因其大部分面积滨海，为沿海滩涂或是填海区域，海岸带生态环境问题严峻。主要表现在土壤盐碱化程度高、地下水位高、雨水净流量大、生态系统失调、生物多样性低。通过景观手法从生态的角度，对前海合作区景观进行提升是前海在发展过程中要解决的难题。在环境建设中，改良土壤是风景园林生态修复以及后期建设的重点。前海石公园土壤主要为沙壤土，土壤容重较大，超出绿化种植土 $1.35g/cm^3$ 的要求。土壤非毛管孔隙度低于绿化种植土要求的5%。土壤通气透水性差，孔隙度小，不利于植物根系生长。滨海盐土土壤中有机质含量低，由于土壤肥力差，盐化，地下水位高，导致植物生长困难。

土壤改良的方式有土壤结构改良、盐碱地改良、酸化土壤改良、土壤科学耕作和治理土壤污染来提高土壤肥力。盐碱土对植物的直接影响是不利于根部的吸水而脱水死亡。在建设实践中，利用排隔盐法，通过在土壤中埋放暗式排盐管的工艺来将盐排走。由于滨海区域地下水位会随着潮汐涨落而变化，高水位时，土壤自身的孔隙毛细现象会将盐水返吸上来，致使土壤盐碱提高。所以，通过在土壤中铺设隔盐薄膜工艺来实现隔盐效果。

通过公园土壤进行取样分析，原始土壤显示为弱碱性。在施工过程中，原生土壤通过机械改良方案也很难达到理想效果，则采用直接表层换土的方式来进行土壤改良。结合土壤现状和检测结果，最终确定使用的种植土改良配合比为素土（m^3）：鸡粪（kg）：泥炭（kg）：蚯蚓土（kg）=1 ：4 ：5 ：3.5 的配合比进行种植土改良，通过原土回填800毫米厚改良土（从外拌和后运回来）的土壤改良方式，进行科学的土壤改良，已达到适合植物生长。

土壤改良一年之后，对改良后的土壤种植区域实行跟踪监测和观察的方法。对植物生长状况进行记录和改良后的土壤取样进行相关理化指标测定，如表1所示。结果显示改良后土壤的理化性质也基本达到了种植要求，植物景观效益较好。土壤含盐量显著降低，有机质含量和土壤肥力显著提高。

土壤修复前后理化性质检测 表1

土壤取样	容重 / g.cm^{-3}	水解性氮 / mg.kg^{-1}	有效磷 / mg.kg^{-1}	PH 值	全盐量 / g.kg^{-1}	孔隙度 / %	有机质 / g.kg^{-1}
修复前	2.05 ± 0.36a	14.5 ± 0.86b	0.33 ± 0.22b	8.30 ± 0.46a	1.2 ± 0.11a	3.57 ± 0.33b	6.95 ± 0.16b
修复后	1.22 ± 0.19b	43.7 ± 0.89a	6.88 ± 1.98a	7.2 ± 0.22b	0.5 ± 0.05b	8.25 ± 0.11a	23.88 ± 0.12a
参考值	<1.35	40~200	5~60	5~8.3	≤ 1.0	5~25	20~80

注：不同小写字母分别表示 $P<0.05$ 水平差异显著。

图4 前海合作区土壤改良前后对照

（图片来源：自摄）

4.1.2 滨海植物选择和景观营造

滨海植物景观作为城市景观的延续和地域文化的传递，在形成城市景观中占总要地位。填海区域常年遭受海风，且台风在5~9月较多，加剧了盐雾沉降和强风对植物生长的破坏。该地段土壤呈黏性，地下水位高，对植物种类和配置模式、栽培技术的要求较高。因此，选择以抗风、耐盐的乡土植物种类为主，同时兼顾地域特色的景观营造目标。通过文献调查结合前海片区小范围内的种植效果评价试验，筛选的主要适用树种有大腹木棉、樟树、伊拉克蜜枣、桩景龙血树、造型红檵木、宫粉紫荆、大叶紫薇、鸡蛋花等[7]。植物配置形式采用自然式种植手法，抗性强的乔木结合固坡观赏灌木和草本植物，形成鲜明的群落季相景观。通过土壤修复方式、抗风防护措施和养护技术，提高前海片区耐盐碱植物成活率，丰富植物景观群落。

4.1.3 雨水花园设计

雨水花园设计是前海片区雨水控制的主要景观措施。雨水花园的植物选择原则是优先选用本土植物，搭配外来植物；选用根系发达、茎叶茂盛，去污染能力强的物种；选用既有一定耐涝性而又具有抗旱能力的植物。基于雨水花园的植物选择原则，结合深圳市自然地理环境和雨水花园的结构做法，将雨水花园划分为边缘区、缓冲区和积水区（图5）。在这三个区域中由于水淹的程度不同，植物配植应充分考虑植物的栽培习性。边缘区为雨水花园与周围过渡区域，植物配置上应考虑景观的延续性，植物的耐水淹能力不高，但需要较强的耐旱和防雨水冲刷能力。缓冲区为雨水花园的外围，有间期性积水，植物选择既有一定耐淹能力又有一定耐旱能力的植物；中心积水区是雨水花园的水流积蓄地，要求栽种的植物有较强的耐淹能力和抗污染能力，同时具备抗旱能力，不同区域植物品种配置如表 2 所示。

雨水花园不同区域植物配置名录 **表 2**

不同区域	植物名称	生态习性	植株高度（米）
边缘区	血草、花叶芒、小兔子狼尾草、白穗狼尾草、矮蒲苇、紫叶狼尾草、粉黛乱子草	耐短期水湿和干旱	0.45~1
缓冲区	水生美人蕉、花叶芦竹、菖蒲、海芋、花叶燕麦草、白茅、花叶良姜、矮生翠芦莉	既有一定耐淹能力又有一定耐旱能力	0.3~0.6
积水区	银边草、玉龙草、千屈菜、香菇草	耐水淹、耐干旱	0.1~0.3

a b

c d

图 5 前海合作区海绵城市建设（a：雨水花园分区；b：雨水花园设计；c、d：雨水花园效果图）

（图片来源：自绘、自摄）

4.2 地形的空间组织设计

前海滩涂原有的地形自东南高西北低，单坡向海，填海的地形欠缺起伏，视线没有转折顾盼，空间缺乏变化。微地形的营造在场地生境营造、小气候形成、防御自然灾害、控制雨水径流和促进生态系统恢复方面具有重要作用[8]。前海片区地形营造不仅考虑景观空间的组织，更重要的是与滨海生物群落构建、雨水径流和营造小气候等生态设计相结合。

从生态防护的角度分析，滨海空间的微地形在台风和暴雨等极端恶劣的天气时，可以作为城市空间防御自然灾害的界面。根据风速和流场动力的研究表明，台风在遇到微地形时，台风在迎风面上升，风速会增加，而在地形的背风面，风速会降低，形成漩涡[9]。随着全球海平面上升和极端洪涝天气的频繁出现，传统的防洪工程堆砌的防洪堤坝，不但将海平面与滨海空间的联系隔断，还割裂了大海与城市的关系，割裂了生物多样性的延续。前海滨海空间采用生态疏导的形式，结合地形允许在涨水期有部分绿地被短时间淹没，利用耐水淹植物满足在竖向设计上使滨海洪泛空间成为城市优质的开放空间。因此，地形能够有效削弱台风和洪涝等给城市造成的影响。

在纵向景观空间序列上达到城市——海岸——海洋的带状序列分布。而在横向空间上，则是通过起伏的地形变化，形成缓坡——坡地——平地——驳岸——海洋的景观空间序列。

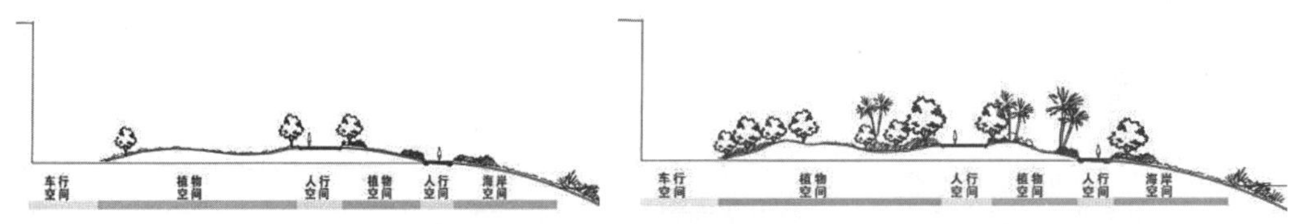

图 6　前海滨海空间改造前后对比（左：改造前；右：改造后）

图 7　前海合作区地形营造

（图片来源：自摄）

4.3　滨海景观交通组织

4.3.1　车行空间设计

前海片区车行空间是周围外界进入前海新区的屏障，因此其不仅在交通组织上具有重要作用，还需要满足代表前海新区形象的作用。沿海道路犹如前海片区的“脊柱”，具有强烈的贯通性、连续性和空间渗透作用，串联整个空间区域。在本次景观设计方案中通过各种元素进行延续和统一。

植物可使道路通行空间具有整体性，软化硬质景观的效果。道路景观升级改造采用建立“1 个示范段—2 个标准段—3 个重要节点”的策略。示范段选用宫粉紫荆等粉色系列的开花乔木为主调，朴树、大腹木棉作主景树种，营造季相特色鲜明的植物景观。结合地形打造丰富变化的空间，行云流水的地被曲线与白砂结合、前置平坦的草坪赋予商业区的现代感。标准段车行空间，对于植物配置考虑车辆的时空转移速度较快，采取大尺度、色块植物配置，增加种植单元的重复，以简洁现代为原则。引进耐盐碱性棕榈品种伊拉克蜜枣，力求打造壮观的滨海风情的城市。两边绿化带种植开花、色叶地被增添色彩，提高整体氛围。重要节点分别彰显不同的主题景观，通过主题的基调树种将不同道路与节点衔接。植物层次更加丰富、细致，植物种类也更加多样。梦海大道与前湾一路交汇点以大腹木棉为主景树、中下层高低搭配形态各异的苏铁，结合开花、色叶地被，形成四季开花的绚烂靓丽景观。听海大道与前湾二路交会点以“华彩迎宾”为本节点的绿化主题，以大腹木棉和朴树为基调树种。听海大道与前湾三路交会点通过标志性的现代雕塑营造独特的城市景观。以造型优美的罗汉松组景结合微地形作为雕塑的背景，现代与古典的相互交融。上层以高大挺拔的对叶榕、麻楝为主要景观大树，丰富天际线层次。中下层结合具常绿、开花的球灌木及景观石与之搭配。

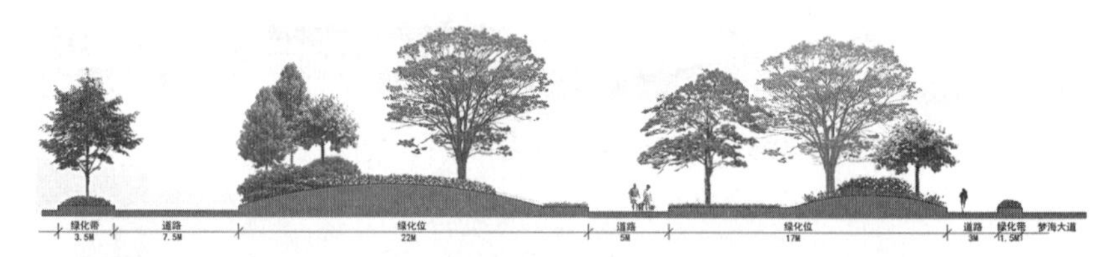

图 8　示范段改造后剖面图

图 9　标准段改造效果对比

图 10　听海大道与前湾三路交会点景观效果图

4.3.2 步行空间设计

步行空间是人与环境产生更多参与和互动的空间，滨海地段舒适的环境极有利于打造体验感丰富的步行系统。项目步行系统的设计以体验参与为原则，为市民创造多功能、多层次的游憩、娱乐和活动空间。从城市界面逐渐向海岸空间的延伸，步行系统的设计结合地形的变化，感受空间的节奏和韵律，通过植物种植形式由多层次结构，过渡到简洁的模式，营造舒适的漫步空间。在滨海步行空间的景观设计中，以高大的椰树，搭配观赏草和花卉，营造爽朗的椰林风情。步行系统的布局根据海岸线的曲折婉转，以自然野趣的观赏草营造人与自然互动交流的亲水平台，远眺跨海大桥的景色，设置景观视线和步行体验丰富的观景停留空间。

图 11　滨海步行空间设计

4.4 场所精神与城市文化的融入

通过对深圳市城市发展和前海合作区的历史背景进行解读和分析，可知在深圳市的建设发展中，前海合作区的景观设计着重体现深圳的城市形象和经济特区的发展定位，展现独特的滨海特区城市景观风貌。

4.4.1 融入海洋文化

利用海洋文化符号体现滨海空间的文化特色，是形成文化记忆显著的设计手法。在设计中提取海洋文化元素，用现代的设计语言加以演绎。例如：前海展厅广场的景观设计中，充分体现了海洋文化特色和体现景观标志的作用。前海展厅广场作为进入前海深港现代服务业合作区的主要入口，入口广场设计中，前海 LOGO 格栅景墙位于前海展示厅的侧前方，景墙的格栅采用参数化设计，融入海洋文化中“海浪”的元素，形成了具有文化记忆的标志性节点。绿化设计保留了场地原有的生长良好形态优美的大乔木，并种植有朴树、铁冬青、多花紫花风铃木等特色树种。LOGO 景墙前方使用大面积的时花，打造花海的效果。

4.4.2 融入城市文化

深圳市在区域发展等方面与香港具有密切联系，香港在中国也具有独特的历史

图 12 前海门户广场建设更新前后对比

（图片来源：自摄）

地位。因此前海新区的建设，融入了城市多元文化交流的现代发展理念，也为两地居民创造了更好的城市风貌和交流的桥梁。因此，为了促进粤港澳大湾区的发展，促进深港的进一步交流，以香港市花洋紫荆为主题，建立紫荆花专类园。通过调研和文献研究，最终以红花羊蹄甲、宫粉紫荆、首冠藤、加氏羊蹄甲等 6 个品种共 434 株紫荆打造特色主题园林，营造五彩缤纷，紫荆争艳的景观效果。以紫荆为主要基调树种，搭配常绿灌木和时花，展现景观的主题特色。

图 13 紫荆花园建设更新前后对比

（图片来源：自摄）

4.4.3 融入历史文化

中国人向来有着刻石记事的传统，而伫立于“特区中的特区”的前海石，正寄托着人们对前海的期待和希冀。前海石公园在前海片区具有重要的历史地位，见证了前海经济特区的发展历程。因此，前海石公园的景观设计定位既是纪念性的公园，提供环境给市民观仰前海石，也是一处休闲公园，让市民依托建设中的前湾区，享受椰林树荫下的大草坪，听风观海。

为了配合前海桂湾河水廊道工程，前海石临时向南平移了 300 米，将前海石设置在桂湾河水廊道入海口的休闲带上，规划了占地总面积约 90000 平方米的前海石公园。前海石历经沧桑，已成为前海最具代表性的标志物，承载着前海精神，见证特区改革开放再出发，象征着前海改革发展的新时代、新高度。前海石公园以“一石激起千层浪”为设计理念，融入了海洋文化，结合参数化设计的互扣式铺装拼装工艺，分为深、中、浅三个颜色，对原有平台结构进行修复，采用的新砂基透水砖铺装材料。选择与前海石同样材质的景石，作为基座抬升前海石高度，以适应前海生机盎然的发展环境。设计方案充分结合前海石的历史文化意义，结合地形打造成区域观景制高点，可以眺望前海片区的发展变化。同时，兼顾地形与海岸线的呼应、城市风貌与海洋景观的呼应。

图 14　前海石公园建设更新前后对比

（图片来源：自摄）

图 15　前海石公园方案平面图

（图片来源：自绘）

5 结语

城市新建区的景观建设是时代赋予的任务，它作为城市新的发展高度和城市形象，应是城市园林景观和文化特色的丰富结晶，是时代发展与生态艺术相结合的产物。设计中发现，要准确认识新建区域与所在城市的环境特征和发展特色，将城市建设与新区发展有机结合，新区生态环境设计与城市形象塑造相互融合。创造一个体现地域特色和时代发展前沿的城市新名片。本文主要通过对深圳前海片区土壤、植物、地形和雨水控制、交通流线空间、场所特征和文化等方面进行了现状分析，从城市更新背景的角度提出了相关景观升级设计策略。并通过案例实践取得了良好的景观、生态以及社会效益，为深圳市创造了新的城市名片，拉动了前海经济特区的更新发展。今后，滨海区域景观建设，核心应整合城市景观、城市发展和生态系统平衡之间的相互关系来应对滨海区域景观设计中复杂的环境问题，实现城市填海区域的良性发展。

参考文献：

[1] 陈从建，张晓东 . 多维度视角下南京江北新区城市建设发展分析 [J]. 山西建筑，2019，45（08）：17-19.

[2] 熊江玮，郑文 . 浅析现代城市滨海景观设计——以南沙新区灵山岛尖南段海岸及滨海景观带建设工程为例 [J]. 广东水利电力职业技术学院学报，2017，15（01）：15-18.

[3] 岳奇，徐伟，胡恒，等 . 世界围填海发展历程及特征 [J]. 海洋开发与管理，2015，32（6）:1-5.

[4] 蔡丽萍 . 六横岛东部围填海对沉积物和底栖生物的影响 [D]. 浙江海洋学院，2012.

[5] 胡斯亮 . 围填海造地及其管理制度研究 [D]. 中国海洋大学，2011.

[6] 方仁建，沈永明，时海东 . 基于围垦特征的海滨地区景观格局变化研究———以盐城海岸为例 . 生态学报，2015，35（3）：642-651.

[7] 方赞山，孟千万，宋希强 . 海南岛海漂植物资源及其园林应用综合评价 [J]. 中国园林，2016，32（06）：83-88.

[8] 王婷，张建林 . 重庆山地公园凹地形空间植物景观设计探析 [J]. 西南师范大学学报（自然科学版），2018，43（11）：92-98.

[9] 薛飞飞，许昌，韩星星，蒋泽阳，陈丹丹 . 基于 CFD 的复杂地形风电场地形改造方案研究 [J]. 太阳能学报，2017，7（38）：1959-1965.

作者信息：

杨　杨，男，广州普邦园林集团股份有限公司。

何幼梅，女，广州普邦园林集团股份有限公司。

叶劲枫，男，广州普邦园林集团股份有限公司集团董事兼规划设计事业部总裁。

存量用地规划实施的政策路径 —— 以深圳下围社区土地整备项目为例

1 存量用地时期规划实施的困境

增量用地规划和存量用地规划是近年来学界讨论的热点问题[1-2]。增量用地规划的实施一般分为"征收土地—转变用途—供应土地"三个环节[3]。首先是征收土地，集体农业用地被征收为国有土地，土地所有权发生变更；其次是转变用途，农地转变为建设用地，并依据控制性详细规划确定土地用途和开发强度，是规划实施的关键环节，同时伴随土地价值提升；最后是供应土地，政府将建设用地使用权让渡到第三方，通过显化土地价值获得土地出让收益。但是随着对农村集体土地权益和个人房屋财产权利的日益重视，以及城市化带来的土地增值，存量用地按照上述方式实施规划的难度越来越大。

1.1 基于公权力的土地征收难以适应存量用地平等协商的要求

伴随着《物权法》和《国有土地上房屋征收条例》等文件出台，对集体和个人土地房屋财产权利的保护提到新的高度，土地产权状态成为规划实施成功与否的关键，与现状土地利益结构相冲突的控制性详细规划实施难度越来越大[4]。公权力的约束以及私人财产权利的保护使规划实施的环境发生变化，增量用地时期基于公权力的强制征收逐渐向存量用地时期基于公权私权平等的协商征收转变。政府实施城市规划需要与相关权利主体进行充分沟通，甚至因为个体利益对规划方案进行妥协和退让，实施环境的变化客观上促进了政府角色的转变。

1.2 排他性的土地收益分配规则无法满足土地权利人对土地增值的期望

规划实施对象由增量用地转向存量用地后，难点在于利益分配，特别是由于土地增值带来的收益再分配[5]。增量规划时期土地增值收益由政府主导，农村集体被排除在土地收益分配之外，无法分享规划实施带来的土地增值[6]。一方面，排他性的收益分配机制使规划实施"激励不相容"①，无法获得土地权利人的支持；另一方面，存量用地时期土地权利人需求更多元、利益诉求更高，按照增量用地时期统一、有限度的补偿政策难以推进实施。

1.3 串联的规划土地政策难以处理存量用地多元、复杂的利益关系

增量用地规划实施是串联的政策组合，涉及规划编制、征收补偿标准、规划条件核定、地价计收、招拍挂出让等多个相互独立的规划和国土政策。但是在存量用地时期，串联式的政策组合不利于利益的调配和平衡，由于环节多、周期长导致交易成本太高，最终影响存量用地规划实施[7]。由于利益主体的增加和交易成本的提高，交易制度是否高效成为存量用地能否有效盘活的重要因素[8]。

1.4 以刚性控制、技术分析为导向的规划方法难以满足存量用地弹性、多元的利益诉求

增量用地时期，政府垄断了用地供应和土地处置，政府在制定和实施规划时较为强势，因此刚性控制和技术分析成为规划编制的重点。存量用地时期，随着个人财产权利保护制度的完善和权利人利益诉求的提高，按照刚性控制原则制定的法定规划往往无法满足平等协商的实施要求，而个人财产权利的申述和利益诉求的表达使得基于技术理性的规划方案水土不服。在技术分析基础上面向实施、具有一定弹性的协商式规划逐渐成为主流，只有经充分协商形成各方共识的规划方案才能顺利实施。

2 深圳市存量用地规划实施的政策路径

2012年深圳市进入以存量用地开发为主的时期。由于土地管理和规划控制缺位，快速城市化过程中由农村主导的自下而上城镇化产生了空间发展不均和用地结构失衡，约400平方公里低效、无序利用的农村集体土地成了存量用地开发的主要对象。这些土地主要有以下特征：一是超过90%的用地属于建成区，平均现状容积率超过1.2，可建设空地不多；二是规划实施率低，公共基础设施欠账多，农村集体土地中超过40%用地规划为道路、学校、医院、绿地等公共基础设施，公共基础设施“欠账多、落地难”成为普遍问题；三是产权不清晰和权益不完整，近80%的土地存在征地转地遗留问题和权属纠纷，由于经济关系复杂和权能不完整，土地无法形成有效供应，形成“政府用不了、村民用不好、市场无法用”的困境[9]。

为盘活农村集体存量土地资源，深圳市提出建立规划引导、利益共享、运作高效的土地整备机制，并在2015年出台《土地整备利益统筹试点项目管理办法（试行）》[10]，将包括下围社区等在内的63个农村社区作为首批试点项目，加强存量用地规划实施。不同于增量用地“征收土地—转变用途—供应土地”的规划实施机制，土地整备政策主要有以下特点：

2.1 刚性控制公益性用地，合理分配经营性用地

土地整备立足于增加公共基础设施用地供给，加强规划实施。因此，在政策设计中划定了公共基础设施用地底线，对于规划确定的公共基础设施用地由政府刚性控制。公共基础设施以外的土地，由政府和农村集体合理分配。不同于增量用地中“征收—储备—出让”的规划实施机制，土地整备通过协议出让土地的方式直接给农村集体安排留用地，该做法一方面绕过土地公开出让环节，使农村集体获取土地的门槛和成本大幅降低；另一方面通过安排留用地的方式完成了土地确权，显化了农村集体土地价值，实现了同地同权[②]。

2.2 建立增值收益分配规则，运用规划、土地、资金政策统筹各方利益

不同于排他性的土地征收，土地整备建立了土地增值收益的分配规则，将规划实施由“利益排他”转变为“利益相容”[③]，实现政府和农村集体利益共享。土地增值收益分配机制主要通过留用土地、编制规划、安排资金和计算地价四个方面实现。

留用土地，主要是政府通过协议方式给农村集体安排留用地，赋予其土地开发权，让农村集体分享土地增值收益。在这过程中，存在历史遗留问题、权能不完整的农村集体土地转化为产权清晰、权能完整的国有土地，显化了土地价值；编制规划，主要是结合规划实施要求和农村集体利益诉求，编制土地整备单元规划，明确留用地规划设计条件，通过提高留用地开发强度等方式实现价值提升；安排资金，主要是政府给予农村集体资金补偿，作为启动项目和开展前期工作的基础，保障项目顺利运转；地价计收，农村集体获得留用地还需要支付政策性地价，该地价作为农村集体土地转变为国有土地，获得完整权能的“对价资金”。

2.3 实现规划国土政策并联，降低存量用地交易的制度成本

土地整备是涵盖规划和国土的综合性政策。在实施过程中，有两个重要的内容：土地整备项目实施方案和土地整备单元规划。实施方案重点对公共基础设施储备范

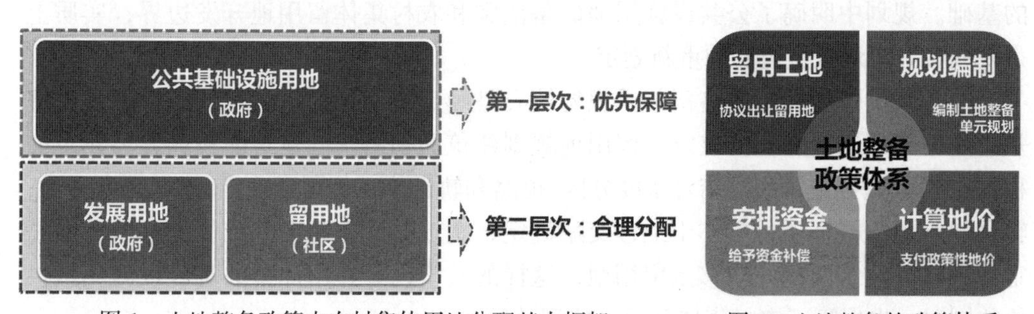

图1 土地整备政策中农村集体用地分配基本框架

图2 土地整备的政策体系

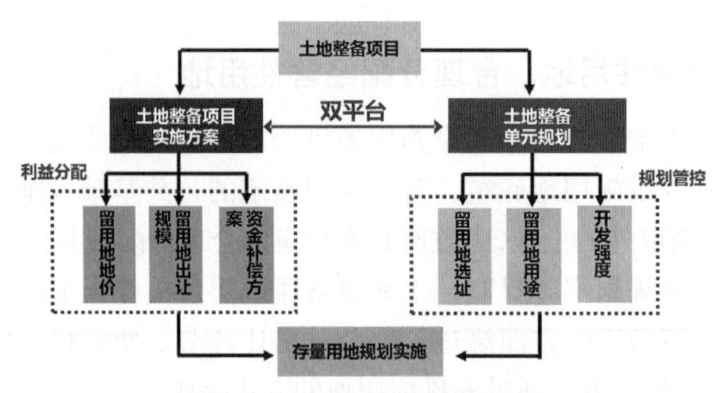

图 3　土地整备实施的双平台

围、留用地规模、资金补偿方案进行安排，以调节利益分配；单元规划重点对留用地选址、用途和开发强度进行明确，以实现规划管控。实施方案和单元规划是并行的内容，两者缺一不可，同时报批。通过单元规划和实施方案的深度互动，改变了增量用地规划实施过程中规划和国土串联的政策链条，实现了资金补偿、土地出让、规划条件核定、地价计收等政策并联和审核批准，不仅更有利于各方利益的统筹和平衡，而且极大降低了存量用地交易的制度成本和时间成本。

2.4　协商编制单元规划，加强存量用地规划编制的政策引导

土地整备单元规划本质上是对土地利益结构的再调整，结合土地政策、土地产权状态、土地权利人意愿等因素对法定图则规划方案进行重新优化，通过规划手段实现土地增值从而调整利益结构，使规划实施从“零和博弈”变为“正和博弈”。土地整备单元规划需报法定图则委员会审批，审批通过后实现了法定图则调整。与增量用地规划相比，土地整备单元规划主要有以下特点：

一是协商编制。由于涉及农村集体利益，土地整备单元规划以农村集体为主体，政府、规划师、房屋权利人等多方参与，在项目策划、土地分配、留用地选址、规划控制指标等环节充分征求农村集体意见，规划的方案形成、上报和审批等必须以农村集体表决通过为前提。

二是明晰权益。土地整备单元规划不仅是空间规划，也是土地分配和土地确权的基础。规划中明确了公共设施用地储备范围和农村集体留用地开发边界，实质上是完成各方土地权益边界的重新划定。

三是政策引导。土地整备单元规划核心是确定留用地的规划设计条件，其关键是留用地规划建筑面积的核定。留用地规划建筑面积由基础建筑面积和转移建筑面积构成[11]。基础建筑面积结合密度分区、道路和轨道修正等因素确定，体现技术理性；转移建筑面积根据项目整体土地移交率确定，土地移交率超出基准值的部分按照一定规则核算建筑面积并转移至留用地，这样的政策设计在增加公共基础设施用地供给的同时，也保障了农村集体利益，体现政策导向。

3 下围土地整备项目案例解析

作为首个完成实施的项目，观湖下围土地整备项目实施面积9公顷，全部为存在历史遗留问题的农村集体土地。项目范围内规划的五和大道、平安路以及石皮山公园等公共基础设施需征用农村集体约7公顷土地。按照增量用地规划实施的路径难以推进，一方面政府的征收补偿标准与下围社区的土地收益预期存在较大差距，另一方面由政府征收土地再供应土地的做法剥夺了农村集体作为土地所有者的开发收益。因此，五和大道、平安路和石皮山公园等项目历时5年仍然无法推进，规划确定的城市主干道和城市公园无法实施。土地整备成为破解五和大道、平安路用地难题，加强规划实施的重要政策工具。

3.1 项目实施范围划定

范围划定是项目实施和利益平衡的基础。下围项目划定实施范围主要基于两方面因素：一是规划实施需要，结合五和大道、平安路和石皮山公园等项目用地红线确定，将公共城市基础设施建设需要征用的农村集体土地纳入土地整备范围，解决项目用地问题；二是农村集体的发展诉求，将农村集体规划为经营性用地但因产权限制无法开发的土地纳入实施范围，通过土地确权重新赋予农村集体土地开发权能。可以看出，实施范围的划定既体现了政府实施规划、落实项目的意图，也体现了农村集体开发土地、确权发展的愿望，两者必须形成交集。

3.2 土地分配方案和留用地选址

土地分配方案是土地整备项目的核心。土地分配方案以土地产权为基础，以政策规则为依据。根据《土地整备利益统筹试点项目管理办法（试行）》，政府储备用地规模为7公顷，主要包括五和大道、平安路以及石皮山公园等公共基础设施用地；下围社区通过协议方式获得留用地2公顷。这一过程中完成了土地确权，下围社区9公顷存在土地遗留问题的农村集体土地转变为2公顷产权清晰的国有土地，实现了土地的价值和土地权能的提升。

图4 观湖下围土地整备利益统筹项目实施范围

下围社区2公顷留用地的位置需结合法定图则和农村集体诉求协商确定。项目实施范围内已有法定图则覆盖，但是由于不规则的土地产权边界与规则的法定图则地块之间存在空间错位，因此需要对留用地范围进行选址研究。结合土地产权状态，土地整备单元规划对法定图则的地块边界进行调整，将法定图则基于技术理性的规则地块调整为基于协商平衡的不规则地块。从增量用地规划视角来看，不规则的用地方案似乎无法满足土地方正、规整的技术要求，但是从存量用地规划视角来看，不规则的用地选址方案恰恰体现了土地产权空间特征，也是土地利益结构在面向实施的规划方案中的投影。土地整备单元规划不仅是空间结构的反映，更是政府基于协商结果对土地利益结构的理解和应对。

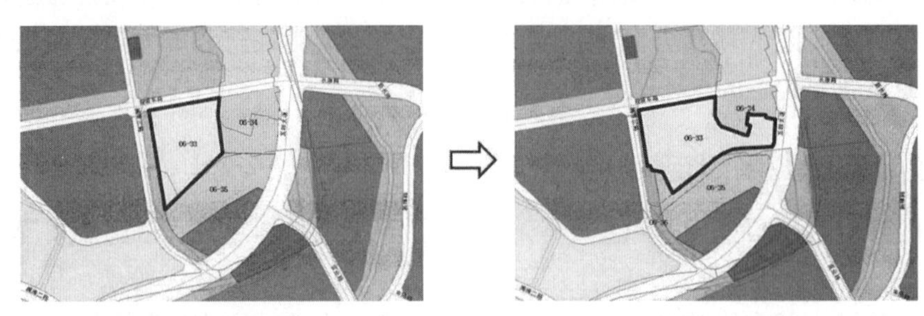

法定图则规划方案　　本项目规划方案

图 5　法定图则地块方案与土地整备单元规划留用地方案

3.3　留用地规划控制指标

留用地规划控制指标是农村集体利益的重要内容，其核心要素是用途和开发强度。

用途方面，留用地功能原则上依据法定图则确定，以保持片区功能的完整性。由于留用地所在地块法定图则规划为居住用地，且与农村集体利益诉求一致，因此留用地按照居住用地安排。

开发强度方面，与增量用地时期技术理性为主导不同，存量用地时期影响规划容积率的因素更加复杂和多元，政策引导和沟通协商成了容积率核算的重要内容。下围留用地所在地块法定图则规划建筑面积为 4 万平方米，由于规划编制时间较早，且与下围社区利益诉求差距巨大，无法满足项目拆迁安置要求。下围留用地开发强度的确定必须在满足技术规范的同时，结合政策导向和农村集体利益诉求，寻找各方可接受的平衡点。下围留用地规划建筑面积由两部分组成：一是基础建筑面积，以《深圳城市规划标准与准则》为基础，结合密度分区、道路和轨道修正等因素确定，核定面积为 5.1 万平方米；二是转移建筑面积，根据政策土地贡献率超过基准值的部分，核算转移建筑面积 2.7 万平方米。根据政策核算，留用地的规划建筑面积为 7.8 万平方米。以此为基础，结合承载力分析、日照分析和农村集体意愿等因素，最终确定留用地规划建筑面积为 6.8 万平方米。

3.4 资金补偿和地价计收方案

根据政策，下围社区获得4970万元货币补偿款，其中包含建构筑物补偿和土地补偿，资金补偿为基础测绘、规划方案设计、拆迁补偿谈判等工作提供基础。此外，2公顷、6.8万平方米的居住用途留用地还将按照政策补缴6119万元地价款，作为农村集体获得留用地完整权能和土地进入市场交易的对价资金。

总体来看，由于五和大道、平安路和石皮山公园等公共基础设施用地需要，实施土地整备后下围社区的土地面积从9公顷下降为2公顷，但由于土地权能的提升以及开发强度的提高，在获得资金补偿并补缴地价后，下围社区的整体利益较实施土地整备前有所提高，实现了政府规划实施过程中与农村集体的“激励相容”。

下围社区实施土地整备前后利益比较　　表1

	土地整备前	土地整备后
土地面积	9公顷	2公顷
土地权能	集体土地，权能不完整，不能入市交易	国有土地，权能完整，可入市交易
建筑规模	1万平方米	居住建筑量6.8万平方米
资金安排	—	获得资金补偿4970万元
地价缴交	—	支付地价资金6119万元

4 结论与讨论

根据新制度经济学，交易有成本，交易成本太高交易就不会发生，而制度则是降低交易成本的有效工具。土地整备本质上是降低存量用地改造交易成本的制度设计，以利益分配为切入点，通过运用土地、规划、资金等政策工具建立土地增收收益分配机制,将基于公权力“零和博弈”的土地全面征收转变为基于协商“正和博弈”的土地合理分配，使得规划实施过程中土地收益分配规则从增量用地时期的利益排他向存量用地时期的利益共享转变，极大降低了存量用地规划实施的“交易成本”。

在这个过程中，以技术为基础、以政策为导向的协商式存量用地规划成为各方利益协调和博弈的重要平台，而规划方案的可行性以及有效性，不仅取决于规划技术的合理性，更重要的是对土地利益结构再调整的空间方案能否得到各方的认可并达成共识。

注释：

① “激励不相容”是指在市场经济中，行为人在追求个人利益的行为时与集体实现价值最大化的目标相冲突,即个人价值与集体价值的两个目标函数不一致,这种制度安排成为“激励不相容”。

② 留用地属于国有土地，农村集体享有土地使用权，与其他国有土地一样可以上市交易和开发建设。

③ “利益排他”是指利益主体在追求这种利益时是相互排斥的，你多生产了就意味着我要少生产，这时利益主体之间是零和博弈；“利益相容”是指利益主体在追求利益时是相互包容的，即所谓的“一损俱损、一荣俱荣”，这时利益主体之间是正和博弈。

参考文献：

[1] 赵燕菁 . 存量规划：理论与实践 // 中国城市科学研究会 . 中国城市规划发展报告（2013-2014）[M]. 北京：中国建筑工业出版社，2014：35-42.

[2] 邹兵 . 增量规划、存量规划与政策规划 [J]. 城市规划，2013，37（2）：35-37.

[3] 林强 . 半城市化地区规划实施的困境与路径——基于深圳土地整备制度的政策分析 [J]，规划师，2017，33（9）：35-39.

[4] 朱介鸣 . 发展规划：重视土地利用的利益关系 [J]. 城市规划学刊，2011，（1）：30-37.

[5] 林强 . 城市更新的制度安排与政策反思——以深圳为例 [J]. 城市规划，2017，41（11）：52-55.

[6] 周其仁 . 农地产权与征地制度——中国城市化面临的重大选择 [J]. 经济学，2004，（10）：193-210.

[7] 科斯 R. 社会成本问题：财产权利与制度变迁 [M]. 刘守英 等，译 . 上海：生活 · 读书 · 新知三联书店，1994：20-25.

[8] 田莉 . 城乡统筹规划实施的二元土地困境：基于产权创新的破解之道 [J]. 城市规划学刊，2013，（1）：18-22.

[9] 徐远，等 . 深圳新土改 [M]. 北京：中信出版集团，2016：10-12.

[10] 深圳市规划和国土资源委员会，土地整备利益统筹试点项目管理办法 [Z]，2015.

[11] 深圳市规划和国土资源委员会，土地整备留用地规划研究审查技术指引 [Z]，2016.

作者信息：

林　强（1984-），男，广东东莞人，深圳市规划国土发展研究中心，高级工程师，注册城市规划师。

游　彬（1987-），男，广东河源人，深圳市规划国土发展研究中心，工程师。

探索工业遗产保护利用的实施机制——基于广州的案例研究

1 引言

工业遗产是老工业区转型过程中宝贵的社会资源，是城市创新发展的重要载体。伴随着产业结构升级和城市更新，工业遗产类保护性建筑和历史地段面临着物理空间改造和功能置换。在尽可能地保护工业遗产的特征和所携带的历史信息前提下，需要对其注入新要素，置换新功能，才能更好地活化利用它。

市场机制下，工业遗产保护利用的关键是其改造实施主体及运营策略和模式。不同的实施主体在对工业遗产的保护意识、改造运作方式和业态策划等方面是不尽相同的。好的实施模式不但能避免建设性破坏，更能自下而上地对保护利用制度建设起到积极推动作用。本文从遗产管理、实施主体、经营模式以及遗产与城市关系等方面对广州三个不同类型的案例进行剖析，着力探寻市场机制主导下的工业遗产保护利用实施模式，以期为城市规划管理及其制度建设积微成著。

2 工业遗产再利用模式与特征：三个案例的剖析

不同实施主体会因自身特点选择不同的管理模式：商业运营商往往从商业开发和运营的角度进行保护利用，通过统筹改造形成对工业遗产的整体保护利用，为进驻的使用者提供已经改造好的工业遗产；自发经营的艺术公司往往是拥有专业的设计和艺术背景，对工业遗产的保护利用源于他们对工业遗产的风貌追求，因此会以专业顾问的角色为进驻的使用者提供咨询服务和适度地改造设计空间；政府为主导的模式往往通过政策工具完成规则的制定，并将工业遗产转化为公共产品来提升城市及其土地的综合价值。

2.1 信义会馆案例：商业运营商主导的保护利用模式

信义会馆是广州市首个工业遗产改造为创意园的案例。该项目位于荔湾区珠江白鹅潭畔，邻近地铁站，占地约1公顷，前身为建于20世纪50～60年代的广东省

维修前

维修后

图 1　信义会馆维修前后的照片

（资料来源：左图来源于网络）

水利水电机械制造厂，原厂区有 12 栋建筑①。2004 年停业后，商业运营商对厂房及周边环境进行整体规划设计，2005 年末正式更名为信义国际会馆，2013 年成为广州市第一批重点文化产业园区（图 1）。

2.1.1　模式介绍

信义会馆是由政府牵头，原业主和商业运营商合作主导的开发改造项目。2004 年，在荔湾区政府的牵线搭桥下，产权所有者广东省源天工程公司（原广东省水利水电机械制造厂）和运营商广东晋明集团有限公司开始合作。源天工程公司提供土地和物业使用权，晋明集团作为运营企业，投入资金进行统一的规划、建设和管理。

作为自负盈亏的商业地产项目，信义会馆开启了一种合作经营、自主更新的新模式，并通过不同阶段的营利互补来实现可持续发展。晋明集团负责从改造规划到招商管理的全过程，对入驻企业类型和品牌定位进行严格筛选。进驻企业以办公为主，服务于创意产业。商业运营商通过办公空间获得的长期租金、酒店式公寓获得的中短期租金以及后勤、安保等工作获得的短期租金 [1] 等不同获利方式保证收益。

信义会馆改造立足于整体保护的开发策略，自主形成园区建筑风貌管控规则。晋明集团前期用 3 年时间对原址作总体规划设计，保留 8 栋厂房，其中 5 号楼和 8 号楼改造完全按原貌修复，其他建筑根据需要对外立面保留现代主义风格，进行不同程度的修整以保证建筑风格统一。历史环境和景观风貌也纳入整体保护管控中，部分路面用从旧房拆下来的青砖铺设，庭院地面用废旧枕木铺设，厂区内 83 棵百年榕树得以保留。

商业运营商对厂房只租不售，保证了对园区风貌的总体把控，并要求租赁用户不得做出影响建筑风格的大幅改建。如此，一方面最大限度保留历史感，保证整体风格统一，避免造成园区风貌损坏；另一方面也减少租赁方前期投资，便于开展销售活动 [2]。

2.1.2　效果评价

信义会馆的原厂区有明确的土地、建筑权属和较小的用地规模，使得商业运营商倾向于进行长期稳健的投资，进而加大前期改造投入，减少后期租用方的改造成本，使租赁工作便于开展[2]。整个模式立足于长期、整体性的开发思路，保证了园区的整体风貌。

园区所依托的滨江景观和完善的绿道、客运码头，兼具浓厚的文化底蕴、优美的自然景观、较少外部交通干扰的优势，加上园区整体保护较好、开发品质和管理水平较高，信义会馆备受创业办公人士的喜爱，为广州的工业遗产商业运营商小规模经营性保护利用提供了积极的借鉴。

商业运营商作为“二房东”的经营模式已经在广州得以推广。2010年，明辉园与珠江啤酒集团联合，将啤酒厂临江仓储和货运码头改造成珠江·琶醍啤酒文化创意艺术区。此类模式避免了因土地权属流转而产生的开发主体更替，能有效延续工业遗产保护利用的理念，减少文化断层和对工业遗产的建设性破坏。此类倾向于借助工业遗产打造文化品牌的企业会更多地考虑社会效益，维持持续稳定的长期运营。

工业遗产再利用与城市发展融合度不高是该模式目前面临的挑战：一方面，整个园区相对独立，对周边带动作用有限；另一方面，周边配套设施对园区发展支撑不足，特别是交通环境仍停留在原有老工业区水平，商业设施配套也不足。此问题需要自上而下的规划支撑和引导来解决。

2.2　红专厂案例：艺术公司自发经营的保护利用模式

红专厂是广州第一家非企业、非房地产策划运营的创意园区。红专厂位于珠江新城中轴线的东侧，南与琶洲国际会展中心隔江相望，北临天河商业圈。园区总面积约17公顷，原为广州鹰金钱食品厂（广东罐头厂），始建于1956年，是当时亚洲最大的罐头厂②。2008年，鹰金钱食品厂搬离市区，土地收归国有。旧厂区被改造成为集设计、艺术、文化及生活为一体的创意产业基地，原有的苏式建筑和设备得以保存。厂内现存生产车间、冷库、包装仓库及站台等6处历史建筑（图2）。

室外

室内

图2　红专厂内历史建筑维修后的照片

（资料来源：左图来源于网络）

2.2.1 模式介绍

2008年原罐头厂搬迁后，土地收归国有，原企业鹰金钱食品厂受政府委托作为代管人。2009年,鹰金钱食品厂与广州集美组室内设计工程有限公司(以下简称“集美组”)达成租赁协议（至2013年）。集美组作为“红专厂”规划顾问，成立广州红专厂艺术设计有限公司作为运营企业，对园区内每个细分租户的改造设计进行统一规划和管理。

依据“退二进三”相关规定,红专厂区内建筑属临时建设,经营期最多只有6年[③]。前期进驻租户多为短期获利的餐饮、销售等企业。随着运营发展，园区持续引入优秀的设计机构和团队，并要求每个改造项目除办公空间外，还需提供文化展示空间，打造以艺术文化交流和展览为主线的整体艺术氛围。历史风貌、艺术氛围、区位优势和前期的低廉租金吸引越来越多的商户进驻，提升了土地价值：其2008年的平均租金为30多元/平方米，到2017年主街餐饮的租金已升至约200元/平方米，二线区位的办公租金约为150元/平方米。

2013年，红专厂纳入金融城二期规划并面临拆除的消息引发市人大常委、历史保护工作者和租户的关注。经各方努力，2015年末广州市政府初步答复对红专厂进行“部分保留、部分开发”，并复函要求广州市国资委协调鹰金钱食品厂和承租户解决租赁关系，保护好该地块正在逐渐形成的文化创意产业氛围。此后，红专厂进入较稳定的保护利用阶段。

2.2.2 效果评价

红专厂的保护是由政府主导、多方参与、自下而上的结果。租户作为建设、运营的主体，园区的业态策划和改造报建由红专厂艺术设计有限公司负责，集美组将工业建筑改造的要求落实到租赁契约中，引入的租户需提交改造方案供园区审批，并免费提供相应的展示空间，有力保障了工业遗产及整体风貌的协调统一。

集美组和广州美术界渊源深厚，红专厂以设计和展览为核心功能推动园区建设，逐渐成为艺术创意的场所，并衍生出展览、办公和艺术文化交流等功能需求；而园区内主要工业遗产作为艺术展览空间，定期免费对外开放，取得了较好的经济和社会效益。

城市管理和商业经营的脱节是这个模式目前面临的问题。至今，红专厂仍需按临建的报批手续进行经营审批，不稳定的租赁关系和繁琐的审批手续影响了工业遗产的活化利用。对红专厂的成功“拯救”是自下而上的积极尝试，也体现了工业遗产的社会价值及其再利用对土地价值的提升潜力。

2.3 广钢新城案例：政府主导的市场化整体开发保护利用模式

广州钢铁企业集团有限公司白鹤洞基地（以下简称“广钢”）位于花地生态城东南部、珠江西岸，面积约1.68平方公里。1958年7月广钢建成投产，是广州少有的钢铁冶炼厂。2013年9月下旬全面停产，实施环保搬迁。同年7月，规划主管部门组织专业机构对广钢新城范围内的历史文化遗存进行了详细调查，认定有价值的工业建（构）筑物、设施设备 31 处，将其保护和利用要求纳入《广钢新城控制性详细规划（修编）》，列入土地出让条件中（图 3）。

2.3.1 模式介绍

完成土地收储后，由政府组织，广钢厂区通过土地划拨、公开出让和自主改造三种方式实现二次开发利用。广钢新城规划选取集中展示炼钢工艺流程且具有较高工艺美学价值的工业遗产，修缮后成为工业遗产景观公园集中保护；其余处于周边出让地块的诸如铁轨、设备等分散的工业遗产，则依靠控规条文在用地开发时予以保护（图 4）。

图 3 广钢的鸟瞰照片

（资料来源：图虫摄影网）

图 4 广钢工业遗产景观公园规划

广钢新城规划利用土地出让收入反哺工业遗产保护与利用。围绕工业遗产景观公园，将厂区各种自然和人工环境要素进行规划设计，组织整理成面向公众的集工业文化体验、休闲娱乐、体育运动、科教等多功能于一体的公共文化空间。同时，借助高品质公共文化空间，提升片区整体空间品质和土地价值，进而通过周边地块出让获得资金，持续支持公共空间工业遗产保护。

广钢的工业遗产保护利用是建立在政府主导的“三旧”改造规划框架下的，是一个自上而下的过程。规划基于广钢工业遗产分布，对涉及工业遗产的用地性质、路网布局、容积率、景观设计、单体修缮等均提出要求，以控制性详细规划的图则为载体，将工业遗产保护利用的综合要求列入土地出让条件中。

2.3.2 效果评价

广钢新城案例以经营性用地的土地出让金支撑遗产保护和公益性用地规划建设，并通过法定规划对工业遗产的活化利用提供制度性保障，有一定的创新。在整个土地流转过程中，封闭运行的资金平台有利于项目推进，并通过政府对用地的全面收储，确保工业遗产不会因为土地流转而产生建设性破坏。

但是，目前的多头管理不利于保护利用的实施。作为涉及“三村一厂”的“三旧”改造规划，广钢项目的工作流程过于烦琐。其规划实施牵涉多个部门，包括市土发中心、市“三旧办”及区政府，而其中作为重要实施主体的市“三旧办”前期参与较少，并未全程参与规划编制，难以组织批后实施（图 5）。管理多头导致难以明确保护资金和规划建设管理的责任主体，造成工业遗产保护利用的低效。

3 总结：经验与建议

透过三个案例可以看出，工业遗产数量多、分布广，与城市发展关系密切，其保护利用除自上而下的规划改造，也需要更多自下而上的市场行为。政府宜引导和鼓励更多的社会力量参与工业遗产的保护利用，加强规则制定和制度建设，提升治理能力。

牵头部门	市政府
规划编制	荔湾区政府　市规划局
规划征求意见	“三旧”办　国土局　经贸局　……
规划方案修改	荔湾区政府　市规划局
规划审批	市政府
改造实施	政府收储→市土发中心；自行改造→原业权人↔“三旧”办；城中村改造→区政府统筹
资金筹措	建立项目资金平台，封闭运行

图 5　广钢改造工作流程示意

3.1 经验总结

3.1.1 采用面向经营的实施模式

基于市场活力，广州出现一批专注于工业遗产活化利用的经营者。在其经营带动下的文化创意园区作为城市形象提升和产业培育的场所，有着自发优势。基于“谁保护，谁经营，谁获利”的原则，在制度建设的过程中宜针对此类群体给予政策优惠和引导，强化市场活力。

3.1.2 实行统一运营的管理过程

工业遗产的功能转变会涉及物质空间改造，避免遗产建设性破坏的较佳方式是以统一运营来设定改造标准。工业用地流转过程往往较为复杂，需建立全生命周期的保护责任人和监督制度。无论土地收储与否，产权人与经营者各司其职更有利于遗产运营和功能改造的契合。

3.1.3 应避免管理真空和上下脱节

现有工业遗产改造大多数停留在自主更新或权属变更的过渡期，面临着城市规划管理的真空现象。大量涌现的遗产改造也进一步考验城市规划部门的审批管理能力，形成自上而下的长效管理审批机制和政策法规，是确保工业遗产保护利用有序推进的制度保障。

另一方面，城市规划对工业遗产的个案式回应难以起到全面统筹的作用，终将面临上下脱节的处境，部分工业遗产的身份甚至有待明确。此外，由于缺乏全市工业遗产保护和利用专项规划，仍有大批工业遗产面临闲置甚至拆除的境地。

3.2 工业遗产保护利用的规划实施建议

近现代工业遗产具备重要的保护利用价值。在城市转型过程中，规划和建设的实施主体往往难以统一，而如何引导和规范市场是制度建设的关键点。政府需要积极推动工业遗产名录编制和相关地方政策法规的出台，完善改造审批程序，协同横向部门，打通关键环节，建立长效实施机制，才能在工业遗产保护利用的实施过程中引入更多元化的社会力量。

在广州，各自为政的文化创意产业园区不能有效改善中心城区工业围城的格局和城市风貌，星罗棋布的产业园区也难以凝聚转型发展的动力。建议在城市层面编制工业遗产的保护利用规划，积极与工业遗产保护利用的实施主体进行共建共管，以守住规划保护底线，同时在更大范围内构建更完善的城市支撑体系。对于工业遗产保护利用而言，注重社会力量和面向社会管理的规划编制是建立社会契约的重要工具，也是能真正确保工业遗产保护利用实施的平台。

注释：

① 信义会馆官方网站，http：//www.xyfair.com.cn/。

② 红专厂官方网站，http：//www.redtory.com.cn/index.php/Red/。

③ 《广州市关于推进市区产业“退二进三”和旧厂房改造工作中临时建设工程有关规划管理要求的通知》第五条规定:“退二进三”项目临时建设工程的使用期限为两年,从规划验收之日起算。需要延长使用期限的，应当在使用期限届满三十日前，向原审批机关提出延期申请。申请延长使用期限的次数不得超过两次，每次延长使用的期限不得超过两年。使用期届满或使用期间因城乡规划管理、建设或者公共利益需要、政府储备土地等原因需要征收土地时，企业应当无条件配合政府开展征收工作，政府按原用地性质及建筑使用性质、产权面积给予补偿。

参考文献：

[1] 拜盖宇,张国俊 . 信义会馆——从工业遗产到创意产业园的探索实践 [J]. 华中建筑,2010（11）: 64-66.

[2] 倪文岩，刘智勇 . 从广州信义会馆解读产业建筑再利用的设计策略 [J]. 华中建筑，2009（7）: 122-127.

作者信息：

王建军，广州市城市规划勘测设计研究院，副总规划师，规划研究中心主任，高级工程师。

张振华，广州市城市规划勘测设计研究院规划研究中心，主创规划师，工程师。

孙永生，广州市城市规划勘测设计研究院规划研究中心，副主任，高级工程师。

基于绩效视角的规划实施案例分析——以北京中心城区专业市场疏解为例

1 引言

随着我国城市规划由传统的物质性规划向政策性规划的转型，城市规划作为一种分配空间资源的公共政策，如何评估其实施质量的优劣成为我国当前规划领域的热点问题[1-4]。北京、上海、深圳等城市业已开展规划评估的实践探索[5-6]，而《中华人民共和国城乡规划法》和《城市总体规划实施评估办法（试行）》的颁布，则更是从国家层面确立了规划评估的必要性。

然而已有的规划评估研究和实践更多是从规划自身目标的实现程度进行评估，即采用基于一致性的评估方法[7-8]，比较规划目标和实施结果之间的差距，从而评估规划的实施情况。但是，城市规划实施过程中社会、经济环境具有较强的不确定性，实施结果和原目标之间的差异总是存在，而当外部社会、经济环境变化时，实现原有规划所确定的具体目标是否是当时最优的方案也值得商榷。此外，规划实施所产生的影响可能超出规划原本设定的范围，一项规划政策就其设定的目标本身而言可能成功地得以实施，但是仍有可能对更广泛内的社会、经济和环境目标产生负面的影响，因此如何更加全面地评估规划政策实施是规划界亟须回答的问题。

基于绩效视角（performance-based）的评估则与一致性评估方法不同，更加关注规划实施过程中外部环境的动态变化，强调规划实施结果主要从其对于城市经济、社会和环境可持续发展是否产生了正面的影响，及其正面或者负面影响程度如何。但是该方法标准体系复杂，且评估需要考虑更多的社会、经济影响，因此国内基于物质性规划的评估研究中较少采用基于绩效的规划评估方法。本文则试图基于绩效评估的方法，以北京规划政策中首都功能调整的典型案例——中心城市场搬迁为例，从绩效视角评价规划政策实施对于被搬迁对象的所产生影响，并在此基础上提出规划政策的优化建议。

2 规划实施评估视角辨析

城市规划评估方法经历了由经验主义向结构主义转变，评估主体、目标和视角也日益多元化[9]。早期规划评估主要是单一指标（如土地利用类型、强度）的测度，第二代规划评估涉及更广范围的规划目标和手段，而第三代规划评估则强调的目标具体情境判断，第四代的规划评估则更加多元化，强调不同利益相关者提出其关注议题、视角，并通过协商达成共识[10]。

就城市规划的评价指标而言，主要基于两种不同的评估方式，一种是基于“一致性”（conformance-based）的评价，即只要规划结果与既定的规划目标一致，那么规划就是有效的、或者说是好的规划实施[11-12]。而另外一种则是基于绩效视角（performance-based）的评估，与一致性评估方法不同，基于绩效视角的评估则更加关注规划实施过程中外部环境的动态变化，强调规划实施结果主要从其对于城市经济、社会和环境可持续发展是否产生了正面的影响，及其正面或者负面影响程度如何。如果一个规划实施偏离了既定的目标，但是对于社会、经济和环境仍产生了正面的影响，那么这个规划实施也是成功的[13]。基于绩效视角，英国学者卡莫斯和希赫提出规划政策的绩效需要通过三个维度评价：（1）规划政策是否进入规划的行政机构内；（2）规划组织是否能够有效实施该政策；（3）规划政策的实施是否为相关利益者带来收益，或者相关利益方是否满意。虽然，基于绩效的规划和评估仍然存在争议，但是基于绩效的规划评估方法，已经在美国、新西兰、加拿大和澳大利亚等国家，从国家、州和地方等不同层面开展了基于绩效的规划和评估改革[14-15]。

随着《中华人民共和国城乡规划法》和《城市总体规划实施评估办法（试行）》的颁布，对于城市规划实施评估的研究也逐步成为热点，但是，我国已有的规划评估方法研究中仍主要采用一致性评估，并在此基础上对于规划和实施中的问题提出政策性的建议。其中，邢谷锐、蔡克光（2013）通过剖析城市总体规划实施效果评估所应具备的公共性、人文性、整体性和适应性等价值取向，认为城市总体规划实施效果评估框架应包含内容综合评估、实施可达评估、公共价值评估和环境适应评估等四个方面的内容[16]。

在具体规划评估实践中，田莉等（2008）建立了总体规划层面城市规划的实施评价框架，应用GIS技术，以广州市总体规划（2001—2010）为例，介绍城市总体规划实施建设评价方法并分析影响规划实施的因素[7]。上海市城市规划设计研究院（2008），北京城市规划委员会（2009）也从规划实施的角度对上海市、北京市规划实施效果进行了评估[5-6]。程茂吉、王波（2011）则结合南京城市总体规划修编工作，系统总结了南京现行总体规划实施的成效，针对存在的问题认真分析相应的原因，对如何进行总体规划实施评估工作提出建议[17]。

整体而言，无论是关注规划实施还是实施效果，尹宏玲（2012）认为现状中规划评估的基本思路是，通过比较建设现状和规划目标，确定规划目标实现了多少，实施的程度如何[18]。但是，这种对比式的实施评估有一个假设前提，即原来编制的城市总体规划是科学、合理的，而对规划本身的科学性、合理性不进行评估。

基于一致性的规划评估虽然易于操作，但是也容易忽略规划可能引起的社会、经济和环境维度的负面影响，其中有些负面影响在规划目标设定之初就已考虑，而有些则并未涉及。而基于绩效评估的方法则更加灵活，即可以从不同维度对规划的实施进行全面评估，也可以就某一个方面进行深入细致的评估。评估结果不仅有利于修正和调整原有的规划，从而实现“蜿蜒前行”渐进式政策提升[19]。

3 评估案例

北京作为特大城市的典型代表，过于集中的城市功能并没有随着城市空间的蔓延而分散，大量国家行政机关、企业总部、优质医疗教育等公共服务资源在北京中心城区过度集聚，导致北京城区人口虹吸效应明显，到 2015 年末，全市常住人口已达 2170.5 万人。人口的持续增长和功能的过度集聚导致城市中心区出现了交通拥堵、空气污染、水资源短缺等严峻的城市问题[20]。为缓解以上城市问题，自 2015 年开始，北京开始实施非首都功能疏解的规划政策，以调整经济和空间结构，促进区域协调发展，形成新增长极[21]。

3.1 规划的政策目标

非首都功能指那些与首都功能发展不相符的城市功能，而疏解非首都功能主要是指疏解与首都“政治中心、文化中心、国际交往中心、科技创新中心”不相符的城市功能。具体疏解内容包括四大类:（1）一般性产业，主要指高耗能、非科技创新类企业，以及缺乏比较优势的生产加工环节;（2）区域性专业市场等部分服务行业，包括物流基地、批发市场、服务外包等;（3）部分教育、医疗和一些社会公共服务功能;（4）部分行政事业性服务机构；[21]。

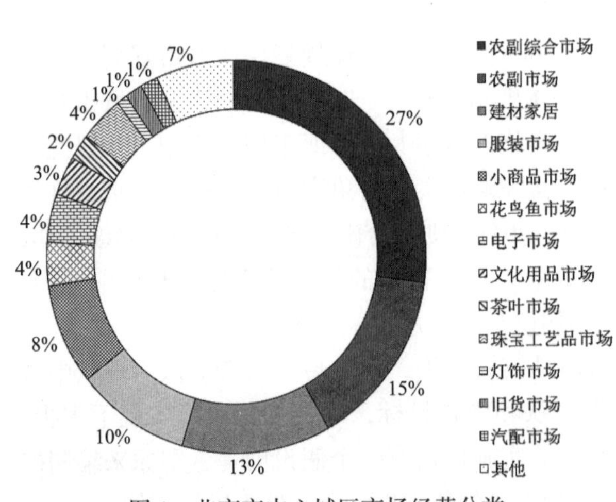

图 1 北京市中心城区市场经营分类

其中，北京城市中心区内的常见专业市场也成为需要疏解的产业类型之一。目前在北京中心城市大约有正在营业的各类专业市场 519 所，歇业调整的市场 23 所，正在关闭搬迁的市场约 34 家[22]。这些市场在空间上整体分布比较均衡，局部地区略有集聚。相对而言，四环内区域聚集了较多的专业市场，而五环之外地区市场密度略有下降。此外，东部和南部市场集聚密度要超过西部和北部。

中心城区市场经营类型来看，包括农副综合市场、农副市场、建材家居市场、服装市场、小商品市场、花鸟鱼市场、电子市场、文化用品市场、茶叶市场、珠宝工艺品市场、灯饰市场、旧货市场、汽配市场及部分其他类别市场。其中农副批发市场、农副市场、建材家居市场、服装市场和小商品市场数量较多，分别占到市场总量的27.2%、14.7%、12.7%、9.8%和8.3%。

从专业市场服务对象而言，目前中心城内的专业市场仍以服务周边地区及全市居民为主，其数量约占全部市场的90%，其中59%的专业市场服务于周边地区居民，32%的专业市场服务于全市居民。此外，现状仍有部分专业市场服务于区域，服务范围涵盖京津冀地区、全国范围甚至是全球范围，其数量约占市场总量的10%[22]，区域性市场与居民的关联比较弱。这些专业市场内从业人员数量众多，达到31.7万人，而所产生的附加值较低，因此成为首都功能疏解的对象。

3.2 政策目标实施情况

2015年，非首都功能疏解工作进入全面实施阶段，疏解工作分为近期、中期和远期三个阶段实施，近期主要集中在对区域性批发市场、物流等传统服务业的疏解。2015年拆除、清退升级改造市场233个，涉及建筑面积251万平方米，商户3.3万户。2016年以来累计停产不符合首都城市战略定位的制造业企业174家，调整疏解商品交易市场25家，疏解商户1.2万余户。计划在2016年关停、退出工业企业300家，完成关停清退、改造升级和疏解转移传统商品交易市场90个，完成动物园地区批发市场、天意小商品市场（阜外店）疏解转移，疏解升级大红门地区16家批发市场，加快推进官园、万通、百荣、世贸、永外城、红桥天雅、雅宝路地区等批发市场调整疏解和业态升级。同时也与天津、河北分别签订合作框架协议并推进产业转移疏解项目。

2016年北京市中心城区疏解计划 **表1**

片区	重点疏控对象	疏解人口指标
东城区	百荣世贸商城、永外城文化用品市场、南锣鼓巷主街、簋街和东华门小吃街	3.2万
西城区	动物园批发市场	3.6万
朝阳区	雅宝路和潘家园地区市场集群	9.8万
海淀区	锦绣大地批发市场、果品、肉类和水产蔬菜等市场	12.9万

（资料来源：根据北京市政府网站 http://www.beijing.gov.cn/ 资料整理）

截至2016年上半年，北京工商登记企业注册数减少，非首都功能疏解的成效似乎已经显现。全市新设市场主体11.85万户，同比减少8%，不予办理的新设立或变更登记业务2170件；自2014版目录发布以来，不予办理工商登记业务累计达1.5万件，批发和零售业新设市场主体下降 29.8%。

3.3 案例情况介绍

此次分析案例为位于北京中心城区的 TXC 小商品交易市场，总占地面积达 12600 平方米，建筑总面积 24506 平方米，其中违法建设面积含约 9000 余平方米。市场主体部分为一栋三层大型商场，市场入口两侧、内部商场停车场对面及商场背面均为沿街商铺（私自加盖的违法建筑）。市场内共有经营商户 300 余家，涉及从业人员约 700 余人，主要经营类型包含餐饮、服装鞋帽、电器数码零售等行业。

以本案例为代表的区域性低端批发零售市场占据着中心城区大量土地面积、区位地段良好，吸引了大量外来人口就业，市场客源不断、人流车流聚集，造成地区交通严重拥堵、环境秩序混乱、城市环境承载力时常处于超负荷状态，城区每年投入的管理成本较高，因此也被列为非首都功能疏解的首批产业疏解对象。疏解工作主要通过关停已有商场，终止商户经营并给予租金等方面的补偿，从而改造和腾退空间以引入新的符合首都功能定位的高科技、高附加值产业。

4 基于绩效的实施评估

本研究主要基于对拆迁工作人员、商户和居民的访谈，以及在此基础上对商户经营者的调查问卷。研究团队在 2016 年 9 月期间，对于 300 余家商户进行问卷发放工作，其中 198 家商户中的经营者或雇佣者填答了问卷，问卷回收率约为 66.0%。问卷内容主要涉及市场功能疏解政策目标实施相关的商户经营者或雇佣者经营类型、个人和家庭的社会经济情况、居住情况和搬迁后工作迁移的意愿，以评估本次市场疏解实施的绩效。

4.1 基本社会经济属性

第一，调查问卷中市场商户整体以外来农村户籍的青壮年人口为主。在所调查的 198 位经营者或雇佣者中，97% 为外来人口，且以农村户口（占 79%）为主。而其年龄结构主要以青壮年为主，20 至 40 岁从业人员比例达 65%。受教育程度普遍以初高中学历（75%）为主，男女比例基本相平，超过一半受访市场从业人员已来京 10 ~ 20 年。

第二，商户内部社会经济分层现象明显。该市场一层、二层主要是服装类的专卖店，经营面积一般都在 40 平方米以上，而三层则以小商品为主，经营面积一般都只有从商铺租金情况看，商场一层和二层主要是精品服装、衣帽和沿街商铺租金结构比例大致相同；商场二层近一半商户年租金成本为 5 ~ 10 万；而商场三层近 70% 商户年租金成本在 5 万元以下。

调查对象基本社会经济属性　　表2

基本特征		频率（个）	比率（%）
性别	男	91	0.46
	女	105	0.54
年龄	20岁以下	6	0.03
	20岁至40岁	127	0.65
	40岁至50岁	49	0.25
	50岁以上	12	0.06
籍贯	京籍	5	0.03
	非京籍	191	0.97
户口	城镇	41	0.21
	农村	153	0.79
学历	小学及以下	23	0.12
	初中	72	0.39
	高中（中专）	67	0.36
	大专	20	0.11
	大学及以上	5	0.03
来京时间	5年以下	34	0.18
	5~10年	44	0.23
	10~20年	90	0.47
	20年以上	23	0.12

而从商户收入情况看，不同年龄段收入情况也存在较大差异，超过半数以上的20岁以下商户经营者或雇佣者月收入在1000 ~ 3000元，整体收入水平中等偏下；20 ~ 40岁商户近80%以上收入在3000元以上，其中40%收入在5000 ~ 10000元；50岁以上商户收入分层现象最为明显，同时收入在一万元以上的比例最大（约50%）。与2015年北京市在岗工作人员的月平均收入9422.75元相比，可以看出商户经营者和雇佣者的收入整体而言与北京市在岗工作人员月平均工资基本持平。

第三，商户对居住经营状态的整体满意度较高。从居住情况看，约40%商户对居住情况持满意态度，45%商户表示一般。结合访谈情况可知，大部分商户对住房硬件设施没有太多要求，能满足家人生活基本需求、工作生活便利即可；从经营状况看，绝大部分商户（约71%）从进京起就一直在该市场经营工作，工作环境熟悉稳定且市场内商户联系紧密，超60%商铺的员工雇佣方式为熟人雇佣，市场内形成较紧密的社会网络关系，近54%商户对在市场的经营状况持满意态度，34%商户感觉经营状况一般。

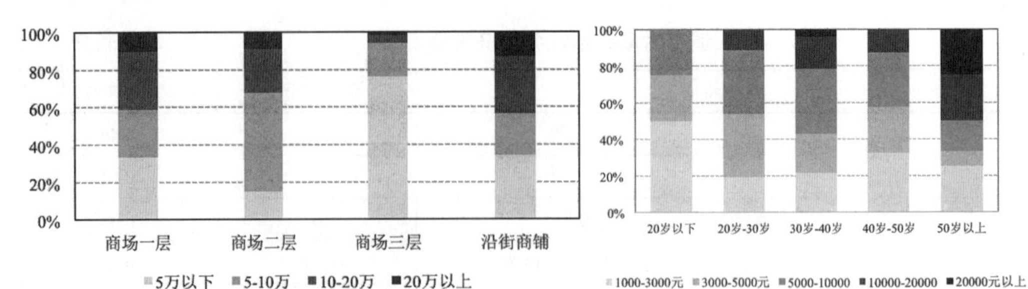

图 2　不同空间分区商铺年租金成本分布情况　　图 3　不同年龄段商户月收入分布情况

商户工作居住情况满意度统计　　**表 3**

	非常满意	比较满意	一般	比较不满意	非常不满意
居住满意度	14.6%	26.0%	45.3%	11.5%	2.6%
经营满意度	20.9%	33.5%	34.0%	4.7%	6.8%

第四，商户居住地主要集聚在市场的周边地区。经统计分析得，市场商户居住条件以租房（88%）、村民自建房（67%）、住房总面积 20 平方米以下（63%）房屋租金 2000 元以下（78%）为主，近 86% 的商户居住在市场所在的中心城区，其中 82% 居住在市场所在街道，大部分租住在市场旁边的城中村中，15 分钟以内即可到达上班地点的商户比例高达 70%，通勤较为便利。

4.2　市场关停后商户的迁移意愿

此次非首都功能的疏解通过对不符合首都功能定位的低端产业的关停搬迁，一方面可以吸引高新产业进驻以实现产业升级优化，推动京津冀区域协同发展；另一方面可以通过优化产业发展布局带动人口结构优化。然而，产业疏解能否真正起到预期作用，其实施效果具体仍要看这些从事低端产业的从业人员是否愿意离开北京，或者升级从事更加高端的产业。因此，对市场关停后商户迁移意愿的研究就对疏解绩效有着重要影响。通过对于此次问卷调查的分析结果可以发现。

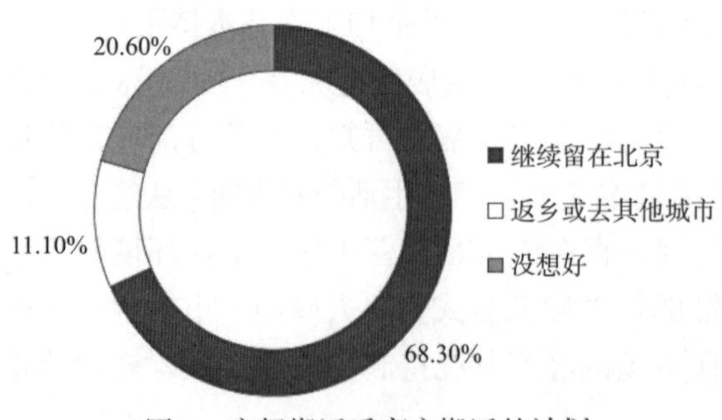

图 4　市场搬迁后商户搬迁的计划

第一，大部分经营者并无离京意愿。如图 4 所示，被调查对象中约 68% 的商户（包括店主和员工）仍打算继续从事原有的经营活动，而留在北京的意愿则更高，约 68.3% 明确表示会继续留在北京，20.6% 的商户目前尚未确定是否留京，主要根据未来是否能找到合适的经营地点来确定是否继续留在北京，只有 11.1% 的受访者计划迁移至别的城市或者返乡。

由于市场商户绝大部分为外来人口，约 83.3% 的商户随家人一起居住，其中 50% 的商户和子女一起居住，因此以家庭迁移形式定居在北京的商户的留京意愿更强，而且由于大部分商户一直在该市场经营，其社会网络关系和人际资源较为稳定，再加上北京的公共服务资源和机会平台的吸引，所以商户整体的留京意愿较强。

第二，商户迁移意愿随其经济社会状况的差异而存在分化趋势。整体而言，随着收入水平的提高，商户从业人员的留京意愿会有所增强，但是调查对象中最高收入组选择离开北京比例也很高，约 60% 的受访对象表示会继续留在北京，而超过 20% 的明确表示会离开返乡或去其他城市。

而年龄与外迁意愿之间的相关关系则更加明显，随着年龄的增长，商户留京意愿下降。其中 20 岁以下商户留京意愿达到 100%，而 50 岁以上商户留京意愿最低只有 58%。此外 30 ~ 40 岁的离京意愿仅次于 50 岁以上的商户。

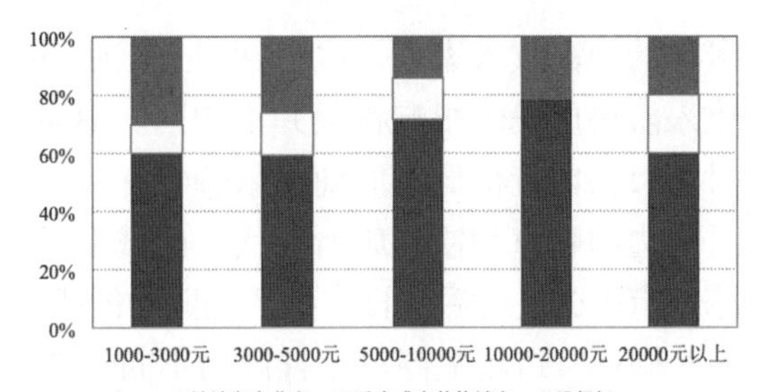

图 5　不同收入阶层的迁移意愿

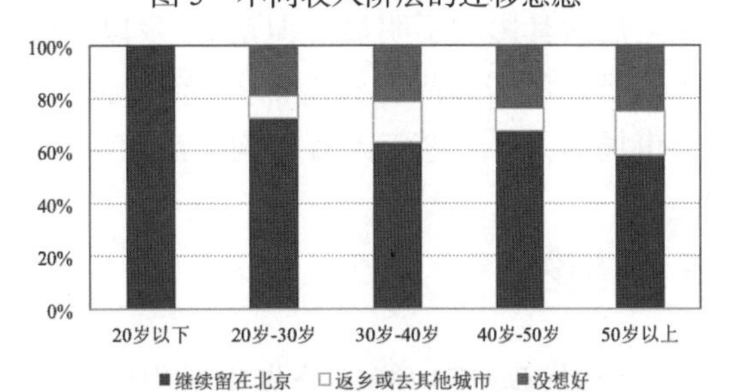

图 6　不同年龄段商户的迁移意愿

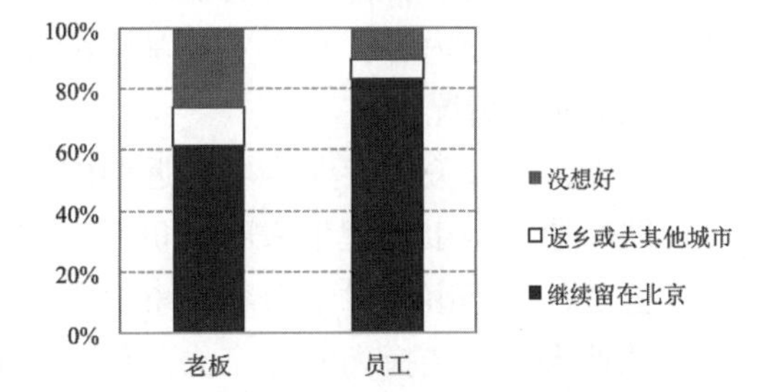

图 7　商户内部迁移意愿和日后经营情况

第三，商户员工的留京意愿比店主更为强烈，而店主迁移意愿的不确定性更高。如图 7 所示，商户中约 60% 的经营者打算继续留在北京，而与之相比，更多员工愿意留京，超过 80% 的员工希望继续在北京谋求工作机会。此外，经营的店主中打算改行的比率也超过 30%，因此其迁移的不确定性也更高，而员工中打算从事其他行业的则低于 30%。

4.3　社会影响

由于该市场的服务对象大部分为周边社区内的居民，市场搬迁对于其日常生活也产生了一定影响。虽然周边仍有超市和便利店，但是在访谈中，部分居民表示市场内经营的部分小商品、食品往往在周边的超市内难以买到，因此也带来一些不便。

此外，该市场周边社区内居民的构成也非常多元化。既有在新建商品房小区内居住的中高收入家庭，也包括附近城中村内居住的大量外来人口。市场搬迁对不同收入阶层居民的影响程度并不相同。中高收入家庭去该市场内购物的频次较少，且对于市场内价格低廉的商品依赖性并不强，市场搬迁之后，其日常购物需求可以通过周边的超市和便利店所替代。而城中村内居住的外来人口对于商品的价格更为敏感，市场搬迁之后其日常生活和购物的成本影响较为明显。

同样，市场关停对于社区内不同年龄结构的居民影响程度亦不相同。40 岁及以下的年龄群体已经逐渐适应通过网购方式购买市场内销售的同类商品，所以市场关闭之后对其影响不明显。但是 60 岁以上的老年人群体则更习惯于在周边的市场中购买自己的所需商品，甚至部分老年人将去临近市场购物成为日常生活的一部分。随着市场的关停，老年人日常购物活动受到的影响更为明显。

5 结论

为缓解城市功能过分集中所引起的交通拥堵、空气污染和水资源短缺的问题，北京市开始实施非首都核心功能疏解规划政策，专业市场则是近期非首都核心功能疏解的重要工作内容。本文主要基于绩效视角，通过具体的案例分析来评估该项规划政策的实施情况。

首先，通过关停专业市场，近期内疏解了北京城市中心区的产出效率低、对周边道路交通和城市管理带来明显负面影响的产业，为未来产业升级提供新的发展空间。但是，关停市场对于疏解从事低端产业的人口的影响非常有限，只有少数的原市场从业人员会选择离开北京去其他城市或者返乡，大部分仍然会选择继续留在北京市内，从事相同的经营活动。第二，市场关停也造成了其原有经营人员的分异。年龄在 50 岁以上，或者已经积累了一定资本的市场经营者选择离开北京的比例更高，而年龄在 20 岁以下，或者是市场商户中的受雇者则更倾向于留在北京。第三，市场关停对于周边不同收入和年龄结构的居民所产生的影响也不相同。收入较低、年龄较大的居民受到的影响更加明显，而收入较高、年轻的居民受到的影响则相对较少。

基于以上分析，未来基于非首都核心功能疏解目标，所实施市场搬迁的规划政策有必要继续优化和改善。首先，强制关停和引导升级的搬迁政策并举，区分服务区域性的市场和服务北京市内的市场。政府工作者和规划人员应在产业疏解的同时应采取一定鼓励措施来解除商户对服装批发零售等低端经营模式的长期依赖，引导其转变固有的经营模式和传统思维，让这些商户转型为其他中高端经营业态或者更为优化的经营方式，例如转变专业市场为社区配送点和商品展示厅，为周边居民提供更好的服务的同时，减少对于外部交通、环境的负面影响。第二，通过市场搬迁方式疏解低端产业就业人口的效果低于预期，且该项政策并未考虑到市场内经营者在年龄、收入和选择上的差异。因此，需要就不同年龄层级和收入水平的从业人员制定更为细化的政策。

参考文献：

[1] 欧阳鹏 . 公共政策视角下城市规划评估模式与方法初探 [J]. 城市规划，2008，（12）：22-28.

[2] 宋彦，江志勇，杨晓春，陈燕萍 . 北美城市规划评估实践经验及启示 [J]. 规划师，2010，（3）：5-9.

[3] 张磊 . 理性主义与城市规划评估方法的演进分析 [J]. 城市发展研究，2013，（2）：12-17.

[4] 周珂慧，姜劲松 . 西方城市规划评估的研究述评 [J]. 城市规划学刊，2013，（1）：104-109.

[5] 北京城市规划委员会 . 北京城市总体规划实施工作中的思考与探讨 [J]. 北京城市规划信息，2009，（3）：1-4.

[6] 上海市城市规划设计研究院 . 上海市城市总体规划（1999—2020）实施评估总报告 [Z].2008.

[7] 田莉，吕传廷，沈体雁 . 城市总体规划实施评价的理论与实证研究—以广州市总体规划（2001 —2010 年）为例 [J]. 城市规划学刊，2008，（5）：90-96.

[8] 汤海孺，陈伟，陈添明 . 控制性详细规划实施评估报告编制方法初探 [J]. 城市规划，2015，（S1）：86-90.

[9] 汪军，陈曦 . 西方规划评估机制的概述——基本概念、内容、方法演变以及对中国的启示 [J]. 国际城市规划，2011，（6）：78-83.

[10] Guba，E G.，Lincoln Y S. Fourth generationevaluation [M]. Newbury Park，CA：Sage. 1989.

[11] Berke，P R.，Godschalk D R. Searching for the Good Plan：A Meta-Analysis of Plan Quality Studies [J]. Journal of Planning Literature. 2009，23（3）：227-40.

[12] Lyles，W.，Stevens M. “Plan Quality Evaluation 1994-2012：Growth and Contributions，Limitations，and New Directions.” Journal of Planning Education and Research [J]. 2014，34（4）：433–50.

[13] Baker，D C.，Sipe N G. and Brendan J. Gleeson. Performance-Based Planning：Perspectives from the United States，Australia，and New Zealand [J]. *Journal of Planning Education and Research*. 2006，25（4）：396–409.

[14] Carmona M.，Sieh L. Measuring Quality in Planning：Managing the performance process [M]. New York：Routledge Press，2004.

[15] Oliveira，V.，Pinho P. Evaluation in Urban Planning：Advances and Prospects [J]. *Journal of Planning Literature*. 2010，24（4）：343–61.

[16] 邢谷锐，蔡克光 . 城市总体规划实施效果评估框架研究 [J]. 城市问题，2013，06：23-27.

[17] 程茂吉，王波 . 南京市城市总体规划实施评估及相关思考 [J]. 现代城市研究，2011，（4）：88-96.

[18] 尹宏玲，陈有川，张军民 . 规划实施评估引发的城市总体规划编制改进思考—《胶南市城市总体规（2004—2020）》实施评估为例 [J]. 规划师，2012，（9）：112-115.

[19] Lindblom C E. The Science of “Muddling Through” [J]. Public Administration Review.1959，19（2）：79–88.

[20] 杨开忠 . 京津冀大战略与首都未来构想——调整疏解北京城市功能的几个基本问题 [J]. 学术前

沿，2015，(1)：72-83.
[21] 杜立群，和朝东 . 北京非首都功能疏解若干问题的思考 [J]. 上海城市规划，2015，(6)：17-20.
[22] 北京市规划设计研究院 . 北京中心城专业市场疏解后用地梳理与再规划研究 [R]. 2015.

基金资助：

北京市社会科学基金项目成果，项目名称："北京非正规经济空间结构演变规律研究"(14CSC017)，项目负责人：张磊。

作者信息：

张　磊，中国人民大学公共管理学院城市规划与管理系，副教授。
邓超源，中国人民大学公共管理学院城市规划与管理系，硕士研究生。

产权交易的政策干预：城市存量用地再开发的新制度经济学解析

存量用地的再开发不仅仅是物质空间的再利用，更是以特定产权关系为基础的利益再分配过程，其根植于特殊的制度环境且受到政策设计的敏感影响。面对日益突出的生态保护、空间管制压力，依赖增量用地换取发展动力的传统模式已难以为继，盘活存量资源、创新存量规划已成为不可回避且亟待研究的新命题。存量用地再开发一方面被视为激活城市财富二次再生的必然选择而备受期待，另一方面却又因复杂的利益博弈过程而诸多掣肘。产权作为理解存量用地再开发的新视角被引入学术界[1-5]，关注产权主体和利益共享开始成为共识。但总体而言，对产权制度和政策的研究尚处于起步阶段，体现中国制度特色的理论讨论也有待开展。

存量用地的再开发本质上是产权交易的过程，在中国特殊的制度语境中产权交易并不是纯粹的市场选择，而是受到政府的积极干预和具体政策的直接规制。从政策视角思考与理解存量用地再开发，有助于明确政府的行为边界，也是推动全面深化改革和城市治理现代化的应时之举。本文针对城市存量用地（下文简称“存量用地”），试图构建政策设计、产权交易与存量用地再开发的交织逻辑，辨析存量用地的产权制度特征，讨论产权交易过程的现实障碍，总结实践中政策的创新方向，以期为存量用地再开发的有序开展和城乡规划的公共政策转型提供借鉴。本文所指存量用地再开发，主要包括功能转变或建设形式调整等变更土地使用方式的行为。

1　分离与制衡：土地产权背后的利益格局

解析中国特殊的土地产权架构，是理解存量用地既有产权格局的基础。中国社会主义市场经济的确立过程，是以国家政府完全权力为起点，以分权化、市场化为主要线索的转型过程[6]，伴生于此的土地产权制度也被刻下了极其鲜明的“中国”标识。为了满足土地的市场化使用需求和中央—地方府际关系的调整，中央政府通过相关的制度设计，解放了捆绑于城市土地所有权之下的复杂的产权束[7-8]，形成了土地所有权、土地发展权、土地使用权可相互分离的产权格局。一方面，通过国有土地有偿使用的市场化改革，市场主体被允许通过一级土地市场有偿购买土地使用

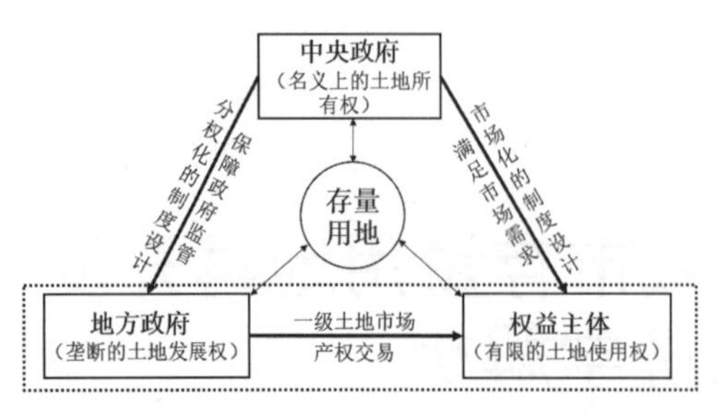

图 1　存量用地的产权分离格局

权，成为土地使用权的权益主体（以下简称“权益主体”）。另一方面，地方政府在分权化的过程中，获得管控土地使用方式、批准土地使用方式变更的行政权力，垄断着土地的发展权（详见下文 2.2）。因此，存量用地锚固着分离的产权格局和产权主体间的制衡关系，这是影响存量土地再开发的逻辑起点（图 1）。

1.1　权益主体：土地使用权的有限持有

在国有土地使用权出让制度的设计中，权益主体实际上仅购买、持有土地出让条件严格限定下的土地使用权，这是权益主体无法随意进行存量土地再开发的制度基础。从 1987 年深圳经济特区率先试点开始，经过近三十年的法规制定与完善，以招拍挂为主、协议出让为补充的国有土地使用权有偿出让制度基本确立，成为城市土地供应的主要方式。在国有土地使用权出让制度的建构和完善过程中，始终包含着对土地使用权的限定要求。早在 1990 年颁布的《城镇国有土地使用权出让和转让暂行条例》（以下简称《暂行条例》）就规定土地出让过程应该附带明确的出让条件①，“土地使用者应当按照土地使用权出让合同的规定和城市规划的要求，开发、利用、经营土地”。而后实施的《城市房地产管理法》、《土地管理法实施条例》等法律、法规基本延续了相关要求，明确由土地使用权出让合同、城市规划行政许可共同界定土地使用权。至 2008 年，《城乡规划法》进一步将控制性详细规划的管控要求与出让合同进行整合②，将使用权的限制性要求作为使用权交易的前置条件。因此，进入一级土地市场的土地使用权是由城市规划管理部门和土地管理部门共同界定，在用途、年限、开发强度等使用方式限定下的产权。相应的，权益主体购买到的土地使用权是由出让条件具象化的有限产权，并不支持出让条件限定范围以外的土地再开发行为。

1.2　地方政府：土地发展权的隐性垄断

土地发展权作为一项明确的产权设计，最早出现在英国 1947 年的《城乡规划法》中，其区别于私有土地既有形式的占有、使用等权利，是变更土地使用类型的权利[9]。而后，美国、法国等国家都先后设置了立意相似却又各具特点的土地发展权制度（表 1），并将其作为空间管制和规划实施的重要法理依据。在中国，土地发展权虽未被现有法律、法规体系明确提及，却真实地隐匿于中央政府赋予地方政府的行政许可权中，其存在性已在学术界中达成共识，并形成了诸多内涵相近的概念界定[10-12]。

不同国家的土地发展权特征　　表 1

国家	土地发展权概念界定	土地发展权归属	土地发展权的实现和交易规则
英国	指在地上、地面、地下进行 建筑建造、工程建设、矿产开采或其他工作，或在对任何建筑、土地的使用中所进行的任何实质性改变的权利[13]	归国家所有	私人想变更土地用途，必须向规划当局申请许可，并支付由此引起的土地增值的费用。起初土地升值都将被全额征收为发展捐（Develop Charge），在 1967 年和 2010 年针对土地发展价值分别尝试征收改良捐和社区基础建设税，重新划分国家和私人的收益比例；并通过引入规划义务的方式，由开发者在取得发展许可的同时，履行附带条件承担公共设施、经济住宅等基础设施的建设义务[14]
美国	变更土地使用性质和开发强度的权利[15]	归土地所有者拥有	通过土地发展权转移和土地发展权征购进行运作，土地发展权可以在不同的地区间进行交易。土地发展权转移由土地使用受限制的土地所有者将其土地上的土地发展权转让给受让人，土地发展权受让人支付对价
法国	改变土地开发强度的权利，分为法定土地发展权和增额土地发展权[16]	以法定上限容积率为区分，法定上限容积率以下的法定土地发展权归土地所有人享有，超过法定上限容积率的增额土地发展权归国家所有	上限容积率以内的建设行为，开发者有自主权，超过上限容积率的需要向政府支付发展权购买费用。政府通过买与不买以及调整超限开发费等方式来干预开发建设[17]

从中国土地产权的制度特性出发，笔者认为针对中国城市存量用地的土地发展权可以界定为，在土地使用权（出让条件）限定范畴以外，变更既有土地使用方式的权利。具体表现为改变原土地出让条件限定下的用地性质、建设强度等开发权利。可以说，土地发展权是存量土地再开发最直接的产权依据。其依附于地方政府变更土地使用权出让条件、调整土地使用方式的行政权力之中。中央政府在确立土地使用权有偿出让制度之初，就将土地使用权和土地发展权进行剥离，并将土地发展权交由地方政府，以保障地方政府对土地使用方式的持续监管。《暂行条例》中规定“土地使用者需要改变土地使用权出让合同规定的土地用途的，应当征得出让方同意并经土地管理部门和城市规划部门批准。”而后《物权法》、《城乡规划法》等法律、法规③也都对擅自改变土地使用方式的行为进行了明确限制，强调土地使用方式的调整需由相关的行政主管部门批准。因此，地方政府掌握着管制与调整土地使用方式的行政权力，即垄断着存量用地的发展权，这也是地方政府向存量用地再开发行为征收公共溢价（使用方式变更获得的超额收益）的法理依据和产权基础。

2　交易与博弈：产权重组的现实障碍

由于产权分离的特征和利益需求的差异，导致了再开发过程中围绕土地使用权和土地发展权的交易与博弈（图 2）。存量用地再开发一方面需要以土地发展权为依据，另一方面又受制于现有的土地使用权。因此，通过交易将两种产权重组至单

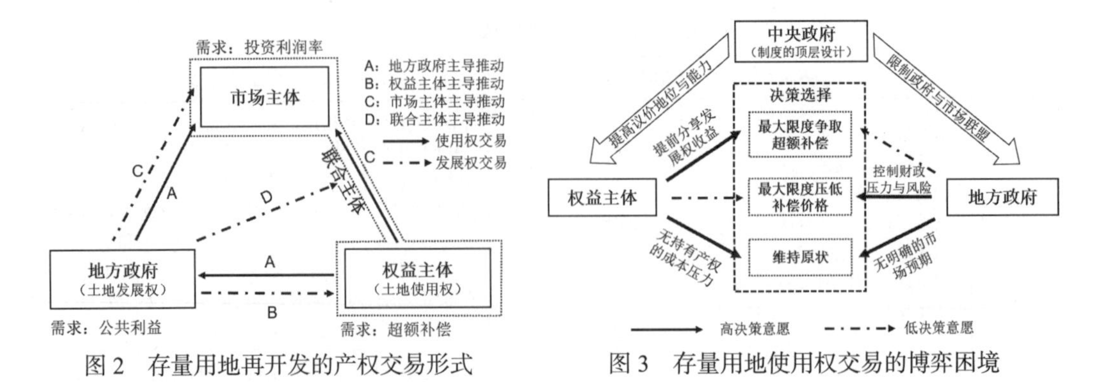

图 2　存量用地再开发的产权交易形式　　　　图 3　存量用地使用权交易的博弈困境

一对象（个体或联合体）是实施再开发的前提。政府主导的再开发模式，以土地使用权交易为主要特征，通过土地收储方式向权益人回购土地使用权；权益主体、市场主体以及联合主体主导的再开发模式，虽然在使用权的处置方面存在差异，但均须获得原来由地方政府垄断的土地发展权（即获得变更土地使用方式的行政许可），可统称为自主的再开发模式。

2.1　使用权交易的零和博弈

政府主导的再开发模式虽然由来已久，但在土地使用权交易制度演进的过程中主体间的诉求分异不断激化。制度顶层设计的不完善加剧了个体最优决策与合作理性间的矛盾，增大了非合作的决策概率（图 3）。基于保障主体合法权益的原则，中央政府通过《物权法》、《国有土地上房屋征收与补偿条例》等法律、法规，严格禁止地方政府强制征收的行为，赋予了权益主体更加平等的协商地位和更高的产权交易议价能力。其中，补偿标准的设置原则上依据现状土地性质和现状使用情况，并不包含土地再开发的地价增值④。然而，基于“补偿”的制度设计往往难以满足权益主体对土地“增值”的收益预期。从权益主体角度看，一旦土地使用权被收回，则无法参与土地再次出让时的分红。因而，其在交易谈判阶段倾向抬高补偿标准（补偿 + 分红）。若政府无法满足分红预期，在产权持有成本较低的情况下（无不动产税、无不动产贷款等），权益主体更偏向于维持现状。

从地方政府角度看，由于政府—市场的再开发联盟在制度调整的过程中被瓦解，政府支付超额补偿的意愿和能力极为有限。在早期的存量用地再开发实践中，政府可以通过与市场主体预先签订土地使用权出让协议，在毛地阶段引入市场资本承担拆迁补偿的工作，形成政府—市场的再开发联盟。从 2002 年开始，中央政府为了规避地方政府在土地使用权出让阶段的寻租行为、防止公有地价流失，不断收缩协议出让的适用范围⑤。地方政府无法继续通过土地使用权协议出让的方式形成“政府—市场”再开发联盟，面对较高的财政补偿压力以及土地收储后流拍和闲置的风险，不得不更加谨慎地对待权益主体的补偿要求。若土地市场需求预期相对模糊，地方政府则不会轻易主导存量用地的再开发。

2.2 发展权交易的政策缝隙

面对政府主导模式的局限，以交易发展权推动再开发成为必然选择。在现行的制度框架中，中央政府清晰地表明了上收“调控增量用地的权力和责任”、下放“盘活存量用地的权力和利益”的政策意图⑥，地方政府对于存量用地发展权的处置具有较大的自由裁量权。地方政府无须参照土地使用权出让的“招拍挂”要求，可直接将土地发展权赋予（协议等方式）其他主体。中央政府对于发展权交易的政策要求主要体现在，涉及用地性质改变则调整土地出让金的原则性要求⑦。而为了推进土地节约利用，相关的政策要求也不断降低⑧，以鼓励存量用地的自主再开发。

然而，政策导向与政策操作层面仍然存在较大缝隙。中央政府的政策态度，难以直接转化为地方政府的实施细则。地方政府需要依据制度框架和城市发展实际，合理、合法地组织土地发展权交易。如何把握“让利、放权”的政策尺度，是对地方治理能力的巨大考验。政策设计的难点具体为：如何通过利益平衡，既保障公共利益又调动市场和权益主体的积极性；如何在满足自主再开发诉求的同时，保证地方政府应有的空间管制、体现城市的发展意图。由于政策创新的复杂性，现阶段多数地方政府抑或坚持“土地性质调整就需要通过招拍挂”的限制要求；抑或将已经出现的自主再开发行为，视为对于土地使用的临时性调整，在政策层面予以模糊处理。

3 定价与限价：政策干预的两条脉络

地方政府参与存量用地再开发的主要方式，正逐渐从财政投入向政策创新转变。针对发展权、使用权交易中的现实障碍，发展权的差异定价和使用权的议价限制成为部分地方政府实施政策干预的两条创新脉络（图4）。其一，通过分类、分区域的发展权定价，在允许或鼓励自主再开发的过程中，维护公共利益并保障政府对城市开发的总体管控。其二，通过规范补偿标准、调整决议方式，限制权益主体的补偿议价空间，防止权益主体对再开发收益的野蛮占有，降低政府收储和市场收购的难度。

3.1 发展权的差异定价

地方政府根据不同的发展权形式（变更功能、开发强度等具体情况），分类设定权益主体（或市场联合体）购买发展权的价格，这是土地增值利益分配的核心环节，也是政府保障基本公共利益的关键所在。购买价格的设计不仅局限于货币方式

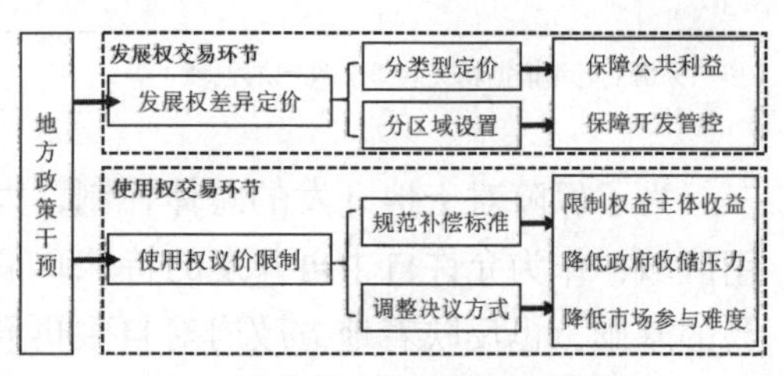

图4 产权交易的政策干预脉络

（地价），还包括了公益空间的征用、公益开发责任的承担等空间形式，以实现公共地租收益、公共服务和设施提升、城市转型升级等多种公共利益。以深圳为例，其创新了城市更新的“申请—审批”模式[18-19]，根据不同的更新类型，明确差异的发展权和相应的交易定价（表2）。综合整治类，不涉及使用权的调整和发展权的交易，主要属政府协调和出资的公共项目[20]。功能改变类仅涉及土地使用功能调整，申请主体可通过补缴地价的方式，向政府购买发展权。拆除重建类对于土地使用方式的调整重大，发展权定价的方式也最为复杂，包括了地价补缴、公益土地征用、保障性住房配建、创新型产业用房配建等内容。申请主体需要通过“更新单元规划”，进一步落实公益用地等空间性的定价要求，并借由“更新单元规划”向政府提出容积率奖励等利益诉求。最终审批通过的“更新单元规划”，是政府与其他主体通过协商方式，围绕发展权形式和交易定价达成的博弈均衡点。

深圳不同更新模式对应的发展权交易定价 **表2**

更新方式	发展权形式	发展权交易定价	相关体政策要求	公共利益保障形式
综合整治	完善基础设施和改善区域环境等	—	—	—
功能改变	部分或全部建筑物使用功能调整	补缴地价	改变功能的原有建筑面积按改变后功能的基准地价差价补缴，增加建筑面积按改变后功能的市场评估地价标准补缴	避免地租收益流失
拆除重建	使用功能、开发强度等的重大改变	地价补缴	工业升级项目中符合相关要求，给予相应优惠。其余项目以公告基准地价标准计算应缴纳的地价，扣减原有合法建筑面积按照原土地用途及剩余土地使用权期限以公告基准地价标准计算的地价	
		公益土地征用	城市更新单元内可供无偿移交给政府，用于建设城市基础设施、公共服务设施或者城市公共利益项目等的独立用地应当大于3000平方米且不小于拆除范围用地面积的15%	公共服务以及配套设施提升
		保障性住房配建	分区提出保障性住房配件比例要求，保障性住房免缴地价，由政府回购，价格按照保障性住房建造成本加合理利润（3%）执行	增加保障性住房供应
		创新型产业用房配建	升级改造为工业用途或者市政府鼓励发展产业的拆除重建类城市更新项目，分地区设置创新型产业用房配建比例。政府可以成本价结合合理利润优先回购	推动产业转型升级

（资料来源：笔者根据相关政策法规归纳整理）

为了保障对土地开发的总体控制，大多数的地方政府严格限定发展权交易的适用区域，作为允许自主再开发的特殊政策区（表3）。适用范畴的界定作为发展权交易的基础，也反映着地方政府对自主再开发的差异态度。与深圳相对开放的发展权交易模式不同，大多数城市仅仅针对特殊的工业用地区域，试点开放发展权交易。

以厦门为例，其针对工业存量用地设置自行改造区，设置的原则是规划保留类工业园区以外的工业用地，同时扣除规划为城市基础设施等公共项目以及列入近期收储计划的用地。自行改造区内的再开发行为还需要接受功能类型的管制，权益主体可以将工业仓储用地改变为办公、商业、酒店等现代服务业项目，但是不允许变更为经营性商品住宅。这一政策旨在保障政府对于住宅供给市场较强的宏观调控能力，避免自主再开发对现有市场的冲击。“政府主导”的广州模式，则更加强调政府对于核心资源的土地储备，可以进行发展权交易的仅有条件苛刻的少量工业用地。按照城市更新的片区策划方案，城镇住宅的全面改造以及旧厂房中规划为商业住宅和重点地区的商业服务设施，均优先由政府收储。

发展权交易的政策区设计 表3

城市	发展权交易的适用区域	发展权类型管制
厦门	（一）不作为规划保留的工业用地区域：厦门市规划工业园区外，政府确定的改造区域内的工业（仓储）国有建设用地纳入改造项目范围。 （二）不属于下列政府优先收储改造区：规划为城市基础设施、公共服务设施、城市公益项目及列入政府近期收储计划区域。 （三）不存在违法、违规、低效使用情况的区域：不存在违法用地、违法建设的；不涉及土地闲置等…… （四）土地使用权剩余年限较长的区域：土地使用剩余年限不小于五年	可改造为符合规划要求的第三产业项目，鼓励改造为总部经济、软件和信息服务业、电子商务、研发中心、产业孵化器等现代服务业，不得改造为经营性商品住宅
广州	（一）符合条件的旧产房区域：市辖区内 2007 年 6 月 30 日前建成或取得土地使用权的“退二”企业用地及低效利用的旧厂房、旧仓储、旧站场、旧市场等建设用地。 （二）不属于下列商业服务业设施用地的重点区域：即位于旧城区、重点功能区的核心发展区、重点生态敏感地区以及“珠江黄金岸线”等重要珠江景观控制区范围内；位于地铁、城际铁路站点周边 800 米范围内。此类地区原则上由政府优先收储，申请发展权交易要支付高额成本（例如提交较大比例的公共空间等）。 （三）不改变用地性质的升级改造（含建设科技企业孵化器）区域	厂房更新改造项目应当符合片区策划方案确定的发展定位、更新策略和产业导向，不得改为保障性住房外的居住用地

（资料来源：笔者根据相关政策法规归纳整理）

3.2 使用权的议价限制

在使用权交易环节，地方政府虽然没有直接定价的权力，但是可以通过政策干预，限制权益主体与市场或政府的议价能力，防止权益主体对于土地溢价的过度占有。由于既有制度对补偿标准的设定相对模糊，规范补偿标准成为地方政府首要的政策举措。广州提出按土地实际出让成交价格和利益分成比例折算补偿价格。在收储阶段地方政府仅需按一定比例的基准地价预付补偿金，在土地拍卖完成后，根据实际成交地价按一定比例折减，确定并支付剩余补偿金。这一政策降低了地方政府在收储阶段的资金压力，更重要的是规避了收储成本高于出让收益的风险。地方政府可以通过调整补偿价格占土地出让成交价的比例，直接调控公共与权益主体的利益分成[⑨]。深圳在 2015 年的《城市更新条例（草案稿）》中提出拆除重建类的货币补偿标准应该依据三家市场评估机构分别估价的平均值确定，希望通过引入第三方评估机制来规范补偿标准；同时，明确规定建筑物产权置换的拆赔比区间[10]，以此控制权益主体的收益上限，避免将补偿的高成本转嫁到房地产市场中。

调整使用权交易的决议方式，限制少数群体议价能力。在存量用地再开发中，少数“钉子户”往往是抬高交易成本的主要因素。深圳《城市更新条例（草案稿）》突破性地提出政府强制征收和售卖的规定。在住区再开发中，当不愿达成补偿协议的权益主体比例不超过5%时，项目实施主体可申请由区政府强制征收并售卖给再开发实施主体。政策意在效法台湾、香港的“多数决”原则[21-22]，避免因少数群体恶意抬价而增加交易成本。目前相关政策尚处讨论阶段，因对《物权法》等规定形成较大突破，而广受争议。值得肯定的是立足于公共利益的政府强制行为，仍然是政府合理干预产权交易的重要手段，其合法性和正当性或将随着业主自治的制度确立、法院裁决的司法介入得以保障。

4 传承与超越：存量规划的创新应对

4.1 规划理念：从空间规划到政策设计

存量规划应该充分体现公共政策属性，成为干预产权交易的重要政策手段。城市规划作为公共政策，本就是限定产权配置的一项制度设计[23-25]，具有提升资源配置效率、降低产权交易成本的天然责任[26-28]。面对产权构成尤为复杂、影响因素更为多样的存量用地，存量规划需要洞察空间重构背后的社会场景，聚焦再开发过程中产权交易的现实障碍。不仅要对空间进行设计，更需要立足空间对产权交易行为进行政策设计。将规划作为政府界定有效土地产权结构（尤其是发展权）的工具，既发挥市场经济配置土地资源的重要作用，又实现对社会公平的维护[29]。在不同的空间尺度上建构产权交易的空间秩序，规范市场行为、降低交易成本，形成合理的产权交易行动框架。充分了解产权主体的交易意愿，尊重产权主体的不同诉求，将规划作为多主体协商交易的平台。在保障公共利益的前提下，促进多元利益的和谐均衡。

4.2 总体引导：从功能区划到政策区划

在城市或片区的总体引导层面，关注功能区与产权交易政策区的协调统一。不仅要探索适应市场需求的功能区划方法，更应该积极创新耦合于空间布局中的政策区划模式。以更具弹性的功能方向（功能选择的清单）和更具刚性的功能结构，作为政策区划的基本参照框架。通过政策区的原则设计或具体布局，明确不同产权交易的适用范畴。综合平衡城市发展的需求和存量用地的供给可能，区分政府主导再开发与鼓励自主再开发的不同区域，配套使用权交易和发展权交易的差异政策。针对功能结构中具有重要意义的战略地区，强调以政府主导推动再开发，以发挥先期的触媒效应[30]。同时配套限制权益主体议价能力的政策，降低交易成本，做大土地的溢价剩余。针对自主再开发的政策区，强调发展权的定价设计，针对不同的再开发形式，明确权益主体、市场等需要支付的公益成本；同时制定开发量、土地租金等奖励政策，促成城市最需要的功能和建设形态。

4.3 空间管控：从指标设计到利益平衡

在应对项目开发的空间管控层面，需要关注指标理性与空间权益的衔接权衡，对控规形成调整和补充。尤其针对自主再开发地区，一方面要充分尊重权益主体、市场主体的利益诉求，满足其产权交易过程中合理的收益预期；另一方面要严格控制公共收益的底线，落实发展权定价的空间要求，规避再开发过程的“负外部性”，以保障公共利益的实质性提升。在具体的指标设计层面，可以考虑针对容积率、功能兼容混合比例等管控指标保留一定的弹性空间（奖励空间），作为地方政府与权益主体、市场主体协商博弈的筹码。同时，严格遵循总体引导层面关于公益性用地、公益性物业等公共空间的基本要求，将其作为刚性的约束条件，在空间管控中予以明确落实。积极探索开发容量总体控制的技术方法[31]，通过片区整体合理容量的测算，约束具体地块的再开发强度，并将其作为容积率弹性指标的上限阈值。避免因过高的再开发强度，导致空间环境质量、公共配套标准的相应降低[32]，反而对公共利益形成折损。

5 结论与讨论

存量用地的再开发是产权交易和利益重构的过程，存量用地的产权关系研究应该被置于中国特殊的制度语境和政策环境之中。分权化、市场化的制度语境塑造出了存量用地使用权和发展权相互分离、制衡的利益格局，实现产权的重组成为存量用地再开发的前提，也是再开发过程中产权主体交易与博弈的焦点。面对利益博弈的困境和产权交易的失序，围绕发展权定价与使用权限价的地方实践，体现了地方政策干预的主要创新脉络和治理智慧。尽管政策的内容仍然还有待实践的考察和不断地完善，但政府主动作为的政策创新和对市场交易过程的积极干预，无疑将是释放存量用地价值的关键，是激活中国城市土地财富的制度红利。为应对存量再开发过程中的产权羁束，存量规划应该丰富空间认知的政策维度，通过政策区划引导产权交易，通过管控指标的设计实现多元利益的均衡，通过技术手段的拓展实现政策诉求与空间应对的耦合。这既是城乡规划作为公共政策的应有责任，也是其促进城市治理现代化的应有作为。

需要注意的是，政府对市场交易的能动作用是社会主义市场经济制度优越性的体现，但适度有效的政策干预仍然有赖于实践的反复检验和不断完善，以规范政府行为、规避过度干预和寻租。在既有的实践中，政策干预的主要方向虽然总体相似，但具体政策的制定仍然需要结合城市现实情况和发展诉求的差异，在借鉴先行经验的同时进行本地化的创新和适应性的调整。此外，本文所指城市存量用地并未包含城中村这一特殊存量用地类型，因为二者在土地产权方面的法理基础存在较大差异。虽然在珠三角部分政策试点地区，城中村的存量再开发被视同城市国有建设用地进行操作，但其普遍适用性仍有待商榷，且存在一定的争议，相关研究有待后续完善。

注释：

① 1990年颁布的《城镇国有土地使用权出让和转让暂行条例》规定“土地使用权出让的地块、用途、年限和其他条件，由市、县人民政府土地管理部门会同城市规划和建设管理部门、房产管理部门共同拟订方案。”

② 2008年施行的《城乡规划法》规定“城市、县人民政府城乡规划主管部门应当依据控制性详细规划，提出出让地块的位置、使用性质、开发强度等规划条件，作为国有土地使用权出让合同的组成部分。”

③《城市房地产管理法》规定“土地使用者需要改变土地使用权出让合同约定的土地用途的，必须取得出让方和市、县人民政府城市规划行政主管部门的同意，签订土地使用权出让合同变更协议或者重新签订土地使用权出让合同，相应调整土地使用权出让金。”《物权法》规定“建设用地使用权人应当合理利用土地，不得改变土地用途；需要改变土地用途的，应当依法经有关行政主管部门批准。”《城乡规划法》规定“修改控制性详细规划的，组织编制机关应当对修改的必要性进行论证，征求规划地段内利害关系人的意见，并向原审批机关提出专题报告，经原审批机关同意后，方可编制修改方案。”

④《物权法》规定“建设用地使用权期间届满前，因公共利益需要提前收回该土地的，应当依照本法对该土地上的房屋及其他不动产给予补偿，并退还相应的出让金。”《国有土地上房屋征收与补偿条例》规定“对被征收人给予的补偿包括：（一）被征收房屋价值的补偿；（二）因征收房屋造成的搬迁、临时安置的补偿；（三）因征收房屋造成的停产停业损失的补偿。”

⑤《招标拍卖挂牌出让国有土地使用权规定》明确“商业、旅游、娱乐和商品住宅等各类经营性用地，必须以招标、拍卖或者挂牌方式出让。”《物权法》明确“工业、商业、旅游、娱乐和商品住宅等经营性用地以及同一土地有两个以上意向用地者的都必须采用公开竞价的出让方式。”

⑥ 2004年《国务院关于深化改革严格土地管理的决定》明确指出，调控新增建设用地总量的权力和责任在中央，盘活存量建设用地的权力和利益在地方，保护和合理利用土地责任在地方

各级人民政府，省、自治区、直辖市人民政府应负主要责任。

⑦ 2010 年《国土资源部办公厅关于出让土地改变用途有关问题的复函》明确“根据《土地管理法》、《城市房地产管理法》和《协议出让国有土地使用权规范》等法律政策规定，出让土地改变土地用途，经出让方和规划管理部门同意，原土地使用权人可以与市、县国土资源管理部门签订变更协议或重新签订出让合同，并相应地调整土地出让金。”

⑧ 2014 年发布的《节约集约利用土地规定》指出“在符合规划、不改变用途的前提下，现有工业用地提高土地利用率和增加容积率的，不再增收土地价款。”2016 年《国务院关于深入推进新型城镇化建设的若干意见》指出“建立城镇低效用地再开发激励机制。允许存量用地使用权人在不违反法律、法规、符合相关规划的前提下，按照有关规定经批准后对土地进行再开发，鼓励原土地使用权人自行改造。”

⑨ 对比 2009 年发布的《关于加快推进“三旧”改造工作的意见》和 2015 年发布的《广州市旧产房更新实施办法》，补偿标准从原来的用地规划容积率 3.5 以内按照土地公开出让成交价款的 60% 补偿，超出 3.5 部分不补偿；调整为规划容积率 2 以内按照土地公开出让成交价款的 40% 补偿，外围花都区、从化区、增城区按照土地公开出让成交价款的 50% 补偿，超出 2 部分不补偿。

⑩ 深圳《城市更新条例（草案）》提出“产权置换按照建筑物使用面积（套内建筑面积）测算，置换比例（即拆赔比）不得低于 1 ∶ 1，但是不得高于 1 ∶ 1.3。”

参考文献：

[1] 邹兵 . 增量规划向存量规划转型：理论解析与实践应对 [J]. 城市规划学刊，2015（5）：12-19.

[2] 刘昕 . 深圳城市更新中的政府角色与作为——从利益共享走向责任共担 [J]. 国际城市规划，2011（1）：41-45.

[3] 田莉，姚之浩，郭旭，殷玮 . 基于产权重构的土地再开发——新型城镇化背景下的地方实践与启示 [J]. 城市规划，2015（1）：22-29.

[4] 冯立，唐子来 . 产权制度视角下的划拨工业用地更新：以上海市虹口区为例 [J]. 城市规划学刊，2013（5）：23-29.

[5] 刘芳，张宇 . 深圳市城市更新制度解析——基于产权重构和利益共享视角 [J]. 城市发展研究，2015（2）：25-30.

[6] 何鹤鸣 . 增长的局限与城市化转型——空间生产视角下社会转型、资本与城市化的交织逻辑 [J]. 城市规划，2012（11）：91-96.

[7] 潘世炳 . 中国城市国有土地产权研究 [D]. 华中农业大学，2005.

[8] 陆国飞 . 工业用地限制转让的法律思考——兼论工业用地法律制度体系 [J]. 中国不动产法研究，2013（8）：178-189.

[9] 刘国臻 . 中国土地发展权论纲 [J]. 学术研究，2005（10）：64-68.

[10] 林坚，许超诣．土地发展权、空间管制与规划协同 [J]. 城市规划，2014（1）: 26-34.

[11] 何子张，李晓刚．基于土地开发权分享的旧厂房改造策略研究——厦门的政策回顾及其改进 [J]. 城市观察，2016（1）: 60-69.

[12] 黄莉，宋劲松．实现和分配土地开发权的公共政策——城乡规划体系的核心要义和创新方向 [J]. 城市规划，2008（12）: 16-21，32.

[13] 巴里·卡林沃思，文森特·纳丁．英国城乡规划 [M]. 南京：东南大学出版社，2011.

[14] 张新平．试论英国土地发展权的法律溯源及启示 [J]. 中国土地科学，2014（11）: 81-88.

[15] 刘国臻．论美国的土地发展权制度及其对我国的启示 [J]. 法学评论，2007（3）: 140-146.

[16] 姚昭杰．土地发展权法律问题研究 [D]. 华南理工大学，2015.

[17] 刘国臻．论美国的土地发展权制度及其对我国的启示 [J]. 法学评论，2007（3）: 140-146.

[18] 邹广．深圳城市更新制度存在的问题与完善对策 [J]. 规划师，2015（12）: 49-52.

[19] 李峰清．新型城镇化视角下珠三角地区城市更新利益机制与规划策略——以广州、深圳等地区实践为例 [J]. 上海城市规划，2014（5）: 108-113.

[20] 单皓．城市更新和规划革新——《深圳市城市更新办法》中的开发控制 [J]. 城市规划，2013（1）: 79-84.

[21] 任洪涛，黄锡生．我国台湾地区都市治理制度述评及其启示 [J]. 城市规划，2015（3）: 65-73.

[22] 殷晴．香港地区市区重建策略研究及对广州市旧城更新的启示 [D]. 华南理工大学，2014.

[23] Saunders P. Social Theory and the Urban Planning Forum [M]. London，New York：Routledge，1986.

[24] Chhotray V，Stoker G. Governance Theory and Practice a Cross-Disciplinary Approach [M]. Basingstoke，New York：Palgrave Macmillan，2009.

[25] 赵燕菁．制度经济学视角下的城市规划（上）[J]. 城市规划，2005（6）: 40-47.

[26] 江泓．交易成本、产权配置与城市空间形态演变——基于新制度经济学视角的分析 [J]. 城市规划学刊，2015（6）: 63-69.

[27] Canon Ramsin G. Participatory Democracy and the Entrepreneurial Government：Addressing Process Efficiencies in the Creation of land Use Development Agreements [J]. Chicago-Kent Law Review，2014（89）: 781-822.

[28] Smith Damon Y. Participatory Planning and Procedural Protections：The Case for Deeper Public Participation in Urban Redevelopment [J]. Saint Louis University Public Law Review，2009（29）: 243-272.

[29] 桑劲．转型期我国土地发展权特征与城市规划制度困境 [J]. 现代城市研究，2013（4）: 38-42.

[30] 姜克芳，张京祥．城市工业园区存量更新中的利益博弈与治理创新——深圳、常州高新区两种模式的比较 [J]. 上海城市规划，2016（2）: 8-14.

[31] 赵若焱．对深圳城市更新“协商机制”的思考 [J]. 城市发展研究，2013（8）: 118-121.

[32] 贺传皎，李江．深圳城市更新地区规划标准编制探讨 [J]. 城市规划，2011（4）: 74-79.

备注：

本文原发表于《经济地理》2017 年第 2 期。

作者信息：

何鹤鸣，男，(1987-)，南京大学建筑与城市规划学院，南京大学城市规划设计研究院战略研究室，博士研究生。

张京祥，男，(1973-)，教授，南京大学建筑与城市规划学院，南京大学区域规划研究中心，博士生导师。

课题资助：

国家自然科学基金项目 (51578276)。

转型期我国城市更新的治理困境与启示：以广州市恩宁路改造为例

1 引言

在新型城镇化和经济结构转型升级的语境下，新常态的城市发展由增量开发向存量开发转变是必然的趋势。存量规划作为城市更新的直接工具，对于促进城市发展从量到质的顺利转型和提升城市竞争力十分关键。近年来各大城市有关城市更新的政策相继出台表明了与存量规划及实施有关的城市更新制度设计成了现阶段城市治理的核心任务和目标。例如从 2009 年开始，“三旧”改造成为广州城市更新的具体实践策略和主要任务。随着城市更新的推进，2015 年广州市颁布了广州城市更新“1+3”政策[①]，标志着广州城市更新工作进入一个崭新的、常态化的发展阶段。城市更新规划的治理不仅仅是技术决策的过程，更是公共政策制定、实施与反馈的过程。城市更新治理受到相关政策的直接影响，同时也会对现有政策的局限提出新的挑战，因此对于更新治理的研究有助于对现有政策的实施效果进行深入评估反思。

城市更新是城市治理研究的重要领域，20 世纪 90 年代以来“伙伴合作关系”作为当代英美城市更新实践中最主要的城市更新方式引起了学者的广泛关注（Hastings，1996；Hart，2003；Leach and Percy-Smith，2001；Elander，2002），并由此引发了关于城市管理向城市治理转型的大量政策研究和讨论（Rhodes，1997；Stoker，1999；Jones and Evans，2006）。改革开放以来我国从计划经济向市场经济转型，尤其是 20 世纪 90 年代以来地产开发成为我国城市更新中广泛应用的途径，在此语境下，“治理”成为我国城市发展研究的重要关键词，我国的城市更新治理的转型也引起了学者的关注。其中城市政体理论（Elkin，1987；Stone，1989）、“增长联盟”和“城市增长机器”（Logan and Molotch，1987；Jonas and Wilson，1999）等在美国产生的理论被很多学者用来解读我国城市更新的土地再开发动力机制和主体关系。例如，我国地产导向型的城市更新被称为“政府推动型的地产开发”（He and Wu，2007），政府和开发商组成的“增长联盟”（He and Wu，2005；Shin，2009）或者“协商型发展联盟”（袁奇峰等，2015）。中国城市更新的治理特点和本质体现为“企业化主义”（Qian，2011；Duckett，2001；Bercht，2013）和“社会主义增长联盟”（Zhang，2002）。西方经验表明，城市更新成功与否有赖于建立一个高效协同的城市治理治理模式：即（1）包容的、开放的决策体系；（2）多方参与、凝聚共识的决策过程；（3）协调的、合作的实施机制。城市更新的决策和公共政策过程大致相同，完整的公共政策过程一般包括从“问题出现”到“问题解决”的全部阶段。Rhodes 和 Murray（2007）认为其研究的六个城市更新案例的决策过程包括了四个阶段：问题确认、主体建立、同意和通过解决方案及实施达成共识的方案，此外前三个过程是项目的基本因素，但是表达顺序则有所差异，甚至解决方案的通过会先于前两个过程。并且前三个过程也不是线性模式，不同的项目里面会根据具体情况进行反复调整。总体上，现有的相关城市更新研究更多关注存量更新规划的空间方案及技术路线，即规划技术蓝本与政策制定，而对于治理机制，即更新规划项目的立项、问题辨识和分析、规划编制过程中的公众参与、规划实施中的拆迁改造及各个决策环节间互相影响研究尚不够深入，因此需要从关注更新的过程视角来研究城市更新的治理机制十分关键。对于当下城市微更新转型背景下，此类研究的深入展开具有重要的政策、制度与理论价值。

本文结合广州市恩宁路地块危破房改造试点项目的实证案例研究。恩宁路的改造项目，作为广州“中调”的首个旧城改造项目，不仅折射了宏观叙事中广州对于城市更新的治理模式和特点，也反映出现有旧城存量更新的制度安排和改造模式所面临的困境和挑战。恩宁路的改造项目从 2006 年正式启动到 2019 历经 13 年，至今尚未完成其规划方案经历了前后三个规划设计单位的方案更改，拆迁补偿方案的多次调整，该项目备受社会各界如媒体、学者、市民等的关注，其更新模式、历史文化保护、拆迁等备受争议，恩宁路改造项目过程同时是政府思路和决策反复调整和社会参与意识不断觉醒的体现，恩宁路改造项目对城市更新的政策制定与治理机制改革有重要的启示意义，当中出现的若干问题和冲突在广州市乃至我国其他地区的改造项目中也多有体现。恩宁路改造现有研究，主要包括公众参与（吴祖泉，2014；黄冬娅，2013；刘垚等，2015；Tan and Altrock，2016）、历史文化遗产维护（杨宏烈，2012）、社会冲突（谢涤湘和朱雪梅，2014）等方面，其中尤其是 2016 年启动的恩宁路西部地块的永庆坊微改造作为广州微更新的典型范例吸引了很多城市研究者的关注，关于恩宁路更新治理机制的讨论尚不多见，同时目前的大多学术关注集中于 2016 年以来的永庆坊改造，只有通过对恩宁路改造更新从 2006 年到 2019 年的整个改造过程中的决策困境和存在挑战进行系统系的梳理和分析，才能够更加全面和深入地总结恩宁路更新治理特点和治理逻辑的变化。基于此，本文首先对案例背景和研究方法进行介绍，接着对项目的立项，存量规划编制与决策，以及规划实施中所存在的问题进行梳理和分析，在此基础上对我国城市更新治理机制存在的问题和根源进行反思，最后结合我国实际情况提出相关政策启示。

2 案例背景和研究方法

恩宁路地块位于广州市荔湾区的中部，所在地亦称“西关”，该地块及其周边地区有着浓郁的岭南风情和西关文化特色（图 1）。随着 20 世纪二三十年代广州大规模的市政建设，恩宁路于 1931 年拓建成路，与龙津西路、第十甫路、上下九步行街骑楼相连，成为广州最完整，最长及最具岭南特色的骑楼街。恩宁路以北是龙津西路骑楼街，以东是具有浓厚商业活力的第十甫、上下九商业步行街。2007 年 5 月荔湾区政府首次对外公布恩宁路拆迁红线范围。该项目规划研究范围用地总面积 15.31 公顷，改造范围用地总面积 11.37 公顷（图 2）。经有关部门摸查，地块内共有建筑物面积 207134.627 平方米，未确定产权房屋 4527.5 平方米。其中，地块内需动迁的直管公房 22406.80 平方米；改造前 2007 年按现状摸查危破房为 24937.85 平方米，占动迁总面积的 18%。2006 年 11 月恩宁路连片危破房改造项目作为广州“中调”的首个旧城改造项目启动。2007 年 9 月 24 日恩宁路第一次拆迁公告发布，因公把恩宁路整个拆迁红线范围内的楼房包括恩宁路骑楼、金声电影院、八和会馆、泰华楼、銮舆堂等全部列入拆迁范围，这一公告发出后立刻引起社会公众的反对声音。2006 年以来恩宁路地块改造规划方案共经历了“三个版本”的大修改。2006 和 2007 年的两版规划都在政府内部决策阶段即被否定，直到 2009 年制定的第三版规划《荔湾区恩宁路旧城更新规划》转变了思路，提出了以文化和旧城风貌保护为主的空间方案，才终获通过。从 2007 年启动到 2019 年历时 10 年，恩宁路的更新改造还没全部完成。20 世纪 90 年代开发商参与广州旧城改造带来的种种问题使得广州市政府在旧城改造方面十分谨慎，于 1999 年禁止开发商参与旧城改造，2006 年才解除该禁令。恩宁路的改造项目，作为禁令取消后的首个旧城改造项目有着极为重要的意义。此外，从 2006 年到 2019 年期间恩宁路改造经历了几个阶段：早期政府主导的拆迁、因为动迁搁置带来的改造停滞、到由市场参与的微更新，可以说恩宁路的改造历程折射了近 20 年来广州城市更新治理机制和逻辑的变化。2017 年广州被列入住建部第一批 10 个历史建筑保护利用试点城市，恩宁路改造项目作为广州市历史建筑保护利用试点项目之一有着重要的范本意义。

本研究采取了实地观察和深度访谈的质性方法。笔者自 2011 年始持续关注恩宁路改造的相关信息，定期现场调研、与居民和 NGO 小组成员保持持续的沟通和联系。通过调研，笔者收集了大量一手数据与二手数据，包括新闻报道、政府公告文件、居民上访信、相关视频影像资料、相关网络社区、关注小组的邮件和网站、现场的调研照片等。此外笔者完成了与居民、规划局相关负责人、相关 NGO 小组成员、电子媒体等 25 个主体的半结构访谈与深度访谈。在此基础上，笔者通过话语批判分析方法对相关资料进行了多方视角的归纳和分析。

图 1　恩宁路改造地块区位图

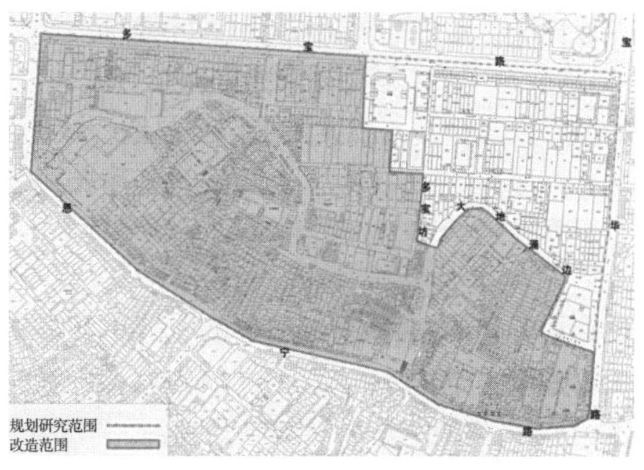

图 2　恩宁路地块改造范围示意图

（图片来源：《荔湾区恩宁路旧城更新规划》）

3　恩宁路改造的治理困境

3.1　更新模式困境：早期“土地储备”思路下的操作模式

在恩宁路改造项目立项的阶段，政府对于其改造思路和模式并不清晰，唯一明确的是市和区进行分工，市负责资金问题，改造资金由市土地开发中心从银行贷款，征地拆迁安置工作由区连片危破房改造项目办公室负责。在项目启动期，相关部门通过尽快动员居民进行拆迁补偿协议签订进行疏散，然后进行房屋拆迁和土地整理，同时通过招商引进开发商进行开发建设。由于恩宁路地块人口十分密集，且产权状况复杂，拆迁补偿安置遇到了很多的阻力，进展几度搁浅，从 2007 到 2015，历时 8 年仍然没有完成动迁的任务，使得地块成了插花地，存在较大不确定性。尤其是招商引资困难重重，荔湾区政府多次前往香港招商都未成功。可见，以土地储备的操作模式来进行旧城地区的房屋征收和土地整理的成本是十分巨大，而且不确定性高（图 3）。通过土地开发中心的银行贷款进行拆迁补偿，未能成功引入市场资金，最终成为依靠公共财政的政府工程，政府承担巨大的资金压力和风险，也导致了拆迁受阻项目搁置，难以单靠政府财政补助来推进恩宁路的持续更新。此外，恩宁路的改造拆迁一直十分具有争议，项目起初作为危破房改造项目进行启动，规划设计方案迟迟未出，直到 2009 年公布的方案提出“西关古镇”旅游文化区的设想。2011 年最新颁布的《国有土地上房屋征收与补偿条例》规定只有符合“公共利益”前提的城市房屋征收才是合法合理的，恩宁路征收拆迁进行商业开发是否符合“公共利益”的界定范围备受居民和社会其他主体的质疑，也正是其“商业开发”的规划方案使得居民对于项目性质的质疑进而对于拆迁补偿提出更高要求。

可见，早期的恩宁路改造实质上很大程度上受到土地储备操作模式的影响。以

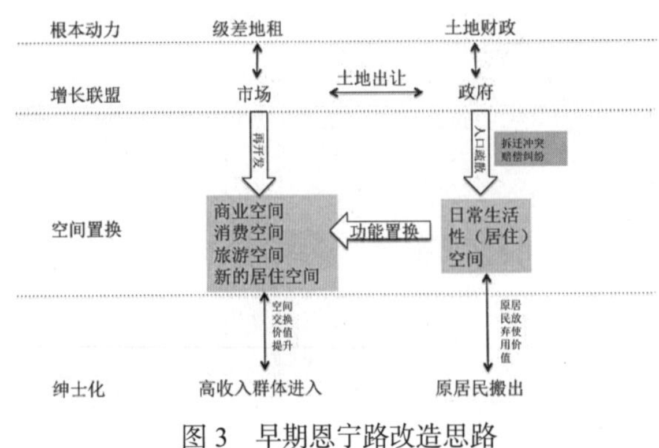

图 3　早期恩宁路改造思路

土地储备的思路来运作旧城改造，进行房屋征收、土地整理和招商存在较多弊端。土地储备的方式主要适用于城市新区开发，通过大面积的城市边缘区土地征收及招商引资开发可以有效提升我国城市建设水平，促进了空间结构拓展与功能优化。但对于旧城区，土地产权交错复杂、人口密集、街区历史文化底蕴深厚，以土地储备的操作方式进行房屋征收和土地整理，操作难度大，不仅带来社会资本流失和历史文化资源丧失，同时，大量本地居民外迁引发的绅士化现象也会招致更多社会问题，如贫富差异加剧、原住民被迫迁离原社区等。

3.2　空间策略困境：基于历史文化保护的“拆”与“留”之争

我国城市更新在空间方案策略上存在着各种困境，具体体现以下三个方面：（1）拆除还是保留？（2）如果是拆除，如何拆旧建新？（3）如果是保留，留下来何去何从？这三方面的空间策略困境在恩宁路改造中都具体体现了出来。

（1）拆除还是保留？

恩宁路地块建筑形态十分丰富，其中有不少具有保留价值的传统和特色建筑，从拆迁启动时开始，这些建筑的“拆”和“留”便成了媒体和市民关注的焦点。恩宁路拆迁公告中的拆迁范围也是居民和媒体最为关注的内容，拆迁范围不仅关系居民自身的去和留，同时也关系到恩宁社区里有特色有价值建筑的拆和留。2007 年 9 月 24 日恩宁路第一次拆迁公告发布，拆迁红线范围：恩宁路以北、多宝路和元和街以南、宝华路以西地段，因公告把包括恩宁路骑楼、金声电影院②、八和会馆、泰华楼、銮舆堂等历史建筑全部列入了拆迁范围，这一公告发出后立刻引起社会公众的反对声音。2006 年以来恩宁路地块改造规划方案共经历了“三个版本”的修改。2006 年和 2007 年这两版规划都主要考虑就地经济平衡，带来的后果是导致旧城风貌和肌理的严重破坏和丧失（图 4、图 5）。由于荔湾广场③开发带来的教训，这两版规划在政府内部决策阶段被否定。直到 2009 年制定的第三版规划《荔湾区恩宁路旧城更新规划》转变了思路（图 6），提出了以文化和旧城风貌保护为主的空间方案。规划思路的一再变更，与我国城市更新发展中政府和公众对于旧城历史文化价值认识的提高有关，规划决策过程中政府逐步意识到了追求经济平衡的规划空间策略与我国旧城区的历史文化风貌保护存在很多冲突和矛盾。2010 年 8 月 26 日，区规划局、更新办等相关部门联合召开媒体通报会时首次承认，恩宁路最初的规划“对旧城保护认识

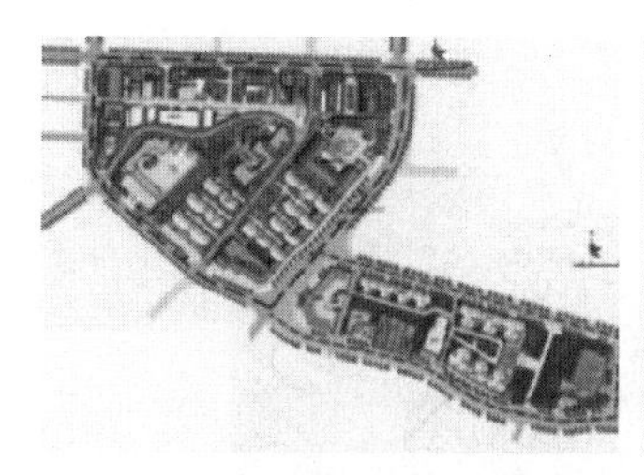

图 4　2006 年版规划总平面图

（图片来源：《恩宁路地块广州市危破房试点改革方案》，2006）

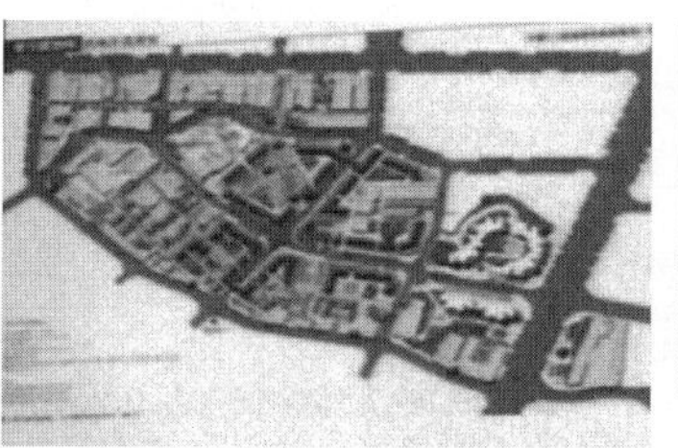

图 5　2007 年版规划总平面图

（图片来源：《恩宁路地段旧城改造规划》，2007）

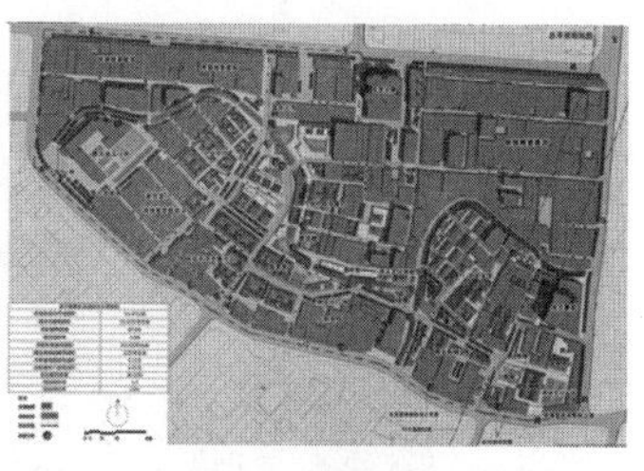

图 6　2009 年版规划总平面图

（图片来源：《荔湾区恩宁路旧城更新规划》，2011）

不足走了弯路”④。“拆”和“留”的艰难空间策略困境可以从其前后三版规划的变迁和拆迁公告中一直在调整的“拆迁范围”所引发社会争议可以看出。政府决策思路的调整和规划的变迁是政府、规划师、媒体、市民等多方主体互相影响的结果。

（2）如果是拆除，如何拆旧建新？

除了历史建筑保护备受关注外，由于恩宁社区还是有着很深厚粤剧文化底蕴的老城社区，曾经很多粤剧名伶在此曾经居住，2008 年拆迁启动时对于非文物但具有历史文化价值的建筑如粤剧名伶的故居等依然划上“拆”字，这种做法受到居民的激烈反对。2007 年 3 月恩宁路改造项目正式对外招商，2010 荔湾区政府再次赴港为恩宁路改造项目招商，但是恩宁路的多次招商都没有成功。直到 2011 年新的规划方案最后通过了，但是出现了没有开发商进行参与的局面。在重新评定拆除建筑与保留建筑后，可出让用地的面积和形状变得难以操作，而且规划方案采用高密度和低容积率的发展模式，再加上高地价、高风险、难预期等因素致使难有开发商愿意介入。2012 年广州市粤剧艺术博物馆最后决定选址在恩宁路地块（图 7），因此 2012 年该地块进行了控规的调整。2016 正式落成的粤剧艺术博物馆的建成可以说是对当地粤剧文化保护的延续和回应，然而其体量和建筑风格与恩宁路原有建筑差别很大。

（3）如果是保留，留下来何去何从？

2016 年恩宁路永庆片区微改造项目启动，采用“政府主导，企业承办，居民参与”的更新改造模式，通过开发商万科的投资、建设和运营来对片区内征收后保留的建筑进行活化利用。宁路一期永庆片区的改造使破败的房子得到活化利用（图 8），也大大提升该地区的活力，然而永庆坊地区在历史文化保护方面的争议也很多，例如其在未有历史文化街区保护规划的情况下实施改造其程序合法性受到质疑，在历史风貌保护方面其建筑改造对原有建筑的原真性破坏也备受争议，此外，因建设改造破坏居民房子以及商业活动影响所在地居民生活也引发不少社区矛盾与冲突。

3.3　公众参与困境：现有正式制度外的“写信”式参与

从 2006 年到 2009 年期间前后共有三家规划编制设计单位进行了恩宁路改造项

图 7 粤剧艺术博物馆

图 8 永庆坊的微更新

目的规划编制工作。从整个规划的编制和公示阶段来看，居民的直接参与途径和机会较少，规划方案编制完成后的公示是居民可以进行直接意见反馈的正式途径。在规划编制过程中，社区十分缺乏和规划师的直接沟通，居民对于恩宁路改造的规划情况更多通过报纸、电视等媒体来了解恩宁路改造的信息。由于没有直接和规划师交流的机会和途径，单纯的公示意见反馈也不能够把居民的大部分意见系统地表达出来，居民选择了"写信"的方式来进行意见表达，并且居民很多时候是通过媒体把信的内容进行公开。在恩宁路改造的居民参与过程中，报纸、电视等传统大众传媒在恩宁路改造的政府决策公布中起到了很重要的作用，很多居民主要都通过报纸、电视来了解恩宁路的改造信息；同时媒体也为居民提供了表达诉求的一个途径，在恩宁路改造中，我们可以看到恩宁路居民的多次联名公开信都通过媒体进行报道，从而得到社会各方面的关注，最重要的是媒体推动恩宁改造事件的各种问题得到政府的关注。此外，在恩宁路改造规划参与过程中，一个名为"恩宁路学术关注组"⑤的NGO组织起到了十分重要的作用，恩宁路居民和该关注小组成员之间进行了很多的互动和交流。该关注小组从2010年3月开始，经历5个多月的问卷调查及深度访谈，形成了两份研究成果——《针对〈恩宁路地块更新改造规划〉意见书》、《恩宁路更新改造项目社会评估报告》，并且2012年该关注小组利用本身的成员专业知识和网络资源组织了关于恩宁路改造的展览，并且在高校举办了一次居民和有关专家学者的圆桌交流会议。在小组成员的组织下，关注小组和恩宁路留守居民一起拍摄了一段在网上广为流传的视频《恩宁style》⑥，此外小组里成员还就恩宁拆迁拍摄了一份纪录片《焉宁》⑦，这些工作都进一步引发了社会对恩宁路更新改造的关注。

随着近年来房地产市场的发展和2007物权法的出台，我国公众的产权意识已经在逐步提升。此外，居民和其他社会主体如媒体、NGO等具有很强的城市更新决策参与的诉求和主动性。可见，产权意识和公众参与意识的提高是恩宁路改造中社会多元主体积极进行城市更新决策参与的根本动力和原因。恩宁路改造过程中，共同的拆迁利益诉求使得社区网络在拆迁过程中逐步形成和强化，产生了大量的居民自组织的集体行动（图9）。在这个过程中，政府、居民、媒体和NGO组织在互动中逐步构建了出一套城市更新的话语，并且通过网络话语、媒体话语、空间标语、展览等各种途径来进行主体话语的传达和构建。其中，“写信”的集体行动成了居民进行制度外更新决策参与的惯习。虽然随着永庆坊微更新开展以来成立了目标是为居民提供社区参与平台的共同缔造委员会，然而由于在永庆坊改造中由于施工的不当给留下来的居民产生了冲突，居民依然采取了写信并通过媒体报道的方式来对改造负责单位施加压力。

图 9　居民和媒体的互动

（图片来源：关注小组）

3.4　规划实施困境：大规模人口疏散困难重重

恩宁路的拆迁补偿方式（图 10），是根据产权性质的不同，通过货币补偿和物业补偿两种方式，把恩宁路旧城区的居民进行疏散，并且结合现有的住房体系如廉租房、经济适用房、二手房市场、商品房和政府提供的就近回迁安置房的方式来进行住房的再分配。我国的旧城区聚焦了大量低收入人口、下岗人员，承担了十分重要的社会功能。（1）首先，对于公房住户采用外迁安置方式的情况，虽然住房的条件有所改善，但是居民不满安置房位置很偏远，配套设施很不齐全，医疗、教育、交通等基础设施缺乏，让外迁居民的生活十分不便利，交通成本增加，就近就业机会减少。（2）其次，恩宁路改造初期私房业主的人口疏散的效果不佳，主要原因是缺乏合适位置和价位的安置房，只能采用货币补偿，由于大部分居民的住房面积很小，拿到的补偿款很难再在相同区位买到面积和价格合适的房屋，因此居民对拆迁补偿标准意见很大，许多居民抱怨补偿标准不合理，表达了很强的就近安置的愿望，因此私房的补偿标准也一再提高，并且也逐渐增加了就近安置回迁的补偿方式。由于部分居民有着很强的回迁意愿，但其意愿又无法满足，因此，居民对改造项目产生了很强“剥夺感”[⑧]。（3）此外，恩宁路改造过程中，代管房的情况最为复杂，代管房的发还问题往往成为拆迁纠纷的直接原因。旧城改造中的最大问题之一是产

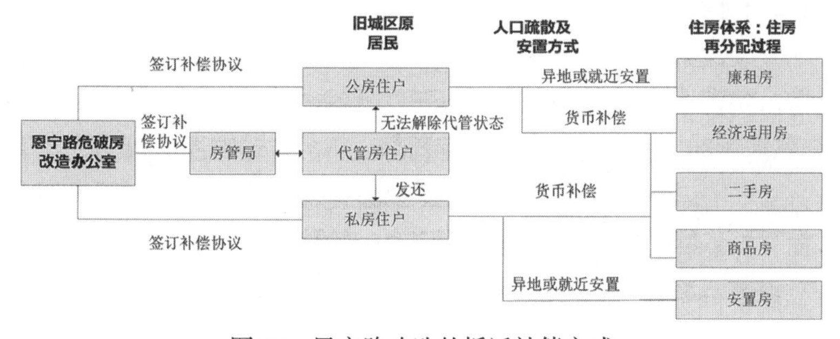

图 10　恩宁路改造的拆迁补偿方式

权模糊，产权模糊有两种情况：一是产权归属关系不清，即财产属于谁未明确界定或者未通过法律程序予以肯定；二是财产在使用过程中，权利归属不清。当产权出现分割、分离与转让等情况时，财产各种权利主体变得不明确。产权的明晰就是为了建立所有权、激励与经济行为的内在联系，要达到这个目标需要产权界定，这个界定行为实际上是一个目前旧城产权制度安排下的交易行为，这个过程将产生大量的交易费用。根据科斯定理，不论产权的归属如何，只有清晰地界定产权才能够保证市场机制充分有效运作。目前旧城房屋产权不明晰十分普遍，产权模糊和产权情况复杂，这些不仅影响了房屋利用效率和房屋维修的状况，同时也给改造的赔偿带来很复杂的利益纠纷，给旧城土地功能置换带来困难。

4 结论：城市更新中存量规划的治理优化对策

恩宁路改造是广州城市更新的一次制度试验，对于广州的社会主体如媒体、社区、NGO、相关专家等都是很好的锻炼。恩宁路改造中城市更新决策机制不成熟，直接折射出我国城市治理存在的不足和问题，社会和政府也在这个过程中学习了很多经验和教训。恩宁路改造对于广州乃至全国的城市更新以及城市治理都有着十分重要的节点意义（图 11、图 12）。

图 11　拆迁中的恩宁路（2011 年）

（图片来源：关注小组）

图 12　进入微更新的恩宁路（2017 年）

4.1 权力下放：构建实质性的社区参与平台

随着市场经济、社会转型的发展，我国也意识到了政府主导的福利型城市更新模式已经不适应当前的形势和要求，目前城市更新频繁遇到各种困境尤其印证了这一点。通过把城市更新的决策权和资源的控制权更多地下放到社区，是由社区主导的增进社区基础设施、提供社区服务、充分调动社会资本的资源，赋权社区居民、改善社区治理。我国城市更新的主要趋势是进行多方利益主体的合作式参与，有利于反映出自下而上的社区、居民和市场的内在发展要求，在政府和市场力量的配合和共同作用下同时充分发挥社区的主观能动性，实现各方利益格局的均衡，有利于抬升居民的社区认同感。此外，从规划项目的立项、编制和实施各个环节过程中都需要考虑实质性的公众参与，而不应局限于规划公示阶段的象征性参与，规划前、规划中和规划后都有必要把公众参与纳入更新决策机制。

4.2 研究谨慎：充分而深入的事前研究

恩宁路改造中规划和改造思路尚未明晰的情况下就匆忙启动大规模的拆迁，以至在改造的具体实施过程中遇到各种拆迁补偿的困境、工程实施的困境导致项目推进困难，并且社会和社区对该改造项目的质疑从来都没有停过，可见，其中一个重要的原因是改造前低估了旧城改造问题的复杂性，如历史文化保护问题、低收入人口居住问题、复杂的产权模糊问题等。“事后补偿”虽然可以作为缓解改造矛盾的方式，毕竟其带来的各种社会和资金成本随着改造项目的停滞和搁浅不断提升，因而还是不可忽视的。我国城市更新实践中，在改造项目启动前需要进行更为谨慎的策划，前期研究需要更为深入和充分，才能进一步提升城市更新的前瞻性、科学性，避免由于匆忙启动拆迁而带来的大量社会成本。对城市更新规划、实施程序、实施模式等方面进行系统性的全过程关注，包括改造前瞻性研究和改造实施跟踪研究及改造后评估研究，对我国城市更新试点项目（例如恩宁路改造）的更新决策思路、程序、存在问题进行分析和反思，对于提升城市更新治理机制十分重要。

4.3 关注实施：更多关注规划实施

在恩宁路改造中，可见城市更新规划决策、拆迁补偿决策和更新实施决策之间存在着紧密的互相联系，实质上拆迁补偿决策和更新实施决策是规划的实施环节，这两者都直接影响着规划的调整和变动（图 8）。恩宁路改造中的决策思路随着改造的推进期间在不断地调整，尤其是在改造的具体实施过程中遇到各种拆迁补偿的困境、工程实施的困境，导致项目推进困难，并且社会和社区对项目的质疑从来都没有停过。出现这些情况的最重要原因是目前我国城市更新决策的重点和重心主要放在了规划制定环节，而对规划实施环节，例如包括拆迁补偿的标准制定和协商、工程的实施和监督等的关注都有所欠缺，同时规划的决策关注重点主要放在了空间设计的层面，对于这些方案是否适用于实际的操作、程序等机制方面几乎没有足够的研究和关注，因而就直接造成了城市更新规划的浪费和不断修改调整，但是依然面临实施困难的困境。可见，规划实施的决策也是决定城市更新是否成功的关键因素，需要把城市规划决策和规划实施决策综合进行研究和考虑，才能进一步完善城市更新决策机制的效率。

注释：

① 包括《广州市城市更新办法》和三个配套办法《广州市旧村庄更新实施办法》、《广州市旧厂

房更新实施办法》和《广州市旧城镇更新实施办法》。

② 该院 1934 年 2 月 14 日开业，原名“金声戏院”。在反复的拆与不拆争议声中，2010 年初金声电影院在一片反对声中开拆，根据相关政府部门的介绍，金声电院则将保留立面和招牌，通过整饬恢复出 20 世纪二三十年代的原貌，类似澳门“大三巴”的形态。对于金声电影院的拆除，居民纷纷表示惋惜。

③ 20 世纪 90 年代以来，广州政府部门通过引导和依靠开发商的力量来旧城更新，使得更新项目遍地开花。建成于 1996 年的荔湾广场是这一时期的典型之作，同时也是一个备受争议的样本。荔湾广场位于广州上下九路交界处，这座高层建筑占地 4.5 万平方米、拥有 6 层共 14 万平方米商场、8 幢共 1000 多套豪华住宅，是当时号称“广州市最大的旧城改造项目”，也是当时广州老西关除了白天鹅之外最高的商住楼，荔湾广场的建设因为严重破坏广州旧城区的肌理和风貌而受到社会和学者的严重批判。

④ http://news.xkb.com.cn/shendu/2010/0827/86848.html

⑤ 2010 年 3 月，一群来自广州高校的学生和一些志愿者组成了“恩宁路学术关注组”(以下简称“关注组”)。组员们具有不同的学科背景，涉及城市规划、建筑、社会学、人类学、经济学、地理学、新闻学、艺术类等。2010 年小组成立以来，小组成员多次组织了社区调研，在进行问卷、访谈过程中，他们与恩宁路居民相互熟悉，更多地了解到居民的利益诉求，并大量收集记录有关恩宁路历史文化的信息。关注小组的组织和联络工作主要是通过网络进行的，关注小组建立了 QQ 群、豆瓣网站等网络联系平台，很多社会上和高校中对于恩宁路改造的人通过网络对关注小组有了了解以后逐步加入恩宁改造小组。

⑥ http://www.56.com/u80/v_ODE2MDc0ODU.html/880831_r494840685.html

⑦ http://v.youku.com/v_show/id_XMzQ1Nzg0NzIw.html

⑧ 动迁困难的住户一般都认为不能回迁是他们迟迟不肯走的原因，在居民 2009 年递交的《就恩宁路旧城改造工程被征收户的一点意见和强烈要求》里面提到：“孩子就近上学，老人看病就医方便，毗邻上下九宝华路商业旺地，衣、食、住、行都十分便利，由于不能原地回迁，令大家难以接受。拆迁非但没有改善生活环境，反倒是生活素质大大下降了。”

参考文献：

[1] Hasting，A. Unravelling the process of ‘partnership’ in urban regeneration policy[J]. Urban Studies，1996，33（2）：253-268.

[2] Hart，A. A neighbourhood renewal project in Dalston，Hackney：towards a new form of partnership for inner city regeneration[J]. Journal of Retail & Leisure Property，2003，3（3）：237-245.

[3] Leach，R. & Percy-Smith，J. Local Governance in Britain[M]. Basingstoke，UK：Palgrave，2001.

[4] Elander，I. Partnerships and urban governance[J]. International Social Science Journal，2002，54（172）：191-204.

[5] Rhodes，R.A. W. Understanding Governance：Policy Networks，Governance，Reflexivity and Accountability[M]. Buckingham，UK：Open University Press.1997.

[6] Stoker，G.（Ed.）. The New Management of British Local Governance[M]. Basingstoke，UK：Macmillan，1999.

[7] Jones P. & Evans J. Urban regeneration，governance and the state：Exploring notions of distance and proximity[J]. Urban Studies，2006，43（9）：1491-1509.

[8] Elkin，S. L. City and regime in the American Republic[M]. Chicago，US：University of Chicago Press，1987.

[9] Stone，1989.

[10] Logan，J. R. & Molotch H.L. Urban fortunes：the political economy of place[M]. Berkely，US：University of California Press，1987.

[11] Jonas，A.，& Wilson，D. Urban growth machine：critical perspectives two decades later[M]. New York，US：State University of New York Press，1999.

[12] He，S.，& Wu，F. Socio-spatial impacts of property-led redevelopment on China’s urban neighbourhoods[J]. Cities，2007，24（3）：194-208.

[13] He，S.，& Wu，F. Property-led redevelopment in post-reform China：A case study of Xintiandi redevelopment project in Shanghai[J]. Journal of Urban Affairs，2005，27（1）：1-23.

[14] Shin，H. B. Residential Redevelopment and the Entrepreneurial Local State：The Implications of Beijing’s Shifting Emphasis on Urban Redevelopment Policies[J]. Urban Studies，2009，46（13）：2815-2839.

[15] 袁奇峰，钱天乐，郭炎 .（2015）. 重建“社会资本”推动城市更新——联滘地区“三旧”改造中协商型发展联盟的构建 [J]. 城市规划，2015（9），64-73.

[16] Qian，Z. Building Hangzhou’s new city center：mega project development and entrepreneurial urban governance in China[J]，Asian Geographer，2011，28（1），3–19.

[17] Duckett，J. Bureaucrats in business，Chinese-style：The lessons of market reform and state entrepreneurialism in the People’s Republic of China[J]. World Development，2001，29（1）：23-37.

[18] Bercht，A. L. Glurbanization of the Chinese megacity Guangzhou – image-building and city development through entrepreneurial governance[J]. Geographica Helvetica，2013，68（2）：129-138.

[19] Zhang，T. Urban development and a socialist pro-growth coalition in Shanghai[J]. Urban Affairs Review，2002，37，475-499.

[20] Rhodes，M. L. & Murray，J. Collaborative Decision Making in Urban Regeneration：A Complex Adaptive Systems Perspective[J]. International Public Management Journal，2007，10（1）：79-101

[21] 吴祖泉，解析第三方在城市规划公众参与的作用——以广州市恩宁路事件为例 [J]. 城市规划 2014，38（2）：62-68.

[22] 黄冬娅 . 城市公共参与和社会问责——以广州市恩宁路改造为例 [J]. 武汉大学学报，2013，6（1）：

63-69.

[23] 刘垚，田银生，周可斌．从一元决策到多元参与——广州恩宁路旧城更新案例研究 [J]. 城市规划 . 2015，39（8）：101-111.

[24] Tan，X. & Altrock，U. Struggling for an adaptive strategy? Discourse analysis of urban regeneration processes- A case study of Enning Road in Guangzhou City[J]. Habitat International，2016，56：245-257.

[25] 杨宏烈．广州恩宁路骑楼历史文化街区的抢救保护规划 [J]. 中国名城 .2012，（6）：61-64.

[26] 谢涤湘，朱雪梅．社会冲突、利益博弈与历史街区更新改造——以广州市恩宁路为例 [J]. 城市发展研究 . 2014，21（3）：86-92.

作者信息：

谭肖红，女，广东工业大学建筑与城市规划学院，讲师。

谢涤湘，男，广东工业大学建筑与城市规划学院教授，副院长。

吕　斌，男，北京大学城市与环境学院教授，博士生导师。

张衔春，男，香港大学建筑学院。

附录：城市更新相关政策法规索引（2018–2019）

名称	批号（文号）	发布机构	发布日期	实施日期
老旧小区综合整治工作方案（2018-2020年）	京政办发〔2018〕6号	北京市人民政府办公厅	2018年3月4日	2018年3月4日
关于深入推进“三旧”改造工作的实施意见	粤国土资规字〔2018〕3号	广东省国土资源厅	2018年4月4日	2018年4月4日
深圳市拆除重建类城市更新土地、建筑物信息核查及历史用地处置规定（征求意见稿）	—	深圳市规划与国土资源委员会	2018年4月26日	2018年4月26日～2023年4月25日
关于城市更新促进公共利益用地供给的暂行规定（征求意见稿）	—	深圳市规划与国土资源委员会	2018年5月17日	2018年5月17日～2023年5月16日
关于规范已出让未建用地土地用途变更和容积率调整的处置办法（征求意见稿）	—	深圳市规划与国土资源委员会	2018年5月31日	2018年5月31日～2023年5月30日
深圳市综合整治类旧工业区升级改造操作规定（征求意见稿）	—	深圳市规划与国土资源委员会	2018年6月4日	2018年6月4日～2023年6月3日
广州市2018年城市更新年度计划（第二批）	—	广州市城市更新局	2018年6月5日	2018年6月5日
深圳市城市更新单元规划容积率审查规定（征求意见稿）	—	深圳市规划与国土资源委员会	2018年6月14日	2018年6月14日
广州市城中村综合整治工作指引	穗更新函〔2018〕677号	广州市城市更新局	2018年6月18日	2018年6月18日
关于落实〈关于深化城市有机更新促进历史风貌保护工作的若干意见〉的规划土地管理实施细则	沪规土资风〔2018〕380号	上海规划和自然资源局	2018年6月20日	2018年6月20日
关于加强城市更新单元规划审批管理工作的通知	深规土规〔2018〕4号	深圳市规划与国土资源委员会	2018年6月22日	2018年6月22日
广州市产业园区提质增效试点工作行动方案（2018-2020年）	穗工信〔2018〕5号	广州市工业和信息化委、广州市城市更新局	2018年6月29日	2018年6月29日～2020年12月31日
关于开展市属国有企业利用自有存量土地建设租赁住房试点的通知	穗建房产〔2018〕1159号	广州市住房和城乡建设委员会、广州市国土资源和规划委员会、广州市人民政府	2018年7月11日	2018年7月11日
关于进一步做好“三旧”改造地块数据库管理工作的通知	粤国土资三旧发〔2018〕99号	广东省国土资源厅	2018年7月16日	2018年7月16日

续表

名称	批号（文号）	发布机构	发布日期	实施日期
广州市老旧小区微改造设计导则	—	广州市城市更新局	2018年8月20日	2018年8月20日
北京市土地资源整理暂行办法	京规划国土发〔2018〕314号	北京市规划国土委、发展改革委、市财政局、住房城乡建设委	2018年9月7日	2018年9月7日～2023年9月6日
北京街道更新治理城市设计导则	—	北京市规划国土委	2018年9月14日	2018年9月14日
深圳市拆除重建类城市更新单元规划编制技术规定	深规土〔2018〕708号	深圳市规划与国土资源委员会	2018年9月25日	2018年9月25日
关于进一步做好城市既有建筑保留利用和更新改造工作	建城〔2018〕96号	住房和城乡建设部	2018年9月28日	2018年9月28日
关于本市推进产业用地高质量利用的实施细则	沪规土资地〔2018〕687号	上海市规划和自然资源局	2018年11月16日	2018年11月16日
广州市规划管理容积率指标计算办法	穗国土规划规字〔2018〕9号	广州市国土资源和规划委员会	2018年11月17日	2018年11月17日
关于以“三旧”改造推动新旧动能转换提升城市发展水平的通知（征求意见稿）	—	广东省自然资源厅	2019年1月2日	2019年1月2日
深圳市扶持实体经济发展促进产业用地节约集约利用的管理规定（征求意见稿）	—	深圳市规划和自然资源局	2019年1月8日	2019年1月8日
粤港澳大湾区发展规划纲要	—	中共中央国务院	2019年2月18日	2019年2月18日
北京历史文化街区风貌保护与更新设计导则	—	北京市规划和自然资源委员会	2019年2月20日	2019年2月20日
深圳市拆除重建类城市更新项目用地审批规定	深规划资源规〔2019〕2号	深圳市规划和自然资源局	2019年3月1日	2019年3月1日
广州市提高工业用地利用效率实施办法	穗府办规〔2019〕4号	广州市人民政府办公厅	2019年3月10日	2019年3月10日
深圳市棚户区改造项目概念规划编制技术指引（试行）	深建规建〔2019〕3号	深圳市住房和建设局	2019年3月15日	2019年3月15日
深圳市城中村（旧村）综合整治总体规划（2019-2025）	—	深圳市规划和自然资源局	2019年3月27日	2019年3月27日
上海市征收集体土地房屋补偿评估管理规定	沪规划资源规〔2019〕3号	上海市规划和自然资源局	2019年5月9日	2019年5月9日
关于深入推进城市更新工作促进城市高质量发展的若干措施	—	深圳市规划和自然资源局	2019年6月11日	2019年6月11日
广州市商业、商务办公等存量用房改造租赁住房工作指导意见	穗规划资源字〔2019〕314号	广州市规划和自然资源局	2019年7月16日	2019年7月16日
深圳市已批未建土地处置专项行动方案		深圳市规划和自然资源局	2019年8月5日	2019年8月5日
中华人民共和国城市房地产管理法（2019年修正）	—	北京市规划和自然资源委员会	2019年8月26日	2019年8月26日

编后语

城市更新是对城市的衰败地区进行重新规划，通过保护、修缮、拆迁或重建，来改变城市的产业和人口的地域分布，并使城市的物质环境现代化，从而满足经济和社会发展的需求，它是一个城市发展到特定阶段的产物，是城市与时俱进发展的根本要求。近年来，由于城市建设用地资源日益紧张和追求更好的生活品质，城市要适应社会经济转型发展的需要，我国城市更新进程明显加快，成为城市产业结构升级、空间环境改善、人文历史传承的重要驱动力量。

粤港澳大湾区是中国开放程度最高、经济活力最强的区域之一，在国家发展大局中具有重要战略地位。建设粤港澳大湾区，既是新时代推动形成全面开放新格局的新尝试，也是推动“一国两制”事业发展的新实践。根据中央规划，粤港澳大湾区要建成充满活力的世界级城市群、具有全球影响力的国际科技创新中心、“一带一路”建设的重要支撑、内地与港澳深度合作示范区和宜居宜业宜游的优质生活圈。为此，落实粤港澳大湾区战略，是当前广东省的头号任务。

粤港湾大湾区是我国高度城市化地区，城市化水平较高，但是城市空间资源的利用也存在利用效率效益不高的问题，满足不了城市社会经济进一步快速发展的需要，满足不了人民群众日益增长的高品质生活需要。因此，城市更新已成为当前粤港澳大湾区非常重要的工作。而近年来粤港澳大湾区的许多城市，如深圳、广州、佛山、东莞等城市，在“广东三旧改造”政策的推动下，开展了大量创新性工作，取得了显著成绩，积累了宝贵的经验。在当前全面推动落实粤港澳大湾区国家战略的历史时刻，总结粤港澳大湾区城市更新的经验，探讨未来发展方向，有着非常重要的意义。

作为一个全国性的学术组织，中国城市科学研究会城市更新专业委员会，集聚了全国城乡规划、建筑学、地理学、经济学、社会学等相关学科领域以及城市更新业界的大批专业人士。他们不但时刻关注中国城市更新的发展变化，也身体力行地参与到中国城市更新的研究和实践，为建设更加美好城市贡献出了自己的智慧与力量。为了分享专家学者的真知灼见、呈现中国城市更新的前沿进展，我们组织力量编写了本报告。

在本书即将付梓之际，我们要特别感谢各位作者和编者，你们的聪明才智和认真努力，让本书闪耀着智慧的光芒；特别感谢深圳城市规划设计研究院、深圳大学建筑与城市规划学院、卓越城市更新集团、深圳市华阳国际工程设计股份有限公司、广州市城市更新规划研究院、广东源筑城市更新有限公司等单位给予的鼎力支持和帮助；特别感谢中国城市科学研究会城市更新专业委员会的依托单位——广东工业大学建筑与城市规划学院诸多老师一年来的辛勤劳动、无私奉献；特别感谢中国城市科学研究会、广东省“三旧改造”协会、深圳市城市更新企业协会、《城市发展研究》杂志、中国建筑工业出版社等对于本书编著出版给予的指导帮助。最后，我们还要感谢中国城市科学研究会城市更新专业委员会的全体委员一年来对专委会工作的鼎力支持。

《中国城市更新发展报告 2018-2019》是继《中国城市更新发展报告 2016-2017》、《中国城市更新发展报告 2017-2018》之后，中国城市科学研究会城市更新专业委员会组织编撰的又一部年度报告。虽然相对于往年，报告编写组已经有了一定经验，但由于时间紧、涉及面广、任务重，报告中难免有错漏、分析不够全面和案例不够典型等问题。因此，我们诚挚地请求各位读者对本书的纰漏提出宝贵的意见。

报告编写组

2019 年 10 月

广州市城市更新规划研究院简介

广州市城市更新规划研究院前身为创立于1981年的广州市民用建筑科研设计院，至今已走过三十多年的发展历程。我院拥有建筑工程设计甲级、测绘甲级、城市规划乙级以及测绘航空摄影、无人机飞行器航摄、摄影测量与遥感监理、地理信息系统工程监理、工程测量监理、不动产测绘监理、房屋安全鉴定等多项资质，是2018年广东省第一批高新技术企业。已通过ISO9001：2015质量管理体系、ISO14001-2015、GB/T24001-2016环境管理体系认证。

三十多年来，我院秉承“服务政府、服务社会”的宗旨，不断通过创新观念、提升技术、开拓经营，为城市发展和建设提供精心规划、精细设计、精致服务，打造出一大批高品质、富有影响力的精品项目。并获得国家及部、省、市级以上奖项的项目和科研成果120余项，计算机发明专利18项，百余篇科研论文在国际或全国学术会议和学术杂志上发表。

当前的广州进入了存量资源整合发展的时期，城市更新成为广州城市发展的必然选择和战略方向。2016年经批准,我院更名挂牌为“广州市城市更新规划研究院”，成为全国首家城市更新专业规划研究单位。2019年，根据市政府机构调整归属“广州市住房和城乡建设局”。我院致力于开展针对城市更新的基础数据调查与测绘、高新技术辅助测绘、策划与城市规划、建筑设计、历史建筑保护与利用、设计咨询、政策专项研究、房屋安全鉴定等多方面的工作,已经发展成为以基础数据调查与研究、城市规划与策划为引领，以建筑设计、产业研究、项目咨询为支撑的城市更新专业技术支持服务单位。在城市更新、三旧改造领域已发展成为行业领先的实践者和研究者，并取得了丰硕成果。

在广州市住房和城乡建设局的领导下，我院将紧抓新机遇、搭建新平台、加快新发展，继续强化“创新、质量、服务”的立院之本，提供更加优质专业的技术服务，再铸精雕细刻的作品，建设成为全国领先、全市一流的城市更新专业智库和实践者。